Perfect
Personal
Finance

THE PERFECT SERIES

ALL YOU NEED TO GET IT RIGHT FIRST TIME

OTHER TITLES IN THE SERIES:

The Perfect Appraisal by Howard Hudson

Perfect Business Writing by Peter Bartram

The Perfect Business Plan by Ron Johnson

The Perfect Career by Max Eggert

Perfect Communications by Andrew Leigh and Michael Maynard

The Perfect Conference by Iain Maitland

The Perfect Consultant by Max Eggert and Elaine van der Zeil

Perfect Customer Care by Ted Johns

The Perfect CV by Max Eggert

Perfect Decisions by Andrew Leigh

The Perfect Dismissal by John McManus

Perfect Financial Ratios by Terry Gasking

Perfect Freelancing by Sean Marriott and Paula Jacobs

The Perfect Interview by Max Eggert

The Perfect Leader by Andrew Leigh and Michael Maynard

Perfect Marketing by Louella Miles

The Perfect Meeting by David Sharman

The Perfect Negotiation by Gavin Kennedy

Perfect PR by Marie Jennings

Perfect Presentation by Andrew Leigh and Michael Maynard

Perfect Quality by Bryn Owen

Perfect Recruitment by David Oates and Viv Shackleton

The Perfect Report by Peter Bartram

The Perfect Sale by Nick Thornely and Dan Lees

Perfect Stress Control by Carole McKenzie

Perfect Teamwork by Ron Johnson

Perfect Time Management by Ted Johns

Perfect Personal Finance

ALL YOU NEED
TO GET IT RIGHT
FIRST TIME

Marie Jennings

ARROW
BUSINESS BOOKS

ARROW

Published by Arrow Books in 1996

1 3 5 7 9 10 8 6 4 2

© Marie Jennings 1996

Marie Jennings has asserted her rights under the Copyright, Designs and Patents Act, 1988 to be identified as the author of this work.

This book is sold subject to the condition that it shall not, by way of trade or otherwise, be lent, resold, hired out or otherwise circulated without the publisher's prior consent in any form of binding or cover other than that in which it is published and without a similar condition including this condition being imposed on the subsequent purchaser.

First published by
Arrow Books Limited
20 Vauxhall Bridge Road, London SW1V 2SA

Random House Australia (Pty) Limited
20 Alfred Street, Milsons Point, Sydney
New South Wales 2061, Australia

Random House New Zealand Limited
18 Poland Road, Glenfield
Auckland 10, New Zealand

Random House South Africa (Pty) Limited
PO Box 337, Bergvlei, South Africa

Papers used by Random House UK Limited are natural, recyclable products made from wood grown in sustainable forests. The manufacturing processes conform to the environmental regulations of the country of origin.

Set in Bembo by
SX Composing Ltd, Rayleigh, Essex
Printed and bound in Great Britain by
Cox and Wyman Ltd, Reading, Berks

British Library Cataloguing in Publication Data
A catalogue record for this book is available from
the British Library

Companies, institutions and other organizations wishing to make bulk purchases of any business books published by Random House should contact their local bookstore or Random House direct:
Special Sales Director
Random House
20 Vauxhall Bridge Road
London SW1V 2SA
Tel: 0171 973 9670   Fax 0171 233 6127

Random House UK Limited Reg. No. 954009
ISBN 0 09 963851 7

ABOUT THE AUTHOR

Marie Jennings has a long record of innovation in several areas, and is a prolific author. She specializes in money management education, consumer affairs and public relations.

She has contributed regular financial articles to many women's magazines including *Woman's Journal, Family Circle* and *Good Housekeeping*. She has been associated with the television programmes *Money-Go-Round* (LWT) and the award winning series *Moneyspinner* (Channel 4). Her books on the subject include *Women and Money* (Penguin), *The Money Guide* (Collins), *Better Money Management* (Piatkus) and now *Perfect Personal Finance*. She is the author of *Perfect PR* in this series.

She has played a particularly active role in the better regulation of the financial service industry, chairing and sitting on key councils and committees representing training and competence, and standards in external relations, advertising and promotion.

Marie Jennings is a Council Member of the Insurance Ombudsman Bureau, and is the financial commentator for British Forces Broadcasting Service. She broadcasts regularly on personal finance to an audience of up to nine million worldwide.

ACKNOWLEDGEMENTS

There were many who inspired and helped me in the writing of this book. In particular I would like to record my thanks to Tony Hood, friend, wise guide and mentor on what readers want from a book like this, to Anne Dewe my agent and counsellor over many years, to John Moysey the administrator of The Money Management Council, still the nation's only money education charity, and to Shirley Smith, a friend of many years standing who has also helped to ensure that this book is of relevance to the busy reader. To Paul Barnes, my financial adviser and to Michael Little, my solicitor I send thanks for their specific guidance on particular issues. I would also like to record my thanks to my son, Michael Keegan, who has commented on the book's relevance and guidance to the younger reader and last, but by no means least, to my husband Brian Locke who has been a patient reader, commentator and helpmate on this book as he has also been my strong arm on earlier books.

Without the quality help I have been given at all stages by many busy people, this book simply would not have been written.

CONTENTS

Introduction ix

1. **Is Perfect Personal Finance Achievable?** 1
2. **Do you *Really* Understand Money?** 4
3. **The Seven Signposts** 6
4. **Managing your Money – Understanding Budgeting** 12
5. **Understanding Borrowing and Spending** 21
6. **Understanding Inflation** 35
7. **Understanding Savings and Investments** 39
8. **Plannning your Retirement and Pensions** 54
9. **Coping with Hard Times** 62
10. **The Home Front** 70
11. **Achieving Perfect Balance in your Personal Finance** 79
12. **Sources of Help** 84

INTRODUCTION

Welcome to *Perfect Personal Finance*. I hope you will find that the look it takes at a very old subject is totally appropriate to your needs at the end of the twentieth century, a time of rapid change when time is of the essence.

We all need and use money – every day of our lives. Money can be our master, or our servant. The choice is ours. It is, alas, only too easy for us to forget that money in itself has no value – it is merely a means of exchange to buy what we want or need in terms of goods or services.

This book is to help you, the reader, to understand the principles of perfect personal finance and so enable you to use your money effectively – or more effectively. In so doing, it should help the money in your life to play its rightful part so that you are liberated to lead the type of life to which you aspire and will find satisfactory and worthwhile.

I won't pretend that this book will solve every problem, but I do hope that it will help you to answer some of the questions asked frequently in the course of the year. Questions like: How can I make ends meet, and make my money go further? Am I on course to plan for, eventually, a happy and trouble-free retirement with no money worries? Understanding the principles of perfect personal finance can help you substantially – to get what you want from your life.

I have tried to take the mystique out of a subject which many find bewildering and even frightening, and most consider just downright boring! I found out – many,

many years ago – that by taking just a little more time and trouble, money problems became easier to handle and opportunities became more visible and challenging. As a result I have enjoyed a happier and more trouble-free life. I hope you find this book helps you to do the same.

Marie Jennings
December 1995

1
IS PERFECT PERSONAL FINANCE ACHIEVABLE?

You can be forgiven for thinking that the world of personal finance is a dangerous jungle. But is it really? Admittedly it can be. Those involved in financial services, whether it be buying, selling, or acting as 'wholesalers' – also the politicians and the economists – seem to think that they are obliged to hide themselves behind a mass of jargon, complex and obscure processes, and share a tendency to inhabit ivory towers. As a result they perhaps truly believe that what they do lies beyond the limits of understanding as far as lesser mortals like thee and me are concerned!

But that is their problem. Without us, the clients (or 'customers' in today's jargon phrase), they would have no jobs and their lucrative markets quite simply just wouldn't exist!

It is all the more to be regretted that the financial services industry is only slowly and reluctantly coming to the realization that a dialogue of equals with customers is desirable – and could be positively helpful in enabling the industry to develop and shape its markets for the future. The trite but apparently unseen and neglected principle of ensuring that customers are happy and satisfied with their financial services because they are simple, understandable and accessible would appear to be a great new 'truth' which many involved in the financial services industry are only now beginning to recognize.

But, we – the customers – are smarter than that. We are already imbued, in the main, with the knowledge that prudent money management can be a major asset in our lives, and an enabling tool to a happy and satisfied life. What we need is perhaps to identify better some of the priorities and to know our way around the small print of this highly sophisticated, fast moving and rapidly changing industry. In this way we will be able to choose and to use more effectively the products and services on offer.

So, Perfect Personal Finance is possible – to help you, as an individual, to face up to your specific needs and opportunities. But to achieve this it is critical to recognize that the whole edifice rests on four important cornerstones and the identity of four misconceptions.

THE FOUR CORNERSTONES
These can be briefly and explicitly identified as:

- Taking the trouble to know yourself
- Identifying your strengths and weaknesses as an individual and also as regards money
- Ensuring that you know what you want, overall, from your life – and how this relates to money, earning, reputation
- Setting a plan to ensure that you can make it happen

THE FOUR MISCONCEPTIONS
These can include:

- Leaving it to 'Lady Luck' to ensure that you can make ends meet and manage your money.
- Believing that you can abdicate the management of your personal financial affairs to others – from relations to financial advisers. That is not to say that you won't need a financial adviser. Very possibly you will. But it is for you to know what you want from the money in your life, and just how you view matters such as risk and opportunity. Also the realization of the level of your technical knowledge,

etc., as well as your ability to ensure you can keep in touch with the fast moving scene, and put in place your own 'early warning' system to alert you in time when things are going wrong.
- Considering that it is unnecessary to keep a frequent and regular check on how your financial affairs are doing.
- Viewing the overall subject of money management as too boring or too technical, or too frightening, for you to take a serious interest in it.

CAN YOU AFFORD TO THROW AWAY *AT LEAST* A THOUSAND POUNDS A YEAR?

This is the question which you should address. The chances are that you can't, or wouldn't like to throw away any such sum. And the sum involved could be much larger!

If you consider that using 20-30 minutes a week of your time can help you to make your money go at least ten percent further, you will readily recognize that perfect personal finance is a desirable objective. You may not achieve perfection, but you certainly should be pleased to recognize that you are on the right road to approach it!

And it's not that difficult. See the next chapter.

2
DO YOU *REALLY* UNDERSTAND MONEY?

If you think you can ensure you get the best deal in a specific financial transaction, the chances are that you are wrong. In addition, it could very well be costing you more than you think. Just take a look at these simple illustrations:

- If you are thinking of borrowing money, say £500, to be repaid in equal instalments over a six-month period, it could cost you a lot or a little – from £12 to £136.
- If you wanted to borrow £5,000, over a five-year period, costs could also vary greatly. Looking at the insurance policy loans and loans from banks and building societies you could end up paying from just over £1,000 to £4,000 for the privilege of your loan!
- Then there is the whole area of life assurance and pensions. This is a veritable minefield. Are you sure you know where you stand, and have you protected yourself adequately for the future? See chapters 7 and 8 for guidance in these areas. Additionally, have you recognized that there are now beneficial rates available if, for example, you don't smoke, and in other areas too. Have you investigated these?
- Are you one of the very many people not claiming tax reliefs to which they are entitled? You could easily find that you are paying the Inland Revenue many hundreds of pounds a year to which they are not entitled!
- Finally, are you making the most of money you have readily available to you and have you recognized that you could have some 'emergency' funds available in accounts which offer you more interest

but retain the instant access facility? Also, are you paying more in interest rate charges on your credit card simply because you are sloppy about remembering to pay by the due date?

ARE YOU A GOOD MONEY MINDER?

1. Do you look at your financial affairs regularly? Monthly? Quarterly?
2. Do you involve others in your family in managing your money? The family money?
3. Do you prepare a budget? Weekly? Monthly? Annually?
4. Do you review your budget from time to time to check that you are working within it?
5. Do you know immediately what your mortgage is costing? Your tax rate? How much 'rainy day' money you can call on?
6. If you had a large, unexpected bill (say for a repair to the roof of your house) could you pay it immediately without too much difficulty?
7. Do you shop around for car and house insurance?
8. Do you know how much it costs the family to travel to work?
9. Do you pay your bills on time?
10. Do you know how much, overall, you are worth? What you have saved for the future?

If you can answer 'Yes' to seven or more questions you are a GOOD MONEY MINDER. If you answer 'Yes' to five or more questions there is room for improvement. If you answer 'Yes' to fewer than five questions it really is time for you to take action – you are in danger of losing out in the long run. And the problem is that you might not recognize your position until it is too late for you to deal with it!

3
THE SEVEN SIGNPOSTS

- Setting your objectives
- Finding out where you stand
- Deciding your priorities
- Planning your way ahead
- Measuring your progress
- Sorting out difficulties if things go wrong
- Changing course when necessary

It would be easy to write an encyclopaedia to cover the signposts towards achieving perfect personal finance. But the quick, simple and direct routes can be much more practical and user-friendly! So here are the seven signposts defined and explained.

SETTING YOUR OBJECTIVES
To be sure that you get what you want from your life in the final analysis, and also to be free of money worries for the future, you should define what you want from your life – and your money. Do you want fame, wealth, achievement in terms of knowing that you are doing a good job well, to be happy and content, or to climb the greasy pole of wealth, power or status acquisition? Or a combination of all of these? Decide which are more important to you, and why.

FINDING OUT WHERE YOU STAND
To do this in financial terms you should complete the wealth check featured on page 81. This will give you a basic, and hopefully accurate, picture of what you own and what you owe. But, to really find out where you stand, you need to think of the broader picture as well. You need to have a good assessment of your skills, of what you have to offer, of your current reputation, of your view of your job security at the present time, and

in the immediate future. You need to identify very clearly what the strengths and weaknesses of your current situation are. You need also to identify the threats and opportunities which may be on the horizon and which may affect your future.

And, in the above context, do remember that it is always wise to be prepared for the unexpected!

If you give it a little thinking time – say 15 minutes to half an hour – in a quiet corner with a piece of paper, this could very well be the best investment of that time you could ever make!

DECIDING YOUR PRIORITIES

Having decided where you stand in broad terms, decide your priorities in narrow terms. Look at the financial picture as it affects where you stand and the objective you have set yourself. Remember the need to plan your money matters to give you the type of lifestyle you want, and can afford. Answer these questions, honestly and openly:

- Are my budgeting and cashflow procedures adequate for my needs now, and in the future?
- Have I got sufficient 'rainy day' money and am I on my way to providing a reasonable 'nest egg' for the future?
- Have I got adequate protection – for my life? For those of others in my family? Against sickness? Injury? My home? My car and other valuable possessions? Are my insurance policies up-to-date and index linked? Am I clear about the exclusion clauses those policies may contain? Am I paying twice for items covered in different insurance policies (for example, health, personal effects and holiday insurance may be covered in more than one policy)?
- Have I got adequate savings in place for the long term?

- Do I know where I stand with regard to my pensions – from the State? From my employer? From my own personal pension planning? Do I know how to set about getting a pension forecast from the DSS? Do I know the questions to ask of my employers' occupational pension scheme and how to go about this?
- Have I a clear idea of what others may expect of me in financial terms? Commitments to family, friends, colleagues?
- Above all, do I know what I can expect in the way of service from those I deal with – my bank or building society? My financial adviser? My insurance company? Others?

PLANNING YOUR WAY AHEAD

The road ahead looks very simple when it is long, straight and level. Most roads, however, are not like that. They have bends and twists in them, and go up and down, over hills and dales. As a result it is difficult to see the way ahead! Life is like that. For the purpose of this exercise, however, consider the road is long, straight and level – how do you plan your way ahead? (Remember though, that complications may come later, so be prepared.)

The first piece of advice, following knowing where you stand, is to be able to judge the progress you are making year on year. Set yourself some targets. For example, that each year must end up with no erosion of your basic resources, but with additions to your nest egg and savings and pensions.

Decide that any money saved must at least keep up with inflation and hopefully improve upon it. If you are over thirty keep well in mind that for every five years you neglect making adequate provision for your pension you will need to double the resources you put into this in due course if you wish to achieve a trouble-free retirement!

Ensure you add to your total sum of knowledge about the overall area of money management year on year. Do this by reading about it in the money pages of your daily and Sunday newspapers, reading books like this, reading carefully the literature available from your bank, insurance company, etc. Try to listen to Radio 4's *Money Box* programme on Saturday mornings. Know where you can go for help and advice on money matters – places which are not just an adjunct to a sales process! Remember that it is important to develop methods to evaluate information to ensure it meets and suits your specific requirements.

Above all ensure you know what to do if things go wrong, about your protection under legislation, about access to compensation, about the operation of the different Ombudsman schemes which are there to help you if you are in difficulties and which you can access at no cost to you.

MEASURING YOUR PROGRESS

Here is a simple formula which you can follow or adapt to suit you.

Take a sheet of paper, A4 so it will fit into your wallet or handbag easily. On it list your financial resources – bank balances, savings, nest egg money, any securities you hold, insurance policies, etc. Try to put in current worth where known. Adapt your wealth check asset statement (see page 81) for this purpose so that it includes home and pension provision.

Add a note of big bills you have to pay in the immediate future. The assumption is that you are making ends meet. If you aren't, this matter needs your urgent attention.

Then, every month desirably, but every three months certainly, study this piece of paper and note any significant changes. Try to ensure that any changes you make are on the right side as far as your resources are concerned!

This is a short but very simple discipline to help you confirm that you are making a positive effort to make your money 'grow'. You should find that it has that result over the long term, but you must stick with the routine . . .

SORTING OUT DIFFICULTIES IF THINGS GO WRONG

It sounds obvious but it often isn't – you are the only person who can recognize when warning bells should be sounding, when things are going wrong and your little financial ship is in danger of being blown off course. Too often, alas, this fact only comes home when it is too late and major damage has been done. One way to avoid this is by adapting and using the sort of little discipline which has been outlined above.

Having said that, if things have gone wrong what do you do about it?

The first point to recognize is what has gone wrong, and why it has gone wrong. This isn't a matter of apportioning blame but getting the position straight. If the fault lies with you, because of a casual attitude to money, or over indulgence, or new circumstances, recognize it. There should be ways in which you can correct the position, and if not at least provide for not letting the position recur.

If, however, things have gone wrong through no fault of yours – and there are many cases, alas, where people who have done all the *right* things suffer through a combination of totally unforeseen circumstances – there are ways to get practical help (which can include financial assistance), advice and even compensation. See Chapters 9 and 12 for guidance.

CHANGING COURSE WHEN NECESSARY

Over your lifetime there will be many occasions when you want to change course. Very often such changes maybe imposed upon you. But it is up to you to be sensitive as to when this could be in your own interest and when it is desirable for you to take action. Remember, too, that a decision to do nothing is just as much of a decision. Don't lose out in the end through apathy!

This brief overview of the seven signposts to help you achieve perfect personal finance should encourage you to read the following chapters with care!

4
MANAGING YOUR MONEY – UNDERSTANDING BUDGETING

'Budgeting' may sound old hat, and 'Financial Planning' pompous, but they add up to the same and essential priority – the effective and efficient management of your money. So if you do budget, you should review this to ensure that it is appropriate to your everyday needs, today. If you don't budget, you should. How do you set about it?

Time is an increasingly scarce resource, especially for worthy and seemingly dull functions, however desirable they may be. Here is a short cut to the essential disciplines to put in place if you want to ensure that you are effectively and efficiently managing your money.

COUNTING YOUR ASSETS

Think of yourself as a company, as running a small business. Every year you will need to prepare an annual report, to ensure you know whether or not you have ended up the year with more – or less – money. To do this you will have to prepare a balance sheet. This will set out your assets (what you own) and your liabilities (what you owe). Hopefully, you will end up knowing that what you own is more than what you owe! If the facts show the reverse, then you need to sort things out – quickly!

Your assets – the Pluses

Start with your home – if it is rented you can't count it as an asset you 'own'. But if you are buying it – through a repayment mortgage, an endowment mortgage or other newer investment vehicle (for example a PEP mortgage), your home probably represents your largest asset. But how do you accurately judge the value of this important asset? How much would it cost to rebuild in case of fire or other disaster? What is the resale value if you need to sell? What is your outstanding commitment to the lender? In finding out the answers to these questions as they apply to you, please remember it is important to differentiate between the 'market value' and the 'insurance replacement value' of your home as it is probable that the figures are very different! You may easily find it worthwhile to identify both figures when you are listing your assets.

Here's how to calculate how much it would cost to rebuild:

1. Measure the length and breadth of the outside of the building.
2. Multiply the two figures together. This will give you the ground floor area. Include the garage if you have one.
3. Multiply the total floor area by the rebuilding cost per square foot or metre. This cost will, of course, vary enormously depending on where you live, on the age of the property, etc. You can find out the current cost easily from your insurance company or by contacting the Royal Institution of Chartered Surveyors. The latter maintain a house rebuilding cost index, charting the movement of rebuilding costs from 1978 – this can be most helpful in establishing likely costs in your specific case.
4. Work out the premium for your total rebuilding cost. You may be able to reduce this if you promise to pay the first £x (set by the insurance company) of any claim.

Other assets will include the cash values of any insurance policies you have, any savings or investments, and pension provision. It should include items such as your car or motorcycle, home contents, tangible assets such as jewellery, a possible stamp collection and the like.

Draw up a complete list and remember it is also useful to record any expectations you may have (perhaps from the will of an elderly relative, for example).

You should consider separately 'fixed' assets (for example, cash, your pension, etc.) and 'variable' assets (for example your car, jewellery, etc. where the value may vary).

And, as a footnote, don't forget that what other people may owe you should also be listed and included under your assets!

Your liabilities – the Minuses
These represent the commitments you have made and need to meet. They range from your mortgage to the items you have bought on credit. These can include outstanding payments for your last holiday, and your credit card balances. It is very important to know what you owe. Other items will include your payments to protect your home, your car, etc., with the necessary insurance, any overdraft interest, and also payments into your life assurance and pension plans.

Remember too, that while you are paying your mortgage now, and your life insurance premiums and pension contributions, although at the moment the payments are considered amongst your liabilities, these items are very definitely amongst your important assets for the future!

YOUR ANNUAL REPORT
Now you are in a position to prepare your Annual Report. You can examine how you are faring.

Remember, too, that an important part of managing your money is to be sure that you can work from an accurate income and expenditure statement. To ensure this you need to prepare a budget. See our example for guidance.

Getting your Priorities Right

Successful money management really begins with getting your priorities right. For example, if you have a particularly high mortgage payment to find monthly it will be important for you to make the necessary economies in other areas of your budget. Clearly this is a matter for you to consider personally but here are some guiding proportions which you should consider. If you have matters seriously out of balance in relation to this guideline you should give the matter some serious thought. It may be that you have special needs, for example you use more energy because of the need to spend more on lighting and heating to care for an elderly relative living with you. In this case you will need to make any necessary adjustments to levels of expenditure in other areas.

Your 'ideal' budget

Housing (to include insurances)	25%
Food and drink	22%
Clothing	5%
Household	5%
Travel	12%
Energy	5%
Fun	5%
Incidental	7%
Savings/Pension provision	12%
Reserve for contingencies	2%

(And don't forget, if you are not working on net income figures, you will need to adjust for tax)

Remember this guide relates to average earnings so it isn't so relevant if you are either on a low or very high income.)

Once you have set your own budget, it is important to

review it at least quarterly so that you can ensure that you are working within it and that nothing significant is likely to be going wrong. From these quarterly reviews it is then a matter of simplicity to prepare your Annual Budget.

Finally, two important pieces of advice. If you are part of a family unit it is helpful to involve others in the family in your budgeting process. This should be helpful in keeping you on the right track. Secondly, remember those easy-to-forget items. They can easily make mincemeat of your budget. So make some allowance for these and you could find you have provided yourself with a useful piece of elastic!

Keeping track

It is important to identify what papers you should keep and where you should keep them. Answering the latter question is easy – the papers should all be kept together, in a safe place. Answering the former is a little more difficult.

You should keep all official documents, deeds and certificates which you need to be able to put your hands on at any time. These will include your will, birth and marriage certificates (if the latter is relevant), any share or unit trust certificates, copies of insurance policies, pension plans, etc. You also need to keep any receipts for important items you have bought, for example, TV, video, furniture, even the car. Current bank and credit card statements also need to be kept, as do cheque book stubs, a note of bank direct debits or standing orders, savings account books, National Insurance details and any tax documents, Society Security Benefit books, and of course your Budget and last Annual Report. Key guarantee certificates should also be kept, and health certificates and DSS certificates, instruction manuals for your appliances and so on.

MANAGING YOUR MONEY – UNDERSTANDING BUDGETING

Keep a separate list of policy numbers on certificates, etc., where you can find it easily, just in case of loss of, or damage to, your main records.

You may decide to keep some of your key documents with your solicitor or bank. In this case do be sure you have copies in your own 'safe' place.

Income Tax
Knowing where you stand with regard to income tax is another very important factor to ensure you keep your financial ship afloat and in calm waters. Here is a short cut to help you do your sums.

The current rates of income tax (tax year 1996/7, ending 5 April 1997) are:
Lower rate – 20%   £0 – £3,900
Basic rate – 24%   £3,901 – £25,500
Higher rate – 40%   over £25,500

(Remember that these rates apply to your income *after* your Personal Allowances have been taken off.)

Remember that most savings and investments you may have will probably be taxed at source, at the basic rate of tax. If you are not a taxpayer you should check carefully whether you can claim a tax refund. In most cases you can, but there are exceptions, so check it out. (Ask at your bank or building society for form B85. This will save you hassle later as you won't have to claim tax back at the end of the tax year.) Where you find you can't reclaim tax, consider what you can do to extract your money and place it somewhere where you get the benefits of the 'clawback'.

Ensure you make full use of your tax allowances and those of your spouse or partner.

PERFECT PERSONAL FINANCE

> Look carefully at any tax exemptions which you may be eligible for and ensure that you claim them. This may include mortgage interest relief (and do remember that it probably gets less year on year).
>
> Finally, do remember that the Inland Revenue is much more user-friendly these days. It is wise to check out your position with them from time to time, say every few years. You can do this easily by calling in at your local tax office.

Income Tax problems today hold fewer fears for us, especially as tax return forms themselves have been simplified over the years. Contact your local tax office and get their very helpful leaflets relevant to your queries. You'll find the address and phone number in your local telephone directory.

It is also worth bearing in mind – if you are self employed – that the near future will probably see most of us following the American system of self-assessment of income tax. This means that it is all the more important, if you wish to be an effective money minder, to become that much more familiar with the tax system, and to know when and where to turn if you need information and advice. It will prove a very worthwhile investment of your time.

Getting to Grips with Inflation

This is another important cornerstone as far as effective money management is concerned. Recently we have been living in an age of low inflation but many will remember those years of run-away inflation which, quite simply, resulted in the substantial 'melt-down' of our money! Hopefully low inflation will remain an economic priority of the government of the day. But whatever the rate of inflation is, it is important for you to recognize that your money, in terms of your savings and investments, must at least keep pace with inflation, and hopefully return you inflation plus a bit extra!

If you look at the swings and roundabouts of inflation over the past years, it will show you just what has happened to the pound in your pocket!

In 1990 this was considered to have 100p purchasing power.
In 1970 this had shrunk to 16.5p
In 1980 it had further shrunk to 4.6p
By 1990 it was worth only 2.4p
And in 1993 it was worth even less at 2.2p

Just studying these figures will make two important points. The first is just why it is so essential that the economy enjoys low inflation, to keep the value of your hard-earned savings, and the second is that, whilst there is no chance for an individual to influence the national rate of inflation, it is all the more important for that individual to take the rate of inflation into account in managing personal finances.

Significance of living in the nineties

There is one key phenomenon of the nineties which is new and fresh – we all need to recognize that we are living in a world which is changing at an escalating *rate of change*. There is no such thing, today, as a 'job for life'. More and more people have to plan their lives when they are working on short-term contracts. It is sometimes impossible to see even a year ahead, let alone longer.

All this has important consequences for your personal financial planning. You need to recognize that there are high probabilities that access to financial services will, in future, be denied to large numbers of people who cannot demonstrate the stable financial credentials required by a bank or building society. It is going to be all the more important, as a result, to take very seriously the whole matter of being able to demonstrate your financial responsibility, whatever your financial position. In this context the length of time you have dealt with a particular financial institution will be more important. Institutions such as banks and insurance companies will be increasingly wary of dealing with people who have 'changed horses' often – just to pick up the current best deal – in deciding who should be using their services.

The word in your ear must be – take very good care of your reputation. This will be another important investment of your time which will pay good financial dividends in the future.

5
UNDERSTANDING BORROWING AND SPENDING

To most of us, coping with the lack of the money we need or want must be the order of the day. There is much truth in the phrase 'the poor pay more' so, whether or not this applies to you, it serves to underline the point that it is important to recognize very clearly how to handle any needs you may have for borrowing. It is equally important to recognize how to spend your money efficiently. Obtaining value for money is what you must aim for, and this can sometimes mean choosing the apparently more expensive option over the illusory cheaper one! So how do you set about understanding the priorities in these two difficult but essential areas? Here are some short-cuts.

BORROWING

The first point to recognize is that there can be many occasions when it makes sense to borrow. Although in most cases it could be said that credit can damage your wealth, there are instances when using credit wisely can present you with a sensible option – particularly in these days when the purchase of even major items like cars seems to hinge on access to good credit facilities and new-style plastic money. More and more it would appear that what is being bought and sold is the money itself and not the article, be it car, video, etc., with which it is associated. This is partly because, at the end of the day, with the relentless onward march of technology, it is your name and address on a customer list which is the important thing. This allows access to you for further and future transactions and this, then, is the asset which is being traded, increasingly globally. The reason for the popularity of credit services, particularly for those who engineer the provision of such services, is that they are highly profitable – you pay interest on the money you borrow, or are apparently 'given'.

All of this means that it is essential for you to recognize the basic rules related to borrowing money effectively. There are some situations where shops offer interest-free loans, or particular articles are sold on the basis of offering interest-free credit. The latter should be viewed as a means of offering a discount, but do watch out as you may find there are conditions involved (this could mean the taking out of a maintenance contract or holiday insurance). In the main, however, the cost of credit has to be taken into account. And these costs can vary more than somewhat, as the illustration in the previous chapter shows.

Borrowing – things to remember
In very basic terms, when you borrow, perhaps by buying an item on credit, you are really 'buying' two separate and distinct things – the first is the article itself, the car, motorbike, video, etc., and the second is the money necessary to buy it. Frequently there are separate sources for each part of the transaction but this is largely invisible to you unless you ask for it to be spelt out. A resulting problem is the low level of public knowledge on the real cost of borrowing. Surveys have established over the years that the majority of people asked the question 'Could you spot the best credit deal?' could not answer the question with any degree of confidence!

So how do you set about it?

The Importance of APR – The Annual Percentage Rate (of Charge)
The above isn't just gobbledegook. All lenders are now required by law to calculate the cost of borrowing related to a standard formula. This is known as the 'APR'.

It gives you the *true* cost of borrowing and/or the credit extended to you calculated over a notional year. It also includes any costs other than interest, for example the annual charge for a credit card or the arrangement fee for a loan.

Remember, the lower the APR, the better for you – the cheaper the credit.

With such a system in place it is a matter of regret that, even now, years after its introduction, the message has not got across to the consumer.

So the first rule of wise borrowing is to check the APR and shop around for the lowest rate of APR.

The wise ways to borrow
APR and the cost of borrowing are only two of the criteria you should use to borrow wisely. Others are:

The amount of the repayments – You must not commit yourself to more than you can afford. Today lenders are expected to be responsible and not to encourage over-commitment. In this context, too, it is best to avoid wishful thinking. Be honest with yourself. Look into the future and don't over-commit just because you are on a current 'roll' with regard to earning money – it may not last!

The term of the loan – This again is a top priority. You must know that you will be able to stay the course. Terms of loans will vary depending on what you are buying. For example, if you want a loan to finance your annual season ticket to work, it makes no sense to ask for a loan for a longer period. Naturally enough, rates of repayment will look more attractive spread over longer periods of time, but this is illusory. This is because the levels of interest will be being paid also over the longer periods of time and so the cost to you will be higher than for a loan over a shorter period, even though your payments may be more for the shorter period.

'Bottom line' costs of the same washing machine can vary greatly when the different aspects of the credit transaction are taken into account. For example, Company A might offer the machine at £350 on the following terms: A requirement for a 20 per cent deposit, no interest to pay for one year but a requirement to pay the 80% balance in full in a year's time. So, the actual balance of the cost, to be borne in a year, is therefore £350 – 20 per cent = £280. But interest for £280 in your building society for one year at four per cent would return you £11. So therefore the total cost is £350 – £11 = £339, to which you need to add any maintenance costs, say £27. This makes the full cost of the washing machine £366.

Company B might offer the same washing machine at £340, but with different terms. They want 20 per cent down and interest at 15 per cent APR for one year. There is a one-year free service additional guarantee value of £27, so the actual cost is £340 plus 15 per cent interest paid on £272, with the benefit of the value of the guarantee on service, estimated at £27, which makes this a better deal than the former example. But if the machine was paid for in full on a cash basis it would cost £340 – £27 (the value of the service guarantee) or £313, a better deal still. And there is the possibility of negotiating for a further discount for paying cash!

So, an analysis of the real bottom line costs means you need to make a decision as to whether you want to take advantage of the financing and whether the extra one year's guarantee is worthwhile in your circumstances.

If you feel you can afford to buy for cash this is generally the most cost-effective option.

'Bottom line' costs are also related to an investment. Here the differences can be great, so do ensure that you ask for all the necessary calculations to be done so that you can examine the complete facts before you make your decision.

WHO LENDS MONEY?

Your Bank

Most important and first port of all. Your bank is likely to be the cheapest source of a loan. You can borrow through an overdraft, personal loan or on a credit card.

Overdraft – You will need to agree an overdraft limit with your bank. You will pay more if you don't, and also if you exceed the overdraft limit. This is generally the cheapest form of borrowing and the interest charged is calculated on a daily basis. But the interest is not the only charge: there are other charges which could include a fee for arranging the overdraft facility and possibly costs for operating the account. Ask for details before you start on this road. Remember account charges are now notified to you on your statements as a result of the introduction of the Code of Banking Practice.

Personal loan – This can be a very useful service from your bank/building society. It provides a separate source of borrowing based on a period of loan and interest payment which are fixed at the outset. You therefore, know, at the outset, exactly where you stand, how long the loan is to last and the sum of each fixed payment you must make over the period during which the loan is being repaid. An advantage of taking out a personal loan is that it is generally cheaper to borrow a fixed amount of money over a set period of time. Remember, too, that if you have a personal loan it may be possible for you to negotiate a discount from the supplier of the goods or services which you wish to buy –

this is because you will be regarded as a cash buyer. A good tip is to check, *before* you decide to take out a personal loan, on any penalties there may be if circumstances change and you want to repay your loan early.

Insurance companies will also loan you money against the security of your insurance policy. These loans can be economic.

Credit and Charge Card Companies
In the main these are related to the banks (VISA, MASTERCARD, EUROPAY) but there are other major players now in the market. These include the two leading charge card companies, American Express and Diner's Club. Previously there was an important distinction between credit and charge cards – credit cards were what they called, providers of credit; charge card companies provided you with a service and in return you were expected to pay off your charge card account every month. The card thus was a symbol to the shop or supplier concerned that you are credit-worthy – they could trust you because the charge card company had endorsed your financial credentials. Credit cards are different – they are in fact exactly as they are named. They provide you with roll-over credit with an option to repay at the end of the month.

Today, distinctions between charge cards and credit cards are being blurred.

American banks have now entered the scene with major 'affinity' credit cards. These cards really corral groups of people already in membership of a club or similar organization, who support particular objectives and thus provide a 'soft target' for the credit card company, with access to sometimes thousands of potential cardholders. Charities are also part of the 'affinity card' scene. Then there are the cards produced by major car companies such as General Motors. These are credit cards with a difference – they offer 'loyalty bonuses', for example Air Miles which are useful for family holidays, or which can be used to get you a new car at a lower cost! The list of credit card companies is endless ... with new developments appearing on the scene every month.

What you must remember is that the vast majority of credit and charge cards cost. They cost (in the main) by the imposition of an annual service charge, also the interest charges on the credit component you use. This can cost you heavily. Do remember that if you have and use a credit card it is most important to apply just that much more discipline to yourself to get the best out of the service and not find out later that it has cost you more because of your own casual attitude to the cost of credit!

Those cards which don't cost you a service charge, etc., usually come from the non-bank sources who will subsidise the credit taken to get a relationship with you which they can then use to sell you other products.

Debit Cards, and Future Developments

These in the main are marketed by companies with bank and major technological backgrounds. Following the vigorous development of the credit card have come other developments. These include the introduction of debit cards. Debit cards – including Switch – work on the simple principle of using the new technology to extract the money from your bank account at the time you make the transaction, so there is no interest charge. They are extending no credit and are simply a substitute for cash or a cheque.

And now there are yet further developments in store for us all. These include the introduction of Mondex, an initiative from National Westminster Bank/BT and the

Midland Group. Mondex is a card which stores your money (ultimately in several currencies) in a chip in the card itself. When the card is swiped to pay for your newspaper, your taxi fare, or goods at the supermarket, the money is transferred. Mondex cards can be re-charged from your bank account through the use of the telephone, a bank hole in the wall machine, etc. And Mondex offers even more innovatory services. You will be able to transfer money to a friend of colleague if he or she is also a Mondex card holder, and also to recall your last few transactions. The key customer benefits of Mondex are the access to new-technology telephone banking – because the cash dispenser of the future will be in your home for you to deposit or withdraw funds – and also, because every card has a transaction log, you can keep track of your spending. It goes without saying that there has been much time and money spent on the security systems built into the Mondex operation to ensure that, hopefully, your cash in the card remains safe and you are not at risk. Mondex is being tried in the Swindon area and national launch will follow speedily if results are sufficiently encouraging.

Why are these new developments in plastic necessary? It is because the escalation of fraud and theft in the use of cash and the expense of cash and cheque handling has made existing systems too expensive. It is a sobering thought that cash handling today costs the UK economy £4.5 billion every year! There is also the need, and expense, of providing security in shops and places where cash is used. This, in turn, gives rise to increased risks of burglary and violence. The cashless society is thus now with us and the process is irreversible. We must all learn to live with it, because we will be paying the price if we don't!

So the important lesson to be learnt is that we must all take the time and trouble to understand how the new plastic technology works, and how it will affect us. We also need to recognize that it calls for more self-discipline in each and every one of us if we are to get the best out of the system and not find out too late that we are called to pay a high price for our lack of understanding and casual attitude toward it!

There are many other ways of borrowing and many sources other than your bank or credit card company. For example, store cards which can be used in their branches, garages offer finance for car purchase and shops offer credit and no interest deals on the purchase of many goods including furniture, kitchen, video and other equipment. But watch out – there could be snags in the form of conditions imposed on you as a result of your taking up the option.

Protecting your purchase

You can protect repayments on purchases you have made by taking up an insurance policy to this end. This will cover you in the event of your being unable to work as a result of sickness or unemployment. The insurance should also repay any outstanding borrowing if you should die and so your heirs will have the benefit of this. Make sure you can recognize what is being covered and any exclusions involved. Sometimes insurance policies are marketed as 'Extended warranties' and in this case it is particularly important to familiarize yourself with the small print as they very often offer much less comfort than they should!

The service does come at a cost and variations in price are striking. For example a four-year extended warranty on the same type of colour television may be free at one department store or, depending on the retailer, cost from £58 to £150. A warranty on a washer-dryer varies from about £110 to £250. This can mean that the cost of your peace of mind can be high indeed! You should be very clear that you have studied all the details and are clear about the overall costs before you sign up.

Some credit cards offer purchase protection in the event of a dispute with the retailer – a benefit worth having.

THE WORRYING SIGNS
How do you know that you are getting out of your depth in relation to borrowing money? It is, of course, much better to be safe and not sorry. Here is a simple checklist:

- Check your credit limit – if you find you have too many small debts, in different places, and that your credit card statements are running too high, and also that the bank overdraft is at its limit, you are heading for trouble.
- Problems in view – if you are asking for longer periods in which to pay, and you are only paying off part of your credit card statements monthly, you are already in trouble.
- Avoiding the subject – if you find that it is more difficult to talk to anyone about money, and you shy away from talking to the bank manager, your troubles are getting worse.
- Hiding your head in the sand – if you find you are not opening window envelopes or letters or statements, but just stuffing them unopened into a drawer – and if you do this you won't be alone: there are many, many people who do just this – then it is really time for you to take action!

Getting out of Trouble
It isn't easy, but it can be done.

Step 1 – Collect all your bills – from all aspects of your life, home, car, shop accounts, credit cards, income tax, community charge, etc. Sit down, with a pencil and a piece of paper, and write down what you owe. Work out the debts and the periods over which you have owed the money.

Step 2 – Work out your income, check what 'cushion' you have between your income and your expenditure. Decide the total ballpark figure of your debts. Identify each bad debt. Consider discussing with the lender whether you can pay over a longer period.

Step 3 – Go on an economy drive. Find some things you can do without. Resolve not to be persuaded to buy things or commit yourself to spending money.

Step 4 – Talk about the position – to someone you trust and respect. A problem shared is truly a problem halved. There are others who may be in a position to help and advise, including your local Citizens Advice Bureau.

Step 5 – Remember the importance of the roof over your head. If you have a mortgage, talk to the bank or building society involved. Ask whether they will help by suspending payments for a period, in whole or in part.

Step 6 – Don't panic! Few people go bankrupt by comparison with the many who learn how to avoid it!

SPENDING

Spending your money wisely can make it go further. The way you set about purchasing a product such as a car, or a service, such as home improvements, can actually either save you money or can add to your cost. So how do you set about wise buying?

The first thing to remember is that it all centres around getting value for money. And this includes many factors other than the price. Frequently the best value for money can mean choosing an apparently more expensive option. Take the simple example of buying a hairdryer. You may choose the one which is cheapest, or which looks good and then you find, when you get it home, that it takes twice as long to dry your hair and so your electricity bill shoots up as a result! The reverse can also apply where you are asked to pay, say, £100 extra for a device which could only save you £2 a year in use! Value for money is determined by price and quality – access to service, economy in use, and durability, length of life, ease of repair, and design. Remember this and you won't go far wrong.

A very topical point to remember when you are buying something now to receive later is the whole area of prepayments. There are many organizations, from travel agents to furniture retailers and others, who will try to persuade you to put down a deposit when you order the holiday or your new suite of furniture. Sadly some go out of business and you lose out. It is important to remember that deposit protection is not as good as it should be as yet. Check what safeguards exist and whether or not you are happy with them. If in doubt don't proceed with the purchase.

Now a word about the protection which using your credit card for major purchases affords you. It is likely that in the future this won't be as good as in the past. Currently the significant advantage of a credit card is the protection you get under the Consumer Credit Act (CCA). All purchases in the UK of between £100 and £30,000 are protected in the event of misrepresentation or breach of contract by the retailer or other trader. This means that it could be easier for you to get your money back. And, in the case of most card issuers, this protection is extended to purchases made abroad.

In relation to the changes which may take place it is important for you to check the protection available when you are buying with your credit card.

UNDERSTANDING BORROWING AND SPENDING

Principles in wise buying

Remember that, very often, where you shop is more important than what you buy. This is because the law still stays that if you wish to complain your legal rights rest first with the retailer who sold you the goods, not the manufacturer who made them.

Buying from reputable organizations, in membership of their recognized trade association, offers you an important safety net. If things go wrong it is highly likely that they have procedures to offer help. Check first – before you commit yourself.

Be very careful of buying from cowboys, selecting the bargains offered casually, or buying at dodgy car boot sales and the like. Remember, there is no such thing as a 'free lunch' when you are buying something! If you are being offered something just that 'extra special' there is very likely to be a major hitch and, particularly if electrical equipment is involved, you could be at risk!

Before you buy an expensive item do shop around and if possible choose from three items or three estimates.

Buy what you need – not what fancy takes you. Frequently you will be wooed by examples of washing machines, videos or TV sets with lots and lots of design features, most of which you will never need or use. This means that the extra cost you will be asked to pay which went into providing these sophisticated refinements will represent a waste of your money. Don't yield to the temptation. You are putting your money into the salesman's pocket when you don't need to.

Remember, too, the importance of service – increasingly service calls cost a lot of money because the time of the serviceman or woman has to be paid for, plus travel, overheads of the business an the profit contribution. Today service calls rarely cost less than £30 and sometimes a lot more. Buy complex items which may need future service, from those who are near, whom you know you can rely on to provide quick, economic and competent service. That cheap dishwasher becomes very expensive indeed if service can only be obtained at inflated cost and you have to wait for it!

Above all things, becoming a wise buyer in the end saves you money – and this is the major point to be borne in mind at all times.

6
UNDERSTANDING INFLATION

Just as the Government puts a high priority on keeping inflation down in terms of running the economy, so you have to be sure that you understand inflation, keep tabs on it, and do not allow it to blow your little financial ship off course.

Over the past few years we have been living at a time of low inflation but there are many, many people who will well remember the horrors of living at a time of high inflation and the disastrous effects it had in terms of eroding savings and investments and driving prices of everything through the roof. A time of high inflation would be even more disastrous today when employment is less stable and most people are having to come to terms with the difficulty of long-term planning – not as easy as it used to be.

One thing is certain – the 'live now pay later' philosophy is dead . . . it is simply too dangerous for people to contemplate in today's turbulent world. Even insurance companies and finance houses have suffered. Just take a look at these figures which reflect the swings and roundabouts of inflation as reflected in consumer price changes over the previous year.

> In 1970 prices had increased by 6.4% over the previous year
> > In 1975 by 24.2%
> > In 1980 by 18%
> > In 1985 by 6.1%
> > In 1990 by 9.5%
> > In 1992 by 3.7%
> > And in 1993 by 1.6%

So, how do you beat inflation? Here is a step-by-step guide.

PERFECT PERSONAL FINANCE

Step One – Take an objective look at what 'home' represents to you. Are you more comfortable renting your home or buying it? In the recent past many have been caught in the negative equity trap, finding out that their home is now worth significantly less than they paid for it. And even if they took out a mortgage indemnity guarantee policy to cover the shortfall, some people didn't recognize that this protects the mortgage for the bank or building society from whom they borrowed the money, and the payments made by them are clawed back by the bank or building society to cover the gap between what has been paid on the mortgage and what should have been paid.

Even in today's turbulent investment world it could still be worth your while to invest in bricks and mortar to buy your own home – after all we can't produce more land in the country and there is a limit to the availability of housing. What is critical is to take a realistic look at what you can afford now, to have an objective view of what you should be able to afford in the future and not to over-commit yourself in terms of the price you pay for the home and the amount which the repayments will cost you over the years. (See Chapter 10 for more information.) It is essential that you ensure that your payments actually 'buy' what you owe on the house, not just reduce a permanent deficit.

Step Two – Start as soon as you can to build yourself a 'nest egg', money which you are putting aside for a rainy day. There is a multiplicity of options available, from friendly society schemes, to unit trusts and insurance options and trust company savings schemes – and many others. The benefit of the unit trust option is that you can always get at your money if you really need it whilst, in the case of the insurance option, the chances are that you will lose heavily if you wish to cash in your insurance policy in the early years. Friendly society schemes do offer you low cost and tax advantages but remember that you cannot get back more than you paid in early years. Of course, you can always keep your money in the bank and other cash deposit accounts but these options will not give it the same opportunity to grow.

Above all, no matter how young you may be, start thinking and planning about pension provision. We are now all living in an age of do-it-yourself pension provision and the sooner we come to grips with it the better. (See chapter 8.)

In the same way, particularly if you are self-employed, take a good look at permanent health insurance and disability insurance. This type of cover will be much more important in the tomorrow's world you will be living in. You need to ensure that your 'protection' insurance will be adequate to cover you in most circumstances.

Step Three – Look at the options National Saving allows you and use them as appropriate.

Step Four – Look at the ways you spend money and, if you are buying with cash, bargain for discounts. Shopkeepers feeling the pinch should respond positively if you have cash in your pocket! If you are thinking of buying consumer durables look out those shops which are offering interest-free credit and use it.

Step Five – Work out how inflation affects you – and do something about it. Where possible, index-link insurances for you home and contents. Plan your budget with inflation and possible increasing costs in mind. Consider ways and means of sharing costs with others – for travel, baby-sitting, etc. If you have a skill, barter it with others so that jobs in the house, garden, on the car, etc. are more economic. Above all, see if you can actually save on your out-of-pocket expenses by doing without.

TIMES OF HIGH INFLATION
If inflation is rising:

- Look at index-linked savings and investment plans
- Consider high fixed-interest investment schemes
- Look at whether the price/value of your home is rising and make necessary adjustments.
- Shop wisely, recognizing that the goods you buy today may cost you more in the future.
- Try to maintain a flexible economic position as far as your personal finances are concerned.

TIMES OF LOW INFLATION
If inflation is slowing:

- Consider fixed-interest savings and investments
- Look at tax-attractive schemes
- Review all insurance policies and make necessary adjustments.
- Keep some liquid financial resources – you may need to act fast if the trend is reversed and inflation starts rising rapidly.

Keeping a wary eye on inflation at all times is essential to financial fitness. Remember this if you want to be perfect at personal finance!

7
UNDERSTANDING SAVINGS AND INVESTMENTS

Don't be one of the many people who dislike thinking of their saving and investment needs and, above all, don't be one of those who always find excuses, either not to take any action at all, or to postpone taking action. Remember that old cliché, 'Tomorrow Never Comes'!

Savings and investments are both essential to helping you to live a happy, satisfied and financially secure life. It is quite true, today, to say that no government, of either a developed country (like Britain) or an emerging country (like those in Asia and on the Pacific Rim) can for long provide us with 'free' State Education, State Health or State Pensions. An historic change has occurred. Having said that, it is necessary for us in this country to recognize that we are already well down the path of recognizing that soon we will be living in a do-it-yourself world as far as personal finance is concerned. Certainly recent moves by both Government and the financial services industry have made available many options so that we can 'do our own thing'. What is less comfortable is the knowledge that, as yet, many who should already have taken action to provide for themselves in the years ahead in today's evolving world, have not done enough to help themselves in this context. What is even more disturbing is the fact that many people are confident and complacent that they know their way around the financial services world when all the evidence is that they don't! They are, therefore, sitting targets for voracious salesmen.

Make sure this comment does not apply to you for any longer than is absolutely necessary.

PERFECT PERSONAL FINANCE

So what do you do to help yourself? In Chapters 11 and 12 you will find some short cuts to knowing where you stand today in relation to helping you to plan for the future. In Chapter 8 also you will get a brief run through the important subject of planning for your retirement and understanding your pension provision so that this is, hopefully, more clear.

In this chapter there is a short analysis of saving and investment in the round, together with short descriptions of different types of products and services on offer. Chapter 12 will signpost you to places where you can get more information in specific areas.

WHY YOU NEED TO SAVE AND INVEST

We all have a future need for money . . . And our needs come in different areas.

We need short-term cash or 'rainy day' money, to deal with possible emergencies. Also to pay for next year's holiday or to help finance a home improvement or new car.

Then we need to plan for the future, for the medium term, say 5-10 years. This money is needed to finance a move to a larger home, perhaps, or for private or supplementary school costs for the children, or the fancy wedding on which a child has set his or her heart.

Further along, over the long term, say 20 years, there is an urgent need to start saving now to be confident of a trouble-free retirement.

What is quite certain is that, without the relevant time, attention and resources put into your saving and investment plans and actions, you seriously reduce your chances to achieve your potential in terms of living a happy, satisfied, fulfilled life without the stress of money worries which could have been avoided!

In the first area, short-term savings, it may be practicable to use a deposit-based savings account in a bank or building society. After that, to secure a sufficiently large nest egg to help provide you with the adequate level of retirement income means looking at ways of making your money 'grow' which will probably include taking some risks. And, for this reason, you must be very sure that you are comfortable with taking risks and the fact that some, most, if not all of the money may go quite literally down the drain!

So the cardinal rules in good money management are:

- Make sure that you have a reasonable sum tucked away as 'rainy day' money, and have protected yourself against the unexpected by taking out the necessary levels of insurance 'protection' for your home, your car, your health and your life
- Make sure that you are saving regularly – particularly bearing in mind your medium-term requirements
- Ensure that only then you consider what could be the area of risk and reward – investing for long-term growth. For example, with that spare £1,000 or more which you feel you can leave alone and untouched for a long time, say over ten years. Above all, make sure that it is 'spare' money, which you can afford to lose, in part or in whole, if the worst came to the worst!

UNDERSTANDING THE MAIN AREAS OF SAVING AND INVESTMENT

To be good at personal finance it is essential for you to understand the main area of saving and investment. Don't let others persuade you that this isn't easy. It is. There are many ways and means of cutting your way through the gobbledegook with which the financial services industry surrounds itself. Much of it is entirely unnecessary. Here is a simple and brief way through the money maze.

Understanding Banks

Banks today have undergone major changes. In reality they are more like financial supermarkets, offering a range of services in the overall area of deposit, borrowing and credit, saving and investment. They are increasingly sophisticated, developing differentiation in various ways with which you should become familiar.

In the credit area banks offer overdraft services, ordinary and personal loans, and mortgage facilities to help you buy your home. They also count home improvement loans and bridging facilities amongst the services they put on offer. Credit cards offered by the bank are widely used, and today these come at two or more levels, depending on how reliable the bank rates you as a customer.

Banks also offer cash cards with the ubiquitous Personal Identification Number (PIN) with which we are all so familiar. They use PIN numbers to identify their customers remotely. Increasingly they are offering debit cards which access your bank account to make immediate payment for the goods or services you have purchased, direct from your account. These cards use signature identification at the point of sale in the UK.

Today's bank is also a major player in the overall area of saving and investment, from major operations in the insurance world to sophisticated deposit-based and investment portfolio management services. In this context you should be sure you know how your bank is operating for you. Most services will be 'tied' so that the bank can only offer its own financial products. Some banks, however, have positive 'independent financial advice' arms which enable them to offer you

UNDERSTANDING SAVINGS AND INVESTMENTS

options which are much wider and which could access better value for money.

Banks also offer many other useful services which increasingly involve a fee or arrangement payment. These include helping you to make a will, trustee and executor services, safe deposit services and reference services. Your bank should also be your first port of call in relation to arranging access to money for travel in the form of travellers' cheques and foreign currency. But shop around other banks to compare their charges and exchange rates to establish the bottom line. At the time of writing, for example, Marks & Spencer give the best rates for US dollars!

Banks are now getting much better in the provision of understandable literature on their specific services. Ask for it and study it before you decide which services are of use to you. Also it is as well to remember that in tomorrow's fast-changing world it is likely to be more important to be able to count on the bank as a referee so be careful before you hop about from one bank to another! Remember, too, that the bank rates you as a customer and reviews your rating from time to time. Your account, how you run it and other factors are taken into account. The time may well come when bank accounts are not as freely accessible as they are today, so ensure that you are not a customer that the bank decides it does not want to keep on its books for the future! Today you need to be much more careful about how you run your bank account and not to fall into the dangerous trap of taking a casual attitude to your banking.

Understanding Building Societies
Many of the above comments relate equally to building societies which, as time goes by, become more and more like banks. They, too, are becoming financial

supermarkets, offering a wide range of products and services across the whole spectrum of cash, credit, savings and investment.

It is also as well to be very aware of the current trend towards the taking over and merging of major and minor building societies. This does hold uncertainties for account holders, both now and in the future.

Like banks, building societies have a wealth of informative literature about their individual services. Study this carefully before you make your choice of account or service. Check the latest rates and offers periodically, once you have made your choice.

Understanding Insurance
There are basically two types of insurance – for protection and for savings. They used to be differentiated by the term 'insurance', for protection products (for example protecting you against theft, or fire, etc.), and 'assurance', for savings products (for example providing a lump sum at the end of a specific term during which you have paid regular premiums) but today this separation of the terms is increasingly blurred with the term 'insurance' being used to cover both.

To understand life assurance it is necessary to get a broad-brush view of the different options on offer. The four basic types of life assurance policy are:

(i) Whole life of cover – where your policy will guarantee to pay an agreed amount of money to your heirs when you die. You pay premiums for the whole of your life.

(ii) Term assurance – temporary assurance, where the policy guarantees for you to be paid an agreed amount of money if you die before the agreed and specified date and term of the policy. You get nothing if you die after the term of the policy.

(iii) Endowment assurance – helps you save for the future and insures your life. You pay premiums for a fixed number of years. The policy pays out a capital sum if you die during this period or if you live to the end of it. Endowment assurance is frequently used to finance house purchase.

'With profits' endowment policy – also used to finance house purchase. This policy means that you also receive a share of any profits which the company makes on the investments it has bought using your money and the money of other policyholders. Naturally enough the lump sum will depend on the performance of the investments over the term of your policy. At the end of the term you will usually receive a terminal bonus as recognition of your loyalty as a customer. This has been very worth having in the past but may be less generous in the future. Terminal bonuses are likely to be high at times of high inflation and low at times of low inflation.

Unit-linked endowment policies – these include those policies which, when premiums are paid, are put into units in one of the company's unit-linked funds. These are very similar to unit trusts (explained on page 48). Then, when the policy matures, the lump sum payable is determined by the value of the units. These policies can also provide life cover so there is a lump sum available if the policyholder dies.

(iv) Annuities – these are lump sum investments on which you can't change your mind after you have bought them! In return you will receive an income over your remaining lifetime. The level of the annuity depends on several factors including your age, and the lump sum you have paid over. Annuities are suited to the elderly but even so the details of the particular scheme need to be checked over very carefully before money is paid over. You 'bet' on a long life whilst the company 'bet' on a short one!

Other insurance products
Bonds – Today there are many types of bonds on the market. Guaranteed growth and income bonds are popular. These are lump-sum investments with fixed returns over terms which range from 1-5 years. If you are paid interest yearly you will have bought an 'income bond', but if you have elected to have the interest accumulate over the term of the bond it will be called a 'growth bond'. These products are really for the financially sophisticated who recognize that the benefit is that they should get a good competitive return for their money, but against that they could lose out heavily if they need to cash the bond in early.

It is important to remember that the benefits of most life policies are paid free of income tax and Capital Gains tax either when the policyholder dies or when the policy matures. The life companies pay tax to the Revenue on their underlying investments.

Health Insurance – This is not strictly a saving and investment product but it offers a valuable service nevertheless because unexpected illness can aggravate stress and money worries. Peace of mind is very worthwhile. There are three particular and specific health insurances which need to be borne in mind. These are:

Permanent Health Insurance – Which provides you with an income if you are unable to work because you are ill. The payments will normally follow the period during which an employer may be paying you an income as 'sick' pay. It is essential to check the terms of your policy before you buy. Normally this will cover some three-quarters of your normal income and it will be subject to deductions for sick pay and any state benefits you may receive. It is particularly useful as protection for the self-employed.

Critical Illness Insurance – This will pay you a lump sum immediately if you have insured against the critical illness which has been diagnosed. You can use the lump sum for any purpose. Some plans have a cash surrender value after you have been paying premiums for some time. Some plans include life cover. Here again it is important to check the small print before you buy.

Disability Insurance – Another type of policy which you may find of interest in your particular circumstances. The policy will spell out the disabilities covered and, if you suffer these, will pay out.

National Savings

The National Savings movement is a long-standing Government initiative to make available to the public reasonable and safe financial products and services. National Savings are easily accessible, via the Post Office, your Bank, Building Society, or financial adviser. They offer many options which include tax-free saving. The basic National Savings products include:

National Savings Certificates – Lump sum investments with many options including index-linked certificates.

Capital Bonds – Lump-sum investments similar to National Savings Certificates but on which interest is paid gross, subject to tax if you are a tax-payer.

Income Bonds – Lump-sum investments paying monthly interest without the deduction of tax at source. But you'll have to pay tax if your income is above the minimum.

Investment Accounts – These pay fairly competitive interest rates which change less frequently than bank deposit account rates. Interest accumulates gross.

Ordinary Accounts – Two-tier accounts using post office counters. They offer easy access, modest interest which is partly tax-free, together with the benefit of some banking services.

Remember special child savings accounts can pay higher rates.

Gilts ('Gilt-edged' government securities)

These are Government products to help fund government spending. There is a wide range available. Most of these stocks are issued with a fixed interest rate. At the end of the period the Government redeems the stock, at what is called 'full nominal value' – the known published amount. Interest paid on your money is called a 'yield', and is paid half-yearly net of basic rate tax. Gilts offer you an opportunity of some safety and some gain. Charges are modest.

Unit Trusts

These are a first step into equity-based investment. They represent collective investments where the Unit Trust Management Company puts your money along with that of others into a fund of industrial shares or other securities which is then professionally managed. The fund is invested into equities and other options, including the keeping of a proportion in cash. The major safety factor with a unit trust is that *how* the money can be used is determined by a trust deed and the fund itself is held separately, by a trustee (usually a bank or insurance company) and not by the fund management company. Unit trusts today can vary from the simple and straightforward general fund, to complex funds operating in particular parts of the world and in particular areas of business.

The simplicity of unit trusts, which can be bought and sold very easily (as the fund management company has to buy back your units if you wish to sell, at the current price), makes them an ideal vehicle for someone who wants to take a level of risk with their money to improve the likely reward. Interest (called 'distributions') is paid half-yearly or can be automatically reinvested by you. You can follow the movements in unit trusts in your daily or Sunday newspaper.

Investment Trusts

Like unit trusts these can also be seen as a 'starter kit' for those interested in the equity markets. They are also collective investments, where your money is pooled with that of other investors. It is then invested in a professionally managed and well-spread portfolio of stocks and shares. But, unlike unit trusts, an investment trust is a publicly-quoted company and the shares are quoted on the Stock Exchange. You buy shares in the Investment Trust Company. Suitable for those willing to take some risk with their money, and recognizing that they are medium to long-term investments, investment trusts are available for lump-sum investment or for regular saving. Today this area, too, has become increasingly sophisticated with many different types of investment trust available.

TESSAs

TESSAs are still relatively new. They are 'Tax-Exempt Special Savings Accounts' – five-year accounts for either regular or lump-sum saving. You only get the tax-free interest if you leave the money in for the full five years. If you withdraw the interest before the full five years is up you will have to pay basic rate tax on what you have earned by then, but you will have to wait for the full five-year term to qualify for the relevant proportion of tax-free bonus. Also, if you withdraw your money before the end of the term you will have to pay tax on the interest earned. There is an overall maximum investment over five years, currently £9,000, and the maximum which can be paid in monthly is £150. Maximum lump sums are currently £3,000 in year one, £1,800 in each of the years two to four and £600 in year five. There are no charges.

PEPs

PEPs or Personal Equity Plans are a further form of relatively new tax-efficient investment. They are suited to either lump sum investment or regular savings. They can be used for purchase of UK shares or via unit or investment trusts. There is currently a limit of up to £6,000 which can be invested each year in a 'general' PEP holding a variety of shares or unit trusts. In addition you can have up to £3,000 in a 'one-company' PEP. The main attraction of a PEP is that you will qualify for tax concessions and your dividend or interest is paid free of tax. There are many variations of PEP. PEPs, however, are not suitable if you are not a 40 per cent tax payer or if your resources are limited and not sufficient to exceed the annual capital gains tax allowance (currently £6,000 a year).

Shares

Ordinary shares are investments quoted either on the Stock Exchange or on the new Alternative Investment Market (AIM) of the London Stock Exchange, the successor body to the Unlisted Securities Market (USM) which is being phased out. You can buy them – via a stockbroker – in small or large parcels. They can be very risky but, if you judge correctly, they can be very profitable too, over the short or the long term. What you must remember is that the share price of a company is not related to the real value of the company – it is related to what the market thinks it can sell the shares for quickly. Shares can be an ideal way to make your money grow, but, if you are interested in dipping your toes into these often shark-infested seas, you must recognize that in today's global and immediate financial marketplace, it makes no sense at all to buy shares unless you have sufficient resources. This means having at least £500 available to put into each of, say, fifteen shares. You must be prepared to lose. It is essential to spread your risks if you are to stand a prayer of a chance with direct investment into shares. In this context, too, it is important to recognize that, today, there is much less availability of the 'hot' or 'insider' tip, since insider dealing is now outlawed.

Having said that, owning shares can be exciting, challenging and – on occasion – rewarding.

Newer Products, Other Opportunities

There are many other options for investment and new developments are being announced all the time. For example, off-shore investment is increasingly popular and can be accessed in many ways, including via unit trusts. What is important to remember, is that investor protection is better with investments that are managed in the UK so, if you are interested in taking up investment through one of the newer products or services, including off-shore, you must be doubly careful about the confidence you have in the advice you are taking.

Getting Good Advice

This is really the 64,000 dollar question – Where do you go to get good financial advice? Here is a short cut to help you to understand the current position.

There are two basic options open to you for getting good financial advice. Either could be suitable for your needs, but it is important to know which is which.

You can get financial advice from your bank, building society or selected life insurance or other investment company. In the main this will be related to what is called 'tied' advice – in other words you will only be offered products from that company.

The second route is via the independent financial advice channel. In this case the adviser is 'independent', committed to offering you the best advice following reviewing the whole market. In this case the options put in front of you could offer better value for money.

An essential point for you to remember at all times is that the advice you get must be authorized. You can check this out simply by ringing the leading financial services regulator, The Securities and Investment Board (tel: 0171 638 1240), to check that the company – and the adviser – you are dealing with has the necessary authorization. Don't join the long queue of people who neglected to take this simple step and lost out seriously in financial terms as a result.

The other point to remember about the two systems is this: the 'tied' adviser is operating as the agent of the company he represents, whilst the 'independent' adviser is operating as your agent, with an additional duty of care to fulfill. Both advisers are paid, basically by commissions out of what you pay. IFAs may charge you a fee instead.

In addition, you can be reassured that the developments in financial services regulation are moving to ensure that you can more easily see where your money goes and just how much of it is swallowed up in commissions or fees to the adviser and charges to the product provider. A new document in the insurance industry, called the 'Key Features' document, spells out quite clearly the benefits and drawbacks of the product. This also features cancellation rates which show how much you may lose if you surrender your policy early. And it tells you the commissions and charges involved. It is often very worthwhile to ask for a share of the commission which may be involved!

Chapter 12 identifies what to do if you feel you have a potential problem or complaint to pursue. There are various deposit and investment protection schemes which you can ask about and which could be capable of giving you compensation if you lose out. In this context don't forget that the Ombudsman schemes can be accessed at no cost to you. These can also pay you if you lose out through no fault of yours, as long as you can fulfil their particular Terms of Reference.

A final word – remember at all times it is *your money*. You cannot abdicate total responsibility for taking decisions as to when to buy and when to sell, and for choosing who will be looking after your money according to instructions you have laid down and agreed with them.

8
PLANNING YOUR RETIREMENT AND PENSION

No matter whether you are very young, say in your teens or twenties, or older, in today's world it is critically important for you to take on board what you must do if you want to secure a peaceful retirement with no money worries. Take a look at these harsh facts to help focus your mind!

- No government of any country, developed or developing, can any longer afford to fund State Pensions. The change has occurred, it is historic. If you don't take time and trouble to understand the area of pensions overall and retirement in the round you are making a positive decision to lose out – and you will have to pay the cost of that.
- For every five years after the age of 30, if you haven't made adequate provision for your pension overall you will need to double up that provision. So, increasingly, the sums involved will be growing and becoming more daunting. Again you are the person at risk – who could lose out in the end.
- Whilst the whole area of pension and retirement provision is one of great complexity, it is possible to get an idea of what the overall provision should be. This is some 14 per cent of your gross earnings for at least 30-35 years of non-stop working life! Work that out and you may need to reach for the aspirin bottle!

So, the scene is set. Now, how do you start finding your way around the pensions maze. Here is a short cut which hopefully will help you.

THE STATE SCHEME
There are basically two parts to the State Pension

The Basic State Pension
In the 1996/97 tax year the basic State Pension is £61.15 weekly for a single person and £97.75 weekly for a married couple. Increases in this are linked to prices not earnings. It is forecast that by the year 2020 it will be worth only a tiny percentage of average national earnings. Whether or not you will receive the State Pension will depend on the number of qualifying years during which you have paid your National Insurance contribution. To qualify for even the smallest proportion of the old-age pension you need to pay the full rate of National Insurance for at least ten years! (To find out where you stand on this essential component of your financial planning call in at your local DSS office and fill in their 'pension forecast' form, BR19. You should receive an accurate breakdown of your entitlement based on your current record, within about six weeks.) However, if you are not working and are claiming state benefits such as unemployment, sickness or maternity payments you do receive credits which contribute towards your State Pension.

It is very important to get your pension forecast from time to time to find out exactly where you stand. You can then exert your option to pay for any qualifying years which are missing. There is a time window during which you can do this, so find out what it is in your particular case.

Central to all the government-of-the-day's thinking is recognition of the fact that the ageing population means that providing the current level of Basic State Pension becomes ever more expensive, and thus the amount given to each individual is likely to decline over time. This is why it is so important that you make your own provision in addition to whatever the State may or may not be able to provide by the due date as far as you are concerned.

The State-Earnings-Related Pensions Scheme (SERPS)
The State Earnings-Related Pensions Scheme, SERPS, is based on your National Insurance Contributions, and also on how much you have earned. It is not open to the self-employed. Since 1988, you have been able to elect to leave the SERPS scheme and take out a personal pension. Called 'Contracting Out', this means that some of your National Insurance contributions and those of your employer are put into your personal pension plan by the Department of Social Security (DSS).

Occupational Pensions or Company Pension Schemes
These are the schemes operated by employers. Your employer pays into the scheme and so do you in most cases. The employer is then responsible for the management of the scheme, generally through the appointment of trustees and professional fund managers. There may be generous provisions for your dependants when you die, and facilities for you to take early retirement in certain circumstances.

If you are in a company pension scheme there is no reason to sit back and think that your retirement provision is totally catered for! In today's economic climate you should check on your benefit level from time to time and top up the provision to the level you have decided is desirable by taking out additional savings and investment schemes. You should remember that the level of benefit in a company scheme is generally determined by your basic salary without the inclusion of any overtime, bonus payments or even perks such as the company car.

A company pension scheme is usually based on the last

year or two of salary paid to an individual prior to retirement. This can include substantial increases over the last years which improve the final pension payments. This does not occur with a personal pension.

To give you some idea of what pension provision would be take a look at this example. It is based on a two-thirds final salary pay-out which is quite common in company pension schemes. It is also based on 40 years completed service – which could be rare in the future!

Let us say that Fred Smith's final salary in his final year of employment is £20,000 although his income, with overtime, bonus and inner city allowance and his company car, could be substantially in excess of this.

This means that he will receive a pension of £13,333 a year – and this could easily represent a loss of more than 50 per cent in his current gross income!

Pension transfers

If you are in a company pension scheme and you change jobs you will have to decide whether to switch the value of the benefits you have built up in your current scheme to that of your new employer if this is possible, or to leave it with your old employer until the due date when the pension becomes payable.

Alternatively, you could elect to transfer to a personal pension plan, of which more later.

This overall issue is one of substantial importance to you and it is no matter to take lightly. You need to devote the time and determination to it to discover exactly where you stand, the sums involved, etc., in relation to all your options and then take a decision. When you do consider the issue, keep well in mind the current experience where literally thousands of people have lost out because they didn't arm themselves with the right information at the time they took the decisions related to pension and retirement planning!

Additional Voluntary Contributions (AVCs) to your company scheme and Free-Standing AVCs (FSAVCs)

You can make Additional Voluntary Contributions to your company scheme or to a 'free-standing' Additional Voluntary Contribution Scheme (FSAVCs). This enables you to top up your benefits from the occupational scheme. The Inland Revenue will allow you to take any overtime, bonuses and other payments, and also 'benefits in kind' into consideration. You will receive income tax relief on your contributions. You should find that a company AVC scheme is generally better than a free-standing one from a pension provider. Again it is very necessary for you to do your own sums before you decide. You can ask for the information from the company and/or pension provider for this purpose.

Personal Pensions Plans

These have been very much in the news recently. They are generally linked to the insurance industry.

You should definitely consider a personal pension plan if:

- You are not already a member of a company pension scheme
- You are self-employed

If you take out a personal pension plan you arrange with the product provider to make payments into the plan. These are then invested in a fund. A substantial benefit is the fact that a personal pension plan is free from tax on income and Capital Gains Tax on increases in the value of the investments. Providing the level of your contributions does not exceed the specified percentage of your earned income, they attract income tax relief. This means that the taxman will gross up your contributions. If, therefore, you pay basic rate tax at 25 per cent, £75 net contributed to your personal pension plan gives you a total of £100 – £25 courtesy of the taxman! And, if you are a high-earner paying 40 per cent tax you can claim additional relief (currently 15 per cent) through the adjustment which can be made to your tax code. If you are self-employed you can also benefit by claiming relief on your highest rate of income tax.

(There are, of course, similar tax relief provisions in company pension schemes.)

What you must remember, however, is that your personal pension plan cannot be cashed in early.

So what does it all add up to?

The size of the fund will depend on the level of your contributions and the periods during which you have made payments. It will also depend on the performance of the underlying investments. On the due date you can usually take up to 25 per cent of the total fund as a tax-free lump sum.

You can use the value of the fund, less any cash sum you have taken out, to buy an annuity. This is a contract with a life company whereby they pay you an income for life against the lump sum you have handed over to them.

A word about women

Women are most at risk when it comes to dealing with pensions. With more than one in three marriages ending in divorce a woman can easily find out that she has lost out in terms of retirement provision simply because her marriage failed! Also, since most women have children, it is natural that their working cycle is disturbed and they are unlikely to be in the position to demonstrate the 40 years continuous employment on which most pension planning is based. As a result again they lose out. And yet again, although we have sex discrimination and equal opportunities legislation it is still very possible for a woman to earn less than a man for doing the same job. This can be up to (or even over) ten per cent less. And this in turn also affects the pension and retirement provision.

Additionally, in the case of a man having decided to transfer from, or opt out of, his company pension scheme, it is more likely that the benefits that scheme held for his dependants are lost to them.

Today, however, things are starting to change. In divorce situations the courts are being required to take pensions into account when allocating financial settlements.

If you are a woman, therefore, it is doubly important to consider the matter of your retirement and pension provision separately from that of your husband or partner. A sobering fact to focus your attention on, and to stiffen your resolve to do just this, is to remember that if you take a five-year break to look after your children – or for whatever purpose – it probably means that you will have to pay 50 per cent more into your personal pension plan on your return to work!

Remember at all times, it's your money – and your life. It's up to you to plan ahead if you want to enjoy trouble-free retirement!

The effects of inflation
As a concluding thought on the importance of planning adequately for your retirement, look at this illustration:

A 30-year-old married man plans to retire at 65. He is currently contributing £75 a month into a personal pension. This gives him an overall £100 a month when he has included basic tax relief. If he is simplistic in his calculations he could expect that he will end up with a pension fund of around £200,000 (assuming a nine percent annual growth rate)! He may then believe that if he buys an annuity based on current rates he will enjoy an annual pension of around £20,000. He may be quite comfortable with that thought! But he hasn't remembered the effects of inflation. Assuming that there is an annual inflation rate of only four per cent over the coming 35 years, until he retires, it would mean that his £20,000 a year is worth only marginally over £5,000 in today's money.

Food for thought? Planning your retirement is for today . . . don't leave it to tomorrow.

9
COPING WITH HARD TIMES

In today's world most of us are very well aware that times can be hard and there are or may be many difficult days ahead. So how do you cope? Is it possible to turn a difficult situation around? Here are some tips which might help.

UNEMPLOYMENT
The key problems related to unemployment can be wider than just the financial problems. It has to be said that becoming unemployed must be one of the most traumatic experiences suffered by anyone, particularly if that person has been a loyal and conscientious employee, likes his or her job and wants to carry on doing it. Pride, the problems of rejection, non-recognition of one's value, genuine stress and worry are just some of the emotions which are affected, and which can seriously affect the future.

In the context of being unemployed the first priority is to take a positive attitude to the situation. Determine not to be defeated, immediately take the decision that there is a challenge presented. Get on with your life. Start looking vigorously for a new job. Explore all possibilities – looking afresh at what you really want to achieve with your life and avenues which relate to interests you have always had, but haven't thought of before in a work context.

Today's employment world is like riding a roller coaster. The ups and downs are huge and the time frames for keeping in steady employment are getting shorter and shorter. The tendency for employers to use short-term contracts increases all the time. But all of this doesn't have to represent bad news. Much depends on your attitude to it. Think of it positively, and recognize that it also gives you the freedom to be more in control of your own life, and to get out of your life what you most want to get, to ensure it is satisfying and rewarding in all senses of the word.

But recognize, too, that the trends also mean that you need to give more time and emphasis to understanding the money in your life, keeping track of it, and ensuring that you are living within your means. They underline the need for putting in place your own early-warning system to alert you if things are starting to go wrong. This is critically important because you need to know with time enough to take corrective action.

If you are unemployed and under 18

If you have just left school, and are under 18, it is most likely that you will not be able to get Unemployment Benefit (now known as Jobseeker's Allowance) which is funded by the National Insurance Contributions paid by adults. People can only access it if they have paid a sufficient number of contributions and this will be unlikely.

Equally, you may well not be able to claim Income Support – but it is still worth finding out your exact position because single people aged 16–17 can find that they are entitled to Income Support which could be either £28 weekly or, depending on their circumstances, £36.80 weekly. In addition, you will have a guarantee of the offer of a suitable Youth Training (YT) place at 16. The Youth Training scheme is operated locally through the Training and Enterprise Councils. This ensures training leading towards vocational qualifications for all young people. A training place is guaranteed at age 16. You can find the address and telephone number of your local Training and Enterprise Council easily through *Yellow Pages*.

If you are 18 or over
If you are 18 or over you can sign on at your nearest Jobcentre, and you can normally claim Income Support. If you are between the ages of 18 and 24 the current rate is £36.15 weekly. At 25 and over it rises to £45.70 weekly. Income Support is a Social Security benefit to help you if your income is below a certain level and you are not working 16 hours or more a week.

You can get more information about this and other schemes which may be helpful if you are going through hard times by contacting your local Benefits Agency.

Remember, too, that the Jobcentres offer some very useful services. For example you could be invited to a Jobsearch seminar where an experienced tutor will help you by giving sound, practical advice on the best way to set about finding the job of your dreams. Alternatively, if you have been unemployed for six months or more you should be invited to a Restart interview. This will help you assess your training needs and employment opportunities. You could also join the Jobclub which helps you in practical terms with guidance on writing letters, targeting likely organizations to contact where they may have a need of your particular skills and/or experience, handling a job interview and the like.

Remember at all times that the local DSS office is there to help you. They have been getting consistently better at understanding their role in these difficult times. Make use of their services and you should be surprised at the help available to put you back on your path to future development and employment.

REDUNDANCY
If you have been made redundant the chances are that you will get a lump sum from your ex-employer if you worked for the firm for more than two years. The

COPING WITH HARD TIMES

amount will vary according to your age, the job you had, and your length of service. The redundancy payment should be tax-free, so this should offer you a little comfort! Alas, you will not qualify for redundancy payment if you are under 20 or over pension age (still 65 for men and 60 for women).

Whether you get redundancy money or not, go to your local Jobcentre, taking your P45 (termination of employment tax form from your employer) with you, and sign on. Check the benefits available to you. If you have a mortgage, tell the relevant building society or bank as they may well offer you some breathing space on payments. If an insurance company is involved it is essential to inform them.

If you do get redundancy money, don't use any substantial part of it as a 'feel better' factor, blowing it on an expensive holiday or a new car! Tempting though it may be, and miserable though you may feel, you need to keep your own sticky hands on the money, and to make it work to produce for you over the future! Equally, be very, very careful of yielding to any of the persuasive financial advisers who may tempt you with amazing offers of how fast your money could grow if you put it in their hands! Read Chapter 7 on saving and investing and follow the guidance. It's your money . . . don't part with it until you are very, very sure you are getting your money's worth from it – for what you need or want!

No job in view . . .

Don't get too depressed if there is no immediate job in view. Take stock of what you have got to offer. It is possible that you could become your own boss, starting up an enterprise. In this case, go to your local bank and seek their advice. Most banks now have excellent services of information and advice relating to starting up a business.

If, however, the idea of being your own boss doesn't have any appeal for you, take a look at the skills you have to offer. Increasingly in many communities there are 'exchanges' where you can trade your skill, for example in home decorating, gardening or woodwork, for someone else's skill which you need to use in a specific capacity. The whole system of what is now called LETS was started in the Stroud area of Gloucestershire some years ago, and it now seems to be spreading like wildfire.

Here is how it works. The Local Employment Trading System (LETS) is basically a barter scheme. But it is more sophisticated than that, and could be said to be bigger and more effective. It is a community enterprise designed to encourage individual talent and initiative, to increase trade for local organizations and to thus help the local economy.

It works on units of exchange called 'Strouds'. Members of the scheme are given a cheque book and a regularly updated directory of the skills and goods available through the scheme. They use services they need and pay by cheque each month. The cheques are presented to the LETS office who co-ordinate the accounting. Unlike a barter system, because it works one-to-one, LETS allows members to run up credit with one member and spend it with another. Members can offer more than one skill or service or product. Charges for services can be partly in sterling. Some members choose to work on a percentage rate, perhaps using 50 per cent sterling and 50 per cent 'Strouds' or variations of this formula. The system is very flexible and can be varied to meet changing needs.

If you want to know if there is a similar operation in your area, ask your local Citizens Advice Bureau, your local newspaper or radio station, or you could try enquiring through LETS. Tel: Stroud (01453 755008.)

Finding out what you have to offer

Now it is a simple case of finding out what you have to offer – to either a would-be employer or to others who may need your skills.

Here is a guide:

- Step One – Set out your education and professional qualifications and any past employment experience in a simple but accurate CV.
- Step Two – Set out what you think you are good at – for example you may enjoy writing, working with your hands, be good with people, etc.
- Step Three – Set out what you don't like, and are not good at – for example you may hate working with figures, dislike administration, etc.
- Step Four – Being very honest with yourself, mark yourself from 1-10 answering the following questions:

  Are you a self-starter, a leader, or do you like to follow when others lead?
  Are you a risk-taker? Can you stand loss?
  Do you suffer from stress, getting worried when you are not quite sure you know exactly where you stand?
  Can you plan ahead? Work to achieve that plan?
  Can you assess and measure progress being made?
  Can you recognize the need to take action – and act?
  Why are you unemployed? Can you correct or use better any personal characteristics that may have involved you in losing your job?

In conclusion, remember that we are all living in an increasingly uncertain world. There is no such thing as safe, secure long-term employment any more. Don't let this thought frighten you, or inhibit you from achieving what could be quite possible. Be positive, look the facts in the face, plan and take action – and you will find that the hard times you experience will get fewer and fewer. You will also discover that it is exciting to recognize your true potential and to experience achieving it!

HARD TIMES WHICH ARE NOT YOUR FAULT

There are, alas, many cases where people experience hard times through no fault of theirs. They may have done all the right things at the right times and suffer because of totally unforeseen circumstances. Where do they turn for help?

The obvious first ports of call will be the local benefits office and citizens advice bureau. This should help to identify any sources of state assistance and signpost other areas of practical help, for example if the care of an elderly or infirm relative is straining the family's financial resources. Other ports of call which could offer practical assistance, financial and otherwise, include the charities connected with your work. There are many hundreds of such charities, many alas invisible, with modest resources to help those who have contributed to the profession, industry, business or trade union and find themselves in hard times. These charities bend over backwards to provide assistance when it is needed. It is thus very worthwhile to take the time and trouble to sniff out those which may be of practical help to you in your particular circumstances. A discussion with the local bookshop should help you to identify the couple of important trade or professional publications which look after your particular area of interest. A phone call to their editorial departments, or a simple letter requesting the name, address and telephone number of the relevant trade or professional associations should in turn, access the name, address and telephone number of the charities dealing with your particular area of interest.

In this context it is important to bear in mind that, in the UK, we still have the reputation of being the most 'caring' country in the world overall – it is said that one in four of the population is actively involved in helping in the community. Remember this, if you come upon hard times, and be persistent in your efforts to secure help. It is very likely that you will find it if you look in the right places.

10
THE HOME FRONT

The issue of your home – where you live, whether it is bought or rented – these are amongst the most important decisions you are ever called upon to make.

So how do you address them? In this book hopefully you will find the priorities spelt out succinctly to help you make the correct decisions for your particular circumstances.

A HOME IS MUCH MORE THAN BRICKS AND MORTAR, WHETHER IT IS BOUGHT OR RENTED

The first priority to recognize is that a home is much more than bricks and mortar and your base for living. This is equally valid whether you are buying or renting your home, or whether it is a house or flat.

One of the points which you will find rarely identified in books about buying, selling or renting a home is the importance of atmosphere, the 'I feel good about it' factor. To some people this is a priority, to most it is not recognized and it should be. So the important point to remember is how you *feel* about the property when you see it. A good tip in this context is to look at the property in the worst possible weather conditions. (Alas, most people leave it to a bright and sunny day before they go off house-hunting!) If you think the property stands up on a blustery, dull or wintry day – even when the skies are opening on it – then you are in for a pleasant stay when the weather is bright and sunny!

RENT OR BUY?

Renting
On the plus side you retain the flexibility, and with a good landlord (private or council) you could be sitting

pretty. Usually it's up to the landlord to 'manage' the property either directly or through an agent. This means that you don't have to worry about repairs, leaking pipes, etc. And it also means that you are not committing your capital to purchasing a property which may not hold its value – as thousands of people now sitting in the negative equity trap have found out!

In the recent past, with the problems of the recession and the depressed property market, renting your home has become more popular. If you are thinking of renting do remember, however, that if you have an unsatisfactory landlord you could be in deep trouble! Also it is as well to keep in mind that every payment for rent is money which, when spent, is gone forever! There is no asset – at the end of the day – which can be sold or traded in any way.

Here are some do's and dont's related to renting your home which should be helpful:

- DO find out exactly which of the many formulae for renting suits you best. There are pros and cons to each, for example 'Short let' agreements may offer more comfort to the landlord than to you.
- DO get a rent book and/or sign a proper agreement from your landlord before you occupy the premises. If possible get a legal opinion on it.
- DO ensure that you have done your sums correctly before you sign. Remember the landlord will want rent money in advance – with a further deposit to allow him/her to pay for any damage and repairs which need to be done when you move out.
- DON'T take anything on trust!
- DON'T get behind with the rent.
- DON'T do things which are not allowed in your agreement.

Buying your home

Naturally you have to consider carefully what type of house or flat you want, where you want to live – in relation to work, school, shops, public transport, etc., and how much you can afford if you are to avoid making a decision now which you may come to regret later.

Here are six steps to owning your own home. These are written with the first-time buyer in mind, but they are generally valid.

The six steps to owning your own home

Step One – Make the decision. You must decide whether to buy or to rent. If you decide to buy, you should next make a list narrowing down the essentials that you require to ensure you suit your needs.

Step Two – Raise the money. Start saving for the deposit and other costs. Do this as early as possible – don't wait until you need the down-payment. You will need to demonstrate to the lender that you are responsible when it comes to money! Approach several lenders (building societies, banks, mortgage brokers). Consider what they can offer. Do your sums – carefully! Decide how much you can afford . . . Remember the importance of thinking long term. Over a 20-25 year term much can happen which can blow your financial ship off course. Opt for being modest not grandiose. Make sure that the overall costs of the mortgage, insurance, etc. are acceptable as part of your income, long term. This point can't be emphasized too much in the light of the recent experiences of so many people! Remember you will be heading for trouble if your mortgage and insurance payments are more than 25 per cent of your take-home pay.

THE HOME FRONT

Step Three – Begin the search. Study the property market. Ignore areas and properties which don't meet your identified needs and budget. Above all don't rush any decision. Consider factors such as travel, schools, access to shops, open spaces, type of area, condition of the home, etc.

Step Four – Find your dream home. Make an offer, 'subject to contract'. Inform your lender. If a mortgage is offered arrange your own survey. Instruct a solicitor. Start planning the move. Remember, it all takes more time than you expect.

Step Five – Complete the legalities. Your solicitor does his work and arranges an 'exchange of contract'. You pay a deposit, usually ten per cent. This commits you and you need to get the essential insurance cover. On 'completion' you pay the rest, plus other fees.

Step Six – You move in. Before this you should have alerted the post office, the local authority, the electricity, water, telephone, cable and gas people, etc., arrange the removal and your contents insurance. When completion day comes you move in, hopefully to live happily ever after!

Doing your sums

When you decide what you can afford to spend on your new home you should remember to include all purchase and moving costs. You should find out whether or not you have to pay a proposal fee to the lender providing your mortgage, fees to your solicitor, land registry fee, stamp duty, etc. There could also be connection charges related to the provision of gas, electricity and telephone. In today's world these can cost quite a lot so check them out. Then there is the insurance bill for contents insurance, buildings insurance, etc. In addition there is always something to be done in relation to moving into a new home. This can include decoration work, carpentry, new fittings, carpets, curtains, locks, appliances to be wired in, etc. All this costs money and you should estimate such costs down to the last electric plug and bulb you need to buy.

So, what does it all cost? Here is today's realistic estimate for two properties worth £50,000 and £70,000.

Property value	£50,000	£70,000
Legal fees/costs VAT plus	£250 plus £43.75 VAT plus £90 searches	£350 plus £61.25 VAT plus £90 search fees
	= £383.75	= £501.25
Land registry fee	£80	£120
Stamp duty	nil (to £60,000)	£700 (1% above £60,000)

(To the above you should add costs for any arrangement fee from your lender and also their survey fee; your own survey fee and removal costs.)

If you are selling a property there are other costs. Based on properties of the same value, £50,000 and £70,000, these are:

Property value	£50,000	£70,000
Estate agent fees – depending on what you have agreed, say 2%	£1,000	£1,400
Legal fee/costs	£250 plus £43.75 VAT plus £10 other costs	£350 plus £61.25 VAT plus £10 other costs
	= £313.75	= £421.25

(To which add removal costs)

These costs do not include the cost of essentials such as

repairs and decorations, new furniture, and insurance to cover the move.

Mortgage indemnity guarantee insurance
In today's turbulent world it is as well to consider, at this initial stage, putting mortgage indemnity guarantee insurance in place. This will mean that, if a disaster strikes (ill health, losing a job, etc.) your home is protected. But you must remember the key point – although you pay the premium for the policy, and the shortfall is covered, the money paid out by the policy in all probability will go straight to the lender and not to you. In other words, the policy is there for the protection of your mortgage and the payments are made to the lender in lieu of the payments which you are no longer able to make. It is not money to make you feel better.

Here are some do's and dont's in relation to buying your home:

- DO ensure that you have done your sums accurately!
- DO take the wider view – consider comfort, ease of travel to work, costs of maintenance, etc.
- DO take the opinion of all members of the family into account.
- DON'T buy a home you can't afford to live in!
- DON'T buy a home which is lovely to live in during the good weather, and inconvenient and uncomfortable to live in during bad weather.
- DON'T forget, you will probably live in your home for many years. Ensure you think you will be happy and comfortable there over a long time.

Types of mortgage
Today there are many different types of mortgage available. For the purposes of this book we are dealing with the two most common.

Repayment mortgage

This is the first option you should look at and still the most common type of mortgage. You pay a monthly amount which is fixed unless the mortgage interest rate changes. This amount is part repayment of capital (sum borrowed) and part interest (the interest charged by the lender on the capital sum currently outstanding which will decrease as you pay off the capital). In the first few years most of each monthly payment will go in interest and only a little pays off capital. In the later years of the mortgage the position is reversed.

Other types of mortgage are all *investment-based*. With this type of mortgage the principal is unchanged. You will pay interest and invest through the method of mortgage you choose. This will help you to accumulate the funds necessary to pay off the mortgage. These types of mortgage include:

Endowment mortgage

This type of mortgage is combined with a life assurance policy for an amount to cover the repayment of the loan at the end of the pre-arranged period, or earlier if you die. Your monthly payments consist of interest on the mortgage plus the insurance premium.

There are many versions of the endowment mortgage which you should study. In recent years, there has been much criticism levelled at this type of mortgage. This has been mainly related to its over-promotion during the boom years of the 1980s when the dangers of the negative equity trap in a falling housing market had not been thought through. Dealing with a reputable organization and having done your sums prudently should mean that you can take the benefits offered by an endowment mortgage which, when it runs to full term, can be attractive.

It is most important to check what alternatives are available if you do decide to move before your endowment

THE HOME FRONT

mortgage has run its full term. Don't take any decisions without being in full possession of all the facts.

You can get variations of the conventional low-cost-with-profits endowment mortgage. For example the unitized with-profits version, where payments are more constant and benefits are expressed in terms of the accumulated value of the policy rather than the sum assured. There is also the unit-linked variety where premiums are invested in units and returns reflect movement in the market value of the units and dividends earned.

PEP unit trust mortgage
Here the payment is invested in unit trusts which are put into a personal equity plan. This helps you to avoid income tax and capital tax and take advantage of your capital gains exemption of up to £6,000 a year currently.

Pension mortgage
These have fiscal advantages similar to the PEP unit trust option above. But there are limitations, so find out your exact position if you want to consider this option.

Tax relief
There is still some tax relief applying to mortgages. MIRAS (Mortgage Interest Relief at Source) was first introduced in April 1983. Instead of getting tax relief on your mortgage interest from the taxman (in your PAYE code) you pay interest to the lender after your tax relief has been allowed on it. MIRAS has been scaled down over the years. Currently the level on which you can get it is 15 per cent on a qualifying loan up to £30,000.

Running your home more economically
Finally a word about running your home. There are many ways in which you can reduce your running costs

and protect your home. These will help you to run it more economically. Here are some tips for you to consider:

- Keep up appearances. Keeping your home in tip-top condition is undoubtedly the most economic way in the long run. Remember that 'a stitch in time saves nine'!
- Save on energy costs. You can cut your energy bill by at least ten per cent by effective energy management. Check on the type of power tariff you are using, whether you are taking advantage of low rates and 'easy' payment systems. Check whether or not 25 per cent of the heat you are paying for is leaking through an uninsulated roof! Cut down on cold air entering your home by using the right types of draught proofing. Explore the benefits of double glazing (which often reduces draughts as well). Finally, don't forget that you can also experience heat loss through walls and floors.
- Protect your home through adequate insurance. Instal – and use – burglar alarm systems and good locks that may earn you lower insurance premiums.
- Check whether there are rebates, or other services available to you suited to your particular circumstances.

In conclusion, remember that a home is there to be lived in, to feel comfortable and be happy in and that, to enjoy it fully, it is important not to put yourself into possible future difficulties by biting off more than you can chew in financial terms!

11
ACHIEVING PERFECT BALANCE IN YOUR PERSONAL FINANCE

At the end of the day, what you must try to achieve in your personal financial affairs is getting the right balance to suit your particular circumstances. And that balance must include flexibility, so that you can change course if needed.

You need to ensure security for the money you are saving and investing, a comfortable and reasonable environment in which to live – your home; at all times secure in the knowledge that you are providing maximum protection of your assets, your home, your health, and other things you value. You also need to know that you are saving sufficiently for your eventual retirement.

So how do you set about achieving this 'perfect' state of affairs. It isn't easy, but it can be done. Hopefully, these tips will be of help.

TIP ONE – ACHIEVING PERFECT BALANCE WITH REGARD TO INCOME AND EXPENDITURE
It may sound trite, but it is nonetheless true – you must balance your budget, year on year. The cardinal rule here is not to bite off more than you can chew in any direction. For example it is critically important not to commit too much of your income to paying for your home, whether it is being bought or rented.

TIP TWO – ACHIEVING PERFECT BALANCE WITH REGARD TO YOUR FINANCIAL POTENTIAL
It may appear odd, but your health and state of mind are very important in relation to achieving your potential,

including your financial potential. Physical fitness is a priority if you wish to keep all aspects of your life in balance. Recognize this.

TIP THREE – ACHIEVING PERFECT BALANCE IN YOUR SAVINGS AND INVESTMENTS

Here there are several areas which you must keep at the forefront of your mind:

- Ensure that your savings and investments do not involve you putting all your eggs in one basket. A rule of thumb which could be useful is to aim – over the long term – to have no more than one third of your assets related to bricks and mortar, another third in 'safe' hands, for example National Savings, deposits in banks, building societies, Government securities (Gilts), etc. Then with the final third you can take a look at options which allow a better rate of return, but which will involve a greater level of risk, for example unit and investment trusts, the 'starter kit' products for investment in equities.

  For many of us it could be as well to take out the value of the home, and refer the guidelines to the more 'liquid' savings. In this case you will need to set the proportions to suit your own needs. If, for example, you have only modest savings, apart from your home, you will not want to put more than a very small proportion, and perhaps not even that, into any savings incorporating an element of risk.
- Try to keep some 'rainy day' money, say £1,000 or more, to enable you to cope with emergencies.
- Try to build up a nest egg, over time, of at least a year's salary.
- Plan ahead. Give yourself a target of starting off each year at least no worse off, and hopefully better off. To start you on this path, follow this short route map:

Prepare your own Wealth Check
It is highly desirable, before you contemplate planning ahead, to know where you stand. For this you need to prepare your own Wealth Check. This is, simply, a statement of what you own and what you owe. It will indicate to you, overall, what you are worth.

Here's how: Take a piece of paper and write down in one column, what you own, your *Assets*. These are:

- Roughly what you would expect to sell your home for, less selling costs, and the amount of any mortgage which you will need to pay back.
- The value of your personal possessions, either the second-hand value or the replacement value (this will depend on the type of home contents insurance policy you have taken out). It will include your furniture, pictures, TV, computers, household appliances, the car, your clothes, any valuable possessions such as antiques, jewellery, etc.
- The likely lump-sum you will receive as part of your pension package on retirement.
- Balances in your bank, building society and other accounts.
- Any investments you may have, including National Savings, TESSAs, PEPs, Unit or Investment Trusts, Shares, Gifts, Bonds, Friendly Society Policies, etc.
- Any Life Assurance values (at maturity or sale value – but note which).
- Any other relevant Assets.

Adding up your list of the above items will give you your total assets.

Next you need to list, in another column, what you owe, your *Liabilities*. These include:

- Mortgage – the total of what you owe to the bank or building society

- Rent
- Bank Loans
- Your Credit Card balance, also store card or other unsecured loans you may have
- Any bank or building society overdrafts
- Any other relevant and outstanding loans or debts
- And, of course, taxes which need to be paid

Adding up these items will give you the total of your Liabilities.

Now, to find out your TOTAL NET WORTH you need to subtract your Liabilities from your Assets. Hopefully you will find out that the balance is on the right side and that you own more than you owe!

Keeping Track

Having established your own wealth check, create your own small system, to keep track of your money. Here is a simple formula which you can adapt to suit your own circumstances:

> Get a piece of A4 paper.
> Set out on it a summary of what you own and what you owe – give 'ballpark' figures where you can.
> Put the piece of paper in your wallet, or handbag. Keep it with you at all times.
> Update it from time to time, possibly monthly or quarterly, but don't leave it for longer periods.
> Check where you stand with regard to your pension arrangements, including the provision of the State Pension, so that you know your position; enter this on your piece of paper and update it from time to time, say every few years.

If you use this simple system you will be amazed at how much it will help you to ensure you keep your eye on your own financial ball. It will alert you to when things may be going wrong, giving you more time to help curtail or eliminate the problem.

TIP FOUR
Finally, remember there are only three routes towards improving your financial position:

Route One – To find ways and means of saving money.
Route Two – To find ways and means of making your time and your skills available to others in exchange for things or services which you need and they can provide, so that you can earn more.
Route Three – To find ways and means of improving and updating your skills so that your earning power is enhanced for the future.

A final word – if you remember at all times that there is no such thing as a 'free lunch' when it comes to money matters you won't go far wrong! If an offer seems too good to be true it invariably is too good to be true! The last chapter in this book will signpost to you sources of help which you could find useful, if you encounter difficulties on your way through life.

12
SOURCES OF HELP AND INFORMATION

If things go wrong, don't panic! There are many sources of help and information to assist in digging you out of a hole. These include several Acts of Parliament, Codes of Conduct, and even compensation and Ombudsmen schemes which can arrange repayment of money you may have lost in conditions covered by them. It is important that you recognize that these services are free to you and check them out before you are tempted to consult lawyers who may be contacting you with promises of 'Class Action' causes from which they hope to draw huge fees out of any money they may win for you! (A class action is one in which a group of people who feel they have been wronged or injured in some way, band together and retain the services of a solicitor to act on behalf of all of them.)

In the cause of brevity, only the most important bodies are given here, but approaches to them for information should give you any more detailed referrals you need.

On Financial Services Regulations, which includes access to compensation, the Lead Regulator is –

> The Securities And Investments Board (SIB),
> Gavrelle House, 2-14 Bunhill Row,
> London EC1Y 8RA,
> tel: 0171 638 1240

On Ombudsman Schemes –

> The Personal Investment Authority Ombudsman,
> tel: 0171 240 3838

> The Insurance Ombudsman, tel: 0171 928 4488

SOURCES OF HELP AND INFORMATION

The Banking Ombudsman, tel: 0171 404 9944

The Building Societies Ombudsman,
tel: 0171 931 0044

The Investment Ombudsman, tel: 0171 796 3065

The Pensions Ombudsman, tel: 0171 834 9144

The Corporate Estate Agents' Ombudsman,
tel: 01722 333306

On consumer information on Personal Finance – The Nation's only money education charity –

The Money Management Council, PO Box 77, Hertford, Herts SG14 2HW, tel: 01992 503448

Helpful newspaper columns, radio and television programmes and magazines include: *Money Mail* (Wednesdays), *The Times* (Saturdays), *Mail on Sunday, Observer* and *Sunday Telegraph* (Sundays), BBC Radio Four's *Money Box* (Saturdays and Mondays), BBC's *Watchdog*, and magazines *Moneywise* (monthly) and *Which?* (monthly, from the Consumers' Association).

Johann Gustav Dr
Darstellung Alexar
spannend wie ein I
Seit ihrem Erscheine
ein Standardwerk
Hollywood-Regiss
des Stoffes
Oliver Stone und Baz Luhrmann.

Novalis für Gestreßte. Ausgewählt von Ursula Michels-Wenz. it 2704. 160 Seiten

Platon für Gestreßte. Ausgewählt von Michael Schroeder. it 2189. 112 Seiten

Proust für Gestreßte. Ausgewählt von Reiner Speck. it 2866. 144 Seiten

Rilke für Gestreßte. Ausgewählt von Vera Hauschild. it 2191. 112 Seiten

Schopenhauer für Gestreßte. Ausgewählt von Ursula Michels-Wenz. it 2504. 125 Seiten

Seneca für Gestreßte. Ausgewählt von Gerhard Fink. it 1940. 102 Seiten

Lektüre für Gestreßte
im insel taschenbuch

Buddha für Gestreßte. Ausgewählt von Ursula Gräfe.
it 2594. 144 Seiten

Fontane für Gestreßte. Ausgewählt von Otto Drude.
it 3030. 120 Seiten

Gandhi für Gestreßte. Ausgewählt von Martin Kämpchen.
it 2806. 146 Seiten

Goethe für Gestreßte. Ausgewählt von Walter Hinck.
it 1900. 128 Seiten

Hesse für Gestreßte. Ausgewählt von Volker Michels.
it 2538. 158 Seiten

Kant für Gestreßte. Ausgewählt von Ursula Michels-Wenz.
it 2990. 192 Seiten

Kierkegaard für Gestreßte. Ausgewählt von Johan de Mylius. it 2661. 192 Seiten

Konfuzius für Gestreßte. Herausgegeben von Ursula Gräfe.
it 2754. 128 Seiten

Karl Kraus für Gestreßte. Ausgewählt von Christian Wagenknecht. it 2190. 144 Seiten

Montaigne für Gestreßte. Ausgewählt von Uwe Schultz.
it 2845. 120 Seiten

Nietzsche für Gestreßte. Vorgestellt von Ursula Michels-Wenz. it 1928. 112 Seiten

Elisabeth von Österreich. Tagebuchblätter von Constantin Christomanos. Herausgegeben von Verena von der Heyden-Rynsch. Mit Beiträgen von Ludwig Klages, Maurice Barrès, Paul Morand und E. M. Cioran. Mit zeitgenössischen Abbildungen. it 1536. 213 Seiten

Hubert Ortkemper
- Olympische Legenden. Geschichten aus dem antiken Olympia. Farbig illustriert von Rolf Köhler.
  it 1828. 267 Seiten
- Medea in Athen. Die Uraufführung und ihre Zuschauer. Mit einer Neuübersetzung der Medea des Euripides.
  it 2755. 80 Seiten

Alberto Savinio. Kindheit des Nivasio Dolcemare. Übersetzt von Sigrid Vagt. Mit einem Nachwort von Martina Kempter. BS 1168. 152 Seiten

Gustav Schwab. Sagen des klassischen Altertums. Mit sechsundneunzig Zeichnungen von John Flaxman und einem Nachwort von Manfred Lemmer. it 2792. 1020 Seiten

Roberto Calasso. Die Hochzeit von Kadmos und Harmonia. Übersetzt von Moshe Kahn. it 1476 und Leinen. 434 Seiten

William Golding. Mit doppelter Zunge. Roman. Übersetzt von Wolfgang Held. 176 Seiten. Gebunden

Zbigniew Herbert. Im Vaterland der Mythen. Griechisches Tagebuch. Herausgegeben und mit einem Nachwort versehen von Karl Dedecius. it 2748. 200 Seiten

Hugo von Hofmannsthal. Augenblicke in Griechenland. Mit einem Nachwort von Hansgeorg Schmidt-Bergmann. Mit farbigen Fotografien. Großdruck. it 2408. 130 Seiten

Erhart Kästner
- Kreta. Aufzeichnungen aus dem Jahre 1943. Mit einem Nachwort von Heinrich Gremmels. it 117. 264 Seiten
- Griechische Inseln. Aufzeichnungen aus dem Jahre 1944. Mit einem Nachwort von Heinrich Gremmels. it 118. 166 Seiten
- Ölberge, Weinberge. Ein Griechenland-Buch. Mit Zeichnungen von Helmut Kaulbach. it 55. 262 Seiten
- Die Stundentrommel vom heiligen Berg Athos. it 56. 325 Seiten

Marie Luise Kaschnitz. Griechische Mythen. Herausgegeben von Bernard Andreae. 17 Abbildungen. Leinen. 192 Seiten

Wolfgang Koeppen. Die Erben von Salamis oder Die ernsten Griechen. Mit farbigen Fotografien. Großdruck. it 2401. 80 Seiten

»Griechenland«
im Suhrkamp und im Insel Verlag
Eine Auswahl

Athen. Literarische Spaziergänge. Herausgegeben von Paul Ludwig Völzing. Mit farbigen Fotografien. it 2505. 300 Seiten

Athos. Die Mönche vom Heiligen Berg. Von Günther Stockinger und Reinhard Strippelmann. Mit zahlreichen Fotografien. 96 Seiten. Gebunden

Führer durch das klassische Griechenland. Die antiken Texte zur Kunst und zu den Landschaften Griechenlands. Herausgegeben von Hubert Ortkemper. Mit zahlreichen Abbildungen. it 1930. 408 Seiten

Griechische Märchen. Herausgegeben von Georgios Sarantis-Aridas. it 2231. 345 Seiten

Griechische Welt. Klassische Autoren Griechenlands. Herausgegeben von Hellmut Flashar. it 1970. 677 Seiten

Reisen mit Odysseus. Zu den schönsten Inseln, Küsten und Stätten des Mittelmeers. Von Ernle Bradford. it 2508. 283 Seiten

Jean Bollack. Sophokles. König Ödipus. Zwei Bände. Zusammen 466 Seiten
- Band 1: Text. Kommentar. 271 Seiten. Klappen-Broschur
- Band 2: Essays. 195 Seiten. Klappen-Broschur

Friedrich Nietzsche. Die Geburt der Tragödie. Schriften zu Literatur und Philosophie der Griechen. Herausgegeben und erläutert von Manfred Landfester. 697 Seiten. Leinen

Friedrich Nietzsche. Die Geburt der Tragödie aus dem Geist der Musik. Mit einem Nachwort von Peter Sloterdijk.
it 1012. 219 Seiten

Wolfgang Schadewaldt
- Die Anfänge der Geschichtschreibung bei den Griechen. Herodot. Thukydikes. Tübinger Vorlesungen Band 2. stw 389. 413 Seiten
- Die Anfänge der Philosophie bei den Griechen. Die Vorsokratiker und ihre Voraussetzungen. Tübinger Vorlesungen Band 1. Unter Mitwirkung von Maria Schadewaldt herausgegeben von Ingeborg Schudoma. stw 218. 521 Seiten
- Die frühgriechische Lyrik. Tübinger Vorlesungen Band 3. Unter Mitwirkung von Maria Schadewaldt herausgegeben von Ingeborg Schudoma. stw 783. 393 Seiten
- Die griechische Tragödie. Aischylos. Sophokles. Euripides. Tübinger Vorlesungen Band 4. Unter Mitwirkung von Maria Schadewaldt herausgegeben von Ingeborg Schudoma. stw 948. 460 Seiten

- Philoktet. Herausgegeben von Hellmut Flashar. Übersetzt von Wolfgang Schadewaldt. Mit zahlreichen Abbildungen. it 2535. 181 Seiten

Unterm Sternbild des Herkules. Antike in der Lyrik der Gegenwart. Herausgegeben von Bernd Seidensticker und Peter Habermehl. it 1789. 253 Seiten

Die Taten des Herkules. Die Herkules-Sage von Gustav Schwab. Herausgegeben von Karl Riha und Carsten Zelle. Mit zahlreichen Abbildungen. it 2147. 167 Seiten

Theophrast. Charaktere. Neu übersetzt und mit einem Vorwort versehen von Kurt Steinmann. Mit Illustrationen. it 2662. 112 Seiten

Geschichte und Philosophie

Michel Foucault. Sexualität und Wahrheit
- Zweiter Band: Der Gebrauch der Lüste. Übersetzt von Ulrich Raulff und Walter Seitter. Leinen und stw 717. 327 Seiten.
- Dritter Band: Die Sorge um sich. Übersetzt von Ulrich Raulff und Walter Seitter. Leinen und stw 717. 316 Seiten

Hegel und die antike Dialektik. Herausgegeben von Manfred Riedel. stw 907. 280 Seiten

Christian Meier. Die Entstehung des Politischen bei den Griechen. stw 427. 514 Seiten

Heinrich Niehues-Pröbsting. Der Kynismus des Diogenes und der Begriff des Zynismus. stw 713. 389 Seiten

Platons Mythen. Ausgewählt und eingeleitet von Bernhard Kytzler. it 1978. 224 Seiten

Platon. Das Trinkgelage oder Über den Eros. Übertragung, Nachwort und Erläuterungen von Ute Schmidt-Berger. Mit einer Wirkungsgeschichte von Jochen Schmidt und griechischen Vasenbildern. it 681. 225 Seiten

Sappho. Strophen und Verse. Übersetzt und herausgegeben von Joachim Schickel. it 309. 99 Seiten

Sophokles
- Aias. Übertragen von Wolfgang Schadewaldt. Herausgegeben von Hellmut Flashar. Mit zahlreichen Abbildungen. it 1562. 130 Seiten
- Antigone. Übertragen und herausgegeben von Wolfgang Schadewaldt. Mit einem Nachwort, einem Aufsatz, der Wirkungsgeschichte und Literaturhinweisen. Mit einem Bildteil. it 70. 152 Seiten
- Antigone. Übersetzt von Hölderlin. Bearbeitet von Martin Walser und Edgar Selge. it 1248. 81 Seiten
- Elektra. Übertragen von Wolfgang Schadewaldt. Herausgegeben von Hellmut Flashar. Mit zahlreichen Abbildungen. it 1616. 160 Seiten
- Die Frauen von Trachis. Übertragen von Wolfgang Schadewaldt. Herausgegeben von Hellmut Flashar. Mit zahlreichen Abbildungen. it 2602. 129 Seiten
- König Ödipus. Übertragen und herausgegeben von Wolfgang Schadewaldt. Mit einem Nachwort, drei Aufsätzen, der Wirkungsgeschichte und Literaturnachweisen. Mit 14 Abbildungen. it 15. 141 Seiten
- Ödipus auf Kolonos. Übertragen von Wolfgang Schadewaldt. Herausgegeben von Hellmut Flashar. Mit zahlreichen Abbildungen. it 1782. 164 Seiten

- Lieder der Trauer. Die Triestien des Publius Ovidius Naso. Übersetzt und herausgegeben von Volker Ebersbach. it 1987. 220 Seiten
- Metamorphosen. In der Übertragung von Johann Heinrich Voß. Mit den Radierungen von Pablo Picasso und einem Nachwort von Bernhard Kytzler. it 1237. 377 Seiten
- Ovid für Verliebte. Ausgewählt, übersetzt und mit einem Nachwort von Karl-Wilhelm Weeber. it 2269. 119 Seiten

Platon. Sämtliche Werke in zehn Bänden. Griechisch und deutsch. Nach der Übersetzung von Friedrich Schleiermacher, ergänzt durch Übersetzungen von Franz Susemihl und anderen. Herausgegeben von Karlheinz Hülser (it 1401–1410 in Kassette). 5475 Seiten
- Band 1: Ion. Protagoras. Apologie. Kriton. Laches. Lysis. Charmides. it 1401. 486 Seiten
- Band 2: Gorgias. Euthyphron. it 1402. 459 Seiten
- Band 3: Menon. Kratylos. Euthydemos. Hippias major. it 1403. 444 Seiten
- Band 4: Hippias minor. Symposion. Phaidon. it 1404. 347 Seiten
- Band 5: Politeia. it 1405. 788 Seiten
- Band 6: Phaidros. Theaitetos. it 1406. 367 Seiten
- Band 7: Parmenides. Sophistes. Politikos. it 1407. 464 Seiten
- Band 8: Philebos. Timaios. Kritias. it 1408. 475 Seiten
- Band 9: Nomoi. it 1409. 1032 Seiten
- Band 10: Alkibiades II. Hipparchos. Amatores. Theages. Kleitophon. Minos. Epinomis. Briefe. Definitionen. Appendix Platonica. it 1410. 613 Seiten

Platon für Gestreßte. Ausgewählt von Michael Schroeder. it 2189. 110 Seiten. it 2671. 128 Seiten

Das Geschichtswerk des Herodot von Halikarnassos.
Übersetzt von Theodor Braun. it 2743 und Leinen im Schuber. 848 Seiten

Hippokrates. Der Eid des Arztes. Von der heiligen Krankheit. Griechisch und deutsch. Neu übersetzt und herausgegeben von Kurt Steinmann. it 1882. 100 Seiten

Homer. Ilias. Wolfgang Schadewaldts neue Übertragung. Mit 12 Bildtafeln. Leinen und it 153. 432 Seiten

Homer. Ilias. Odyssee. In der Übertragung von Johann Heinrich Voß. it 1204. 851 Seiten

Hyperion oder der Eremit in Griechenland. Von Johann Christian Friedrich Hölderlin. Herausgegeben und mit einem Nachwort versehen von Jochen Schmidt. it 365. 229 Seiten

Longus. Daphnis und Chloë. Ein antiker Liebesroman. Übersetzt und mit einem Nachwort von Arno Mauersberger. Mit Illustrationen der ›Edition du Régent‹. it 136. 132 Seiten. it 2627. 133 Seiten

Marc Aurel. Selbstbetrachtungen. Übersetzt von Otto Kiefer. Mit einem Vorwort von Klaus Sallmann. it 1374. 202 Seiten

Karl Philipp Moritz. Götterlehre. Herausgegeben von Horst Günther. Mit zahlreichen Abbildungen. it 2507. 341 Seiten

Ovid
- Liebeskunst. Nach der Übersetzung von W. Hertzberg. Bearbeitet von Franz Burger-München. Mit Abbildungen nach etruskischen Wandmalereien. it 164. 112 Seiten

»Das alte Griechenland«
im Insel und im Suhrkamp Verlag
Eine Auswahl

Aischylos. Prometheus, gefesselt. Übertragen von Peter Handke. 71 Seiten. Broschur

Aischylos. Die Perser. Stück und Materialien. Von Durs Grünbein. es 3408. 72 Seiten

Archilochos. Gedichte. Griechisch und deutsch. Übertragen von Kurt Steinmann. Mit zahlreichen Abbildungen. it 2215. 131 Seiten

Aristophanes. Lysistrata. Bühnenfassung. Übersetzung und Bearbeitung: Wolfgang Schadewaldt. Ab 1983 in neuem Buntpapiereinband. IB 967. 90 Seiten

Arkadien. Landschaft vergänglichen Glücks. Mit z.T. farbigen Abbildungen. it 1421. 197 Seiten

Klaus Bartels. Sokrates im Supermarkt. Streiflichter aus der Antike. it 2658. 272 Seiten

Epiktet. Wege zum glücklichen Handeln. Übersetzt von Wilhelm Capelle. it 1458. 221 Seiten. Großdruck it 2359. 232 Seiten

Epikur. Philosophie der Freude. Briefe. Hauptlehrsätze. Spruchsammlung. Fragmente. Übertragen und mit einem Nachwort versehen von Paul M. Laskowsky.
it 1057. 121 Seiten. Großdruck it 2390. 132 Seiten

Euripides. Bakchen. Neu übertragen von Kurt Steinmann. it 2537. 127 Seiten

aus seinem Geschichtswerk zu verbannen. Dennoch: Mit der Persönlichkeit und dem Leben eines Alexanders konfrontiert, haben einige gute Historiker die Versuchung gespürt, das Terrain der Geschichte zu verlassen und jenes des historischen Romans zu betreten; einige erlagen dieser Faszination. Die anregendsten und lesenswertesten »Geschichten« Alexanders haben jene Alexanderforscher geschrieben, die keine Angst davor hatten, sich mit Alexanders Leben unter Einsatz ihrer Phantasie und ihrer Emotionen zu befassen. Unter ihnen nimmt Droysen sicher den ersten Platz ein. Für die Gegner seines Helden, die seine Pläne stören, zeigt er Verachtung; er fühlt den Schmerz, die Enttäuschungen, den Zorn und die Reue eines stets unter Gemütsschwankungen leidenden Mannes nach.

Droysens *Geschichte Alexanders des Großen* ist eine literarisch faszinierende und intellektuell herausfordernde Darstellung, weil sie emotional ist. Sie läßt sich fast wie einen historischen Roman lesen, und dies täuscht manchmal von der akribischen quellenkritischen Arbeit hinweg, auf der die Darstellung beruht. Aber das Werk eines Historikers, der die Quellen über Alexander gelesen und analysiert hat, ohne von ihm geträumt zu haben, kann nur langweilig sein. Daß Alexander in Droysens Träumen erschienen war, davon bin ich überzeugt.

Heidelberg, August 2004   Angelos Chaniotis

> die Seleukier, der übrigen Hellenen Vielzahl
> aus Ägypten, aus Syrien, Hellenen in Medien,
> Hellenen im Perserland, und wieviele andere.
> Weithin dehnen sich unsere Reiche,
> vielseitig ist unsere Praktik kluger Anpassung.
> Und dann unsere Sprache,
> unsere hellenische Weltsprache,
> hinein bis nach Baktrien trugen wir sie,
> ja bis zu den Indern.
>
> Über Lakedaimonier reden – jetzt!

Kavafis' ironische Verdammnis der kurzsichtigen Widersacher des Königs, der Spartiaten, spiegelt die Emotionen eines noch im 20. Jahrhundert lebenden hellenistischen Griechen wider, der sich der Leistung Alexanders bewußt war. Ob Kavafis Droysen kannte, als er von der »Praktik kluger Anpassung« der griechischen Siedler nach den Eroberungen Alexanders schrieb?

Die Erfahrungen des Politikers Droysen (Abgeordneter in der Frankfurter Nationalversammlung von 1848) im geteilten Deutschland machten die Bewunderung für die Leistung Alexanders noch größer. Sein Alexander ist mehr als das Ergebnis von Reflexionen über eine Person, die längst Mythos geworden war und dessen Leben jenseits aller menschlichen Maßstäbe lagen. Es ist Droysens Antwort auf Fragen nach dem Sinn der Geschichte. Gegenüber dieser Frage konnte der Historiker nicht emotionslos stehen; und dies heißt: Er konnte auch den Geschäftsführer des Weltgeistes nicht emotionslos betrachten.

Seit der Zeit eines Tacitus, der (nur) nach eigenen Angaben seine Geschichte *sine ira et studio* geschrieben haben soll, wird der Historiker aufgefordert, seine Emotionen

»*Alexander Sohn des Philipp und die Hellenen außer den Lakedaimoniern*« –

Sehr wohl vermögen wir uns auszudenken:
diese Inschrift ließ überall zu Sparta
die Leute ziemlich kalt.
»außer den Lakedaimoniern« – wie denn anders?
Spartiaten waren nicht Leute,
die sich gängeln und befehlen lassen
als wären sie wertvolle Diener. Im übrigen:
panhellenischer Feldzug – und an der Spitze
nicht ein Spartiatenkönig – in ihren Augen hätte dies kein
hohes Anseh'n.
Oh – nichts natürlicher als das: ohne die Lakedaimonier.

Auch das ein Standpunkt. Sehr begreiflich.

Und somit – ohne die Lakedaimonier am Granikos;
und danach in Issos; und bei der Entscheidungsschlacht,
wo das furchtbare Heer ward weggefegt,
das die Perser bei Arbela zusammenscharten:
das von Arbela zum Siegen aufbrach –
und dann wie weggefegt zu Boden sank.

Aus der im allgriechischen Namen
herrlich vollbrachten Heerfahrt,
aus der siegstrahlenden, vielberühmten,
gepriesen wie nie eine zweite.
Aus diesem Heerzug,
der so unvergleichlich:
sind wir entstanden – wir;
hellenische neue Welt, groß.
Wir: die Alexandriner, die Antiochener,

der kulturhistorischen Leistung Alexanders; seine Bewunderung ist das Ergebnis der originellen historischen Deutung der Taten des Eroberers, so etwa in Bezug auf die Entscheidung Alexanders, den Adel der besiegten Perser in die herrschende Elite einzubeziehen: »Was auch der Hochmut der Hellenen und der Siegerstolz der Makedonier sagen mochte, Alexander mußte, wenn er dem Diadem Makedoniens die Tiara der asiatischen Herrschaft hinzufügen wollte, nach der großen Weltscheidung von Osten und Westen, die in Babylon ihr Zentrum hatte, fortan Makedonier und Asiate zugleich sein, makedonischen und asiatischen Adel in gleichem Rechte anerkennen, den Völkern des Abend- und Morgenlandes gleich befreundet und gleich erhaben sein, und nur das Heer, mit dem er noch weite Strecken zu erobern hatte, durfte und mußte makedonisch und dem Könige in alter Kameradschaft vertraulich sein. Wenn in irgend etwas, so verdient Alexander hierin die höchste Bewunderung, und die Geschichte hat bis auf diesen Tag die Richtigkeit seiner Grundsätze bestätigt; er hat bewiesen, was den Europäern in Asien und wie es ihnen möglich ist.« (Vgl. J. G. Droysen, a. a. O., S. 112.)

Ein griechischer Dichter, der in der kulturell komplexen Welt Alexandriens zu Beginn des 20. Jahrhunderts lebte, hat in einem Gedicht prägnanter als jeder Historiker und ganz im Sinne Droysens die Bedeutung der Eroberungen Alexanders für die Kulturgeschichte charakterisiert. Im Gedicht »Anno 200 v. Chr.« (aus dem Jahr 1931) zeichnet Konstantinos Kavafis die Gefühle der Träger der hellenischen Kultur zur Zeit ihrer größten Ausdehnung nach (Übersetzung von Jörg Schäfer):[18]

---

18 K. Kavafis, *Das Hauptwerk. Gedichte griechisch und deutsch. Übersetzt und kommentiert von Jörg Schäfer*, Heidelberg 2003, S. 436-439.

publik Mazedonien bedingte archäologische Erforschung des (neu)griechischen Teils dieser Region ist mit reichen Funden entgolten worden (z. B. die Entdeckung der Gräber von Vergina), die keinen Zweifel an dem hohen Lebensstandard der Makedonen und dem starken Urbanisierungsprozeß in der Generation vor Alexander lassen. Die Inschriftenfunde, vor allem Inschriften, die auch die niederen Schichten betreffen (z. B. eine Fluchtafel aus Pella) und Personennamen überliefern, haben bestätigt, daß die Makedonen ein griechischer Stamm waren, Sprecher eines nördlichen Dialekts – auch wenn im Laufe der Zeit eine Vermischung mit nicht-griechischen Bevölkerungsgruppen erfolgte.

In der ersten Hälfte des 3. Jahrhunderts n. Chr., ein halbes Jahrtausend nach Alexanders Tod, weihte die Stadt Thessaloniki eine Statue des großen Eroberers mit folgender Inschrift: »Die Stadt (weiht) den großen König Alexander, Sohn des Zeus«.[16] Etwa zur selben Zeit ritzen die Besucher eines Grabes in Pella auf den Wänden Graffiti mit dem Namen des als Heros verehrten Königs: »Heros Alexandros«.[17] Mit Bewunderung und Ehrfurcht betrachtete die Antike den Makedonenkönig und umgab ihn mit der Aura eines sterblichen Gottes. Bewunderung ist auch das vorherrschende Merkmal in Droysens *Geschichte Alexanders des Großen*, und diese uneingeschränkte Bewunderung mag für den an der Lektüre nüchterner Darstellungen gewohnten modernen Leser manchmal befremdend erscheinen.

Doch unterscheidet sich die Bewunderung Droysens von jener der Antike gewaltig. Sieht letztere in Alexander den großen Feldherren, so gilt die Bewunderung eines Droysen

16 *Supplementum Epigraphicum Graecum* XLVII 960.
17 *Supplementum Epigraphicum Graecum* XLVII 933.

ziert und erweitert.[15] Zu den Aspekten, die erst nach dem Tod Droysens für die Forschung erschlossen wurden, gehören die Rezeption Alexanders in der Weltliteratur (z. B. der Alexanderroman) und in der antiken und nachantiken Kunst, die »Prosopographie« des Reiches Alexanders, d. h. Untersuchungen zum Leben und zur Karriere von Offizieren und Mitarbeitern des Königs, die wirtschaftlichen, ideologischen und militärischen Voraussetzungen des Feldzuges, die Organisation, Bewaffnung und Logistik des Heeres, der ideenhistorische Kontext der Erziehung Alexanders, seine Göttlichkeit, seine Sexualität und die Rolle von Frauen in seinem Hof und in seinem Leben.

Bei allen Unterschieden zwischen Droysen und der späteren Historiographie in den Quellen, der Methode und der Fragestellung kann man doch viele Konvergenzen feststellen. Aber auch einige Meinungen Droysens, die entweder umstritten waren oder nur beschränkt durch das damals bekannte Quellenmaterial gestützt werden konnten, sind durch die Forschungen der letzten Jahrzehnte bestätigt worden, so etwa seine Bewunderung für die Leistungen Philipps (S. 46) oder seine Überzeugung von der Zugehörigkeit der Makedonen zu den griechischen Stämmen (S. 86-88). Die stark von den diplomatischen Auseinandersetzungen zwischen Griechenland und der ehemaligen jugoslawischen Re-

---

15 Einen sehr guten Überblick der Forschung und Bibliographie findet man in H.-J. Gehrke, *Geschichte des Hellenismus* (3. Auflage), München 2003, S. 136-158. Unter den Arbeiten der letzten Jahre, die in Gehrkes Bibliographie nicht aufgenommen werden konnten, nenne ich W. Heckel, *The Wars of Alexander the Great: 336-323 BC*, Oxford 2002; P. Briant, *Darius dans l'ombre d'Alexandre*, Paris 2003; J. Roisman (Hg.), *Brill's Companion to Alexander the Great*, Leiden 2003; I. Worthington (Hg.), *Alexander the Great: a Reader*, London 2003; R. Stoneman, Alexander the Great, London 2004 (2. Auflage); ders., Alexander Man and God, Harlow 2004.

fen ehrte, hat damals Antigonos, Sohn des Kallas, erster unter den Hetairoi, beide Siegeskränze auf das Haupt gelegt, sowohl im Waffenwettlauf als auch im Wettlauf«. Verschiedene Männer, die im Heer Alexanders gedient haben, sind mit Personen identifiziert worden, die in Inschriften genannt werden. Das Grab eines Apollodoros aus Amphipolis[11] ist z. B. wahrscheinlich in Terpni Serron gefunden worden.[12] Myllenas, Sohn des Asandros, und Tauron, Sohn des Machatas, Soldaten Alexanders, sind aus Inschriften von Eretria bekannt.[13]

Auch das Zeugnis der Münzen konnte zu Droysens Zeit nur mangelhaft berücksichtigt werden, in der Hauptsache für Alexanders Porträt. Auch die sonstige Ikonographie Alexanders war Droysen weitestgehend unbekannt. Wir sind daran gewöhnt, Alexander als den stürmischen Reiter des »Alexandermosaiks« im Museum von Neapel zu sehen, das aber erst am 24. Oktober 1831 entdeckt wurde. Auch »Alexanders Sarkophag« ist ein Fund des Jahres 1887 (erst 1892 veröffentlicht). Und nur wenige heutige Leser Droysens realisieren, daß selbst die kartographische Erschließung vieler Regionen, die Alexander erobert oder erreicht hatte, zu Droysens Zeit noch nicht vollzogen war.[14]

Die Erweiterung der Quellenbasis einerseits und die Entwicklung der Althistorie als Disziplin haben vor allem im 20. Jahrhundert auch die Fragestellung der Historiker, die sich mit Alexander und seiner Zeit beschäftigen, modifi-

---

11 Arrian, *Anabasis* 3.16.4; 7.18.1; 7.18.2/3; Diodor 17.64.5; Curtius 6.43.
12 *Supplementum Epigraphicum Graecum* XLVIII 846.
13 D. Knoepfler, *Décrets érétriens de proxénie et de citoyenneté*, Lausanne 2001, S. 172-173.
14 S. jetzt J. Seibert, *Die Eroberung des Perserreiches durch Alexander den Großen auf kartographischer Grundlage*, Wiesbaden 1985.

und Bedeutung der unabhängigen Stadtstaaten im Makedonien unter der Dynastie der Argeaden war.[7] Inschriften lassen uns die griechische Opposition gegen Alexander verfolgen.[8]

Hunderte von Inschriften werfen Streiflichter auf große und kleine Episoden der Geschichte Alexanders. Ich gebe nur einige Beispiele. Eine Inschrift aus Boiotien nennt »Amyntas, Sohn des Perdikkas, König der Makedonen« unter den Personen, die einen Orakelspruch im Orakel des Trophonios erbeten hatten. Es handelt sich um den Sohn des 359 v. Chr. in einer Schlacht gefallenen Königs Perdikkas. Nach der Ermordung von Philipp II. versuchte Amyntas seinen (durchaus legitimen) Anspruch auf das Königtum der Makedonen geltend zu machen und bezahlte diesen Versuch mit seinem Leben. Sein Besuch im Orakel des Trophonios stammt wahrscheinlich aus der Zeit nach der Ermordung Philipps, als Amyntas noch Hoffnungen auf den Thron hatte.[9] Auf eine der schwierigsten Herausforderungen Alexanders, die mehrmonatige Belagerung und Bezwingung der phoinikischen Stadt Tyros, nimmt ein in Amphipolis (Makedonien) gefundenes Epigramm Bezug, das einen der Soldaten Alexanders ehrt:[10] »Als Alexander die tyrische Insel mit dem Speer zerstörte und Herakles mit Wettkämp-

---

7 M. B. Hatzopoulos in: *Alexander the Great. From Macedonia to the Oikoumene. International Congress, Beroia 27-31/5/1998*, Beroia 1999, S. 15-21.

8 M. Arnush, Argead and Aetolian Relations with the Delphic Polis in the Late Fourth Century BC, in: R. Brock – S. Hodkinson (Hgg.), *Alternatives to Athens. Varieties of Political Organization and Community in Ancient Greece*, Oxford 2000, S. 293-307.

9 *Inscriptiones Graecae* VII 3055; vgl. *Supplementum Epigraphicum Graecum* XLVIII 571; L. Prandi, A Few Remarks on the Amyntas »Conspiracy«, in Will (Hg.), a. a. O., S. 91-101.

10 *Supplementum Epigraphicum Graecum* XLVIII 716 bis.

Publikation der *Inscriptiones Graecae* begann erst 1873; das *Supplementum Epigraphicum Graecum*, eine jährlich erscheinende Präsentation der neuen epigraphischen Funde und Publikationen, wurde 1922 begründet und erscheint erst seit 1976 kontinuierlich und mehr oder weniger lückenlos; eine kritische Bibliographie der epigraphischen Publikationen (»Bulletin épigraphique« in der *Revue des Études Grecques*) gibt es auch erst seit dem Beginn des 20. Jahrhunderts. Der Beitrag der Inschriften zur Kenntnis der Epoche Alexanders ist nicht zu unterschätzen. Erst dieses zeitgenössische dokumentarische Material erlaubt eine Überprüfung der Angaben der literarischen Quellen. Das Verhältnis Alexanders zu den griechischen Städten (z. B. zu Athen und Chios), die griechische Opposition zu seiner Herrschaft, aber auch das Leben einzelner Personen dieser Zeit und das Nachleben Alexanders werden vor allem durch Inschriften beleuchtet. Der größte Fortschritt ist zweifellos auf dem Gebiet der Institutionen der Makedonen in der Regierungszeit von Philipp II. und Alexander zu verzeichnen.[6] Mehrere Inschriften betreffen Landschenkungen der Könige (Philipp und Alexander) sowohl an einzelne verdiente Soldaten als auch an die Makedonen. Diese Funde zeigen den Umfang des königlichen Landes in Makedonien, verdeutlichen das Verhältnis zwischen König und Armee und die wirtschaftliche Basis der Organisation des Heeres und belegen, daß analoge hellenistische Institutionen auf eine lange makedonische Tradition zurückreichen. Nur im Lichte von Inschriftenfunden wissen wir heute, wie groß die Zahl (ca. 50)

---

6 M. B. Hatzopoulos, *Macedonian Institutions under the Kings*, Athen 1996; R. M. Errington, Neue epigraphische Belege für Makedonien zur Zeit Alexanders des Großen, in: W. Will (Hg.), *Alexander der Große. Eine Welteroberung und ihr Hintergrund. Vorträge des Internationalen Bonner Alexanderkolloquiums, 19.-21. 12. 1996*, Bonn 1998, S. 77-90.

nach dem Ende des Feldzuges ihre Darstellungen unter Heranziehung von heute nicht mehr vorhandenen Quellen verfaßten; denn diese Historiker werden von den gleichen späteren Autoren zitiert (vor allem von Diodor, Arrian und Plutarch), die sowohl Droysen als auch der moderne Historiker benutzt. Aber das Verständnis dieser Quellen setzt ihre vergleichende, kritische Analyse voraus, die Trennung der zuverlässigen Berichte der Augenzeugen von den phantasievollen und phantastischen Geschichtchen, mit denen Autoren ihre Leser und Zuhörer zu beeindrucken suchten (s. z. B. Plutarch, *Alexander* 46). Auch Droysen hat die Quellen kritisch betrachtet – ja auch die antiken Autoren machen uns oft auf Übertreibungen aufmerksam; aber erst die Sammlung der Fragmente der »Historiker Alexanders« durch Felix Jacoby im zweiten Band seines monumentalen Werkes *Die Fragmente der griechischen Historiker* (1929 bis 1930) stellte das Fundament für eine quellenkritische Untersuchung der Zeit Alexanders, welche wiederum die notwendige Basis für jede Beschäftigung mit dem Makedonenkönig darstellt. Die Darstellung der Reise Alexanders zur Oase Siwa (332 v. Chr.) liefert ein Paradebeispiel für die Unterschiede der antiken Berichterstattung etwa in Bezug auf Erklärung der Motive oder der Ausschmückung mit übernatürlichen Phänomenen – Droysen befaßt sich im übrigen kaum mit den unterschiedlichen Versionen dieser Episode (vgl. S. 318-322).

Zu Droysens Zeit befanden sich die Sammlung und Edition griechischer Inschriften noch in ihren ersten Schritten. Das *Corpus Inscriptionum Graecarum*, dessen Edition von August Boeckh – Lehrer Droysens in Berlin – erst fünf Jahre vor dem Erscheinen der *Geschichte Alexanders des Großen* in Angriff genommen worden war (1828) enthielt nur wenige Texte, die für die Alexanderforschung relevant sind; die

der von Alexander persönlich verfaßt worden war – die apokryphe Korrespondenz Alexanders in literarischen Quellen (einschließlich des Briefes an Dareios nach der Schlacht von Issos, S. 272-273) enthält der Meinung vieler modernen Historiker (und meiner eigenen) nach keine authentischen Briefe. Der moderne Historiker verfügt dagegen über eine Reihe von Texten, die aus der »Kanzlei«, wenn nicht aus der Hand, Alexanders stammen, wie etwa die beiden Briefe des Königs an Chios (ca. 334-330 v. Chr.).[5]

Ist die Auseinandersetzung mit der Geschichte Alexanders durch die Erweiterung der Quellenbasis eine leichtere Aufgabe geworden? Weit davon entfernt. Die Persönlichkeit, die Gedanken und die Emotionen Alexanders bleiben weiterhin ein Rätsel, das die kreative Phantasie nicht weniger als die sachliche Deutung des Historikers herausfordert. Es ist vor allem die Bühne eines faszinierenden historischen Dramas, die seit der Zeit Droysens beleuchtet worden ist, nicht die Gestalt des Protagonisten. Und diese Bühne, d. h. der historische Hintergrund der Monarchie und der Feldzüge Alexanders, steht heute im Vordergrund der Forschung.

Die heutige Alexanderforschung stützt sich auf eine Reihe von Hilfsmitteln, die zum Teil erst viele Jahrzehnte nach dem Erscheinen auch der zweiten Auflage von Droysens Biographie möglich wurden. Der größte Fortschritt ist auf dem Gebiet der Quellenkunde zu verzeichnen. Auch dem Historiker des 19. Jahrhunderts waren die »Historiker Alexanders« bekannt, sowohl die zeitgenössischen Autoren, die den Feldzug verfolgten (vor allem Kallisthenes, Ptolemaios, Aristobulos und Onesikritos), als auch jene, die unmittelbar

[5] A. J. Heisserer, *Alexander the Great and the Greeks. The Epigraphic Evidence*, Norman-Oklahoma 1980.

schen Alexander und Parmenion stattgefunden haben soll, als Dareios ihm die Herrschaft über die westliche Hälfte des Perserreichs anbot. Parmenion soll gesagt haben: »Ich würde das Angebot annehmen, wenn ich Alexander wäre«; Alexander soll geantwortet haben: »Ich würde es auch annehmen, wenn ich Parmenion wäre.« (Plutarch, *Alexander* 29, 4) Dieses Bild eines kompromißlosen und nach einem totalen Sieg strebenden Alexanders ist nicht leicht mit dem König zu vereinbaren, der sich im fernen Persis mit den Besitzverhältnissen in Philippoi befaßt, sehr sachlich seine königlichen Einnahmen aus der Ausbeutung der Wälder verteidigt und zwei wichtige Offiziere entbehrt, die sich mit dieser Sache auseinandersetzen sollten.

Diese Inschrift aus Philippoi und die Probleme ihrer Ergänzung und Interpretation illustrieren den Unterschied zwischen der Rekonstruktion des Lebens Alexanders durch Droysen und der gegenwärtigen Forschung. In diesem Falle handelt es sich nicht um einen Unterschied in der Fragestellung (s. u.), sondern um einen Unterschied in der Quellenbasis: Der moderne Historiker versucht, nicht anders als Droysen, die Absichten Alexanders und seine Persönlichkeit zu verstehen. Während aber dem Historiker des 19. Jahrhunderts ausschließlich literarische Quellen – vor allem Arrians *Anabasis* und Plutarchs *Vita Alexandri* – zur Verfügung standen, besitzt der moderne Historiker eine Vielfalt von epigraphischen Quellen. Es ist nicht einfach, sie historisch einzuordnen und zu deuten, viele Inschriften sind fragmentarisch erhalten und ihre Ergänzung, wie wir gerade gesehen haben, bereitet große Schwierigkeiten. Trotzdem: Mit der Ausnahme der Weihinschrift in Athen nach der Schlacht bei Granikos (»Alexander, Sohn Philipps, und die Griechen außer den Lakedaimoniern von den Barbaren in Asien«) kannte Droysen keinen einzigen Text,

Sieg Alexanders über Dareios stammen (331 v. Chr.). Er wäre nach der Ankunft des Siegers in Persis (Januar oder Februar 330 v. Chr.) geschrieben, vermutlich auch nach der Zerstörung der Hauptstadt Persepolis, die als Rache der Griechen für die Zerstörung griechischer Tempel durch Xerxes (480 v. Chr.) präsentiert wurde. Gerade zu diesem Zeitpunkt – zumindest dies steht fest – entließ Alexander die Truppen seiner Verbündeten aus den griechischen Stadtstaaten. Es war eine symbolische Handlung: Der Rachefeldzug der griechischen Allianz war zu Ende. Ist die Ergänzung »Persidos« richtig, erfahren wir nun aus dem Brief der Gesandten von Philippoi, daß Alexander nicht nur die griechischen Verbündeten nach Hause entließ, sondern offenbar vorhatte, auch zwei seiner Offiziere nach Makedonien zu schicken. Philotas war Kommandant der wichtigsten Kavallerieeinheit, Leonnatos Verwandter des Königs und einer der Leibwächter. Ist die Ergänzung der Inschrift korrekt, so bedeutet dies, daß Alexander nach der Einnahme von Persepolis den Plan hatte, einen beträchtlichen Teil seines Heeres, die griechischen Verbündeten und makedonische Einheiten, nach Griechenland zu schicken.

Ein derartiger Plan ist schwer mit der ihm unterstellten Absicht zu vereinbaren, nach der Eroberung des Herzens des Perserreiches seinen Feldzug fortzusetzen. Hatzopoulos vermutet, daß erst die Nachricht vom Aufstand der Satrapen Alexander zur Entscheidung brachte, den Feldzug fortzusetzen, der ihn über Afghanistan nach Indien brachte und zum Welteroberer machte. Die Theorie, daß Alexander gleich zu Beginn seines Feldzuges den großartigen Plan gefaßt hätte, die ganze Oikoumene zu erobern, wäre somit durch die Lesung und Deutung von vier Buchstaben (Persidos) hinfällig geworden.

Dieses Problem erinnert uns an das Gespräch, das zwi-

licher gewesen als die Eroberung der Insel.« Die Gewißheit eines Droysens, was Pläne und Charakter Alexanders betrifft, dürfen moderne Historiker nicht haben, wie wir gleich sehen werden.

1997 veröffentlichte der griechische Althistoriker Miltos Hatzopoulos die neue Edition einer sehr fragmentarischen und für das Verständnis der Persönlichkeit Alexanders scheinbar irrelevanten Inschrift.[4] Es handelt sich um einen Brief der Gesandten, welche die Stadt Philippoi an den König geschickt hatte; die Angelegenheit betraf den Status des umliegenden Landes. Mit diesem Brief informieren die Gesandten ihre Stadt über die Entscheidung des Königs: Philotas und Leonnatos, zwei Persönlichkeiten aus dem Kreis der engen Vertrauten Alexanders, sollen sich mit der Angelegenheit befassen. Der Text muß vor 330 v. Chr., vor der Verurteilung und Hinrichtung von Philotas, verfaßt worden sein, und in der Tat meinten die meisten Historiker, daß der Brief aus der Zeit vor dem Beginn des Feldzugs stammt, als nämlich Philotas und Leonnatos in Makedonien waren und sich mit dieser Sache befassen konnten (ca. 335 v. Chr.). Was hat nun dies mit der Persönlichkeit und den Plänen Alexanders zu tun? Wie oft steckt auch in diesem Fall der Teufel im Detail.

Von der ersten Zeile dieser Inschrift sind nur vier Buchstaben erhalten, und diese sind nur aus einer Zeichnung des Epigraphikers Charles Edson bekannt. Wenn diese Buchstaben (RSID) richtig gelesen wurden, gehören sie mit einiger Sicherheit zum geographischen Namen Persis (Genitiv Persidos). Der Brief wäre demnach von Persis aus geschickt worden und würde somit aus der Zeit nach dem

---

4 M. B. Hatzopoulos, Alexandre en Perse: La revanche et l'empire, *Zeitschrift für Papyrologie und Epigraphik* 116, 1997, S. 41-52.

be ... daran gedacht, die Belagerung ganz aufzugeben.« Nach welchen Kriterien entscheidet sich nun der Historiker, wenn er sich mit verschiedenen Überlieferungen konfrontiert sieht?

Diese Frage bedarf einer differenzierten Antwort. In Droysens Werk, wie allgemein in der Alexanderliteratur, muß man zwischen den Rekonstruktionen und den Darstellungen der Ereignisse einerseits und den Deutungen von Alexanders Beweggründen und Plänen andererseits trennen. Für erstere verspricht die akribische, vergleichende Analyse der Quellen Erfolg; letztere können nur Gegenstand von unbeweisbaren und unüberprüfbaren Hypothesen sein, die von vorsichtigen und plausiblen Mutmaßungen bis zu wilden Spekulationen reichen. Dabei darf man den Unterschied zwischen Plausibilität und Glaubwürdigkeit einerseits und Wahrheit andererseits nicht trennen. Gerade im Falle Alexanders versagen Plausibilität, Logik und Glaubwürdigkeit als Mittel der Wahrheitsfindung, denn viele Handlungen erscheinen nicht logisch, viele Entscheidungen sind nicht plausibel, viele Leistungen übersteigen jede Glaubwürdigkeit. Sind sie nur deswegen nicht wahr?

Droysen war davon überzeugt, daß die objektiv feststellbaren oder von antiken Autoren glaubhaft erzählten Ereignisse Rückschlüsse auf die Gedanken und die Pläne Alexanders geben. Und umgekehrt: die von Droysen rekonstruierten Pläne Alexanders werden zum Kriterium für die Beurteilung widersprüchlicher Überlieferungen. Kehren wir noch einmal auf die Überlieferungsprobleme im Zusammenhang mit der Belagerung von Tyros zurück (S. 287 bis 288): »Man hat wohl gesagt, Alexander habe ... die Belagerung ganz aufgeben; den von Tyros angebotenen Vertrag annehmen und nach Ägypten ziehen sollen. Das wäre nach seinem Charakter und nach seinen Plänen noch unmög-

gann das Gefecht. Die Perser, hier von Memnon und dessen Söhnen geführt, widersetzten sich mit aller Macht ihrem Hinaufdringen, indem sie teils vom hohen Ufer herab ihre Wurflanzen schleuderten, teils unmittelbar an das Wasser vorgingen und die Heraufsteigenden zurückdrängten; diese, durch den schlüpfrigen Lehm am Ufer noch mehr behindert, hatten schweren Stand, großen Verlust, zumal die am meisten rechts, während denen links sich schon eine Stütze bot. Denn schon war der König mit dem Agema der Ritterschaft durch den Fluß, stürmte schon gegen die Stelle des Ufers an, wo die dichteste Masse der Feinde und die Heerführer versammelt waren. Sofort begann der heftigste Kampf um die Person des Königs, indem die einen Ilen, eine nach der anderen, durch den Fluß folgend, mit eingriffen; ...«

Wie bei der Beschreibung des babylonischen Gelages spricht auch hier Droysen die Sinne des Lesers an: Man sieht die weißen Federn des Helmes und den Glanz der Waffen, man hört die Trompete und spürt den schlüpfrigen Lehm des Flusses; die komplexe Bewegung der Truppen führt zum Nahkampf des Helden.

Solche Darstellungen mögen an den Bericht eines Augenzeugen erinnern und den Eindruck von Authentizität erwecken, Droysen täuscht aber seinen Leser nicht, wenn es um Interpretationsprobleme geht. Er verschweigt nicht die Schwierigkeiten; er macht den Leser auf unterschiedliche Überlieferungen desselben Ereignisses aufmerksam (z. B. S. 437: »So hat Ptolemäus den Vorgang berichtet, während nach Aristobulos ...«); er führt ihn in die Probleme der Quellen ein und legt seine eigene Methode offen. Im Zusammenhang mit der Belagerung von Tyros schreibt er beispielsweise (S. 287): »Man hat wohl gesagt, Alexander ha-

ges und erfolgreichen Filmen wie *Braveheart*, *Lord of the Rings* und *Saving Private Ryan* werden immer die gleichen Strategien verwendet, um das Interesse des Zuschauers zu gewinnen: Die großen Überblicksbilder der aufgestellten Armeen oder des Schlachtfeldes werden von den unübersichtlichen, verwirrenden und allein mit der Wucht des Stoßes beeindruckenden Szenen des Kampfes gefolgt, bis dann der Regisseur mit Detailszenen, individuellen Schicksalen und Einzelkämpfen dem Zuschauer klare Bilder vermittelt.

Vor der Entdeckung der Kinematographie konnten die Kampfbilder der darstellenden Künste nur Momentaufnahmen sein. Dagegen konnte der Historiker Bildsequenzen beschreiben; in dieser Hinsicht kommt die Rolle des Historikers jener des Regisseurs am nächsten. Große Meister dieser Kunst waren Thukydides und Polybios, beides Historiker mit militärischer Erfahrung. Droysens Erzählkunst steht ihnen in keiner Hinsicht nach. Seine Darstellung ähnelt der Berichterstattung eines Augenzeugen, seine Bilder sind detailliert und bunt, so z. B. die Darstellung der Schlacht am Granikos (S. 197 ff.):

»An dem Glanze seiner Waffen und an der weißen Feder seines Helmes, an der Ehrerbietung der ihn Umgebenden sahen die Perser jenseits, daß Alexander ihrem linken Flügel gegenüberstand und daß dort der Hauptangriff zu erwarten sei; sowie sie im Fluß waren, folgte der König an der Spitze der übrigen Ilen der Hetairen unter dem Schall der Trompeten und des Schlachtgesanges; er wollte, während Ptolemäus durch seinen Angriff den äußersten linken Flügel des Feindes beschäftigte, mit den sieben Ilen halbrechts aufrückend, rechts an Ptolemäus, links an die nachrückende Linie des Fußvolks gelehnt, auf das Zentrum der Feinde einbrechen und dasselbe sprengen ... Sobald sich Amyntas und Ptolemaios dem feindlichen Ufer des Flusses nahten, be-

hörte von den Siegen bei Marathon und Salamis ... Als einst Gesandte aus der persischen Königsburg nach Pella kamen, fragte er sie sorgsam nach den Heeren und Völkern des Reichs, nach Gesetz und Brauch, nach Verfassung und Leben der Völker«), denkt er wie die antiken Biographen, die stets statische Persönlichkeitsprofile zeichnen und kaum Raum für eine Persönlichkeitsentwicklung lassen.

Von der detailfreudigen Darstellung war bereits die Rede. Droysen führt den Lesern zu den Orten des Geschehens wie jemand, der schon einmal dort gewesen ist. Am auffälligsten beobachten wir dies in der Beschreibung exotischer Landschaften, die Droysen nicht kannte, so etwa die spannende Beschreibung der Oase Siwa (S. 318-319): »In dieser einsamen, todstillen Wüste, die sich vom Saume des Niltales abendwärts in unabsehbarer Ferne erstreckt und mit deren Flugsand ein glühender Mittagswind die mühsame Spur des Kamels verweht, liegt wie im Meer ein grünes Eiland, von hohen Palmen überschattet, von Quellen und Bächen und dem Tau des Himmels getränkt, die letzte Stätte des Lebens für die rings ersterbende Natur, der letzte Ruheplatz für den Wanderer in der Wüste; und unter den Palmen der Oase steht der Tempel des geheimnisvollen Gottes.« Man hat den Eindruck, daß Droysen hier ein Gemälde beschreibt – und sehr wahrscheinlich tat er es auch; die napoleonischen Feldzüge hatte drei Jahrzehnte davor Ägypten für die Forscher und Künstler wieder entdeckt.

Bleiben wir noch einen Moment bei den visuellen Aspekten von Droysens Werk. Das Auge des modernen Lesers ist an Darstellungen von Kriegen und Schlachten als Sequenzen bewegter Bilder gewöhnt. Von den Dokumentarfilmen des Zweiten Weltkrieges und den Schlachtszenen in den Filmen von Akira Kurosawa bis zur Berichterstattung des CNN im Golfkrieg, den »embeded reporters« des Irakkrie-

den Namen des Ermordeten, den Namen seiner Amme Lanike, der Schwester des Ermordeten: das sei der schöne Ammenlohn, der ihr Pflegling zahle...«.

Liest man solche Zeilen, so erscheint vielleicht die Deutung des Verhältnisses zwischen Alexander und Droysen als dynamischer Prozeß nicht als eine allzu kühne Behauptung.

Das dynamische Verhältnis Droysens zur historischen Epoche, die er thematisierte, hat aber auch eine andere Dimension: Seine Geschichte weist mehrere Merkmale der hellenistischen Historiographie auf. Das auffälligste – und in einer Biographie Alexanders am wenigsten überraschend – ist die einseitige Fokussierung auf den Protagonisten. Das Interessanteste ist die Verwandtschaft zur »tragischen Geschichtsschreibung« des Hellenismus. Letztere erkennen wir im Interesse an plötzlichen Schicksalsänderungen – so etwa im Leben eines Dareios (S. 375: »so endete der letzte Großkönig aus dem Geschlecht der Achaimeniden. Nicht dem erlag er, gegen den er sein Reich zu behaupten vergebens versucht hatte, ..., ein Flüchtling unter Verrätern, ein König in Ketten, so fiel er von den Dolchen seiner Satrapen, seiner Blutsverwandten durchbohrt«) –, in den dramatischen Darstellungen von Schlachten (z. B. S. 265-267, 523-526 und 565-568) und in der Freude an detaillierten Beschreibungen, welche die Geschichte Droysens fast wie den Bericht eines Augenzeugen erscheinen läßt. Auch wenn Droysen in Erfahrungen und Eindrücken des Kindes die Prädestination des Eroberers erkennt (z. B. S. 107-108: »früh genug mögen die Sagen vom Morgenlande, vom stillen Goldstrom und dem Sonnenquell, dem goldenen Weinstock mit smaragdenen Trauben und der Nysawiese des Dionysos des Knaben Seele beschäftigt haben; dann wuchs er heran und

sicht Organ der Geschichte: Seine Aufgabe bestand darin, die Eroberungen Alexanders als weltgeschichtliches Ereignis zu deuten. Das Geschehene war bisher so unglaublich vorgekommen, daß es jeder Deutung widerstand; es galt nun, im schwer Vorstellbaren einen Sinn zu erkennen und diesen Sinn den Zeitgenossen zu vermitteln.

Gab Droysen seinem jungen Alexander einen Plan, so gab der jugendliche Held seinem Schöpfer jene starke Emotionen, die das Werk Droysens lebhaft und lesenswert machen und es neben die größten Werke europäischer Historiographie – wie Thukydides' Historien oder Gibbons *Decline and Fall of the Roman Empire* stellen. Droysen beobachtet und beschreibt den siegenden und leidenden Alexander nicht ohne sichtbare Regung. Seine Widersacher sind die Demagogen, die jede Gelegenheit benutzen, um »in der leichtsinnigen und leichtgläubigen Menge Mißgunst, Besorgnis, Erbitterung zu nähren« (S. 385). Die Beseitigung des Philotas wird als Vollstreckung eines gerichtlichen Urteils (S. 418-421) und als strenges Exempel dargestellt, durch das die Menge »genugsam geschreckt« wurde, »um nicht wieder durch ihre engherzigen und eifersüchtigen Besorgnisse die Pläne des Königs zu stören«. Selbst wenn Alexander persönlich jenen ermordet, der einmal sein Leben gerettet hatte, steht die persönliche Tragödie im Vordergrund (S. 463). Unfähig, die Beleidigungen des Kleitos zu ertragen, »riß Alexander einer Wache die Lanze aus der Hand und schleuderte sie gegen Kleitos, der sofort tot zu Boden sank. Entsetzt wichen die Freunde; des Königs Zorn war gebrochen; Bewußtsein, Schmerz, Verzweiflung bewältigten ihn; man sagt, er habe den Speer aus Kleitos' Brust gezogen und gegen den Boden gestemmt, sich auf der Leiche zu ermorden; die Freunde hielten ihn zurück, sie brachten ihn auf sein Lager. Dort lag er weinend und wehklagend, rief

Alexanders Bestimmung. Bereits im Zusammenhang mit der Gründung Alexandriens beschreibt der Historiker die Absichten des Königs: »Indes wollte Alexander mehr als unterwerfen; es sollte den Völkern seines Reiches der Genuß und das Bewußtsein ihrer durch die Perser gewaltsam und darum vergebens zurückgedrängten Volkstümlichkeit unter der Ägide des griechischen Lebens zurückgegeben werden, damit der große Gedanke einer völligen Verschmelzung beider desto leichter Raum und Kraft gewönne.« (S. 345) Den Beginn dieser Verschmelzung setzt Droysen mit der Einnahme Babylons an. Nach einer Beschreibung, die an de Milles kinematographische Visionen orientalischer Gelage erinnert und alle Sinne anspricht (»wohl mochte der kräftige Makedone, der wilde Thraker, der heißblütige Grieche hier Sieges- und Lebenslust in überreichen Zügen schlürfen und auf duftigen Teppichen, bei goldenen Bechern, im lärmenden Jubelschall babylonischer Gelage schwelgen, mochte mit wilderer, kühnerer Begier den Genuß, mit neuem Genuß sein brennendes Verlangen, mit beiden den Durst nach neuen Taten und neuen Siegen steigern«), stellt Droysen fest: »So begann sich Alexanders Heer in das asiatische Leben hineinzuleben und sich mit denen, die das Vorurteil von Jahrhunderten gehaßt, verachtet, rohe Barbaren genannt hatte, zu versöhnen und zu verschmelzen, es begann sich Morgen- und Abendland zu durchdrängen und eine Zukunft vorzubereiten, in der beide sich selbst verlieren sollten.« (S. 345). Dies geschah ganz im Sinne des großen Planes (vgl. S. 407-412) des Eroberers.

Droysens Alexander ist Organ der Geschichte – ein Geschäftsführer des Weltgeistes im Hegelschen Sinne.[3] Aber auch der Zeichner dieses Bildes ist in vergleichbarer Hin-

---

3 G. Ressing, Nachwort, a. a. O., S. 294.

lungen des Geschehen sind, stammen sie zumindest aus der Feder dieser Personen und geben uns einen Eindruck von ihrer Persönlichkeit. Die Verfasser von »Geschichten« Alexanders sind zweifelsohne gewissenhaft darum bemüht, Erfindung und Wahrheit voneinander zu trennen; trotzdem bleiben ihre Werke – nicht in Bezug auf die Rekonstruktion der Ereignisse, sondern in Bezug auf das Verständnis ihres Urhebers – bestenfalls Porträtskizzen.

Als Droysen seine *Geschichte Alexanders des Großen* veröffentlichte (1833), war er etwa so alt (25 Jahre) wie sein Held, als dieser Dareios in der entscheidenden Schlacht bei Gaugamela besiegte. Droysen zeigt sich seiner eigenen Jugend bewußt: In der Widmung der ersten Auflage bezeichnet er sein Werk als Abschied von der Jugend. Gibt es womöglich auch andere Ähnlichkeiten zwischen dem Historiker und dem Eroberer? Projiziert Droysen Aspekte seiner Persönlichkeit auf Alexander und, umgekehrt, wird er von seinem Alexander beeinflußt?

Droysens Alexander verfolgt vom Beginn des Feldzuges an einen Plan; genauso verfolgt der Schöpfer dieses Alexanders gleich von der ersten Seite des Buches seinen Plan. Alexanders Plan ist nicht die Eroberung der Oikoumene, sondern die Verschmelzung von Morgen- und Abendland, das Ende eines primordialen Kampfes zwischen zwei Welten: »Wie an dem ersten Schöpfungstag Gott das Licht von der Finsternis schied und aus Abend und Morgen der erste Tag ward, so hat der erste Tag der Geschichte die Völker aus Abend und Morgen zum ersten Male geschieden zu ewiger Feindschaft und dem ewigen Verlangen der Versöhnung«, schreibt Droysen[2]. Diesen Kampf zu beenden, war

---

2 A.a.O., S. 1.

seiner Zeit gibt es beispielsweise auch medizinische Untersuchungen über die Krankheit, die zu seinem frühen Tod führte, die Ursache seines »feuchten« Blickes, die Neigung seines Kopfes (vgl. S. 110 dieser Ausgabe) oder seine Trunkenheit. Zweifellos: Heute wissen wir mehr über *Alexanders Welt* als Droysen. Bedeutet dies auch, daß wir mehr über *Alexander* wissen? Haben die späteren »Geschichten« Alexanders des Großen seine Persönlichkeit und die Beweggründe seiner Handlungen, seine Gedanken und Emotionen, die bewußt erarbeiteten Pläne und seine spontanen Reaktionen besser erkundet und dargestellt?

Einige Verfasser von Büchern über Alexander leb(t)en in der Tat in dieser Illusion und verkennen die Realität: Die Zeugnisse, auf welche sich alle Rekonstruktionen des psychologischen Profils des größten Eroberers der Weltgeschichte stützen, sind lückenhaft und widersprüchlich, ja in einigen Fällen durch Erfindungen und Übertreibungen verfälscht. Alle Verfasser von Biographien historischer Persönlichkeiten, ob von Perikles, Hannibal, Caesar, Cicero, Augustus oder Konstantin, haben natürlich mit analogen Problemen zu kämpfen, aber ihre Dimensionen sind im Falle Alexanders unvergleichbar größer, zum Teil, weil das Leben Alexanders zu kurz, aber um so ereignisvoller war, zum Teil, weil die Mythisierung seiner Persönlichkeit bereits zu seinen Lebzeiten – vermutlich durch seine Mitwirkung – ihren Anfang genommen hatte. Außerdem war seine Persönlichkeit um einiges komplexer als jene der vorhin genannten Personen, auch können ihm kaum authentische, mündliche oder schriftliche Meinungsäußerungen zugeschrieben werden. Für Alexander haben wir nichts Vergleichbares zu den Memoiren eines Caesars, den Reden und Briefen eines Cicero oder den *Res Gestae* eines Augustus. Auch wenn diese Texte gefilterte und tendenziöse Darstel-

einige solche Äußerungen als Bestätigung eigener Ansichten zustimmend aufnehmen werden. Andere werden sich in Droysens Beschreibung Alexanders als Befreier Asiens an die Überzeugung der Amerikaner von ihrer Freiheitsmission erinnert fühlen. Der moderne Leser Droysens wird genügend Anregungen zur Reflexion finden, aber auch Freude in einer Darstellung, die vielleicht gerade wegen ihres Unterschiedes von den modernen »Geschichten Alexanders« fasziniert. Diese Unterschiede in Stil, Fragestellung und Methode gilt es, in diesem Nachwort zu skizzieren.

Gelingt es uns heute, den historischen Kontext der Eroberungen Alexanders, durch Einsatz aller Quellen, Methoden und theoretischer Konzepte, welche die moderne Historie als Disziplin zur Verfügung hat, immer deutlicher zu erkennen, so versagen diese Mittel, wenn man den Protagonisten dieser Geschichte zu verstehen versucht. Wir wissen heute sicher mehr als Johann Gustav Droysen über Alexanders Erziehung, über das Wesen der makedonischen Monarchie, die Organisation und die Logistik seiner Armee, die geographischen Bedingungen des Feldzuges oder die Personen seines Umfeldes. Mehr als ein Jahrhundert intensiver historisch-philologischer und quellenkritischer Analyse der antiken Berichte über das Leben und die Eroberungen Alexanders haben neue Erkenntnisse bezüglich der Zuverlässigkeit und der Übertreibungen der zeitgenössischen und der späteren Historiker erbracht. Alexanders Leben wird heute nicht nur allein durch literarische Zeugnisse beleuchtet, sondern auch durch Inschriften, Münzen und archäologische Funde, die Droysen nicht zur Verfügung standen. Alexander ist längst zum Gegenstand interdisziplinärer Betrachtungen geworden. Außer den philologischen, historischen, archäologischen, kunst- und religionshistorischen Betrachtungen

NACHWORT

Im Andenken an meinen Studenten Roland Schlicht

Nach dem Erfolg des Filmes *Der englische Patient* erlebte Herodot eine Renaissance in den Vereinigten Staaten – »Kauft das Buch, aus dem der englische Patient liest!« empfahl die Werbung einer Übersetzung. Ob auch Johann Gustav Droysen sein *comeback* angesichts des kinematographischen Interesses an Alexander erleben wird, bleibt noch abzuwarten. Für ihre Aktualität braucht allerdings die erstmals 1833 erschienene *Geschichte Alexanders des Großen* keineswegs die Studios von Hollywood. Als Klassiker der europäischen Geschichtsschreibung hat dieses Werk niemals aufgehört, als literarische wie auch als hermeneutische Leistung zu begeistern. Sucht man aber noch weitere Gründe für eine neue Aktualität, so wird man nicht enttäuscht.

Nach dem 11. September und der amerikanischen Besetzung des Iraks erscheinen die Überlegungen Droysens über den ewigen Kampf zwischen Morgenland und Abendland gewiß aktuell. Einige moderne Leser werden vielleicht seine – dem historischen Geist des frühen 19. Jahrhunderts entspringenden – Vorurteile über das Morgenland und die Opposition zwischen der »traurigen Einförmigkeit des asiatischen Festlandes« und der »schönen Gliederung des europäischen Erdkörpers«[1] als ethnische Stereotype mit Entsetzen verurteilen; es bleibt zu befürchten, daß

---

1 Vgl. J. G. Droysen, *Geschichte Alexander des Großen*, Düsseldorf 1966, S. 2 (Nachdruck der Erstausgabe von 1833).

schwanden sichtlich; es folgte eine schlaflose, qualvolle Nacht. Am Morgen ließ sich Alexander im heftigsten Fieber hinaus vor das große Bassin tragen und hielt mit Mühe das Opfer; dann ließ er die Offiziere vor, gab noch einige Befehle über die Fahrt der Flotte, besprach sich mit den Generalen über die Besetzung einiger Offiziersstellen, übertrug ihnen die Auswahl der zu Befördernden mit der Ermahnung, streng zu prüfen. Es kam der 22., der König lag schlecht darnieder; er ließ sich dennoch zum Altare tragen, opferte und betete; er befahl, daß die Abfahrt der Flotte verschoben werde. Es folgte eine traurige Nacht; kaum vermochte der König am andern Morgen noch zu opfern; er befahl, daß sich die Strategen in den Vorzimmern des Schlosses versammeln, daß die Chiliarchen und Pentakosiarchen im Schloßhof beisammenbleiben sollten; er ließ sich aus den Gärten zurück in das Schloß tragen. Mit jedem Augenblick wurde er schwächer; als die Strategen eintraten, erkannte er sie zwar noch, vermochte aber nicht mehr zu sprechen. Diese Nacht, den folgenden Tag, die folgende Nacht währte das Fieber, der König lag sprachlos.

Der Eindruck, den des Königs Krankheit im Heere und in der Stadt hervorbrachte, ist nicht zu beschreiben; die Makedonen drängten sich um das Schloß, sie verlangten ihren König zu sehen, sie fürchteten, er sei schon tot und man verhehle es; sie ließen mit Wehklagen, mit Drohungen und Bitten nicht ab, bis man ihnen die Tür öffnete; sie gingen dann alle nacheinander an ihres Königs Lager vorbei, und Alexander hob das Haupt ein wenig, reichte jedem die Rechte und winkte mit dem Auge seinen Veteranen den Abschiedsgruß. Denselben Tag, es war der 27. Daisios, gingen Peithon, Peukestas, Seleukos, andere in den Tempel des Sarapis und fragten den Gott, ob es dem König besser sei, wenn er sich in den Tempel des Gottes bringen lasse und zu dem Gotte bete;

ihnen ward die Antwort: »Bringet ihn nicht; wenn er dort bleibt, wird ihm bald besser werden.« Tags darauf, am 28. Daisios gegen Abend, starb Alexander.

Noch zahlreiche andere Überlieferungen gibt es von den Vorgängen dieser letzten Tage; sie sind unzuverlässig, zum Teil sichtlich in guter oder böser Absicht erfunden. Insonderheit wird durch keine sichere Angabe bestätigt, daß Alexander auf seinem Sterbelager über die Nachfolge im Reich, über die Form der Regentschaft, über die notwendigen nächsten Maßregeln irgend etwas durch Worte oder Zeichen bestimmt habe. Tat er es nicht, so wird er die Klarheit und Spannkraft des Geistes, zu erkennen, was sein Tod bedeuten werde, schon nicht mehr gehabt haben, als er zu empfinden begann, daß er nahe. Jener stumme Abschied von seinen Makedonen bezeichnet wohl die letzten, nur noch halbwachen Regungen seines verklingenden Bewußtseins; die Agonien, die dann folgten, mögen die trostlose Zukunft dessen, was er geschaffen und gewollt, seinem brechenden Auge entrückt haben.

Mit seinem letzten Atemzuge begann der Hader seiner Großen, die Meuterei seines Heeres, das Zusammenbrechen seines Hauses, der Untergang seines Reiches.

wurde er von dem Fieber außerordentlich angegriffen; er mußte sich auf seinem Lager zum Altare tragen lassen, um dort das Morgenopfer, wie er jeden Tag pflegte, zu halten; dann lag er im Männersaale auf dem Ruhebett, ließ die Befehlshaber hereinkommen, gab ihnen die nötigen Befehle für den Aufbruch; das Landheer sollte am 20. aufbrechen, die Flotte, mit der er selbst fahren werde, den Tag darauf. Dann ließ er sich gegen Abend auf seinem Ruhebett zum Euphrat hinabtragen, auf ein Schiff bringen, über den Strom zu den Gärten jenseits fahren; dort nahm er ein Bad; unter Fieberschauern brachte er die Nacht zu. Am anderen Morgen nach dem Bade und dem Morgenopfer ging er in sein Kabinett und lag dort den Tag über auf dem Ruhebett; Medios war bei ihm und suchte ihn mit Gesprächen aufzuheitern; der König beschied die Anführer für den nächsten Morgen vor sich; nachdem er ein wenig zu Nacht gegessen, legte er sich zur Ruhe; das Fieber nahm zu, des Königs Zustand verschlimmerte sich; die ganze Nacht war er ohne Schlaf. Am Morgen des 19., nach dem Bade und dem Opfer wurde Nearchos und die übrigen Offiziere der Flotte vorgelassen; der König eröffnete ihnen, daß seiner Krankheit wegen die Abfahrt um einen Tag verschoben werden müsse, daß er jedoch bis dahin soweit wiederhergestellt zu sein hoffe, um den 22. zu Schiffe gehen zu können. Er blieb im Badezimmer; Nearch mußte sich an sein Lager setzen und von seiner Fahrt auf dem Ozean berichten; Alexander hörte mit Aufmerksamkeit zu; er freute sich, bald ähnliche Gefahren selbst zu durchleben. Indes verschlimmerte sich sein Zustand, die Heftigkeit des Fiebers wuchs; dennoch berief er am Morgen des 20. nach dem Bade und Opfer die Offiziere der Flotte, befahl, auf den 22. alles zu seinem Empfang auf der Flotte und zur Abfahrt bereitzuhalten. Nach dem Bade am Abend neue heftigere Fieberschauer; des Königs Kräfte

der selbst weihte dem erhöhten Freunde die ersten Spenden, zehntausend Opferstiere wurden zu seinem Gedächtnis geopfert und an das gesamte Heer, das der König zum Festmahl geladen, verteilt.

Andere Festlichkeiten füllten die nächsten Tage; der König opferte, denn schon war der Tag zur Abfahrt der Flotte und zum Beginn des arabischen Feldzugs bestimmt, den Göttern, denen er pflegte, in üblicher Weise; er opferte dem Guten Glücke, er opferte nach der Weisung seiner Wahrsager auch den Göttern, die dem Übel wehren. Und während das gesamte Heer bei dem Opfermahl und dem Wein, den der König spendete, fröhlich war, hatte er die Freunde bei sich zum Abschiedsmahl versammelt, das er seinem Admiral Nearchos gab. Dies war am 15. Daisios gegen Abend; als die meisten Gäste schon hinweg waren, kam der Thessaler Medios, einer der Hetairen, und bat den König, noch einer kleinen Gesellschaft bei ihm beizuwohnen, es werde ein heiteres Gelage sein. Alexander hatte den edlen Thessaler gern, er ging mit ihm; die Fröhlichkeit der vertrauten Männer heiterte auch ihn auf; er trank ihnen der Reihe nach zu; gegen Morgen trennte man sich, man versprach, sich am nächsten Abend wiederzufinden[122].

Alexander ging heim, badete, schlief bis spät am Tage; zur Abendtafel ging er wieder zu Medios, und man trank wieder fröhlich bis tief in die Nacht. Unwohl kehrte der König zurück; er badete, aß ein wenig, legte sich fiebernd zur Ruhe. Am Morgen des 17. Daisos fühlte er sich sehr unwohl; durch die Gemütsbewegungen der jüngsten Zeit, durch die Gelage, die in den letzten Tagen schnell aufeinandergefolgt waren, für eine Krankheit nur zu empfänglich,

---

[122] Plut. Alex. 75. Athen. X, p. 432. Arrian. VII 24. Ich erwähne nur die unsinnige Mutmaßung, daß Alexander bei Medios Gift, das Aristoteles angegeben und Kassandros gebracht, erhalten habe.

Es war ein Teil der Mauern Babylons abgetragen, dort erhob sich in fünf Absätzen, bis zu einer Höhe von zweihundert Fuß emporgetürmt, das Prachtgebäude des Scheiterhaufens, zu dem der König zehntausend Talente bestimmt, die Freunde, die Großen, die Gesandten, die Babylonier zweitausend Talente hinzugefügt hatten; das Ganze leuchtete von Gold und Purpur, von Gemälden und Bildhauerwerken; auf der Höhe des Gebäudes standen Sirenenbilder, aus denen herab die Trauerchöre für den Toten erklangen. Unter Totenopfern, Trauerzügen und Klagegesängen ward der Scheiterhaufen den Flammen übergeben; Alexander war zugegen, vor seinen Augen sank das wundervolle Werk in Flammen lodernd zusammen und ließ nichts zurück als Zerstörung und Öde und Trauer um den Verlorenen. Dann folgten die Opfer zu Ehren des Heros Hephaistion; Alexan-

drückungen fürchtete, und erhielt ein Dankschreiben von seiten Alexanders, in dem es unter anderem hieß: »Wenn ich höre, daß du die Heiligtümer Ägyptens gut besorgst und namentlich für das Heroon des Hephaistion sorgst, so will ich das frühere Unrecht vergessen und wegen dessen, was du noch künftig verfehlst, sollst du von mir nichts Leides erfahren.« Selbst Arrian fällt über diese Antwort des Königs ein hartes Urteil; mit Recht, wenn Alexander durch nichts als das Wohlgefallen an jenen Ehren des Hephaistion bestimmt worden wäre. Jedenfalls war Kleomenes ein ausgezeichneter Finanzier und ein höchst brauchbarer Verwaltungsbeamter; seine Satrapie war für die zunächst bevorstehenden Feldzüge von der höchsten Wichtigkeit, und er, im ägyptischen Lande geboren, kannte das Land wie kein anderer; vielleicht machten es die Verhältnisse unmöglich, ihn schon jetzt aus der Ferne zur Rechenschaft zu ziehen, vielleicht hätte ein Zeichen königlicher Ungnade genügt, ihn zur Flucht zu veranlassen, und die großen Schätze, die er gesammelt, wären der Satrapie und dem Königtum entrissen gewesen. Diese Dinge liegen auf der Oberfläche; wie viele geheimere und eigentümlichere Verhältnisse können noch obgewaltet haben, das Schreiben des Königs notwendig zu machen; und man hat nach allem, was man sonst von ihm weiß, wohl Anlaß, ihn nicht sofort auf das niedrigste Maß zu taxieren.

lon war voll kriegerischen Lebens; die Tausende der neuen Truppen, voll Begier nach dem Feldzug, in dem sie ihre erste Waffenprobe machen sollten, übten sich, in der neuen Ordnung zu fechten; die Flotte, die bereits unter Tau und Segel war, lief fast täglich unter ungeheurem Zulauf von Zuschauern aus der Residenz von ihrer Station aus, um sich im Steuern und Rudern zu üben; der König selbst war meist zugegen und verteilte an die Sieger im Wettkampf Lob und goldene Kränze. Man wußte, daß demnächst der Feldzug eröffnet werden würde; man glaubte, daß sich an die Leichenfeier für Hephaistion die üblichen Opfer und Gastmähler anschließen würden, bei denen der König den Beginn der neuen Kriegsoperationen zu verkünden pflegte.

Unzählige Fremde waren zu der Feier herbeigeströmt, unter diesen Gesandtschaften aus Hellas, die infolge der Beschlüsse, dem König göttliche Ehre zu erweisen, den Charakter von heiligen Theoren angenommen hatten, als solche vor dem König erschienen und anbetend nach hellenischem Brauch die goldenen Kränze weihten, mit denen die Staaten der Heimat den Gott-König zu ehren wetteiferten. Dann kehrten auch des Königs Theoren aus dem Ammonion zurück, die angefragt hatten, wie der Gott gebiete, daß Hephaistion geehrt werde; sie brachten die Antwort, man solle ihm wie einem der Heroen opfern. Nach Empfang dieser Botschaft befahl der König, die Totenfeier und die ersten Opfer für den Heros Hephaistion zu begehen[121].

---

121 So nach Arrian. VII 23, 8; dagegen sagt Diod. XVII 115, daß das Ammonion göttliche Ehre zu weihen und ihn als πάρεδρος (emendiert aus Lucían, de cal. non cred. 17) anzuflehen geboten habe; für das erste spricht auch die Angabe, daß Kleomenes von Ägypten dem Verstorbenen ein Heroon in Alexandrien und ein anderes auf der Insel Pharos errichtete; die Nachricht hiervon und von anderen Ehrenbezeugungen, die der Satrap für Hephaistion erfunden, sandte er an den König, dessen Zorn er wegen mehrerer Be-

ten, der König saß auf dem goldenen Thron, mit dem Diadem und im königlichen Purpur; zu beiden Seiten die Getreuen auf niedrigen Sesseln mit silbernen Füßen; hinter diesen in gemessener Entfernung die Eunuchen, nach morgenländischem Brauch mit gekreuzten Armen, in medischer Tracht; Schar auf Schar zogen dann die neuen Truppen vorüber, wurden gemustert und an die Phalangen verteilt. So mehrere Tage; an einem derselben war der König, von den Anstrengungen ermüdet, vom Throne aufgestanden und, nachdem er Diadem und Purpur auf demselben zurückgelassen, zu einem Bassin im Garten gegangen, um ein Bad zu nehmen; nach der Hofsitte folgten die Getreuen, während die Eunuchen an ihren Plätzen blieben. In kurzer Frist kam nun ein Mensch daher, schritt ruhig durch die Reihen der Eunuchen, die ihn nach persischer Sitte nicht hindern durften, stieg die Stufen des Thrones hinauf, schmückte sich mit dem Purpur und Diadem, setzte sich an des Königs Stelle, blickte stier vor sich hin; die Eunuchen zerrissen ihre Kleider, sie schlugen sich Brust und Stirn und wehklagten über das furchtbare Zeichen. Gerade jetzt kam der König zurück, er erschrak vor seinem Doppelgänger auf dem Thron; er befahl, den Unglücklichen zu fragen, wer er sei, was er wolle. Der blieb regungslos sitzen, sah stier vor sich hin; endlich sprach er: »Ich heiße Dionysios und bin von Messene; ich bin verklagt und in Ketten vom Strand hierher gebracht; jetzt hat der Gott Sarapis mich erlöst und mir geboten, Purpur und Diadem zu nehmen und still hier zu sitzen.« Er ward auf die Folter gebracht, er sollte bekennen, ob er verbrecherische Absichten hege, ob er Genossen habe; er blieb dabei, es sei ihm von dem Gott geheißen. Man erkannte, des Menschen Verstand war gestört; die Wahrsager forderten seinen Tod.

Es mochte im Mai des Jahres 323 sein, die Stadt Baby-

folgten die Speerwerfer; die ersten drei Glieder und das letzte blieben als Triarier oder richtiger als Soutien zurück, und wenn die Bogenschützen und Akontisten nach ihrem Tirailleurgefecht sich durch die Intervalle und in ihre Glieder zurückgezogen, ging das Ganze in geschlossener Masse auf den schon erschütterten Feind los. Die Taktik dieser neuen Formation verband alle Vorzüge der italischen Legion in ihrer Manipularordnung mit den wesentlichen der früheren Phalanx: Massenwirkung und Beweglichkeit, – für die leichten Truppen schnellste Verwendbarkeit gegen den angreifenden Feind und sichere Deckung während des Handgemenges, – die Phalangen immer noch wandelnde Kastelle, aber solche, die von sich selber aus Ausfälle der leichten Truppen möglich machten und den weiteren Rayon beherrschten, den diese hervorbrechend mit ihren Pfeilen bestreichen konnten.

Schon diese Neuordnung, die im Hinblick auf die Völker Italiens gemacht schien[120], mußte auffallen; dazu kamen mannigfache Gerüchte, daß in die Provinzen des Mittelmeeres Befehle zur Rüstung unzähliger Schiffe gesandt seien, Gerücht von Kriegszügen nach Italien, Sizilien, Iberien, Afrika. Es schien in der Tat, als ob, während die Flotte gegen die Küstenländer Arabiens in See gehen sollte, das Landheer durch Arabien oder auf welchem Wege sonst gen Westen ziehen werde, die Barbaren des Abendlandes, die Feinde des Griechentums in Afrika und Italien zu unterwerfen.

Das Einrangieren der neuen, namentlich persischen Truppen leitete Alexander selbst; es geschah im königlichen Gar-

---

120 Daß Alexander von der römischen Legion Kenntnis gehabt hat, wird man wohl annehmen dürfen; seit dem Spartaner Archidamos und dem Molosser Alexandros waren die militärischen Verhältnisse Italiens den Kriegskundigen der hellenischen Welt bedeutsam genug, um von ihnen genau erkundet zu werden.

nien, die er bringen sollte, eingetroffen. Namentlich die persischen Mannschaften empfing der König mit großer Freude; er belobte den Satrapen wegen ihrer vortrefflichen Haltung und die Leute wegen der Bereitwilligkeit, mit der sie seinem und des Satrapen Aufruf gefolgt seien.

Überaus merkwürdig ist die neue Formation, die er mit dem Eintritt dieser asiatischen Truppen seinem Fußvolk oder doch einem Teil desselben gab. Bisher hatte es im makedonischen Heer kein Korps von kombinierten Waffen, keine Armee im kleinen gegeben; wenn auch fast für jede Aktion Infanterie und Kavallerie, leichte und schwere, mit- und nebeneinander verwandt worden waren, sie wurden nur für diesen Fall kombiniert und blieben getrennte Waffen. Die neue Formation gab den bisherigen Charakter der Phalanx auf; sie schuf eine Kombination von Schwerbewaffneten, Peltasten und leichtem Fußvolk, mit der sich eine völlig neue Art der Taktik ergab. Hatte bisher jede Taxis der Phalanx aus sechzehn Gliedern Hopliten bestanden, so wird jetzt die Rotte so gebildet, daß im ersten Glied der Dekadarch, der sie kommandiert, ein Makedone, im zweiten ein makedonischer Doppelsöldner, im dritten ein altgedienter Makedone (Dekastateros), ein gleicher im sechzehnten Gliede als Uragos steht; die zwischen ihnen stehenden Glieder 4 bis 15 sind Perser, teils Akontisten, die einen Speer mit Wurfriemen führen, teils Bogenschützen. Waren es jene 20 000 Perser, die so eingereiht wurden, so bildeten sie mit den Makedonen, denen sie zugeteilt waren, ein Korps von reichlich 26 000 Mann, also die unvermeidlichen Manquements abgerechnet etwa 12 Taxen, jede zu 125 Mann Front. Es blieb mit dieser Formation der Anmarsch in geschlossener Masse; dann zum Gefecht entwickelte sich die Phalanx zu drei Treffen, es deployierten rechts und links durch die Intervalle die Bogenschützen zum ersten Fernangriff, es

en Truppen machten des Königs Rückkehr in seine Residenz notwendig. Der König, so wird erzählt, war um so weniger bedenklich zurückzukehren, da sich die Weissagungen der Chaldäer bereits bei seiner neulichen, freilich nur kurzen Anwesenheit in Babylon als nichtig erwiesen zu haben schienen. So begann die Rückfahrt; auf derselben sollten die Gräber der früheren babylonischen Könige, die in den Sümpfen erbaut waren, besucht werden. Alexander selbst stand am Steuer seines Schiffes und führte es in diesem durch Untiefen und Röhricht schwierigen Gewässer; ein plötzlicher Windstoß riß ihm die königliche Kausia, die er nach makedonischer Sitte trug, vom Haupt, und während sich das Diadem von derselben löste und hinwegflatternd im Röhricht bei einem alten Königsgrab hängen blieb, sank sie selbst unter und ward nicht wieder gefunden; das Diadem aber zu holen, schwamm ein phoinikischer Matrose, der sich mit auf dem Schiffe befand, hinüber und band es, um bequemer schwimmen zu können, um seine Schläfe; ein schweres Zeichen, das Diadem um eines fremden Menschen Haupt! Die Zeichendeuter, die der König jetzt stets in seiner Nähe hatte, beschworen ihn, das Zeichen zu zerstören und den Unglücklichen zu enthaupten; Alexander, so heißt es, ließ den Matrosen züchtigen, weil er des Königs Diadem gering genug geachtet, um es um seine Stirne zu binden; er gab ihm ein Talent zum Geschenk, weil er schnell und kühn das Zeichen des Königtums zurückgebracht.

Bei seiner Rückkehr nach Babylon fand Alexander die neuen Truppen, die er erwartet hatte. Peukestas, der Satrap von Persien, hatte 20 000 Perser und außerdem eine bedeutende Zahl von Kossaiern und Tapuriern, die zu den streitbarsten Stämmen Persiens gehören, hergeführt; von Karien war Philoxenos mit einem Heer, mit einem zweiten Menandros von Lydien, Menidas mit den Reitern aus Makedo-

ginnt, losen Grund hat, so daß die Aufschüttungen selbst außerordentliche Mühe machen und dann doch nicht genügenden Widerstand gegen die starke Strömung des Euphrat leisten; auch sind die Deiche des Kanals bei hohem Wasser stets der Gefahr, ganz zertrümmert zu werden, ausgesetzt, und es kostet ungeheure Arbeit, sie zu rechter Zeit zur Schließung des Kanals wiederherzustellen. So arbeiteten jetzt auf Befehl des Satrapen von Babylon zehntausend Menschen schon seit drei Monaten an diesen Deichen; Alexander fuhr hinab, die Arbeit zu besichtigen; er wünschte irgendeine Abhilfe jenes Übelstandes zu finden. Er fuhr weiter stromab, um das Ufer zu untersuchen; er fand eine Stunde unterhalb der Kanalmündung einen felsigen Uferrand, der allen Erwartungen entsprach; hier befahl er einen Kanal durchzusprengen und ihn nordwestlich in das alte Bett des Pallakopas zu führen, dessen Mündung dann für immer zugedammt und verschüttet werden sollte; so, hoffte er, würde es ebenso leicht sein, den Abfluß des Euphrat im Herbst zu sperren wie ihn wieder mit dem Frühjahr zu öffnen. Um sich weiter von der Natur dieser Gegenden westwärts zu überzeugen, fuhr Alexander zum Pallakopas zurück und durch diesen in den See und längs der arabischen Grenze; die Schönheit der Ufer und mehr noch die Wichtigkeit dieser Gegend bestimmten ihn, hier eine Stadt anzulegen, welche zugleich den Weg nach Arabien öffnete und Babylonien vor Überfällen der Beduinen zu schützen vermochte, da der See und die Moräste südwärts bis zum Meerbusen das Stromland decken. Der Bau der Stadt und der Befestigungen wurde sogleich begonnen und griechische Söldner, teils Veteranen, teils Freiwillige, daselbst angesiedelt.

Indes war in Babylon der Bau des Scheiterhaufens für Hephaistion beendet, die großen Leichenspiele zu seinem Gedächtnis sollten beginnen; dies und das Eintreffen der neu-

bischen Gestade hinabgekommen war, nicht weiter zu gehen gewagt; er brachte die Nachricht, die Größe der Halbinsel sei außerordentlich und möchte der von Indien wohl gleichkommen; er sei südwärts bis zu einem Vorgebirge gekommen, das sich weit ostwärts in die offene See hinaus erstreckt; die nackten und öden Sandufer möchten eine weitere Fahrt sehr erschweren.

Während die Bauten in und um Babylon und die Arbeiten auf den Schiffswerften, das Ausgraben des Hafenbassins, das Abtragen des Belturmes, das grandiose Gebäude des Scheiterhaufens für Hephaistion rasch gefördert wurden, ging Alexander mit einigen Schiffen den Euphrat hinab, um die großen Deicharbeiten am Pallakopas zu besichtigen. Dieser Kanal ist etwa sechzehn Meilen Stromfahrt unterhalb Babylon aus dem Euphrat gen Westen gegraben und endet in einem See, der, von den Wassern des Stroms gespeist, sich längs der Grenze des arabischen Landes südwärts in einer Reihe von Morästen bis zum Persischen Meerbusen fortsetzt. Der Kanal ist für die Landschaft von unberechenbarer Wichtigkeit; wenn im Frühling die Wasser des Stromes zu schwellen beginnen und, während unter der Sommersonne der Schnee in den armenischen Bergen schmilzt, immer mächtiger und höher hinabfluten, würde die ganze Landschaft der Überschwemmung ausgesetzt sein, wenn nicht dem Strom durch die Kanäle und besonders durch den Pallakopas ein Abfluß gegeben wäre, der dann zugleich das Stromland schützt und den vom Strom entfernteren Gegenden die Segnungen der reichsten Wässerung bringt. Wenn aber der Euphrat mit dem Herbst wieder abnimmt, so ist es notwendig, den Kanal schnell zu schließen, weil sonst der Strom diesem kürzeren Wege, sich zu ergießen, folgen und sein Bett verlassen würde; die Arbeit wird dadurch erschwert, daß die Stelle des Ufers, wo der Kanal be-

Bereits waren drei Schiffe den Strom hinab ins Meer gesandt worden. Zunächst kehrte Archias mit seinem Dreißigruderer zurück; er hatte südwärts von der Euphratmündung eine Insel gefunden; er berichtete, sie sei klein, dicht bewaldet, von einem friedlichen Völkchen bewohnt, das die Göttin Artemis verehre und in ihrem Dienst die Hirsche und wilden Ziegen der Insel ungestört weiden lasse; sie liege in der Nähe des Meerbusens der Stadt Gerrha, von der aus die Hauptstraße durch das Innere Arabiens zum Roten und Mittelländischen Meer führe und deren Einwohner als betriebsame und reiche Handelsleute genannt würden. Alexander gab, seltsam genug, dieser Insel den Namen jenes Ikaros, der den kühnen Flug bis in die Sonnennähe gewagt und in den Wellen mit allzufrühem Tode gebüßt hat. Von der Insel Ikaros aus, berichtete Archias weiter, sei er südostwärts zu einer zweiten Insel gekommen, welche die Bewohner Tylos[119] nannten; sie sei groß, weder steinig noch waldig, zum Feldbau geschickt und ein glückliches Eiland; er hätte hinzufügen können, daß sie inmitten der unerschöpflichen Perlenriffe liege, von denen sich schon manche Sage unter den Makedonen verbreitet hatte. Bald darauf kam das zweite Schiff, das Androsthenes geführt hatte, zurück; er war dicht an der Küste hinabgesteuert und hatte, ein großes Stück des arabischen Strandes beobachtet. Am weitesten von den ausgesandten Schiffen war das gekommen, welches der Steuermann Hieron aus Soloi führte; er hatte Weisung erhalten, die ganze Halbinsel Arabien zu umschiffen und eine Einfahrt in den Meerbusen, der sich nordwärts bis wenige Meilen von Heroonpolis in Ägypten hinaufzieht, zu suchen; er hatte, obschon er einen bedeutenden Teil der ara-

---

119 Nach Strabo XV, p. 382 lag Tylos oder Tyros eine Tagereise von dem Vorgebirge Maketa, zehn von Teredon (Diridotis) und der Euphratmündung; freilich findet sich dort keine Insel, die man groß nennen könnte.

war die Flotte bald auf bedeutenden Bestand gebracht; und da der Strom keine geeignete Hafenstelle hatte, erging der Befehl, unfern der Residenz ein großes Bassin auszugraben, das Raum und Werften für tausend Schiffe bieten sollte. Aus Phoinikien und den übrigen Strandgegenden kamen Matrosen, Zimmerleute, Kaufherren, Krämer in Scharen herbei, um infolge des königlichen Aufrufs mit den Schiffen die neue Handelsstraße zu benutzen oder sich für den nächsten Feldzug auf die Flotte zu verdingen. Während dieser Rüstungen wurde Mikkalos von Klazomenai mit 500 Talenten nach Phoinikien und Syrien gesandt, um dort möglichst viele Strandbewohner und Schiffer anzuwerben und nach dem unteren Euphrat hinabzuführen; es war der Plan des Königs, an den Küsten des Persischen Meerbusens und auf den Inseln desselben Kolonien zu gründen, um durch diese den Verkehr in den südlichen Gewässern emporzubringen und zugleich in ihnen eine Sicherung der arabischen Küste zu schaffen. Alexander wußte von den vielen und eigentümlichen Produkten dieses Landes, die er um so leichter in den großen Verkehr zu bringen hoffte, je ausgedehnter und hafenreicher das Küstenland der Halbinsel ist. Die weite Wüste von den Grenzen Ägyptens bis nahe bei Thapsakos und Babylon war von Beduinenstämmen durchschweift, welche die Grenzen der anstoßenden Satrapien sowie die Landstraßen oft genug beunruhigten; wenn sie zur Unterwerfung gezwungen wurden, so war außer der Sicherung der Grenzen und Straßen namentlich eine bei weitem kürzere Verbindung zwischen Babylon und Ägypten gewonnen; es mußte dann vor allem die petraiische Landschaft sowie die Nordspitzen des Roten Meeres in Besitz genommen und kolonisiert werden, es mußten sich an diesen Stellen die Landwege durch das Araberland mit dem Seewege um die arabische Küste, dessen Entdeckung die nächste Absicht war, vereinigen.

wegen der indischen Siege und der Heimkehr sowie goldene Kränze und Danksagungen für die Aufhebung der Exile und andere Wohltaten des Königs dargebracht wurden. Der König bezeugte ihnen seinen Dank mit Ehren und Geschenken, namentlich sandte er den Staaten die einst von Xerxes geraubten Statuen und Weihgeschenke, so viele er deren in Pasargadai, Susa, Babylon und sonst noch vorgefunden hatte, zurück.

Auch die örtlichen Angelegenheiten der großen Residenz mochten des Königs Anwesenheit verlängern; wenigstens wird überliefert, daß Alexander, nachdem er die von ihm angeordneten Bauten in Augenschein genommen und gesehen hatte, wie namentlich die Wiederherstellung des Beltempels fast ganz liegengeblieben war, sofort das Werk mit dem größten Eifer zu fördern befahl und, da für den Augenblick die Truppen ohne Beschäftigung waren, dieselben zum Baudienst kommandierte. So arbeiteten 20 000 Menschen zwei Monate hindurch, um nur erst die Trümmer ganz abzutragen und die Baustelle zu reinigen; die späteren Ereignisse hinderten den Beginn des eigentlichen Baues.

Endlich konnte Alexander Babylon verlassen; die Stromflotte, von Nearchos geführt, war aus dem Tigris durch den Persischen Meerbusen den Euphrat hinaufgekommen und lag unter den Mauern der Residenz; auch aus Phoinikien waren die Schiffe angelangt; zwei Penteren, drei Tetreren, zwölf Trieren und gegen dreißig Dreißigruderer waren von den Werften der Küste zersägt über Land nach Thapsakos gebracht, dort wieder zusammengefügt und den Strom hinabgekommen; auch hatte der König in Babylon selbst Schiffe zu bauen befohlen und zu dem Ende, indem die Landschaft weit und breit keine anderen Bäume als Palmen hat, die Zypressen, die sich in den königlichen Gärten von Babylon in großer Menge befanden, umhauen lassen. So

zu sich kommen, ihn befragen, welche Schau er gehabt habe, daß er solches seinem Bruder geschrieben. Die Leber des Opfers sei ohne Kopf gewesen, war die Antwort. Alexander dankte dem Seher, daß er ihm offen und sonder Trug die Wahrheit gesagt, entließ ihn mit allen Zeichen seines Wohlwollens. Aber er war betroffen über dies Zusammentreffen der hellenischen Opferschau mit den Warnungen der Astrologen; es war ihm unheimlich in den Mauern dieser Stadt, die er vielleicht besser gemieden hätte; ihn beunruhigte der längere Aufenthalt in diesen Palästen, vor denen ihn die Götter vergebens gewarnt hatten. Aber er konnte noch nicht hinweg.

Es waren neue Gesandtschaften aus den hellenischen Ländern eingetroffen, auch mehrere Makedonen, sowie Missionen der Thraker, Illyrier, anderer abhängiger Völker, um, so hieß es, über den Reichsverweser Antipatros Klage zu führen. Antipatros selbst soll seinen Sohn Kassandros gesandt haben, zu rechtfertigen, was er getan; vielleicht wünschte er zugleich, dem König, bei dem sich bereits sein Sohn Iolaos als Mundschenk befand, in seinem ältesten Sohn ein neues Unterpfand seiner Treue zu geben und durch dessen Bemühung das gestörte Verhältnis zu Alexander, bevor er selbst seinem Befehle gemäß bei Hofe eintraf, wiederherzustellen. Es wird, freilich nach wenig zuverlässigen Gewährsmännern, von ärgerlichen Auftritten zwischen dem König und Kassandros gemeldet.

Von den Verhandlungen der hellenischen Gesandtschaft wird Näheres nicht berichtet; es ist wahrscheinlich, daß, da bei den kurz vorher empfangenen Gesandtschaften die örtlichen und Privatangelegenheiten meist nach den Wünschen der Beteiligten abgemacht, die Vorstellungen gegen die Zurückführung der Verbannten dagegen ein für allemal abgewiesen waren, jetzt besonders nur Glückwünsche

Tempelgüter, die zur Erhaltung des Baues bestimmt waren, nicht zu verlieren. So war es begreiflich, wenn die Sterne dem König den Eintritt in Babylon untersagten oder möglichst erschwerten; wider den Rat der Chaldäer rückte Alexander an der Spitze seines Heeres von Morgen her in die östlichen Quartiere der Stadt ein; er ward von den Babyloniern freudig empfangen; mit Festlichkeiten und Gelagen feierten sie seine Rückkehr.

Es befand sich, so berichtet Aristobulos, zu dieser Zeit der Amphipolite Peithagoras, aus priesterlichem Geschlecht und der Opferschau kundig, in Babylon; sein Bruder Apollodoros, der seit dem Jahre 331 Stratege der Landschaft war, hatte bei Alexanders Rückkehr aus Indien demselben mit den Truppen der Satrapie entgegenziehen müssen, und da ihn das strenge Strafgericht, welches der König über die schuldigen Satrapen ergehen ließ, auch für seine Zukunft besorgt machte, sandte er an seinen Bruder nach Babylon, über sein Schicksal die Opfer zu beschauen. Peithagoras hatte ihn dann fragen lassen, wen er am meisten fürchte, über den wolle er schauen; auf des Bruders Antwort, die den König und Hephaistion nannte, hatte Peithagoras Opfer angestellt und nach der Opferschau dem Bruder nach Ekbatana geschrieben, Hephaistion werde ihm bald nicht mehr im Wege sein; diesen Brief hatte Apollodor am Tage vor Hephaistions Tod empfangen. Ferner opferte Peithagoras über Alexander; er fand dieselbe Schau und schrieb seinem Bruder dieselbe Antwort. Apollodoros, so heißt es, ging selbst zum König, um zu zeigen, daß seine Hingebung größer sei als seine Sorge für das eigene Wohl; er sagte ihm von der Opferschau über Hephaistion und ihrer Erfüllung; auch über ihn habe Peithagoras nichts Glückliches geschaut, er möge sein Leben hüten und die Gefahren, vor denen die Götter warnten, meiden. Jetzt in Babylon ließ der König Peithagoras

Der Tigris war überschritten; schon sah man die Zinnen der Riesenstadt Babylon, da kamen dem Heereszuge die vornehmsten der Chaldäer, der sternkundigen Priester von Babylon, entgegen; sie nahten sich dem König, sie führten ihn zur Seite und drangen in ihn, den Weg nach Babylon nicht weiter zu verfolgen: die Stimme des Gottes Bel habe ihnen offenbart, daß ihm der Einzug in Babylon jetzt nicht zum Heile sei. Alexander antwortete mit dem Verse des Dichters: der beste Seher sei der, welcher glücklich weissage. Sie fuhren fort: »Nicht gen Westen schauend, o König, nicht von dieser Seite des Stromes komme nach Babylon; umgehe die Stadt, bis du gen Morgen siehst.«

Er ließ das Heer am Ostufer des Euphrat lagern, er zog am folgenden Tage auf dieser Seite des Stromes hinab, um dann hinüberzugehen und von Westen her in die Stadt einzuziehen; aber die sumpfigen Ufer des Stromes hemmten ihn; nur innerhalb der Stadt waren Brücken; es hätte weiter Umwege bedurft, um zu den westlichen Quartieren von Babylon zu gelangen. Damals, heißt es, kam der Sophist Anaxarchos zum König und bekämpfte mit philosophischen Gründen des Königs Aberglauben; glaublicher ist, daß Alexander, bald Herr des ersten Eindrucks, die Sache für weiteren Zeitverlust und größere Umwege zu unbedeutend anzusehen suchte, daß er die Folgen, welche die zu große Besorglichkeit von seiner Seite im Heer und Volk hätte hervorbringen müssen, mehr scheute als die etwaige Gefahr, daß er nicht zweifelhaft sein konnte, wie guten Grund die Chaldäer hatten, seine Anwesenheit in Babylon nicht eben zu wünschen. Er hatte im Jahre 330 bereits den Befehl gegeben, den riesigen Tempel des Bel, der seit Xerxes' Zeit als Ruine dastand, wiederherzustellen; während seiner Abwesenheit war der Bau bald ins Stocken geraten, die Chaldäer hatten das Ihre dazu getan, um den Ertrag der reichen

rakleides, des Argaios Sohn, mit einer Schar Schiffszimmerleute nach dem Strande des Kaspischen Meeres abgesandt, mit dem Auftrag, in den Waldungen der hyrkanischen Gebirge Schiffsbauholz zu fällen und Kriegsschiffe sowohl mit als ohne Deck nach hellenischer Art zu zimmern. Auch diese Expedition hatte den Zweck, zunächst zu untersuchen, ob das Kaspische Meer eine nördliche Durchfahrt darbiete und ob es mit dem Maiotischen See oder dem offenen Meer im Norden und durch dasselbe mit den indischen Gewässern in Verbindung stehe. Alexander mochte hoffen, mit dieser Expedition jenen Skythenfeldzug, den er vor fünf Jahren mit dem Chorasmierkönig besprochen hatte, in Ausführung zu bringen.

Ebenso waren für die Landmacht neue und sehr bedeutende Verstärkungen angeworben, welche im Laufe des Frühlings in Babylon eintreffen sollten. Es war offenbar, daß Alexander Großes vorhatte; es schien, als ob zu gleicher Zeit Feldzüge gegen Norden, Süden und Westen unternommen werden sollten; vielleicht, daß er sie einzelnen Feldherren zu übertragen gedachte, während er vorerst das Ganze von Babylon, der Residenz seines Reiches, aus zu leiten sich vorbehielt.

Die Truppen und ihre Führer werden voll ungeduldiger Spannung, neue Feldzüge fürchtend oder hoffend, gen Babylon hinabgezogen sein; sie wußten nicht, wie tief ihr König seit des Freundes Tod gebeugt, wie er umsonst mit kühnen und kühneren Plänen den Gram seines Herzens zu übertäuben bemüht war; sie wußten nicht, wie ihm die Freude des Lebens zerstört, wie seine Seele trüber Ahnungen voll war; mit Hephaistion war ihm seine Jugend zu Grabe getragen, und kaum an der Schwelle der männlichen Jahre, begann er zu altern; der Gedanke des Todes schlich sich in seine Seele.

Nicht minder erklärlich sind die Sendungen der Karthager, Libyer, Iberer. Alexanders Besitznahme von Phoinikien mußte sowohl Karthago wie die übrigen punischen Kolonien in Nordafrika und Iberien, welche mit dem Mutterlande noch immer in naher Verbindung standen, veranlassen, mit dem Herrscher des mächtigen Reiches, von dem sie wohl mehr als Rivalität im Handel zu fürchten hatten, ganz besondere Aufmerksamkeit zu widmen; namentlich die Karthager werden sehr wohl beachtet haben, was nach ihren früheren Beziehungen zu der hellenischen Welt und nach dem Charakter des kriegsgewaltigen Königs für sie in Aussicht stand; und die Grenzstreitigkeiten mit den Hellenen Siziliens, die seit Timoleons Siegen nicht aufgehört hatten, boten Anlaß vollauf zu einer Einmischung, die für die punische Republik nur zu bedenkliche Folgen haben konnte. Um so natürlicher war es, daß sie die Freundschaft des mächtigen Königs suchten. Wenn angeführt wird, daß die libyschen Gesandten mit Kränzen und Glückwünschen wegen der Eroberung Asiens gekommen seien, so sind damit die Stämme im Süden Kyrenes gemeint.

Unter den übrigen Gesandtschaften werden namentlich die der europäischen Skythen, der Kelten, der Aithioper genannt, letztere dem König vielleicht um so wichtiger, je mehr ihn jetzt der Plan, Arabien zu umschiffen und die Seestraße, die bereits den Indus und Euphrat verband, bis an das Rote Meer und zur ägyptischen Ostküste fortzusetzen, beschäftigte.

Denn schon war der Befehl nach Phoinikien gesandt, Matrosen auszuheben, Schiffe zu bauen, sie zerlegt über Land nach dem Euphrat zu schaffen. Nearch war beauftragt, die Flotte den Euphrat hinauf nach Babylon zu führen; bald nach der Ankunft des Königs in Babylon sollte der Zug gegen die Araber eröffnet werden. Zu gleicher Zeit ward He-

zen, begann (328) der große Samnitenkrieg, der nach wechselnden Erfolgen her und hin demnächst in den Kaudinischen Pässen und dem Unterwerfungsvertrag der Römer einen ersten Abschluß finden sollte. Daß die Griechenstädte Italiens, statt die Gunst dieser Jahre zu benutzen, ungeeint und ohne Tatkraft, wie sie waren, auf den Eroberer Asiens ihre Hoffnung stellten, war ebenso natürlich wie die Besorgnis der Italiker, daß er kommen und ihnen die reichen Küstenstädte, die sie schon als ihre Beute ansahen, aus der Hand reißen werde; hatte er doch den Krotoniaten Beutestücke des Sieges von Gaugamela gesandt, weil einst gegen Xerxes einer der Ihrigen bei Salamis mitgekämpft hatte. Mag es Zufall sein, daß unter den Gesandtschaften keine der Samniten genannt wird, oder mag von ihnen keine gekommen sein, das kluge und weiterblickende patrizische Regiment in Rom, das in dem schweren Kampf gegen die Samniten die Völker hinter ihnen, die Lukaner, Apulier usw. zu gewinnen verstand, mit dem Molosser verbündet gewesen war, konnte sich sehr wohl veranlaßt sehen, in dem Moment, wo es die Griechenstädte Kampaniens zu unterwerfen gedachte, sich der Gunst dessen zu versichern, dessen Einspruch zu fürchten war. Aus einer anderweitigen Nachricht ergibt sich, daß Alexander den Römern in betreff der ihnen untertänig gewordenen Antiaten, die fortfuhren, mit den Etruskern vereint Seeräuberei zu treiben, Mahnungen habe zukommen lassen.

Eine Gesandtschaft der Etrusker erklärt sich aus den mannigfachen Konflikten, die ihnen aus ihren Seeräubereien mit den hellenischen Staaten erwuchsen; war doch eben jetzt von den Athenern eine Expedition ausgerüstet, um am Ausgang des Adriatischen Meeres eine Kolonie zu gründen, die ihnen in den dortigen Gewässern einen festen Handels- und Stapelplatz sichern und die hellenische Kauffahrtei schützen sollte.

Unsere Quellen für die Geschichte Alexanders haben es nicht der Mühe wert geachtet, alle diese Gesandtschaften zu nennen; sie führen nur diejenigen an, welche in irgendeiner Beziehung merkwürdig waren, und nur aus den anderweitig geschichtlichen Verhältnissen der genannten Völker läßt sich über die näheren Absichten ihrer Sendung einiger Aufschluß finden. Daß Gesandte der Bruttier, Lukaner, Etrusker gekommen seien, hat Arrian ohne weiteres Bedenken angegeben, ob auch römische, wie von manchen Schriftstellern gesagt sei, bezweifelt er. Aus der Lage der Verhältnisse in Italien muß sich ergeben, ob Anlaß dazu war.

Die Bruttier und Lukaner hatten seit dem Kriege mit dem Molosser Alexandros Grund genug, vor der Macht seines Schwagers, des Siegers über Asien, des natürlichen Beschirmers der hellenischen Welt, in Sorge zu sein. Gegen sie war der Molosser von der reichen Handelsstadt Tarent zu Hilfe gerufen worden, er hatte sie und die ihnen verbündeten Samniten in einer großen Schlacht bei Paestum geschlagen, er hatte an der Ostküste der Halbinsel die Messapier, die Daunier zu Paaren getrieben; er war von Meer zu Meer mächtig, und die Römer traten mit ihm in Bündnis zum gemeinsamen Angriff auf die Samniten, deren Kämpfe im Süden sie benutzt hatten, ihr Gebiet bis Kampanien hinein auszudehnen und mit römischen Ansiedlungen zu befestigen. Aber die wachsende Macht des Epeiroten, vielleicht die Besorgnis, daß er sich zum Herrn Großgriechenlands machen wolle, veranlaßte die Tarentiner, sich denen zuzuwenden, gegen die sie ihn gerufen hatten; ein lukanischer Flüchtling ermordete den König; damit hatten die Samniten freie Hand, sich gegen die Römer zu wenden, die schon auch Kyme, die älteste hellenische Stadt an diesen Küsten, schon auch Capua in Besitz genommen hatten. Mit ihrem Versuch, sich auch in Neapolis und Palaiopolis festzuset-

den sich nach der Bewältigung des Ostens Alexanders unternehmender Blick wenden mußte. Gen Westen lag jenes Italien, wo vor kurzem seiner Schwester Gemahl, der Epeirotenkönig, Ehre und Leben eingebüßt hatte, lag das silberreiche Iberien, das Land der phoinikischen Kolonien, deren Mutterstädte jetzt zum neuen Reich gehörten, lag endlich jenes Karthago, das seit den ersten Perserkriegen und dem damaligen Bunde mit Persien nicht aufgehört hatte, gegen die Hellenen in Libyen und Sizilien zu kämpfen. Die großen Veränderungen in der Ostwelt hatten Alexanders Ruhm bis zu den entferntesten Völkern verbreitet, die teils mit Hoffnung, teils mit Besorgnis auf diese Riesenmacht blicken mochten; sie mußten die Notwendigkeit erkennen, sich mit dieser Macht, in deren Hand jetzt das Schicksal der Welt lag, in Beziehung zu setzen und ihr entgegenkommend dem Gang der Zukunft vorzuarbeiten. So geschah es, daß viele Gesandtschaften ferner Völker in das Lager kamen, teils um Huldigung und Geschenke zu überbringen, teils um über Streitigkeiten mit Nachbarvölkern des Königs schiedsrichterliche Entscheidung einzuholen; und erst jetzt, sagt Arrian, schien es dem König und seiner Umgebung, daß er Herr über Land und Meer sei. Alexander ließ sich das Verzeichnis der Gesandtschaften geben, um die Reihenfolge ihrer Audienzen zu bestimmen; den Vortritt hatten die mit heiligen Dingen Beauftragten, namentlich die Gesandten von Elis, vom Ammonion, vom delphischen Tempel, von Korinth, Epidauros und so weiter, nach Maßgabe der Bedeutung der Stelle, von der sie kamen; dann folgten die, welche Geschenke überbrachten, dann die, welche über Streitigkeiten mit Nachbarvölkern verhandeln wollten, dann die mit inneren und Privatsachen Beauftragten, zuletzt die hellenischen Abgeordneten, welche Vorstellungen gegen die Zurückführung der Verbannten machen sollten.

feier gehalten werden; mit Perdikkas ging Deinokrates, den Prachtbau des Scheiterhaufens zu leiten.

Es war gegen Ende des Jahres 324, und in den Bergen lag bereits tiefer Schnee, als Alexander mit seinem Heere aus Ekbatana aufbrach, um durch die Berge der Kossaier gen Babylon zu ziehen; er wählte diese Jahreszeit, weil die räuberischen Stämme im Gebirge jetzt nicht aus ihren Tälern auf die schneebedeckten Berghöhen flüchten konnten. Mit dem leichteren Teil seiner Truppen ging er, während die übrigen auf der großen Straße vorauszogen, südwärts, denn in dieser Richtung bis zu den ihnen verwandten Uxiern hin wohnten und wanderten diese Hirtenstämme. In zwei Kolonnen, die eine unter des Könige, die andere unter des Lagiden Ptolemaios Befehl, wurden die Bergtäler durchstreift, die meist kleinen Horden, die sich stets auf das kühnste zur Wehr setzten, einzeln überwältigt, ihre Raubtürme gebrochen, viele Tausende erschlagen und zu Gefangenen gemacht, die anderen zur Unterwerfung gezwungen, ihnen vor allem feste Ansiedlung und das Bebauen des Feldes zur Pflicht gemacht. Nach Verlauf von vierzig Tagen war das letzte unabhängige Bergvolk in dem Gebirgslande der Passagen, wie früher die Uxier, Kadusier, Marder und Paraitakenen zum Gehorsam gebracht und wenigstens der erste Anfang zur Zivilisation gemacht.

Dann zog Alexander in kleinen Tagesmärschen, um die einzelnen Truppenabteilungen aus den Bergtälern an sich zu ziehen, nach Babylonien hinab. In Babylon wollte er seine gesamten Kräfte zu neuen Unternehmungen vereinigen, Babylon sollte der Mittelpunkt des Reiches und die königliche Residenz werden; die Stadt war durch ihre Größe, ihren alten Ruhm und vor allem durch ihre Lage besonders dazu geeignet; sie lag in der Mitte zwischen den Völkern des Abend- und Morgenlandes; sie war dem Westen näher, auf

Als die Tage der ersten Trauer vorüber waren und die Getreuen mit ihren Bitten erreicht hatten, daß sich der König von seines Freundes Leiche trennte, ordnete er den Trauerzug, der die Leiche nach Babylon führen sollte. Auf Eumenes' Anregung brachten die Strategen, Hipparchen, Hetairen Waffen, Kleinodien, Gaben aller Art, den Wagen zu schmücken, der die Leiche trug; Perdikkas erhielt den Befehl, sie nach Babylon zu geleiten, dort sollte der Scheiterhaufen erbaut, dort im Frühling die Kampfspiele der Toten-

durch über der Leiche gewälzt und gejammert, und die Freunde hätten ihn mit Gewalt hinwegreißen müssen, – andere, er habe den Arzt an das ›Kreuz heften lassen, weil er schlechte Arzneien gegeben‹ (so Plutarch), er habe es nicht sehen wollen, daß Hephaistion vom Übermaß des Weines gestorben sei; daß Alexander wegen des Gestorbenen sein Haar abschnitt, scheint überhaupt und besonders als Nachahmung dessen, was Achill an Patroklos' Grabe tat, wahrscheinlich; daß er aber selbst den Trauerwagen gefahren, ist unwahrscheinlich. Andere erzählen, er habe das Heiligtum des Asklepios in Ekbatana zerstören lassen; das wäre barbarisch und nicht nach Alexander, sondern nach Xerxes gewesen. Wahrscheinlicher ist mir die Erzählung, daß, als auf dem Wege gen Babylon viele Gesandtschaften aus Hellas zu Alexander kamen, und unter diesen auch die von Epidauros, wo das berühmte Heiligtum des Asklepios, so habe er ihnen gewährt, was sie wünschten, außerdem ein Weihegeschenk für ihren Gott gegeben und gesagt: hat auch der Gott nicht freundlich an mir getan, daß er mir den Freund nicht errettet, den ich wie mein eigen Haupt liebte, so will ich ihn doch ehren! Ferner schreiben die meisten, daß er den Hephaistion als Heroen zu verehren befahl; andere fügen hinzu, er habe an das Ammonion gesandt, um anzufragen, ob es gestatte, dem Hephaistion als einem Gott zu opfern; und das sei nicht erlaubt worden.« Soweit Arrian. Anders Plutarch; er sagt (Plut. Pelop. 34), nach welchen Autoritäten, kann man aus Arrians Kritik abnehmen: »Vor Trauer verlor Alexander fast seinen Verstand, er ließ allen Pferden und Maultieren zum Zeichen der Trauer Schweif und Mähne scheren und in den Städten des Landes die Zinnen von den Mauern brechen; – und um sich zu zerstreuen, ging er gegen die Kossaier gleichsam zu einer Menschenjagd, ließ die ganze Völkerschaft niedermachen und nannte das ein Totenfest für Hephaistion.«

von dreitausend Goldstücken und, wenn er Athen belagert, zehntausend Rüstungen nebst ebenso vielen Katapulten und allen Geschossen, so viele er zum Kriege braucht.«

So die lärmenden und überreichen Festlichkeiten dieser Tage; nur Alexander war nicht zur Freude gestimmt. Hephaistion war krank; umsonst bot sein Arzt Glaukias alle Kunst auf, er vermochte dem zehrenden Fieber nicht Einhalt zu tun. Alexander konnte sich nicht den Festlichkeiten entziehen, er mußte den kranken Freund verlassen, um sich dem Heere und dem Volke zu zeigen. Er befand sich gerade – es war am siebenten Tage, und die Knaben hatten ihren Wettkampf – unter der fröhlichen Menge, die auf dem Stadion auf- und abwogte; da wurde ihm die Nachricht gebracht, daß es mit Hephaistion schlecht stehe; er eilte zum Schloß, in das Zimmer des Kranken, Hephaistion war eben verschieden. Die Hand der Götter konnte nichts Schwereres über Alexander verhängen; drei Tage saß er bei der teuren Leiche, lange klagend, dann vor Gram verstummend, ohne Speise und Trank, am Kummer sich weidend und der Erinnerung an den schönen Freund, der ihm in der Blüte des Lebens entrissen war. Es schwiegen die Feste, Heer und Volk klagte um den Edelsten der Makedonen, und die Magier löschten das heilige Feuer in den Tempeln, als ob ein König gestorben sei[118].

---

118 Diod. XVII 110; 114. Arrian sagt in seiner verständigen und würdigen Weise (VII 14): »Vielerlei wird über die Trauer Alexanders berichtet, aber alle stimmen überein, daß sie sehr groß gewesen; was er aber getan, erzählt jeder anders, je nachdem er Vorliebe für Hephaistion oder Neid gegen ihn und den König selbst hegt. Die nun Übermäßiges berichten, von denen haben, wie es mir scheint, die einen den König zu erheben gemeint, wenn sie ihn in Worten und Handlungen übermäßig trauernd zeigen bei dem Leichnam dieses ihm vor allen teuren Mannes, die anderen aber ihn zu verkleinern, als ob er sich weder seiner noch der Majestät des Königtums würdig in der Trauer gezeigt habe; die einen sagen, er habe sich den ganzen Tag hin-

In ähnlicher Weise war der Tempel des Anytis in der Nähe des Palastes geschmückt, seine Säulen mit goldenen Kapitellen gekrönt, das Dach mit goldenen und silbernen Ziegeln gedeckt. Freilich war schon manches von diesem kostbaren Schmuck durch die Raubgier jener makedonischen Befehlshaber, die so arg in Medien gehaust hatten, entwendet worden, aber noch immer bot das Ganze ein Bild der staunenswürdigsten Herrlichkeit. Die Umgebung stimmte mit der Pracht der königlichen Residenz; im Rücken des Palastes erhob sich der aufgeschüttete Hügel, dessen Höhe die äußerst feste Burg mit ihren Zinnen, Türmen und Schatzgewölben krönte; vor ihr die ungeheure Stadt in einem Umfang von fast drei Meilen, im Norden die Gipfel des hohen Orontes, durch dessen Schluchten sich die großen Wasserleitungen der Semiramis herabzogen.

In dieser wahrhaft königlichen Stadt feierte Alexander die Dionysien des Herbstes 324; sie begannen mit den großen Opfern, mit denen Alexander den Göttern seinen Dank für das Glück, das sie ihm gewährt, darzubringen gewohnt war. Dann folgten Festlichkeiten aller Art, Kampfspiele, Festaufzüge, künstlerische Wettkämpfe; Gastmähler und Gelage füllten die Zwischenzeit. Unter diesen zeichnete sich das des Satrapen Atropates von Medien durch schwelgerische Pracht aus; das gesamte Heer hatte er zu Gast geladen, und die Fremden, welche von nah und fern zur Schau der Feste in Ekbatana zusammengeströmt waren, umstanden die weite Reihe von Tafeln, an denen die Makedonen jubelten und unter Trompetenschall durch Heroldsruf ihre Trinksprüche, ihre guten Wünsche für den König und die Geschenke, die sie ihm weihten, verkünden ließen; mit dem lautesten Jubel unter diesen jener Spruch des Gorgos, des königlichen Waffenmeisters: »Dem König Alexander, dem Sohn des Zeus Ammon, weiht Gorgos einen Kranz

Hephaistion und Eumenes hatten schon mehrfach miteinander Streit gehabt, und ihre gegenseitige Abneigung bedurfte keines großen Anlasses, um in neuen Zwist auszubrechen. Ein Geschenk, das eben jetzt Hephaistion vom König erhielt, genügte, des Kardianers Neid auf das heftigste zu erregen und einen Wortwechsel hervorzurufen, in dem bald beide alle Rücksichten und sich selbst vergaßen. Alexander tat dem ärgerlichen Gezänk Einhalt; dem Eumenes gab er ein gleiches Geschenk, an Hephaistion wandte er sich mit dem Scheltwort, ob er sich und seine Würde nicht besser kenne; er forderte von beiden das Versprechen, fortan jede Uneinigkeit zu meiden und sich miteinander auszusöhnen. Hephaistion weigerte es, er war der tief Gekränkte, und Alexander hatte Mühe, ihn zu beruhigen; ihm zuliebe reichte Hephaistion endlich die Hand zur Versöhnung.

Nach diesen Vorgängen und einer dreißigtägigen Rast im Nysäischen Tale brach das Heer gen Ekbatana auf und erreichte in sieben Tagen, etwa mit dem Ausgang des Oktober, diese große und reiche Stadt. Es ist zu bedauern, daß die alten Überlieferungen nichts von den Anordnungen, Gründungen und Organisationen, die zu Ekbatana, wie es scheint, des Königs besondere Tätigkeit in Anspruch nahmen, berichten; reicher sind sie an Schilderungen der Festlichkeiten, welche in der medischen Residenz gefeiert wurden, namentlich der der Dionysien.

Alexander hatte seine Residenz im königlichen Schlosse genommen; das Schloß, ein Denkmal aus der Zeit der medischen Größe, lag unter der Burg der Stadt, in einer Ausdehnung von sieben Stadien; die Pracht dieses Gebäudes grenzte ans Märchenhafte: alles Holzwerk war von Zedern und Zypressen, das Gebälk, die Decken, die Säulen in den Vorhallen und den inneren Räumen mit goldenen oder silbernen Platten belegt, die Dächer mit Silberplatten gedeckt.

ander ließ ihm sein Geld und sandte an die Satrapen und Strategen Befehl, Abschriften von den an sie erlassenen Zuschriften und Weisungen einzusenden.[116] Bei den Makedonen des Heerlagers war Eumenes, der »mit der Schreibtafel und dem Griffel statt mit Speer und Schwert« diente und der trotzdem nur zu viel Einfluß und Ansehen beim König zu haben schien, wenig beliebt; und daß ihn vor allem Hephaistion, der durch sein nahes Verhältnis zu Alexander oft genug mit ihm in Berührung kam, nicht mochte, war nach dem Charakter des edlen Pellaiers natürlich. Alles, was von diesem berichtet wird, zeigt seinen edlen, ritterlichen, hingebenden Sinn, seine unbegrenzte und wahrhaft rührende Anhänglichkeit für den König. Alexander liebte in ihm den Gespielen seiner Knabenjahre; aller Glanz des Thrones und des Ruhmes und jener Wechsel in seinem äußeren und inneren Leben, um dessentwillen mancher, dem er viel vertraut, an ihm irre geworden war, hatten ihr herzinniges Verhältnis nicht zu stören vermocht; ihre Freundschaft hatte jene schwärmerische Weichheit des Jünglingsalters, dem sie beide fast noch angehörten; die Erzählung, wie Alexander einen Brief von seiner Mutter voll Vorwürfe und Klagen, die er auch dem Freunde gern verschwieg, durchlas und Hephaistion sich über des Freundes Schultern lehnte und mitlas und der König ihm dann den Siegelring auf den Mund drückte, gibt das Bild, wie man sich beide denken mag[117].

---

116 Plut. Eum. 2; wieviel in dieser Erzählung aus Duris und damit unzuverlässig ist, muß dahingestellt bleiben. Im höchsten Maß verdächtig wird die Geschichte durch die angeführte Summe, zumal wenn man erwägt, daß es 33 Trierarchen waren, die damals in Funktion traten. Auch daß des Königs Kasse so erschöpft gewesen sein sollte (χρήματα, οὐ γὰρ ἐν τῷ φασιλείῳ, Plut.), ist inmitten der großen Erfolge in Indien sehr seltsam.
117 Plut. Alex. 39.

Ein ärgerlicher Vorfall sollte diese Zeit der Rast unterbrechen. In der Umgebung Alexanders befanden sich Eumenes und Hephaistion. Eumenes von Kardia, welcher die erste Stelle im Kabinett des Königs hatte und von demselben wegen seiner großen Gewandtheit und Zuverlässigkeit vielfach und namentlich noch bei der Hochzeitsfeier von Susa durch die Vermählung mit Artabazos' Tochter geehrt war, scheint in Sachen des Geldes in üblem Rufe gestanden zu haben; es galt dafür, daß der König den unentbehrlichen Archigrammateus, sooft er dessen Vorteil mit seinem Pflichteifer oder seiner Hingebung in Kollision sehe, auf das freigebigste bedenke. Nur einmal, so wird erzählt – es war noch in Indien und der König hatte die Ausrüstung der Stromflotte, da seine Kassen erschöpft waren, als Ehrensache den Großen in seiner Umgebung überlassen –, ärgerte sich Alexander zu sehr an dem auffallenden Verhalten des Kardianers, als daß er sich hätte versagen sollen, ihm eine tüchtige Lehre zu geben. Eumenes sollte dreihundert Talente verwenden; er gab nur hundert und versicherte, daß er kaum diese mit aller Mühe habe zusammenbringen können; und doch kannte Alexander seinen Reichtum. Er machte ihm keine Vorwürfe, nahm aber das Dargebotene nicht an; er befahl, in der Stille der Nacht das Zelt des Eumenes anzuzünden, um ihn dann, wenn er in voller Angst vor dem Feuer, dem übrigens sogleich wieder Einhalt getan werden sollte, seine Schätze herausschleppen ließe, dem allgemeinen Spotte preiszugeben. Das Feuer griff so schnell um sich, daß es das ganze Zelt mit allem, was in demselben war, namentlich den zahlreichen Schriftstücken der Kanzlei, verzehrte; das geschmolzene Gold und Silber, das man in der Asche fand, betrug allein über tausend Talente. Alex-

dem vierten Buch seiner »Denkwürdigkeiten« vor, worauf Lysimachos sagte: »Wo muß ich denn damals gewesen sein!«

Tagemärschen erreichte man die Stadt Kelonai (Holwan), wenige Meilen von den Zagrospässen, von Hellenen bewohnt, die, zur Zeit der Perserkriege hierhergebracht, in Sprache und Sitten noch immer das Hellenische, wenn auch nicht rein, bewahrten. Von hier zog Alexander zu der Paßgegend von Bagistane[114]; er besuchte die berühmten Anlagen in der Ebene vor dem Gebirge, die man den Garten der Semiramis nannte. Bei seinem weiteren Zuge kam er in die Nysäischen Felder, in welchen die ungeheuren Roßherden der Perserkönige weideten; er fand der Pferde noch fünfzig- bis sechzigtausend. Das Heer verweilte hier einen Monat. Der Satrap Atropates von Medien kam, hier an den Grenzen seiner Satrapie den König zu begrüßen; er brachte, so wird erzählt, hundert Weiber zu Roß, mit Streitäxten und kleinen Schilden bewaffnet, in das Lager, indem er aussagte, dies seien Amazonen; eine Erzählung, die zu den sonderbarsten Ausschmückungen Anlaß gegeben hat[115].

114 Noch heute heißt der an Skulpturen und Inschriften reiche Westeingang der Pässe von Bisitun (oder, wie Mordtmann für richtiger hält, Behistun) Tauk-i-bostan, Bogen des Gartens, und Diod. II 13 erzählt, daß Semiramis bei dem Berge Bagistanos einen Garten von zwölf Stadien im Umkreis anlegen und den Berg mit Bildhauerarbeit schmücken ließ.

115 Weder Ptolemaios noch Aristobul erzählte davon (Arrian. VII 13). Die Übertreibungen stammen von Kleitarch her (Strabo IX, p. 420; cf. Plut. Alex. 41). Den Mythos von den Amazonen suchte die aufgeklärte Zeit historisch bestätigt zu finden, und es ist denkbar, daß der medische Satrap auf vielfache Nachfrage etwas den Amazonen Ähnliches, was er in seiner Satrapie fand, dem König vorführte. Denn die Frauen in den sogenannten wandernden Stämmen der Berge sind freier, kühner und kräftiger als sonst die Asiatinnen, sie nehmen an allen Wagnissen und Gefahren der Horden tätigen Anteil; und Malcolm (II, S. 446 der Übersetzung) erzählt als Augenzeuge ein interessantes Beispiel von der Kühnheit und Gewandtheit, mit der ein kurdisches Mädchen ein Roß tummelte. Plutarch nennt die Autoritäten für und wider die Amazonengeschichte; Onesikrit, der zu den ärgsten Lügnern gehört, las einst dem König Lysimachos die betreffende Stelle aus

auch er mit den übrigen Truppen diese Stadt, um nach Ekbatana hinaufzuziehen.

Medien vor allem hatte während des Königs Aufenthalt in Indien von der Zügellosigkeit und dem Übermut makedonischer Beamten und Befehlshaber viel gelitten, die Bevölkerung dort trotz allen Druckes und trotz der vielfachen Anreizungen zum Aufstand sich treu bewährt; Baryaxes, der vergebens die Fahne des Aufruhrs erhoben hatte, war durch den Satrapen Atropates dem Gericht des Königs überliefert worden. Trotzdem mochte da noch Anlaß genug sein zu untersuchen, zu ordnen, auszugleichen, es mochte namentlich die Plünderung des Schatzes und des Harpalos Flucht genauere Feststellungen fordern. Auch war die große Straße durch die medischen Berge noch keineswegs so sicher, wie es für den lebhaften Verkehr zwischen den syrischen Satrapien und dem oberen Lande erforderlich war; unter der Reihe der Bergvölker von Armenien bis zur karmanischen Küste waren immer noch die Kossaier, die räuberischen Bewohner des Zagrosgebirges, nicht gedemütigt, und jeder Transport, der nicht mit bedeutender Bedeckung den Weg der medischen Pässe einschlug, ihren Überfällen ausgesetzt. Das etwa waren die Gründe, welche den König bewogen, seine Rückkehr nach Babylon sowie den Beginn der neuen Unternehmungen gen Süden und Westen, für welche die Zurüstung in vollem Gange war, bis zum nächsten Frühjahr zu verschieben.

Er ging, es mochte gegen Ende August 324 sein, von Opis aus auf der gewöhnlichen medischen Straße nach Ekbatana; die Truppen folgten in mehreren Abteilungen durch die nördlichen Distrikte der Landschaft Sittakene. Alexander war über den Flecken Karrhai und von da in vier Tagen nach Sambata gekommen; er blieb hier sieben Tage, bis die verschiedenen Kolonnen zusammengetroffen waren. Mit drei

DRITTES KAPITEL

*Alexanders Zug nach Medien · Hephaistions Tod
Kampf gegen die Kossaier · Rückkehr nach Babylon
Gesandtschaften · Aussendungen ins südliche Meer,
Rüstungen, neue Pläne · Alexanders Krankheit
Sein Tod*

Am Schluß von sieben Kriegsjahren schreibt ein großer Kriegsfürst neuerer Zeit: so viele Feldzüge hätten ihn zum Greise gemacht; und er stand in der vollsten Manneskraft, im Anfang der vierziger Jahre, als er sie begann[113]. Alexander hatte zwölf Jahre hindurch unablässig im Felde gelegen, schwere Verwundungen, mehr als eine lebensgefährliche erlitten; endlose Strapazen, die Spannungen und Aufregungen unermeßlicher Wagnisse, schon durch jene erschütternden Vorgänge am Hyphasis, jenen furchtbaren Zug durch die gedrosische Wüste, den Aufruhr der Veteranen in Opis durchgemacht; er hatte Kleitos erstochen, Philotas, Parmenion hinrichten lassen. Die Überlieferungen sagen nicht, ob sein Geist und sein Körper noch in derselben Spannkraft und Frische war wie in den Tagen des Donaufeldzuges und am Granikos oder ob er »nervös« zu werden begann, sich früh altern fühlte. Die nächste Zeit sollte ihm neue, schmerzliche Erregungen bringen.

Bald nach dem Aufbruch der Veteranen aus Opis verließ

---

[113] »Tant de campagnes laborieuses, qui avaient usé mon tempérament et mon âge avancé qui commençait à me faire ressentir les infirmités qui en sont la suite nécessaire, me faisaient entrevoir comme prochaine la fin de ma carrière.« (Œuvres de Frédéric le Grand VI, p. 2)

faßt dieselbe Ahnung des Überirdischen, des Absoluten, des letzten Zweckes oder Grundes auszusprechen versuchten und daß die Unterschiede der göttlichen Namen, Attribute, Ämter nur äußerliche und zufällige, zu berichtigen und zu ihrem Gedanken zu vertiefen seien.

So offenbarte es sich, daß die Zeit lokaler und nationaler, das heißt heidnischer Religionen vorüber, daß die endlich sich einigende Menschheit einer einigen und allgemeinen Religion bedürftig und fähig sei; die Theokrasie war selbst nichts als ein Versuch, durch Verschmelzung aller jener verschiedenen Religionssysteme eine Einheit hervorzubringen; nur daß sie auf diesem Wege in der Tat doch nimmer erreicht werden konnte. Es war die Arbeit der hellenistischen Jahrhunderte, die Elemente einer höheren und wahrhafteren Einigung zu erwirken, das Gefühl der Endlichkeit und Ohnmacht, das Bedürfnis der Buße und des Trostes, die Kraft der tiefsten Demut und Erhebung bis zur Freiheit in Gott und zur Kindschaft Gottes zu entwickeln; es sind die Jahrhunderte der Entgötterung der Welt und der Herzen, der tiefsten Verlorenheit und Trostlosigkeit, des immer lauteren Rufes nach dem Erlösenden.

In Alexander hat sich der Anthropomorphismus des hellenischen Heidentums erfüllt; ein Mensch ist Gott geworden; sein, des Gottes, ist das Reich dieser Welt, in ihm der Mensch erhöht zu der höchsten Höhe der Endlichkeit, durch ihn die Menschheit erniedrigt, vor dem anzubeten, der der sterblich Geborenen einer ist.

Wenn man die Gottheiten, die Kulte, die Mythen des Heidentums als den eigensten und lebendigsten Ausdruck der ethnographischen und geschichtlichen Verschiedenheit der Völker betrachten darf, so lag da für das Werk, das Alexander schaffen wollte, die größte Schwierigkeit. Seine Politik traf den Nerv der Sache, wenn er, in dessen Person und Regiment zunächst jene Einheit sich darstellen mußte, in seiner unmittelbaren Umgebung so gut den indischen Büßer Kalanos und den persischen Magier Ostanes wie den lykischen Zeichendeuter Aristandros hatte, wenn er den Gottheiten der Ägypter, der Perser, der Babylonier, dem Baal von Tarsos, dem Jehovah der Juden sich in gleicher Weise wie ihre Gläubigen zuwandte und, alle Zeremonien und Ansprüche ihres Kultus erfüllend, dessen Bedeutung und Inhalt als offene Frage zur Seite ließ, vielleicht da und dort schon Anschauungen und Geheimlehren priesterlicher Weisheit begegnend, die in pantheistischer, deistischer, nihilistischer Fassung des Volksglaubens dem entgegenkam, was den gebildeten Hellenen ihre Philosophie gab[112]. Des Königs Beispiel wird rasch genug in weiten und weiteren Kreisen gewirkt haben; man begann nun dreister, als es schon immer hellenische Art gewesen, Götter der Fremde heimisch zu machen und die heimatlichen Götter in denen der Fremde wiederzuerkennen, die Sagenkreise und Theogonien der verschiedenen Völker zu vergleichen und in Einklang zu bringen; man begann sich zu überzeugen, daß alle Völker in mehr oder minder glücklichem Bilde in ihren Göttern dieselbe Gottheit verehrten, mehr oder minder tief ge-

---

112 Zu dem, was oben (S. 207) in betreff des Ammonions gesagt ist, mag nachträglich bemerkt werden, was Plutarch (Alex. 27) darüber sagt: λέγεται δὲ καὶ Ψάμμωνος ἐν Αἰγύπτῳ τοῦ φιλοσόφου διακούσας ἀποδέξασθαι μάλιστα τῶν λεχθέντων ὅτι πάντες οἱ ἄνθρωποι βασιλεύονται ὑπὸ θεοῦ· τὸ γὰρ ἄρχον ἐν ἑκάστῳ καὶ κρατοῦν θεῖόν ἐστιν κτλ.

den unablässigen Kriegsfahrten hat er jenes trotzige Selbstgefühl, jene kalte militärische Schroffheit, jene Geringschätzung der Gefahr und des eigenen Lebens heimgebracht, wie sie die Zeiten der Diadochen oft genug in der Karikatur zeigen; und wenn große geschichtliche Durchlebungen der Denkweise und der Physiognomie der Völker ihr Gepräge geben, so sind die Narben des zehnjährigen morgenländischen Krieges, die in endlosen Strapazen, in Entbehrungen und Ausschweifungen aller Art tiefgefurchten Züge der Typus der Makedonen. Anders das hellenische Wesen daheim. Dessen Zeit ist vorüber; weder vom Drang zu neuen Taten noch vom dem Bewußtsein politischer Macht gehoben, begnügen sich diese einst so rüstigen Hellenen mit dem Glanze ihrer Erinnerungen; das Prahlen ersetzt ihnen den Ruhm, und übersättigt von Genuß suchen sie um so mehr dessen oberflächlichste Form, den Wechsel; um so leichtfertiger, fahriger, parrhesiastischer, um so entfernter jeder einzelne, sich einer Verantwortung oder Autorität unterzuordnen, und um so loser und zuchtloser insgemein geht das Griechentum in jene geistreiche, pikante, nervöse Vielgeschäftigkeit über, die immer das letzte Stadium im Leben der Völker bezeichnet; alles Positive, alles Haltende und Zusammenhaltende, selbst das Gefühl, Schlacke geworden zu sein, geht dahin; das Werk der Aufklärung hat sich vollbracht.

Man darf wohl sagen, daß durch diese Aufklärung, so nivellierend und widrig sie im einzelnen erscheint, die Kraft des Heidentums gebrochen und eine geistigere Entwicklung der Religion möglich geworden ist. Nichts ist in dieser Beziehung wirksamer gewesen als jene sonderbare Erscheinung der Göttermischung, der Theokrasie, an der in den nächstfolgenden Jahrhunderten alle Völker des Hellenismus Anteil nahmen.

Marder erst lernen mußten, den Acker zu bestellen, »die Hyrkaner, ehelich zu leben, die Sogdianer, ihre alternden Väter zu ernähren statt zu töten«, hatte der Ägypter schon seinen Abscheu gegen die kastenlosen Fremdlinge, der Phoiniker die Greuel seiner Molochsopfer zu verlernen begonnen. Dennoch konnte erst die Folgezeit allmählich eine neue und analoge Weise zu sein, zu denken und zu handeln heranbilden, um so mehr, da den meisten altasiatischen Völkern die Grundlage ihrer Moral, ihrer persönlichen und rechtlichen Verhältnisse, welche den Hellenen dieser Zeit nur noch in dem positiven Gesetz oder in der entwickelten Erkenntnis ethischer Prinzipien gegeben schien, in der Religion enthalten war und durch sie gewiß und zwingend galt. Die Völker Asiens aufzuklären, ihnen die Fesseln der Superstition, der unfreien Frömmigkeit zu zerreißen, ihnen das Wollen und Können selbstgewisser Verständigkeit zu erwecken und zu allen Konsequenzen, den heilvollen wie gefährlichen, zu steigern, kurz, sie für das geschichtliche Leben zu emanzipieren, das war die Arbeit, welche der Hellenismus in Asien zu vollbringen versucht und zum Teil, wenn auch erst spät, vollbracht hat.

Schneller und entschiedener ist die Umgestaltung der sittlichen Zustände im makedonischen und hellenischen Volkstum hervorgetreten. Beiden gemeinsam wird in Alexanders Zeit die Steigerung alles Könnens und Wollens, die Überspannung der Ansprüche und der Leidenschaften, das Leben in dem Moment und für ihn, der rücksichtslose Realismus; und doch, wie verschieden sind sie in jeder Beziehung! Der Makedone, vor drei Jahrzehnten noch von bäuerischer Einfalt, an der Scholle haftend und in dem gleichgültigen Einerlei seiner armen Heimat zufrieden, denkt jetzt nichts als Ruhm, Macht und Kampf; er fühlt sich Herr einer neuen Welt, die er stolzer ist zu verachten als erobert zu haben; aus

der zivilisierten Welt bekunden, so hat sich in jener hellenistischen Zeit und, ich zweifle nicht, unter ähnlichen Formen eine Weltbildung durchgearbeitet, die am Nil und Jaxartes dieselben konventionellen Formen als die der guten Gesellschaft, der gebildeten Welt geltend machte. Attische Sprache und Sitte wurden die Richtschnur der Höfe von Alexandreia und Babylon, von Baktra und Pergamon; und als der Hellenismus seine politische Selbständigkeit dem römischen Staate gegenüber verlor, begann er in Rom die Herrschaft der Mode und Bildung zu gewinnen. So darf man den Hellenismus mit Recht die erste Welteinheit nennen; während das Achaimenidenreich nichts als ein äußerliches Aggregat von Ländermassen war, deren Bevölkerungen nur die gleiche Knechtschaft miteinander gemein hatten, blieb in den Ländern des Hellenismus, selbst als sie zu verschiedenen Reichen zerfielen, die höhere Einheit der Bildung, des Geschmacks, der Mode oder wie man sonst dieses stets wechselnde Niveau der menschlichen Gesellschaft nennen will.

Auf die sittlichen Zustände der Völker werden politische Veränderungen stets in dem Verhältnis der unmittelbaren Beteiligung weniger, vieler, aller an den Funktionen des Staates wirken. Dieselbe geschichtliche Versumpfung, welche die Völker Asiens bisher in den stumpfsten politischen Formen, den despotischen und den hierarchischen, hatte verharren lassen, ließ sie zunächst und zum guten Teil bei dem unermeßlichen Wechsel, der über sie gekommen war, stumm und passiv; wenn sich Alexander vielfach ihrem Herkommen und ihren Vorurteilen gefügt hatte, so zeigt das, auf welchem Wege allein es möglich war, sie allmählich über sich selbst hinauszuführen. Natürlich war der Erfolg dieser Bemühungen je nach dem Charakter der verschiedenen Völker sehr verschieden, und während die Uxier und

Beobachtungen in Babylon, die bedeutende Arzneikunde, die im indischen Lande gewesen zu sein scheint, die eigentümlichen Kenntnisse der Anatomie und Mechanik unter den Priestern Ägyptens gewannen unter der Hand hellenischer Forscher und Denker neue Bedeutung. Die eigentümliche Entwicklung des hellenischen Geistes hatte bisher die Philosophie als den Inbegriff alles Wissens dargestellt; jetzt emanzipierten sich die einzelnen Richtungen des Erkennens; die exakten Wissenschaften begannen sich, auf selbständige Empirie gestützt, zu entfalten, während die Philosophie, uneins über das Verhältnis des Denkens zur Wirklichkeit, bald die Erscheinungen für die Gedanken, bald die Erkenntnis für die Erscheinungen unzulänglich nannte.

Es liegt in der Natur der Sache, daß die Umgestaltung des Völkerlebens in sittlicher, sozialer, religiöser Beziehung langsamer und bis auf einzelne Eruptionen unmerklich vor sich gehen mußte; und wenn gegen das Neue, welches unter Alexanders Regiment natürlicherweise zu plötzlich, zu unvorbereitet, oft gewaltsam ins Leben gerufen war, mit seinem Tode eine Reaktion hervortrat, welche in den dreißig Jahren der Diadochenkämpfe sich bald dieser, bald jener Partei anschloß, so war das Resultat kein anderes, als daß das Neue endlich zur Gewohnheit wurde und, nach den volkstümlichen Verschiedenheiten modifiziert, solche Formen annahm, in die sich das Leben der Völker unter einem fortan gleichen und gemeinsamen Prinzip weiter hineinbilden konnte. Auf ein allmähliches Verschwinden nationaler Vorurteile, auf eine gegenseitige Annäherung in Bedürfnissen, Sitten und Ansichten, auf ein positives und unmittelbares Verhalten der sonst entzweiten Volkstümlichkeiten gründete sich ein vollkommen neues, soziales Leben; und wie etwa in neuer Zeit gewisse Anschauungen, Voraussetzungen, Konvenienzen bis zu den Moden hinab die Einheit

liebte Tagtägliche erheben wollte, zur Nachahmung ihrer klassischen Zeit zurück und überließ es dem Morgenlande, die Erinnerung an den gemeinsamen Helden Iskander in tausend Sagen und Gesängen von Geschlecht zu Geschlecht zu vererben. Unter den redenden Künsten der Hellenen konnte nur die jüngste, die noch frisch und lebendig unter den Zeitgenossen blühte, neue Formen zu gewinnen versuchen, und die sogenannte asiatische Beredsamkeit, blühend und überreich an Schmuck, ist ein charakteristisches Erzeugnis dieser Zeit.

Desto fruchtbarer war die Umgestaltung, welche in den Wissenschaften begann. Durch Aristoteles war jener großartige Empirismus ins Leben gerufen, dessen die Wissenschaft bedurfte, um des ungeheuren Vorrates von neuem Stoff, den Alexanders Züge jedem Zweige des menschlichen Erkennens eroberten, Herr zu werden. Der König, selbst Schüler des Aristoteles und mit allem, was die Studien hellenischer Ärzte, Philosophen und Rhetoren bisher geleistet hatten, vertraut, bewahrte stets das lebendigste Interesse für dieselben; ihn begleiteten auf seinen Zügen Männer von allen Fächern der Wissenschaft; sie beobachteten, forschten, sammelten, sie vermaßen die neuen Länder und die Hauptstraßen in denselben. Ebenso begann für die geschichtlichen Studien eine neue Epoche; man konnte jetzt an Ort und Stelle forschen, konnte die Sagen der Völker mit ihren Denkmalen, ihre Schicksale mit ihren Sitten vergleichen, und trotz der unzähligen Irrtümer und Märchen, welche durch die sogenannten Schriftsteller Alexanders verbreitet wurden, ist doch erst mit dieser Zeit das Material und demnächst die Methode für die große geschichtliche Forschung gewonnen worden. In mancher Beziehung konnte die hellenische Wissenschaft unmittelbar von dem Morgenländer lernen, und die große Tradition astronomischer

monischer Verhältnisse zu dem asiatischen Prunk gewaltiger Massen zu steigern, den Idealismus ihrer Darstellungen in der Üppigkeit kostbarer Materialien und realistischer Augenlust zu überbieten lernte. Die düstere Pracht der ägyptischen Tempel, die phantastischen Felsenbauten von Persepolis, die Riesentrümmer von Babylon, die indischen Prachtbauten mit ihren Schlangenidolen und den lagernden Elefanten unter den Säulen, das alles wurde dem hellenischen Künstler, mit den Traditionen seiner heimatlichen Kunst vermischt, immerhin ein reicher Schatz neuer Anschauungen und Entwürfe; aber schon schweiften die Konzeptionen ins Ungeheure; man erinnere sich jenes Riesenplans des Deinokrates, den Berg Athos zu einer Statue Alexanders auszumeißeln, deren eine Hand eine Stadt von zehntausend Einwohnern tragen, die andere einen Bergstrom in mächtigen Kaskaden in das Meer hinabgießen sollte. Auch die poetische Kunst versuchte es, an diesem neuen Leben Anteil zu gewinnen; sie entwickelte in der sogenannten neuen Komödie eine Feinheit psychologischer Beobachtung und eine Virtuosität, die Charaktere und Situationen des täglichen Lebens, des sozialen Kleinlebens möchte man sagen, zu schildern, die lebhafter als alles andere empfinden läßt, wie weit hinweg man von dem alten Zuge der großen Gemeininteressen, der großen Gedanken und Leidenschaften ist, die das Leben lebenswert machen. So dem Individuellen und Realistischen hingegeben, hat die hellenische Poesie weder aus den Heldenkämpfen, die sie jetzt sich vollziehen sah, noch aus den staunenswürdigen neuen Gestaltungen, die ihr durch sie erschlossen wurden, sich neue Bahnen gewonnen; sie hat nicht mehr vermocht, die Farbenpracht persischer Märchen oder die überirdische Feierlichkeit monotheistischer Psalmen und Prophetien in sich aufzunehmen; sie kehrte, wenn sie sich über das be-

und Handelsstraßen vom ägyptischen Alexandrien aus abendwärts an der Südküste des Mittelmeeres entlangzuführen beabsichtigte, wie er endlich in der Hoffnung, eine Verbindung des Kaspischen Meeres mit dem nördlichen und weiter dem Indischen Ozean aufzufinden, in den hyrkanischen Wäldern Schiffe zu bauen anordnete, davon wird demnächst die Rede sein.

Noch ein anderer Gesichtspunkt verdient auch an dieser Stelle hervorgehoben zu werden, der der begonnenen Völkermischung, in der Alexander zugleich das Ziel und das Mittel seiner Gründungen sah. In einer Zeit von zehn Jahren war eine Welt entdeckt und erobert worden, waren die Schranken gefallen, die Morgen- und Abendland schieden, und die Wege geöffnet, die fortan die Länder des Aufgangs und Niedergangs miteinander verbinden sollten. Ein alter Schriftsteller sagt: »Wie in einem Becher der Liebe waren die Elemente alles Völkerlebens ineinandergemischt, und die Völker tranken gemeinsam aus diesem Becher und vergaßen der alten Feindschaft und der eigenen Ohnmacht[111].«

Es ist hier nicht der Ort, darzulegen, zu welchen Folgen sich diese Völkermischung entwickelt hat; sie sind die Geschichte der nächsten Jahrhunderte. Aber schon in diesen ihren Anfängen lassen sich die Richtungen erkennen, die sich dann in Kunst, Wissenschaft, Religion, in allem menschlichen Erkennen und Wollen immer breiter entfaltet haben, oft wüst genug, oft zu Entartungen, in denen nur der historische Blick, der über Jahrhunderte hin die Zusammenhänge erfaßt, den in der Tiefe wirkenden mächtigen Zug des Fortschreitens zu entdecken vermag. Es war für die hellenische Kunst kein Gewinn, daß sie die stille Größe har-

---

111 [Plut.] de fort. Alex. 1,6.

Bedürfnis eines großen und durchgreifenden Handelsverkehrs, und es kam vor allem darauf an, demselben die sichersten und bequemsten Straßen zu öffnen und ihm in einer Reihe bedeutender Zentralpunkte Zusammenhang und Stetigkeit zu geben. Diese Rücksicht, neben der militärischen, hat Alexander von Anfang an bei seinen Gründungen und Kolonisierungen im Auge gehabt, und die meisten seiner Städte sind bis auf den heutigen Tag die bedeutendsten Emporien Asiens; nur daß heute die Karawanenzüge räuberischen Überfällen und willkürlichen Bedrückungen der Gewalthaber ausgesetzt sind, während in Alexanders Reich die Straßen gesichert, die Räuberstämme der Gebirge und der Wüsten in Furcht gehalten oder zur Ansiedlung genötigt, die königlichen Beamten zur Förderung und Sicherung des Verkehrs verpflichtet und bereit waren. Auch die Kauffahrtei auf dem Mittelmeer wuchs außerordentlich, und schon jetzt begann das ägyptische Alexandrien Mittelpunkt des mittelländischen Verkehrs zu werden, der nach des Königs Plänen bald vor den Räubereien etruskischer und illyrischer Piraten geschützt werden sollte. Besonders wichtig aber war die unermüdliche Sorgfalt, mit der Alexander neue maritime Verbindungen zu eröffnen suchte; schon war es ihm gelungen, einen Seeweg vom Indus zum Euphrat und Tigris zu finden; die Gründung hellenistischer Hafenstädte an den Mündungen dieser Ströme gab dem Verkehr auf dieser Seite die nötigen Stützpunkte; was Alexander tat, denselben in Aufnahme zu bringen und dem Inneren des syrischen Tieflandes mit den Strommündungen in ähnlicher Weise wie den Indusmündungen mit den oberen Induslandschaften unmittelbare Handelsverbindung zu schaffen, wie er die Auffindung eines weiteren Seeweges vom Persischen Meerbusen aus um die Halbinsel Arabien bis in das Rote Meer und in die Nähe von Alexandrien plante, wie er Heer-

Wenigstens erinnert mag hier werden an die großen Bauunternehmungen Alexanders, von denen gelegentliche Erwähnung geschieht, so die Wiederherstellung des Kanalsystems in Babylonien, die Aufräumung der Abzugsgräben vom Kopaïssee, der Wiederaufbau der verfallenen Tempel in Hellas, wozu er 10 000 Talente angewiesen haben soll, der Dammbau bei Klazomenai und die Durchstechung der Landenge von dort nach Teos, manches andere[110].

Genug, um anzudeuten, was dem wirtschaftlichen Leben Alexanders Erfolge bedeuteten. Vielleicht nie wieder ist in diesen Beziehungen von dem persönlichen Einfluß eines Mannes eine so plötzliche und so tiefgreifende, so ungeheure Bereiche umfassende Umgestaltung ausgegangen. Sie war nicht das Ergebnis zusammentreffender Zufälligkeiten, sondern, soviel zu erkennen ist, gewollt und mit bewußter Konsequenz durchgeführt. Wenn einmal die Völker Asiens aufgerüttelt waren, wenn der Westen die Genüsse des Ostens, der Osten die Künste des Westens kennen und bedürfen gelernt hatte, wenn die Abendländischen, die in Indien oder Baktrien geblieben, die Asiaten, die aus allen Satrapien am Hofe versammelt waren, des Heimischen in der Fremde nur um so mehr begehrten, wenn das Durcheinander der verschiedensten Lebensweisen und Bedürfnisse, wie es sich zur höchsten Pracht gesteigert am Königshofe fand, in den Satrapien, in den Häusern der Vornehmen, in allen Kreisen des Lebens mehr oder minder zur herrschenden Mode werden mußte, so ergab sich unmittelbar das

---

110 Absichtlich ist hier das Münzsystem Alexanders, die gleiche Währung, die er in seinem Reiche einführte, die höchst denkwürdige Fülle von Münztypen usw. übergangen worden. Die vortreffliche Zusammenstellung von L. Müller (Numismatique d'Alexandre le Grand 1855) hat Gesichtspunkte erschlossen, die, selbst wenn sie nicht überall stichhaltig sind, für die geschichtliche Forschung ihre Bedeutung haben.

den sind; und jeder Satrap, jeder Hyparch und Dynast folgte in seinem Bereich dem Beispiel des Großkönigs. Aus einigen Andeutungen ist zu schließen, daß Alexander das System der Naturallieferungen aufhob; in demselben Maße, wie früher des Großkönigs Anwesenheit eine Stadt oder Landschaft aussog, sollte sie fortan durch den Aufenthalt des königlichen Hoflagers gewinnen. Die Pracht, mit der sich der König namentlich in der letzten Zeit umgab, erdrückte nicht mehr, sondern förderte Verkehr und Wohlstand; und wenn erzählt wird, daß er, um sein ganzes Hofgesinde in Purpur zu kleiden, den Befehl nach Ionien sandte, allen Vorrat an Purpurstoffen daselbst aufzukaufen, so läßt dieser einzelne Fall auf andere ähnliche schließen. Es versteht sich wohl von selbst, daß auch die Satrapen, die Strategen usw. in den Provinzen nicht mehr auf Naturallieferungen gestellt waren; nicht minder, daß ihre ordnungsmäßigen Einnahmen hoch genug waren, sie mit dem nötigen Glanz leben zu lassen; was man auch von ihrer oft unsinnigen Verschwendung sagen mag, sie gaben zu verdienen. Durch reiche Schenkungen, z. B. bei den von Opis heimziehenden Veteranen ein Talent für den Mann, sorgte der König dafür, daß auch die Truppen, zumal die Ausgedienten, bequem leben konnten; und wenn der Soldat oft genug mehr verbrauchte, als er hatte, so bezahlte der König mit unerschöpflicher Freigebigkeit dessen Schulden. Daß er für Dichter, Künstler, Philosophen, Virtuosen, für jede Art wissenschaftlicher Forschung immer offene Hand hatte, ist bekannt; und wenn es heißt, daß Aristoteles behufs seiner naturhistorischen Untersuchungen die Summe von 800 Talenten zu seiner Verfügung erhielt, so würde man an der Wahrheit dieser Angabe zu zweifeln geneigt sein, wenn sie nicht durch den Umfang seiner Leistungen begreiflich würde.

Eroberung Alexanders und im Laufe von zehn Jahren dem Verkehr wieder zugeführt wurden.

Aber wenn die neue Königsmacht, welche nun über Asien herrschte, die bisher totgelegten Reichtümer entfesselte, wenn sie von ihr wie das Blut vom Herzen ausströmten, so sieht man, wie damit, daß Arbeit und Verkehr sie in immer rascherer Zirkulation durch die lang unterbundenen und welk gewordenen Glieder des Reichs verbreiteten, das ganze wirtschaftliche Leben der Völker, deren Kraft die persische Herrschaft vampyrhaft ausgesogen hatte, sich aufrichten und steigern mußte. Freilich war damit ein entsprechendes Steigen der Preise, eine Verschiebung der Schwerpunkte des bisherigen Weltverkehrs, das Sinken der Handelsbilanz für diejenigen Plätze, von denen er sich abwandte[109], unvermeidlich verbunden, ein Umstand, aus dem vielleicht manche Erscheinungen in den althellenischen Landen, welche die nächste Folgezeit brachte, zu erklären sind.

Nach Herodots Angabe war der jährliche Betrag der Tribute im persischen Reich nach der Grundsteuer 14 560 euboiische Talente. Eine freilich nicht aus bester Quelle stammende Angabe rechnet im letzten Jahre Alexanders den Ertrag des Tributs auf 30 000 Talente und fügt hinzu, daß im Schatz nur noch 50 000 Talente gewesen seien. Vor allem drückend war in der persischen Zeit die endlose Masse der Naturalleistungen gewesen, wie denn die für den königlichen Hof allein auf 13 000 Talente jährlich berechnet wor-

---

109 Etwa wie Athen, dessen Stapelrecht für das Getreide schon früher von Byzanz (Dem. 5, 25) und von Rhodos (Lycurg. Leocr., 18) bestritten wurde, jetzt durch die großen Getreidespekulationen des Kleomenes in Ägypten zugunsten von Rhodos benachteiligt wurde ([Dem] 56,7-10). Daß die Rede um 322/1 geschrieben ist, hat A. Schäfer mit Recht aus dem τοῦ ἐν τῇ Αἰγύπτῳ ἄρξαντος geschlossen.

bylon erneut, daß er eine Sklavenassekuranz eingerichtet habe, die gegen zehn Drachmen Beitrag für den Kopf jedem Herrn, dem ein Sklave entlief, die Erstattung seines Wertes sicherte. Mehr als noch eine und die andere Einzelheit derart erfahren wir nicht; ebensowenig, wie in der Verwaltung die Städte neben den Stämmen (ἔθνη), wie die Dynasten, die Tempelstaaten (Ephesos, Komana usw.), die abhängigen Fürsten standen.

Eins der stärksten Fermente für die neu werdenden Zustände muß die ungeheure Masse edlen Metalles gewesen sein, die die Eroberung Asiens in Alexanders Hand brachte. Vor dem Peloponnesischen Kriege war Athen damit, daß es auf der Akropolis außer den silbernen und goldenen Geräten 9000 Talente geprägtes Silber im Schatz hatte, die größte Kapitalmacht der hellenischen Welt gewesen, und vor allem darin hatte es seine politische Überlegenheit über die noch völlig in der Naturalwirtschaft verharrenden Staaten des Peloponnesischen Bundes gesichert gesehen. Jetzt handelte es sich um ganz andere Summen. Außer dem, was Alexander im Persischen Lager bei Issos, in Damaskus, in Arbela usw. erbeutete, fand er, wie angegeben wird, in Susa 50 000 Talente, in Persepolis ebensoviel, in Pasargadai 6000, weitere Summen in Ekbatana; es sollen dort von ihm 180 000 Talente niedergelegt worden sein. Was sonst an goldenen und silbernen Geräten[108], an Purpur, Edelsteinen, Kleinodien usw. in Alexanders Hand fiel, was in den Satrapien, was in Indien hinzugekommen ist, wird nicht angegeben.

Man wird auf jene Ziffern keine statistische Berechnung der Massen Goldes und Silbers gründen wollen, die mit der

---

108 So in Susa 5000 Talente Purpurstoffe, die seit 120 Jahren dort angesammelt und noch vollkommen frisch und schön gewesen seien (Plut. Alex. 36).

in welcher Verfassung, mit welchem Recht saßen die Ansiedler neben den alten Einwohnern oder den Einheimischen, die mit in die Stadt zu ziehen veranlaßt wurden? Was war oder wurde königliche Domäne? In welchem Sinn verfügte Alexander über die Städte Kios, Gergis, Elaia, Mylasa, wenn er Phokion anbot, sich eine von ihnen zu wählen?

Wir wissen nicht, inwieweit Alexander das alte System der Verwaltung, den persischen Steuerkataster, das hergebrachte Abgabensystem änderte oder ließ. Arrian gibt an, der König habe bei seiner Rückkehr nach Persien so hart gestraft, um die zu schrecken, die er »als Satrapen, Hyparchen und Nomarchen« zurückgelassen habe; waren das die Rangstufen der Verwaltung? Wiederholten sie sich in allen Satrapien, oder gab es, wie Ägypten dafür ein Beispiel scheint, für die verschiedenen Gebiete des weiten Reiches verschiedene Verwaltungssysteme, ein anderes etwa für die syrischen Lande, ein anderes für die iranischen, für die baktrischen? War etwa nur in den Satrapien Kleinasiens und den Landen syrischer Zunge das Kassenwesen und die Tributerhebung besonderen Beamten unterstellt? Wie ihr Verhältnis zu den militärischen Befehlshabern in der Satrapie bestimmt, wie die Kompetenz der verschiedenen Beamtungen umgrenzt, wie es mit der Dotierung der einen und anderen bestellt war, ist ebensowenig zu ersehen. Aber gelegentlich erfährt man, daß Kleomenes von Naukratis, der das ägyptische Arabien verwaltete, den Ausfuhrzoll auf Getreide vermehren, daß er alles Getreide in seiner Provinz aufkaufen konnte, um von der Teuerung, die namentlich in Athen drückend war, Gewinn zu ziehen, daß er die heiligen Krokodile usw. besteuerte. Von Antimenes, dem Rhodier, der, man sieht nicht deutlich, welches Amt in Babylon erhalten hatte, wird angegeben, daß er den außer Brauch gekommenen Zoll von zehn Prozent auf alle Einfuhr nach Ba-

den sollten, traten Konsequenzen, Widersprüche, Unmöglichkeiten hervor, in denen das »andere Antlitz«, das der vollbrachten Tat, sich zeigte, und um so heftiger drängte die schwellende Bewegung weiter.

Wie die Maßregel, die Nikanor bei der olympischen Feier verkündete, politisch gewirkt hat, ist angegeben worden. Aber die nun Heimkehrenden hatten daheim ihr Haus, ihre Äcker gehabt, die seitdem konfisziert, verkauft und weiterverkauft waren. In jeder hellenischen Stadt folgten der Heimkehr der Flüchtlinge Ärgernisse und Prozesse mannigfachster Art. In Mytilene half man sich mit einem Vertrag zwischen den Verbannten und den Zurückgebliebenen, nach dem eine gemeinsame Kommission die Besitzverhältnisse regeln sollte; in Eresos ließ man »nach dem Befehl des Königs« die Gerichte den Flüchtlingen gegen die Tyrannen, die sie ausgetrieben hatten, deren Nachkommen und Anhänger ihr Recht schaffen; in Kalymna übertrug man fünf Bürgern aus Iasos das Schiedsgericht. Es sind zufällige Notizen, die sich erhalten haben; in der Natur der Sache lag es, daß ungefähr jede hellenische Stadt in derselben Frage die gleiche Aufregung durchmachen mußte.

Eine zufällige Notiz ähnlicher Art läßt erkennen, daß Alexander einst den am Sipylos in Alt-Magnesia angesiedelten Soldaten je ein Ackerlos zugewiesen hatte; wann, unter welchen Umständen, mit welchen Rechten, ist nicht zu ersehen, noch ob die Angesiedelten Makedonen, Söldner oder sonst was waren. Gewiß war das kein vereinzelter Fall; aus Münzen sieht man, daß in Dokimeion, in Blaudos Makedonen, in Apollonia Thraker angesiedelt worden sind. Waren die Ackerlose, die solchen Ansiedlern gegeben wurden, auf städtischen Besitz angewiesen, oder waren sie aus königlichen Domänen? Dieselbe Frage wiederholt sich bei den »mehr als siebzig Städten«, die Alexander gründete; und

der hellenische Nativismus gern alles dachte, was nicht griechisch sprach; ihnen gegenüber hatten die Eroberer nicht bloß zu geben, sondern auch zu empfangen; es galt zu lernen und umzulernen.

Und damit – so könnte man schließen – begann der zweite Teil der Aufgabe, die sich Alexander gestellt hatte, die Friedensarbeit, die, schwieriger als die Waffensiege, diesen in gesicherten Zuständen ihre Rechtfertigung und eine Zukunft geben mußte.

Wie er aus Indien heimkehrend die Lage seines Reiches gefunden hatte, mußte er innewerden, welche Schäden an dem zu hastigen Aufbau, so wie er noch war, hafteten. Die Strenge seiner Strafen mochte der unmittelbaren Gefahr wehren, vor neuen Freveln zurückschrecken, den Bedrückten wie den Bedrückern zeigen, daß ein scharfes Auge und eine gewaltige Hand über ihnen sei. Aber das Schwerere war, nach solchen zehn Jahren voll ungeheurer Wechsel und unermeßlicher Aufregungen, nach allen den Steigerungen der Leidenschaften, der Ansprüche und Genüsse bei den Siegern, der Furcht und Erbitterung bei den Besiegten alle wieder zum richtigen Atmen, zum Gleichmaß, zur Alltäglichkeit zu gewöhnen.

Wenigstens in Alexanders Art, vielleicht in der Lage der Dinge, mit denen er zu rechnen hatte, lag es nicht, in solcher Weise zu verfahren. Die Sonnenhöhe seines Lebens hatte er überschritten; es ging nun niederwärts, und die Schatten wuchsen.

Es mag an dieser Stelle gestattet sein, die hauptsächlichsten Momente hervorzuheben, die das weiterdrängende Schwellen und Steigen der Flut von Schwierigkeiten bezeichnen, die nun einsetzte. In dem Maße, wie aus dem Getanen und den Prinzipien, die es in sich trug, Zuständigkeiten wer-

oft gegen die hellenische Heimat selbst seine Kräfte vergeudet hatte, ein Beweis, daß die hellenische Heimat nicht mehr Raum genug hatte für die Fülle von Kräften, die sie erzeugte? Hatte sich nicht die Macht der Barbaren, die den Hellenen als geborene Sklaven galten, seit einem Jahrhundert fast nur noch durch die Streitkräfte, die Hellas ihnen verkaufte, aufrechterhalten?

Gewiß hatte Aristoteles recht, zu fordern, daß auf die gegebenen Bedingungen weiter gebaut werden müsse; aber er senkte die Sonde seines Denkens nicht tief genug ein, wenn er diese Gegebenheiten so nahm, wie sie nach ihren schwachen und schwächsten Seiten, wie sie in ihren unhaltbar gewordenen Formen waren[107]. Daß die hellenische wie asiatische Welt vor den Gewaltstößen der makedonischen Eroberung zusammengebrochen war, daß sich durch sie die geschichtliche Kritik völlig verrotteter, gedankenlos, unwahr gewordener Zustände vollzog, war nur die eine Seite der großen Revolution, die Alexander über die Welt brachte. Die Erinnerungen und die Kultur Ägyptens rechneten nach Jahrtausenden; welche Fülle polytechnischer Meisterschaft, astronomischer Beobachtungen, alter Literaturen bot die syrisch-babylonische Welt; und erschloß sich nicht in der lauteren Parsenlehre der Iranier und Baktrier, in der Religion und Philosophie des Wunderlandes Indien eine Welt ungeahnter Entwicklungen, vor denen der noch so selbstgefällige hellenische Bildungsstolz staunen mochte? In der Tat, diese Asiaten waren nicht Barbaren wie die Illyrier, Triballer, Geten, nicht Wilde und Halbwilde, wie sich

---

107 Man vergleiche die treffende Kritik des Eratosthenes (bei Strabo I, p. 66) über Aristoteles' Mahnung an Alexander: τοῖς μὲν Ἕλλησιν ὡς φίλοις χρῆσθαι, ι, τοῖς δὲ βαρβάροις ὡς πολείοις Eratosthenes darauf: βέλτιον εἶναι ἀρετῇ καὶ κακίᾳ διαιρεῖν ταῦτα, und demgemäß habe Alexander gehandelt.

sie dazu erzogen, und Alexander gedachte, so wie er schon die Thraker, Paionen, Agrianer und Odryser ihnen ebenbürtig gemacht hatte, ebenso die Asiaten zu gleicher Tüchtigkeit und Zucht zu gewöhnen; der Feldzug in Indien zeigte, in welchem Maße es ihm damit gelang. Von hellenischer Bildung aber hatten die makedonischen Bauern und Hirten und Kohlenbrenner eben auch nicht mehr als ihre barbarischen Nachbarn jenseit des Rhodope und des Haimos, und die Doloper, Aitoler, Ainianen, Malier, die Bauern von Amphissa sind in den hellenischen Landen nicht eben anders angesehen worden. Diese hellenische Bildung selbst aber, wie überschwenglich reich immer an Kunst und Wissenschaft, wie unvergleichlich, intellektuelle Gewandtheit und die Virtuosität persönlicher Strebsamkeiten zu entwickeln, – sie hatte die Menschen klüger, nicht besser gemacht, die ethischen Kräfte, auf die das Leben der Familie, des bürgerlichen, des staatlichen Gemeinwesens sich gründen muß, hatte sie in dem Maße, als sie sich steigerte, geschwächt und zersetzt, wie von den Trauben, wenn der Wein daraus gekeltert ist, nur die Trebern bleiben. Hätte Alexander nur den Hellenen und Makedonen Asien erobert, ihnen die Asiaten zu Sklaven geben wollen, sie wären nur um so schneller zu Asiaten, aber im schlimmsten Sinne zu Asiaten geworden. War es Herrschaft und Verknechtung, was seit Jahrhunderten der hellenischen Welt in immer neuen Kolonien immer weitere Ausdehnung, immer frische lebensvolle Schößlinge gebracht hatte? War hellenisches Leben bis zu den Libyern an der Syrte, den Skythen am Maiotischen See, den keltischen Stämmen zwischen den Alpen und Pyrenäen nicht in derselben Weise hinausgezogen, wie sie nun Alexander über die weite Feste Asiens auszubreiten gedachte? War nicht das hellenische Söldnertum, das so lange und in immer größerer Schar in aller Welt umher und nur zu

den, welche nicht die an sich vollkommenste, aber die brauchbarste sei: »Welche also ist die beste Verfassung und das beste Leben für die meisten Staaten und die meisten Menschen, wenn man an Tugend nicht mehr verlangt als das Maß der Durchschnittsmenschen, noch an Bildung mehr, als ohne besondere Begünstigung der Natur und der Umstände möglich ist, noch eine Verfassung, wie sie nur im Reich der Ideale liegen kann, sondern ein Leben, das mitzuleben, eine Verfassung, in der sich zu bewegen den meisten Menschen möglich ist?« Er sagt: darauf komme es an, eine solche Staatsordnung zu finden, welche aus den gegebenen Bedingungen sich entwickelnd leicht Eingang und Teilnahme gewinnen wird[106]; »denn es ist kein geringeres Werk, eine Staatsordnung zu verbessern, als eine von Grund aus neue zu schaffen, wie ja auch das Umlernen ebenso schwer ist als das Erlernen«. So weit geht der Philosoph in seinem Realismus; aber wenn er von den meisten Menschen, den meisten Staaten spricht, denkt er nur an die hellenische Welt, denn die Barbaren sind ja wie Tiere und Pflanzen.

Auch Alexander denkt völlig realistisch; aber er bleibt nicht vor den »gegebenen Bedingungen« stehen, oder vielmehr seine Siege haben deren neue geschaffen; der Bereich, für den er sein politisches System einzurichten hat, umfaßt die Völker Asiens bis zum Indus und Jaxartes. Und er hat gesehen, daß diese Barbaren nicht wie Tiere und Pflanzen sind, sondern auch sie Menschen mit ihren Bedürfnissen, Begabungen, Tugenden, auch ihre Art zu sein voll gesunder Elemente, solcher zum Teil, die denen, welche sie als Barbaren verachtet haben, schon verlorengegangen sind. Waren die Makedonen vortreffliche Soldaten, so hatte König Philipp

---

106 Arist. Pol. IV 1, 4 und 11, 1: τοιαύτην τάξιν, ἣν ῥᾳδίως ἐκ τῶν ὑπαρχουσῶν καί πεισθήσονται καὶ δυνήσονται κοινωνεῖν.

ken sind, die ihm sofort und wie im Fluge zu Normen, Organisationen, Bedingungen weiteren Tuns werden, noch weniger verkennen, wie jeder dieser Gedankenblitze immer weitere Gesichtskreise erschloß und erhellte, immer heißere Friktionen schuf, immer drängendere Aufgaben stellte.

Die Armseligkeit der auf uns gekommenen Überlieferungen versagt uns jeden Einblick in die Werkstatt dieser Tätigkeiten, in die hochgespannte intellektuelle und moralische Arbeit dessen, der sich so unermeßliche Aufgaben stellte und sie löste. Kaum daß das, was uns noch vorliegt, das Äußerlichste von dem, was durch ihn geschehen, was zur Ausführung und Wirkung gelangt ist, fragmentarisch erkennen läßt. Fast nur in dem räumlichen Umfang dieser Geschehnisse geben sie uns ein Maß für die Kraft, die solche Wirkungen erzeugte, für den Willen, der sie leitete, für den Gedanken, dem sie entsprangen, eine Vorstellung von der Größe Alexanders.

Mag der nächste Impuls seines Tuns gewesen sein, den großen Kampf hinausführend, den sein Vater vorbereitet hatte, dem Reich, das er sich eroberte, Sicherheit und Dauer zu geben – mit dem glücklichen Radikalismus der Jugend ergriff oder erfand er sich zu diesem Zweck Mittel, die seine Kriegszüge an Kühnheit, seine Schlachten an Siegesgewalt übertrafen.

Das Kühnste war, was ihm die Moralisten bis auf den heutigen Tag zum schwersten Vorwurf machen: er zerbrach das Werkzeug, mit dem er seine Arbeit begonnen hatte, oder, will man lieber, er warf das Banner, unter dem er ausgezogen war, den stolzen Haß der Hellenen gegen die Barbaren zu sättigen, in den Abgrund, den seine Siege schließen sollten.

In einer denkwürdigen Stelle bezeichnet Aristoteles als die Aufgabe seiner »Politik«, diejenige Staatsform zu fin-

mung des Korinthischen Bundes zu bleiben, bereits kundgegeben hatte, andererseits des Königs abschlägige Antwort nur zu gewiß vorauszusehen war.

Mehr als die äußere Wirkung dieser Vorgänge bedeutete die moralische Niederlage derjenigen Prinzipien, als deren Vertreter und Vorbild Athen angesehen wurde und sich selbst ansah. Einst hatte jener Kleon, der dem Demos seinerzeit für den schärfsten Demokraten galt, demselben Demos gesagt: die Demokratie sei unfähig, über andere zu herrschen; wenn jetzt sich Athen der monarchischen Autorität, wie das hellenistische Königtum Alexanders sie geltend machte, fügen mußte, so war der letzte Anhalt dahin, den die Kleinstaaterei und die Selbstüberschätzung des Partikularismus noch gehabt hatte, die immer nicht hatte begreifen wollen, daß »ein spannelanges Fahrzeug gar kein Fahrzeug sei«; und die begonnene neue Gestaltung wirklicher Macht lagerte sich ruhig und mächtig auch über die hellenische Welt, freilich von ihr ein großes Opfer fordernd, aber ein Opfer, das Alexander selbst von sich und von seinen Makedonen forderte, mit dem er rechtfertigte und sühnte, was er vollbrachte.

Ein berühmter Forscher unserer Zeit hat Alexander den genialsten Staatsmann seiner Zeit genannt. Er war als Staatsmann, was Aristoteles als Denker. Der Denker konnte in der Stille und Abgezogenheit seines Geistes seinem philosophischen System die ganze Geschlossenheit und Vollendung geben, die nur in der Welt der Gedanken möglich ist. Wenn das staatsmännische Werk Alexanders vorerst nur skizzenhaft und nicht ohne mannigfache Fehlgriffe im einzelnen, wenn die Art, wie er schuf, als persönliche Leidenschaft und Willkür oder vom Zufall bestimmt erscheint, so darf man nicht vergessen, daß es die ersten, aus der Friktion riesenhafter Verhältnisse hervorspringenden Gedan-

her schwankend und bald unterwürfig.[105] Man hatte den Verbannten die Heimkehr geweigert, man fürchtete fort und fort, daß sie von Megara aus und gestützt auf des Königs Amnestie die attische Grenze überschreiten würden; dennoch geschah zum Schutz der Stadt nichts, als daß eine Theorengesandtschaft an den König dekretiert wurde, die ihn um die Erlaubnis, die Verbannten nicht aufzunehmen, bitten sollte, eine Maßregel, die wenigstens im Interesse der attischen Freiheit vollkommen ungeschickt war, da der Staat einerseits seine Willensmeinung, bei der Bestim-

---

105 Demades war allerdings im Harpalischen Prozeß verurteilt, Dinarch. 2,15; derselbe sagt 1,104, Demades habe offen erklärt, daß er Geld genommen habe und künftig nehmen werde, aber zugleich nicht gewagt, sich persönlich vor Gericht zu stellen (αὐτοῖς δεῖξαι τὸ πρόσωπον) noch der Anzeige des Areiopags gegenüber sich weiter zu verteidigen. Er hatte der Untersuchung gemäß sechstausend Stateren (zwanzig Talente) empfangen; mochte er so reich sein, daß er einst gegen das Gesetz hundert fremde Tänzer auf die Bühne führen und für jeden das gesetzliche Strafgeld von tausend Drachmen gleich mitbringen konnte, so mußte ihn doch die für Bestechungen gesetzliche Strafe des Fünf- oder gar Zehnfachen zugrunde richten; er hätte, wenn er nicht zahlen konnte, flüchten oder ins Gefängnis gehen müssen. Statt dessen findet man ihn sechs Monate später bei der Nachricht vom Tode Alexanders auf der Rednerbühne (Plut. Phoc. 22); vielleicht daß ihm, aus Rücksicht auf Alexander und auf dessen Verwendung, vom Volke, etwa wie dem Laches, dem Sohn des Melanopos (Demosth. ep. III, p. 642), die Strafe erlassen worden; erst nach Alexanders Tod bricht sein Ansehen zusammen; wegen drei oder gar sieben Paranomien (Diod. XVIII 18; Plut. Phoc. 26) wurde er verurteilt und, da er nicht zahlen konnte, ἄτιμος. Unter diesen Paranomien wird wohl die zur Vergötterung Alexanders eine Hauptstelle eingenommen haben; zehn Talente dafür, wie Athenaios angibt, wären ihm zu zahlen leicht geworden; die hundert Talente bei Aelian kommen der Wahrscheinlichkeit näher. Lykurg war bereits vor den Harpalischen Prozessen gestorben (Plut. X. Orat. Hyperid., vgl. Böckhs Staatshaushalt II, S. 244). Nicht der unbesonnene und doktrinäre Hypereides trat in den Vordergrund, sondern der junge Pytheas, der sich als Makedonist entpuppte, Stratokles, Mnesaichmos, Prokles, Leute schlimmster Art.

Theorikenkasse vorgeschossen, wovon er nicht gern habe sprechen wollen; er beschuldigte den Areiopag, daß er dem Alexander zu Gefallen ihn habe beseitigen wollen; er führte seine Kinder vor, um das Mitleid der Geschworenen zu erregen. Alles vergeblich; er wurde verurteilt, das Fünffache dessen, was er erhalten hatte, zu zahlen, und da er die Summe nicht aufzubringen vermochte, ins Gefängnis geworfen, aus dem er Gelegenheit fand oder erhielt, am sechsten Tage zu entweichen.

Dieser Ausgang der Harpalischen Prozesse war für Athen verhängnisvoll; die Geschworenen der Heliaia, der unmittelbare Ausdruck der öffentlichen Meinung, hatten allerdings das Wort der Ankläger gar wohl beachtet, daß sie über die Angeklagten, ein anderer aber über sie urteilen werde und daß sie es sich selber schuldig seien, auch noch so berühmte Männer zu strafen; einmal unter so schiefen Prämissen, wie sie durch die in diesem Harpalischen Handel unsicher geführte attische Politik gestellt waren, hatten sie nach politischen Rücksichten, nicht ohne übereilte Strenge gegen die einen, mit noch unverdienterer Nachsicht gegen andere entschieden. Freigesprochen wurde Aristogeiton, der nach der Anzeige des Areiopag zwanzig Talente empfangen hatte, der frechste und verächtlichste unter den Führern des Volkes. Vielleicht noch andere. Dagegen mußte der große Gegner der makedonischen Monarchie die Heimat meiden, mit ihm sank die Stütze der altdemokratischen Partei und ihrer Traditionen; in Philokles verlor der Staat einen Feldherrn, der wenigstens oft genug zu diesem wichtigen Amte vom Volke erwählt worden war. Demades blieb trotz seiner Verurteilung, und sein Einfluß herrschte um so sicherer, je unbedeutender, besorglicher oder gewissenloser die Männer waren, die nach jenen Prozessen an der Leitung des Volkes teilnahmen; die Politik Athens wurde noch mehr als frü-

entgehen; als aber der Areiopag die Verkündigung hinausschob, weil er noch nicht zum Schluß gekommen sei, da empfahlst du, dem Alexander die Ehren des Zeus, des Poseidon und welches Gottes er sonst wolle, zu gewähren.« Also Demosthenes riet, in Sache der göttlichen Ehren nachzugeben, in betreff der Verbannten es auf das Äußerste ankommen zu lassen. In diesem Sinne wurden die Gesandten instruiert und etwa Anfang November abgesandt.

Harpalos hatte sich, aus Athen flüchtend, nach dem Tainaron begeben, hatte sich von dort mit seinen Söldnern und seinen Schätzen – denn auf die Schilderhebung in Hellas schien keine Hoffnung mehr zu sein – nach Kreta begeben, war dort von seinem Freunde, dem Spartaner Thibron, ermordet worden, der dann mit den Söldnern und den Schätzen nach Kyrene flüchtete. Des Ermordeten vertrautester Sklave, der ihm die Rechnung geführt hatte, flüchtete nach Rhodos und wurde dem Philoxenos ausgeliefert. Er bekannte, was er von dem Gelde des Harpalos wußte.

So konnte Philoxenos die Liste der verwendeten Summen und die Namen derer, die davon empfangen, nach Athen senden. Demosthenes' Name war unter diesen nicht. Nach sechs Monaten hatte der Areiopag seine Nachforschungen und Haussuchungen beendet und übergab nun die Sache dem Gericht. Es begann jene merkwürdige Reihe der Harpalischen Prozesse, in denen die namhaftesten Männer Athens als Kläger oder Verklagte beteiligt waren; unter den Klägern Pytheas, Hypereides, Mnesaichmos, Himeraios, Stratokles, unter den Verklagten auch Demades, der 6000 Stateren empfangen haben sollte, auch Philokles der Stratege, Charikles, des Phokion Schwiegersohn, auch Demosthenes. Er leugnete nicht, daß er zwanzig Talente von dem Gelde des Harpalos genommen habe, aber nur als vorläufigen Ersatz für die gleiche Summe, die er früher der

nigs forderte, die weitere Verantwortung anheimgegeben hätten. Sie zogen es vor, sich für halbe Maßregeln zu entscheiden, die, weit entfernt, einen sicheren und ehrenvollen Ausweg zu bieten, der Stadt eine Verantwortlichkeit aufbürdeten, die sie sehr bald in eine höchst zweideutige Lage bringen sollte.

Daß Philoxenos die Forderung der Auslieferung dringender wiederholte, scheint sich von selbst zu verstehen; es mag richtig sein, daß auch von Antipatros, von Olympias dasselbe Verlangen gestellt wurde. Da war eines Morgens Harpalos, trotz der Wächter, die man ihm gesetzt hatte, verschwunden. Es wäre unmöglich gewesen, wenn die zu seiner Obhut bestellte Kommission, Demosthenes an der Spitze, ihre Schuldigkeit getan hätte; begreiflich, daß sofort gesagt und geglaubt wurde, Demosthenes habe sich wie die und die anderen bestechen lassen.

Er konnte nicht weniger tun, als sofort Untersuchung zu fordern, mit der nach seinem Antrag gleichfalls der Areiopag beauftragt wurde. Der Stratege Philokles forderte und erhielt einen gleichen Beschluß des Volkes.

Langsam genug gingen die Untersuchungen des Areiopag vorwärts. Noch war die Frage unerledigt, ob man dem König die göttlichen Ehren zugestehen solle; man mußte darüber zum Beschluß kommen, um die Gesandten abfertigen zu können, die in Babylon sein sollten, bevor er dahin zurückkehrte. Ob man die göttlichen Ehren gewähren, den Ausgewiesenen die Heimkehr gestatten solle, wurde von neuem vor dem Demos verhandelt; auch Demosthenes sprach da wiederholt. »Als du den Zeitpunkt gekommen glaubtest«, sagt später Hypereides in dem Prozeß gegen Demosthenes, »daß der Areiopag die Bestochenen kundmachen werde, da wurdest du plötzlich kriegerisch und versetztest die Stadt in Aufregung, um den Enthüllungen zu

lente. Am folgenden Tage, als die Summe auf die Akropolis gebracht werden sollte, fanden sich nur noch 350 Talente; Harpalos schien die Nacht, die man ihm sonderbarerweise noch sein gestohlenes Geld gelassen, benutzt zu haben, um sich Freunde zu gewinnen. Und Demosthenes unterließ, dem Volke die fehlende Summe anzuzeigen; er begnügte sich, zu veranlassen, daß dem Areiopag die Untersuchung übertragen wurde mit der Zusage der Straflosigkeit für die, welche das empfangene Geld freiwillig abliefern würden.

Alexander scheint erwartet zu haben, daß Harpalos mit seinen Schätzen und Söldnern von den Athenern bereitwillig würde aufgenommen werden; wenigstens hatte er in die Seeprovinzen den Befehl gesandt, die Flotte bereitzuhalten, um nötigenfalls Attika unverzüglich überfallen zu können; und im Lager Alexanders war damals viel die Rede von einem Krieg gegen Athen, auf den sich die Makedonen infolge der alten Feindschaft gar sehr freuten. In der Tat hatten die Athener, wenn sie ernstlich der Zurückführung der Verbannten sich zu widersetzen, dem König die göttlichen Ehren zu versagen, ihre volle Unabhängigkeit geltend zu machen beabsichtigten, in den Erbietungen und den Mitteln dieses Schutzflehenden alles, was ihnen zunächst zu einer energischen Verteidigung nötig war; sie hätten hoffen können, daß die Aitoler, die Spartaner, daß die Achaier und Arkader, denen der König die gemeinsamen Landtage ihrer Städte untersagt hatte, sich ihnen anschließen würden. Aber wenn sie sich nicht verbergen konnten, daß Harpalos zum zweiten Male seine Pflicht in des Königs Dienst gebrochen und durch ein gemeines Verbrechen großen Stils dessen Strafe herausgefordert hatte, so hätte es ihnen nicht zur Unehre gereicht, wenn sie die geforderte Auslieferung bewilligt und dem, der sie als Beamter des Kö-

sthenes' Rat hatte der Demos seine Aufnahme abgelehnt; dem Strategen Philokles, der die Hafenwache hatte, war die ausdrückliche Weisung gegeben, ihn, falls er die Landung zu erzwingen versuchen sollte, mit Gewalt abzuwehren. Darauf war Harpalos mit seinen Söldnern und seinem Schatz nach dem Tainaron gesegelt; mochten nach den Verkündigungen Nikanors viele von den Reisläufern auf dem Tainaron in die Heimat ziehen, dasselbe Dekret brachte bei den Aitolern und in Athen Wirkungen hervor, wie sie Harpalos nur wünschen konnte. Er ging zum zweiten Male nach Attika, ohne seine Söldner, nur mit einem Teil seines gestohlenen Geldes. Philokles wehrte ihm den Eingang nicht; Harpalos war ja attischer Bürger, kam nun ohne Kriegsvolk, als Schutzflehender. So, in demütiger Gestalt, erschien er vor dem Demos in Athen, stellte ihm seine Schätze und seine Söldner zur Verfügung, gewiß nicht ohne anzudeuten, daß jetzt mit kühnem Entschluß große Dinge zu vollbringen seien.

Schon war aus Kleinasien von des Königs Schatzmeister Philoxenos die Aufforderung nach Athen gekommen, den Schatzräuber auszuliefern. Es begann ein lebhafter Streit um diese Frage; der leidenschaftliche Hypereides war der Ansicht, daß man die herrliche Gelegenheit, Hellas zu befreien, nicht aus der Hand geben dürfe. Die Freunde Makedoniens mögen ebenso eifrig die Auslieferung gefordert haben; aber selbst Phokion widersetzte sich diesem Vorschlag; Demosthenes stimmte ihm bei, schlug dem Volke vor, den Schutzflehenden und sein Geld in Verhaft zu nehmen, bis seinetwegen jemand von Alexander geschickt sei. Das Volk beschloß seinem Antrag gemäß, beauftragte ihn selbst mit der Übernahme des Geldes, die folgenden Tages geschehen sollte. Demosthenes fragte den Harpalos sofort nach der Summe, die er mit sich habe. Dieser nannte 700 Ta-

als dreißig Jahren selbst bewirtschaftet oder in Pacht ausgetan hatten, aufgeben müssen. Am empfindlichsten oder am geeignetsten aufzureizen mochte der Umstand sein, daß der König diesem Befehl die Form gegeben hatte, als wenn er einfach das gute Recht der Flüchtlinge zur Geltung bringe, als wenn es der Zustimmung der Staaten, die es betraf, gar nicht bedürfe, obschon die Verträge von 334 ausdrücklich bestimmten, daß keiner der verbündeten Staaten den Flüchtlingen aus einem verbündeten Staat zu Versuchen gewaltsamer Heimkehr behilflich sein sollte. Mit dem Befehl Alexanders war sichtlich, so konnte man sagen, die Autonomie und Souveränität des attischen Staates in Frage gestellt, und der Demos, wenn er demselben Folge leistete, bekannte sich dazu, dem makedonischen Königtum untertänig zu sein. War der Demos schon so seiner Ahnen unwürdig, Athen schon so ohnmächtig, sich dem despotischen Befehl beugen zu müssen? Gerade jetzt trat ein unerwartetes Ereignis ein, das, gehörig benutzt, die Macht der Athener bedeutend zu heben und ihrer Weigerung Nachdruck zu geben versprach.

Harpalos, der flüchtige Großschatzmeister Alexanders, hatte sich, wie erwähnt worden, an der Küste Kleinasiens mit dreißig Schiffen, sechstausend Söldnern und den ungeheuren Schätzen, die ihm anvertraut gewesen waren, gen Attika eingeschifft und war etwa im Februar dieses Jahres glücklich auf der Reede von Munychia angelangt. Er rechnete auf den günstigen Eindruck, den seine Getreidespenden in dem Hungerjahre auf das Volk gemacht hatten, auf sein Bürgerrecht, das ihm damals von dem Demos dekretiert war; Phokions Schwiegersohn Charikles hatte dreißig Talente von ihm empfangen, um das Grabmal der Pythionike zu bauen; auch andere einflußreiche Männer mochte er sich durch Geschenke verpflichtet haben. Aber auf Demo-

und den Wohlstand besserer Zeiten zurückkehren zu sehen, mochten andere in diesem Befehl einen Eingriff in die Rechte ihres Staates und den Beginn großer innerer Verwirrungen verabscheuen. In Athen erbot sich Demosthenes zur Architheorie gen Olympia, um dort an Ort und Stelle mit dem Bevollmächtigten Alexanders zu unterhandeln und ihm die Folgen jener Maßregel und die Heiligkeit der korinthischen Bundesverträge vorzustellen; dort blieben seine Bemühungen erfolglos. Während der Feier der hundertundvierzehnten Olympiade, Ende Juli 324, in Gegenwart der Hellenen aus allen Landschaften, unter denen sich der Verbannten an zwanzigtausend befanden, ließ Nikanor durch den Herold, der im Wettkampf der Herolde gekränzt war, das Dekret des Königs vorlesen. »Der König Alexander den Verbannten der griechischen Städte seinen Gruß. An eurer Verbannung sind nicht wir schuld gewesen; aber die Rückkehr zur Heimat wollen wir allen, mit Ausschluß derer, auf denen Fluch haftet, bewirken. Demnach haben wir an Antipatros erlassen, daß er die Städte, welche die Aufnahme weigern, dazu zwinge.« Mit unendlichem Jubel wurde der Heroldsruf aufgenommen, und nach allen Seiten hin zogen die Verbannten mit ihren Landsleuten der lang entbehrten Heimat zu.

Nur Athen und die Aitoler weigerten sich, dem Befehl des Königs Folge zu leisten. Die Aitoler hatten die Oiniaden vertrieben und fürchteten deren Rache um so mehr, da sich Alexander selbst für sie und ihr Recht entschieden hatte. Die Athener aber sahen sich im Besitz der wichtigsten Insel, die ihnen aus der Zeit ihrer früheren Herrschaft geblieben war, gefährdet; sie hatten in Timotheos' Zeit die Bewohner von Samos vertrieben und das Land unter attische Kleruchen verteilt; diese hätten jetzt nach dem Befehl des Königs den früheren Bewohnern weichen und das, was sie seit mehr

Gefahr abzuwenden, gab es kein Mittel, als den Verbannten die Heimkehr zu bereiten; dadurch wurde auch denen, die durch makedonischen Einfluß verbannt waren, ihr Haß zu Dankbarkeit umgewandelt und die makedonische Partei in den einzelnen Staaten verstärkt; die Staaten selbst waren fortan für die innere Ruhe Griechenlands verantwortlich, und wenn dann der innere Zwiespalt von neuem hervorbrach, hatte die makedonische Macht die Handhabe, einzugreifen. Freilich war die Maßregel gegen die Artikel des Korinthischen Bundes ein offenbarer Eingriff in die dort garantierte Souveränität der Staaten, die zu demselben gehörten; es war vorauszusehen, daß die Ausführung der königlichen Weisung selbst in den Familien und in den Besitzverhältnissen Anlaß zu endlosen Verwirrungen geben mußte. Aber in erster Reihe kam diese Wohltat den Gegnern Makedoniens zugut; es war an der Zeit, daß, wie die Gegensätze nationaler Feindschaft zwischen Hellenen und Asiaten, so die der politischen Parteiung in den hellenischen Städten vor der Einheit des allen gemeinsamen Reiches dahinschwanden; das echt königliche Begnadigungsrecht in dieser Weise und in dieser Ausdehnung zu üben war der erste Akt der höheren Autorität des Reiches, an die Alexander die Griechen zu gewöhnen hoffte.

Zur Verkündigung dieser Maßregel hatte er den Stagiriten Nikanor nach Griechenland gesandt; bei der Feier der olympischen Spiele des Jahres 324 sollte das königliche Schreiben publiziert werden. Die Kunde davon hatte sich im voraus verbreitet; von allen Seiten strömten die Verbannten gen Olympia, um das Wort der Erlösung zu vernehmen. In einzelnen Staaten dagegen brachte sie mannigfache Aufregung hervor, und während sich viele freuten, mit den Angehörigen und Befreundeten wieder vereint zu leben und durch eine große und allgemeine Amnestie die Ruhe

Gott sein will, so sei er Gott. In Athen brachte Demades den Vorschlag vor das Volk; Pytheas trat auf, gegen ihn zu sprechen: es sei gegen die Solonischen Gesetze, andere als die väterlichen Götter zu ehren; als gegen ihn eingewandt ward, wie er, noch so jung, wagen könne, in so wichtigen Dingen zu sprechen, antwortete er: Alexander sei noch jünger. Auch Lykurgos erhob sich gegen den Vorschlag: was würde das für ein Gott sein, dessen Heiligtum verlassend man sich reinigen müßte. Bevor man in Athen zum Schluß kam, trat eine zweite Frage hinzu, welche unmittelbarer in das bürgerliche Gemeinwesen eingriff.

Dies war eine Anordnung des Königs über die Verbannten der hellenischen Staaten. Die Verbannungen waren zum größten Teil Folge politischer Veränderungen und hatten wegen der Siege, die die Makedonen seit den letzten fünfzehn Jahren wiederholt davongetragen, natürlich die Gegner Makedoniens vorzüglich betroffen. Viele dieser politischen Flüchtlinge hatten früher in den Heeren des persischen Großkönigs Dienst und fortgesetzten Kampf gegen Makedonien gefunden; nach Persiens Fall irrten sie hilflos und heimatlos in der Welt umher; manche mochten Dienst im makedonischen Heere nehmen, andere wurden, während Alexander in Indien stand, von den Satrapen auf eigene Hand angeworben, noch andere zogen vagabundierend nach Griechenland zurück, um in der Nachbarschaft ihrer Heimatstädte auf eine Veränderung der Dinge zu warten, oder gingen nach dem Werbeplatz auf dem Tainaron, um von dort aus in irgend jemandes Sold zu treten. Die bedeutende Zahl dienstloser Leute mußte sich dort, seitdem Alexander allen Satrapen die Entlassung ihrer Söldner geboten, außerordentlich vermehrt haben; und in demselben Maße, als sie zahlreich, unglücklich und hoffnungslos waren, mußten sie für die Ruhe in Hellas gefährlich werden. Diese

Fürsten und die verworfensten Menschen von Hellenen und Griechen, vor allem von den Athenern für ein Billiges erhalten konnten. Mag den einen Alexander dafür gelten, an seine eigene Gottheit geglaubt, den anderen, dieselbe für nichts als für eine polizeiliche Maßregel gehalten zu haben, es wird von ihm der Ausspruch überliefert: Zeus sei freilich aller Menschen Vater, aber nur die besten mache er zu seinen Söhnen. Die Völker des Morgenlandes sind gewöhnt, ihren König als ein Wesen höherer Art zu verehren, und allerdings ist dieser Glaube, wie das Bedürfnis einer solchen Vorstellung sich auch nach den Sitten und den Vorurteilen der Jahrhunderte umgestalten mag, die Basis jeder Monarchie, ja jeder Form von Herrentum; selbst die dorischen Aristokraten des Altertums gaben den von den Heroen ihrer Gründung Abstammenden dieses Vorrecht dem untertänigen Volke gegenüber, und das demokratische Athen gründete auf ein durchaus analoges Vorurteil gegen die Sklaven die Möglichkeit einer Freiheit, gegen welche die Monarchie Alexanders wenigstens den Vorzug hat, die Barbaren nicht als zur Sklaverei geboren anzusehen. Er empfing von den Barbaren die »Anbetung«, die sie ihrem König, dem »gottgleichen Menschen«, darzubringen gewohnt waren; sollte die hellenische Welt in dieser Monarchie ihre Stelle und ihre Ruhe finden, so war der erste und wesentliche Schritt, die Griechen zu demselben Glauben an seine Majestät, den Asien hegte und in dem er die wesentlichste Garantie seines Königtums erkannte, zu veranlassen und zu gewöhnen.

Zu der Zeit, als in Asien die letzten Schritte zur Verschmelzung des Abend- und Morgenländischen getan wurden, ergingen nach Griechenland hin die Aufforderungen, durch öffentliche Beschlüsse dem König göttliche Ehre zu gewähren. Gewiß taten die meisten Städte, was gefordert wurde. Der Beschluß der Spartaner lautete: Da Alexander

und deren Umwandlung aus diesem Gebot folgern mag, jedenfalls war es weder so unerhört und frevelhaft, wie es dem auf monotheistischer Grundlage entwickelten Empfinden erscheinen darf, noch ist der wesentlich politische Charakter dieser Maßregel zu verkennen. Das hellenische Heidentum war seit langem gewohnt, die Götter anthropomorphisch anzusehen, wie das Wort des alten Denkers lautet, die Götter seien unsterbliche Menschen, die Menschen sterbliche Götter. Weder die heilige Geschichte noch die Dogmatik ruhte auf der festen Basis geoffenbarter, ein für allemal als göttlichen Ursprungs geltender Lehrschriften; es gab für religiöse Dinge keine andere Norm und Form als das Empfinden und Meinen der Menschen, wie es war und mitlebend sich entwickelte, daneben allenfalls die Weisungen der Orakelstätten und die vielerlei Zeichendeutung, die eben auch nur, wie der schwimmende Kork auf dem Strome, die Bewegung, der sie folgten, bezeichneten. Wenn nun das Orakel des Zeus Ammon, wie man auch spotten mochte, am Ende doch den König als Zeus' Sohn bezeichnet hatte, wenn Alexander, aus dem Geschlechte des Herakles und Achilleus, eine Welt erobert und umgestaltet, wenn er in Wahrheit Größeres als Herakles und Dionysos vollbracht hatte, wenn die Aufklärung seit langem die Gemüter dem tieferen religiösen Bedürfnis entwöhnt, von den Ehren und Festen der Götter nur die Lustbarkeiten, die äußere Zeremonie und die kalendarische Bedeutung übriggelassen hatte, so wird man es begreiflich finden, daß für das damalige Griechentum der Gedanke an göttliche Ehren und Vergötterung eines Menschen nicht allzufern lag. Wie natürlich vielmehr dergleichen im Sinne der damaligen Zeit war, beweisen die nächsten Jahrzehnte bis zum Überdruß, nur daß der große Alexander der erste war, der für sich das in Anspruch nahm, was nach ihm die erbärmlichsten

Und wenn Demosthenes selbst in der Zeit, da sich König Agis erhob, zwar in Sparta und sonst, wie man glaubte, zum Losschlagen getrieben hatte und doch in Athen nur »wundersame Reden« führte, wenn er, wie man nicht minder sagte, unter der Hand mit Olympias, mit Alexander selbst Beziehungen anknüpfte, so war das nicht dazu angetan, das Vertrauen des Demos auf seine Leitung zu erhöhen; wenn man auch in dem schweren Jahr der Teuerung ihm, dem geschickten Verwalter, das Amt der Fürsorge für die Getreidezufuhr übertrug, in betreff der politischen Leitung der Stadt hörte die Ekklesia ihn wie seine Gegner rechts und links, und in der Regel wird der endliche Beschluß des souveränen Demos unberechenbar gewesen sein.

Die Zeit der Kleinstaaten war vorüber; in allen Beziehungen zeigte sich, daß diese Brocken und Bröckchen des staatlichen Kleinlebens der neugewordenen Machtbildung gegenüber unhaltbar geworden seien, daß die vollkommen verwandelten politischen und gesellschaftlichen Zustände eine gründliche Umgestaltung auch in der Verfassung der Staaten forderten. Und wenn Alexanders Gedanke war, die Demokratie den hellenischen Städten nur noch für ihre kommunale Verwaltung zu belassen und sie mit der Macht und Autorität seiner großen Monarchie zusammenfassend zu überbauen, wenn dies Werk, durch seinen zu frühen Tod oder, will man lieber, durch die innere Notwendigkeit des hellenischen Wesens unvollendet geblieben ist, so liegt eben da der Grund jenes trostlosen Hinsiechens, mit dem das nächste Jahrhundert der hellenischen Geschichte den Ruhm besserer Zeiten besudeln sollte.

Im Sinne jenes Planes war es, daß Alexander zwei Maßregeln beschloß, die allerdings tief einschnitten.

Er forderte auch von den Hellenen göttliche Ehren. Was man auch in betreff der persönlichen Gesinnung des Königs

Wenigstens in Athen läßt sich die Zersetzung der Parteien und die wachsende Haltlosigkeit des Demos einigermaßen beobachten. Lykurgos, der zwölf Jahre hindurch die Finanzen des Staates vortrefflich verwaltet hatte, mußte sie bei den Wahlen von 326 in die Hand des Mesaichmos, seines politischen und persönlichen Gegners, übergehen sehen. Der leidenschaftliche Hypereides, sonst immer an Demosthenes' Seite, wandte sich seit den Vorgängen von 330, seit der damals versäumten Schilderhebung gegen Makedonien, von ihm und trat bald genug als Ankläger wider ihn auf. Freilich Aischines war nicht mehr in Athen; er hatte, als die attischen Geschworenen in dem Prozeß gegen Ktesiphon – es war kurz nach der Niederlage des Königs Agis – zugunsten des Verklagten und damit zu Ehren des Demosthenes entschieden hatten, die Heimat verlassen, um fortan in Rhodos zu leben. Aber es blieb in Athen noch Phokion, der alte strenge Patriot, der Alexanders glänzende Geschenke zurückwies, der in gleichem Maße seines Vaterlandes Verfall begriff und beklagte und das nur zu erregbare Volk von Athen von jedem neuen Versuch zum Kampf gegen Makedonien, dem er es nicht mehr gewachsen sah, zurückzuhalten suchte. Es blieb Demades, dessen Einfluß nicht minder auf sein Verhältnis zu Makedonien als auf seine Friedenspolitik, wie sie den Wünschen der Wohlhabenden entsprach und den genußlüsternen Pöbel mit Festschmausereien und Geldspenden zu ködern möglich machte, begründet war. »Nicht der Krieger«, so sprach er einst in der Ekklesia, »wird meinen Tod beklagen, denn ihm nützt der Krieg, und der Friede ernährt ihn nicht; wohl aber der Landmann, der Handwerker, der Kaufmann und jeder, der ein ruhiges Leben liebt; für sie habe ich Attika nicht mit Wall und Graben, wohl aber mit Frieden und Freundschaft gegen die Mächtigen geschützt.«

standen den Patriotismus und die nationale Sache anders. Wir sahen, wie Athen in dem Jahre der Schlacht von Issos daran war, seine Seemacht für Persien einzusetzen, wie König Agis in der Zeit, da Dareios auf der Flucht ermordet wurde, gegen Antipatros im Felde lag, wie die kleineren Staaten nur auf dessen ersten Sieg warteten, um sich ihm anzuschließen.

Mit der Niederlage der Spartaner im Sommer 330 war es in Hellas still geworden, aber der Groll und die Verstocktheit geblieben; die Größe der Zeit sahen sie nicht. »Was gibt es Unerwartetes und Ungehofftes«, sagte Aischines in einer Rede im Herbst 330, »das in unseren Tagen nicht geschehen wäre? Denn wir haben nicht ein gewöhnliches Menschenleben gelebt, sondern unsere Jahre sind zu einer Wunderzeit für die nach uns Lebenden geworden.« Und seitdem war noch Wunderbareres geschehen; diese fünf Jahre, ebenso reich an staunenswürdigen Taten im fernen Asien wie kleinlich und schlaff daheim in Hellas, dort die Eroberung der baktrischen Länder, Indiens, die Erschließung des südlichen Ozeans, hier die fadenscheinige Trivialität kleinstaatlicher Geschäftigkeit und Phrasen über Phrasen, – in der Tat, der moralische Wert oder, will man lieber, das Nettogewicht dieser hellenischen Politik und Politien sank tiefer und tiefer.

Seitdem die Wucht der makedonischen Macht übergroß und weiterer Widerstand gegen sie, der einzige Gedanke, der dem öffentlichen Leben der Staaten in Hellas, namentlich dem Athens und Spartas, noch ein Ferment gegeben hatte, unmöglich geworden war, erlahmte auch der letzte Rest politischer Tatkraft in den Massen, und der Unterschied der Parteien, wie sie sich in der Losung für oder wider Makedonien entwickelt hatten, begann sich zu verwirren und zu verwischen.

den Verlockungen der großen Gewalt, die ihm übertragen war, nicht widerstand: und wenn Antipatros nach der Hinrichtung seines Eidams Philotas insgeheim mit den Aitolern angeknüpft hatte, so war um so mehr Vorsicht geboten, wenn auch die immer neuen Beschwerden und Warnungen, die Olympias sandte, sich, soweit wir sehen, als nicht begründet erweisen mochten. Jedenfalls bezeugt Arrian, daß man von keiner Äußerung oder Handlung des Königs wisse, die seine Sinnesänderung gegen Antipatros bezeugt habe[104]; er vermutet, daß ihm der König nicht als Strafe befohlen, nach Asien zu kommen, sondern nur, um vorzubeugen, daß beiden, seiner Mutter und dem Reichsverweser, nicht etwas Unseliges und selbst für ihn Unheilbares aus diesem Zwist entstände. Auch sollte Antipatros sein Amt keineswegs sofort niederlegen und nach Asien kommen, sondern das Regiment der ihm anvertrauten Länder bis zur Ankunft des Krateros, die sich bei den langsamen Märschen der Veteranen über Jahr und Tag hinziehen konnte, fortsetzen. Die sonderbare Wendung, die die hellenischen Angelegenheiten gerade jetzt nahmen, machte die Anwesenheit des erprobten Statthalters in Makedonien doppelt notwendig.

Wenn es irgendein gesundes nationales Empfinden in der hellenischen Welt gab, so hätten, sollte man meinen, die Siege Alexanders am Granikos, bei Issos, bei Gaugamela, die Befreiung der Hellenen Asiens, die Vernichtung der Handelsmacht von Tyros, die Vernichtung der Persermacht auch die Unversöhnlichen versöhnen, das Volk der Hellenen in allen Nerven erfrischen, es hätte mit freudigem Wetteifer mit an dem Werk sein müssen, für das einzutreten die hellenischen Staaten vertragsmäßig nicht bloß die Pflicht, sondern das Recht hatten. Die tonangebenden Staaten ver-

---

104 Alexander forderte ihn auf, sich mit einer eigenen Leibwache zu umgeben, um vor den Nachstellungen seiner Feinde sicher zu sein (Plut. Alex. 39).

Die Weisungen für Krateros bezogen sich nicht bloß auf die Zurückführung der Veteranen; der Hauptzweck seiner Sendung war, die politische und militärische Leitung daheim an Antipatros' Stelle zu übernehmen, der dagegen Befehl erhielt, den Ersatz für die heimkehrenden Truppen zum Heere zu führen. Schwerlich war dies der entscheidende Grund; es mag vieles zusammengekommen sein, den Wechsel in der höchsten Stelle daheim notwendig zu machen. Die Uneinigkeit zwischen der Königinmutter und Antipatros hatte den höchsten Grad erreicht; immerhin mag die überwiegende, vielleicht die alleinige Schuld auf seiten der leidenschaftlichen und herrischen Königin gewesen sein; verfuhr sie doch im epeirotischen Lande, nachdem ihr Bruder Alexandros in Italien gefallen war, als sei sie Herrin des Landes; und die junge Witwe, ihre Tochter Kleopatra, kehrte, vielleicht um höchst persönlichen Gefahren zu entgehen, mit ihrem fünfjährigen Knaben, dem rechten Erben des molossischen Königtums, nach Makedonien zurück. Alexander hatte die Mutter stets hoch geehrt und ihr jede Sohnespflicht erfüllt, aber ebenso entschieden ihre Einmischung in die öffentlichen Angelegenheiten zurückgewiesen; dennoch wurde sie nicht müde zu intrigieren, ihrem Sohn Vorwürfe und Klagen aller Art zu schreiben, eifersüchtig auf dessen Neigung zu Hephaistion auch diesen mit bitteren Briefen heimzusuchen, vor allem aber gegen Antipatros unablässig die heftigsten Beschuldigungen nach Asien zu senden. Antipatros seinerseits beschwerte sich ebenso bitter über die Königinmutter und deren Einmischung in die öffentlichen Angelegenheiten. Es wird die bezeichnende Äußerung Alexanders angeführt: »Antipatros weiß nicht, daß eine Träne meiner Mutter tausend solcher Briefe auslöscht.« Sein Vertrauen zu dem Reichsverweser in Makedonien erhöhten sie nicht; es war doch möglich, daß derselbe

Selbst die Zurücksendung der Veteranen mußte in diesem Sinne wirken; noch nie waren in solcher Zahl Truppen aus Asien in die Heimat zurückgekehrt, und mehr als alle früheren hatten diese 10 000 Veteranen asiatisches Wesen in sich aufgenommen; ihr Beispiel, ihr Ruhm, ihr Reichtum, alles, was sie an verwandelten Ansichten und Bedürfnissen, an neuen Ansprüchen und Erfahrungen mitbrachten, mußte unter den Ihrigen in der Heimat von nicht minder starkem Einfluß sein, als ihn das Abendländische auf das Leben der östlichen Völker bereits ausübte; ob einen segensreichen, ist, wenn man der kleinen Leute, der Bauern und Hirten daheim gedenkt, eine andere Frage. Auf das feierlichste wurden die Veteranen aus dem Lager von Opis entlassen; Alexander verkündete ihnen, daß sie jeder den Sold bis zur Heimat und überdies ein Geschenk von einem Talent erhalten sollten; die Kinder, die morgenländische Frauen ihnen geboren, möchten sie, so forderte er, bei ihm lassen, damit sie nicht ihren Frauen und Kindern daheim Anlaß zu Unfrieden würden; er werde dafür sorgen, daß die Soldatenkinder makedonisch und zu Soldaten erzogen würden; und wenn sie Männer geworden, dann hoffe er sie nach Makedonien zurückzuführen und ihren Vätern wiederzugeben; für die Kinder der in den Feldzügen Gefallenen versprach er auf gleiche Weise zu sorgen, der Sold ihrer Väter werde ihnen bleiben, bis sie selbst sich gleichen Sold und gleichen Ruhm im Dienste des Königs erwerben würden; zum Zeichen seiner Fürsorge gäbe er ihnen den treuesten seiner Generale, den er wie sein eigen Haupt liebe, den Hipparchen Krateros, zum Hüter und Führer mit. So zogen die Veteranen von Opis aus, mit ihnen die Strategen Polyperchon, Kleitos, Gorgias, vielleicht auch Antigenes von den Hypaspisten, von der Ritterschaft Polydamas und Amadas; bei der Kränklichkeit des Krateros war Polyperchon als zweiter Befehlshaber der Truppen bestellt.

gebrochen werden konnten. Aber hätten nicht ebensowohl die Veteranen in Opis den Sieg davontragen und damit dem Ixionsrausch des Königs ein Ende machen, den Beweis geben können, daß er in seiner Inbrunst statt der Göttin eine Wolke umarmt habe? Unfehlbar, wenn sie selbst noch in Wahrheit Makedonen gewesen wären; sie waren es nicht mehr, sie hatten selbst das Neue, das sie bekämpften, in sich aufgenommen; sie hatten sich in das asiatische Leben hineingelebt, ohne diesem neuen Element das Recht, zu dem es berufen war, zugestehen zu wollen; und dieser Hochmut, nur als Sieger dessen, das auch sie im innersten Wesen besiegt und durchdrungen hatte, gelten zu wollen, war die Schuld, um derentwillen sie erlagen. Indem das makedonische Heer, das Werkzeug, mit dem das Werk der neuen Zeit geschaffen war, von der mächtigen Hand des Meisters zerbrochen wurde, war das Werk selbst fertiggesprochen und über seine Art und Wesen keine Frage mehr. Was auch die Zerwürfnisse und Verwirrungen der nächstfolgenden Zeit an den äußeren Formen dieses Reiches gerüttelt und zerstört haben, das hellenistische Leben, die große Einigung der hellenischen und asiatischen Welt mit allem Segen und Unsegen, den sie in sich trug, war für Jahrhunderte gegründet.

So hatte sich das Neue durch alle Stadien innerer und äußerer Gefährdungen hindurchgekämpft; als Gedanke einer neuen Zeit erkannt, als Prinzip des neuen Königtums ausgesprochen, als Regiment des Reiches an der Spitze, als Heeresmacht organisiert, als Zersetzung und Umgestaltung des Völkerlebens in voller Arbeit, hatte es nur noch möglichst durchgreifend und den wesentlichen Interessen der Völker gemäß sich zu betätigen. Dies war die Arbeit für die kurze Spanne Leben, welche das Schicksal dem König noch gönnen wollte, ihr Zweck oder doch ihr Erfolg.

ein großes Opfer zu bereiten, und opferte den Göttern, denen er pflegte. Dann wurde ein großes Mahl gehalten, an dem fast das gesamte Heer teilnahm, in der Mitte der König, ihm zunächst die Makedonen, nach diesen die Perser und weiter viele von den übrigen Völkerschaften Asiens; der König trank aus denselben Mischkrügen mit seinen Truppen und spendete mit ihnen die gleichen Spenden; hellenische Seher und die persischen Magier vollzogen dazu die heiligen Gebräuche. Der Trinkspruch, den der König sprach, war, daß die Götter alles Heil gewähren möchten, vor allem aber Eintracht und Gemeinschaft des Reiches den Makedonen und Persern. Es soll die Zahl derer, die an diesem Mahle teilnahmen, neuntausend gewesen sein, und diese alle spendeten zu gleicher Zeit und sangen den Lobgesang dazu.

So der Ausgang dieser schweren Krisis; es war das letzte Aufbäumen des altmakedonischen Wesens in seiner eigensten und gewichtigsten Gestaltung; nun war es moralisch bewältigt. Die Maßregeln, denen es erlegen war, gaben diesem Sieg Alexanders eine doppelte Wichtigkeit. Der Vorzug, den der König der makedonischen Kriegsmacht bisher hatte zugestehen müssen, war abgetan, asiatische Truppen traten in die Namen und Ehren des altmakedonischen Heeres ein; es gab fortan zwischen Siegern und Besiegten keinen anderen Unterschied als den des persönlichen Wertes und der Treue für den König.

Wie mächtig, wie überwältigend in diesem Vorgang des Königs Persönlichkeit erscheinen mag, sie erklärt nicht alles. Immerhin kann man sagen: wenn das System Alexanders diese Probe zu bestehen vermochte, so ist das ein sicherer Beweis, daß dies Reichssystem, das so schnell und kühn aufgebaut war, soweit fertig und fest dastand, daß das Gerüst und die stützenden Träger seiner Gründung hinweg-

bildet; es wurden die Posten am Schlosse von Persern besetzt und ihnen der Dienst beim König übergeben; es wurde den Makedonen der Befehl gesandt, das Lager zu räumen und zu gehen, wohin sie wollten, oder sich, wenn sie es vorzögen, einen Führer zu wählen und gegen Alexander, ihren König, ins Feld zu rücken, um dann, von ihm besiegt, zu erkennen, daß sie ohne ihn nichts seien.

Sobald dieser Befehl des Königs im Lager bekannt wurde, hielten sich die alten Truppen nicht länger; sie liefen nach dem Königsschloß, legten ihre Waffen vor den Toren nieder, zum Zeichen ihrer Demütigung und ihrer Reue; vor den geschlossenen Toren stehend, schrien und flehten sie, hineingelassen zu werden, um die Urheber des Aufruhrs auszuliefern, sie würden Tag und Nacht nicht von hinnen weichen, bis sich der König erbarme.

Nicht lange, und der König trat heraus; da er seine Veteranen so in Reue sah, da er ihren Freudenruf und ihr erneutes Jammern hörte, vermochte er nicht, seinen Tränen zu wehren; dann trat er näher, um zu ihnen zu sprechen; sie drängten sich um ihn und hörten nicht auf mit Flehen, gleich als fürchteten sie das erste Wort ihres vielleicht noch nicht erweichten Königs. Ein alter, geachteter Offizier, einer der Hipparchen der Ritterschaft, Kallines, trat hervor, im Namen aller zu sprechen: was die Makedonen vor allem schmerze, sei, daß er Perser zu seinen Hetairen gemacht habe, daß Perser sich nun Alexanders Verwandte nennen und ihn küssen dürften, und von den Makedonen sei nie einer dieser Ehre teilhaftig worden. Da rief der König: »Euch alle mache ich zu meinen Verwandten und nenne euch also von Stund an!« Er ging auf Kallines zu, ihn zu küssen; und es küßte ihn von den Makedonen, wer es wollte; sie nahmen ihre Waffen auf und zogen jauchzend in ihr Lager zurück. Alexander aber gebot, zur Feier der Versöhnung

len, ohne Kraft zu handeln, ohne das Recht und die Pflicht und die Ehre ihres Standes, – was konnten sie beginnen, wenn sie nicht Hunger oder Verzweiflung zur offenbaren Gewalt trieb?

Alexander mußte sich vor einem Äußersten schützen; zugleich wollte er den letzten und freilich gewagten Versuch machen, die Makedonen zur Reue zu bringen. Er beschloß, sich ganz den asiatischen Truppen anzuvertrauen, sie nach dem Gebrauch des makedonischen Heeres zu ordnen, sie mit allen Ehren, die einst die Makedonen gehabt hatten, auszuzeichnen; er durfte erwarten, daß, wenn diese so das letzte Band zwischen sich und ihrem König zerrissen sähen, sie entweder reuig um Vergebung flehen oder bis zur Wut empört zu den Waffen greifen würden; er war gewiß, daß er dann an der Spitze seiner asiatischen Truppen über die führerlosen Haufen den Sieg davontragen werde. Er berief am dritten Tage die Perser und Meder in das Königsschloß, eröffnete ihnen seinen Willen, wählte aus ihnen Hauptleute und Anführer im neuen Heere, nannte viele von ihnen mit dem Ehrennamen königlicher Verwandter, gab ihnen nach morgenländischer Weise das Vorrecht des Kusses; dann wurden die asiatischen Truppen nach makedonischer Weise in Hipparchien und Phalangen geteilt, es wurde ein persisches Agema, persische Hetairen zu Fuß, eine persische Schar Hypaspisten = Silberschildner[103], persische Ritterschaft der Hetairen, ein Agema persischer Ritterschaft ge-

---

103 Den Namen der Silberschildner (καὶ ἀργυρασπίδων τάξις περσικὴ Arrian. VII 11, 3) nennt Arrian hier zuerst; es müssen die Hypaspisten – falls hier τάξις von den Hypaspisten in anderem Sinn als im Anfang der Feldzüge gebraucht wird – schon früher silberne Schilde erhalten haben; Diodor. XVII 56 nennt schon in der Schlacht von Gaugamela τὸ τῶν ἀργυρασπίδων πεζῶν τάγμα, und daß die gesamten Hypaspisten damit gemeint sind, ergibt sich aus Curt. IV 13, 27, obschon erst VIII 5, 4 scutis argenteas laminas addidit.

ihr ihn nicht gehindert, auch den Hyphasis, der vom Indus herab in den Ozean fuhr, der durch die Wüste Gedrosiens zog, die niemand vor ihm mit einem Heere durchzogen, dessen Flotte vom Indus durch den Ozean nach Persien kam, – daß ihr diesen euren König Alexander verlassen und, ihn zu schützen, den besiegten Barbaren übergeben habt; das zu verkünden wird euch gewiß rühmlich vor den Menschen und fromm vor den Göttern sein; ziehet hin!« Nach diesen Worten stieg er heftigen Schrittes von der Tribüne und eilte nach der Stadt zurück.

Betroffen standen die Makedonen und schwiegen, nur die Leibwächter und die ihm Vertrautesten unter den Hetairen waren gefolgt. Allmählich begann sich das peinliche Schweigen in der Versammlung zu lösen; man hatte erhalten, was man gefordert; man fragte: Was nun? Was weiter? Sie alle waren entlassen, sie waren nicht mehr Soldaten; der Dienst und die militärische Ordnung, die sie bisher zusammengehalten, war gelöst, sie waren ohne Führung, ohne Rat und Willen; die einen riefen zu bleiben, wieder andere schrien zum Aufbruch; so wuchs der Tumult und das wüste Geschrei, keiner befahl, keiner gehorchte, keine Rotte hielt sich beisammen; in kurzem war das Heer, das die Welt erobert, eine wüste und verworrene Menschenmasse.

Alexander hatte sich in das Königsschloß von Opis zurückgezogen; in der heftigsten Aufregung, wie er war, vergaß er die Sorge für seinen Körper; er wollte niemand sehen, niemand sprechen. So den ersten, so den zweiten Tag. Indes hatte im Lager der Makedonen die Verwirrung einen gefährlichen Grad erreicht; schnell und furchtbar zeigten sich die Folgen der Meuterei und das Unglück, das sinnlos Geforderte im Übermaß erreicht zu haben; ihrem Schicksal und ihrer Anarchie überlassen, ohnmächtig und haltlos, da ihnen nicht widerstanden worden, ohne Entschluß zu wol-

fahr duldetet, ohne Kummer und Sorge gewesen? Wer kann sagen, daß er mehr um mich als ich um ihn geduldet? Wohl, wer von euch Wunden hat, der zeige sie, und ich will die meinen zeigen; kein Glied an meinem Körper ist ohne Wunde und keine Art von Geschoß oder Waffe, deren Narbe ich nicht an mir trage; von Schwert und Dolch, von Bogen und Katapultenpfeil, von Steinwurf und Keulenschlag bin ich verwundet worden, da ich für euch und euren Ruhm und eure Bereicherung kämpfte und euch siegend über Länder und Meere, über Gebirge, Ströme und Wüsteneien führte. Die gleiche Ehe mit euch habe ich geschlossen, und die Kinder vieler von euch werden meinen Kindern verwandt sein; und wer von euch verschuldet war, unbekümmert, wie es bei so reichem Solde, bei so reicher Beute möglich gewesen, dem habe ich seine Schuld getilgt; die meisten von euch haben goldene Kränze empfangen, für sie zum dauernden Zeugnis ihrer Tapferkeit und meiner Achtung. Und wer gefallen ist im Kampfe, dessen Tod war rühmlich und dessen Begräbnis ehrenvoll; von vielen derselben stehen eherne Statuen daheim, und ihre Eltern sind hochgeehrt, frei von Abgaben und öffentlichen Lasten. Endlich ist keiner von euch unter meiner Führung fliehend gefallen. Und jetzt hatte ich die Kampfesmüden unter euch, zur Bewunderung und zum Stolz unserer Heimat, zu entlassen im Sinn; ihr aber wollt alle hinwegziehen; so zieht alle hin! Und wenn ihr in die Heimat kommt, so sagt, daß ihr euren König Alexander, der die Perser, die Meder, die Baktrier und Saker besiegt, der die Uxier und Arachosier und Drangianer bewältigt, der die Parther, Chorasmier und Hyrkanier längs des Kaspischen Meeres gewonnen, der den Kaukasus jenseits der Kaspischen Pässe überstiegen, der den Oxos und Tanais überschritten und den Indus, wie nur Dionysos vor ihm, und den Hydaspes, den Akesines, den Hydraotes und, hättet

was ihr durch mich geworden. Mein Vater Philippos hat Großes an euch getan; da ihr sonst arm und ohne feste Wohnsitze mit euren ärmlichen Herden in den Gebirgen umherirrtet, stets den Überfällen der Thraker, Illyrier, Triballer ausgesetzt, hat mein Vater euch angesiedelt, euch statt des Felles das Kriegskleid gegeben, euch über die Barbaren in der Nachbarschaft zu Herren gemacht, eurem Fleiße die Bergwerke des Pangaion, eurem Handel das Meer geöffnet, euch Thessalien, Theben, Athen, die Peloponnes unterworfen, die unumschränkte Hegemonie aller Hellenen zu einem Perserkriege erworben; das hat Philippos vollbracht, Großes an sich, im Verhältnis zu dem später Vollbrachten Geringes. Von meinem Vater her fand ich weniges Gold und Silber an Geräten im Schatze, nicht mehr denn sechzig Talente, an Schulden fünfhundert Talente; ich selbst mußte achthundert Talente Schuld hinzufügen, um den Feldzug beginnen zu können; da öffnete ich euch, obschon die Perser das Meer beherrschten, den Hellespont, ich besiegte die Satrapen des Großkönigs am Granikos; ich unterwarf die reichen Satrapien Kleinasiens und ließ euch die Früchte des Sieges genießen, euch kamen die Reichtümer Ägyptens und Kyrenes zugute, euer ward Syrien und Babylon, euer Baktra, euer die Schätze Persiens und die Kleinodien Indiens und das Weltmeer, aus eurer Mitte sind die Satrapen, die Befehlshaber, die Strategen. Was habe ich selbst von allen den Kämpfen, außer den Purpur und das Diadem? Nichts habe ich für mich erworben, und es ist niemand, der meine Schätze zeigen könnte, wenn er nicht eure Habe und, was für euch bewahrt wird, zeigt; und warum sollte ich mir Schätze häufen, da ich esse, wie ihr esset, und schlafe, wie ihr schlaft; ja mancher von euch lebt köstlicher denn ich, und manche Nacht muß ich durchwachen, damit ihr ruhig schlafen könnt. Oder bin ich, wenn ihr Mühe und Ge-

den: viele unter ihnen seien durch vieljährige Dienste, durch Wunden und Strapazen erschöpft; er wolle sie nicht, wie frühere Verabschiedete, in den neuen Städten ansiedeln; er wisse, daß sie gern die Heimat wiedersähen; wer von den Veteranen bei ihm bleiben wolle, dem werde er diese Hingebung so zu vergelten wissen, daß sie beneidenswerter als die Heimgekehrten erscheinen und in der Jugend der Heimat das Verlangen nach gleichen Gefahren und gleichem Ruhm verdoppeln sollten; da jetzt Asien unterworfen und beruhigt sei, so könnten möglichst viele an der Entlassung teilnehmen. Hier unterbrach den König ein wildes und verworrenes Geschrei: er wolle die Veteranen los sein, er wolle ein Barbarenheer um sich haben; nachdem er sie abgenutzt, danke er sie jetzt mit Verachtung ab, werfe er sie alt und entkräftet ihrem Vaterlande und ihren Eltern zu, von denen er sie sehr anders erhalten. Immer wilder ward der Tumult: er solle sie alle entlassen; mit dem, den er seinen Vater nenne, möge er fürder ins Feld ziehen! So tobte die Versammlung; der Soldatenaufruhr war in vollem Zuge. Im heftigsten Zorn stürzte Alexander von der Bühne herab, unbewaffnet, wie er war, unter die lärmende Menge, die Offiziere seiner Umgebung ihm nach; mit mächtiger Faust packte er die nächsten Schreier, übergab sie seinen Hypaspisten, zeigte dort- und dahin, andere Schuldige zu ergreifen. Dreizehn wurden ergriffen; er befahl, sie zum Tode abzuführen. Der Schrecken machte dem Lärm ein Ende. Dann hielt der König eine zweite Ansprache, die Meuterei zu züchtigen.

Mögen die Worte, die ihn Arrian sprechen läßt, aus guter Überlieferung stammen oder frei nach der Situation erfunden sein, sie verdienen, nach ihrem Hauptinhalt angeführt zu werden: »Nicht um euren Abzug rückgängig zu machen, werde ich noch einmal zu euch sprechen; ihr könnt gehen, wohin ihr wollt, meinethalben! Nur euch zeigen will ich,

nicht weit oberhalb ihrer Mündung verbindet, in den großen Strom gehen sollten. Er selbst schiffte nun den Eulaios hinab in den Persischen Meerbusen, fuhr dann an der Küste und den Mündungen der verschiedenen Kanäle entlang bis zur Tigrismündung, und nachdem er sich über alles genau unterrichtet und namentlich die nötigen Anweisungen zur Gründung einer Stadt Alexandreia, zwischen dem Tigris und Eulaios hart am Strande, gegeben hatte, steuerte er in den Tigris hinein und den Fluß stromauf; bald traf er die übrigen Schiffe und nach einigen Tagen das Landheer unter Hephaistion, das an den Ufern des Stromes lagerte. Bei der weiteren Fahrt stieß die Flotte mehr als einmal auf mächtige Flußdämme, welche von den Persern errichtet worden waren, angeblich, um jeden feindlichen Einfall vom Meer her unmöglich zu machen; Alexander ließ, nicht bloß, weil er Angriffe von der See her nicht weiter fürchtete, sondern namentlich, um den Strom für Handel und Schiffahrt zu öffnen, diese Dämme, wo er sie fand, einreißen; zu gleicher Zeit traf er die nötigen Einrichtungen, um die Kanäle, die teils verstopft waren, teils ihre Deiche durchbrochen hatten, wieder zu reinigen und mit den nötigen Schleusen und Deichen zu versehen.

Es mochte im Monat Juli sein, als Heer und Flotte in Opis anlangten; man lagerte in der Umgegend der reichen Stadt. Die Mißstimmung der makedonischen Truppen hatte sich seit dem Aufbruch aus Susa keineswegs vermindert; die übertriebensten und verkehrtesten Gerüchte von dem, was der König mit ihnen beabsichtigte, fanden Glauben und steigerten ihr besorgliches Mißtrauen bis zur höchsten Spannung.

Da wurden sie zur Versammlung berufen; auf der Ebene vor Opis traten die Truppen an; der König hielt eine Ansprache, den Makedonen, wie er meinte, Erfreuliches zu verkün-

ZWEITES KAPITEL

*Der Soldatenaufruhr in Opis · Heimsendung der Veteranen
Harpalos in Griechenland · Zersetzung der Parteien in Athen
Befehl zur Rückkehr der Verbannten · Harpalos' Umtriebe in Athen,
der Harpalische Prozeß · Die innere Politik Alexanders
und ihre Wirkungen*

Alexander hatte beschlossen, mit seiner Heeresmacht den Tigris aufwärts zu der Stadt Opis, wo sich die große Straße nach Medien und dem Abendlande scheidet, zu ziehen; die Lage der Stadt ließ ungefähr schon den Zweck des Marsches erraten. Zu gleicher Zeit lag es ihm am Herzen, sich über die Natur der Euphrat- und Tigrismündungen, über die Schiffbarkeit dieser Ströme und über den Zustand der Wasserbauten namentlich im Tigris, von denen das Wohl und Wehe der tiefliegenden Ufergegenden abhängt, zu unterrichten. Er übergab die Führung des Heeres an Hephaistion mit dem Befehl, auf der gewöhnlichen Straße am Tigris hinaufzuziehen. Er selbst bestieg mit seinen Hypaspisten, mit dem Agema und einer nicht bedeutenden Schar der Ritterschaft die Schiffe Nearchs, welche bereits den Eulaios herauf und bis in die Nähe von Susa gekommen waren. Er fuhr mit diesen, es mochte im April sein, den Strom von Susa hinab. Als sich die Flotte der Mündung nahte, wurden die meisten Schiffe, da sie durch die Fahrt von Indien her sehr mitgenommen waren, hier zurückgelassen; die schnellsten Segler wählte der König aus, um mit diesen in den Persischen Meerbusen hinabzusegeln, während die anderen Schiffe durch den Kanal, welcher den Eulaios und Tigris

das aus jenem Anfang entspringen werde; jetzt erfülle sich das alles, jetzt seien dem König diejenigen am liebsten, welche die Sprache und Sitte der Heimat verlernten; Peukestas werde darum mit Ehren und Geschenken vom König überhäuft, weil er den Erinnerungen der Heimat am frechsten Hohn spräche; was helfe es, daß Alexander mit den Makedonen gemeinschaftlich Hochzeit halte, es seien ja asiatische Weiber und diese gar nach persischer Sitte angetraut; und jetzt die Neulinge in makedonischen Waffen, diese Barbaren in gleicher Ehre mit den Veteranen Philipps, es sei offenbar, daß Alexander der Makedonen müde sei, daß er alle Anstalten treffe, ihrer nicht mehr zu bedürfen, daß er die nächste Gelegenheit benutzen werde, sie ganz beiseite zu schaffen.

So die alten Truppen; es bedurfte nur eines Anstoßes, um diese Stimmung zum Ausbruch zu bringen, und bald genug sollte sich derselbe finden.

Die Satrapen aus den eroberten Ländern und den neuerbauten Städten kamen mit der jungen Mannschaft, die nach dem Befehl von 331 ausgehoben worden war, ins Lager bei Susa; es waren im ganzen 30 000 Mann in makedonischer Bewaffnung, in allen Übungen des makedonischen Heerwesens ausgebildet. Zugleich erhielt das Korps der Ritterschaft eine völlig neue Formation. Es wurden aus den baktrisch-sogdischen, arianischen, parthischen Reitern sowie aus den persischen Euaken, die durch Rang, Schönheit oder sonstigen Vorzug Ausgezeichneten, teils in die Lochen der Ritterschaft verteilt, teils aus ihnen und makedonischen Rittern eine fünfte Hipparchie[102] gebildet; auch in das Agema der Ritterschaft wurden Asiaten aufgenommen, namentlich Artiboles und Hydarnes, des verstorbenen Satrapen Mazaios Söhne, Kophen, des Artabazos Sohn, Sisines und Phradasmanes, des Satrapen Phrataphernes von Parthien Söhne, Hiatanes, Roxanes' Bruder, die Brüder Aigobares und Mithrobaios und endlich der baktrische Fürst Hystaspes, der die Führung des Agema erhielt.

Alles das erzürnte die makedonischen Truppen auf das heftigste; Alexander, so hieß es, werde jetzt ganz zum Barbaren, er verachte Makedonien um des Morgenlandes willen; schon damals, als er sich in medischen Kleidern zu zeigen begonnen, hätten würdige Männer alles Unglück geahnt,

---

[102] Diese Zahl ist auffallend, da es um die Zeit der Schlacht am Hydaspes acht Hipparchien außer dem Agema gab. Ob der Zug durch die Wüste so große Verluste brachte, daß nur noch Mannschaft zu vier Hipparchien übrig war? In diesen Zusammenhang gehört wohl, was Arrian. VII 29, 4 angibt, Alexander habe in die Taxeis der Makedonen die alten persischen Melophoren (die 10 000 »Unsterblichen mit goldenen und silbernen Granaten am Lanzenschaft«) (Herod. VII 40, 83; Arrian. III 11, 5) eingemischt und die ὁμότιμοι (wohl die ἔντιμοι Arrian. II 11, 8), die »Verwandten«, wohl auch die »Tischgenossen« des Großkönigs in die Agemen aufgenommen.

nach Ruhe und redlichem Genuß dessen, was sie gewonnen, verlangen mochten; Alexander wird erkannt haben, daß es zu den großen Entwürfen, die seinen unermüdlichen Geist beschäftigten, des Enthusiasmus, des Wetteifers, der physischen und moralischen Kraft junger Truppen bedürfe, daß der Stolz, das Selbstgefühl und der Eigenwille dieser alten Makedonen leicht eine Fessel für ihn selbst werden konnte, zumal da sie nach der alten kameradschaftlichen Vertraulichkeit zu ihrem König an eine Freiheit im Urteilen und Verhalten gewohnt waren, wie sie zu den ganz veränderten Verhältnissen nicht mehr passend erschien; ja er mußte fürchten, daß sie endlich bei irgendwelcher Gelegenheit die Szenen vom Hyphasis zu erneuern versuchen könnten, da es ihnen gewiß längst feststand, daß nicht das allgemeine Unglück, sondern ihr fester Wille, keinen Schritt weiter zu marschieren, den König gezwungen habe, nachzugeben. Es scheint seit jener Zeit eine gewisse Entfremdung zwischen dem König und den Makedonen im Heere fühlbar geworden zu sein, und manche Ereignisse seitdem hatten nur dazu beitragen können, dieselbe zu steigern; selbst die Art, wie das Heer des Königs Anerbieten einer allgemeinen Schuldentilgung angenommen, hatte ihn empfinden lassen, wie tief das Mißtrauen bereits gedrungen war. Er mochte gehofft haben, durch schrankenlose Freigebigkeit, mit der er Geschenke und Ehren an die Makedonen verteilte, durch die Hochzeitsfeier, die er mit Tausenden seiner Veteranen zugleich feierte, der Stimmung im Heere Herr zu werden; es war ihm nicht gelungen. Er mußte einer gefährlichen Krisis entgegensehen, die durch jeden weiteren Schritt zur hellenistischen Gestaltung des Reiches nur schneller herbeigeführt wurde; er mußte doppelt eilen, sich mit einer militärischen Macht zu umgeben, an deren Spitze er im Notfall seinen alten Phalangiten entgegenzutreten vermochte.

Seit dem Ende des Dareios schon waren asiatische Truppen mit zum Heere gezogen worden, aber bisher hatten sie in den Waffen und in der Weise ihres Landes gekämpft, sie waren stets nur als untergeordnete Hilfskorps angesehen und von dem Stolz der makedonischen Krieger trotz ihrer trefflichen Mitwirkung in den indischen Feldzügen nicht als ebenbürtig angesehen worden. Je weiter sich in allen übrigen Verhältnissen die Annäherung der verschiedenen Nationalitäten entwickelte, desto notwendiger wurde es, auch im Heerwesen die Unterschiede von Siegern und Besiegten zu vertilgen.

Das wirksamste Mittel war, Asiaten in die Reihen der makedonischen Truppen mit gleichen Waffen und gleicher militärischer Ehre aufzunehmen; der König hatte schon vor fünf Jahren die dazu nötigen Vorbereitungen getroffen, namentlich in allen Satrapien des Reiches junge Leute ausheben und in makedonischer Weise bewaffnen und einüben lassen. Auch für die Hellenisierung der Völker konnte durch nichts schneller und sicherer gewirkt werden, als wenn die Jugend, an hellenische Bewaffnung und Heerdienst gewöhnt, in das Reichsheer aufgenommen und in den militärischen Geist, der zunächst noch die Stelle einer neugewordenen einigen Nationalität in dem ungeheuren Reich vertreten mußte, unmittelbar hineingezogen wurde.

Viele Rücksichten vereinigten sich, ihre Einberufung gerade jetzt zu veranlassen. Die Zahl sämtlicher im aktiven Heere befindlichen Makedonen war durch die indischen Feldzüge und den Zug durch Gedrosien bis auf vielleicht 25 000 Mann zusammengeschmolzen; fast die Hälfte von diesen war seit dem Auszug von 334 unter den Waffen. Es lag auf der Hand, daß diese Veteranen nach so ungeheuren Strapazen, namentlich den Erlebnissen in Indien und in der gedrosischen Wüste, zu neuen Wagnissen stumpf sein und

teles vollendet hatte, mit der, die im Gangeslande erwachsen war, begegnete, – die Pole von Entwicklungen, die er in der ganzen Weite und Mannigfaltigkeit dessen, was sie an praktischen Formen und Zuständen hinter sich hatten und ideell in sich trugen, zusammenzufassen und zu verschmelzen gedachte.

Es war nicht Willkür, nicht auf Grund falscher Prämissen noch in einer Kette von Trugschlüssen, daß er so verfuhr. Aus dem ersten Impuls, der sich ihm aus der Geschichte des hellenischen Lebens wie von selbst ergeben hatte, folgte in vollkommen richtigen Syllogismen alles Weitere, was er tat; und daß ihm jede nächste Folgerung gelang wie die früheren, schien Beweis genug, daß er richtig folgerte. Ihm wurde nicht das Glück zuteil, einen Gegner zu finden, der ihm Ziel und Maß setzte; nur daß die moralische Kraft seines Heeres am Hyphasis zu Ende war, hatte ihn überzeugen können, daß auch seine Machtmittel ihre Grenze hatten; und in der gedrosischen Wüste hatte er inne werden müssen, daß die Natur gewaltiger sei als sein Wille und seine Macht. Aber die Formen, in denen er das Werk, das er geschaffen, auf die Dauer zu gründen gedachte, das System der neuen Ordnung, das er eingeleitet, war weder am Hyphasis noch in der Wüste widerlegt, und die Oppositionen makedonischer- und hellenischerseits, die versuchten Empörungen der Asiaten da und dort, sie waren bisher so rasch und so leicht niedergeworfen, daß sie ihn nicht irremachen konnten.

Das begonnene Werk selbst führte und zwang ihn weiter; auch wenn er gewollt, er hätte den gewaltigen Strom nicht mehr aufhalten noch rückwärts drängen können.

Den Vermählungen in Susa folgte ein zweiter, tiefgreifender Akt; längst vorbereitet, mußte er sich jetzt wie von selbst vollziehen.

gen, bald werde er ihn in Babylon wiedersehen; er schenkte das nysäische Roß dem Lysimachos und die Schalen und Gewänder den Umstehenden. Dann begann der fromme Inder seine Totenweihe, er besprengte sich wie ein Opfertier, er schnitt eine Locke von seinem Haupte und weihte sie der Gottheit, er kränzte sich nach heimatlicher Weise und stieg, indem er indische Hymnen sang, den Scheiterhaufen hinan; dann sah er noch einmal auf das Heer hinab, wandte sein Angesicht zur Sonne und sank auf die Knie, um anzubeten. Dies war das Zeichen; es ward Feuer in den Scheiterhaufen geworfen, die Heertrompeten schmetterten, das Heer rief den Schlachtruf dazu, und die Elefanten erhoben ihre fremdartige Stimme, als ob sie den sterbenden Büßer ihrer Heimat ehren wollten. Anbetend lag er auf dem Scheiterhaufen und regte sich nicht, bis die Flammen über ihm zusammenschlugen und ihn den Blicken entzogen.

Alexander selbst hatte dem Ende des ihm werten Mannes nicht beiwohnen wollen, sagt Arrian. Er berichtet bei diesem Anlaß, was der älteste jener Büßer, der Lehrer der anderen, ihm auf seine Aufforderung, mit ihm zu gehen, geantwortet habe: Des Zeus Sohn, wenn anders Alexander es sei, sei auch er, und weder wünsche er sich etwas, was Alexander Herr wäre, ihm zu gewähren, noch auch fürchte er etwas, was er über ihn verhängen könne; ihm, solange er lebe, genüge der indische Boden, der jahraus, jahrein, was an der Zeit sei, gewähre; und wenn er sterbe, so werde er der unwillkommenen Hausgenossenschaft seines Körpers frei und eines reineren Lebens teilhaftig. Auch wird angeführt, daß Alexander über den Tod des Kalanos staunend gesagt habe: »Der hat mächtigere Gegner, als ich bin, überwunden.«

Es ist wie ein Gleichnis, daß sich so in diesem König die Gedankenwelt des Abendlandes, wie sie sein Lehrer Aristo-

wunderte, trotz seines Meisters Unwillen und seiner Mitbüßer Spott dem makedonischen Heere gefolgt; sein milder Ernst, seine Weisheit und Frömmigkeit hatten ihm die Hochachtung des Königs erworben, und viele edle Makedonen, namentlich der Lagide Ptolemaios und Lysimachos, der Leibwächter, verkehrten gern mit ihm; sie nannten ihn Kalanos, nach dem Wort, mit dem er sie zu begrüßen pflegte; sein einheimischer Name soll Sphines gewesen sein. Er war hochbetagt; im persischen Lande fühlte er sich zum erstenmal in seinem Leben krank. Er sagte zum König, er wolle nicht dahinsiechen, es sei schöner, zu enden, bevor sein körperliches Leiden ihn zwinge, seine bisherige Lebensregel zu verlassen. Vergebens waren des Königs Einwendungen; bei ihm daheim gelte nichts unwürdiger, als wenn die Ruhe des Geistes durch Krankheit gestört werde, es fordere die Regel seines Glaubens, daß er den Scheiterhaufen besteige. Der König sah wohl, daß er nachgeben müsse; er befahl dem Leibwächter Ptolemaios, ihm den Scheiterhaufen zu errichten und alles weitere feierlichst zu ordnen. Als der bestimmte Tag gekommen war, zog das Heer frühmorgens im festlichen Zuge hinaus, vorauf die Reiterei und das Fußvolk in vollem Waffenglanze und die Kriegselefanten in ihrem Aufzug, dann Scharen Weihrauchtragender, dann andere, die goldene und silberne Schalen trugen und königliche Gewänder, um sie mit dem Weihrauch in die Flammen zu werfen; dann Kalanos selbst; ihm war, da er schon nicht mehr zu gehen vermochte, ein nysäisches Roß gebracht worden, er konnte es nicht mehr besteigen; in einer Sänfte ward er hinausgetragen. Als der Zug an dem Fuß des Scheiterhaufens angelangt war, stieg Kalanos aus seiner Sänfte, nahm mit einem Händedruck von jedem der Makedonen, die mit ihm waren, Abschied, bat sie, zu seinem Gedächtnis den heutigen Tag in freudiger Feier mit ihrem König zuzubrin-

gleich bekannt war, trat damals an den Goldtisch und ließ sich eine namhafte Summe auszahlen; dann wurde entdeckt, daß er ohne alle Schulden und die vorgezeigten Rechnungen falsch seien. Alexander war über diesen schmutzigen Handel sehr erzürnt, verwies Antigenes vom Hofe und nahm ihm sein Kommando. Der tapfere Stratege war über diese Beschimpfung außer sich, und man konnte nicht zweifeln, daß er sich in seiner Trauer und Schwermut ein Leid antun werde. Das jammerte den König, er verzieh ihm, rief ihn an den Hof zurück, gab ihm sein Kommando wieder und ließ ihm die Summe, die er in Anspruch genommen.

Zu gleicher Zeit mit jener großen Schuldentilgung verteilte Alexander an die durch Tapferkeit, durchkämpfte Gefahr oder treuen Dienst um seine Person Ausgezeichneten wahrhaft königliche Geschenke; er kränzte mit goldenen Kränzen den Leibwächter Peukestas, den Satrapen in Persis, der ihn in der Mallerstadt mit dem Schilde gedeckt, den Leibwächter Leonnatos, den Befehlshaber im Oreitenlande, der bei eben jenem gefährlichen Sturm an seiner Seite gekämpft, am Flusse Tomeros die Barbaren besiegt und mit glücklichem Eifer die Angelegenheiten in Ora geordnet hatte, ferner den Nauarchen Nearchos, der die Fahrt vom Indus zum Euphrat so ruhmvoll geführt, den Onesikritos, den Führer des königlichen Schiffes auf dem Indus und vom Indus gen Susa, desgleichen den treuen Hephaistion und die übrigen Leibwächter, namentlich den Pellaier Lysimachos, den Aristonus, des Peisaios Sohn, den Hipparchen Perdikkas, den Lagiden Ptolemaios und Peithon von Eordaia.

Noch eine andere Feier mag dieser Zeit angehören, eine ernste und in ihrer Art ergreifende. Aus Indien war einer jener Büßer auf dem Felde von Taxila auf Alexanders Einladung, dessen Macht und dessen Liebe zur Weisheit er be-

det, daß der König die Schulden seines Heeres auf sich nehme und bezahlen werde, daß deshalb jeder die Summe, die er schuldig sei, aufschreiben und demnächst in Empfang nehmen solle. Anfangs schrieben sich nur wenige auf; die meisten, namentlich die Hauptleute und höheren Offiziere, mochten fürchten, daß Alexander nur in Erfahrung bringen wollte, wer nicht mit seiner Löhnung auskomme und zu verschwenderisch lebe. Als dies der König hörte, schalt er sehr über dieses Mißtrauen, ließ Tische an verschiedenen Punkten des Lagers aufstellen und Goldstücke aufschütten, mit dem Befehl, daß jedem, der eine Rechnung vorzeige, der Betrag derselben, ohne weiter nach seinem Namen zu fragen, ausgezahlt werden sollte. Nun kamen alle und freuten sich nicht sowohl, daß sie ihre Schulden los würden, als daß dieselben unbekannt blieben; denn diese tapferen Männer hatten mit mehr als denkbarer Sorglosigkeit gewirtschaftet; trotz aller Beute und aller königlichen Geschenke war doch das ganze Heer so tief in Schulden, daß zu ihrer Deckung nicht weniger als 20 000 Talente gehörten. Namentlich hatten die Offiziere maßlos verschwendet, und da der König sich oft mißbilligend über ihren unsinnigen Aufwand geäußert hatte, mochten sie sehr froh sein, ohne sein weiteres Wissen an den Geldtisch treten und ihren erschütterten Finanzen schnell aufhelfen zu können. Auch Antigenes, so wird erzählt, der Führer der Hypaspisten in der Schlacht am Hydaspes, der im Jahre 340 vor Perinth ein Auge verloren hatte und seiner Bravour wie seiner Habsucht wegen

Der andere:
    Das war der Glykera Weizen, mehr für Athen vielleicht
    Ein Sterbeschmaus als Werbeschmaus für Glykera.
  Die Bezeichnung Pallides für Harpalos ist eine ebenso krasse Zweideutigkeit wie das Kuppeldenkmal (ἀέτωμα λορδόν) im zweiten Verse; die Erklärung des einzelnen ergibt sich aus dem Text.

den aufgeführt, unter diesen ein Satyrspiel, Agen, angeblich von dem Byzantiner Python verfaßt, voll heiteren Spottes über die Flucht des Harpalos, des lahmen Großmeisters vom Schatzamte[101]. Dann ward durch Heroldsruf verkün-

---

[101] Dieses Satyrspiel Agen wurde, sagt Athen. XVI, p. 575 e, »zur Feier der Dionysien am Hydaspes aufgeführt, nachdem Harpalos bereits ans Meer geflohen und abgefallen war«. Dies hätte nur im Jahre 326 entweder im April oder März oder nach der Rückkehr vom Hyphasis im Oktober sein können; aber gerade da kamen Truppen zum Heer, die Harpalos gesandt hatte. Athenaios hat den Hydaspes statt des Choaspes bei Susa geschrieben; hierher gehört das Satyrspiel. Als Verfasser wurde Python von Byzanz oder von Katana oder auch der König genannt.

[Nach Beloch. Gr. Gesch. IV 2^2 434 f. gab es auch in Medien einen Fluß Hydaspes. Der Agen, wohl von Python von Katane verfaßt, wurde im Herbst 324 zu Ekbatana aufgeführt.]

Die zwei Fragmente aus dem Agen lauten folgendermaßen:

... Es steht bereits da, wo der Kalmus wächst,
Das Kuppeldenkmal an dem großen Wege links,
Der Dirne schönes Heiligtum, nach dessen Bau
Sich Pallides selbst des Baues wegen zur Flucht verflucht.
Und als nun von den Barbaren einige Magier
Ihn dort darniederliegen sah'n erbärmiglich,
Da versprachen sie dem Betrübten, Pythionikens Geist
Emporzuzaubern.

Und weiterhin fragt einer:

... Hören möcht' ich wohl von dir,
Da ich von dort fern weile, wie es in Attika
Zugeht zur Zeit, und wie es sich dort jetzt leben läßt.

Der andere (das Jahr 326/5 hatte Athen schwere Teuerung gebracht):

Solange sie lärmten: »Ein Sklavenleben führen wir«,
Genug zu tafeln hatten sie da; jetzt kauen sie
An magren Erbsen und Bollen, die Kuchen sind zu End'.

Der erste:

Doch hör' ich, viele tausend Wispel Weizenmehl
Und mehr denn Agen habe ihnen Harpalos
Gesandt, und sei zum Bürger Athens dafür gemacht?

königs Tochter, zu Alexander, ihre jüngere Schwester Drypetis zu Hephaistion, dem Liebling des Königs, Oxyathres' Tochter Amastris, des Großkönigs Nichte, zu Krateros, des medischen Fürsten Atropates Tochter zu Perdikkas, des greisen Artabazos Tochter Artakama zum Lagiden Ptolemaios, dem Leibwächter, und ihre Schwester Artonis zu Eumenes, dem Geheimschreiber des Königs, die Tochter des Rhodiers Mentor zu Nearchos, die Tochter des Spitamenes von Sogdiana zu Seleukos, dem Führer der jungen Edelscharen, und so die anderen, jede zu ihrem Bräutigam.

Fünf Tage nacheinander folgten Feste auf Feste; von den Gesandtschaften, von den Städten und Provinzen des Reichs, von Bundesfreunden aus Asien und Europa wurden dem König unzählige Hochzeitsgeschenke überreicht, allein an goldenen Kränzen 15000 Talente. Und er wieder gab mit vollen Händen; viele von den Bräuten waren elternlos; er sorgte für sie wie ein Vater, allen gab er königliche Mitgift, allen, die sich mit an diesem Tage vermählt, überreiche Geschenke, allen Makedonen, die asiatische Mädchen gefreit – mehr denn 10000 schrieben ihre Namen auf –, gab er Aussteuer[100]. Neue Gastmähler und fröhliche Gelage, Schauspiele, Festaufzüge, Ergötzlichkeiten aller Art füllten die nächsten Tage; das Lager war voll Lustbarkeit und fröhlichen Getümmels, hier Rhapsoden und Harfenspieler aus Großgriechenland und Ionien, da Gaukler und Seiltänzer aus Indien, dort Magier und Kunstreiter aus den persischen Ländern, dann wieder hellenische Tänzerinnen, Flötenbläserinnen, Schauspielerbanden. Denn auch dramatische Spiele – es war ja die Zeit der großen Dionysien – wur-

---

100 Auch hier vielleicht ein Zug, der den Zustand dieser Armee bezeichnet; die wackeren Soldaten werden nicht jetzt erst ihre Asiatinnen gesucht und gefunden haben; ein Troß von Weibern und Kindern wird das Lagerleben geteilt haben.

ßen Festlichkeiten, die in Susa vorbereitet waren, beizuwohnen.

Es galt, ein wunderbares, im Laufe der Jahrhunderte einziges Fest zu begehen. In der Hochzeitsfeier von Susa sollte sich die Verschmelzung des Abend- und Morgenlandes, der hellenistische Gedanke, in dem der König die Kraft und die Dauer seines Reiches zu finden gedachte, vorbildlich vollenden. – Die Beschreibung dieses an Pracht und Feierlichkeit alles übertreffenden Festes geben die Augenzeugen etwa in folgender Weise: Das große königliche Zelt war zu diesem Feste hergerichtet; die Kuppe desselben, mit bunten und reich gestickten Stoffen überbreitet, ruhte auf fünfzig hohen, mit Gold und Silber überzogenen, mit kostbaren Gesteinen ausgelegten Säulen; rings diesen Mittelraum umschließend hingen kostbare, golddurchwirkte, mit vielfachen Schildereien durchwebte Teppiche von gold- und silberbelegten Stäben herab; der Umfang des ganzen Zeltes betrug vier Stadien. Inmitten des Saales war die Tafel gedeckt, auf der einen Seite standen die hundert Divans der Bräutigame, auf silbernen Füßen ruhend, mit hochzeitlichen Teppichen überbreitet, nur der des Königs in der Mitte von Gold; ihnen gegenüber die Plätze für die Gastfreunde des Königs; rings umher die Tafeln für die Gesandtschaften, für die Fremden im Lager, für Heer und Schiffsvolk. Dann gaben die Heertrompeter vom königlichen Zelte her das Zeichen zum Beginn des Festes; die Gäste des Königs, es waren neuntausend, setzten sich zum Mahle. Und wieder verkündete das Schmettern der Trompeten durch das Lager, daß der König jetzt den Göttern spende; mit ihm spendeten seine Gäste, jeder aus goldener Schale, dem Festgeschenk des Königs. Dann wieder ein Signal, und nach persischer Sitte trat der Zug der verschleierten Bräute herein, und die Fürstentöchter gingen jede zu ihrem Bräutigam; Stateira, des Groß-

ster vom Schatzamt an die attische Dirne. Diese und ähnliche Berichte waren an den König gekommen; er hatte sie anfangs für unglaublich oder übertrieben gehalten, überzeugt, daß Harpalos nicht auf so wahnsinnige Weise die schon einmal verscherzte Gnade aufs Spiel setzen werde; bald genug bestätigte Harpalos selbst alle jene Beschuldigungen durch seine Flucht. Er hatte sich darauf verlassen, daß Alexander nie zurückkehren werde; jetzt sah er das strenge Gericht des Königs gegen die, welche sich durch denselben Irrtum hatten verführen lassen; er verzweifelte daran, Verzeihung zu erlangen; er raffte, was er an Geld erreichen konnte – es war die ungeheure Summe von fünftausend Talenten –, zusammen, warb sich sechstausend Söldner, zog, von diesen begleitet, mit seiner Glykera und dem Töchterchen, das ihm Pythionike geboren hatte, durch Kleinasien an die ionische Küste hinab, brachte dreißig Schiffe zusammen, um nach Attika überzusetzen; Ehrenbürger von Athen, mit den angesehensten Männern der Stadt befreundet und durch reiche Getreidespenden bei dem Volke beliebt, zweifelte er nicht, mit seinen Schätzen dort willkommen und vor einer Auslieferung an Alexander sicher zu sein.

Während sich so der letzte Schuldige unter den Großen des Reichs der Verantwortlichkeit zu entziehen suchte, war Alexander mit seinem Heere, etwa Februar 324, in Susa eingerückt. Bald nach ihm traf auch Hephaistion ein mit den übrigen Truppen, den Elefanten und der Bagage, und Nearchos führte die Flotte, die ohne weitere Fährlichkeit die Küste des Persischen Meeres umschifft hatte, den Strom hinauf. Die Satrapen und Befehlshaber kamen den königlichen Befehlen gemäß mit ihrem Gefolge, es kamen die Fürsten und Großen des Morgenlandes, vom König geladen, mit ihren Frauen und Töchtern zur Residenz; von allen Seiten strömten Fremde aus Asien und Europa herbei, um den gro-

schreiber Theopompos kam in jener Zeit ein offenes Sendschreiben an Alexander heraus, in welchem er den König aufforderte, diesem Unwesen ein Ende zu machen: von der wüsten Liederlichkeit asiatischer Weiber noch nicht gesättigt, habe Harpalos die Pythionike, die berüchtigtste Buhlerin Athens, die erst bei der Sängerin Bakchis gedient habe, mit dieser dann in das Frauenhaus der Kupplerin Sinope gezogen sei, nach Asien kommen lassen und sich ihren Launen auf die unwürdigste Weise gefügt; als sie gestorben, habe er mit unverschämter Verschwendung dieser Person zwei Grabmonumente erbaut, und man staune mit Recht, daß, während den Tapferen von Issos, die für den Ruhm Alexanders und die Freiheit Griechenlands gefallen seien, weder von jenem noch von irgendeinem der Statthalter ein Denkmal der Erinnerung geweiht sei, zu Athen und zu Babylon bereits die prächtigsten Monumente für eine Hure fertig daständen; denn dieser Pythionike, die in Athen lange genug jedermann für Geld zugänglich gewesen, habe Harpalos, der sich Alexanders Freund und Beamten nenne, die Frechheit gehabt, Tempel und Altar zu errichten und als Heiligtum der Aphrodite Pythionike zu weihen, ohne Scheu vor der Strafe der Götter und der Majestät des Königs zum Hohn. Nicht genug das: kaum sei diese gestorben, so habe Harpalos sich auch schon eine zweite Mätresse aus Athen verschrieben, die nicht minder berüchtigte Glykera; ihr habe er den Palast von Tarsos zur Residenz eingerichtet, habe ihr auf Rhossos ein Standbild errichtet, wo er neben dem des Königs sein eigenes aufzustellen gedenke, habe den Befehl erlassen, daß niemand ihm einen goldenen Ehrenkranz weihen dürfe ohne zugleich der Mätresse, daß man vor ihr anbeten, sie mit dem Namen Königin begrüßen solle; kurz alle Ehre, die nur der Königinmutter oder der Gemahlin Alexanders gebühren würde, vergeude der Großmei-

palos, des Machatas Sohn, aus dem Fürstengeschlecht der Elymiotis. Durch frühe Verbindungen und wesentliche Dienstleistungen dem König wert, hatte er von Anfang an die größten Beweise von dessen Gunst erhalten und war beim Beginn des persischen Krieges, da seine körperliche Beschaffenheit ihn zum Kriegsdienst untauglich machte, zum Schatzmeister ernannt worden; schon einmal hatte er sich arger Ungesetzlichkeiten schuldig gemacht, er war kurz vor der Schlacht von Issos in Gemeinschaft mit einem gewissen Tauriskos, der den Plan angegeben hatte, mit den königlichen Kassen davongegangen, um sich zu dem Molosserkönig Alexandros, welcher damals in Italien kämpfte, zu begeben; doch hatte Harpalos seinen Entschluß geändert und sich in Megara niedergelassen, um dort seinem Vergnügen zu leben. Damals hatte der König, der Zeiten eingedenk, wo er mit Nearchos, Ptolemaios und wenigen anderen seine Sache gegen König Philipp vertreten und darum Schande und Verbannung gelitten hatte, dem Leichtfertigen verziehen, ihn zurückberufen, ihm von neuem das Schatzamt übergeben; die ungeheuren Schätze von Pasargadai und Persepolis in Ekbatana wurden unter seine Aufsicht gestellt, zugleich waren, so scheint es, die Schatzämter der unteren Satrapien unter seiner Aufsicht; sein Einfluß herrschte über den ganzen Westen Asiens. Indes zog Alexander immer weiter gen Osten, und Harpalos, unbekümmert um die Verantwortung seiner Stellung und an Genuß und Verschwendung gewöhnt, begann mit den königlichen Schätzen auf das zügelloseste zu prassen und den ganzen Einfluß seiner Stellung auf Tisch und Bett zu verwenden. Der ganzen Welt war das Leben dieses Menschen zum Skandal, und der Spott der hellenischen Komiker wetteiferte mit dem Unwillen ernsterer Männer, seinen Namen der allgemeinen Verachtung zu überliefern; von dem Geschichts-

sich die schnödesten Gewalttätigkeiten erlaubt, um seiner Habgier zu frönen; er habe die Heiligtümer geplündert, die dortigen Königsgräber erbrochen, den königlichen Leichen ihren Schmuck geraubt. Die Untersuchung ergab seine Schuld; er wurde gehenkt. Der Leibwächter Peukestas, des Alexandros Sohn, erhielt die Satrapie; er schien vor allen geschickt, dieses Hauptland des Persertums zu verwalten, da er sich ganz in die asiatische Lebensweise hineingefunden hatte, medische Kleidung trug, der Persersprache mächtig war und sich gern und bequem im persischen Zeremoniell bewegte, Dinge, welche die Perser mit Entzücken an ihrem neuen Gebieter sahen.

Um dieselbe Zeit traf der Satrap Atropates von Medien bei dem König ein; er brachte den Meder Baryaxes, der es gewagt hatte, die Tiara anzunehmen und sich König der Meder und Perser zu nennen; er mochte darauf gerechnet haben, daß die Bevölkerung der Satrapie, durch die Frevel der makedonischen Besatzungen empört, zum Abfall bereit sein würde; er und die Teilnehmer seiner Verschwörung wurden hingerichtet.

Der König zog durch die persischen Pässe gen Susa hinab. Die Szenen von Karmanien und Persien erneuten sich; die Völker scheuten sich nicht mehr, laute Klagen über ihre Bedrücker zu erheben; sie wußten, daß Alexander sich ihrer annehme. In Susa wurde der Satrap Abulites und dessen Sohn Oxathres, der Satrap der Paraitakenen, die schwerster Dinge schuldig waren, hingerichtet. Auch der kaum in dem Prozeß der medischen Erpressungen freigesprochene Herakon, der früher in Susa gestanden hatte, wurde überführt, hier den Tempel geplündert zu haben, und hingerichtet.

So folgten Schlag auf Schlag die strengsten Strafen, und mit Recht mochte denen, die sich nicht schuldrein wußten, vor ihrer eigenen Zukunft bange sein. Unter diesen war Har-

Indes war der König aus Karmanien nach Persien gezogen: der Satrap Phrasaortes, den er hier bestellt hatte, war zur Zeit des indischen Feldzugs gestorben; Orxines, einer der Vornehmsten des Landes, hatte im Vertrauen auf seine Geburt und seinen Einfluß die Satrapie übernommen. Bald zeigte sich, daß er den Pflichten der Satrapie, die er ungeheißen auf sich genommen, keineswegs nachgekommen sei. Schon das erzürnte den König, daß er das Grab des großen Kyros im Haine von Pasargadai vernachlässigt fand; bei seiner früheren Anwesenheit in Pasargadai hatte er die Kuppe des Steinhauses, in der der Sarg stand, öffnen, das Grab von neuem schmücken lassen und den am Grabe wachenden Magiern die Fortsetzung ihres frommen Dienstes geboten; er wollte das Andenken des großen Königs auf jede Weise geehrt wissen; jetzt war das Grab erbrochen, alles fortgeschleppt außer dem Sarge und der Bahre, der Sargdeckel weggerissen, der Leichnam hinausgeworfen, alle Kostbarkeiten geraubt. Er gab dem Aristobulos Befehl, die Reste des Leichnams wieder in den Sarg zu legen, alles so, wie es vor dem Einbruch gewesen, herzustellen, die Steintür der Kuppe wieder einzusetzen und mit dem königlichen Siegel zu verschließen. Er selbst untersuchte, wer den Frevel begangen; die Magier, welche die Grabeswache gehabt, wurden ergriffen und auf die Folter gespannt, um die Täter zu nennen, doch wußten sie nichts; sie mußten entlassen werden; auch die weiteren Nachforschungen ergaben keine sichere Spur; es war niemand da, den Frevel zu büßen; aber auf dem Satrapen lastete die Schuld der Fahrlässigkeit, daß dieses in seinem Lande hatte geschehen können. Bald sollten schwerere Vergehen des Satrapen zutage kommen; Alexander war von Pasargadai gen Persepolis gezogen, die Residenz des Orxines; die lautesten Klagen wurden hier von seiten der Einwohner über ihn geführt; er habe

Aufrührer hingerichtet. Alexander übertrug die einstweilige Verwaltung der Satrapie dem Fürsten von Taxila und Eudemos, dem Anführer der in Indien stehenden Thraker, und gebot ihnen, den Sohn des Abisares als Nachfolger im Reiche Kaschmir anzuerkennen.

Von Medien waren Herakon, Kleandros und Sitalkes mit dem größten Teil ihrer Truppen nach Karmanien zu kommen beordert und gekommen; von den Einwohnern der Provinz und von ihren eigenen Truppen wurden sie arger Dinge beschuldigt: sie hätten die Tempel geplündert, die Gräber aufgewühlt, sie hätten sich jede Art von Bedrückung und Frevel gegen die Untertanen erlaubt. Nur Herakon wußte sich zu rechtfertigen und wurde auf freien Fuß gesetzt; Kleandros und Sitalkes wurden vollständig überführt, mit ihnen eine Menge mitschuldiger Soldaten, wie es heißt sechshundert, auf der Stelle niedergehauen. Dieses schnelle und strenge Gericht machte überall den tiefsten Eindruck; man gedachte der vielfachen Rücksichten, welche der König haben mußte, diese Männer, die heimlichen Vollstrecker des Todesurteils an Parmenion, und diese bedeutende Zahl alter Soldaten, deren er jetzt so sehr bedurfte, zu schonen; die Völker erkannten, daß der König in Wahrheit ihr Beschützer, daß es nicht sein Wille sei, sie wie Knechte behandelt zu sehen; die Satrapen und Befehlshaber dagegen konnten erkennen, was auch sie zu erwarten hätten, wenn sie nicht mit reinem Gewissen vor den Stufen des Thrones zu erscheinen vermochten. Manche von ihnen suchten, so wird erzählt, im Bewußtsein ihrer Schuld neue Schätze zusammenzuraffen, ihre Söldnerscharen zu verstärken, sich so zu rüsten, um nötigenfalls trotzen zu können; da erging ein königliches Schreiben an die Satrapen, welches gebot, sofort die Söldner, soviel nicht im Namen des Königs geworben seien, zu entlassen.

sicht der Jugend und unermeßlicher Hoffnungen! Zu oft in seinem Vertrauen getäuscht, hatte er gelernt zu argwöhnen, hart und ungerecht zu sein. Er mochte es für notwendig halten. Eine Welt hatte er umgestaltet; er hatte sich mit ihr verwandelt; es galt jetzt, die Zügel der unumschränkten Gewalt fest zu fassen und zu halten; es galt jetzt schnelles Gericht, neuen Gehorsam, strenges Regiment.

Schon in Karmanien hatte Alexander zu strafen gefunden. Er hatte den Satrapen Astaspes, der sich im Jahre 330 unterworfen und seine Stelle behalten hatte, abgesetzt; umsonst eilte Astaspes dem nahenden Herrn in beflissener Unterwürfigkeit entgegen; als sich der schwere Verdacht, der auf ihm lastete, in der Untersuchung bestätigte, wurde er den Händen des Henkers übergeben. Sibyrtios war statt seiner für Karmanien bestimmt worden; da aber Thoas, der an Apollophanes' Stelle ins Land der Oreiten gehen sollte, erkrankte und starb, so wurde Sibyrtios dorthin gesandt und statt seiner Tlepolemos, des Pythonax Sohn, den seine bisherige Stellung in der parthischen Satrapie bewährt hatte, nach Karmanien berufen. Die Unordnungen, die im Inneren Arianas durch den Perser Ordanes angestiftet und durch den, wie es scheint, gleichzeitigen Tod des Satrapen Menon von Arachosien freien Spielraum gewonnen hatten, waren von Krateros auf seinem Durchgang ohne Mühe unterdrückt worden; er brachte den Empörer in Ketten vor den König, der ihn der gerechten Strafe übergab; die erledigte Satrapie Arachosien wurde mit der von Ora und Gedrosien unter Sibyrtios vereinigt.

Auch aus Indien kam böse Zeitung; Taxiles berichtete, Abisares sei gestorben und der Satrap Philippos im diesseitigen Indien von den Söldnern, die unter ihm dienten, erschlagen worden, doch hätten die makedonischen Leibwächter des Satrapen den Aufruhr sofort erdrückt und die

oder im Namen des altpersischen Königtums, des wiedererstandenen, die Völker zum Abfall zu reizen. Und als nun gar nach der jahrelangen Abwesenheit des Königs, nach dem immer wilderen Umsichgreifen der Unordnung und der Usurpation, die Gerüchte von dem Untergang des Heeres in der gedrosischen Wüste sich bis ins Unendliche vergrößert verbreiteten, da mochte die Bewegung an allen Orten und in allen Gemütern einen Grad erreichen, der einen vollkommenen Sturz alles Bestehenden befürchten ließ.

Das waren die Verhältnisse, unter denen Alexander mit den Überresten seines Heeres in die Westprovinzen zurückkehrte. Es stand alles auf dem Spiel; ein Zeichen von Besorgnis oder Schwäche, und das Reich stürzte über seinem Gründer in Trümmer; nur die kühnste Entschlossenheit, die ernsteste Kraft des Willens und der Tat konnte den König und sein Reich retten; Gnade und Langmut wären Geständnis der Ohnmacht gewesen und hätten die Völker, die auch jetzt noch in treuer Ergebenheit dem König anhingen, um ihre letzte Hoffnung gebracht. Es bedurfte der strengsten und schonungslosesten Gerechtigkeit, um den unter dem Druck der Satrapen und Strategen schmachtenden Völkern ihr Recht zu geben und ihr Vertrauen zu der Macht des großen Königs zu retten; es bedurfte rascher und durchgreifender Maßregeln, um der Majestät des Königtums ihren vollen Glanz wiederzugeben und die Schrekken ihres Zornes in alle Ferne zu verbreiten. Und vielleicht war Alexander, seit die Sonne seines Glücks mit der Umkehr am Hyphasis ihre Mittagshöhe überschritten, seit er auf dem Zuge durch die Wüste in dem Hinsterben seiner Tausenden den Wechsel menschlicher Dinge erfahren hatte, in der dunklen Stimmung, die den zürnenden Selbstherrscher furchtbar macht. Wie weit hinter ihm lag der Enthusiasmus des beginnenden Siegeslaufes, die freudige Zuver-

durch die Berge über Pasargadai und Persepolis gen Susa ziehen.

So kehrte Alexander in den Bereich der Länder zurück, die ihm seit Jahren unterworfen waren; es war hohe Zeit, daß er zurückkehrte. Arge Unordnungen und gefährliche Neuerungen waren an mehr als einem Punkte entstanden; nur zu bald hatte der Geist der Zügellosigkeit und Anmaßung, der in den Satrapien des früheren Perserreichs geherrscht hatte, auch bei den makedonischen Statthaltern und Anführern Eingang gefunden; während des Königs Abwesenheit ohne Aufsicht und im Besitz einer fast unumschränkten Gewalt, hatten viele Satrapen, sowohl Makedonen als Perser, die Völker auf das furchtbarste gedrückt, hatten ihrer Habgier, ihrer Wollust alles erlaubt, hatten selbst die Tempel der Götter und die Gräber der Toten nicht geschont; ja auf den Fall, daß Alexander nicht aus den Ländern Indiens zurückkehrte, hatten sie sich bereits mit Söldnerhaufen umgeben und alle Anstalten getroffen, um sich nötigenfalls mit gewaffneter Hand im Besitz ihrer Provinzen zu behaupten. Die tollkühnsten Pläne, die ausschweifendsten Wünsche, die überspanntesten Hoffnungen waren an der Tagesordnung; die ungemessene Aufregung dieser Jahre, in denen alles Gewohnte, Herkömmliche und Wahrscheinliche abgetan schien, hatte keine Sättigung mehr als im zügellosesten Wagen und der Betäubung maßlosen Genusses oder Verlustes. Das wilde Würfelspiel des Krieges, in dem Asien gewonnen war, wie leicht konnte es umschlagen, wie leicht mit einem Wurfe des Königs übergroßes Glück wie gewonnen so zerronnen sein; auch das gestürzte Persertum begann sich mit neuer Hoffnung zu erheben, und es war bereits mehr als ein Versuch von seiten morgenländischer Großer gemacht worden, die kaum geknüpften Bande zu zerreißen und unabhängige Fürstentümer zu gründen

der Nauarch den Bericht seiner Fahrt; er und andere der Führer sowie viele vom Heere wurden vom König durch Geschenke, durch Beförderungen und Auszeichnungen aller Art geehrt, namentlich wurde der edle Peukestas, bisher Alexanders Schildträger und bei dem Sturm auf die Mallerstadt sein Retter, der hergebrachten Zahl der sieben Somatophylakes als achter hinzugefügt.

Zu gleicher Zeit gab der König die Weisungen für den weiteren Zug: die Flotte sollte ihre Fahrt längs der Küste des Persischen Meerbusens fortsetzen, in die Mündung des Pasitigris einlenken und stromauf in den Fluß von Susa fahren; mit dem größeren Teil des Landheeres, mit den Elefanten und der Bagage sollte Hephaistion, um die schwierigen Wege, den Schnee und die Winterkälte in den Berggegenden zu vermeiden, an die flache Küste, die Vorräte genug und in jetziger Jahreszeit milde Luft und bequeme Wege hatte, hinabziehen, um sich in der Ebene von Susa mit der Flotte und dem übrigen Heere wieder zu vereinigen. Alexander selbst wollte mit der makedonischen Ritterschaft und dem leichten Fußvolk, namentlich den Hypaspisten und einem Teil der Bogenschützen, auf dem nächsten Wege

---

einigt. So Plutarch, Curtius, außerdem eine Menge von Hindeutungen darauf in den griechischen und römischen Autoren. Es genügt, dagegen Arrians Worte anzuführen: »Einige erzählen auch, was mir nicht wahrscheinlich erscheint, daß Alexander auf einem Doppelwagen, mit seinen Getreuen zu Tische sitzend und schwelgend, durch Karmanien gezogen und ihm das Heer gekränzt und jubelnd gefolgt sei, denn man habe wieder Lebensmittel im Überfluß gehabt, und alles, was zur üppigsten Lust gehört, sei von den Karmanen an die Wege gebracht worden; und das alles habe der König zur Nachahmung des Bakchanals getan, in dem Dionysos, nachdem er Indien unterworfen, zurückgekehrt sei. Doch erzählt dieses weder Ptolemaios noch Aristobul noch irgendein anderer glaubwürdiger Schriftsteller.« Daß die Feste in Karmanien mit aller Pracht gefeiert wurden, versteht sich von selbst.

nach Karmanien gekommen, zunächst in der Absicht, dem Heere, das sie noch nicht angelangt glaubten, bei dem Zuge durch die Wüste die notwendigen Bedürfnisse zu beschaffen; doch auch jetzt noch waren sie mit dem, was sie brachten, sehr willkommen, die Kamele, Pferde, Rinder wurden im Heere auf die übliche Weise verteilt. Dies alles, dazu die glückliche Natur des karmanischen Landes, die Pflege und Ruhe, die hier den Soldaten zuteil wurde, endlich die unmittelbare Anwesenheit des Königs, dessen Tätigkeit nie ernster und durchgreifender gewesen war, machten in kurzer Zeit die Spuren des furchtbaren Elends verschwinden und gaben dem makedonischen Heere Haltung und Selbstvertrauen zurück. Dann wurden Festlichkeiten mannigfacher Art veranstaltet, um den Göttern für die glückliche Beendigung des indischen Feldzuges, für die Heimkehr des Heeres und die wunderbare Erhaltung der Flotte zu danken; Zeus dem Erretter, Apollon dem Fluchabwehrer, dem Erderschütterer Poseidon und den Göttern des Meeres wurde geopfert, es wurden Festzüge gehalten, Festchöre gesungen, Kampfspiele aller Art gefeiert; in dem Gepränge des Festzuges ging Nearchos bekränzt an des bekränzten Königs Seite, und das jubelnde Heer warf Blumen und bunte Bänder auf sie[99]. In allgemeiner Heerversammlung wiederholte

---

99 Die obenbezeichneten Festlichkeiten (Arrian. VII 28; Ind. 37) haben Veranlassung zu einer widerlichen Übertreibung gegeben: der König sei sieben Tage lang in dem wildesten Bakchanal durch Karmanien gezogen, er selbst auf einem riesigen, mit acht Rossen bespannten Wagen, Tag und Nacht mit seinen Freunden an einer goldenen Tafel schmausend, während auf unzähligen anderen, mit purpurnen Teppichen und bunten Kränzen geschmückten Wagen die übrigen Genossen nachfolgten, selbst schmausend und zechend; an den Wegen hätten Weinfässer und gedeckte Tafeln gestanden, und der Zug des übrigen Heeres habe sich taumelnd von Faß zu Faß fortgewälzt; lärmende Musik, unzüchtige Lieder, feile Dirnen, Phallusbilder, kurz alle erdenkliche Liederlichkeit und Verworfenheit hätte sich hier ver-

unvermutet gerettet, aber Heer und Flotte untergegangen sei, und seine Trauer war größer denn vorher. Da traten Nearchos und Archias herein; Alexander erkannte sie kaum wieder, er reichte dem Nearchos die Hand, führte ihn zur Seite und weinte lange Zeit; endlich sprach er: »Daß ich dich und Archias wiedersehe, läßt mich den ganzen Verlust minder schmerzlich empfinden; nun aber sprich, wie ist meine Flotte und mein Heer zugrunde gegangen?« Nearchos antwortete: »O König, beides ist dir erhalten, deine Flotte und dein Heer; wir aber sind als die Boten ihrer Erhaltung zu dir gekommen.« Da weinte Alexander noch mehr, und lauter Jubel war um ihn her; er aber schwur bei Zeus und Ammon, daß ihm dieser Tag teurer wäre als der Besitz von ganz Asien[98].

Schon war auch Krateros mit seinem Heere und den Elefanten nach einem glücklichen Marsch durch Arachosien und Drangiana in Karmanien angelangt; er hatte sich auf die Nachricht von Alexanders ungeheuren Verlusten beeilt, sein frisches und kräftiges Heer dem König zuzuführen. Mit ihm zugleich trafen die Befehlshaber, die seit fünf Jahren in Medien gestanden hatten, ein; es waren Kleandros mit den Veteranen der Söldner, Herakon mit den Söldnerreitern, die früher Menidas geführt hatte, Sitalkes mit dem thrakischen Fußvolk, Agathon mit den odrysischen Reitern, im ganzen fünftausend Mann zu Fuß und tausend Reiter. Auch der Satrap Stasanor von Areia und Drangiana, und Pharasmanes, der Sohn des parthischen Satrapen Phrataphernes, waren mit Kamelen, Pferden und Herden Zugvieh

---

98 So erzählt Nearch (in Arrians Ind.); die Zeit dieses Zusammentreffens läßt sich durch Nearchs Reise bestimmen, denn dieser war am 21. September abgesegelt und war nach Vincents Nachrechnung am achtzigsten Tage, d. h. dem 9. Dezember, am Anamisfluß gelandet; es mochte zwischen dem 15. und 20. Dezember sein, daß er den König wiedersah.

men möchte. Während er zu den Schiffen zurückkehrte, um hier alles zu ordnen und das Lager verschanzen zu lassen, war der Hyparch, in der Hoffnung, durch die erste Nachricht von der glücklichen Ankunft der Flotte des Königs Gunst zu gewinnen, auf dem kürzesten Wege in das innere Land hinaufgeeilt und hatte dort jene Botschaft an den König gebracht, die ihm selbst so viel Leid zuzog, da deren Bestätigung ausblieb.

Endlich, so erzählt Nearchos selbst das Weitere, waren die Einrichtungen für die Flotte und das Lager so weit gediehen, daß er mit, Archias von Pella, dem zweiten Befehlshaber der Flotte, und mit fünf oder sechs Begleitern von dem Lager aufbrach und ins Innere wanderte. Diesen begegneten auf dem Wege einige von den ausgesandten Boten Alexanders; aber sie erkannten weder den Nearchos noch den Archias, so sehr hatte sich ihr Äußeres verwandelt; ihr Haupt- und Barthaar war lang, ihr Gesicht bleich, ihre Gestalt abgezehrt, ihre Kleidung zerlumpt und voll Schiffsteer; und als diese sie fragten, in welcher Richtung wohl Alexanders Lager stände, zeigten sie ihnen Bescheid und zogen vorüber. Archias aber ahnte das Rechte und sprach: »Es scheint, daß die Männer ausgesandt sind, uns zu suchen; daß sie uns nicht erkennen, ist gar wohl zu begreifen, wir mögen wohl sehr anders als in Indien aussehen; laß uns sagen, wer wir sind, und sie fragen, wohin sie reisen.« Das tat Nearchos; sie antworteten, sie suchten den Nearchos und das Heer von der Flotte. Da sagte Nearchos: »Ich bin es, den ihr suchet, führt uns zum König!« Da nahmen sie sie jubelnd auf ihre Wagen und fuhren zum Lager; einige aber eilten voraus und zum Zelte des Königs und sprachen: »Nearchos und Archias und fünf andere mit ihnen kommen soeben daher.« Da sie aber von dem übrigen Heere und von der Flotte nichts wußten, glaubte der König, daß jene wohl

begann; auch das Schiffsheer hatte hier viel zu leiden, der Mangel an süßem Wasser und an Vorräten wurde mit jedem Tage drückender. Endlich fand man in einem Fischerdorf bald hinter dem Vorgebirge Bageia einen Eingeborenen namens Hydrakes, der sich erbot, die Flotte als Lotse zu begleiten; er war ihr von großem Nutzen; unter seiner Leitung vermochte man fortan größere Fahrten zu machen und dazu die kühleren Nächte zu benutzen. Unter immer steigendem Mangel fuhr man bei der öden Sandküste Gedrosiens vorüber, und schon hatte die Unzufriedenheit der Schiffsleute einen gefährlichen Grad erreicht; da endlich erblickte man die mit Fruchtfeldern, Palmenhainen und Weinbergen bedeckten Gestade Karmaniens; jetzt war die Not vorüber, jetzt nahte man der langersehnten Einfahrt in das Persische Meer, man war in befreundetem Gebiet. An der schönen Küste Harmozeia und an der Mündung des Anamisstromes landete die Flotte, und das Schiffsvolk lagerte an den Stromufern, nach so viel Mühen sich auszuruhen und der überstandenen Gefahren zu gedenken, denen zu entkommen mancher verzweifelt haben mochte; von dem Landheer wußte man nichts, seit der Küste der Ichthyophagen hatte man alle Spur von demselben verloren. Da geschah es, daß einige von Nearchos' Leuten, die ein wenig landein gegangen waren, um Lebensmittel zu suchen, in der Ferne einen Menschen in hellenischer Tracht sahen; sie eilten auf ihn zu und erkannten sich unter Freudentränen als hellenische Männer; sie fragten ihn, woher er käme, wer er wäre. Er antwortete, er komme vom Lager Alexanders her, der König sei nicht ferne von hier; und frohlockend führten sie ihn zu Nearchos, dem er dann angab, daß Alexander etwa fünf Tage weit ins Land hinauf stehe, und sich zugleich erbot, ihn zum Hyparchen der Gegend zu bringen. Das geschah; Nearchos überlegte mit diesem, wie er zum König hinaufkom-

denkliche Unruhen begonnen, so daß die Flotte nicht mehr im Indus sicher zu sein schien. Nearchos hatte, da es nicht seine Aufgabe war, das Land zu behaupten, sondern die Flotte zum Persischen Meerbusen zu führen, sich schnell und ohne die Zeit der stehenden Ostwinde abzuwarten zur Abfahrt bereitet, war am 21. September abgesegelt und hatte in wenigen Tagen die Kanäle des Indusdeltas hinter sich; dann war er durch die heftigen Südwinde genötigt worden, unter dem Vorgebirge, das Indien vom Arabeitenlande trennt, in einem Hafen, den er nach Alexander nannte, ans Land zu gehen und daselbst vierundzwanzig Tage zu rasten, bis sich endlich die regelmäßigen Winde gesetzt hatten. Mit dem 23. Oktober war er weitergeschifft, war unter mannigfaltigen Gefahren, bald zwischen Klippen hindurchsteuernd, bald gegen die gewaltige Brandung des Ozeans ankämpfend, an der Arabismündung vorübergesegelt und nach einem furchtbaren Seesturm am 30. Oktober, der drei Fahrzeugen den Untergang brachte, bei Kokala an das Land gegangen, um zehn Tage zu rasten und die schadhaften Schiffe auszubessern; es war das der Ort, an dem kurz zuvor Leonnatos die Barbaren der Umgegend in einem blutigen Treffen überwältigt hatte; der Satrap Apollophanes von Gedrosien war bei dieser Gelegenheit erschlagen worden. Hier reichlich mit Vorräten versehen und nach wiederholten Zusammenkünften mit Leonnatos war Nearchos weiter gen Westen gefahren, und am 10. November lag das Geschwader vor der Mündung des Flusses Tomeros, an dessen Ufern bewaffnete Oreiten haufenweise standen, um die Einfahrt der Flotte zu hindern; ein kühner Überfall genügte, sie zu bewältigen und für einige Tage einen ruhigen Landungsplatz zu gewinnen. Mit dem 21. November war die Flotte zu der Küste der Ichthyophagen gekommen, jener armseligen und furchtbaren Einöde, bei der das Elend des Landheeres

schien sie eher die unberechenbaren Wechselfälle von Wind und Wetter gefährlicher zu machen, als vor ihnen retten zu können; *ein* Orkan, und Flotte und Heer konnten spurlos vernichtet sein, eine unvorsichtige Fahrt, und der Ozean war weit genug zu endlosem Irren und rettungslosem Treiben.

Da kam der Hyparch der Gegend zum König mit der Nachricht, fünf Tage südwärts, an der Mündung des Flusses Anamis, sei Nearch wohlbehalten mit der Flotte gelandet, habe auf die Nachricht, daß sich der König im oberen Lande befinde, sein Heer sich hinter Wall und Graben lagern lassen und werde demnächst persönlich vor Alexander erscheinen. Des Königs Freude war im ersten Augenblick außerordentlich, bald genug drängten Ungeduld, Zweifel, größere Bekümmernis sie zurück; umsonst erwartete man Nearchs Ankunft; es verstrich ein Tag nach dem andern; Boten auf Boten wurden ausgesandt, die einen kamen zurück mit dem Bericht, sie hätten nirgends Makedonen der Flotte gesehen, nirgends von ihnen Kunde erhalten; andere blieben ganz aus; endlich befahl Alexander, den Hyparchen, der treulose Märchen geschmiedet und mit der Trauer des Heeres und des Königs Spott getrieben, festzunehmen und in Ketten zu legen. Er war trauriger denn zuvor und von Leiden des Körpers und der Seele bleich.

Der Hyparch hatte die volle Wahrheit gesagt: wirklich war Nearchos mit seiner Flotte an der karmanischen Küste; glücklich hatte er ein Unternehmen, dem an Gefahren und Wundern schon an sich nichts ähnlich war und das überdies durch das Zusammentreffen zufälliger Umstände überaus erschwert worden war, vollbracht. Schon am Indusstrom hatten diese Schwierigkeiten begonnen; kaum war Alexander mit dem Landheer über die Grenzen Indiens gegangen, so hatten die Inder, die sich jetzt frei und sicher glaubten, be-

den und Verluste auf diesem Marsche waren größer als alles Frühere zusammengenommen. Das Heer, das so stolz und reich aus Indien ausgezogen, war auf ein Viertel zusammengeschmolzen, und dieser traurige Überrest des welterobernden Heeres war abgezehrt und entstellt, in zerlumpten Kleidern, fast ohne Waffen, die wenigen Pferde abgemagert und elend, das Ganze ein Aufzug des tiefsten Elends, der Auflösung und Niedergeschlagenheit. So kam der König nach Pura. Hier ließ er rasten, damit sich die erschöpften Truppen erholten und die auf dem Wege Verirrten sich sammelten. Der Satrap über Oreitis und Gedrosien, der den Befehl erhalten, die Wege der Wüste mit Vorräten versorgen zu lassen und durch dessen Fahrlässigkeit dem Heere selbst noch die Erleichterung, welche die Wüste gestattet hätte, entzogen worden war, erhielt von hier aus seine Entlassung[97]; Thoas wurde zu seinem Nachfolger in der Satrapie bestimmt.

Dann brach Alexander nach Karmanien auf, wo er Krateros mit seinem Heere und mehrere Befehlshaber der oberen Provinzen, die er dorthin beordert, zu treffen hoffte. Es mochte Anfang Dezember sein; von der Flotte und ihren Schicksalen hatte man nicht die geringste Nachricht; war die dem hochherzigen Nearchos übertragene Expedition schon an sich gefahrvoll und die gänzliche Ungewißheit über den Fortgang höchst beunruhigend, so mochte Alexander nach den jüngsten Erlebnissen und ihrer unbeschreiblichen Furchtbarkeit eher alles zu fürchten als das Gelingen eines großen Planes zu hoffen geneigt sein; jene Küste, die dem größten Teil seines Heeres den elendesten Untergang gebracht hatte, war für die Flotte die letzte und einzige Zuflucht; und öde, flachsandig, hafenlos, wie sie war,

97 [Dr. folgt hier versehentlich den sich widersprechenden Angaben Arrians, vgl. u. S. 395; H. Berve, Alexanderr. II Nr. 105.]

schwollen die Wasser über; Waffen, Tiere, Zelte, Menschen wurden mit hinweggerissen, und ehe man sich noch zu besinnen und zu helfen vermochte, war schon die Verwüstung auf ihrem Gipfel; Alexanders Zelt und ein Teil seiner Waffen wurden ein Raub der Flut, deren Gewalt er selbst mit Mühe entrann. So häuften sich die Schrecken; und als endlich gar bei dem weiteren Marsche, da ein heftiger Wind die Dünen der Wüste durcheinandertrieb und allen Weg spurlos verwehte, die landeingeborenen Führer sich verirrten und nicht mehr wo noch wohin wußten, da sank auch dem Mutigsten der Mut, und der Untergang schien allen gewiß. Alexander sammelte die Kräftigsten der Ritter, eine kleine Schar, um sich, mit ihnen das Meer zu suchen; er beschwor sie, die letzten Kräfte zusammenzunehmen und ihm zu folgen. Sie ritten mittagwärts durch die tiefen Dünen, von Durst gequält, in der tiefsten Erschöpfung; die Pferde stürzten zusammen, die Reiter vermochten nicht sich weiterzuschleppen, nur der König mit fünf anderen war unermüdlich vorgedrungen; sie sahen endlich die blaue See, sie ritten hinab, sie gruben mit ihren Schwertern im Sande nach süßem Wasser, und ein Quell sprudelte hervor, sie zu erquikken; dann eilte Alexander zurück zum Heere und führte sie hinab an den kühleren Strand und zu den süßen Quellen, die dort rieselten. Nun fanden die Führer sich wieder zurecht und führten das Heer noch sieben Tage lang an der Küste, wo an Wasser nicht Mangel und auch hie und da Vorräte und Dorfschaften waren; mit dem siebenten Tage wandte man sich landeinwärts und zog durch fruchtprangende und heitere Gegenden gen Pura, die Residenz der Satrapie Gedrosien.

So erreichte das Heer endlich das Ziel seines Weges, aber in welchem Zustand! Der Marsch von der Oreiten Grenze durch die Wüste hatte sechzig Tage gewährt; aber die Lei-

Teil der Wüste; in gräßlicher Steigerung wuchsen der Hunger, das Elend, die Zügellosigkeit. Auf zehn, auf fünfzehn Meilen weit kein Wasser, der Sand tief, heiß, wellenhaft wie ein stürmisches Meer zu breiten Dünen aufgeweht, durch die man mit jedem Schritte tief einsinkend sich mit endloser Mühe hinschleppte, um sogleich dieselbe Arbeit von neuem zu beginnen; dazu das Dunkel der Nacht, die furchtbar wachsende Auflösung aller Ordnung, die letzte Kraft durch Hunger und Durst erschöpft oder zu selbstischer Gier verwildert. Man schlachtete die Pferde, Kamele, Maultiere und aß ihr Fleisch; man spannte das Zugvieh von den Wagen der Kranken und überließ diese ihrem Schicksal, um in trauriger Hast weiterzuziehen; wer vor Müdigkeit oder Entkräftung zurückblieb, fand am Morgen kaum noch die Spur des großen Heeres wieder, und fand er sie, so bemühte er sich umsonst, dasselbe einzuholen; in schrecklichen Zuckungen verschmachtete er unter der glühenden Mittagssonne oder verirrte sich in dem Labyrinth der Dünen, um vor Hunger und Durst langsam dahinzusterben. Glücklich die anderen, wenn sie vor Tagesanbruch Brunnen erreichten, um zu rasten; aber oft mußte man noch marschieren, wenn schon die Sonne durch die rötliche Glutluft herabbrannte und der Sand unter den wunden Füßen glühte; dann stürzten die Tiere röchelnd zusammen, und den hinsinkenden Menschen brach das Blut jählings aus Auge und Mund, oder sie kauerten sich todmatt nieder, während die Reihen aufgelöst in gespenstischer Stille an den sterbenden Kameraden vorüberwankten; kam man endlich zu den Wassern, so stürzte alles hin und trank in hastiger Gier, um die letzte Labung mit einem qualvollen Tode zu büßen. An einer der Raststellen – ein fast ausgetrocknetes Wasser floß vorüber – lagerte das Heer einen Tag und ruhte unter den Zelten; da füllte sich plötzlich das Strombett, und brausend

sten Wege diese Einöde zurückzulegen und zugleich für die Flotte Vorräte an die Küste zu schaffen; einzelne Trupps wurden dann an die Küste hinabgesandt, die Vorräte aufzustapeln, Brunnen zu graben, die Zugänglichkeit des Strandes für die Schiffe zu untersuchen. Einige dieser Reiter unter Thoas' Führung brachten die Nachricht, an der Küste seien wenige ärmliche Fischerhütten, aus Walfischrippen und Seemuscheln erbaut; die Bewohner, armselig und stumpfsinnig, lebten von gedörrten Fischen und Fischmehl und tränken das brackige Wasser der Sandgruben; man hatte das Gebiet der Ichthyophagen erreicht. Tiefer landein, so hieß es, finde man einzelne Dorfschaften; dorthin mußte das Heer, da der Mangel an Lebensmitteln schon empfindlich zu werden begann. Nach langen, ermüdenden Nachtmärschen, in denen schon nicht mehr die strengste Ordnung und Mannszucht zu erhalten war, erreichte man diese Gegend; von den Vorräten, die sie darbot, wurde möglichst sparsam an das Heer verteilt, um das übrige, mit dem königlichen Siegel verwahrt und auf Kamele gepackt, an die Küste zu schicken; aber sobald Alexander mit den ersten Kolonnen zum weiteren Marsche aufbrach, rissen die bei den Vorräten bestellten Wachen die Siegel auf, und, von ihren hungernden Kameraden schreiend umdrängt, teilten sie aus, was sie bewahren sollten, unbekümmert, wie sie ihr Leben verwirkten, um es vor dem Hungertode zu retten. Alexander ließ es ungeahndet; er eilte, neue Vorräte aufzutreiben und sie unter sicherer Bedeckung hinabzusenden; er befahl den Einwohnern, aus dem Inneren des Landes soviel Getreide, Dattelfrucht und Schlachtvieh als irgend möglich aufzubringen und an die Küsten zu schaffen; zuverlässige Männer wurden zurückgelassen, diese Transporte zu besorgen.

Indes zog das Heer weiter; es nahte dem furchtbarsten

und alles zu deren Aufnahme vorzubereiten, die Kolonisation der neuen Stadt zu vollenden, den etwa noch vorkommenden Unordnungen und Widersetzlichkeiten von seiten des Volkes zu begegnen und alles anzuwenden, um die bisher unabhängigen Oreiten für die neuen Verhältnisse zu gewinnen; Apollophanes wurde angewiesen, alles zu tun, um in das Innere von Gedrosien Schlachtvieh und Vorräte zusammenbringen zu lassen, damit das Heer nicht Mangel leide.

Dann brach Alexander aus dem Lande der Oreiten nach Gedrosien auf. Schon wurde der heiße und flache Küstensaum breiter und öder, die Hitze stechender, der Weg beschwerlicher; man zog tagelang durch einsame Sandstrecken, in denen von Zeit zu Zeit Palmengruppen einen ärmlichen Schatten unter der fast senkrechten Sonne boten; häufiger waren Myrrhenbüsche, stark duftend in der Glut der Sonne und in der Fülle des unbenutzt ausschwitzenden Harzes; die phoinikischen Kaufleute, die mit zahlreichen Kamelen dem Heere folgten, sammelten hier viel von dieser köstlichen Ware, die im Abendland unter dem Namen der arabischen Myrrhe so beliebt war. In der Nähe der See oder der Flüsse blühte die starkduftende Tamariske, über den Boden hin wucherte die Schlingwurzel der Narde und vielrankiges Dorngebüsch, in dem sich die Hasen, die der nahende Heereszug aufgescheucht, wie Vögel im Dohnenstrich fingen. In der Nähe solcher Plätze wurde übernachtet und aus den Blättern der Myrrhen und Narden die nächtliche Streu bereitet. Aber mit jedem neuen Marsche wurde die Küste öder und unwegsamer. Die Bäche erstarben im heißen Sande, auch die Vegetation hörte auf; von Menschen und Tieren war auf weite Strecken keine Spur; man begann die Nächte zu marschieren, um während des Tages zu ruhen, man zog tiefer landein, um auf dem näch-

Lande der Oreiten; die Lage desselben schien günstig für den Verkehr und zur Behauptung des Landes; Alexander beschloß, ihn zur Hauptstadt der oreitischen Satrapie zu machen und zu kolonisieren; Hephaistion erhielt den Befehl zur Gründung der oreitischen Alexandreia. Der König selbst brach mit der Hälfte der Hypaspisten und Agrianer, mit dem Geleit seiner Ritterschaft und den berittenen Schützen gegen die Berge hinauf, welche das Gebiet der Oreiten und Gedrosier voneinander scheiden; denn in den dortigen Pässen, durch welche der Weg nach Gedrosien führte, hatten sich, so war dem König berichtet, die Oreiten und Gedrosier in sehr bedeutender Macht aufgestellt, um vereinigt den Makedonen den Weg zu sperren. Sobald die Makedonen dem Eingang der Pässe nahten, flohen die Barbaren vor einem Feinde, dessen unwiderstehliche Kraft sie ebensosehr wie seinen Zorn nach dem Siege fürchteten; die Häuptlinge der Oreiten kamen in demütiger Unterwürfigkeit zu ihm herab, sich, ihr Volk und ihr alles seiner Gnade zu übergeben. Alexander empfing sie huldvoller, als sie erwartet; er trug ihnen auf, ihre zersprengten Dorfschaften wieder zu sammeln und ihnen in seinem Namen Ruhe und Sicherheit zu versprechen, er legte es ihnen ans Herz, seinem Satrapen Apollophanes, den er über ihr, der Arabeiten und der Gedrosier Land setzte, zu gehorchen und namentlich den Anordnungen, die zur Versorgung der makedonischen Flotte getroffen werden würden, gebührend nachzukommen. Zu gleicher Zeit wurde Leonnatos, der Leibwächter, mit einem bedeutenden Heere, bestehend aus sämtlichen Agrianern, einem Teil der Bogenschützen, einigen hundert Pferden der Makedonen und hellenischen Söldnern, einer entsprechenden Anzahl Schwerbewaffneter und asiatischer Truppen in der neuen Satrapie zurückgelassen mit dem Befehl, die Ankunft der Flotte an diesen Gestaden zu erwarten

man in die Tallandschaft des Arabisstromes, an dem diesseits die Arabeiten, jenseits bis in die Berge die Oreiten wohnten; beide Stämme hatten sich noch nicht unterworfen; deshalb teilte Alexander sein Heer, ihr Land zu durchziehen und nötigenfalls zu verwüsten. Von ihm selbst, von Leonnatos, von Ptolemaios geführt, zogen einige Kolonnen in das Land hinab, während Hephaistion das übrige Heer nachführte. Alexander wandte sich links dem Meere zu, um zugleich der Küste entlang für den Bedarf seiner Flotte Brunnen graben zu lassen, demnächst aber die Oreiten, die für streitbar und zahlreich galten, zu überfallen. Die Arabeiten hatten beim Heranrücken der Makedonen ihre Dörfer verlassen und sich in die Wüste geflüchtet. Er kam an den Arabisfluß, der, seicht und schmal, wie er war, leicht überschritten wurde; ein nächtlicher Marsch durch die Sandgegend, die sich von dessen rechtem Ufer abendwärts erstreckte, brachte ihn mit Tagesanbruch an die wohlbebauten Felder und Dorfschaften der Oreiten. Sofort bekam die Reiterei Befehl, geschwaderweise aufzurücken und, um desto mehr Feld zu bedecken, in gemessenen Distanzen vorzugehen, während das Fußvolk in geschlossener Linie nachfolgte. So wurde ein Dorf nach dem anderen angegriffen und eingenommen; wo die Einwohner Widerstand versuchten und mit ihren Giftpfeilen gegen die makedonischen Speere zu kämpfen wagten, wurden sie leicht bewältigt, ihre Dörfer verbrannt, sie selbst niedergehauen oder zu Gefangenen gemacht und in die Sklaverei verkauft. Das untere Gebiet der Oreiten ward ohne bedeutenden Verlust unterworfen; auch die Pfeilwunde, die das Leben des Lagiden Ptolemaios in Gefahr brachte, wurde schnell und glücklich geheilt; an einem Wasser lagerte und rastete Alexander und wartete die Ankunft Hephaistions ab. Mit ihm vereinigt zog er weiter zu dem Flecken Rhambakia, dem größten im

zu ziehen. Dies waren die Gründe, die den König veranlaßten, durch Gedrosien zurückzukehren, obschon ihm die Natur jener Landesstrecke nicht unbekannt sein konnte; er durfte seinen großen Plan nicht um der Gefahren willen, die unvermeidlich waren, preisgeben, er durfte die Opfer nicht scheuen, die ihn das Unternehmen kosten sollte, von dem er, und mit Recht, außerordentliche Erfolge erwartete. Der Satrap von Karmanien, Sibyrtios, wird die Weisung erhalten haben, von Westen her, soweit möglich, dem Heere das Nötige entgegenzusenden; und man wird wohl soviel erkundet haben, daß die zunächst an Indien grenzende Landschaft, wenn man sie besetzte, im Innern bewohnte und fruchtbare Täler genug besaß, um dem Zuge längs der Küste die nötigen Vorräte zu schaffen.

Die Überlieferungen gestatten nicht, auch nur ungefähr anzugeben, wie groß die Zahl der Truppen war, die der König durch Gedrosien führte. Man darf die Flotte vielleicht auf 100 Schiffe, ihre Bemannung auf 12 000 Mann und etwa 2000 Epibaten rechnen; bedeutend stärker wird das Heer, das Krateros durch Arachosien führte, gewesen sein. Nach einer sicheren Nachricht war die Gesamtmacht des Königs, als er im sogdischen Alexandrien stand, 120 000 Mann; rechnet man vielleicht 30 000 Mann, die bei dem indischen Satrapen und in den neugegründeten Städten zurückblieben, so können 30- bis 40 000 Kombattanten mit dem König gezogen sein. Dies nur, um daran zu erinnern, was man wissen müßte, um sich eine pragmatisch deutliche Vorstellung von diesem Zuge der Heimkehr machen zu können.

Es mochte gegen Ende August des Jahres 325 sein, als Alexander aus Pattala und dem indischen Lande aufbrach; bald war das Grenzgebirge erreicht und auf dem nördlicheren Paßwege überstiegen; etwa mit dem neunten Tage kam

des Weges. Durch diese Wüste, so wird erzählt, zog die Königin Semiramis aus Indien heim, und von den Hunderttausenden ihres Heeres kehrten mit ihr nicht zwanzig Menschen nach Babylon zurück; auch Kyros soll diesen Rückweg genommen und das gleiche Schicksal erfahren haben; selbst der Fanatismus des Islam hat nicht gewagt, erobernd in die Wüste einzudringen; der Kalif verbot seinem Feldherrn Abdallah dies Land, das der sichtliche Zorn des Propheten getroffen habe.

Alexander hat diesen Weg gewählt, nicht um Größeres zu vollbringen als Kyros und Semiramis wie das Altertum noch um die Verluste der indischen Heerfahrt durch größere Verluste vergessen zu machen, wie der Unverstand neuerer Geschichtsschreiber geglaubt hat. Er mußte diesen Weg wählen; es durften nicht zwischen den Satrapien des Indus und des Persischen Meeres herrenlose Länderstrecken und ununterworfene Völkerstämme den Zusammenhang der Okkupation stören; sie durften es um so weniger, da die Klippenzüge am Saum der Einöde räuberischen Horden und rebellischen Satrapen ein stetes Asyl geboten hätten. Noch wichtiger war die Rücksicht auf die Flotte, welche längs der wüsten Küste dahinfahren und den Seeweg zwischen Indien und Persien öffnen sollte; sie konnte nicht monatelang verproviantiert und mit Wasser versehen werden; um beides einzunehmen, mußte sie von Zeit zu Zeit an die Küste gehen, von der sie sich bei der Natur der damaligen Nautik überhaupt nicht entfernen durfte. Sollte diese Expedition irgend glücken und ihr Zweck, die Fahrt vom Euphrat zum Indus zu öffnen, erreicht werden, so war es vor allem notwendig, die Küste zugänglich zu machen, Wasserbrunnen zu graben, Vorräte zu beschaffen, Widerstand von seiten der Einwohner zu hindern, die Bevölkerung, namentlich der reicheren Distrikte, mit in den Verband des Reiches

sinkt. So der traurige Weg ins Innere; noch öder und furchtbarer ist die Einöde der Küste und der Weg durch sie hin gen Westen. Wenn man von Indien aus durch die Pässe des großen Scheidegebirges gestiegen, so öffnet sich eine tiefe Landschaft, links das Meer, gen Westen und Norden Gebirge, in der Tiefe ein Fluß, der zum Ozean eilt, das letzte strömende Wasser auf diesem Wege; Getreidefelder am Fuß der Berge, Dörfer und Flecken in der Ebene zerstreut, die letzten auf einem Wege von Monaten. Gen Norden führen aus dieser »Ebene« schlimme Zickzackpässe in die Bergwüste von Kelat; gen Westen ziehen sich die Berge der Oreiten bis ans Meer hinab. Man übersteigt sie, und nun beginnen die Schrecken der Einöde; die Küste ist flach, sandig, heiß, ohne Gras und Strauch, von den Sandbetten vertrockneter Ströme durchfurcht, fast unbewohnbar, die elenden Fischerhütten, die einzeln auf Meilen weit am Strande zerstreut sind, von Fischgräten und Seetang erbaut, unter einsamen Palmengruppen, die wenigen Menschen noch elender als ihr Land. Eine Tagereise landein streichen nackte Klippenzüge, von Gießbächen durchrissen, die in der Regenzeit plötzlich anschwellen, reißend und brausend zur Küste stürzen und dort die tiefen Mündungsbetten auswühlen, sonst das Jahr hindurch trocken liegen, mit Genist, Mimosen und Tamarisken überwuchert, voll von Wölfen, Schakalen und Mückenschwärmen. Hinter diesen Klippenzügen dehnt sich die Wüste Gedrosien, mehrere Tagereisen breit, von einzelnen Wanderstämmen durchzogen, dem Fremdling mehr als furchtbar; Einöde, Dürre, Wassermangel sind hier die kleinsten Leiden; tagsüber stechende Sonne, glühender Staub, der das Auge entzündet und den Atem erdrückt, nachts durchfröstelnde Kühle und das Heulen hungriger Raubtiere, nirgends ein Obdach oder Grasplatz, nirgends Speise und Trank, nirgends ein sicherer Weg oder ein Ziel

ERSTES KAPITEL

*Der Abmarsch · Kämpfe im Lande der Oreiten · Zug des Heeres
durch die Wüste Gedrosiens · Ankunft der Reste des Heeres
in Karmanien · Nearchos in Harmozeia · Zerrüttung im Reich
Strafgerichte · Rückkehr nach Persien · Zweite Flucht des Harpalos
Die Hochzeitsfeier in Susa · Neue Organisation des Heeres
Aufbruch nach Opis*

Den Westen des Induslandes begrenzen mächtige Gebirge, die sich vom Kophenfluß bis zum Ozean hinabziehen. Unmittelbar über der Brandung des Meeres ragen ihre letzten Felsenmassen noch hoch empor, und von wenigen Pässen durchschnitten, sind sie zwischen dem Deltalande des Indus und dem wüsten Küstensaum Gedrosiens, zwischen dem Lande Sindh und der hohen Steppe Arianas eine vollkommene Scheidewand; gen Morgen ist eine feuchte Tropenwärme, Wasserfülle, üppige Vegetation, eine reiche Tierwelt, dichte Bevölkerung mit dem weitverzweigten geselligen Verkehr, mit den tausend Erzeugnissen und Bedürfnissen einer unvordenklichen Zivilisation; jenseits der Grenzgebirge, die in nackten Felsen übereinander emporstarren, ein Labyrinth von Felswänden, Klippenzügen, Bergsteppen, in ihrer Mitte das Tafelland von Kelat, nackt, traurig, von trockener Kälte oder kurzer, sengender Sommerglut, in Wahrheit die »Wüste der Armut«. Gen Norden und Westen umschließen sie steile Felsgehänge, an deren Fuß das Sandmeer der Wüste Arianas flutet, ein endloser Ozean mit der rötlich schillernden Atmosphäre des glühenden Flugsandes, mit dem wellenhaften Wechsel stets treibender Dünen, in denen der Pilger verirrt und das Kamel unter-

VIERTES BUCH

rade westwärts streichenden Küste von Gedrosien zu einem beständigen Ostwinde; dieser beginnt mit einigem Schwanken im Oktober, wird gegen Ende des Monats stehend und weht dann unausgesetzt bis in den Februar. Diese Eigentümlichkeit des Indischen Ozeans, höchst günstig für die beabsichtigte Küstenfahrt der Flotte, mußte natürlich benutzt, das Absegeln der Flotte auf Ende Oktober bestimmt werden. Der Aufbruch des Landheeres durfte nicht so lange verschoben werden, da einesteils der Zustand des Reichs Alexanders baldige Rückkehr forderte, andererseits für die Flotte, die sich nicht auf die weite Fahrt verproviantieren konnte, auf der Küste Vorräte aufgestapelt und Brunnen gegraben werden mußten. Demnach gab der König den Befehl, daß die Flotte bis zum November in den Stationen von Pattala bleiben sollte, ließ Vorräte auf vier Monate zu ihrem Unterhalt zusammenbringen und rüstete sich dann selbst zum Aufbruch aus Pattala.

eines ruhigen Lebens. Nearchos, so erzählt er selbst in seinen Denkwürdigkeiten, bot endlich sich selbst an: »Ich, o König, will wohl die Führung der Flotte übernehmen und mit Gottes Hilfe Schiffe und Menschen wohlbehalten bis zum Perserlande bringen, wenn anders das Meer schiffbar und das Unternehmen für menschliche Kräfte überhaupt ausführbar ist.« Der König sprach dagegen: einen so treuen und hochverdienten Mann könne er nicht neuen Gefahren aussetzen. Nearchos bat um so dringender, und der König verhehlte sich nicht, daß gerade er vor allen dazu geeignet sei; die Truppen, welche den bewährten Führer der Flotte verehrten und des Königs große Zuneigung für ihn kannten, durften in dieser Wahl eine Gewähr für sich selbst sehen, da ja Alexander nicht einen Freund und einen seiner besten Befehlshaber an die Spitze eines Unternehmens gestellt haben würde, an dessen Erfolg er selbst verzweifelte. So wurde Nearchos, des Androtimos Sohn, der in Kreta geboren und in Amphipolis Bürger war, zum Führer der Meerfahrt bestellt, die glücklichste Wahl, die der König treffen konnte. Mochten die zur Flotte kommandierten Truppen anfangs mutlos und über ihr Schicksal besorgt gewesen sein, die Wahl ihres Führers, die Trefflichkeit und Pracht der Zurüstungen, die Zuversicht, mit der ihr König einen glücklichen Erfolg verhieß, der Ruhm, an der kühnsten und gefahrvollsten Unternehmung, welche je gewagt worden, Anteil zu haben, endlich das Beispiel des großen Königs, der die brandende Mündung des Indus hindurch auf die Höhe des Ozeans gefahren war, das alles ließ sie mit Freudigkeit den Tag der Abfahrt erwarten.

Alexander hatte Gelegenheit gehabt, sich über die Natur der Monsune zu unterrichten; sie wehen regelmäßig während des Sommers von Südwest, während des Winters von Nordost, doch werden diese Nordostmonsune an der ge-

am wenigsten auf die Eigentümlichkeit ozeanischer Gewässer berechnet; das einzige Regulativ einer Seefahrt waren die Gestirne und die Seeküste, deren Nähe natürlich oft gefährlich werden mußte; die Phantasie der Hellenen bevölkerte den Ozean mit Wundern und Ungeheuern aller Art, und die Makedonen, unerschrocken und tapfer, wo sie dem Feinde ins Auge sahen, waren gegen das falsche Element ohne Waffe und nicht ohne Furcht. Und wer endlich sollte die Führung übernehmen? Der König selbst, kühn genug zum kühnsten Wagnis und selbst bereit, dem Ozean den Sieg abzutrotzen, durfte sich um so weniger an die Spitze der Flotte stellen, da im Reiche schon während seiner indischen Feldzüge manche Unordnungen vorgefallen waren, die dringend seine Rückkehr forderten; der Landweg nach Persien war schwierig, und die makedonischen Landtruppen bedurften, um diese öden und furchtbaren Gegenden zu durchziehen, seiner persönlichen Führung um so mehr, da sie nur ihm vollkommen vertrauten. Wen also zum Führer der Flotte wählen? Wer hatte Mut, Geschick und Hingebung genug? Wer konnte die Vorurteile und die Furcht der zur Flotte kommandierten Truppen beschwichtigen und statt des Wahnes, als würden sie sorglos der augenscheinlichen Gefahr preisgegeben, ihnen Vertrauen zu sich selbst, zu ihrem Führer und zu dem glücklichen Ende ihres Unternehmens einflößen?

Der König teilte alle diese Bedenken dem treuen Nearchos mit und fragte ihn um Rat, wem er die Flotte anvertrauen sollte. Nearchos nannte ihm einen nach dem anderen; der König verwarf sie alle, der eine schien nicht entschlossen, ein anderer nicht ergeben genug, um für ihn sich Gefahren auszusetzen, andere waren mit dem Seewesen, mit dem Geist der Truppen nicht genug vertraut oder voll Verlangen nach der Heimat und nach den Bequemlichkeiten

vielleicht zur Schiffahrt geeigneter sei. Nachdem man eine gute Strecke südostwärts gefahren, breitete sich das Wasser zu einem sehr großen See aus, der durch den Zufluß einiger kleinerer und größerer Flüsse von Morgen her verstärkt wurde und einem Busen des Meeres ähnlich war; selbst Seefische fand man hier. An den Ufern dieses Sees legte die Flotte an, indem eingeborene Führer die bequemsten Stellen zeigten. Der König ließ hier den größten Teil der Truppen nebst sämtlichen Kerkuren unter Leonnatos zurück und fuhr selbst auf den Halbtrieren und den Dreißigruderern durch den See zur Indusmündung hinab. Er kam an das Meer, ohne die gewaltige Brandung oder die hohe Flut zu erblicken, die den westlichen, breiteren Indusarm gefährlich machte; er ließ an der Strommündung anlegen und ging mit einigen seiner Hetairen drei Tagereisen weit am Meeresstrande hin, teils um die Natur der Küste zu untersuchen, teils um Brunnen für den Gebrauch der Seefahrer graben zu lassen. Dann kehrte er zu seinen Schiffen und mit diesen durch den See stromauf nach Pattala zurück, während ein Teil des Heeres längs dem Ufer hinaufzog, um auch hier in der sonst dürren Gegend Brunnen zu graben. Von Pattala aus fuhr er zum zweiten Male in den See zurück, traf die Vorrichtungen zum Bau eines Hafens und mehrerer Schiffswerften und ließ zu ihrem Schutz eine kleine Besatzung zurück.

Auf diese Weise war alles dem großen Plane des Königs gemäß organisiert, zu dessen Vollendung nur noch eins, aber freilich auch das Schwierigste und Gefahrvollste, übrig war, die Entdeckung des Seeweges selbst, der hinfort den Indus und Euphrat verbinden sollte. Betrachtet man den Zustand der damaligen Schiffahrt und Erdkunde, so wird man der Kühnheit eines solchen Planes Gerechtigkeit widerfahren lassen. Der Bau der Schiffe war unvollkommen und

reichte man ostwärts eine zweite Insel, an deren flacher und öder Sandküste schon rings der Ozean brandete; es wurde Abend, und die Schiffe kehrten mit der Flut zurück zu der Insel, bei der die Flotte gelandet war; ein feierliches Opfer für Ammon, wie es der Gott durch ein Orakel geboten, feierte dies erste Erblicken des Ozeans und des letzten Landes im Süden der bewohnten Erde. Am anderen Morgen fuhr der König wieder hinaus, landete auf jener Insel im Meere und opferte auch dort den Göttern, die, wie er sagte, ihm von Ammon bezeichnet seien; dann fuhr er in die offene See hinaus, umherzuschauen, ob noch irgendwo festes Land zu erblicken sei; und als die Küsten ringsher verschwunden und nichts mehr als Himmel und Meer zu sehen war, schlachtete er Stieropfer dem Poseidon und senkte sie hinab in den Ozean, spendete dazu aus goldener Schale und warf auch sie in die Flut, mischte neue Spenden den Nereiden und den rettenden Dioskuren und der silberfüßigen Thetis, der Mutter seines Ahnherrn Achilles; er betete, daß sie gnädig sein Geschwader aufnehmen und gen Abend zu den Mündungen des Euphrat geleiten möchten, und zum Gebet warf er die goldenen Becher in das Meer.

Dann kehrte er zur Flotte und mit der Flotte in den Strom zurück und fuhr gen Pattala hinauf. Dort war der Bau der Burg vollendet und der des Hafens begonnen, dort auch Peithon mit seinem Heere angekommen, der seine Aufträge vollkommen erfüllt, das flache Land beruhigt, die neuen Städte bevölkert hatte. Der König hatte den rechten Arm der Indusmündung und die mannigfachen Schwierigkeiten, die er für die Schiffahrt hatte, kennengelernt; denn es vereinten sich die Monsunwinde und das hohe Wasser des Stromes in dieser Jahreszeit, ihn schwierig zu machen. Er beschloß daher, auch den zweiten, den östlichen Hauptarm des Flusses hinabzufahren und zu untersuchen, ob dieser

die erste Erfahrung von der ozeanischen Ebbe und Flut, die hier, wohl noch zehn Meilen von der eigentlichen Strommündung, um so gewaltiger war, da sie mit der ungeheuren, gegen sie andrängenden Wassersäule des Indus zu kämpfen hatte, dessen zwei Meilen breite Mündung ihrem Eindringen vollkommenen Spielraum gibt.

Sobald Alexander diese Fährlichkeiten überstanden und von ihrer regelmäßigen Wiederkehr die Mittel gelernt hatte, ihnen zu entgehen, sandte er, während die schadhaften Schiffe ausgebessert wurden, zwei tüchtige Fahrzeuge den Strom hinab zu der Insel Skilluta[96], wo, wie die indischen Fischer sagten, der Ozean nahe und das Ufer zum Anlegen bequem und geschützt sei. Da sie die Nachricht zurückbrachten, daß die Insel bequemes Ufer habe, von bedeutender Größe und mit Trinkwasser wohl versehen sei, fuhr er mit der Flotte dorthin und ließ den größten Teil derselben unter dem Schutz des Ufers anlegen; schon sah man von hier die schaumbedeckte Brandung der Indusmündung und darüber den hohen Horizont des Ozeans, und kaum erkannte man jenseits des zwei Meilen breiten Stromes die niedrige, baum- und hügellose Küste. Alexander steuerte mit den besten seiner Schiffe weiter, um die eigentliche Strommündung zu passieren und zu untersuchen, ob sie fahrbar sei; bald verschwand die Westküste ganz aus seinem Blick, und in endlose Ferne dehnte sich der hochwogende Ozean gen Abend; nach einer Fahrt von vier Meilen er-

---

96 Killuta, Skillustis, Psiltukis bei den verschiedenen Autoren. Das Indusdelta ist zu großen Änderungen unterworfen, als daß man hier jede Lokalität wiederfinden könnte; das weiter ins Meer ragende Ostufer der Münde läßt vermuten, daß eine von den drei hier aufeinanderfolgenden, durch breite Flußarme gebildeten Inseln, und zwar die zweite, gemeint ist. Leider ist der Anfang von Nearchs Fahrt durch die Veränderung der ihm angewiesenen Station zu unklar, um etwas daraus entnehmen zu können.

brandend brachen und mehr als ein Schiff unterging, andere bedeutend beschädigt wurden. Man eilte, das Ufer zu gewinnen, um den Schaden so schnell und so gut wie möglich auszubessern; zugleich schickte der König Leichtbewaffnete aus, um von den geflüchteten Uferanwohnern einige einfangen zu lassen, die der Gegend kundig wären. Mit diesen fuhr man am nächsten Morgen weiter; immer breiter ergoß sich der mächtige Strom zwischen den flachen und öden Ufern, und man begann die kühlere Seeluft zu spüren; der Wellenschlag im Strome wurde heftiger und das Rudern beschwerlicher, ein scharfer Seewind wehte entgegen; es schien, von ihm zurückgedrängt, der wachsende Strom gefährlich zu werden, und die Schiffe lenkten in einen Kanal ein, den die am vorigen Tage aufgefangenen Fischer zeigten. Immer schneller und mächtiger schwollen die Wasser, und mit Mühe vermochte man, die Schiffe rasch genug an Land zu bringen. Kaum waren sie angelegt, so begann der Strom ebensoschnell zu fallen; die Fahrzeuge blieben zum größten Teil auf dem Trockenen oder senkten sich in den Uferschlamm; man war voll Staunen und ratlos. So vergingen einige Stunden, endlich wollte man darangehen, die Schiffe wieder flottzumachen und womöglich das Fahrwasser zu gewinnen; siehe, da begann das gefährliche Schauspiel von neuem, rauschend schwoll die Flut, überflutete das schlammige Moor, hob die eingesunkenen Fahrzeuge mit sich empor; immer schneller wachsend brandete sie gegen die festeren Ufer, warf die Fahrzeuge, die dorthin sich gerettet, auf die Seite, so daß viele umstürzten, viele zerschellten und versanken; ohne Ordnung und Rettung trieben die Schiffe auf der schweren Flut bald gegen das Land, bald gegeneinander, und ihr Zusammenstoßen war um so gefährlicher, je heftiger die schwellende Bewegung des Gewässers wurde. Mit so vielen Gefahren und Verlusten erkaufte der König

wanen aus den Ländern des Ganges und des Dekhan geöffnet wäre. Ein Überfall der in der Wüste hausenden Horden störte nur für einen Augenblick die Arbeit.

Nach einer längeren Rastzeit, während der der Bau der Burg ziemlich vollendet, der der Werften bereits vorgerückt war, beschloß der König, in Person die Indusmündungen, ihre Schiffbarkeit und ihre Gelegenheit für den Handel zu untersuchen und zugleich auf den Ozean, den bisher noch kein Grieche befahren, hinauszuschiffen. Zunächst wollte er dem Hauptarm des Stromes, der rechts hinabführte, folgen; während Leonnatos mit 1000 Reitern und 9000 Hopliten und Leichtbewaffneten auf dem inneren Ufer hinabzog, fuhr er selbst mit den schnellsten Schiffen seiner Flotte, den Halbtrieren, Dreißigruderern und einigen Kerkuren[95] den Strom hinab, freilich ohne Führer, die des Stromes kundig waren, da die Bewohner von Pattala und die Inder überhaupt keine Seeschiffahrt trieben und überdies die Anwohner des Stromes, wenn die Makedonen nahten, entflohen. Er vertraute auf den Mut und die Geschicklichkeit seiner Schiffsleute; er konnte nicht ahnen, auf welche Probe die unerhörte Gewalt ozeanischer Erscheinungen sie stellen würde.

Es war gerade in der Mitte des Sommers und der Strom in seiner größten Füllung, die niedrigeren Ufergegenden zum Teil überschwemmt, die Fahrt um so schwieriger. Am ersten Tage fuhr man ohne weiteres Hindernis; aber am zweiten Tage, man mochte zehn Meilen unterhalb Pattala sein, erhob sich ein heftiger Wind von Süden her und staute die Wasser des Stromes auf, daß die Wellen hoch gingen und sich

---

95 Arrian. VI 18, 4. Die ἡμιόλιαι, wohl weil sie anderthalb Ruderreihen haben, sind die gewöhnlichen Piratenschiffe, also besonders schnell; die κέρκουροι gelten für kyprischen Ursprungs, offenbar eine kleinere Art Seefahrzeuge.

allem auf die Förderung der Handelsverbindungen, auf die Begründung eines großen Verbandes aller auch noch so entlegenen Teile des Reiches, auf die Wirkungen eines umfassenden Welt- und Völkerverkehrs, wie er noch nicht existiert hatte, bedacht sein. Überall hatte er diese Rücksicht vor Augen gehabt; die zur militärischen Behauptung von Iran und Turan gegründeten Städte waren ebenso viele Haltpunkte für die Karawanenzüge; die in Indien gegründeten festen Städte sicherten die Straße von Ariana hinab und durch das Fünfstromland, die Stromfahrt auf dem Indus und seinen Nebenströmen; das ägyptische Alexandrien, seit den vier oder fünf Jahren, die es stand, war schon ein Zentralpunkt für den Handel der heimatlichen Meere geworden; jetzt mußte dieses System des großen Weltverkehrs durch die Besetzung des Indusdeltas, durch die Gründung eines günstig gelegenen ozeanischen Handelsplatzes, endlich durch das Eröffnen von Handelsstraßen, wie sie die Reihe hellenischer Städte ins Innere hinauf schon vorzeichnete und wie sie der maritime Zusammenhang der Indus- und Euphratmündungen hoffen ließ, seine Vollendung erhalten.

Pattala, an der Stromscheide des Indusdeltas belegen, bot sich von selbst zur Vermittlung des Handels nach dem Inneren und dem Ozean dar; es beherrschte zugleich in militärischer Hinsicht das untere Indusland; darum wurde Hephaistion beauftragt, die Burg der Stadt auf das sorgfältigste zu befestigen und demnächst Schiffswerften und einen geräumigen Hafen bei der Stadt zu erbauen. Zu gleicher Zeit sandte der König in die wüsten, baumlosen Gegenden, die nicht weit ostwärts von der Stadt begannen, mehrere Truppenabteilungen mit dem Auftrag, Brunnen zu graben und das Land bewohnbar zu machen, damit auch von dieser Seite her die Verbindung mit Pattala erleichtert und den Kara-

Hephaistion auf dem rechten Indusufer zu derselben Stadt hinab.

Schon am dritten Tage der Fahrt erhielt Alexander die Nachricht, daß der Fürst von Pattala, statt alles zum Empfang des Heeres zu bereiten, mit dem größten Teil der Einwohner in die Wüste geflohen sei; vielleicht aus Furcht vor dem mächtigen König, wahrscheinlicher von den Bramahnen aufgeregt. Alexander eilte desto schneller vorwärts, überall waren die Ortschaften von den Einwohnern verlassen; er erreichte, es war gegen Ende Juli, Pattala. Die Straßen und Häuser waren leer, alles bewegliche Gut geflüchtet, die große Stadt wie ausgestorben. Sofort wurden einige leichte Truppen ausgesandt, die Spur der Geflüchteten zu verfolgen; es gelang ihnen, einige einzufangen; sie wurden vor den König gebracht, der sie mit unerwarteter Milde empfing und sie an ihre Landsleute aussandte mit der Aufforderung, in Frieden zu ihrer Behausung und ihren Geschäften zurückzukehren und ohne Besorgnis wegen ihres weiteren Schicksals zu sein, da ihnen nach wie vor nach ihrer Sitte und ihren Gesetzen zu leben, ihren Handel, Gewerbe und Ackerbau in Sicherheit zu treiben erlaubt sein werde. Auf diese Versicherungen des Königs kehrten die meisten zurück, und Alexander konnte ohne weiteres an die Ausführung des großen Planes denken, um dessentwillen ihm der Besitz der Indusmündungen so wichtig war.

Er ahnte oder erfuhr, daß dasselbe Meer, in welches sich der Indus ergießt, den Persischen Golf bilde und daß zu der Mündung des Euphrat und Tigris demnach ein Seeweg von den Indusmündungen aus zu finden sei; seine Herrschaft, die zum ersten Male die entlegensten Völker in unmittelbare Verbindung brachte und welche nicht bloß auf die Gewalt der Waffen, sondern mehr noch auf die Interessen der Völker selbst begründet sein sollte, mußte vor

würde; doch war es notwendig, für jeden Fall Fürsorge zu treffen. Auch in der Satrapie des Paropamisos war nicht alles in der Ordnung: Tyriëspis hatte durch Bedrückungen und Ungerechtigkeiten aller Art die Bevölkerung gegen sich aufgereizt, so daß laute Beschwerde gegen ihn beim König einlief; er wurde seines Amtes entsetzt und der Fürst Oxyartes statt seiner gen Alexandreia gesandt. Beunruhigender waren die Nachrichten aus dem Inneren Arianas; der Perser Ordanes hatte sich unabhängig erklärt und die Herrschaft der Ariaspen am unteren Etymandros usurpiert. Hier vor allem war es wichtig, eine bedeutende makedonische Streitmacht erscheinen zu lassen, um die Gefahr im Keim zu ersticken.

Ungefähr der dritte Teil des Fußvolkes stand unter Krateros zum Marsch nach Arachosien hinauf bereit; er hatte die Phalangen des Attalos, Antigenes, Meleagros, einen Teil der Bogenschützen, sämtliche Elefanten, dazu die Hetairen zu Fuß und zu Roß, die, zum Dienst nicht mehr tauglich, in die Heimat ziehen sollten. Er sollte, so lautete sein Auftrag, durch Arachosien und Drangiana nach Kannanien marschieren, sollte die böswilligen Neuerungen in jenen Gegenden unterdrücken und namentlich die dortigen Satrapen veranlassen, Transporte von Lebensmitteln nach der gedrosischen Küste, die Alexander demnächst zu durchziehen gedachte, hinabzusenden.

Nach der Absendung des Krateros brach auch der König auf; er selbst fuhr mit der Flotte den Strom hinab, während Peithon mit den Bogenschützen zu Pferd und den Agrianern auf das linke Stromufer hinüberging, um die dort angelegten Städte mit Bewohnern aus der Umgegend zu besetzen, die letzten Spuren von Unordnung in dem hart gestraften Land zu unterdrücken und sich dann in Pattala wieder mit dem Haupttheer zu vereinigen; das übrige Heer führte

bisher noch nicht durch seine unmittelbare Gegenwart unterworfen und zum Teil von unabhängigen Stämmen bewohnt waren, zu durchziehen, machten gleichfalls nicht die Verwendung des ganzen Heeres nötig, das zu unterhalten in den überreichen indischen Ländern leicht gewesen war, aber auf dem Küstenwege durch oft wüste Landstriche mit mannigfachen Schwierigkeiten verknüpft sein mußte. Überdies waren aus den nordöstlichen Gegenden des Reichs Nachrichten eingelaufen, welche es notwendig machten, eine bedeutende makedonische Streitmacht in jenen Ländern zu zeigen. Der baktrische Fürst Oxyartes, der eben jetzt beim Heere eingetroffen war, hatte die Nachricht von einem Aufstand der hellenischen Militärkolonien in Baktra mitgebracht; Zwistigkeiten unter den alten Kriegsleuten, so sagt die nicht sehr glaubwürdige Quelle, die diese Dinge berichtet, hatten zu blutigen Auftritten geführt; von Furcht vor Strafe weitergetrieben, hatten sie sich der Burg von Baktra bemächtigt, die Barbaren zum Abfall aufgerufen, dem Athenodoros, ihrem Rädelsführer, der sie jenseits in die hellenische Heimat zurückzuführen versprach, den königlichen Namen gegeben; gegen Athenodoros hatte ein gewisser Biton, voll Eifersucht auf dessen Königtum, Ränke geschmiedet, ihn auf einem Gastmahl bei Boxos, einem vornehmen Barbaren, ermordet und anderentags vor dem versammelten Heere sich gerechtfertigt; mit Mühe war es den Hauptleuten gelungen, ihn vor der Wut des Heeres zu schützen; sie selbst hatten sich dann wieder gegen ihn verschworen, ihn auf die Folter gespannt, um ihn dann gleichfalls zu töten; da waren die Soldaten hereingedrungen, hatten ihn von der Folter befreit und waren unter seiner Führung, dreitausend an der Zahl, aufgebrochen, um den Weg in die Heimat zu suchen. Es ließ sich erwarten, daß dieser Haufe bereits von den Truppen der Satrapie zur Ruhe gebracht sein

Städte zerstört, die wenigen, die stehen blieben, mit Burgen und makedonischer Besatzung versehen, die das Land der Trümmer und der Verwüstung bewachen sollten. Musikanos selbst war gefangen worden, er und viele Brahmanen wurden des Todes schuldig erkannt und an den Landstraßen des Landes, dessen Unglück sie verschuldet, aufgeknüpft.

Der König kehrte jetzt zu seiner Flotte und dem Lager seines Heeres zurück; die energische Strenge, mit der er die Empörungen erstickt und gestraft hatte, schien endlich auf die Gemüter der Inder den bezweckten Eindruck zu machen. Vor allem beeilte sich der Fürst Moeris von Pattala, dessen Herrschaft sich über das Indusdelta erstreckte, sich dem König zu unterwerfen; er kam nach Alexandreia, ergab sich und sein Land der Gnade des Königs und erhielt dafür seine Landschaft unter denselben Bedingungen, wie sie dem Fürsten Musikanos und den anderen Fürsten, welche im Bereich makedonischer Satrapien saßen, vorgeschrieben worden waren. Nachdem Alexander von ihm nähere Erkundigungen über die Natur des Indusdeltas, das bei Pattala beginnt, über die Strommündungen und den Ozean, in den sie sich ergießen, eingezogen, sandte er ihn in sein Land zurück mit dem Befehl, alles zur Aufnahme des Heeres und der Flotte vorzubereiten.

Mit dieser Unterwerfung des Moeris, des letzten noch unabhängigen Fürsten im Induslande, waren die kriegerischen Bewegungen des Zuges beendet; wenigstens war kein großer und allgemeiner Kampf, höchstens noch vereinzelter Widerstand und leicht zu unterdrückende Unordnungen in dem weiteren Induslande zu erwarten. Der ganzen vereinten Kriegsmacht bedurfte es nicht weiter; es kam die Zeit der Rückkehr. Des Königs Wunsch, den Seeweg von Indien nach Persien zu entdecken, sein Plan, die südlichen Küstenlandschaften zwischen beiden Ländern, die

er jetzt die Strafe für seinen Abfall leiden werde; die Brahmanen seines Hofes, ohne anderes Interesse als das des Hasses gegen den siegenden Fremdling, säumten nicht, seine Angst zu nähren und ihn endlich zu dem verkehrtesten Schritt, den er tun konnte, zu bewegen; er floh über den Indus in die Wüste und ließ in seinem Lande Verwirrung und Aufruhr zurück. Der König eilte dorthin; die Hauptstadt Sindomana öffnete die Tore und unterwarf sich der Gnade Alexanders um so lieber, da sie nicht teil an dem Abfall hatte; die Elefanten und Schätze des Fürsten wurden ausgeliefert, die anderen Städte des Landes folgten dem Beispiel der Residenz; nur eine, in welche sich die Brahmanen, die den Abfall veranlaßt, geflüchtet hatten, wagte Widerstand zu leisten; sie wurde genommen, die schuldigen Brahmanen hingerichtet.

Der blinde Fanatismus der heiligen Kaste, um so wilder, je hoffnungsloser er war, hatte, durch das Schicksal der Brahmanen des Sambos ungeschreckt, während des Königs Abwesenheit den Fürsten Musikanos und die Bevölkerung seines Landes zum wildesten Haß gegen die Fremden, zur offenbaren Empörung, zur Ermordung der makedonischen Besatzungen aufzureizen gewußt; zu beiden Seiten des Stromes loderte die Flamme des Aufruhrs, alles griff zu den Waffen; und wäre der Wut die Kraft des Willens und der Führung gleich gewesen, so hätte der König hier schweren Stand gehabt. Aber kaum nahte er, so floh Musikanos über den Indus; er sandte Peithon nach, ihn zu verfolgen; er selbst zog gegen die Städte, die, ohne gegenseitigen Beistand, ohne verständige Führung und ohne Hoffnung, sich zu retten, dem Sieger schnell in die Hände fielen. Die Strafen des Abfalls waren streng, unzählige Inder wurden bei den Erstürmungen erschlagen oder nach dem Siege hingerichtet, die Überlebenden in Sklaverei verkauft, ihre

das gewisseste Mittel, des Königs Großmut für sich zu gewinnen. Er erhielt Verzeihung; sein Land blieb ihm unter makedonischer Hoheit. Alexander bewunderte die üppige Natur dieser Landschaft; die Residenz des Fürsten, günstig zur Behauptung des ganzen Landes gelegen, sollte durch eine Burg, die Krateros zu bauen Befehl erhielt, und durch eine makedonische Besatzung gesichert werden.

Der König brach mit den Schützen, den Agrianern, der Hälfte der Hipparchien gegen das Land der Praister und gegen den Fürsten Oxykanos oder, wie ihn andere nennen, Portikanos auf; nicht geneigt, sich zu unterwerfen, hatte sich dieser mit bedeutender Streitmacht in seiner Hauptstadt eingeschlossen. Der König nahte, nahm eine der ersten Städte des Fürstentums ohne Mühe; aber der Fürst, nicht durch das Beispiel des Musikanos geblendet, erwartete den Feind hinter den Mauern seiner Residenz. Alexander kam, begann die Belagerung, am dritten Tage war sie so weit gediehen, daß sich der Fürst in die Burg der Stadt zurückzog und Unterhandlungen anknüpfen wollte; es war zu spät, schon war die Mauer der Burg durch eine Bresche geöffnet, die Makedonen drangen ein, die Inder im Kampf der Verzweiflung wurden überwältigt, der Fürst erschlagen. Nach dem Falle der Hauptstadt und des Fürsten war es leicht, die übrigen zahlreichen Städte dieses reichen Landes zu unterwerfen; Alexander gab sie der Plünderung preis; er hoffte durch das Schicksal der Praister die Völker zu schrecken und sie endlich die Unterwerfung, die er erzwingen konnte, freiwillig darbringen zu sehen.

Aber schon waren neue Bewegungen an einem Punkte, wo man sie nicht vermutet hätte, ausgebrochen. Der Fürst Sambos hatte mit Schrecken gesehen, daß Musikanos nicht bloß ungestraft geblieben, sondern in hohe Gunst bei dem König gekommen sei; er glaubte, fürchten zu müssen, daß

Diese Eigentümlichkeiten des Landes und der Bevölkerung machten sich im Verhältnis zu Alexander sofort geltend. Die Unterwerfung der Maller hatte allen Widerstand der nächstwohnenden Völker aufhören lassen, und im ununterbrochenen Siegeszug war das Heer bis in das Land der Sogder gekommen. Aber auf freiwillige Unterwerfung der weiteren Völkerschaften wartete der König vergebens; weder die Fürsten selbst noch Gesandtschaften der Fürsten kamen, dem Herrn des Induslandes zu huldigen; den mächtigen Fremdling zu verachten, mochten sie die Einflüsterungen der hochmütigen Brahmanen oder das Vertrauen auf ihre eigene Macht verführt haben. Nur der Fürst Sambos hatte sich freiwillig unterworfen; abhängig von dem mächtigeren Musikanos, mochte er dem fremden Herrscher lieber als dem Nachbarfürsten dienstbar sein wollen, und Alexander hatte ihn als Satrapen in seinem Berglande bestätigt, oder, was richtiger sein dürfte, in dem gleichen Verhältnis wie den tributären Fürsten der Satrapie Oberindien ihm seine Herrschaft gelassen.

Die unabhängige Stellung, welche Musikanos und die übrigen Fürsten des Landes behaupten zu wollen schienen, nötigten den König, noch einmal die Gewalt der Waffen zu versuchen. Vom sogdischen Alexandrien aus fuhr er möglichst schnell stromabwärts in jenen Indusarm hinein, der gegen die Berge hin und zu der Residenz des Musikanos führt; er erreichte dessen Grenzen, bevor der Fürst einen Überfall ahnen mochte. Durch die Nähe der Gefahr geschreckt, suchte dieser seinen hochmütigen Trotz durch schnelle und niedrige Unterwürfigkeit vergessen zu machen; in Person kam er dem König entgegen, er brachte viele und köstliche Geschenke, unter diesen seine sämtlichen Elefanten; er unterwarf sich und das Land der Gnade des Königs, er gestand ein, großes Unrecht getan zu haben, –

ist, weicht zurück; der Strom bildet mit Nebenarmen, die er rechts und links aussendet, viele Inseln und Werder; fruchtreiches, dichtbevölkertes Marschland dehnt sich längs den Ufern aus; bald wird die Nähe ozeanischer Einflüsse merkbar. Hierzu kommt ein zweites, nicht minder merkwürdiges Verhältnis: während sich ostwärts ein einförmiges, unabsehbares Flachland ausdehnt, sieht man, sowie man weiter südwärts kommt, über der Ebene im Westen einen mächtigen Gebirgswall emporsteigen, der, die Landschaft schließend, bis zum Kap Monz hinabzieht; der heutige Lauf des Indus geht in weitem Bogen bis an den Fuß dieser Gebirge und wendet sich dann wieder ostwärts nach Hyderabad, wo die Deltabildung beginnt; im Altertum strömte der Indus auf der Sehne dieses Bogens von Bhukor nach Hyderabad südwärts, bei Bhukor eine niedrige Kalksteinkette bespülend, die er jetzt nach Westen hin durchbrochen hat. Sie trägt noch jetzt die Trümmer von Alor, der alten Kapitale des Landes Sindh. Dies Land Sindh ist wie ein Garten, Weinberge schmücken die Hügel, der Weihrauch des arabischen Trockenklimas, der Blumenflor feuchtwarmer Tropengegend, der Mais der sumpfigen Ufergegenden gedeihen hier nebeneinander; Städte und Flecken in zahlloser Menge schmücken das Land, auf dem Strom und dessen Kanälen ist steter Verkehr, und die Bevölkerung, südländisch, dunkelfarbig, unter fürstlichem Regiment, unterscheidet sich sehr von den Völkern der oberen Indusländer; hier hat die Kaste der Brahmanen hohen Rang und entscheidenden Einfluß auf das öffentliche Leben, und die Handlungsweise der Fürsten wird ebensosehr durch religiöse Vorurteile wie von Argwohn und endlosen Rivalitäten bestimmt; eine Charakteristik, die im Laufe der Jahrhunderte, bei allem Wechsel der Herrschaft, der Religion, ja der Natur selbst, sich gleich geblieben ist.

Punkt in der indischen Satrapie des Philippos sein, der hier mit einer ansehnlichen Heeresmacht, bestehend aus den sämtlichen thrakischen Truppen und einer verhältnismäßigen Zahl Schwerbewaffneter aus den Phalangen, zurückblieb mit dem Auftrag, namentlich für den sicheren Handel in dieser Gegend die möglichste Sorge zu tragen, einen geräumigen Hafen im Indus, Schiffswerften und Speicher anzulegen und auf alle Weise das Aufblühen dieses Alexandriens zu fördern.

Es mochte im Februar des Jahres 325 sein, daß das makedonische Heer von Alexandreia zu den Ländern des unteren Indus aufbrach; der größere Teil desselben nebst den Elefanten war unter Krateros auf das östliche Ufer des Stromes hinübergesetzt, wo die Wege besser und die anwohnenden Völker noch nicht alle zur Unterwerfung geneigt waren. Der König selbst fuhr mit den obengenannten Truppen den Strom hinab. Heer und Flotte kamen ohne Hindernis in das Land der Çudra, das die Hellenen Sogdoi oder Sodroi nannten, und machte bei deren Hauptstadt halt; sie wurde unter dem Namen des sogdischen Alexandrien zu einer hellenischen Kolonie gemacht, bedeutend befestigt, mit Hafen und Schiffswerften versehen und dem Satrapen des unteren Indus, dessen Gebiet sich von der Pandschnadmündung bis zum Meere erstrecken sollte, als Residenz angewiesen, Peithon aber mit einem Heere von 10 000 Mann zum Satrapen bestellt.

Die Stelle des sogdischen Alexandrien ist für den unteren Lauf des Indus eine der wichtigsten; hier beginnt sich der Charakter des Stromes, der Landschaft, der Bevölkerung entschieden zu ändern. Die Solimanketten, die den Indus von Norden nach Süden begleitet haben, wenden sich fast in rechtem Winkel nach Westen zu den Bholanpässen. Die Wüste, die dem Indus auf seiner Ostseite nahe geblieben

Kriegswagen mit, jeden mit zwei Kriegsleuten und seinem Wagenführer, worauf Alexander die tausend huldreich entließ, die Kriegswagen aber seinem Heere zufügte; ihr Gebiet nebst dem der Maller wurde der Satrapie Indien unter Philippos zugewiesen.

Nachdem Alexander vollkommen hergestellt war und den Göttern in feierlichen Opfern und Kampfspielen für seine Genesung gedankt hatte, brach er aus seinem Lager an der Hydraotesmündung auf. Während des Aufenthalts an dieser Stelle waren viele neue Schiffe gebaut worden, so daß jetzt bedeutend mehr Truppen als bisher mit dem König stromab fahren konnten; es waren mit ihm 10 000 Mann vom Fußvolk, von den Leichtbewaffneten die Schützen und Agrianer, 1700 Mann makedonische Ritterschaft. So segelte der König aus dem Hydraotes in den Akesines hinab, durch das befreundete Land der Oxydraker, an der Hyphasismündung vorüber bis zur Vereinigung des mächtigen Pandschnad mit dem Indus. Nur die Abasthaner (Ambastha) hatte Perdikkas im Vorüberziehen zur Unterwerfung zwingen müssen; die anderen Völkerschaften nah und fern schickten Gesandtschaften mit reichen und kostbaren Geschenken, feinen Webereien, Edelsteinen und Perlen, bunten Schlangenhäuten, Schildkrötenschalen, gezähmten Löwen und Tigern; auch neue Dreißigruderer und Lastschiffe in bedeutender Zahl, die der König im Lande der Xathras hatte bauen lassen, kamen den Strom herab. Hier, wo der Indus den Pandschnad, die vereinigten fünf östlichen Nebenströme, aufnimmt und wo für den Verkehr zwischen dem Inneren des Landes und der Indusmündung sich der natürliche Mittelpunkt bildet, beschloß Alexander, eine hellenische Stadt zu gründen, die ebenso wichtig für die Behauptung des Landes wie durch den Indushandel bedeutend und blühend werden mußte; sie sollte der südlichste

stimmung darüber bemerkt habe, sei herangetreten und habe in seinem boiotischen Dialekt gesagt: »Dem Mann die Tat, o Alexandros; aber wer tut, muß leiden.« Der König habe ihm zugestimmt und ihm das gute Wort auch später nicht vergessen.

Die schnelle Eroberung der mallischen Hauptstadt hatte den mächtigsten Eindruck auf sämtliche Völkerschaften dieser Gegend gemacht. Die Maller selbst, obschon noch weite Strecken ihres Gebietes von den Makedonen nicht berührt waren, verzweifelten, längeren Widerstand zu leisten; in einer demütigen Gesandtschaft ergaben sie sich und ihr Land dem König. Die Oxydraker oder Sudraker, die mit den Mallern als die tapfersten Völker Indiens berühmt waren und eine bedeutende Streitmacht ins Feld stellen konnten, zogen es vor, sich zu unterwerfen; eine große Gesandtschaft, bestehend aus den Befehlshabern der Städte, den Herren der Landschaft und einhundertundfünfzig der Vornehmen des Landes, kamen mit reichen Geschenken, zu allem, was der König fordern würde, bevollmächtigt; sie sagten, daß sie nicht schon eher vor dem König erschienen, sei ihnen zu verzeihen, da sie mehr noch als irgendein anderes Volk Indiens ihre Freiheit liebten, die sie seit undenklichen Zeiten, seit dem Zuge des Gottes, den die Griechen Dionysos nennen, bewahrt hätten; dem Alexandros aber, denn er solle ja von den Göttern stammen, und seine Taten seien Beweis dafür, unterwürfen sie sich gern und seien bereit, einen Satrapen, den er setzen würde, aufzunehmen, Tribut zu zahlen und Geiseln zu stellen, so viele der König verlangen würde. Er verlangte tausend der Edelsten des Volkes, die, wenn er wolle, ihm als Geiseln folgen oder den Krieg bis zur Unterwerfung der noch übrigen Landschaften Indiens mitmachen sollten. Die Oxydraker stellten die tausend Edlen, sandten außerdem freiwillig fünfhundert

ordnungen erzeugen, veranlaßten ihn, seine völlige Herstellung nicht abzuwarten, sondern schon jetzt zum Heere zurückzukehren. Er ließ sich zum Hydraotes hinab auf eine Jacht tragen, auf der ein Zelt für sein Krankenlager errichtet war; ohne Ruderschlag, um die Erschütterung zu vermeiden, nur von der Strömung getragen, nahte die Jacht erst am vierten Tage dem Lager. Die Kunde, Alexander komme, war vorausgeeilt, wenige glaubten sie. Schon sah man zwischen der Uferwaldung die Jacht mit dem Zelte den Strom herabkommen; mit ängstlicher Spannung standen die Truppen längs des Ufers. Der König ließ das Zelt aufschlagen, damit ihn alle sähen. Noch meinten sie, es sei der tote König, den das Schiff bringe; ehe er das Ufer erreichte, hob er den Arm, wie den Seinigen zum Gruß. Da erscholl der freudigste Aufschrei der Tausende, sie streckten die Hände gen Himmel empor oder ihrem Könige entgegen, Freudentränen mischten sich in den immer neuen Jubelruf. Dann legte die Jacht an, einige Hypaspisten brachten ein Lager, den König aus dem Schiff in sein Zelt zu tragen; er befahl, ein Pferd zu bringen; als das Heer ihn wieder hoch zu Roß sah, erbrauste ein Freudengeschrei und Händeklatschen und Schilderklang, daß die Ufer drüben und die Waldungen umher widerhallten. Dem Zelte nah, das für ihn bereitet war, stieg er vom Pferde, damit seine Kriegsleute ihn auch gehen sähen; da drängten sie sich von allen Seiten heran, seine Hand, seine Knie, sein Kleid zu berühren oder auch nur, ihn von nahem zu sehen, ihm ein gutes Wort zuzurufen, ihm Bänder und Blumen zuzuwerfen.

Bei diesem Empfang wird geschehen sein, was Nearchos aufgezeichnet hat. Dem Könige seien von einigen Freunden Vorwürfe gemacht worden, daß er sich so der Gefahr ausgesetzt habe: das sei der Soldaten, nicht des Feldherrn Sache; ein alter Boioter, der das gehört und des Königs Miß-

auszuziehen, ein Widerhaken hält ihn zurück; der Schmerz läßt den König aus seiner Ohnmacht erwachen; seufzend bittet er, den Pfeil aus der Wunde zu lösen, die Wunde mit seinem Schwert zu erweitern. So geschieht es, reichlich rieselt das Blut hervor, eine neue Ohnmacht überfällt ihn; Leben und Tod scheinen über ihm zu ringen. Weinend stehen die Freunde um sein Lager, die Makedonen vor dem Zelt; so vergeht der Abend und die Nacht.

Schon waren Gerüchte von diesem Kampf, von der Wunde, vom Tode des Königs in das Lager an der Hydraotesmündung gekommen und hatten dort eine unbeschreibliche Bewegung hervorgebracht. Zuerst Schrecken, lautes Jammern und Weinen; dann wurde es stiller, man begann zu fragen, was nun werden solle. Es wuchs die Sorge, die Entmutigung, die Qual der Ratlosigkeit. Wer sollte des Heeres Führer werden? Wie sollte das Heer in die Heimat zurückkehren, wie die endlosen Länderstrecken, die furchtbaren Ströme, die öden Gebirge, die Wüsteneien hindurch Weg und Rat finden, wie sich verteidigen vor allen den streitbaren Völkern, die ihre Freiheit zu verteidigen, ihre Unabhängigkeit wiederzuerkämpfen, ihre Rache an den Makedonen zu stillen, nicht länger zögern würden, da Alexander nicht mehr zu fürchten war? Und als die Nachricht kam, noch lebe der König, so glaubte man es kaum, so verzweifelte man, daß er dem Tode entrinnen werde; als ein Schreiben vom König selbst kam, daß er in kurzem in das Lager zurückkehren werde, hieß es, der Brief sei von den Leibwächtern und Strategen erdichtet, um die Gemüter zu beruhigen, in Wahrheit sei der König tot und sie ohne Rat und Rettung.

Indes war Alexander wirklich vom Tode gerettet und nach sieben Tagen seine Wunde, obschon noch offen, doch ohne weitere Gefahr; die Nachrichten aus dem Lager und die Besorgnis, es möchte im Heer der Glaube, er sei tot, Un-

Arm; schon sind auch Peukestas, Leonnatos, Abreas herabgesprungen, an seiner Seite. Aber Abreas sinkt, von einem Pfeil ins Gesicht getroffen, nieder; jauchzend sehen es die Inder, mit doppeltem Eifer schießen sie; ein Pfeil trifft des Königs Brust, der Panzer ist durchbohrt, ein Blutstrahl sprüht hervor, mit ihm der Atem der Lunge. In der Spannung des Kampfes bemerkt es der König nicht, er fährt fort, sich zu wehren; der Blutverlust macht ihn ermatten, seine Knie schwanken; ihm vergehen die Sinne; er sinkt an seinem Schild nieder. Wilder dringen die Inder ein. Peukestas stellt sich über den Gefallenen, deckt ihn mit dem Schilde von Ilion, den er trägt, Leonnatos beschirmt ihn von der anderen Seite; schon trifft sie Pfeil auf Pfeil; sie halten sich kaum noch aufrecht; der König verblutet.

Indes ist vor den Mauern die wildeste Bewegung; die Makedonen haben ihren König in die Stadt hinabspringen sehen; es ist nicht möglich, daß er sich rettet, und sie vermögen ihm nicht zu folgen; man will Sturmleitern, Maschinen, Bäume anlegen, alles hält nur auf, jeder Augenblick Säumnis kann sein Tod sein; sie müssen ihm nach; die einen treiben Pflöcke in die Mauer und klimmen empor, andere steigen auf den Schultern der Kameraden zu den Zinnen hinan. Da sehen sie den König am Boden, Feinde dicht umher, schon sinkt Peukestas; vor Wut und Jammer schreiend, stürzen sie sich hinab; sie scharen sich schnell um den Gefallenen, dicht verschildet rücken sie vor und drängen die Barbaren hinweg. Andere werfen sich auf das Tor, reißen es auf, heben die Torflügel aus den Angeln, und mit wildem Geschrei stürzen die Kolonnen hinein in die Burg. Nun geht es mit doppelter Macht auf den Feind, sie schlagen alles tot; Weiber, Kinder werden durchbohrt, das Blut soll ihre Rache kühlen. Andere tragen den König auf seinem Schilde fort; noch ist der Pfeil in seiner Brust; man versucht, ihn her-

durch die Straßen zur Burg; sie war mit starken Mauern versehen, die Türme wohlbemannt, die Belagerungsarbeit unter den Geschossen der Feinde gefährlich. Dennoch begannen die Makedonen sofort zu untergraben; andere brachten ein paar Sturmleitern heran, versuchten, sie anzulegen; der ununterbrochene Pfeilregen von den Türmen machte selbst die Mutigsten stutzen. Da ergriff der König eine Leiter; in der Linken den Schild, in der Rechten sein Schwert, stieg er empor, ihm nach Peukestas und Leonnatos auf derselben, ein alter Kriegshauptmann Abreas auf einer zweiten Leiter. Schon ist der König bis an die Zinne; den Schild vor sich aufgestützt, zugleich kämpfend und sich wehrend, stürzt er die einen rücklings von der Mauer hinab, stößt die andern mit seinem Schwert nieder; die Stelle vor ihm ist einen Augenblick frei, er schwingt sich auf die Zinne, ihm folgen Peukestas, Leonnatos, Abreas; schon dringen die Hypaspisten mit lautem Geschrei auf den zwei Leitern nach, überfüllt brechen diese zusammen, der König auf der Zinne ist abgeschnitten. An seiner glänzenden Rüstung, an seinem Helmbusch erkennen ihn die Inder; zu nahen wagt ihm niemand, aber Pfeile, Speere, Steine werden aus den Türmen herab, aus der Burg herauf auf ihn geschleudert; seine Getreuen rufen ihm zu, zurückzuspringen und seines Lebens zu schonen; er mißt mit einem Blick die Mauerhöhe zur Burg hinein, und schon ist der kühne Sprung getan. Er steht allein innerhalb der feindlichen Mauer; mit dem Rücken an sie gelehnt, erwartet er die Feinde. Schon wagen sie zu nahen, schon dringt ihr Führer auf ihn ein; mit einem Schwertstoß durchbohrt ihn Alexander, einen zweiten wirft er mit einem Stein nieder, ein dritter, ein vierter sinkt unter des Königs Schwert. Die Inder weichen zurück, sie beginnen von allen Seiten her Pfeile, Speere, Steine, was jeder hat, auf ihn zu werfen; noch schützt ihn sein Schild, dann ermüdet sein

ses Manövers in Schrecken gesetzt, zogen sich, ohne den ungleichen Kampf zu versuchen, in geschlossener Ordnung zurück; aber sobald sie bemerkten, daß ihnen nicht mehr als vier- bis fünftausend Mann Reiter gegenüber waren, wandte sich ihre ganze Linie, wohl fünfzigtausend Mann stark, gegen Alexander und dessen Reiterkolonne und versuchte, sie vom Ufer, das sie bereits besetzt hatten, hinabzudrängen. Mit Mühe und nur durch eine Reihe künstlicher Bewegungen, durch welche jedem Handgemenge ausgewichen wurde, behaupteten sich die Reiter auf diesem schwierigen Terrain, bis nach und nach einige Scharen leichten Volks und namentlich die Schützen nachgekommen waren und man jenseits auch schon das schwere Fußvolk dem Ufer nahen sah. Jetzt begann Alexander vorzurücken; aber die Inder wagten nicht, den Angriff zu erwarten, sie wandten sich zur Flucht in eine benachbarte, stark befestigte Stadt; die Makedonen verfolgten sie lebhaft, töteten viele auf der Flucht und machten nicht eher als unter den Mauern der Stadt halt.

Der König ließ sofort die Stadt von der Reiterei umzingeln; doch wurde es später Abend, ehe das Fußvolk herankam; zugleich waren alle, die Reiterei von dem Flußübergang und der heftigen Verfolgung, das Fußvolk von dem weiten und schweren Marsche, so erschöpft, daß für diesen Tag nichts weiter unternommen werden konnte; so wurde das Lager rings um die Stadt her aufgeschlagen. Aber mit dem ersten Morgen begann der König mit der einen, Perdikkas mit der zweiten Hälfte des Heeres von allen Seiten das Stürmen gegen die Mauern; die Inder vermochten nicht, sie zu behaupten, sie zogen sich von allen Seiten auf die stark befestigte Burg zurück. Alexander ließ auf seiner Seite ein Tor der Stadtmauer erbrechen und drang an der Spitze seiner Leute, ohne Widerstand zu finden, in die Stadt und

Alexander ließ hier seine durch die ungeheuren Anstrengungen der letzten fünf Tage erschöpften Truppen einen Tag ruhen; mit frischen Kräften zogen sie dann aus, die anderen mallischen Städte auf der Südseite des Hydraotes zu erobern; aber überall waren die Einwohner vor ihrer Ankunft bereits entflohen; es schien nicht nötig, die einzelnen Haufen aufzusuchen; es genügte, ihnen die Städte zu zerstören. So mehrere Tage; dann folgte wieder ein Ruhetag, damit die Truppen zum Angriff auf die größte Stadt diesseits, in die sich, auf ihre Stärke vertrauend, viele Maller geworfen haben sollten, frische Kraft sammeln konnten.

Um die waldigen Ufer stromaufwärts, im Rücken der ferneren Bewegungen, den zersprengten Mallern nicht zum Zufluchtsort und zum Sammelplatz für eine gefährliche Diversion werden zu lassen, wurden die Phalanx Peithon, die Hipparchie Demetrios und die nötigen Haufen leichtes Volk an den Strom zurückgesandt mit dem Auftrag, die Inder dort in den Wäldern und Sümpfen aufzusuchen und alle, die sich nicht freiwillig ergäben, niederzuhauen. Mit den übrigen Truppen zog der König selbst, in der Erwartung eines hartnäckigen Kampfes, auf die oben bezeichnete Stadt los; aber so groß war der allgemeine Schrecken, den die makedonischen Waffen verbreitet hatten, daß die Inder in der großen Stadt, an der Möglichkeit sie zu behaupten verzweifelnd, sie preisgaben, sich über den nahen Strom zurückzogen und dessen hohe Nordufer besetzten, in der Hoffnung, von dieser allerdings günstigen Position aus den Übergang der Makedonen hindern zu können. Sobald Alexander davon unterrichtet war, brach er schleunigst mit der gesamten Reiterei auf und befahl dem Fußvolk, ohne Verzug nachzurücken. Angekommen an dem Strom, ließ er, unbekümmert um die jenseits aufgestellte Linie der Feinde, sofort den Übergang beginnen; und die Inder, durch die Kühnheit die-

geblieben, wurden niedergehauen; er selbst setzte sogleich durch den Strom, bald waren die fliehenden Scharen eingeholt, von neuem begann das Gemetzel; wer entkam, rettete sich in eine naheliegende Feste, die übrigen ergaben sich dem Sieger. Sobald das Fußvolk nachgekommen war, entsandte der König Peithon mit seiner Phalanx und zwei Geschwadern gegen diese Feste; sie fiel beim ersten Sturm, und die Maller in ihr wurden zu Kriegsgefangenen gemacht, worauf Peithon wieder zum König stieß.

Dieser war indessen gegen eine Brahmanenstadt, in die sich gleichfalls viele Maller geworfen hatten, vorgerückt und hatte sofort die Mauern umzingelt und sie zu untergraben beginnen lassen; zugleich von den Geschossen der Makedonen schwer mitgenommen, zogen sich die Inder in die Burg der Stadt zurück; eine Schar Makedonen war allzu kühn vorgegangen und mit in die Burg hineingedrungen; aber sie vermochte sich nicht gegen die Übermacht zu halten; fast abgeschnitten, schlug sie sich mit bedeutendem Verluste durch. Das steigerte die Erbitterung der Truppen; sofort ließ Alexander Sturmleitern heranbringen und die Burgmauern unterminieren; sobald ein Turm und der daranstoßende Teil der Mauer eingestürzt war und eine Bresche zum Stürmen darbot, war Alexander der erste auf den Trümmern, ihm nach drangen jubelnd die Makedonen, und in kurzer Zeit war die Mauer trotz der tapfersten Gegenwehr von Feinden gesäubert; viele von ihnen wurden im Kampfe erschlagen, andere warfen sich in die Gebäude, steckten sie in Brand und schleuderten, während die Feuersbrunst ungehemmt um sich griff, aus den brennenden Häusern Speere und Balken auf die Makedonen, bis sie der Glut und dem Dampf erlagen. Wenige fielen lebend den Makedonen in die Hände, gegen fünftausend waren beim Sturm und beim Brande der Burg umgekommen.

der König schleunigst Perdikkas mit zwei Hipparchien und den Agrianern zu einer benachbarten Stadt, in die sich viele Inder geflüchtet hatten, mit der Weisung, dieselbe auf das sorgfältigste zu beobachten, selbst jedoch nichts gegen sie zu unternehmen, bevor das Heer von Agalassa nachrücke, damit nicht die Flüchtlinge zugleich die Nachricht von der Nähe der Makedonen weiter landein verbreiteten. Indes begann Alexander den Sturm; die Inder, die schon bei dem ersten Überfall hart mitgenommen waren, verzweifelten, die Mauern behaupten zu können; von den Toren und Türmen zurückfliehend, wurden sie von den nachdringenden Makedonen größtenteils erschlagen, nur einige tausend flüchteten sich in die Burg und wehrten sich von dort herab mit dem Mute der Verzweiflung; mehr als ein Angriff der Makedonen wurde zurückgeschlagen, die immer steigende Erbitterung, der Zuruf und das Beispiel des Königs, die Erschöpfung der Gegner ließ die Makedonen endlich den Sieg erringen, für dessen Mühe sie sich mit einem gräßlichen Gemetzel unter den Indern rächten; von den zweitausend, welche die Burg verteidigt hatten, entkam keiner.

Indessen hatte Perdikkas die Stadt, gegen die er gesandt war, bereits von den Einwohnern verlassen gefunden; er beeilte sich, den Fliehenden nachzusetzen; er holte sie in der Tat noch ein, und die sich nicht über den Strom oder in das Sumpfland an dessen Ufer gerettet hatten, wurden erschlagen. Der König seinerseits hatte nach Erstürmung der Burg von Agalassa den Seinigen wenige Stunden Ruhe gegönnt; mit Einbruch der Nacht ließ er, nachdem eine kleine Besatzung in die Burg gelegt war, aufbrechen und dem Hydraotes zu marschieren, um den Mallern der Umgegend die Flucht auf das jenseitige Ufer abzuschneiden. Gegen Morgen erreichte er die Furt des Flusses, die meisten der Feinde waren schon hinübergeflüchtet; die noch zurück-

sten Städte zerstreuten; eine Angabe, die zwar nicht durch besondere Autorität verbürgt wird, aber durch die Eigentümlichkeit des Operationsplanes, den Alexander entworfen, einige Bestätigung erhält. Nach anderen Berichten hatten die Maller und Oxydraker die Absicht, sich zu verbünden, und würden dann eine bedeutende Kriegsmacht den Makedonen entgegengestellt haben, weshalb eben Alexander so eilte, um der Vereinigung mit seinem Angriff zuvorzukommen.

An dem zum Aufbruch bezeichneten Tage, gegen Mitte November, rückte Alexander aus; mit ihm waren die Hypaspisten, die Schützen und Agrianer, die Phalanx Peithon, die Hälfte der makedonischen Hipparchien und die Bogenschützen zu Pferd. In kurzer Entfernung vom Akesines begann die Wüste; nach einem fünfstündigen Marsche gelangte man zu einem Wasser; dort wurde haltgemacht, Mittag gehalten, ein wenig geruht, Wasser in die Behälter, wie sie jeder hatte, geschöpft, dann weitermarschiert; den noch übrigen Teil des Tages und die folgende Nacht durch ging es in möglichster Eile weiter; am anderen Morgen sah man nach einem Marsche von fast acht Meilen die mallische Stadt Agalassa mit ihrer Burg gen Osten liegen. Hierher hatten sich viele Maller zurückgezogen; sie lagerten unbewacht und unbewaffnet vor den Mauern der Stadt, die die Menschenmenge nicht faßte; sie waren so vollkommen überzeugt, daß ein Überfall durch die Wüste her unmöglich sei, daß sie das herannahende Heer für alles andere, nur nicht für Makedonen hielten. Und schon waren Alexanders Reiter mitten unter ihnen; an Widerstand war nicht zu denken; Tausende wurden niedergehauen; was fliehen konnte, rettete sich in die Stadt, die Alexander von der Reiterei einschließen ließ, bis das Fußvolk nachkäme, um den Sturm zu beginnen. Sobald dieses heran war, entsandte

gen dieses Flusses sollten sie, wenn sie Zuflucht oder Beistand auf dem jenseitigen Ufer des Akesines suchten, den Makedonen wiederum in die Hände fallen. Deshalb ging zunächst die Flotte unter Nearch dorthin ab, um das rechte Ufer des Akesines der Hydraotesmündung gegenüber zu besetzen und so die Verbindung des mallischen Landes mit dem Uferlande drüben abzuschneiden; Krateros sollte mit seinen Truppen, mit den Elefanten und der Phalanx Polyperchon, die bis daher bei Hephaistion gewesen war, und mit den Truppen des Philippos, die über den Hydaspes oberhalb seiner Mündung übersetzten, drei Tage später auf der Station Nearchs eintreffen und mit dieser bedeutenden Heeresmacht auf dem rechten Stromufer die Basis für die kühnen Operationen jenseits bilden. Sobald Nearchos und Krateros aufgebrochen waren, teilte Alexander das noch übrige Heer in drei Korps; während er selbst mit dem einen den Überfall im Innern des Mallerlandes bewerkstelligen und die Feinde stromab treiben würde, sollte Hephaistion, der mit dem zweiten Korps fünf Tage früher ausrückte, die Linie des Hydraotes besetzen, um die Fliehenden aufzufangen, der Lagide Ptolemaios dagegen mit dem dritten Korps drei Tage später ausrücken, um den etwa rückwärts zum Akesines Flüchtenden den Weg zu sperren.

Die Maller und Oxydraker ihrerseits, so heißt es, hatten zwar bei der Nachricht von Alexanders Herannahen ihre alten Fehden beigelegt, sich zu gegenseitiger Hilfeleistung durch Geiseln verpflichtet und ein sehr bedeutendes Heer, über sechzigtausend Mann Fußvolk, zehntausend Reiter, siebenhundert Streitwagen, zusammengebracht, waren aber bei der Wahl eines gemeinsamen Anführers – denn sie gehörten zu den Aratten, den Indern ohne Fürsten – miteinander so uneins geworden, daß sich die Heeresmacht auflöste und die Kontingente der einzelnen Distrikte sich in ihre fe-

bequem und vor der Strömung gesichert anlegen, zugleich war das weit hinausreichende Uferland zum Auffangen der hinabtreibenden Scheiter und Leichname geeignet. Der König ließ hier die Flotte anlegen und befahl Nearchos, die Ausbesserung der beschädigten Fahrzeuge möglichst schnell zu bewerkstelligen. Er selbst benutzte die Zeit zu einer Exkursion in das Land, damit die streitbaren Völker dieser Landschaft, die Siber und Agalasser, den Mallern und Oxydrakern, von denen sie der Akesines trennte, nicht etwa bei dem bevorstehenden Angriff der Makedonen zu Hilfe kämen. Nach einem Marsch von sechs Meilen, der dazu benutzt wurde, durch Verwüstungen Schrecken zu verbreiten, stand Alexander vor der nicht unbedeutenden Hauptstadt der Siber; sie wurde ohne große Mühe erstürmt. Nach einem anderen Bericht ergab sie sich freiwillig.

Bei seiner Rückkehr zum Akesines fand Alexander die Flotte in segelfertigem Stand, auch war Krateros im Lager, Hephaistion und Philippos oberhalb der Strommündung angekommen. Sofort wurden die Anordnungen für den Zug gegen die Maller getroffen, deren Gebiet etwa sieben Meilen stromabwärts bei der Hydraotesmündung begann und an diesem Strome weit gen Norden hinaufreichte. Sie waren, das wußte der König, auf einen Angriff gefaßt und gerüstet; sie mußten erwarten, daß das makedonische Heer zur Hydraotesmündung hinabgehen und von da aus in ihr Gebiet eindringen werde, da es durch eine wasserlose Wüste von mehreren Meilen Breite vom Akesines getrennt war und also von der Gegend der Schiffsstation aus unangreifbar schien. Der König beschloß, sie auf diesem Wege, wo sie es am wenigsten erwarteten, und in dem oberen Teil ihres Landes, unfern von den Grenzen der Gandaritis und der Kathaier, plötzlich anzugreifen und sie von da aus den Hydraotesstrom hinabzudrängen; an den Mündun-

sonst nahe sei; dann belehrt und ermahnt zu rüstiger Arbeit, wenn sie der Mündung nahten, fuhren sie weiter. Immer mächtiger wurde das Brausen, die Ufer verengten sich, schon sah man die Mündung, eine wildwogende, schaumige Stromesbrandung, in der die Flut des Hydaspes senkrecht auf die Wassersäule des Akesines stürzt und in strudelnder, tosender Wut gegen ihn kämpft, um pfeilgeschwind mit ihm zwischen den engen Ufern hinabzubrausen. Noch einmal ermahnten die Steuerleute zur Vorsicht und zur höchsten Anstrengung der Arbeit, um durch die Gewalt der Ruder die Strömung, die die Schiffe in die Strudel gerissen hätte, wo sie unrettbar verloren waren, zu überwinden und möglichst schnell aus der Stromenge in freieres Wasser zu gelangen. Und schon riß der Strom die Schiffe mit sich fort, mit unsäglicher Mühe hielten Ruder und Steuer die Richtung; mehrere Fahrzeuge wurden überwältigt, in die Strudel gerissen, kreiselnd umgekehrt, die Ruder zerbrochen, die Flanken beschädigt, sie selbst mit genauer Not vor dem Untergehen gerettet; besonders die langen Schiffe waren in großer Gefahr, zwei von ihnen, gegeneinander gejagt, zerschellten und versanken; leichtere Fahrzeuge trieben ans Ufer; am glücklichsten kamen die breiten Lastschiffe durch, die, von dem Strudel ergriffen, zu breit, um umzuschlagen, von der Gewalt der Wellen selbst wieder in die rechte Richtung gebracht wurden. Alexander selbst soll mit seinem Schiffe in den Strudeln und in der augenscheinlichsten Lebensgefahr gewesen sein, so daß er schon sein Oberkleid abgeworfen hatte, um sich in das Wasser zu stürzen und sich durch Schwimmen zu retten.

So kam die Flotte nicht ohne bedeutenden Verlust über die gefährliche Stelle hinaus; erst eine Stunde abwärts wurde das Wasser ruhiger und freier; der Strom wendet sich hier um die Uferhügel rechts hin; hinter ihnen konnte man

macht – 120 000 Kombattanten zählte sie jetzt – beieinander war, traf der König die Einrichtungen, welche beim baldigen Einrücken in fremdes Gebiet und zunächst zur Unterwerfung des Landes bis zur Akesinesmündung nötig waren; namentlich wurde Philippos links ab an den Akesines detachiert, um sich des westlichen Stromufers zu versichern; Hephaistion und Krateros zogen rechts und links vom Hydaspes etwas landeinwärts weiter; jenseits der Akesinesmündung sollte die gesamte Heeresmacht wieder zusammentreffen, um den Feldzug gegen die Maller und Oxydraker von dort aus zu beginnen. Denn schon war von den bedeutenden Rüstungen, die diese großen und streitbaren Völker machten, Nachricht eingelaufen; schon hätten sie, hieß es, ihre Weiber und Kinder in die festen Plätze gebracht, und bei vielen Tausenden zögen sich Bewaffnete an den Hydraotes zusammen. Der König glaubte um so mehr vorwärtseilen und den Feldzug eröffnen zu müssen, ehe der Feind seine Rüstungen vollendet hätte. So ging die Flotte nach zweitägiger Rast weiter den Strom hinab; überall, wo sie anlegte, unterwarfen sich die Anwohner freiwillig oder wurden mit leichter Mühe dazu gezwungen.

Am fünften Tage hoffte Alexander die Mündung des Akesines in den Hydaspes zu erreichen; er hatte bereits in Erfahrung gebracht, daß diese Stelle für die Schiffahrt schwierig sei, daß sich die Ströme unter starkem Wellenschlag und vielen Strudeln vermischten, um dann, in ein schmales Bett zusammengedrängt, mit Ungestüm weiterzuströmen. Diese Nachrichten waren auf der Flotte verbreitet und zugleich zu Vorsicht ernstlich ermahnt worden. Gegen Ende der fünften Tagefahrt hörte man aus Süden her ein gewaltiges Brausen, ähnlich dem der Meeresbrandung bei hoher See; staunend hielten die Ruderer der ersten Geschwader inne, unschlüssig, ob das Meer oder ein Unwetter oder was

dem Okeanos, den Nereiden, außerdem dem Strome Hydaspes; dann stieg er auf sein Schiff, trat an den Bord des Vorderteiles und spendete aus goldener Schale, ließ den Trompeter das Signal zum Aufbruch blasen, und unter Trompetenschmettern und Alalageschrei schlugen die Ruder von allen Schiffen zugleich in die Wellen. So fuhr das segelbunte Geschwader, die achtzig Kriegsschiffe vorauf, in schönster Ordnung den Strom hinab, ein wunderbares und unbeschreibliches Schauspiel. »Mit nichts vergleichen läßt sich dies Rauschen des Ruderschlags, der auf allen Schiffen zugleich sich wechselnd hob und senkte, dies Kommando der Schiffsführer, wann das Ruder ruhen, wann wieder beginnen sollte, das Alala der Matrosen, mit dem sie die Ruder wieder ins Wasser schlugen; zwischen den hohen Ufern hallte das Rufen desto mächtiger, und in den Schluchten bald rechts bald links gab das Echo es zurück; dann wieder umschlossen Wälder den Strom, und fern in der Waldeinsamkeit widerhallte der Fahrenden Ruf; zu Tausenden standen die Inder an den Ufern und sahen staunend dies fahrende Heer und die Streitrosse auf den Schiffen mit bunten Segeln und die wunderbare, stets gleiche Ordnung der Geschwader; sie jauchzten dem Rufe der Ruderer entgegen und zogen, ihre Lieder singend, den Strom mit hinab. Denn es gibt kein Volk, das den Gesang und Tanz mehr liebt als die Inder.«[94]

Nach einer dreitägigen Fahrt kam der König zu der Ufergegend, wo Krateros und Hephaistion die Flotte erwarten sollten; sie lagerten schon zu beiden Seiten des Stromes. Hier rasteten Heer und Flotte zwei Tage, um den Satrapen Philippos mit der Nachhut der großen Armee herankommen zu lassen. Sobald die gesamte makedonische Kriegs-

---

94 Arrian. VI 3, 5; Plin. XIX 1, der besonders die Pracht der bunten Segel schildert.

dischen Satrapie mit ihren Tributen und anderweitigen Verpflichtungen an den dortigen Satrapen verwiesen, ihre sowie die anderen indischen Kontingente in die Heimat entlassen. Sodann die Weisungen für den ferneren Zug: der König selbst werde mit allen Hypaspisten, mit den Agrianern und Bogenschützen, mit dem Geleit der Ritterschaft, im ganzen etwa 8000 Mann, zu Schiffe gehen, der Chiliarch Nearchos den Befehl über die gesamte Flotte, Onesikritos aus Astypaleia die Führung des königlichen Schiffs erhalten; die übrigen Truppen sollten in zwei Kolonnen verteilt zu beiden Seiten des Stromes hinabziehen, die eine unter Krateros' Führung auf dem rechten, dem westlichen Ufer, die andere größere, bei welcher die zweihundert Elefanten, auf dem linken unter Hephaistions Führung; beide wurden angewiesen, möglichst schnell vorzurücken, drei Tage stromabwärts haltzumachen und die Stromflotte zu erwarten; dort sollte der Satrap Philippos von der indischen Satrapie zu ihnen stoßen.

Noch eine Trauerfeier war zu begehen, ehe es zum Aufbruch kam. Der Hipparch und Stratege Koinos war einer Krankheit erlegen; die Überlieferung scheint anzudeuten, daß der König ihm jenen Vorgang am Hyphasis nicht vergessen habe; »nach den Umständen glänzend« wurde er bestattet.

Dann kam der zur Abfahrt bestimmte Tag; mit dem Morgen begann das Einschiffen der Truppen; auf beiden Seiten des Stromes hatten Hephaistion und Krateros ihre Phalangen, ihre Reiterei, ihre Elefanten in glänzender Schlachtlinie aufrücken lassen; während sich ein Schiffsgeschwader nach dem anderen ordnete, hielt der König an den Ufern des Stromes feierliche Opfer nach hellenischem Brauch; nach der Weisung der vaterländischen Priester opferte er den Göttern der Heimat, dem Poseidon, der hilfreichen Amphitrite,

Zur Bemannung der Stromflotte wurden aus dem Heere die Phöniker, Ägypter, Kyprier, Griechen der Inseln und asiatischen Küste ausgewählt und als Schiffsleute und Ruderer auf die Fahrzeuge verteilt; und in weniger als einem Monat war alles zur Abfahrt fertig. Tausend Fahrzeuge aller Art lagen auf dem Strom bereit, unter diesen die achtzig als Kriegsschiffe eingerichtet, zweihundert unbedeckte Schiffe zum Transport von Pferden; alle übrigen Fahrzeuge, aus den Ufergegenden, wie man sie gerade vorfand, beigetrieben, waren zum Fortschaffen von Truppen und zum Nachfahren der Lebensmittel und Kriegsmaterialien bestimmt, wovon nach einer unsicheren Nachricht eben jetzt große Transporte zugleich mit neuen Truppen, sechstausend Reitern und mehreren tausend Mann Fußvolks, angekommen sein sollen[93].

In den ersten Tagen des November sollte die Stromfahrt beginnen. Der König berief die Hetairen und die indischen Gesandten, die beim Heere waren, ihnen das weiter Nötige mitzuteilen. Er durfte die Hoffnung aussprechen, daß der Frieden, den er dem Fünfstromlande wiedergegeben, für die Dauer gegründet und durch seine Anordnung gesichert sein werde. Dem Fürsten Poros wurden die Erweiterungen seines Gebietes, die sieben Völker und zweitausend Städte umfaßten und sich bis in die Nähe des Hyphasis erstreckten, bestätigt, sein Verhältnis zu den Nachbarfürsten Abisares, Sopeithes und Phegeus festgestellt, dem Fürsten Taxiles der unabhängige Besitz seiner alten und neuen Länder zuerkannt, die abhängigen Fürstentümer im Bereich der in-

---

93 Diod. XVII 95 sagt: hellenische Bundesgenossen und Söldner mehr als 30 000 zu Fuß und gegen 6000 Reiter, dazu 25 000 vortreffliche Panoplien für Fußvolk, 100 Talente Arzneien. Curt. IX 3, 21: 7000 Mann Fußvolk von Harpalos gesandt, 5000 Reiter aus Thrakien, beide unter Memnons Führung, 25 000 mit Gold und Silber ausgelegte Rüstungen.

Kriegsmaterial kamen auf dem Strome daher, dessen Ufer das bunte Treiben eines lagernden und rastenden Heeres aller Nationen seltsam genug belebte. Alexanders nächste Sorge war, die beiden Festen, die, schnell und auf tiefem Grunde erbaut, in ihren Erdwällen und Baracken durch die Gewalt des Wassers manchen Schaden erlitten hatten, vollständiger und dauerhafter auszubauen, dann wurde die Ausrüstung der Schiffe begonnen. Nach hellenischer Sitte ernannte Alexander aus der Zahl der Reichsten und Vornehmsten in seiner Umgebung dreiunddreißig Trierarchen, denen diese Leiturgie der Ehrenleistung einer stattlichen und tüchtigen Schiffsausrüstung zum Gegenstand eines für die Sache selbst sehr förderlichen Wetteifers wurde. Das Verzeichnis dieser Trierarchen gibt eine lehrreiche Übersicht der Umgebung des Königs. Es sind 24 Makedonen: die sieben Leibwächter des Königs sowie der demnächst als achter dazu ernannte Peukestas; der Stratege und Hipparch Krateros, von den Strategen der Phalanx Attalos, von den Chiliarchen der Hypaspisten Nearchos, ferner Laomedon, der nicht Soldat war, Androsthenes, der nach der Rückkehr nach Babylon die Flotte um Arabien führte; von den übrigen elf Makedonen wird keiner sonst erwähnt, mancher von ihnen mag wie Laomedon im Zivil- oder wenigstens Intendanturdienst gestanden haben, Geschäfte, deren Umfang und Bedeutung bei diesem Heere, auch wenn nichts davon überliefert ist, sich von selbst versteht. Dann sind sechs Hellenen Trierarchen, unter ihnen des Königs Schreiber, Eumenes von Kardia, und der Larissaier Medios, einer der Vertrautesten des Königs. Endlich der Perser Bagoas und zwei Kyprioten, Königssöhne. Ob diese Trierarchen die ganze Flotte oder nur die größeren Schiffe, die 80 Dreißigruderer, ausrüsteten, ist nicht mehr zu erkennen.

auch jene Satrapie die Hauptstraße des gegenseitigen Verkehrs darbot, so mußte doch die ganze Linie des Indusstromes in den Händen der Makedonen sein, es mußten die tiefer am Strome wohnenden Völker denselben Einfluß wie die Völker des Fünfstromlandes anerkennen lernen, es mußte um so entschiedener gegen sie verfahren werden, je mehr manche derselben, namentlich die Maller und Oxydraker, auf ihre Unabhängigkeit und ihren kriegerischen Ruhm trotzten und jeden fremden Einfluß verabscheuten oder verachteten; vor allem mußte dieser Einfluß selbst durch hellenistische Kolonien am Indusstrome Halt und Nachdruck erhalten. In diesem Plan war es, daß Alexander, schon als er vom Hydaspes gen Osten aufgebrochen war, den Befehl zum Bau der großen Stromflotte gegeben hatte, mit der er zum Indus und bis zum großen Meere hinabzusegeln gedachte; jetzt, da es unmöglich geworden war, den Feldzug bis zum Ganges und zum Ostmeere fortzusetzen, mochte sich Alexander mit doppeltem Eifer zu dieser Expedition wenden, die, wenn nicht ebensoviel Ruhm und Beute wie die Heerfahrt zum Ganges, so doch gewiß große Erfolge erwarten ließ.

Während der vier Monate, die Alexander vom Hydaspes entfernt gewesen, hatte sich die äußere Gestalt dieser Gegend, in der seine beiden Städte lagen, vollkommen verwandelt; die Regenzeit war vorüber, die Wasser begannen in ihr altes Bett zurückzutreten, und weite Reisfelder, auf dem Fruchtboden der Überschwemmungen im üppigsten Grün, zogen sich auf der rechten Seite des Stromes hinab; das Ufer drüben unter den waldigen Höhen war meilenweit mit Schiffswerften bedeckt, auf denen Hunderte von großen und kleinen Fahrzeugen teils noch gezimmert wurden, teils schon fertig standen; Flößholz aus dem Gebirge, Kähne mit Vorräten aller Art, Transporte von Bau- und

Während dieser Rastzeit kam der Bruder des Fürsten Abisares von Kaschmir und andere kleine Fürsten der oberen Gegenden, alle mit vielen und kostbaren Geschenken, dem großen König ihre Huldigungen darzubringen; namentlich sandte Abisares dreißig Elefanten und ließ in Antwort auf den Befehl, den der König ihm hatte zukommen lassen, in Person zu erscheinen, seine vollkommenste Ergebenheit versichern und eine Krankheit, die ihn darniedergeworfen, als Entschuldigung für sein Nichterscheinen angeben. Da die von Alexander nach Kaschmir gesandten Makedonen diese Angaben bestätigten und das jetzige Benehmen des Fürsten für seine weitere Ergebenheit zu bürgen schien, so wurde ihm sein Fürstentum als Satrapie übergeben und der Tribut bestimmt, den er hinfort zu entrichten habe, auch das Fürstentum des Arsakes in den Bereich seiner Macht gegeben. Nach feierlichen Opfern zur Weihe der neuen Stadt ging Alexander über den Akesines, gegen Mitte September trafen die verschiedenen Heeresabteilungen in Bukephala und Nikaia am Hydaspes zusammen.

Es war ein großer und zukunftsreicher Gedanke des Königs, aus dem Gebiet des Indusstromes, das er jetzt nach Osten durchzogen hatte, nicht etwa auf dem Wege, den er gekommen, in sein Reich zurückzukehren, sondern ebenso in den Ländern stromabwärts die Gewalt seiner Waffen geltend zu machen und den Samen des hellenistischen Lebens auszustreuen. Sein Verhältnis zu dieser neuentdeckten indischen Welt, nicht das eines unmittelbaren Herrschers, sondern auf den jetzt zum ersten Male eröffneten Verkehr mit jenen Völkern begründet, auf das allmähliche Wachstum dieser neuen Verbindungen und Anfänge berechnet, hätte, wenn etwa nur die indische Satrapie mit dem Kophenstrome das vermittelnde Band blieb, weder durchgreifend wirken noch selbst für die Dauer bestehen können. Wenn

VIERTES KAPITEL

*Die Rückkehr · Die Flotte auf dem Akesines · Der Kampf
gegen die Maller · Alexanders Lebensgefahr · Die Kämpfe am
unteren Indus · Abmarsch des Krateros · Die Kämpfe
im Indusdelta · Alexanders Fahrt in den Ozean
Sein Abmarsch aus Indien*

Es mochte in den letzten Tagen des August 326 sein, als sich das makedonische Heer an den Ufern des Hyphasis zum Rückmarsch rüstete. Nach den Anordnungen des Königs errichtete das Heer an den Ufern des Stromes zwölf mächtige turmähnliche Altäre zum Dank für die Götter, die es bisher siegreich hatten vordringen lassen, und zum Gedächtnis dieses Königs und dieses Heeres. Alexander opferte auf diesen Altären, während von den Truppen Kampfspiele aller Art nach hellenischem Brauche gefeiert wurden.

Dann brach das Heer nach Westen auf; es war befreundetes Land, durch welches der Weg führte; ohne andere Schwierigkeiten als die des noch immer häufigen Regens gelangte man zum Hydraotes und über diesen durch die Landschaft Gandaritis an die Ufer des Akesines; hier an der Passage des Stromes stand bereits die Stadt, mit deren Bau Hephaistion beauftragt worden war, fertig. Alexander ließ hier kurze Zeit rasten, um teils für die Hinabfahrt zum Indus und ins »große Meer« die nötigen Vorbereitungen zu treffen, teils die neue Stadt zu kolonisieren, zu welchem Ende die Inder der Umgegend zur Ansiedlung aufgefordert und zugleich die kampfunfähigen Söldner aus dem Heere hieselbst ansässig gemacht wurden.

ster Hand gefaßt, wie in der Sogdiana eine Nordmark, so in den dependenten Fürstentümern im Fünfstromland ein noch entwickelteres Marksystem begründet; er scheint sich von Anfang her überzeugt zu haben, daß die Bevölkerung des Induslandes in allen Verhältnissen des Lebens, des Staates und der Religion zu eigentümlich entwickelt und in ihrer Entwicklung zu fertig war, als daß sie schon jetzt für das hellenistische Reich gewonnen werden konnte; Alexander konnte nicht daran denken, jenseits der nur verbündeten Fürstentümer eine neue Reihe von Eroberungen seinem Reiche in der Form unmittelbarer Abhängigkeit einzuverleiben; und wenn er bereits nach der Schlacht am Hydaspes den Bau einer Flotte beginnen ließ, die sein Heer den Indus hinab zum persischen Meere bringen sollte, so zeigt dies unzweideutig, daß er auf dem Wege des Indus, nicht des Ganges, zurückzukehren die Absicht hatte, daß also sein Zug gegen die Gangesländer nicht mehr als ein Streifzug, eine »Kavalkade« sein sollte. Man darf vermuten, daß, wenn sie mehr hätte sein wollen, sie wie Napoleons großer Feldzug gegen Osten, von einer Operationsbasis kaum bewältigter Fürstentümer aus, die nur durch die schwachen Bande der Dankbarkeit, der Furcht und Selbstsucht an den Eroberer gefesselt waren, wahrscheinlich einen ebenso traurigen Ausgang gehabt haben würde.

nicht gewesen ist, das Fünfstromland, geschweige gar die Länder des Ganges zu unmittelbaren Teilen seines Reiches zu machen. Das Reich Alexanders hatte mit der indischen Satrapie im Westen des Indus seine natürliche Grenze; mit den Hochpässen des »Kaukasos« beherrschte er, wie nordwärts das Land des Oxos und Sogdflusses, so südwärts das des Kophen und Indus; was ostwärts vom Indus lag, sollte unter einheimischen Fürsten unabhängig, aber unter makedonischem Einfluß bleiben, wie derselbe in der eigentümlichen Stellung der Fürsten Taxiles und Poros zueinander und zum König sicher genug begründet war; selbst der so hoch begünstigte Poros erhielt nicht alles Land bis zum östlichen Grenzstrom des Pandschab; wie auf der einen Seite Taxiles, so wurden auf der andern Seite die unabhängigen Fürstentümer des Phegeus und Sopeithes ein Gegengewicht, zwei Fürsten, die, zu unbedeutend, um mit eigener Macht etwas wagen zu können, einzig in der Ergebenheit gegen Alexander Kraft und Halt finden konnten. So waren diese Fürsten, ähnlich dem Rheinbunde der neueren Zeit, durch gegenseitige Furcht und Eifersucht, der Abhängigkeit von der überlegenen Macht Alexanders, wenn er auch nach Westen zurückkehrte, gesichert; sollte eine Eroberung des Gangeslandes möglich sein, so hätte Alexander das Fünfstromland wie früher Baktrien und Sogdiana, wenn auch mit denselben strengen Mitteln und gleichem Zeitaufwand, sich vollkommen unterwerfen müssen, und selbst des sogdianischen Landes Meister, hatte er es aufgegegeben, von dort bis zum Meere vorzudringen, das er nordwärts hinter den Gebieten der Skythen nahe geglaubt hatte. In gleicher Weise wird er von Poros und Taxiles erfahren haben, welche Weiten bis zum Ganges, bis zu dem Meere, in das dessen Wasser strömen, zu durchmessen seien. Das Land am Kophenfluß, den Vorhof Indiens, hatte er mit fe-

verbrecherische Versuche von persischen und makedonischen Großen, die, während Alexander an den Indus hinabgezogen war, sich ohne Aufsicht und Verantwortung zu fühlen begannen, hätten durch einen weiteren Feldzug in die Gangesländer ungefährdet weiterwuchern und vielleicht zu einer vollkommenen Auflösung des noch keineswegs fest gegründeten Reiches führen können. Selbst angenommen, daß der außerordentliche Geist Alexanders noch aus dem fernsten Osten her die Zügel der Herrschaft fest und streng anzuziehen vermocht hätte, die größten Erfolge in den Gangesländern wären für das Bestehen des Reiches am gefährlichsten gewesen; die ungeheure Ausdehnung dieses Stromgebietes hätte einen unverhältnismäßigen Aufwand von abendländischen Besatzungen gefordert und endlich doch eine wahrhafte Unterwerfung und Verschmelzung mit dem Reiche unmöglich gemacht.

Dazu ein zweites: eine Wüste von nicht geringerer Ausdehnung als die Halbinsel Kleinasien scheidet die Ostländer Indiens vom Fünfstromlande; ohne Baum, ohne Gras, ohne anderes Wasser als das brackige der engen, bis dreihundert Fuß tiefen Brunnen, unerträglich durch den wehenden Flugsand, durch den glühenden Staub, der in der schwülen Luft flirrt, noch gefährlicher durch den plötzlichen Wechsel der Tageshitze und der nächtlichen Kühle, ist diese traurige Einöde die fast unüberwindliche Vormauer des Gangeslandes; nur ein Weg führt vom Norden am Saume der Imaosketten vom Hyphasis und Hesudros zu den Strömen des Ganges, und mit Recht nennen ihn die Morgenländer ein zu schwaches Band, um das große und überreiche Gangesland an die Krone von Persien zu heften.

Endlich wird man sagen dürfen, daß Alexanders Politik, wenn man sie von dem ersten Eintritt in das indische Land an verfolgt, mit Sicherheit schließen läßt, daß seine Absicht

aus ihrem Elend und ihrer Demoralisation emporzureißen; bekümmert sahen die Veteranen, daß ihr König zürne, zu ermannen vermochten sie sich nicht. Drei Tage herrschte im Lager das qualvolle Schweigen; Alexander mußte erkennen, daß alles Bemühen vergeblich, schärfere Versuche bedenklich seien. Er ließ an den Ufern des Stromes die Opfer zum Übergang feiern, und die gnädigen Götter weigerten ihm die günstigen Zeichen der weiteren Heerfahrt; sie geboten heimzukehren. Der Ruf zur Heimkehr, der nun durch das Lager ertönte, wirkte wie ein Zauber auf die Gemüter der Entmutigten; jetzt war das Leiden vergessen, jetzt alles Hoffnung und Jubel, jetzt in allen neue Kraft und neuer Mut; von allen Alexander allein mag trauernd gen Abend geblickt haben.

Diese Umkehr Alexanders am Hyphasis, für ihn der Anfang seines Niedergangs, wenn man die Summe seines Lebens und Strebens in der Devise des abendländischen Monarchen neuerer Zeit, der sich zuerst rühmen konnte, daß in seinem Reiche die Sonne nicht untergehe, in dem plus ultra zu finden glaubt, – sie war nach dem Sinne seiner Aufgabe in der Geschichte eine Notwendigkeit, vorbereitet und vorgedeutet in dem Zusammenhang dessen, was er bis daher getan und begründet hatte; und selbst wenn man zweifeln kann, ob seine eigene Einsicht oder die Gewalt der Umstände ihn zu diesem Entschlusse zwangen, dessen Bedeutung bleibt dieselbe. Der weitere Feldzug gen Osten hätte den Westen so gut wie preisgegeben; schon jetzt waren aus den persischen und syrischen Provinzen Berichte eingegangen, die deutlich genug zeigten, welche Folgen von einer noch längeren Abwesenheit des Königs, von der noch weiteren Entfernung der streitbaren Macht zu erwarten waren; Unordnungen aller Art, Bedrückungen gegen die Untertanen, Anmaßungen der Satrapen, gefährliche Wünsche und

Male die furchtbaren Monate der tropischen Regen kämen, weit hinter sich zu haben. Und wenn Alexander jener Stimmung im Heere und der Weigerung weiterer Heeresfolge nicht mit rücksichtsloser Strenge entgegenzutreten wagte, sondern, statt sie durch alle Mittel soldatischer Disziplin zu brechen und zu strafen, ihr endlich nachgab, so ist dies ein Beweis, daß ihr nicht Meuterei und Haß gegen den König zugrunde lag, sondern daß sie die nur zu begreifliche Folge jener endlosen Leiden der letzten drei Monate war.

Wohl scheint es Alexanders Wunsch gewesen zu sein, seine siegreichen Waffen bis zum Ganges und bis zum Gestade des Ostmeeres hinauszutragen. Nicht mit gleicher Wahrscheinlichkeit lassen sich die Gründe angeben, die ihn so wünschen ließen. Vielleicht waren es die Berichte von der kolossalen Macht der Fürsten am Ganges, von den unendlichen Schätzen der dortigen Residenzen, von den Wundern des fernen Ostens, wie er sie in Europa und Asien hatte preisen hören, vielleicht nicht minder das Verlangen, in dem östlichen Meere eine Grenze der Siege und neue Wege zu Entdeckungen und Weltverbindungen zu finden; vielleicht war es ein Versuch, durch ein äußerstes Mittel den Mut der Truppen aufzurichten, deren moralische Kraft unter der Riesenmacht der tropischen Natur zusammenbrach. Er mochte hoffen, daß die Kühnheit seines neuen Planes, daß die große Zukunft, die er dem verzagenden Blick seiner Makedonen zeigte, daß sein Aufruf und der wieder entzündete Enthusiasmus eines unablässigen Vorwärts sein Heer alles Leiden vergessen lassen und mit neuer Kraft entflammen werde. Er hatte sich geirrt; Ohnmacht und Klage waren das Echo seines Aufrufs. Der König versuchte das ernstere Mittel der Beschämung und seiner Unzufriedenheit; er entzog sich den Blicken seiner Getreuen, er ließ sie seinen Unwillen fühlen, er hoffte, sie durch Scham und Reue

den man in den Worten Diodors wiedererkennt, stellt das Elend der Truppen in den krassesten Bildern dar: »Wenige von den Makedonen«, sagt er, »waren übrig, und diese der Verzweiflung nahe, durch die Länge der Feldzüge waren den Pferden die Hufe abgenutzt, durch die Menge der Schlachten die Waffen der Krieger stumpf und zerbrochen; hellenische Kleider hatte niemand mehr, Lumpen barbarischer und indischer Beute, elend aneinandergeflickt, deckten diese benarbten Leiber der Welteroberer; seit siebzig Tagen waren die furchtbarsten Regengüsse unter Stürmen und Gewittern vom Himmel herabgeströmt.« Allerdings waren gerade jetzt die Peschekal, die tropischen Regen, mit den weiten Überschwemmungen der Ströme in ihrer vollen Höhe; man muß sich vergegenwärtigen, was ein abendländisches Heer, seit drei Monaten im Lager oder auf dem Marsche, durch dies furchtbare Wetter, durch die dunstige Nässe des ungewohnten Klimas, durch den unvermeidlichen Mangel an Bekleidung und den gewohnten Lebensmitteln gelitten haben, wieviel Menschen und Pferde der Witterung und den Krankheiten, die sie erzeugte, erlegen sein mußten[92], wie endlich durch das um sich greifende Siechtum, durch die unablässige Qual der Witterung, der Entbehrung, der schlechten Wege und unaufhörlichen Märsche, durch die gräßliche Steigerung des Elends, der Sterblichkeit und der Hoffnungslosigkeit die moralische Kraft mit der physischen zugleich gebrochen sein mochte, – und man wird es begreiflich finden, daß in diesem sonst so kriegsrüstigen und enthusiastischen Heere Mißmut, Heimweh, Erschlaffung, Indolenz einreißen, das allgemeine und einzige Verlangen sein konnte, dies Land, ehe zum zweiten

---

[92] Timur passierte diese Gegenden etwa einen Monat später (im Sasar); der Peschekal brachte namentlich unter die Pferde eine große Sterblichkeit. Chereffeddin IV 13, p. 59.

rend dreier Tage zeigte er sich den Makedonen nicht; er erwartete, daß sich die Stimmung im Heere ändern, daß sich die Truppen zur weiteren Heerfahrt entschließen würden. Die Makedonen empfanden des Königs Ungnade schwer genug, aber ihr Sinn änderte sich nicht. Dessenungeachtet opferte der König am vierten Tage an den Ufern des Stromes wegen des Überganges, die Zeichen des Opfers waren nicht günstig; darauf berief er die Ältesten und die ihm Anhänglichsten der Hetairen, verkündete ihnen und durch sie dem Heere, daß er die Rückkehr beschlossen habe. Die Makedonen weinten und jubelten vor Freude, sie drängten sich um des Königs Zelt und priesen ihn laut, daß er, stets unbesiegt, sich von seinen Makedonen habe besiegen lassen.

So die Erzählung nach Arrian; bei Curtius und Diodor ist sie in einigen Nebenumständen verändert und erweitert, die sozusagen rhetorischer Natur sind: Alexander habe die Truppen, um sie für den weiteren Feldzug geneigt zu machen, auf Plünderung in die sehr reichen Ufergegenden des Hyphasis, also in das befreundete Land des Phegeus, ausgesandt und während der Abwesenheit der Truppen den Weibern und Kindern der Soldaten Kleider und Vorräte aller Art, namentlich den Sold eines Monats zum Geschenk gemacht; dann habe er die mit Beute heimkehrenden Soldaten zur Versammlung berufen und nicht etwa im Kriegsrat, sondern vor dem gesamten Heere die wichtige Frage über den weiteren Zug verhandelt. Strabo sagt, Alexander sei zur Umkehr bewogen worden durch gewisse heilige Zeichen, durch die Stimmung des Heeres, das den weiteren Heereszug wegen der ungeheuren Strapazen, die es bereits erduldet, versagte, vor allem aber, weil die Truppen durch den anhaltenden Regen sehr gelitten hätten. Diesen letzten Punkt muß man in seiner ganzen Bedeutsamkeit vor Augen haben, um die Umkehr am Hyphasis zu begreifen. Kleitarch,

gefallen, sondern zu sagen, was dem König selbst für jetzt und künftig das Sicherste sein werde; sein Alter, seine Wunden, des Königs Vertrauen gäben ihm ein Recht, offen zu sein; je mehr Alexander und das Heer vollbracht, desto notwendiger sei es, ein endliches Ziel zu setzen; wer von den alten Kriegern noch übrig sei, wenige im Heere, andere in den Städten zerstreut, sehne sich nach der Heimat, nach Vater und Mutter, nach Weib und Kind zurück; dort wollten sie den Abend ihres Lebens im Schoß der Ihrigen, in der Erinnerung ihres tatenreichen Lebens, im Genuß des Ruhmes und der Habe, die Alexander mit ihnen geteilt, verleben; solches Heer sei nicht zu neuen Kämpfen geschickt, Alexander möge sie heimführen, er werde seine Mutter wiedersehen, er werde die Tempel der Heimat mit Trophäen schmücken; er werde, wenn er nach neuen Taten verlange, ein neues Heer rüsten und gegen Indien oder Libyen, gegen das Meer im Osten oder jenseits der Heraklessäulen ziehen, und die gnädigen Götter würden ihm neue Siege gewähren; der Götter größtes Geschenk aber sei Mäßigung im Glück; nicht den Feind, wohl aber die Götter und ihr Verhängnis müsse man scheuen. Unter allgemeiner Bewegung schloß Koinos seine Rede; viele vermochten die Tränen nicht zu hemmen; es war offenbar, wie der Gedanke der Heimkehr ihr Herz erfüllte. Unwillig über die Äußerungen des Strategen und die Zustimmung, die sie fanden, entließ Alexander die Versammlung. Am nächsten Tage berief er sie von neuem; er werde, so sprach er, in kurzem weitergehen, er werde keinen Makedonen nötigen zu folgen, noch seien genug der Tapferen übrig, die nach neuen Taten verlangten, die übrigen möchten heimziehen, es sei ihnen erlaubt; sie möchten in ihrer Heimat berichten, daß sie ihren König mitten in Feindesland verlassen hätten. Nach diesen Worten verließ er die Versammlung und zog sich in sein Zelt zurück; wäh-

der Taxeis« zu berufen. Da sie, so sprach er, ihm nicht weiter, von gleicher Gesinnung beseelt, folgen wollten, so habe er sie herbeschieden, um entweder sie von der Rätlichkeit des weiteren Zuges zu überzeugen oder von ihnen überzeugt zurückzukehren; erscheine ihnen das bisher Durchkämpfte und seine eigene Führung tadelnswert, so habe er nichts Weiteres zu sagen; er kenne für den hochherzigen Mann kein anderes Ziel alles Kämpfens als die Kämpfe selbst; wolle jemand das Ende seiner Züge wissen, so sei es nicht mehr weit bis zum Ganges, bis zum Meere im Osten, dort werde er seinen Makedonen den Seeweg zum hyrkanischen, zum persischen Meere, zum libyschen Strande, zu den Säulen des Herakles zeigen; die Grenzen, die der Gott dieser Welt gegeben, sollten die Grenzen des makedonischen Reiches sein; noch aber sei jenseits des Hyphasis bis zum Meer im Osten manches Volk zu bewältigen, und von dort bis zum hyrkanischen Meere schweiften noch die Horden der Skythen unabhängig umher; seien denn die Makedonen vor Gefahren bange? Vergäßen sie ihres Ruhmes und der Hoffnung? Einst, wenn die Welt überwunden, werde er sie heimführen gen Makedonien, überreich an Habe, an Ruhm, an Erinnerungen. Nach dieser Rede Alexanders entstand ein langes Schweigen, niemand wagte entgegenzusprechen, niemand beizustimmen; umsonst forderte der König wiederholt zum Sprechen auf: er werde auch der entgegengesetzten Meinung Gehör schenken. Lange schwieg man; endlich erhob sich Koinos, des Polemokrates Sohn, der Stratege der elymiotischen Phalanx, der so oft, jüngst noch in der Schlacht am Hydaspes, sich bewährt hatte: der König wolle, daß das Heer nicht sowohl seinem Befehl als der eigenen Überzeugung folge; so spreche er denn nicht für sich und die Führer, da sie zu allem bereit seien, sondern für die Menge im Heer, nicht um ihr zu

Die historische Tradition hat diesen Punkt in der Geschichte Alexanders auf eine bemerkenswerte Weise verdunkelt; selbst von dem Äußerlichen wird nicht Genügendes und Übereinstimmendes angegeben; manche der Makedonen sollen Unglaubliches in die Heimat berichtet, es soll Krateros seiner Mutter geschrieben haben, bis zum Ganges seien sie vorgedrungen und hätten diesen ungeheuren Strom voll Haifische und brandend wie das Meer gesehen. Andere nannten wenigstens den Hyphasis der Wahrheit gemäß als das Ende des makedonischen Zuges; aber, um doch irgendwie zu erklären, warum der Eroberung ein Ziel gesetzt worden, haben sie aus dem letzten Anlaß der Rückkehr einen Kausalzusammenhang hergeleitet, über dessen Wert weder die sonstige Glaubwürdigkeit der Berichterstatter noch der verdachtlose Glaube, der ihnen seit zwei Jahrtausenden geschenkt worden, täuschen darf.

Alexander, so wird erzählt, war an den Hyphasis vorgedrungen mit der Absicht, auch das Land jenseits zu unterwerfen, denn es schien ihm kein Ende des Krieges, solange noch irgend Feindliches da war. Da erfuhr er, jenseits des Hyphasis sei ein reiches Land und drinnen ein Volk, das fleißig den Acker baue, die Waffen mit Mut führe, sich einer wohlgeordneten Verfassung freue, denn die Edelsten beherrschten das Volk ohne Druck und Eifersucht; die Kriegselefanten seien dort mächtiger, wilder und in größerer Zahl als irgendwo sonst in Indien. Das alles erregte des Königs Verlangen, weiterzudringen. Aber die Makedonen sahen mit Sorge, wie ihr König Mühe auf Mühe, Gefahr auf Gefahr häufe; sie traten hie und da im Lager zusammen, sie klagten um ihr trauriges Los, sie schwuren einander, nicht weiter zu folgen, wenn es auch Alexander geböte. Als das der König erfuhr, eilte er, bevor die Unordnung und die Mutlosigkeit der Truppen weiter um sich griffe, »die Führer

sie hatten zu weiten Vorsprung, nur einige hundert, die vor Ermattung zurückgeblieben waren, fielen in seine Hände und wurden niedergemacht. Der König kehrte nach Sangala zurück; die Stadt wurde dem Erdboden gleichgemacht, das Gebiet derselben an die benachbarten Stämme, die sich freiwillig unterworfen hatten, verteilt, in deren Städte Besatzungen, die Poros hinzuführen entsandt wurde, gelegt.

Nach der Züchtigung von Sangala und dem Schrecken, den die übertreibenden Gerüchte von der wilden Grausamkeit der fremden Eroberer verbreiteten, wußte Alexander durch Milde und Großmut, wo sich Gelegenheit dazu gab, desto wirksamer zu beruhigen. Bald bedurfte es keines weiteren Kampfes; wohin er kam, unterwarf sich ihm die Bevölkerung. Dann betrat er das Gebiet des Fürsten Sopeithes, dessen Herrschaft sich über die ersten Bergketten des Imaos und in die Reviere der Steinsalzlager an den Hyphasisquellen erstreckte. Das Heer nahte sich der fürstlichen Residenz, in der, man wußte es, sich Sopeithes befand; die Tore waren geschlossen, die Zinnen der Mauern und Türme ohne Bewaffnete; man zweifelte, ob die Stadt verlassen oder Verrat zu fürchten sei. Da öffneten sich die Tore; in dem bunten und flimmernden Staate eines indischen Rajas, in hellfarbigen Kleidern, in Perlenschnüren und Edelsteinen mit goldenem Schmuck, von schallender Musik begleitet, mit einem reichen Gefolge zog der Fürst Sopeithes dem großen König entgegen und brachte mit vielen und kostbaren Geschenken, unter ihnen eine Meute Tigerhunde, seine Huldigung dar; sein Fürstentum ward ihm bestätigt und, wie es scheint, vergrößert. Dann zog Alexander weiter in das benachbarte Gebiet des Fürsten Phegeus; auch dieser eilte, seine Huldigung und seine Geschenke darzubringen; er blieb im Besitz seines Fürstentums. Es war das östlichste Land, das Alexander in seinem Siegeslaufe betreten sollte.

Zugleich traf Poros wieder ein, er brachte die übrigen Elefanten und 5000 Inder mit. Das Sturmzeug war fertig und wurde an die Mauern gebracht; sie wurden an mehreren Stellen unterminiert, mit so günstigem Erfolg, daß es in kurzer Zeit da und dort Breschen gab. Nun wurden die Leitern angelegt, die Stadt mit stürmender Hand genommen; wenige von den Belagerten retteten sich, desto mehr wurden von den erbitterten Makedonen in den Straßen der Stadt niedergemacht; man sagt an 17 000, eine Zahl, die nicht unwahrscheinlich ist, da Alexander, um die Unterwerfung dieses kriegerischen Volksstammes möglich zu machen, den strengen Befehl gegeben hatte, jeden Bewaffneten niederzuhauen; die 70 000 Gefangenen, welche erwähnt werden, scheinen die übrige Bevölkerung der Stadt ausgemacht zu haben. Die Makedonen selbst zählten gegen 100 Tote und ungewöhnlich viel Verwundete, nämlich 1200, unter diesen den Somatophylax Lysimachos, zahlreiche andere Offiziere.

Gleich nach der Erstürmung der Stadt sandte Alexander den Kardianer Eumenes mit 300 Reitern nach den beiden mit den Kathaiern verbündeten Städten mit der Anzeige von dem Falle Sangalas und der Aufforderung, sich zu ergeben: sie würden, wenn sie sich dem König freiwillig unterwürfen, ebensowenig zu fürchten haben wie so viele andere Inder, welche die makedonische Freundschaft schon als ihr wahres Heil zu erkennen anfingen. Aber die aus Sangala Geflüchteten hatten die gräßlichsten Berichte von Alexanders Grausamkeit und dem Blutdurst seiner Soldaten mitgebracht; an die freundlichen Worte des Eroberers glaubte niemand, in eiliger Flucht retteten die Einwohner der beiden Städte sich und von ihrem Hab und Gut, soviel sie mitnehmen konnten. Auf die Meldung hiervon brach Alexander schleunigst aus Sangala auf, die Fliehenden zu verfolgen;

des Sees aus rings um die Mauern bis wieder an den See geführt; den See selbst umgab eine doppelte Postenlinie; es wurden die Schirmdächer und Sturmböcke aufgerichtet, gegen die Mauer zu arbeiten und Bresche zu legen. Da brachten Überläufer aus der Stadt die Nachricht, die Belagerten wollten in der nächsten Nacht einen Ausfall versuchen; nach dem See zu, wo die Lücke in der Wallinie sei, gedächten sie durchzubrechen. Den Plan der Feinde zu vereitern, ließ der König drei Chiliarchien der Hypaspisten, sämtliche Agrianer und eine Taxis Bogenschützen unter Befehl des Somatophylax Ptolemaios die Stelle besetzen, wo der Feind ziemlich sicher zu erwarten war; er befahl ihm, wenn die Barbaren den Ausfall wagen sollten, sich ihnen mit aller Macht zu widersetzen, zugleich Lärm blasen zu lassen, damit sofort die übrigen Truppen ausrücken und in den Kampf eilen könnten. Ptolemaios eilte, seine Stellung einzunehmen, sie soviel als möglich zu befestigen; er ließ von den am vorigen Tage noch stehengebliebenen Wagen möglichst viele herfahren und in die Quere aufstellen, die noch nicht eingesetzten Schanzpfähle an mehreren Stellen zwischen Mauer und Teich in Haufen zusammentragen, um den im Dunkel Fliehenden die ihnen bekannten Wege zu verlegen. Unter diesen Arbeiten verstrich ein guter Teil der Nacht. Endlich, um die vierte Nachtwache, öffnete sich das Seetor der Stadt, in hellen Haufen brachen die Feinde hervor; sofort ließ Ptolemaios Lärm blasen, setzte sich zugleich mit seiner schon bereitstehenden Mannschaft in Bewegung. Während die Inder noch zwischen den Wagen und Pfahlbauten den Weg suchten, war schon Ptolemaios mit seinen Scharen mitten unter ihnen, und nach langem und unordentlichem Gefechte sahen sie sich gezwungen, zur Stadt zurückzufliehen.

So war den Indern jeder Weg zur Flucht abgeschnitten.

zu sprengen. Alexander sprang vom Pferd, stellte sich an die Spitze des schon anrückenden Fußvolkes, führte es im Sturmschritt heran. Ohne große Mühe wurden die Inder zurückgeworfen; sie zogen sich in den zweiten Wagenring zurück, wo sie in dem kleineren Umkreise, den sie zu verteidigen hatten, dichter geschlossen und an jedem Punkt zahlreicher, mit besserem Erfolg kämpfen konnten; für die Makedonen war der Angriff doppelt beschwerlich, indem sie die Wagen und die Wagentrümmer des schon gesprengten Ringes erst zusammenschieben mußten, um dann zwischen ihnen in einzelnen Trupps vorzudringen; es begann ein mörderischer Kampf, und die makedonische Tapferkeit hatte eine harte Probe gegen die kriegsgewandten und mit der höchsten Erbitterung kämpfenden Feinde zu bestehen. Als aber auch diese Wagenlinie durchbrochen war, verzweifelten die Kathaier, sich so furchtbarem Feinde gegenüber noch hinter der dritten halten zu können; in eiliger Flucht retteten sie sich hinter die Mauern der Stadt.

Alexander umschloß noch desselben Tages die Stadt mit seinem Fußvolk, bis auf die eine Seite, an der ein nicht eben tiefer See lag; diesen umstellte er mit seinen Reitern; er glaubte, daß die Kathaier, durch den Ausgang dieses Tages bestürzt, in der Stille der Nacht aus ihrer Stadt zu flüchten versuchen und ihren Weg über den See nehmen würden. Er hatte recht vermutet. Um die zweite Nachtwache bemerkten die Reiterposten jenseits an der Stadtmauer ein großes Gedränge von Menschen, bald begannen sie durch den See zu waten, versuchten, das Ufer und dann das Weite zu gewinnen. Sie wurden von den Reitern aufgefangen und niedergehauen; schreiend flohen die übrigen zur Stadt zurück; der Rest der Nacht verging ruhig.

Am anderen Morgen ließ Alexander die Belagerungsarbeiten beginnen; es wurde ein doppelter Wall von der Nähe

von den Toren ein Bergrücken, der die Ebene beherrschte; diesen hatten die Kathaier nebst ihren Verbündeten so stark als möglich besetzt, hatten um den Berg ihre Streitwagen zu einem dreifachen Verhau ineinandergeschoben und lagerten selbst in dem inneren Bezirk dieser mächtigen Wagenburg; selbst unangreifbar, vermochten sie jeder Bewegung des Feindes schnell und mit bedeutender Macht zu begegnen. Alexander erkannte das Drohende dieser Stellung, welche den Berichten von der Kühnheit und kriegerischen Gewandtheit dieses Volkes vollkommen entsprach; je mehr er von ihnen Überfall und kühnes Wagnis erwarten durfte, desto schneller glaubte er, Entscheidendes wagen zu müssen.

Er ließ sofort die Bogenschützen zu Pferd vorgehen, den Feind zu umschwärmen und zu beschießen, um demselben einen Ausfall gegen die noch nicht zum Gefecht formierten Truppen unmöglich zu machen. Indes rückten auf dem rechten Flügel das Agema der Ritterschaft und die Hipparchie des Kleitos, die Hypaspisten, die Agrianer auf, auf dem linken die Phalangen, die Hipparchie des Perdikkas, der den linken Flügel führte; die Bogenschützen wurden auf beide Flügel verteilt. Während des Aufmarsches kam auch die Nachhut heran; deren Reiter wurden auf beide Flanken verteilt, das Fußvolk verwandt, die Phalanx dichter zu machen. Schon begann Alexander seinen Angriff; er hatte bemerkt, daß die Wagenreihe nach der linken Seite des Feindes hin minder dicht, das Terrain dort freier war; er hoffte, durch eine heftige Reiterattacke gegen diesen schwachen Punkt den Feind zu einem Ausfall zu vermögen, durch den dann der Verhau geöffnet war. Er sprengte an der Spitze seiner zwei Hipparchien auf diese Stelle los; die feindlichen Wagen blieben geschlossen, ein Hagel von Speeren und Pfeilen empfing die makedonischen Reiter, die natürlich nicht die Waffe waren, eine Wagenburg zu stürmen oder

Straße eine Stadt zu gründen und das gesamte Land an den getreuen Poros zu übergeben. Mit dem Hauptheer ging Alexander selbst über den minder schwer zu passierenden Strom und betrat nun das Gebiet der sogenannten freien Inder.

Es ist eine merkwürdige und in den eigentümlichen Naturverhältnissen des Pandschab begründete Erscheinung, daß sich hier in allen Jahrhunderten, wenn auch unter anderen und anderen Namen, republikanische Staaten gebildet und erhalten haben, wie sie dem sonstigen Despotismus Asiens entgegen und dem strenggläubigen Inder des Gangeslandes ein Greuel sind; die Pandjanadas nennt er mit Verachtung Arattas, die Königslosen; auch die Fürsten, wenn sie deren haben, nicht aus alter und »heiliger Kaste, sind ohne altes Recht, Usurpatoren. Fast scheint es, als ob das Fürstentum des Poros selbst diesen Charakter an sich getragen habe; aber der Versuch, das ganze königslose Indien in seine Gewalt zu bringen, war an den kriegerischen und mächtigen Stämmen jenseits des Hydraotes gescheitert; es bedurfte der europäischen Waffen, sie zu bewältigen. Nur wenige von ihnen unterwarfen sich, ohne den Kampf zu versuchen; die meisten erwarteten den Feind mit gewaffneter Hand; unter diesen die Kathaier oder Katharer, die, berühmt als der kriegerischste Stamm des Landes, nicht nur selbst auf das trefflichste zum Kriege gerüstet waren, sondern auch die freien Nachbarstämme zu den Waffen gerufen und mit sich vereinigt hatten.

Auf die Nachricht von ihren Rüstungen eilte Alexander ostwärts durch das Gebiet der Adraisten, die sich freiwillig unterwarfen; am dritten Tage nahte er der Kathaierhauptstadt Sangala; sie war von bedeutendem Umfang, mit starken Mauern umgeben, auf der einen Seite durch einen See geschützt, auf der anderen erhob sich in einiger Entfernung

daritis, durch das Verhältnis, in welches sein Großoheim zu Alexander getreten war, für sich selbst in Besorgnis und an der Möglichkeit verzweifelnd, daß die unlautere Absicht seiner Unterwürfigkeit verziehen werde, soviel Bewaffnete und Schätze als möglich zusammengebracht habe und ostwärts nach den Gangesländern geflohen sei. Angekommen an den Ufern des mächtigen Akesines, sandte Alexander den Fürsten Poros in sein Land zurück mit dem Auftrag, Truppen auszuheben und diese nebst allen Elefanten, die nach der Schlacht am Hydaspes noch kampffähig seien, ihm nachzuführen. Alexander selbst ging mit seinem Heere über den Strom, der, hochangeschwollen, in einer Breite von fast dreiviertel Stunden ein durch Klippen und Felsenvorsprünge gefährliches Talbett durchwogte und in seiner wilden, strudelreichen Strömung vielen auf Kähnen Übersetzenden verderblich wurde; glücklicher brachten die Zelthäute hinüber. Hier auf dem linken Stromufer blieb Koinos mit seiner Phalanx zurück, um für den Übergang der nachrückenden Heeresabteilungen Sorge zu tragen und aus den Ländern des Poros und Taxiles alles zur Verpflegung der großen Armee Gehörige zu beschaffen. Alexander selbst eilte durch den nördlichen Teil der Gandaritis, ohne Widerstand zu finden, gen Osten weiter; er hoffte, den treulosen Poros noch einzuholen; er ließ in den wichtigsten Plätzen Besatzungen zurück, die die nachrückenden Korps des Krateros und Koinos erwarten sollten. Am Hydraotes, dem östlichen Grenzfluß der Gandaritis, wurde Hephaistion mit zwei Phalangen, mit seiner und des Demetrios Hipparchie und der Hälfte der Bogenschützen südwärts detachiert, die Herrschaft des landesflüchtigen Fürsten in ihrer ganzen Ausdehnung zu durchziehen, die etwa zwischen Hydraotes und Akesines ansässigen freien Stämme zu unterwerfen, auf dem linken Ufer des Akesines an der großen

sandtschaft, an deren Spitze sein Bruder stand, unterwarf er sich und sein Land der Gnade des Königs; er bezeugte seine Ergebenheit mit einem Geschenk von vierzig Elefanten. Alexander mißtraute den schönen Worten; er befahl, Abisares solle sofort persönlich vor ihm erscheinen, widrigenfalls er selbst an der Spitze eines makedonischen Heeres zu ihm kommen werde. Er zog weiter in die Berge hinauf. Die Glausen unterwarfen sich, und ihr reichbevölkertes Gebiet – es zählte 37 Städte, von denen keine unter 5000 und mehrere über 10 000 Einwohner hatten, und außerdem eine große Zahl von Dörfern und Flecken – wurde dem Fürsten Poros untergeben. Die Waldungen dieser Gegenden boten in reicher Fülle, was Alexander wünschte; er ließ in Menge Holz fällen und nach Bukephala und Nikaia hinabflößen, wo unter Krateros' Aufsicht die große Stromflotte gebaut werden sollte, auf der er nach Unterwerfung Indiens zum Indus und zum Meere hinabzufahren gedachte.

Das Heer rückte ostwärts zum Akesines hinab[91]; Alexander hatte Nachricht erhalten, daß der Fürst Poros von Gan-

---

91 Alexander nannte diesen Strom, dessen einheimischer Name (Kshandrabhaga) gräzisiert Sandrophagos, fast wie der »Männerfressende« oder gar der »Alexanderfressende« lautete, um das böse Omen zu vermeiden, den »Schadenheilenden«, Akesines. A. W. v. Schlegel, Ind. Biblioth. II, 297. Die Lokalität, wo er ihn passierte, kann nach der Schilderung, die Ptolemaios von seinen felsigen Ufern und den vielen Klippen in ihm macht, nicht auf der großen Straße von Attok nach Lahore, die Alexander überhaupt nicht hielt, also nicht bei Wuzirabad gesucht werden; die Breite des übervollen Stromes läßt vermuten, daß das Heer nicht hoch in den Berggegenden, sondern etwa bei dem Austritt desselben aus den Gebirgen, also auf dem Wege zwischen Bember und Jumboo hinüberging. Strabo sagt sehr anschaulich (XV, p. 272), vom Indus zum Hydaspes sei Alexander südwärts, von da ostwärts, und zwar mehr in bergigen als in flachen Gegenden gegangen. Die Zeit, da Alexander an diesem Strom lagerte, war nach Strabo die Sommersonnenwende, also Ende Juni.

gers Füßen zu sehen erwartet hatten, in höchsten Ehren und in dem vollen Besitz seines Reiches an Alexanders Seite sahen; es mochte nicht die günstigste Antwort sein, die sie von seiten des hochherzigen Königs ihrem Fürsten zu überbringen erhielten. Freundlicher wurden die Huldigungen der nächsten freien Stämme, die deren Gesandtschaften mit reichen Geschenken überbrachten, entgegengenommen; sie unterwarfen sich freiwillig einem König, vor dessen Macht sich der mächtigste Fürst des Fünfstromlandes hatte beugen müssen.

Desto notwendiger war es, die Zögernden durch die Gewalt der Waffen zu unterwerfen. Es kam dazu, daß Abisares trotz seines offenbaren Abfalls und vielleicht im Vertrauen auf die von Gebirgen geschützte Lage seines Fürstentums weder Gesandte geschickt noch irgend etwas getan hatte, um sich bei Alexander zu rechtfertigen; ein Zug in das Gebirgsland sollte die Bergstämme unterwerfen und zugleich den treulosen Fürsten an seine Gefahr und seine Pflicht erinnern. Alexander brach nach dreißigtägiger Rast von den Ufern des Hydaspes auf, indem er Krateros mit dem größten Teil des Heeres zurückließ, um den Bau der beiden Städte zu vollenden. Von den Fürsten Taxiles und Poros begleitet, mit der Hälfte der makedonischen Ritterschaft, mit Auserwählten von jeder Abteilung des Fußvolks, mit dem größten Teil der leichten Truppen, denen eben jetzt der Satrap Phrataphernes von Parthien und Hyrkanien die Thraker, die ihm gelassen waren, zugeführt hatte, zog Alexander nordostwärts gegen die Glausen oder Glaukaniker, wie die Griechen sie nannten, die in den waldreichen Vorbergen oberhalb der Ebene wohnten, eine Bewegung, die zugleich den Gebirgsweg nach Kaschmir öffnete. Jetzt endlich beeilte sich Abisares, durch schnelles Einlenken die Verzeihung des Königs zu gewinnen; durch eine Ge-

herab an den Strom kommt und wo die Makedonen selbst in das Land des Poros hinübergegangen waren, erhielt ihren Namen vom Bukephalos, die andere, etwa zwei Meilen weiter stromab, wo die Schlacht geschlagen war, wurde Nikaia genannt. Alexander ließ sein Heer in dieser schönen und reichen Gegend dreißig Tage rasten; die Leichenfeier für die im Kampf Gefallenen, die Siegesopfer, mit Wettkämpfen aller Art verbunden, der erste Anbau der beiden neuen Städte füllten diese Zeit reichlich aus.

Den König selbst beschäftigten die vielfachen Anordnungen, welche dem großen Siege seine Wirkung sichern sollten. Vor allem wichtig war das politische Verhältnis zu dem Fürsten Abisares, der trotz der beschworenen Verträge an dem Kampf gegen Alexander teilzunehmen im Sinne gehabt hatte. Es kam um diese Zeit von Sisikottos, dem Befehlshaber auf Aornos, die Nachricht, daß die Assakener den von Alexander eingesetzten Fürsten erschlagen und sich empört hätten; die früheren Verbindungen dieses Stammes mit Abisares und dessen offenbare Treulosigkeit machten es nur zu wahrscheinlich, daß er nicht ohne Teilnahme an diesen gefährlichen Bewegungen sei; die Satrapen Tyriëspis am Paropamisos und Philippos in der Satrapie Indien erhielten den Befehl, mit ihren Heeren zur Unterdrückung dieses Aufstandes auszurücken. Um dieselbe Zeit kam eine Gesandtschaft des Fürsten Poros von Gandaritis, des »feigen Poros«, wie ihn die Griechen nannten, der es sich zum Verdienst anrechnen zu wollen schien, seinen fürstlichen Verwandten und Beschützer nicht gegen Alexander unterstützt zu haben, und die Gelegenheit für günstig hielt, sich durch Unterwürfigkeit gegen Alexander des lästigen Verhältnisses gegen den greisen Verwandten frei zu machen. Wie mußten die Gesandten erstaunen, als sie denselben Fürsten, den sie wenigstens in Ketten und Banden zu seines Sie-

der die Grenze gegen die freien indischen Völker bildete; ja, mit Abisares verbündet, hatte er seine Hand sogar nach ihrem Lande auszustrecken gewagt, und wenn schon seine Bemühungen an der Tapferkeit dieser Stämme gescheitert waren, so blieb ihm doch ein entschiedenes Übergewicht in den Ländern des Indus. Alexander hatte Taxiles' Macht schon bedeutend vergrößert; er durfte nicht alles auf die Treue eines Fürsten bauen; das gesamte Land der fünf Ströme dem Zepter des verbündeten Fürsten zu unterwerfen wäre der sicherste Weg gewesen, ihm die Abhängigkeit von Alexander zu verleiden, und hätte ihm die Mittel an die Hand gegeben, sich derselben zu entziehen, um so mehr, da die alte Feindschaft gegen den Fürsten Poros ihn in den freien Stämmen leicht Verbündete hätte finden lassen. Alexander konnte seinen Einfluß in Indien auf keinen sichereren Grund bauen als auf die Eifersucht dieser beiden Fürsten. Es kam hinzu, daß, wenn er Poros als Fürsten anerkannte, er zugleich damit die Befugnis gewann, die östlicheren Völker als Feinde seines neuen Verbündeten anzugreifen und auf ihre Unterwerfung seinen weiteren Einfluß in diesen Gegenden zu gründen; er mußte Poros' Macht in dem Maße vergrößern, daß sie fortan dem Fürsten von Taxila das Gleichgewicht zu halten vermochte, ja er durfte ihm größere Gewalt anvertrauen und selbst die Herrschaft über die bisherigen Widersacher geben, da ja Poros fortan gegen sie sowie gegen Taxiles in der Gunst des makedonischen Königs allein sein Recht und seinen Rückhalt finden konnte.

Das etwa waren die Gründe, die Alexander bestimmten, nach dem Siege am Hydaspes Poros nicht nur in seiner Herrschaft zu bestätigen, sondern ihm dieselbe bedeutend zu vergrößern. Er begnügte sich, an den beiden wichtigsten Übergangspunkten des Hydaspes hellenistische Städte zu gründen; die eine, an der Stelle, wo der Weg von Kaschmir

obschon besiegt, entgegentrat. Alexander soll ihn nach der ersten Begrüßung gefragt haben, wie er sich behandelt zu sehen wünsche; »königlich«, sei Poros' Antwort gewesen; darauf Alexander: »So werde ich schon um meinetwillen tun, verlange, was dir um deinetwillenlieb sein wird«; und Poros darauf: in jenem Wort sei alles enthalten.

Alexander bewies sich königlich gegen den Besiegten; seine Großmut war die richtigste Politik. Der Zweck des indischen Feldzugs war keineswegs, die unmittelbare Herrschaft über Indien zu erobern. Alexander konnte nicht Völker, deren hohe und eigenartige Entwicklung ihm, je weiter er vordrang, desto bedeutender entgegentrat, mit einem Schlage zu unmittelbaren Gliedern eines makedonisch-persischen Reiches machen wollen. Aber bis an den Indus hin Herr alles Landes zu sein, über den Indus hinaus das entscheidende politische Übergewicht zu gewinnen und hier dem hellenischen Leben solchen Einfluß zu sichern, daß im Laufe der Zeiten selbst eine unmittelbare Vereinigung Indiens mit dem übrigen Asien ausführbar werden konnte, das waren, so scheint es, die Absichten, die Alexanders Politik in Indien geleitet haben; nicht die Völker, wohl aber die Fürsten mußten von ihm abhängig sein. Die bisherige Stellung des Poros in dem Fünfstromlande des Indus konnte für die Politik Alexanders den Maßstab abgeben. Offenbar hatte Poros bis dahin ein Prinzipat in dem Gebiet der fünf Ströme gehabt oder gesucht und eben dadurch die Eifersucht des Fürsten von Taxila rege gemacht; sein Reich umfaßte zunächst zwar nur die hochkultivierten Ebenen zwischen dem Hydaspes und Akesines, doch hatten im Westen des Hydaspes sein Vetter Spitakes, im Osten des Akesines in der Gandaritis sein Großneffe Poros wahrscheinlich durch ihn selbst die Herrschaft erhalten, so daß der Bereich seines politischen Übergewichtes sich ostwärts bis an den Hydraotes erstreckte,

dem er seine Macht gebrochen, seine Elefanten überwältigt, sein Heer umzingelt und in völliger Auflösung sah, kämpfend den Tod gesucht; zu lange schützte ihn sein goldener Panzer und die Vorsicht des treuen Tieres, das ihn trug; endlich traf ein Pfeil seine rechte Schulter; zum weiteren Kampfe unfähig und besorgt, lebendig in des Feindes Hand zu fallen, wandte er sein Tier, aus dem Getümmel zu entkommen. Alexander hatte des indischen Königs hochragende greise Gestalt auf dem geschmückten Tier immer wieder gesehen, überall ordnend und anfeuernd, oft im dichtesten Getümmel; voll Bewunderung für den tapferen Fürsten eilte er ihm nach, sein Leben auf der Flucht zu retten; da stürzte sein altes und treues Schlachtroß Bukephalos, von dem heißen Tage erschöpft, unter ihm zusammen. Er sandte den Fürsten von Taxila dem Fliehenden nach; als dieser seinen alten Feind erblickte, wandte er sein Tier und schleuderte mit der letzten Anstrengung den Speer gegen den Fürsten, dem dieser nur durch die Behendigkeit seines Pferdes entging. Alexander sandte andere Inder, unter ihnen den Fürsten Meroës, der ehemals dem König Poros befreundet gewesen war. Poros, vom Blutverlust erschöpft und von brennendem Durst gequält, hörte ihn gelassen an, dann kniete sein Tier nieder und hob ihn mit dem Rüssel sanft zur Erde; er trank und ruhte ein wenig, bat dann den Fürsten Meroës, ihn zu Alexander zu führen. Als der König ihn kommen sah, eilte er ihm, von wenigen seiner Getreuen begleitet, entgegen, er bewunderte die Schönheit des greisen Fürsten und den edlen Stolz, mit dem er ihm,

Disziplin makedonischer Truppen dazu, um sich plötzlich aus der größten Verwirrung des Handgemenges zur geschlossenen Phalanx zu sammeln, und allein dies mit der höchsten Präzision ausgeführte und durch die Reiterei sekundierte Manöver, dem die Inder nichts Ähnliches entgegenzusetzen vermochten, hat den Sieg am Hydaspes entschieden.

die anderen Strategen übergesetzt und, ohne Widerstand zu finden, ans Ufer gestiegen; sie trafen zur rechten Zeit ein, um den durch achtstündigen Kampf ermatteten Truppen die Verfolgung abzunehmen.

An zwanzigtausend Inder waren erschlagen, unter ihnen zwei Söhne des Poros und der Fürst Spitakes, desgleichen alle Anführer des Fußvolkes, der Reiterei, alle Wagen- und Elefantenlenker; dreitausend Pferde und mehr als hundert Elefanten lagen tot auf dem Felde, gegen achtzig Elefanten fielen in die Hände des Siegers[90]. König Poros hatte, nach-

90 Die Anzahl der Toten makedonischerseits ist nach Arrian. V 18, 2 ungefähr 80 Mann vom Fußvolk, 20 von den makedonischen, 10 von den daischen und etwa 200 von den übrigen Reitern; gewiß nicht zu geringe Zahlen, wenn man annimmt, daß dies wilde Gefecht wohl zehnmal so viel »Gequetschte« gebracht haben wird – auf 10- bis 12 000 Mann, die hier gekämpft hatten, etwa 3000 bis 4000 Tote und Verwundete. Diodor hat die Angabe, daß mehr denn 700 vom Fußvolk und 280 Reiter gefallen seien. Die Schilderung der Schlacht bei Diodor, Curtius und Polyän verrät durch die Vergleichung der indischen Linie mit Stadtmauern und Mauertürmen den gemeinschaftlichen Ursprung, aus dem man niemals bedeutende Aufschlüsse über das Militärische erwarten darf. Desto trefflicher ist die Darstellung Arrians; nur muß man sich nicht daran stoßen, daß er, wie alle kriegeverständigen Schriftsteller des Altertums, nur die entscheidenden Truppenbewegungen bezeichnet und daß er selbst darin vielleicht noch zu sparsam ist; er sagt nichts von den zwei Phalangen, die an dem Orte des Übergangs zur Deckung des rechten Stromufers und des Weges aus Kaschmir zurückblieben; und nur aus seiner Verlustliste, die außer den Gefallenen der Hetairen zu Pferd und der Daer noch angibt τῶν τε ἄλλων ἱππέων ὡς διακόσιοι, ersieht man, daß auch die baktrischen, sogdianischen und skythischen Reiter (V 12, 2) mit über den Strom gegangen sind und an der Schlacht teilgehabt haben; denn von Krateros' Korps können sie nicht sein, da sonst auch Gefallene seiner Hipparchie nicht gefehlt haben würden. Vollkommen sicher bezeichnet Arrian den Gang der Schlacht selbst. Alexander wußte, daß er sich auf seine Hypaspisten verlassen konnte; die moralische Kraft in seinem Korps machte es möglich, daß Alexander hier, wie in der Schlacht von Gaugamela, alles wagen konnte, um alles zu gewinnen; es gehörte die

lichen Kampfplatz der Elefanten zusammen; schon war Feind und Freund in dichter und blutiger Verwirrung beieinander; die Tiere, meist ihrer Führer beraubt, durch das wüste Geschrei des Kampfes verwirrt und verwildert, vor Wunden wütend, schlugen und stampften nieder, was ihnen nahe kam, Freund und Feind. Die Makedonen, denen das weite Feld offenstand, sich den Tieren gegenüber frei zu bewegen, wichen, wo sie heranrasten, beschossen und verfolgten sie, wenn sie umkehrten, während die Inder, die zwischen ihnen sich bewegen mußten, sich weder bergen noch retten konnten. Da endlich soll Poros, der von seinem Elefanten aus den Kampf leitete, vierzig noch unversehrte Tiere vereinigt haben, um, mit ihnen vordringend, den furchtbaren Kampf zu entscheiden; Alexander habe seine Bogenschützen, Agrianer und Akontisten ihnen entgegengeworfen, die dann, gewandt, wie sie waren, auswichen, wo die schon wilden Tiere gegen sie getrieben wurden, aus der Ferne sie und ihre Führer mit ihren Geschossen trafen oder auch sich vorsichtig heranschlichen, mit ihren Beilen ihnen die Ferse zu durchhauen. Schon wälzten sich viele von diesen sterbend auf dem Felde voll Leichen und Sterbenden, andere wankten in ohnmächtiger Wut schnaubend noch einmal gegen die sich schon schließende Phalanx, die sie nicht mehr fürchtete.

Indes hatte Alexander seine Reiter jenseits des Kampfplatzes gesammelt, während diesseits die Hypaspisten dicht verschildet sich formierten. Jetzt erfolgte des Königs Befehl zum allgemeinen Vorrücken gegen den umringten Feind, dessen aufgelöste Masse der Doppelangriff zermalmen sollte. Nun war kein weiterer Widerstand; dem furchtbaren Gemetzel entfloh, wer es vermochte, landeinwärts, in die Sümpfe des Stromes, in das Lager zurück. Schon waren von jenseits des Stromes dem Befehl gemäß Krateros und

diese zweite Gefahr völlig überrascht und in ihrer Bewegung gestört, versuchten die Inder, um den beiden Reitermassen, die sie zugleich bedrohten, die Spitze zu bieten, eine doppelte Front zu formieren; daß Alexander den Augenblick dieser Umformierung zum Einbrechen benutzte, machte es ihnen unmöglich, seinen Chok zu erwarten; sie sprengten von dannen, um hinter der festen Linie der Elefanten Schutz zu suchen. Da ließ Poros einen Teil der Tiere wenden und gegen die feindliche Reiterei treiben; ihr heiseres Geschrei ertrugen die makedonischen Pferde nicht, scheu flohen sie rückwärts. Zugleich war die Phalanx der Hypaspisten im Sturmschritt angerückt; gegen sie brachen die anderen Elefanten der Linie los, es begann der furchtbarste und mörderischste Kampf; die Tiere durchbrachen die dichtesten Reihen, zerstampften sie, schlugen heulend mit ihren Rüsseln nieder, durchbohrten mit ihren Fangzähnen; jede Wunde machte sie wütender. Die Makedonen wichen nicht, die Reihen aufgelöst, kämpften sie wie im Einzelkampf mit den Riesentieren, aber ohne weiteren Erfolg als den, noch nicht vernichtet oder aus dem Felde geschlagen zu sein. Durch das Vordringen der Elefanten ermutigt, brachen die indischen Reiter, die sich eiligst gesammelt und formiert hatten, zum Angriff gegen die makedonischen Reiter vor; aber diese, an Körperkraft und Übung ihnen weit überlegen, warfen sie zum zweiten Male, so daß sie sich wieder hinter die Elefanten retteten. Schon hatte sich durch den Gang des Gefechtes auch Koinos mit den Hipparchien des Königs vereinigt, so daß nun seine gesamte Reiterei in geschlossener Masse vorgehen konnte. Sie warf sich mit voller Gewalt auf das indische Fußvolk, das, unfähig zu widerstehen, in ordnungsloser Eile, dicht von den Feinden verfolgt, mit großem Verlust zu den kämpfenden Elefanten floh. So drängten sich die Tausende auf dem gräß-

mit dem Feinde zu messen, kamen sie in vollem Lauf; sie Atem schöpfen zu lassen und den Feind fernzuhalten, bis sie in Reih und Glied waren, mußten die Reiter, da und dort vorsprengend, den Feind beschäftigen. Jetzt war die Linie des Fußvolks, rechts die Edelschar des Seleukos, dann das Agema und die übrigen Chiliarchien unter Antigenes, im ganzen gegen sechstausend Hypaspisten, ihnen zur Linken das leichte Fußvolk unter Tauron, geordnet; sie erhielten den Befehl, nicht eher in Aktion zu treten, als bis sie den linken Flügel des Feindes durch den Angriff der Reiter geworfen und auch das Fußvolk in der zweiten Linie in Verwirrung sähen.

Schon rückten die Reiter, mit denen der König den Angriff zu machen gedachte, die Hipparchien Hephaistion und Perdikkas und die daischen Bogenschützen, etwa dreitausend Mann, rasch halbrechts vorwärts, während Koinos mit dem Agema und der Hipparchie Demetrios weiter rechts hinabzog mit der Weisung, sich, wenn die ihm gegenüberstehenden Reiter des Feindes den von dem ersten Chok Erschütterten zu Hilfe rechts abritten, in deren Rücken zu werfen.

Sobald Alexander der feindlichen Reiterlinie auf Pfeilschußweite genaht war, ließ er die tausend Daer vorauseilen, um die indischen Reiter durch einen Hagel von Pfeilen und durch den Ungestüm ihrer wilden Pferde zu verwirren. Er selbst zog sich noch weiter rechts, der Flanke der indischen Reiter zu, sich, ehe sie, durch den Angriff der Daer bestürzt und verwirrt, sich in Linie setzen und ihm entgegengehen könnten, mit aller Kraft auf sie zu stürzen. Diese nahe Gefahr vor Augen, eilte der Feind, seine Reiter zu sammeln und zum Gegenchok vorgehen zu lassen. Aber sofort brach Koinos auf, den so Rechtsschwenkenden, die ihm gegenübergestanden hatten, in den Rücken zu fallen. Durch

nen sollte, dem Feinde zu überlassen. Er zögerte; Alexander kam ihm zuvor und benutzte seinerseits alles mit der Umsicht und Kühnheit, die allein der Übermacht des Feindes das Gleichgewicht zu halten vermochte.

Er stand dem Raume nach der feindlichen Schlachtlinie und ihren Elefanten mit seinem kleinen Heere gegenüber, das kaum dem vierten Teil der feindlichen Linie gleichkam. Auch hier wie in seinen früheren Schlachten mußte er in schiefer Linie vorrücken, auf einen Punkt mit voller Gewalt stürzen; er mußte – und mit seinen Truppen durfte er es wagen – der unbehilflichen Masse des Feindes gegenüber gleichsam in aufgelöster Gefechtsweise vorgehend sich auf den Feind stürzen und dann als Wirkung des siegreichen Vordringens der einzelnen Truppenteile erwarten, daß sie zur rechten Zeit an der rechten Stelle sich zusammenfanden. Da die Überlegenheit der Inder in den Elefanten bestand, so mußte der entscheidende Schlag diese vermeiden, er mußte gegen den schwächsten Punkt der feindlichen Linie, und, um vollkommen zu gelingen, mit dem Teil des Heeres ausgeführt werden, dessen Überlegenheit unzweifelhaft war. Alexander hatte fünftausend Mann Reiterei, während der Feind auf jedem Flügel deren nur etwa zweitausend hatte, welche, zu weit voneinander entfernt, um sich rechtzeitig unterstützen zu können, nur in den einhundertfünfzig Wagen, die neben ihnen aufgefahren standen, eine zweideutige Stützung hatten. Teils der makedonische Kriegsgebrauch, teils die Rücksicht, möglichst in der Nähe des Flusses anzugreifen, um nicht ganz von dem jenseits aufgestellten Korps des Krateros abgeschnitten zu werden, veranlaßten den König, den rechten Flügel zur Eröffnung des Gefechts zu bestimmen. Sobald er in der Ferne die indische Schlachtlinie geordnet sah, ließ er die Reiter haltmachen, bis die einzelnen Chiliarchien des Fußvolks nachkamen. Voll Begier, sich

freie Feld, das für die Entwicklung seiner Streitmacht und die Bewegung der Elefanten gleich bequem war, erreicht hatte, ordnete er sein Heer nach indischem Brauch zur Schlacht, vorauf die furchtbare Linie der zweihundert Elefanten, die, je fünfzig Schritte voneinander, fast eine Meile Terrain beherrschten, hinter ihnen als zweites Treffen das Fußvolk, in Scharen von etwa einhundertfünfzig Mann zwischen je zwei Elefanten aufgestellt; an die letzte Schar des rechten und linken Flügels, die über die Elefantenlinie hinausreichte, schlossen sich je zweitausend Mann Reiter an; die beiden Enden der weiten Schlachtlinie wurden durch je einhundertfünfzig Wagen gedeckt, von denen jeder zwei Schwerbewaffnete, zwei Schützen mit großen Bogen und zwei bewaffnete Wagenlenker trug. Die Stärke dieser Schlachtlinie bestand in den zweihundert Elefanten, deren Wirkung um so furchtbarer werden mußte, da die Reiterei, auf welche Alexander den Erfolg des Tages berechnet hatte, nicht imstande war, ihnen gegenüber das Feld zu halten.

In der Tat hätte ein gut geführter Angriff die Makedonen vernichten müssen; die Elefanten hätten gegen die feindliche Linie losbrechen und, von den einzelnen Abteilungen Fußvolk wie Geschütz durch Scharfschützen gedeckt, die Reiterei aus dem Felde jagen und die Phalanx zerstampfen, die indische Reiterei nebst den Schlachtwagen die Fliehenden verfolgen und die Flucht über den Strom abschneiden müssen; selbst die außerordentlich gedehnte und den Feind weit überflügelnde Schlachtlinie konnte von großem Erfolg sein, wenn die Wagen und Reiter auf beiden Flügeln sogleich, wenn die Elefanten losbrachen, dem Feinde mit einer halben Schwenkung in die Flanke fielen; in jedem Falle mußte Poros, sobald er den Feind zu Gesicht bekam, den Angriff beginnen, um nicht den Vorteil der Offensive und namentlich die Wahl des Punktes, wo das Gefecht begin-

weiteres Heer folgte, sofort gab er Befehl zum Angriff. Von allen Seiten her jagten die turanischen Reiter auf den Feind los, ihn zu verwirren und zu umzingeln; geschwaderweise sprengten die Makedonen nach zum Einhauen, umsonst suchten die Inder zu widerstehen, sich zurückzuziehen; in kurzer Zeit waren sie trotz der tapfersten Gegenwehr gänzlich geschlagen, vierhundert Tote blieben auf dem Platze, unter ihnen der königliche Prinz; die Wagen, außerstande, in dem tiefen und aufgefahrenen Wiesengrunde schnell zu entkommen, fielen den Makedonen in die Hände, die jetzt mit doppelter Kampflust vorwärtsrückten.

Die Überreste des zersprengten Korps brachten die Nachricht von ihrer Niederlage, von des Prinzen Tod, von Alexanders Anrücken ins Lager zurück; Poros sah zu spät ein, welchen Feind er gegenüber hatte; die Zeit drängte, den Folgen einer halben Maßregel, die die Gefahr nur beschleunigte, so viel noch möglich war, zu begegnen. Die einzige Rettung war, sich noch jetzt mit Übermacht auf den heranrückenden Feind zu werfen und ihn zu vernichten, bevor er Zeit gewann, mehr Truppen an sich zu ziehen und so den letzten Vorteil, den Poros noch über ihn hatte, auszugleichen; jedoch durfte das Ufer dem makedonischen Lager gegenüber nicht entblößt werden, damit nicht das vor demselben schlagfertig stehende Heer den Übergang erzwänge und die Schlachtlinie der Inder im Rücken bedrohe. Demnach ließ Poros einige Elefanten und mehrere tausend Mann im Lager zurück, um die Bewegungen des Krateros zu beobachten und das Ufer zu decken; er selbst rückte mit seiner gesamten Reiterei, viertausend Pferde stark, mit dreihundert Schlachtwagen, mit dreißigtausend Mann Fußvolk und zweihundert Elefanten gegen Alexander aus. Sobald er über den morastigen Wiesengrund, der sich in der Nähe des Stromes dahinzog, rechts hinaus war und das sandige

schreckt, sich zurückzögen, an seinen fünftausend Reitern zum Einhauen und zum Verfolgen genug zu haben.

Poros seinerseits hatte, als ihm von seinen zurückspringenden Vorposten das Heranrücken bedeutender Truppenmassen gemeldet war, im ersten Augenblick geglaubt, es sei Abisares von Kaschmir mit seinem Heere; aber sollte der Bundesfreund versäumt haben, sein Herannahen zu melden oder doch, nachdem er über den Strom gesetzt, Nachricht von seiner glücklichen Ankunft vorauszusenden? Es war nur zu klar, daß die Gelandeten Makedonen seien, daß der Feind den Übergang über den Strom, der ihm Tausende hätte kosten müssen, ungehindert und glücklich zustande gebracht habe und daß ihm indischerseits das diesseitige Ufer nicht mehr streitig gemacht werden könne. Indes schienen die Truppenmassen, die man noch am jenseitigen Ufer stromauf- und stromabwärts aufgestellt sah, zu beweisen, daß das über den Fluß vorgeschobene Korps nicht bedeutend sein konnte. Poros hätte alles daransetzen müssen, dasselbe, da es einmal über den Strom war, abzuschneiden und zu vernichten; er hätte sofort die Offensive ergreifen müssen, die durch seine Schlachtwagen und Elefanten so sehr begünstigt und fast gefordert wurde; statt dessen war es ihm nur darum zu tun, für jetzt das weitere Vordringen des Feindes aufzuhalten und jedes entscheidende Zusammentreffen bis zur Ankunft des Abisares zu vermeiden. Er sandte seinen Sohn mit zweitausend Reitern und einhundertundzwanzig Schlachtwagen den Makedonen entgegen; er hoffte, mit diesen den König aufhalten zu können.

Sobald Alexander dieses Korps über die Uferwiesen heranrücken sah, glaubte er nicht anders, als daß Poros mit seinem ganzen Heere heranziehe und daß dies der Vortrab sei; er ließ seine Reiter sich zum Gefecht fertigmachen; dann bemerkte er, daß hinter diesen Reitern und Wagen kein

blößt und niemand da, die Landung zu hindern; Alexander war der erste am Ufer, nach ihm legten die anderen Jachten an, bald folgte die Reiterei und das übrige Heer, bald wurde alles in Marschkolonnen formiert, um weiterzurücken; da zeigte sich, daß man auf einer Insel war; die Gewalt des Stromes, dessen Bett sich an dieser Stelle plötzlich gen Westen wendet, hatte das niedrige Erdreich am Ufer durchbrochen und einen neuen wasserreichen Arm gebildet. Lange suchten die Reiter vergebens und mit Lebensgefahr eine Furt hindurch, überall war das Wasser zu breit und zu tief; es schien nichts übrig zu bleiben, als die Fahrzeuge und Fähren um die Spitze dieser Insel herbeizuschaffen; es war die höchste Gefahr, daß durch den daraus entstehenden Zeitverlust der Feind zur Absendung eines bedeutenden Truppenkorps, das das Landen erschweren, ja unmöglich machen konnte, Zeit gewann; da fand man endlich eine Stelle, die zu durchwaten war; mit der größten Mühe hielten sich Mann und Pferd gegen die heftige Strömung, das Wasser reichte denen zu Fuß bis an die Brust, die Pferde hatten nur den Kopf über dem Wasser. Nach und nach gewannen die verschiedenen Abteilungen das jenseitige Ufer; in geschlossener Linie, rechts die turanische Reiterei, ihr zunächst die makedonischen Geschwader, dann die Hypaspisten, das leichte Fußvolk endlich auf dem linken Flügel, rückte das Heer auf, dann mit rechtsum den Strom hinab in der Richtung zum feindlichen Lager. Um das Fußvolk nicht zu ermüden, ließ Alexander es langsam nachrücken und ging selbst mit der gesamten Reiterei und den Bogenschützen unter Tauron eine halbe Stunde weit voraus; er glaubte, wenn Poros auch mit seiner ganzen Macht entgegenrückte, an der Spitze der trefflichen und den Indern überlegenen Reiterei das Gefecht, bis das Fußvolk nachkam, halten zu können, wenn dagegen die Inder, durch sein plötzliches Erscheinen er-

ausersehen. Am späten Abend kam er dort an; schon war hier der Transport zersägter Fahrzeuge, den Koinos vom Indus herangeschafft hatte, unter dem Schutz der dichten Waldung wieder instand gesetzt und verborgen worden, auch an Fellen und Balken zu Flößen und Fähren war Vorrat; die Vorbereitungen zum Übergang, das Hinablassen der Fahrzeuge, das Füllen der Häute mit Stroh und Werg, das Zimmern der Flöße füllte die Nacht aus; furchtbare Regengüsse, von Sturm und Gewitter begleitet, machten es möglich, daß das Klirren der Waffen, das Hauen der Zimmerer jenseits nicht gehört wurde; der dichte Wald auf dem Vorgebirge und auf der Insel verbarg die Wachtfeuer der Makedonen.

Gegen Morgen legte sich der Sturm, der Regen hörte auf, der Strom flutete brausend an den hohen Ufern der Insel vorüber; oberhalb derselben sollte das Heer übersetzen; der König selbst, von den Leibwächtern Ptolemaios, Perdikkas, Lysimachos, von Seleukos, der die »königlichen Hypaspisten« führte, und einer auserlesenen Schar Hypaspisten begleitet, befand sich auf der Jacht, welche den Zug eröffnete; auf den anderen Jachten folgten die übrigen Hypaspisten, auf Booten, Stromkähnen, Flößen und Fähren die Reiterei und das Fußvolk; im ganzen 4000 Reiter, 1000 Bogenschützen zu Pferd, fast 6000 Hypaspisten, endlich die Leichtbewaffneten zu Fuß, die Agrianer, Akontisten, Bogenschützen, vielleicht 4000 Mann. Die beiden Phalangen blieben am rechten Ufer zur Deckung und Beobachtung des Weges von Kaschmir zurück. Und schon steuerten die Jachten an dem hohen und waldigen Ufer der Insel vorüber; sobald man an deren Nordecke vorüber war, sah man die Reiter der feindlichen Vorposten, die beim Anblick der herüberfahrenden Heeresmacht eiligst über das Blachfeld zurücksprengten. So war das feindliche Ufer von Verteidigern ent-

nicht mehr für bedeutend zu halten. Alexander seinerseits hatte auf die Nachricht, daß Abisares nur noch drei Tagemärsche entfernt stehe, alles vorbereitet, den entscheidenden Schlag zu wagen. Krateros blieb bei seiner Hipparchie, mit der Reiterei der Arachosier und Paropamisaden, mit den Phalangen Alketas und Polyperchon und den 5000 Mann der indischen Gaufürsten in der Nähe des Lagers; er wurde angewiesen, sich ruhig zu verhalten, bis er die Feinde drüben entweder ihr Lager verlassen oder in der Nähe desselben geschlagen sähe; wenn er dagegen bemerke, daß die feindlichen Streitkräfte geteilt würden, so solle er, falls die Elefanten ihm gegenüber am Ufer zurückblieben, den Übergang nicht wagen, falls sie aber mit stromauf gegen die bei der Insel übersetzenden Makedonen geführt würden, so solle er sofort und mit seinem ganzen Korps über den Strom setzen, da die Elefanten allein dem glücklichen Erfolg eines Reiterangriffs Schwierigkeiten in den Weg stellten. Ein zweites Korps, aus den Phalangen Meleagros, Gorgias und Attalos, aus den Söldnern zu Fuß und zu Roß bestehend, rückte unter des Lagiden Ptolemaios Führung anderthalb Meilen stromauf mit der Weisung, sobald sie jenseits des Flusses die Schlacht begonnen sähen, korpsweise durch den Strom zu gehen. Der König selbst brach mit den Hipparchien Hephaistion, Perdikkas, Demetrios und dem Agema der Ritter unter Koinos, mit den skythischen, baktrischen und sogdianischen Reitern, mit den daischen Bogenschützen zu Pferde, mit den Chiliarchien der Hypaspisten, den Phalangen Kleitos und Koinos, den Agrianern und Schützen am Morgen aus seinem Lager auf. Alle diese Bewegungen wurden durch den anhaltenden Regen zwar erschwert, aber zugleich dem Auge des Feindes entzogen; um desto sicherer zu sein, zog der König hinter den gewaltigen Uferhöhen zu dem Orte hin, den er zum Übergang

die Reiterei an verschiedene Stellen des Ufers vorrücken und sich mit Kriegsgeschrei und unter dem Schmettern der Trompeten zum Übersetzen anschicken, die Boote auslaufen, die Phalangen unter dem Schein der Wachtfeuer an die Furten rücken. Sofort wurde es auch im feindlichen Lager laut, die Elefanten wurden vorgetrieben, die Truppen rückten an das Ufer, man erwartete bis zum Morgen den Angriff, der doch nicht erfolgte. Dasselbe wiederholte sich in den folgenden Nächten, und immer von neuem sah sich Poros getäuscht; er wurde es müde, seine Truppen umsonst in Regen und Wind die Nächte durch stehenzulassen; er begnügte sich damit, den Fluß durch die gewöhnlichen Posten zu bewachen.

Das rechte Ufer des Flusses ist von einer Reihe rauher Höhen begleitet, die sich drei Meilen stromauf hinziehen und dort zu bedeutenden, dicht bewaldeten Bergen emporsteigen, an deren Nordabhang ein kleiner Fluß zum Hydaspes hinabeilt. Wo er mündet, verändert der Hydaspes, der von Kaschmir herab bis hierher südwärts strömt, plötzlich und fast im rechten Winkel seine Richtung und eilt, zur Rechten die rauhe Bergreihe, zur Linken eine weite und fruchtbare Niederung, abendwärts weiter. Der Bergecke gegenüber, unter der Mündung jenes Flüßchens liegt im Strome die hohe und waldige Insel Jamad, oberhalb deren die gewöhnliche Straße von Kaschmir über den Hydaspes führt. Dies war der Ort, den Alexander zum Übergang ausersehen. Eine Reihe Feldposten war vom Lager aus längs des Ufers aufgestellt, jeder dem folgenden nah genug, sich einander sehen und zurufen zu können; ihr Rufen, ihre nächtlichen Wachtfeuer, die neuen Truppenbewegungen in der Nähe des Lagers hätten den Feind vollkommen über den Ort des bevorstehenden Überganges täuschen müssen, wenn er sich nicht schon daran gewöhnt hätte, dergleichen

der makedonischen Reiterei, das Auf- und Abfahren stark bemannter Boote, das wiederholte Ausrücken der Phalangen, die trotz der heftigsten Regengüsse oft stundenlang unter den Waffen und wie zum Kämpfen bereitstanden, den Fürsten Poros in steter Besorgnis vor einem plötzlichen Angriff halten; ein paar Werder im Flusse gaben Veranlassung zu kleinen Gefechten; es schien, als ob sie, sobald es zu ernsterem Kampfe käme, von entscheidender Wichtigkeit werden müßten.

Indes erfuhr Alexander, daß Abisares von Kaschmir trotz aller neuerdings wiederholten Versicherungen seiner Ergebenheit nicht bloß heimlich Verbindungen mit Poros unterhalte, sondern bereits mit seiner ganzen Macht heranrücke, um sich mit demselben zu vereinigen; und war es auch von Anfang her keineswegs des Königs Absicht gewesen, die Regenzeit hindurch untätig am rechten Flußufer stehenzubleiben, so bewog ihn doch diese Nachricht noch mehr, ernstlich an einen baldigen Angriff zu denken, da der Kampf gegen die vereinte Macht des Abisares und Poros schwierig, wenn nicht gefährlich werden konnte. Aber es war unmöglich, hier im Angesicht des Feindes über den Fluß zu gehen; das Strombett selbst war durch die Fülle und Strömung des Wassers unsicher und das niedrige Ufer drüben voll schlammiger Untiefen; es wäre tollkühn gewesen, die Phalangen unter den Geschossen des dicht geordneten und sicher stehenden Feindes ans Ufer führen zu wollen; endlich war vorauszusehen, daß die makedonischen Pferde sich vor dem Geruch und dem heiseren Geschrei der Elefanten, die das jenseitige Ufer deckten, beim Anlegen scheuen, zu fliehen versuchen, sich von den Fähren hinabstürzen, die gefährlichste Verwirrung anrichten würden. Es kam alles darauf an, das feindliche Ufer zu erreichen; darum ließ Alexander, es war um Mitternacht, im Lager Lärm blasen,

Reitermanöver unter der unmittelbaren Führung Alexanders wurden die Feinde überrascht, aus ihrer Stellung gedrängt und dermaßen in die Enge getrieben, daß sie erst nach bedeutendem Verlust das freie Feld gewannen. Spitakes selbst eilte, ohne an die weitere Verteidigung seines Fürstentums zu denken, sich mit dem Reste seiner Truppen mit Poros zu vereinigen.

Etwa zwei Tage später erreichte Alexander die Ufer des Hydaspes, der jetzt eine Breite von fast zwölfhundert Schritten hatte; auf dem jenseitigen Ufer sah man das weitläufige Lager des Fürsten Poros und das gesamte Heer in Schlachtordnung aufgerückt, vor demselben, gleich Festungstürmen, dreihundert Kriegselefanten; man bemerkte, wie nach beiden Seiten hinaus bedeutende Scharen abgesendet wurden, um die Postenlinie längs des Stromufers zu verstärken und namentlich die wenigen Furten, die das hohe Wasser noch gangbar ließ, zu beobachten. Alexander erkannte die Unmöglichkeit, unter den Augen des Feindes den Strom zu passieren, und lagerte sich auf dem rechten Ufer, den Indern gegenüber. Er begann damit, durch mannigfache Truppenbewegungen den Feind über den Ort des beabsichtigten Übergangs zu verwirren und seine Aufmerksamkeit zu ermüden; er ließ zugleich durch andere Abteilungen seines Heeres die Ufergegend nach allen Seiten hin rekognoszieren, durch andere das von Verteidigern entblößte Gebiet des Spitakes brandschatzen und von allen Seiten her große Vorräte zusammenbringen, als ob er noch lange an dieser Stelle zu bleiben gedächte; er wußte bis in das feindliche Lager das Gerücht zu verbreiten, daß er in dieser Jahreszeit den Flußübergang allerdings für unmöglich halte, daß er das Ende der Regenzeit abwarten wolle, um, wenn das Wasser gefallen sei, den Angriff über den Strom hin zu versuchen. Zu gleicher Zeit aber mußten die steten Bewegungen

auffordern lassen, ihm an der Grenze seines Fürstentums entgegenzukommen und ihm zu huldigen. Poros hatte die Antwort zurückgesandt, er werde den König an der Grenze seines Reiches mit gewaffneter Hand erwarten; zu gleicher Zeit hatte er seine Bundesgenossen aufgeboten, hatte den Fürsten Abisares, der ihm trotz der noch neuerdings gegebenen Versicherungen seiner Ergebenheit für Alexander Hilfstruppen versprochen hatte, um deren schleunige Zusendung ersucht, war selbst an den Grenzstrom seines Reiches gerückt und hatte sich auf dessen linkem Ufer gelagert, entschlossen, dem Feinde um jeden Preis den Übergang zu wehren. Auf diese Nachricht sandte Alexander den Strategen Koinos an den Indus zurück mit dem Befehl, die Fahrzeuge der Stromflotte zum Transport über Land zersägen und auf Wagen möglichst schnell an den Hydaspes bringen zu lassen. Zu gleicher Zeit brach das Heer nach den üblichen Opfern und Kampfspielen von Taxila auf; es waren fünftausend Mann indische Truppen des Taxiles und der benachbarten Fürsten dazugestoßen; die Elefanten, die Alexander in Indien erbeutet oder als Geschenk erhalten hatte, blieben zurück, da die makedonischen Pferde nicht an ihren Anblick gewöhnt waren und sie überdies der den Makedonen eigentümlichen Angriffsweise nur hinderlich gewesen wären.

Während des Marsches begannen die ersten Schauer des tropischen Regens, die Wasser strömten rauschender, die Wege wurden beschwerlicher, häufige Gewitter, mit Orkanen verbunden, verzögerten den Marsch vielfach. Man nahte der Südgrenze des Fürstentums von Taxila; eine lange und ziemlich enge Paßstraße führte hier in das Gebiet des Spitakes, eines Verwandten und Bundesgenossen des Poros; sie war durch die Truppen dieses Fürsten, welche die Höhen zu beiden Seiten besetzt hielten, gesperrt; durch ein kühnes

pos, dem Sohn des Machatas, anvertraut, dessen hohe Geburt und vielfach bewährte Anhänglichkeit an Alexander der Wichtigkeit dieses Postens entsprach; seine Provinz umfaßte außer dem ganzen rechten Indusgebiet auch die Aufsicht über die im Reiche des Taxiles und der anderen Fürsten zurückbleibenden Truppen[89].

Daß der Fürst von Taxila sich so bereitwillig dem König anschloß, hatte wohl seinen Grund in der Verfeindung zwischen ihm und seinem mächtigeren Nachbarn, dem Fürsten Poros, wohl aus dem alten Geschlechte der Paurava, der jenseits des nächsten Stromes, des Hydaspes, ein Reich von »mehr als hundert Städten« beherrschte, über eine bedeutende Kriegsmacht gebot, mehrere Nachbarfürsten, namentlich den von Kaschmir, zu Verbündeten hatte. Seine und ihre Gegner waren wie am Indus der Fürst von Taxila, so auf ihrer anderen Seite die freien Völker in den Vorbergen des Himalaja, in den Duabs jenseits des Akesines und in den unteren Gebieten des Fünfstromlandes. Die tiefe Feindschaft dieser »Königslosen« (Arattas) gegen die Fürsten, unter denen der Paurava zwischen Hydaspes und Akesines der mächtigste war, lähmten den Widerstand des reichen und dichtbevölkerten Pandschab gegen die abendländische Invasion.

Von Taxila aus hatte Alexander an Poros gesandt und ihn

---

[89] So scheinen sich die verschiedenen Angaben über Philipps Satrapie zu vereinbaren. Arrian. IV 2, 5 nennt ihn, sich in Alexanders Stellung am Hydaspes denkend, den Satrapen des jenseits des Indus, des gegen Baktrien hin liegenden Landes, und IV 14, 6 wird die Landschaft der Maller seiner Provinz zugefügt; der Ausdruck in Arrian. Ind. 18 ist zu allgemein, um auf die Ausdehnung der Satrapie Ober-Indien schließen zu lassen. Dieser Philippos, der Sohn des Machatas, war aus dem Fürstengeschlecht von Elymiotis, ein Bruder des Harpalos, ein Neffe des älteren Harpalos, dessen Sohn Kalas die Satrapie Kleinphrygien erhalten hatte. Dieser indische Philippos kann nach der Geschlechterfolge seines Hauses um 385 geboren sein.

nun der König sein Heer halten und ordnen ließ, sprengte der Fürst seinem Zuge voraus und zu Alexander hin, begrüßte ihn ehrerbietigst und übergab ihm sein Reich und sich selbst. Dann zog Alexander an der Spitze seines Heeres, den Fürsten an seiner Seite, in die prächtige Residenz. Hier folgten zu Ehren des großen Königs eine Reihe von Festlichkeiten, deren Glanz durch die Anwesenheit mehrerer Fürsten des Landes, die ihre Geschenke und Huldigungen darzubringen gekommen waren, erhöht wurde. Alexander bestätigte sie alle in ihrem Besitz und erweiterte das Gebiet einiger nach ihrem Wunsche und ihrem Verdienst, namentlich das des Taxiles, der zugleich für die Fürsorge, mit der er die Südarmee aufgenommen hatte, und für die Aufmerksamkeit, mit der er dem König wiederholt entgegengekommen, auf das reichlichste beschenkt wurde; auch von dem »Gaufürsten« Doxaris kamen Gesandte und Geschenke. Auch Abisares von Kaschmir schickte eine Gesandtschaft nach Taxila, es war sein Bruder, von den Edelsten seines Landes begleitet; er brachte Kleinodien, Elfenbein, feine Webereien, Kostbarkeiten aller Art zum Geschenk, versicherte die treue Ergebenheit seines fürstlichen Bruders und stellte die heimliche Unterstützung, die derselbe den Assakenern zugewandt haben sollte, durchaus in Abrede.

Wie damals die Angelegenheiten des Duablandes geordnet wurden, ist nicht mit Bestimmtheit zu erkennen; jedenfalls lagen die Gebietserweiterungen in der diesseitigen Satrapie, so wie andererseits die Fürsten sämtlich unter die Suzeränität Alexanders traten; vielleicht erhielt Taxiles das Prinzipat unter den Rajas diesseits des Hydaspes, wenigstens geschieht im Verhältnis zu Alexander fortan nur seiner Erwähnung. Übrigens blieb in seiner Residenz eine makedonische Besatzung sowie die dienstunfähige Mannschaft zurück; die sogenannte indische Satrapie wurde dem Philip-

Truppen mitgemacht hatte, auszuruhen. Dann, gegen Frühlingsanfang, schickte es sich an, mit den Kontingenten der Fürsten in der diesseitigen Satrapie verstärkt über den Indus zu gehen.

Da erschien eine Gesandtschaft des Fürsten von Taxila vor dem König; sie versicherte von neuem die Ergebenheit ihres Herrn; sie überbrachte dem König kostbare Geschenke, 3000 Opfertiere, 10 000 Schafe, 30 Kriegselefanten, 200 Talente Silber, endlich 700 indische Reiter, das Bundeskontingent ihres Herrn; sie übergab dem König die Residenz des Fürsten, die herrlichste Stadt zwischen dem Indus und Hydaspes.

Dann befahl der König, die Weihe des Indusüberganges zu beginnen; unter gymnastischen ritterlichen Wettkämpfen wurde am Stromufer geopfert; und die Opfer waren günstig. So begann der Übergang über den mächtigen Strom, ein Teil des Heeres zog über die Schiffbrücke, andere setzten auf Booten hinüber, der König selbst und sein Gefolge auf zwei Jachten (Dreißigruderern), die dazu bereitlagen. Neue Opfer feierten die glückliche Vollendung des Überganges. Dann rückte das große Heer auf der Straße von Taxila vorwärts, durch reich bevölkerte und im Schmucke des Frühlings prangende Gegenden, nordwärts mächtige Schneeberge, die Grenze von Kaschmir, südwärts die weiten und herrlichen Ebenen, welche das Duab des Indus und Hydaspes erfüllen. Eine Stunde vor der Residenz sah das staunende Heer zum ersten Male jene indischen Büßer, die nackt, einsam, regungslos unter den Glutstrahlen der Mittagssonne und den Unwettern der Regenzeit das heilige Werk ihrer Gelübde erfüllen.

Als Alexander der Stadt Taxila nahte, zog ihm der Fürst im höchsten Pompe, mit geschmückten Elefanten, gewappneten Scharen und kriegerischer Musik entgegen; und als

Inder auf; sie berichteten, die Bevölkerung sei über den Indus in das Reich des Abisares geflüchtet, die Elefanten, fünfzehn an der Zahl, habe man auf den Wiesen am Strom freigelassen. Da kam auch schon ein Haufe indischer Soldaten vom fliehenden Heere, das, über das Ungeschick des Fürsten mißvergnügt, sich empört und ihn erschlagen hatte; sie brachten den Kopf des Fürsten. Nicht gewillt, ein Heer ohne Führer in unwegsames Gebiet zu verfolgen, ging der König mit seinen Truppen zu den Induswiesen hinab, um die Elefanten einzufangen; von indischen Elefantenjägern begleitet, machte er Jagd auf die Tiere; zwei stürzten in Abgründe, die übrigen wurden eingefangen. Hier in den dichten Waldungen am Indus ließ der König Bäume fällen und Schiffe zimmern. Bald war eine Stromflotte erbaut, wie sie der Indus noch nicht gesehen, auf der der König mit seinem Heere den breiten und zu beiden Seiten mit vielen Städten und Dörfern bedeckten Strom hinabfuhr; er landete an der Brücke, die von Hephaistion und Perdikkas bereits über den Indus geschlagen war.

In den Berichten, die uns erhalten sind, sprechen sich lebhaft genug die mächtigen Eindrücke aus, welche das Heer aus dem Abendlande in dieser indischen Welt, in die es seit dem Frühling 327 eingerückt war, empfing. Die gewaltigen Naturformen, die üppige Vegetation, die zahmen und wilden Tiere, die Menschen, ihre Religion und Sitten, ihre Staats- und Kriegsweise, alles war hier fremdartig und staunenswürdig, alle Wunder, die Herodotos, die Ktesias von ihr berichtet hatten, schienen durch die Wirklichkeit weit überboten zu werden. Bald sollte man innewerden, daß man bis jetzt erst die Vorhöfe dieser neuen Welt gesehen habe.

Am Indus rastete das Heer, sich von den Anstrengungen des Winterfeldzuges im Gebirgsland, den ein großer Teil der

gründen; am nächsten Morgen zog das Heer klingenden Spiels in die Felsenfeste ein. Reiche und fröhliche Opfer feierten dies glückliche Ende einer Unternehmung, die nur der Kühnheit Alexanders und der Tapferkeit seiner Truppen möglich war. Die Befestigung der Burg selbst wurde mit neuen Werken vermehrt, eine makedonische Besatzung in dieselbe gelegt, der Fürst Sisikottos, der sich des Königs Vertrauen zu erwerben gewußt hatte, zu ihrem Befehlshaber ernannt. Der Besitz dieser Feste war für die Behauptung des diesseitigen Indiens von großer Wichtigkeit; sie beherrschte die Ebene zwischen Suastos, Kophen und Indus, die man von ihr meilenweit übersieht, die Mündung des Kophen in den Indus.

Indessen hatten sich gefährliche Bewegungen im Assakenerlande gezeigt; der Bruder des in Massaga gefallenen Fürsten Assakenos hatte ein Heer von 20000 Mann und 15 Elefanten zusammengebracht und sich in die Gebirge des oberen Landes geworfen; die Feste Dyrta war in seinen Händen; er hoffte sich durch die Unzugänglichkeit dieser wilden Gebirgsgegend genug geschützt, er hoffte, der Weitermarsch des Königs werde ihm bald Gelegenheit geben, seine Macht zu erweitern. Desto notwendiger war es, ihn zu vernichten. Sobald Aornos eingenommen war, eilte der König mit einigen tausend Mann leichter Truppen nach Dyrta im oberen Lande; die Nachricht von seinem Anrükken hatte hingereicht, den Prätendenten in die Flucht zu jagen; mit ihm war die Bevölkerung der Umgegend entflohen. Der König sandte sofort einzelne Korps aus, die Gegend zu durchziehen und die Spur des flüchtigen Fürsten und besonders der Elefanten aufzufinden; er erfuhr, daß alles in die Gebirgswildnis ostwärts geflohen sei; er drang nach. Dichte Urwaldung bedeckt diese Gegenden; das Heer mußte sich mühsam den Weg bahnen. Man griff einzelne

Tages eine Strecke von dreihundert Schritten gebaut; die Inder, anfangs voll Spott über dies tollkühne Unternehmen, suchten am nächsten Tage die Arbeit zu stören; bald war der Damm weit genug vorgerückt, daß die Schleuderer und die Maschinen von seiner Höhe aus ihre Angriffe abzuwehren vermochten. Am sechsten Tage war der Damm bis in die Nähe einer Kuppe gelangt, die, in gleicher Höhe mit der Burg, von den Feinden besetzt war; sie zu behaupten oder zu erobern wurde für das Schicksal der Feste entscheidend. Eine Schar auserwählter Makedonen wurde gegen sie gesandt; ein entsetzlicher Kampf begann; Alexander selbst eilte an der Spitze seiner Leibschar nach; mit der größten Anstrengung wurde die Höhe erstürmt. Dies und das stete Nachrücken des Dammes, den nichts mehr aufzuhalten vermochte, ließ die Inder daran verzweifeln, sich auf die Dauer gegen einen Feind zu behaupten, den Felsen und Abgründe nicht hemmten und der den staunenswürdigen Beweis gab, daß Menschenwille und Menschenkraft auch die letzte Scheidewand, welche die Natur in ihren Riesengestaltungen aufgetürmt, zu überwinden und zu einem Mittel seiner Zwecke umzuschaffen imstande sei. Sie sandten an Alexander einen Herold ab mit dem Erbieten, unter günstigen Bedingungen die Feste zu übergeben; sie wollten nur bis zur Nacht Zeit gewinnen, um sich dann auf geheimen Wegen aus der Feste in das flache Land zu zerstreuen. Alexander merkte ihre Absicht; er zog seine Posten ein und ließ sie ungestört ihren Abzug beginnen; dann wählte er 700 Hypaspisten aus, zog in der Stille der Nacht den Felsen hinauf und begann die verlassene Mauer zu erklettern; er selbst war der erste oben; sobald seine Schar an verschiedenen Punkten nachgestiegen war, stürzten sie alle mit lautem Kriegsgeschrei über die nur zur Flucht gerüsteten Feinde; viele wurden erschlagen, andere zerschmetterten in den Ab-

Alexander hatte sich durch diesen unglücklichen Versuch überzeugt, daß es unmöglich sei, von der Tiefe aus zum Ziel zu gelangen; er sandte daher durch einen der Gegend kundigen Mann über Nacht den schriftlichen Befehl an Ptolemaios, daß er, wenn am nächsten Tage an einer dem Ptolemaios näheren Stelle der Sturm versucht und dann gegen die Stürmenden von der Feste aus ein Ausfall gemacht würde, von der Höhe herab den Feinden in den Rücken kommen und um jeden Preis die Vereinigung mit Alexander zu bewerkstelligen suchen solle. So geschah es; mit dem nächsten Frührot stand der König da am Fuße des Gebirges, wo Ptolemaios hinaufgestiegen war. Bald eilten die Inder dorthin, die schmalen Fußsteige zu verteidigen; bis Mittag wurde auf das hartnäckigste gekämpft, dann begannen die Feinde ein wenig zu weichen; Ptolemaios tat seinerseits das Mögliche; gegen Abend waren die Pfade erstiegen und beide Heeresabteilungen vereinigt; der immer eiligere Rückzug der Feinde und der durch den Erfolg hoch aufgeregte Mut seiner tapferen Krieger bewogen den König, die fliehenden Inder zu verfolgen, um vielleicht unter der Verwirrung den Eingang in die Feste zu erzwingen; es mißlang, und zu einem Sturm war das Terrain zu eng.

Er zog sich auf die von Ptolemaios verschanzte Höhe zurück, die, niedriger als die Feste, von dieser durch eine weite und tiefe Schlucht getrennt war. Es galt, die Ungunst dieser örtlichen Verhältnisse zu überwältigen und diese Schlucht mit einem Damm zu durchbauen, um der Feste wenigstens so weit zu nahen, daß das Geschütz deren Mauern erreichen konnte. Mit dem nächsten Morgen begann die Arbeit; der König war überall, zu loben, zu ermuntern, selbst Hand anzulegen; mit dem lebendigsten Wetteifer wurde gearbeitet, Bäume gefällt, in die Tiefe gesenkt, Felsstücke aufgetürmt, Erde aufgeschüttet; schon war am Ende des ersten

Stellung am Indus möglich geworden war, das Belagerungsheer, wie lange auch die Belagerung währen mochte, mit Vorräten zu versorgen, begann Alexander seine ebenso verwegenen wie gefährlichen Operationen. Sein unerschütterlicher Wille, diese Feste zu nehmen, war das einzige, was einen glücklichen Erfolg denkbar machte. Er ließ Krateros in Embolima am Indus zurück; er nahm nur die Agrianer, Bogenschützen, die Taxis des Koinos und eine Auswahl leichtester Leute von den anderen Taxen, 200 Reiter von den Hetairen, 100 Bogenschützen zu Pferd mit sich; er lagerte sich mit diesem Korps am Fuß des Felsens. Aber nur ein Weg führte hinauf, und dieser war so geschickt angelegt, daß er an jedem Punkte leicht und vollkommen verteidigt werden konnte. Da kamen Leute aus der Nähe des Felsens zu ihm, die sich ihm ergaben und sich erboten, ihn zu der Stelle des Felsens zu führen, von wo aus die Feste anzugreifen und nicht schwer zu nehmen sein werde. Ptolemaios, des Lagos Sohn, der Somatophylax, wurde mit den Agrianern, dem übrigen leichten Volk und ausgewählten Hypaspisten beauftragt, mit den indischen Männern den Felsen zu ersteigen; auf rauhen und schwierigen Fußsteigen gelangte er, den Barbaren unbemerkt, zu der bezeichneten Stelle, verschanzte sich dort durch ein Pfahlwerk und zündete das verabredete Feuerzeichen an. Sobald dies der König gesehen, beschloß er den Sturm für den nächsten Morgen, in der Hoffnung, daß Ptolemaios von der Höhe des Gebirges aus zugleich angreifen würde. Indes war es unmöglich, von der Tiefe her das Geringste zu gewinnen; die Inder, von dieser Seite vollkommen sicher, wandten sich mit desto größerer Keckheit gegen die von Ptolemaios besetzten Höhen, und nur mit der größten Anstrengung gelang es dem Lagiden, sich hinter seinen Schanzen zu behaupten. Seine Schützen und Agrianer hatten den Feind sehr mitgenommen, der sich mit Anbruch der Nacht in seine Feste zurückzog.

Westufer des Indus gesichert. Das Land trat, obschon es zum guten Teil unter einheimischen Fürsten blieb, fortan in ein Verhältnis der Abhängigkeit gegen Makedonien und erhielt unter dem Namen des diesseitigen Indien einen eigenen Satrapen.

Nur eine Bergfeste in der Nähe des Indus war noch von Indern besetzt; die Makedonen nannten sie Aornos, gleich als ob der Flug der Vögel nicht zu ihr hinaufgereicht hätte. Von der Mündung des Kophen in den Indus etwa fünf Meilen entfernt, erhebt sich ein letzter Vorsprung der nordwestlichen Gebirge, eine einzelne Felskuppe, die nach der Angabe der Alten am Fuß etwa vier Meilen im Umfang und eine Höhe von 5000 Fuß haben soll; auf der Platte dieser steilen Bergmasse lag jene merkwürdige Felsenfestung, deren Mauern Gärten, Quellen und Holzung umschlossen, so daß sich Tausende von Menschen jahraus, jahrein oben erhalten konnten. Dorthin hatten sich viele Inder des flachen Landes geflüchtet, voll Vertrauen auf die Sicherheit dieses Königssteines, von dessen Uneinnehmbarkeit mannigfache Sagen im Schwange waren[88]. Desto notwendiger war es für den König, diesen Felsen zu erobern; er mußte den moralischen Eindruck berechnen, den eine glückliche Unternehmung gegen Aornos auf seine Truppen und auf die Inder zu machen nicht verfehlen konnte; er mußte vor allem darauf Rücksicht nehmen, daß dieser wichtige Punkt in Feindesland den gefährlichsten Bewegungen in seinem Rücken Anlaß und Anhalt werden konnte. Jetzt, nachdem das Land umher unterworfen, nachdem es durch die feste

---

88 Hier, erzählen die Makedonen, hätten die Siege des Herakles ein Ende gehabt, selbst Arrian. IV 30,4 sagt ἡ πέτρα ἡ τῷ Ἡρακλεῖ ἄπορος γενομένη. Die Autoren der Kleitarchischen Tradition (auch Diod. I 19 ist wohl aus Kleitarch) meinen, daß Alexander nichts weiter beabsichtigt habe, als die Taten des Herakles zu überbieten; er hatte längst Größeres getan.

Königs, der Tod des Assakenos bewogen den Fürsten von Peukela, um wenigstens nicht persönlich dem großen König und seiner furchtbaren Kriegsmacht gegenüberzutreten, sein Stammland zu verlassen und in seinem neuen Gebiete südwärts vom Kophen Zuflucht zu suchen; dort auf einer festen Felsenburg hoffte er der makedonischen Südarmee Trotz bieten zu können. Indessen hatte Hephaistion bei seinem Vorrücken sich vor die Festung gelegt und sie nach einer dreißigtägigen Belagerung erstürmt; bei dem Sturme war Astes selbst umgekommen, und Sangaios, der sich bei Taxiles befand, wurde mit Bewilligung Alexanders in den Besitz der Stadt gesetzt. Die Stadt Peukela selbst, ohne Herrn und ohne Verteidiger, ergab sich, sobald Alexander aus dem benachbarten Assakenerlande heranzog, freiwillig; sie erhielt makedonische Besatzung. Ihrem Beispiel folgten die anderen, minder bedeutenden Städte bis zum Indus, zu dem der König hinabziehend nach Embolima einige Meilen oberhalb der Kophenmündung ging.

So war im Laufe des Sommers durch eine Reihe bedeutender und mühseliger Kämpfe das Land von den Paropamisaden bis zum Indus unterworfen. Auf der Südseite des Kophen, wo das Flußtal bald durch öde Gebirge geschlossen wird, hatte Hephaistion das Land in Besitz genommen, und die Bergfeste des Astes sowie Orabatis, die er genommen und mit Makedonen besetzt hatte, wurden die militärischen Stützpunkte für die Behauptung des Südufers. Im Norden waren nacheinander die Flußtäler des Choaspes, des Guraios und des Suastos, das Gebiet der Aspasier, der Guraier, der Assakener und Peukelaoten durchzogen, die Barbaren am oberen Choaspes und am Guraios weit in die Gebirge zurückgesprengt, endlich durch die Festungen Andaka und Arigaion das Tal der Guraier, durch Massaga, Ora, Bazira das Gebiet der Assakener, durch Peukela das

ten. Schon wollte Alexander dorthin aufbrechen, als er die Nachricht erhielt, daß Ora in Verbindung mit dem Fürsten Abisares von Kaschmir getreten sei und durch dessen Vermittlung eine bedeutende Zahl Truppen von den Bergbewohnern im Norden erhalten habe; deshalb sandte er Befehl an Koinos, bei Bazira einen haltbaren Punkt zu verschanzen, um die Verbindungen der Festung abzuschneiden, dann mit seinen übrigen Truppen zu ihm zu marschieren. Er selbst eilte nach Ora; die Stadt, obschon fest und tapfer verteidigt, vermochte sich nicht zu halten, sie wurde mit Sturm genommen; reiche Beute, darunter einige Elefanten, fiel in die Hand der Makedonen. Indes hatte Koinos den befohlenen Abzug von Bazira begonnen; sobald die Inder diese Bewegung bemerkten, brachen sie aus den Toren hervor, warfen sich auf die Makedonen; es folgte ein scharfes Gefecht, in dem sie endlich mit Verlust zum Rückzug gezwungen wurden. Als sich dazu die Kunde verbreitete, daß selbst Ora den Makedonen erlegen sei, verzweifelten die Baziriten, sich in ihrer Feste halten zu können; sie verließen um Mitternacht die Stadt und zogen sich auf die Felsenburg Aornos am Indus auf der Südgrenze des Assakenerlandes zurück.

Durch die Besitznahme der drei Plätze Massaga, Ora und Bazira war Alexander Herr der Gebirgslandschaft im Norden des Kophen, an der südwärts das Gebiet des Fürsten Astes von Peukela lag. Dieser Fürst hatte, so scheint es, sein Gebiet auf Kosten seiner Nachbarn vergrößert und selbst südwärts des Kophenflusses festen Fuß gefaßt; Sangaios, der als Flüchtling zu Taxiles gekommen war, hatte seine Herrschaft durch ihn verloren; als Alexanders Herolde die Fürsten Indiens gen Nikaia beschieden, hatte Astes so wenig als Assakenos Folge geleistet. Aber der glückliche Fortgang der makedonischen Waffen, das Anrücken des

die Belagerten, Unterhandlungen anzuknüpfen, um sich der Gnade des Siegers zu ergeben; und Alexander, voll gerechter Anerkennung der Tapferkeit seiner Feinde, war gern bereit, einen Kampf abzubrechen, der nicht ohne viel Blutvergießen zu Ende geführt worden wäre; er forderte die Übergabe der Stadt, den Eintritt der indischen Söldner in das makedonische Heer, die Auslieferung der fürstlichen Familie. Die Bedingungen wurden angenommen, die Mutter und Tochter des Fürsten[87] kamen in des Königs Lager; die indischen Söldner rückten bewaffnet aus und lagerten sich in einiger Entfernung von dem Heere, mit dem sie hinfort vereint werden sollten. Doch voll Abscheu gegen die Fremdlinge und des Gedankens, fortan mit diesen vereint gegen ihre Landsleute kämpfen zu müssen, unfähig, faßten sie den unglücklichen Plan, nachts aufzubrechen und sich an den Indus zurückzuziehen. Alexander erhielt davon Nachricht; überzeugt, daß Unterhandeln vergeblich, Zaudern gefährlich sein würde, ließ er sie nachts umzingeln und niederhauen. So war er Herr des wichtigsten Postens im Assakenerlande.

Von Massaga aus schien es leicht, die Okkupation des herrenlosen Landes zu vollenden; Alexander sandte demnach einige Truppen unter Koinos südwärts zu der Festung Bazira, überzeugt, daß sie sich auf die Nachricht von Massagas Fall ergeben werde; eine andere Abteilung unter Alketas ging nordwärts gegen die Festung Ora mit dem Befehl, die Stadt zu blockieren, bis die Hauptarmee nachrücke. Bald liefen von beiden Orten ungünstige Nachrichten ein; Alketas hatte nicht ohne Verlust einen Ausfall der Oriten abgewehrt, und Koinos, weit entfernt, Bazira zur Übergabe bereit zu finden, hatte Mühe, sich vor der Stadt zu hal-

---

[87] [des Assakenos, s. o. S. 321, nicht des Kommandanten von Massaga, vgl. H. Berve, Alexandere. II Nr. 172.]

Maschinen zu arbeiten, bald lag eine Bresche; die Makedonen suchten durch sie in die Stadt zu dringen, die tapfere und umsichtige Verteidigung des Feindes zwang sie endlich am Abend zu weichen. Mit Heftigkeit wurde des anderen Tages der Angriff unter dem Schutz eines hölzernen Turmes, der mit seinen Geschossen einen Teil der Mauer von Verteidigern rein hielt, erneut; doch auch so kam man noch um keinen Schritt vorwärts. Die Nacht wurde mit neuen Zurüstungen verbracht, neue Sturmböcke, neue Schirmdächer, endlich ein Wandelturm an die Mauer geschafft, dessen Fallbrücken unmittelbar auf die Zinnen führen sollten. Am Morgen rückten die Phalangen aus, zugleich führte der König selbst die Hypaspisten in den Turm, er erinnerte sie, daß sie auf gleiche Weise Tyros genommen hätten; alle brannten vor Begier, zu kämpfen und die Stadt zu erobern, die ihnen schon zu lange widerstanden. Dann ward die Fallbrücke hinabgelassen, die Makedonen drängten sich auf sie, jeder wollte der erste sein; unter der übergroßen Last brach die Brücke, die Tapferen stürzten zerschmettert in die Tiefe. Laut schreiend sahen das die Inder, sie schleuderten von den Zinnen herab Steine, Balken, Geschosse auf die Makedonen, sie drängten sich aus den Mauerpforten aufs Feld hinaus, die Verwirrung zu benutzen; überall zogen sich die Makedonen zurück; kaum daß es der Phalanx Alketas', der es der König geboten, gelang, die Sterbenden vor der Wut der Feinde zu sichern und ins Lager zurückzubringen. Das alles mehrte nur die Erbitterung und die Kampfbegier der Makedonen; am nächsten Tage ward der Turm von neuem an die Mauer gebracht, von neuem die Fallbrücke hinabgesenkt; doch leisteten die Inder den erfolgreichsten Widerstand, obschon ihre Reihen immer lichter, die Gefahr für sie immer größer wurde. Da ward ihr Fürst von einem Katapultpfeil getroffen und sank tot nieder. Dies endlich bewog

Von Nysa aus ging Alexander ostwärts durch den heftig strömenden Guraios zum Lande der Assakener. Diese zogen sich bei seinem Herannahen in ihre festen Städte zurück; unter diesen war Massaga die bedeutendste; der Fürst des Landes hoffte sich in ihr zu behaupten. Alexander rückte nach und lagerte sich unter den Mauern der Stadt; die Feinde, im Vertrauen auf ihre Macht, machten sofort einen Ausfall; ein scheinbarer Rückzug lockte sie eine halbe Stunde weit von den Toren hinweg, in ordnungsloser Hast mit wildem Siegesgeschrei verfolgten sie; da wandten sich die Makedonen plötzlich und rückten im Sturmschritt gegen die Inder vor, voran das leichte Volk, der König an der Spitze der Phalangen ihnen nach; nach kurzem Gefecht flohen die Inder mit bedeutendem Verlust zurück; Alexander folgte ihnen auf den Fersen, aber seine Absicht, mit ihnen zugleich in das Tor einzubrechen, wurde vereitelt. So ritt er an der Mauer hin, die Angriffspunkte für den nächsten Tag zu bestimmen; da traf ihn ein Pfeilschuß von den Zinnen der Stadt her; mit einer leichten Fußwunde kehrte er ins Lager zurück. Am nächsten Morgen begannen die

---

Glauben gern in seinem Heere verbreitet sah. Bei dem vielfachen Wechsel der Bewohner jenes ganzen Gebietes ist es unmöglich, ethnologische Bestimmungen mit Sicherheit aufzuführen. Vielleicht läßt sich das Volk der Nysaier, die Arrian (Ind. 2) als Nicht-Indier bezeichnet, auf das altheimische Volk der Kaffern zurückführen; wenigstens stimmt alles, was die britische Gesandtschaft in Kabul über sie in Erfahrung brachte (Elphinstone II 321), mit den Schilderungen bei Curtius und Arrian (V 1) überein; noch heute führen diese Stämme ein dionysisches Leben; ihre Pfeifen und Tamburins, ihre Gastmähler und Fackelzüge, dazu das europäische Klima und die europäische Natur der Landschaft, das alles mochte in der Tat den Eindruck auf die Umgebung Alexanders machen, die jenes dionysische Märchen erklärlich und charakteristisch erscheinen läßt. Die Erinnerung jener Völker an Alexander, von dessen Makedonen sie abzustammen vorgeben, ist, wenn nicht richtig, doch merkwürdig.

ros mit den übrigen sowie mit den schweren Maschinen von Arigaion aus langsamer folgte. Die Bergwege, die kalten Nächte machten den Marsch beschwerlich; desto lachender und reicher war das Talgebiet, zu dem man hinabstieg; rings Weingelände, Haine von Mandelbäumen und Lorbeeren, friedliche Dörfer an den Bergen hinaufgebaut, unzählige Herden auf den Alpen weidend. Hier, so wird erzählt, kamen die Edelsten des Landes, Akuphis an ihrer Spitze, zum Zelt des Königs; als sie eintraten und ihn im Glanz seiner Waffen, auf die Lanze gestützt und mit hohem Helme dasitzen sahen, knieten sie staunend nieder; der König hieß sie aufstehen und reden. Sie nannten den Namen ihrer Feste Nysa, berichteten, sie seien aus dem Westen hergekommen, seit jener Zeit hätten sie selbständig und glücklich unter einer Aristokratie von dreißig Edlen gelebt. Darauf erklärte Alexander, daß er ihnen ihre Freiheit und Selbständigkeit lassen werde, daß Akuphis unter den Edlen des Landes die Vorstandschaft haben, daß endlich einige hundert Reiter zum Heere des Königs stoßen sollten. Dies mag ungefähr das Wahre von einer Sache sein, die, vielleicht nicht ohne das Zutun des Königs selbst, auf das wundervollste ausgeschmückt weitererzählt wurde; fortan hießen die Nysaier unmittelbare Nachkommen von den Begleitern des Dionysos, dessen Züge der griechische Mythos bereits bis Indien ausgedehnt hatte; die tapferen Makedonen fühlten sich, in weiter Ferne von ihrem Vaterlande, heimisch unter heimatlichen Erinnerungen[86].

---

86 Arrian. V 1 sq., Ind. 2, Curt. VIII 10, 13, Justin. XII 7, Strabo XV, p. 687. Ich habe nach den bekannten Arbeiten von Colonel Tod, Bohlen, Ritter usw., Lassen I², S. 518. II, S. 135 nicht ausführlicher über diese Märchen sein mögen, als es für den pragmatischen Zusammenhang der Begebenheiten notwendig ist; gewiß war es bei Alexander nicht die bloße Eitelkeit, mit den Eroberungszügen des Dionysos zu wetteifern, wenn er jenen stolzen

maios sich rechts und links um die Stellung der Feinde hinziehen, um durch einen gleichzeitigen Angriff von drei Seiten dessen Übermacht zu zerteilen; er selbst rückte gegen die Höhen, wo die größte Masse der Barbaren stand. Kaum sahen diese die Makedonen vorrücken, so stürzten sie sich im Vertrauen auf ihre Übermacht von den Höhen herab auf Alexander; ein hartnäckiger Kampf entspann sich. Währenddessen rückte auch Ptolemaios heran; da aber die Barbaren hier nicht von ihrer Höhe herabgingen, war er genötigt, auf ungleichem Boden den Kampf zu beginnen; mit ungemeiner Anstrengung gelang es endlich, die Abhänge zu erklimmen, die Feinde, die mit dem größten Mut kämpften, nach der Seite der Höhe zurückzudrängen, die er, um sie nicht durch vollständige Umzingelung zur verzweifelten Gegenwehr zu bringen, unbesetzt gelassen hatte. Auch Leonnatos hatte auf seiner Seite die Feinde zum Weichen gebracht, und schon verfolgte Alexander die geschlagene Hauptmacht der Mitte, ein furchtbares Blutbad vollendete den mühsam erkämpften Sieg; 40000 Mann wurden kriegsgefangen; ungeheure Rinderherden, der Reichtum dieses Alpenvolkes, fielen in die Hände des Siegers; Ptolemaios berichtet, es seien über 230000 Haupt Vieh gewesen, von denen Alexander die schönsten ausgesucht habe, um sie zum Behuf des Feldbaues nach Makedonien zu schicken.

Indessen war die Nachricht eingelaufen, daß die Assakener in dem nächsten Flußtal, dem des Suastos, sich auf das eifrigste rüsteten, daß sie Söldner von jenseits des Indus her an sich gezogen und bereits eine Streitmacht von 30000 Mann Fußvolk, 20000 Pferden, 30 Elefanten beisammen hätten. Der König mußte, um ihr Land zu erreichen, zuvor das Tal des tiefen und reißenden Guraios hinab, dessen oberen Teil er unterworfen hatte; er rückte mit einem Teil seiner Truppen schnell vorauf, während Krate-

nam seiner Rüstung zu berauben. Das sahen die Aspasier von den Bergen; sie stürzten sich in wilder Wut herab, wenigstens die Leiche ihres Fürsten zu retten; indes war auch Alexander herangekommen; ein heftiges Gefecht entspann sich, mit Mühe wurde der Leichnam behauptet, erst nach schwerem Kampf zogen sich die führerlosen Barbaren tief in die Berge zurück.

Alexander, nicht willens, weiter hinauf in das Hochgebirge vorzudringen, wandte sich an dem Euaspla hinauf ostwärts, um durch die Bergpässe, die dem Tal des Guraios zuführen, die Stadt Arigaion zu erreichen. Er fand die Stadt niedergebrannt und verlassen, die Bevölkerung war in die Berge geflohen. Die Wichtigkeit dieser Lokalität, welche die Straße zum Choaspes beherrscht, bewog den König, Krateros, der von Süden heranrückte, mit dem Wiederaufbau der Stadt zu beauftragen, indem er die zum Dienst untauglichen Makedonen und von den Landeseinwohnern alle, die sich dazu bereit erklärten, hier anzusiedeln befahl. Auf diese Weise waren die beiden Paßwege zum Choaspes durch die Besetzung von Andaka und Arigaion in Alexanders Macht. Doch schien es notwendig, die tapferen Alpenbewohner im Norden der Stadt, die in den Bergen eine drohende Stellung angenommen hatten, das Übergewicht der makedonischen Waffen fühlen zu lassen. So rückte Alexander von Arigaion aus gegen das Alpenland; am Abend lagerte er am Fuß der Berge; Ptolemaios, zum Rekognoszieren ausgesandt, brachte die Nachricht mit, daß der Feuer in den Bergen eine sehr große Zahl sei und daß man auf eine bedeutende Übermacht des Feindes schließen müsse. Sofort wurde der Angriff beschlossen; ein Teil des Heeres behauptete die Stellung am Fuß des Gebirges, mit den übrigen rückte der König selbst die Berge hinauf; sobald er der feindlichen Feuer ansichtig wurde, ließ er Leonnatos und Ptole-

erklommen; die Feinde hielten nicht länger stand, sie suchten aus den Toren der Stadt auf die Berge zu entkommen; viele wurden erschlagen; die Makedonen, über des Königs Wunde erbittert, schonten niemand; die Stadt selbst wurde dem Erdboden gleichgemacht.

Dieser erste rasche Erfolg verfehlte nicht, den gewünschten Eindruck zu machen. Eine zweite Stadt Andaka ergab sich sofort. Krateros wurde hier mit dem schweren Fußvolk zurückgelassen, die übrigen Städte in der Nähe zur Unterwerfung zu zwingen und dann über das Gebirge nach Arigaion im Tal des Guraios (Pandjkora) zu marschieren. Alexander selbst wandte sich mit den übrigen Truppen nordostwärts zum Euaspla, um in möglichster Schnelle die Stadt zu erreichen, in der er den Fürsten des Landes in seine Gewalt zu bekommen hoffte. Bereits am zweiten Tage erreichte er die Stadt, doch war die Kunde von seinem Anrücken vorausgeeilt; die Stadt stand in vollen Flammen, die Wege zu den Bergen waren mit Fliehenden bedeckt; ein fürchterliches Gemetzel begann; doch hatte der Fürst selbst mit seiner zahlreichen und wohlbewehrten Leibwache bereits die unwegsamen Höhen erreicht. Ptolemaios, der im Getümmel den fürstlichen Zug erkannt und heftig verfolgt hatte, rückte, sobald das emporsteigende Gelände für seine Pferde zu steil wurde, zu Fuß an der Spitze der wenigen Hypaspisten, die um ihn waren, in möglichster Eile den Fliehenden nach; da machte plötzlich der Fürst mit seinen Kriegern kehrt, stürmte auf die Makedonen los, warf sich selbst auf Ptolemaios, schleuderte ihm den Speer gegen die Brust; Ptolemaios, durch seinen Harnisch gerettet, rannte dem Fürsten die Lanze durch die Hüften und riß den Sterbenden zu Boden. Der Fall des Fürsten entschied den Sieg; während die Makedonen verfolgten und niedermetzelten, begann der Lagide den fürstlichen Leich-

bildend, dessen andere Seite der kaum weniger mächtige Gebirgszug schließt, der dies Tal von dem des Guraios scheidet; für militärische Bewegungen ein äußerst schwieriges Terrain. Das Volk der Aspasier hatte hier seine Sitze, seine Bergfesten, seine zahlreichen Herden; einige Tage nordwärts am Choaspes lag die Fürstenstadt, wichtig auch durch die Gebirgsstraße, die hier vorüber über das Hochgebirge nach dem Quellande des Oxos führt. Sobald Alexander über diesen Fluß gesetzt war und dem sich allmählich verengenden Tal folgend die Südgrenze des aspasischen Landes erreichte, flüchteten sich die Einwohner teils in die Berge, teils in die festen Städte, entschlossen, den Makedonen Widerstand zu leisten. Desto mehr eilte Alexander vorwärts; mit der gesamten Reiterei und 800 seiner Hypaspisten, die gleichfalls beritten gemacht wurden, rückte er voraus und gelangte bald zu der ersten Stadt der Aspasier, die mit einer doppelten Mauer versehen war und durch eine bedeutende, unter den Wällen aufgestellte Streitmacht verteidigt wurde. Unmittelbar vom Marsch aus griff der König an; nach einem heftigen Gefecht, in dem er selbst in der Schulter und von seiner nächsten Umgebung die Leibwächter Ptolemaios und Leonnatos verwundet wurden, mußten sich die Barbaren hinter die Mauern ihrer Stadt zurückziehen. Der Abend, die Erschöpfung der Truppen, die Wunde des Königs machten weiteren Kampf unmöglich; die Makedonen lagerten hart an der Mauer der Stadt. Früh am nächsten Morgen begann der Sturm; die Mauer ward erstiegen und besetzt; erst jetzt sah man die zweite, stärkere Mauer der Stadt, die auf das sorgsamste besetzt war. Indes war die Hauptmasse des Heeres nachgerückt; sofort wurde zu neuem Angriff geschritten; während die Schützen von allen Seiten her die Posten auf den Mauern trafen, wurden die Sturmleitern angelegt, bald waren hie und da die Zinnen

Elefanten, es waren fünfundzwanzig, zum beliebigen Gebrauch. Alexander eröffnete ihnen, er hoffe im Laufe dieses Sommers das Gebiet bis zum Indus zu beruhigen, er werde die vor ihm erschienenen Fürsten belohnen, diejenigen, welche sich nicht unterworfen hätten, zum Gehorsam zu zwingen wissen; er gedenke den Winter am Indus zuzubringen, um mit dem nächsten Frühling die Feinde seines Verbündeten, des Fürsten von Taxila, zu strafen. Sodann teilte er seine gesamten Streitkräfte zu zwei Armeen, von denen die eine unter Perdikkas und Hephaistion an dem rechten Ufer des Kophen zum Indus hinabziehen sollte, während er selbst mit der anderen das sehr schwierige, von streitbaren Völkern bewohnte Land im Norden desselben Flusses durchziehen wollte.

Demnach rückten Hephaistion und Perdikkas mit den Phalangen Gorgias, Kleitos, Meleagros, mit der Hälfte der makedonischen Ritterschaft und sämtlichen Söldnerreitern am Kophenfluß, auf dessen rechtem Ufer, wo die Gandarer wohnten, hinab, indem die indischen Fürsten, die dem König gehuldigt hatten, mit ihnen in ihre Länder zurückkehrten. Sie hatten Befehl, alle bedeutenden Plätze zu besetzen oder, falls ihre Übergabe geweigert würde, sie mit Gewalt zu unterwerfen, an den Ufern des Indus angelangt, sofort den Bau der Indusbrücke zu beginnen, über welche Alexander nach dem Inneren Indiens vorzurücken gedachte.

Alexander selbst ging mit den Hypaspisten, der anderen Hälfte der Ritterschaft, mit der größeren Zahl der Phalangen, mit den Bogenschützen, den Agrianern und den Akontisten zu Pferd über den Kophen und durch den Paß von Jellalabad ostwärts. Hier kommt der Choes oder Choaspes, der aus den Gletschern des Puschti-kur im Hochgebirge entspringt, in die Talebene hinab, zunächst aufwärts längs den mächtigen Felsenlagen des Khond ein wildes Talland

ihre Besatzung sowie den Auftrag, für ihren weiteren Ausbau Sorge zu tragen, erhielt Nikanor von den Hetairen; Tyriëspis wurde zum Satrapen des Landes bestellt, dessen Grenze fortan der Kophenfluß sein sollte. Alexander zog durch dies schöne, blumen- und fruchtreiche Land zunächst nach Nikaia; die Opfer, die er der Athena brachte, bezeichneten, so war es seine Weise, den Beginn eines neues Feldzugs.

Das Heer nahte sich der Grenze der Paropamisaden, die da, wo die obere Ebene des Kophen sich schließt, gewesen sein wird. Dort tritt der schon bedeutende Fluß in das Felsental, das wie ein Tor zu dem Lande des Indus ist; auf seiner Südseite begleiten ihn die Vorberge des hohen Sefid-Kuh, während auf seinem linken Ufer vom Norden her wie Querriegel mehrere bedeutende Gebirgszüge, die sich von der Hochkette des westlichen Himalaja abzweigen, bis nahe an seine Ufer streichen. Der Choaspes oder Choes (Kameh oder Kunar) und weiter östlich der Guraios (Pandjkora), beide mit zahlreichen Nebenflüssen und Nebentälern, bilden die vielen Bergkantone dieses Landes »diesseits des Indus«, deren Bewohner unter dem Namen der Açvaka zusammengefaßt werden, wenn auch die einzelnen Distrikte, meist unter eigenen Fürsten, ihre besonderen Namen führten. Im Kophental selbst wohnten die Astakener, wohl so genannt, weil sie im Westen (Asta) des Indus wohnten.

Alexander hatte von Nikaia aus seine Herolde an die indischen Fürsten, die am unteren Lauf des Kophen und am Ufer des Indus herrschten, vorausgesandt; er ließ sie zu sich entbieten, um ihre Huldigung zu empfangen. So kam der Fürst von Taxila, mehrere Rajas des Landes diesseits des Indus, nach der prunkenden Art der Hindufürsten auf geschmückten Elefanten und mit reichem Gefolge; sie brachten dem König kostbare Geschenke, sie boten ihm ihre

am wenigsten in dem kriegsgeschichtlichen Bilde Alexanders zu entbehren sind. Das Heer, das solche Fülle fremdartiger Elemente in den festen Rahmen der makedonischen Formation aufnahm und sich anbildete, wurde der Kern und, wenn der Ausdruck erlaubt ist, eine Schule der hellenistischen Gestaltung, die sich ebenso aus der Natur des neuen Reiches ergab wie dessen Schaffung allein möglich machte. Wenn Alexander wie in Ägypten und den syrischen Landen, in Iran und Baktrien, so demnächst in Indien Tausende seiner Kriegsleute als Besatzung und Bürger der neuen Städte zurückließ und dafür in sein Heer Asiaten in größerer Zahl aufnahm, so zeigt das mehr als alles andere die kühne Konsequenz seines Gedankens und seine Zuversicht und dessen Richtigkeit und Macht; und es begreift sich, daß er durch die versuchten Oppositionen des makedonischen Stolzes und des hellenischen Liberalismus sich nicht beirren ließ; mit, der Macht seiner imperatorischen Persönlichkeit war er gewiß, auch ferneren Hoch- und Schwachmütigkeiten zum Trotz alles dem Zuge seines Willens folgen zu machen.

Gegen Ende des Frühlings 327 brach Alexander von Baktrien auf. Die Gebirgswege, die vor zwei Jahren so viele Mühe gemacht hatten, lagen jetzt frei von Schnee; Vorräte waren reichlich vorhanden; auf einer kürzeren Straße erreichte man nach einem zehntägigen Marsch die Stadt Alexandreia am Südabhang des Gebirges.

Der König fand sie nicht in dem Zustand, wie er erwartet hatte; Neiloxenos, der seine Befehlshaberstelle nicht mit der notwendigen Umsicht und Kraft verwaltet hatte, wurde entsetzt, auch der Perser Proëxes verlor sein Amt als Satrap der Paropamisaden. Aus der Umgegend wurde die Bevölkerung der Stadt vermehrt, vom Heer blieben die zum Dienst Untauglichen in ihr zurück; den Befehl über die Stadt und

battanten, mit denen Alexander 334 begonnen hatte, im Lauf der sechs Jahre trotz der Verluste, welche die unausgesetzten Anstrengungen, die Züge durch Schneegebirge und Wüsten, die klimatischen Einflüsse und die ebensooft durch Mangel wie durch Überfluß ungesunde Lebensweise hervorgebracht haben mußten, sich dennoch verdoppelt haben mochte. Aber teils hatte der König die hellenischen, die thessalischen Bundesgenossen heimgehen lassen, teils waren Truppen in bedeutender Menge als Besatzungen der okkupierten Länder und der Hauptwaffenplätze in denselben zurückgeblieben; das baktrianische Gebiet allein behielt ein Korps von 10 000 Mann Fußvolk und 3500 Reitern; nicht minder mußten bedeutende Streitkräfte im arachosischen Alexandrien, in Ekbatana, Babylon, Ägypten usw. stehen, wenn schon es wahrscheinlich ist, daß namentlich die Westsatrapien nicht von der großen Armee, sondern aus Europa selbst ihre Besatzungen ergänzten. Für den indischen Feldzug hatte der König aus den streitbaren Völkern der arianischen und oxianischen Lande sein Heer verstärkt. Daß auch Phoiniker, Kyprier, Ägypter in bedeutender Zahl beim Heere waren, zeigt sich demnächst bei der Ausrüstung der Indusflotte. Die Stärke des Heeres um die Zeit, da es den Indus hinabzog, war nach zuverlässiger Angabe 120 000 Kombattanten.

Man sieht, dem Material nach war dies Heer schon nicht mehr ein hellenisch-makedonisches, wohl aber der Organisation nach; und die Tatsache, daß die folgenden Feldzüge mit diesem Heer geführt sind, gestattet auf die feste Disziplin, auf die Armeeverwaltung und deren Organisation, auf die Autorität der Befehlenden, vor allem auf den militärischen Geist und die vollendete Tüchtigkeit des Offizierskorps sichere Schlüsse; Dinge, von denen freilich in den Überlieferungen so gut wie nichts steht und die doch

Lande diesseits des Indus war bereits in des Königs Umgebung, Sisikottos, der, wohl als die Makedonen von Arachosien her anrückten, zu Bessos nach Baktrien gegangen war, dann, als dessen Unternehmen kläglich zusammenbrach, sich dem Sieger zugewandt hatte und ihm fortan in treuer Ergebenheit diente. Durch solche Verbindungen konnte Alexander über die indischen Verhältnisse, über die Natur des Landes und seiner Bevölkerung Hinreichendes in Erfahrung bringen, um den Gang seines Unternehmens und die zu demselben erforderlichen Vorbereitungen und Streitkräfte mit einiger Sicherheit zu bestimmen.

In den Vorbereitungen, die er während des letzten Jahres gemacht hatte, läßt sich die richtige Würdigung der bevorstehenden Schwierigkeiten nicht verkennen. Das disponible Heer, das seit der Vernichtung der persischen Macht nicht eben bedeutend zu sein brauchte, um die einzelnen Satrapien zu unterwerfen, reichte in der Stärke, die es die zwei letzten Jahre in Baktrien gehabt hatte, zum Kampfe gegen die stark bevölkerten und mit großer Kriegsmacht versehenen indischen Staaten nicht aus. Wohl waren immer neue Tausende, teils Makedonen, wie es scheint nach ihrer Dienstpflicht, teils thrakische, agrianische, hellenische Söldner, von Beute und Ruhm gelockt, gen Asien nachgezogen[85], so daß die anfängliche Zahl von fünfunddreißigtausend Kom-

---

85 Eine Berechnung der Ergänzungen, die dem Heere seit 333 zugeführt sind, ist nach der summarischen Art, wie Arrian die meisten derselben angibt, unmöglich. Die Kleitarchischen bei Diodor und Curtius sind ergiebiger, aber unzuverlässig; nach diesen hat das Heer erhalten

in Susa	an Fußvolk 13 500,	an Reitern	2100,
in Medien	an Fußvolk 5 000,	an Reitern	1000,
in Drangiana	an Fußvolk 5 600,	an Reitern	930,
in Baktrien	an Fußvolk 17 000,	an Reitern	2600.
	41 100,		6630.

bei Gaugamela die Inder, »die an Baktrien grenzten«, unter Bessos' Führung, die Berg-Inder unter Barsaëntes, dem Satrapen von Arachosien, teil. Jenseits des Indus folgte eine Kette unabhängiger Staaten, die sich über die fünf Ströme gen Osten bis zur Wüste, gen Süden bis zur Indusmündung ausdehnte, eine Musterkarte kleinerer und größerer Völker, Fürstentümer und Republiken, ein buntes Durcheinander politischer Zersplitterung und religiöser Verwirrung, untereinander ohne andere Gemeinschaft als die der gegenseitigen Eifersucht und des steten Wechsels von treulosen Bündnissen und selbstsüchtigen Fehden.

Alexander hatte mit der Unterwerfung des sogdianischen Landes die Besitznahme des Perserreiches vollendet; die Satrapie des Paropamisos, die er im Jahre 329 besetzt, in der er Alexandreia am Kaukasos gegründet hatte, war zum Ausgangspunkt des Zuges nach Indien bestimmt. Der militärisch-politische Gedanke dieses Kriegszuges wird in unseren Quellen nicht angegeben; er wird sich aus dem Zusammenhang der weiteren Ereignisse hinlänglich ergeben.

Alexander hatte bereits über den Indus hinaus mehrfache Verbindungen; namentlich die mit dem Fürsten von Taxila (Takschaçila) waren von großer Bedeutung. Dessen Königreich lag auf dem Ostufer des Indus, der Mündung des Kophenflusses gegenüber, es erstreckte sich ostwärts nach dem Hydaspes (Vitasta) in einer Ausdehnung, die man der der ägyptischen Statthalterschaft gleichschätzte. Der Fürst, mit mehreren seiner Nachbarn, namentlich dem Paurava, dem Fürsten Poros am Hydaspes, verfeindet und zugleich nach Erweiterung seines Gebietes begierig, hatte den König während seines Aufenthaltes in Sogdiana zu einer indischen Heerfahrt aufgefordert und sich bereit erklärt, die Inder, die sich ihm zu widersetzen wagen würden, mit ihm gemeinsam zu bekämpfen. Auch ein Fürst aus dem

So schon in Alexanders Zeit. Die damals im Gangeslande hochentwickelten brahmanischen Völker arischen Stammes hatten vergessen, daß auch sie einst in dem Lande der »sieben Ströme« gesessen haben, daß sie in grauer Vorzeit wandernd durch jenes Westtor gekommen sind, wie denn Namen ihrer ruhmreichsten Geschlechter, die sich am Oxos und Jaxartes erhalten haben, auf ihre früheren Sitze schließen lassen. Ihrem Wanderzuge sind andere Völker arischer Sprache und Art dorthin nachgezogen; aber zu großen Wagnissen nicht stark oder nicht begehrlich genug, blieben sie mit ihren Herden auf den Gebirgsweiden am Kophen und dessen Nebenflüssen bis zum Indus hin.

Dann ward Assyrien mächtig, gewann, vom Tigris ausgehend, wie das breite syrische Tiefland so das arianische Hochland; aber Semiramis sah, so wird erzählt, an der Indusbrücke die Kamele der westlichen Steppen vor den Elefanten des indischen Ostens flüchten. Dann folgten die Meder, die Perser; und seit Kyros' Zeit wird unter den Satrapien des Reiches auch Gandara, es werden in den persischen Heeren des Xerxes Gandarener und andere Inder aufgeführt; und Dareios sandte von seiner Stadt Kaspatyros – wohl Kabul – einen hellenischen Mann nach dem Indus, um diesen hinab bis ins Meer zu fahren, der dann auch durch das Arabische Meer zurückkehrte, eine Sendung, die des Großkönigs umfassende Pläne ahnen läßt; aber die Kämpfe Persiens im Abendlande und das rasch einbrechende Sinken des Reiches ließ sie nicht zur Erfüllung kommen.

Nie hat sich die Herrschaft der Achaimeniden bis jenseits des Indus erstreckt; die Ebene am Fuß des Paropamisos mit den westlichsten Zweigen indischer Bevölkerung war das letzte Gebiet, das die Großkönige besaßen; von dorther waren die Elefanten des letzten Perserkönigs, die ersten, welche die Westwelt sah; mit ihnen nahmen an der Schlacht

rer gesehen zu haben, der erste Europäer, der den Weg nach Indien gefunden.

Er fand die Stelle, die wie ein Tor zum indischen Lande ist. Ein Strom durchbricht da den Gebirgswall, der Indien von der Westwelt scheidet; entsprungen in den Hochgebirgen, denen nah aneinander die Gewässer von Baktrien und Ariana entquellen, stürzt sich der Kophen mit zahlreichen Zuflüssen von Norden her verstärkt ostwärts zum Bett des mächtigen Indus hinab; umsonst türmen sich rechts und links von diesem Weststrom die wildesten Felsenmassen empor, sie öffnen seinen reißenden Wassern ein eingeengtes Tal, nach dem die lachende Ebene von Peschawar zu dem fruchtüppigen Tropenklima Indiens hinabführt. Aber es ist noch nicht das rechte Indien, das sich hier öffnet; die fünf Ströme des Pandschab, die Überschwemmungen der Sommermonate, der breite Gürtel der Wüste im Osten und Süden machen das Abendland Indiens zu einer zweiten Schutzwehr des heiligen Gangeslandes; es ist, als habe die Natur einen Liebling vor Gefahren, denen sie einen Weg geöffnet, doch noch zu schützen versuchen wollen. An das Gangesland knüpft sich alles Heilige und Große, was der Hindu kennt; dort ist der uralte fromme Glaube und die strenge Sonderung der Kasten, die aus Brahma gezeugt sind, heimisch, dort sind die heiligsten Orte der Wallfahrten und der Strom des geweihten Wassers; die Stämme im Abend der Wüste, obschon verwandten Geschlechtes und Glaubens, sind abgewichen von der strengen Reinheit des göttlichen Gesetzes, sie haben nicht den Verkehr mit der Welt draußen gemieden, sie haben nicht die Würde königlicher Herrschaft, nicht die Lauterkeit der Kasten, nicht die Abgeschlossenheit gegen die unreinen und verhaßten Fremdlinge bewahrt, die doch Bedingung, Sicherung und Beweis des heiligen Lebens ist; sie sind die Entarteten und den Fremdlingen preisgegeben.

DRITTES KAPITEL

Das indische Land · Die Kämpfe diesseits des Indus · Der Übergang über den Indus · Zug nach dem Hydaspes · Der Fürst von Taxila Krieg gegen den König Poros · Schlacht am Hydaspes · Kämpfe gegen die freien Stämme · Das Heer am Hyphasis · Umkehr

Indien ist eine Welt für sich. In der Eigenartigkeit seiner Natur, seiner Bevölkerung, seiner Religion und Bildung völlig in sich abgeschlossen, war es der Westwelt des Altertums jahrhundertelang nur dem Namen nach, nur wie ein Wunderland am Ostsaume der Erde bekannt. Von zwei Seiten umfluten es ozeanische Meere, in denen spät erst Betriebsamkeit und Wissenschaft die Straßen der leichtesten und sichersten Verbindung erschließen sollten; von zwei anderen Seiten türmen sich zu zwei- und dreifacher Umwallung Gebirgsmassen empor, zum Teil die höchstragenden der Erde, deren Schneepässe im Norden, deren glühende Felsspalten im Westen nur dem frommen Pilger, dem wandernden Handelsmann, dem Räuber der Wüste mühsame Wege zu öffnen scheinen, nicht dem Völker- und Weltverkehr.

Der Bevölkerung Indiens selbst ist die Erinnerung ihrer Vorzeit in zeit- und raumlosen Phantastereien verschwommen und verkommen, seit sie aufgehört hat, sich selbst anzugehören; aber dem voraus liegt eine Vergangenheit großer und mannigfacher Entwicklungen, das Werden und Reifen der religiösen, hierarchischen, politischen Bildungen, in denen sich jene Eigenartigkeit der indischen Welt vollendet hat. In ihrer Mittagshöhe, bevor sie noch den ersten Schritt abwärts getan, scheint sie der makedonische Erobe-

rer scheint das Weitere zu sein; die unglücklichen jungen Leute gaben ihren Plan nicht auf, sie beschlossen, ihn in der nächsten Nachtwache, die auf sie fiel, auszuführen; Epimenes sah tags darauf seinen Busenfreund Charikles, den Sohn des Menandros, sagte ihm, was bereits geschehen, was noch im Werke sei. Bestürzt eilte Charikles zu seines Freundes Bruder Eurylochos, beschwor ihn, durch schnelle Anzeige den König zu retten; dieser eilte in des Königs Zelt und entdeckte dem Lagiden Ptolemaios den furchtbaren Plan. Auf seine Anzeige befahl der König, sofort die Verschworenen zu verhaften; sie wurden verhört, gefoltert; sie bekannten ihren Plan, ihre Genossen, Kallisthenes' Mitwisserschaft; auch dessen Verhaftung erfolgte. Das zum Kriegsgericht berufene Heer sprach über die Verschworenen das Urteil, vollzog es nach makedonischer Art. Kallisthenes, der Hellene und nicht Soldat war, wurde in Ketten gelegt, um später gerichtet zu werden. Alexander soll darüber an Antipatros geschrieben haben: »Die Knaben sind von den Makedonen gesteinigt worden, den Sophisten aber will ich selbst bestrafen, und auch diejenigen, die ihn zu mir geschickt haben und die in ihren Städten Verräter gegen mich aufnehmen.« Kallisthenes ist dann während des indischen Feldzuges nach Aristobulos' Angabe als Gefangener gestorben, nach Ptolemaios gefoltert und gehenkt worden.

Wurf hatte, vor den Speer rannte, erlaubte sich der junge Mann den ersten Wurf und erlegte das Tier; ein Dienstvergehen, das der König unter anderen Umständen vielleicht nicht beachtet hätte, bei Hermolaos aber als absichtlich ansah und demgemäß bestrafte, indem er ihn züchtigen und ihm sein Pferd nehmen ließ. Hermolaos fühlte nicht sein Unrecht, nur die empörende Kränkung, die ihm angetan sei. Sein Busenfreund war Sostratos, der Sohn des Tymphaiers Amyntas, desselben, der mit seinen drei Brüdern bei der Philotasverschwörung in den Verdacht der Teilnahme gefallen war und, um sich aller Schuld frei zu zeigen, den Tod im Kampfe gesucht hatte; diesem Sostratos teilte sich Hermolaos mit; das Leben sei ihm verleidet, wenn er sich nicht rächen könne. Leicht war Sostratos gewonnen; es sei ja Alexander, der ihm schon den Vater entrissen, der ihm jetzt den Freund beschimpft habe. Die beiden Jünglinge zogen noch vier andere aus der Schar der Edelknaben ins Geheimnis; es waren Antipatros, der Sohn des Asklepiodoros, des gewesenen Statthalters von Syrien, Epimenes, Arseas' Sohn, Antikles, Theokritos' Sohn, und der thrakische Philotas, des Karsis Sohn; sie verabredeten, in der Nacht, wenn Antipatros die Wache habe, den König im Schlafe zu ermorden. Der König, so wird erzählt, habe diese Nacht mit den Freunden gegessen, sei dann länger als sonst in ihrer Gesellschaft geblieben; als er nach Mitternacht habe aufbrechen wollen, sei ein syrisches Weib, eine Wahrsagerin, die ihm seit Jahren gefolgt sei und, anfangs wenig beachtet, allmählich, da sich ihr Rat und ihre Warnung mehrfach bewährt, seine Beachtung und sein Ohr gewonnen habe, diese Syrerin sei, da er fortgehen wollte, plötzlich ihm gegenüber gewesen und habe ihm gesagt, er möge bleiben und die Nacht durch trinken. Der König habe dem Rat Folge geleistet, und so sei für diese Nacht der Plan der Verschworenen vereitelt worden. Siche-

Noch manches andere wird von diesen Vorgängen berichtet; bemerkenswert erscheint die Angabe, daß Hephaistion gesagt habe, auch von Kallisthenes sei in der vorhergehenden Besprechung die Proskynesis ausdrücklich zugesagt, nicht minder die Angabe, daß Lysimachos der Somatophylax und zwei andere den König auf des Sophisten hochmütiges Verhalten hingewiesen, Äußerungen von ihm über Tyrannenmord angeführt hätten, die um so mehr zu beachten seien, da viele der jungen Edelleute an ihm hingen, seine Worte wie Orakel, ihn selbst wie den einzigen Freien unter den Tausenden des Heeres betrachteten.

Nach einer schon von König Philipp herstammenden Einrichtung wurden die Söhne des makedonischen Adels mit ihrem Eintritt ins Jünglingsalter einberufen, um als »königliche Knaben« um des Königs Person und militärisch als seine »Leibwächter« ihre Laufbahn zu beginnen; sie waren im Felde seine nächste Begleitung, sie hatten die Nachtwache in seinem Quartier, sie führten ihm das Pferd vor und hoben ihn in den Bügel, sie waren um ihn bei Tafel und auf der Jagd; sie standen unmittelbar unter seiner Obhut, und nur er durfte sie strafen; er sorgte für ihre wissenschaftliche Ausbildung, namentlich für sie waren wohl die Philosophen und Rhetoren und Poeten, die Alexander begleiteten, berufen worden. Unter diesen jungen Adligen war Hermolaos, der Sohn des Sopolis, desselben, der von Nautaka aus auf Werbung nach Makedonien gesandt war. Hermolaos, ein eifriger Verehrer des Kallisthenes und seiner Philosophie, hatte, so scheint es, die Ansichten und Tendenzen seines Lehrers mit Begeisterung aufgefaßt; mit jugendlichem Unwillen sah er diese Vermischung des persischen und hellenischen Wesens, die Zurücksetzung des makedonischen Herkommens. Bei einer Jagd, als ein Eber auf die Wildbahn kam und dem König, der nach der Hofsitte den ersten

Daß der König die asiatischen Großen nach dem Zeremoniell der persischen Hofsitte empfing, war natürlich; es war eine für sie empfindliche Ungleichheit, wenn die Hellenen und Makedonen sich ohne solche Formen der Devotion der Majestät des Königs nahen durften. Wie einmal des Königs Stellung und Auffassung war, mochte es ihm erwünscht sein, daß, diesen Unterschied zu beseitigen, die morgenländische Proskynesis zur Hofsitte werde; aber ebenso mochte er den Vorurteilen, an welchen mancher haftete, nicht durch einen Befehl Anlaß zur Mißdeutung und Unzufriedenheit geben wollen. Hephaistion und einige andere übernahmen es, die Sache einzuleiten; beim nächsten Gelage, so heißt es, habe es zur Ausführung kommen sollen; von Anaxarchos sei da in diesem Sinn gesprochen worden, von Kallisthenes in eingehender und ernst abmahnender Weise und in unmittelbarer Anrede an den König so schroff dagegen, daß der König, sichtlich verletzt, jede weitere Erwähnung der Sache untersagt habe. Eine andere Erzählung sagt, der König habe bei Tafel die goldene Schale genommen und zunächst denen, mit welchen die Proskynesis verabredet gewesen sei, zugetrunken; dann sei der so Begrüßte, nachdem er seine Schale geleert, aufgestanden, habe die Proskynesis gemacht, sei dann vom König geküßt worden. Als nun die Reihe an Kallisthenes gekommen und der König ihm zugetrunken, dann mit Hephaistion, der an seiner Seite gesessen, weitergesprochen, habe der Philosoph die Schale geleert, sich erhoben, zu Alexander zu gehen und ihn zu küssen; der König habe nicht bemerken wollen, daß die Proskynesis unterlassen sei, aber einer der Hetairen habe gesagt: »Küsse ihn nicht, o König, er ist der einzige, der nicht angebetet.« Alexander habe ihm darauf den Kuß geweigert und Kallisthenes, indem er sich hinweggewendet, gesagt: »So gehe ich um einen Kuß ärmer fort.«

nicht so furchtbar zeigen, wie du wohl wünschest, der du deswegen meine Tafel verachtest, weil ich statt der Fische nicht Satrapenköpfe aufsetzen lasse«; ein Ausdruck, dessen sich Anaxarchos bedient hatte, als er den König sich an einem Gericht kleiner Fische, die ihm Hephaistion geschickt hatte, freuen sah. In welchem Sinne seine Schrift vom Königtum geschrieben war, zeigen die Trostgründe, mit denen er nach Kleitos' Ermordung den König aufzurichten suchte: »Weißt du nicht, o König«, sagte er damals, »daß darum die Gerechtigkeit zur Beisitzerin des Königs Zeus gemacht ist, weil alles, was Zeus tut, gut und recht ist? Ebenso muß, was ein König auf dieser Welt getan, zunächst von ihm selbst, dann von der übrigen Menschheit für recht erkannt werden.«

Es ist nicht mehr ersichtlich, wann und auf welchen Anlaß sich die Beziehungen des Königs zu Kallisthenes zu lockern begannen. Einst, so wird erzählt, war Kallisthenes beim König zur Tafel und wurde von diesem aufgefordert, beim Wein eine Lobrede auf die Makedonen zu halten; er tat es mit der ihm eigentümlichen Kunst unter dem lautesten Beifall der Anwesenden. Dann sagte der König, es sei leicht, das Ruhmreiche zu rühmen, er möge seine Kunst beweisen, indem er gegen dieselben Makedonen spräche, und durch gerechten Tadel sie des Besseren belehren. Das tat der Sophist mit schneidender Bitterkeit: der Griechen unselige Zwietracht habe die Macht Philipps und Alexanders gegründet, im Aufruhr komme auch ein Elender bisweilen zu Ehren. Empört sprangen die Makedonen auf, und Alexander sagte: »Nicht von seiner Kunst, sondern von seinem Haß gegen uns hat der Olynthier einen Beweis gegeben.« Kallisthenes aber ging heim und sagte dreimal zu sich selbst: »Auch Patroklos mußte sterben und war mehr denn du!«

Geschenke noch Huld und Herablassung sparte, um die für sich zu gewinnen, welche er um den Ruhm der Wissenschaft beneidete.

Unter diesen Hellenen in Alexanders Gefolge waren besonders zwei Literaten, die durch sonderbare Verknüpfung der Umstände einige Bedeutung in den Verhältnissen des Hoflagers gewannen. Der eine war der oben erwähnte Olynthier Kallisthenes; Schüler und Neffe des großen Aristoteles, der ihn seinem königlichen Zögling zugesandt hatte, begleitete er den König nach dem Osten, um als Augenzeuge die Großtaten der Makedonen der Nachwelt zu überliefern; er soll gesagt haben, er sei zu Alexander gekommen, nicht um sich Ruhm zu erwerben, sondern ihn berühmt zu machen; daß ein göttliches Wesen in ihm sei, werde man nicht um deswillen glauben, was Olympias von seiner Geburt lüge, es werde von dem abhängen, was er in seinem Geschichtswerk der Welt sagen werde. Die Fragmente dieses Geschichtswerkes zeigen, wie hoch er ihn gefeiert hat; von jenem Zuge über den pamphylischen Strand sagt er, die Wellen des Meeres hätten sich niedergelegt, wie um vor dem Könige die Proskynesis zu machen; vor der Schlacht von Gaugamela läßt er den König die Hand zu den Göttern erheben und ausrufen, wenn er des Zeus Sohn sei, so möchten sie ihm beistehen und für die hellenische Sache entscheiden. Seine hohe Bildung, sein Talent des Vortrages, seine gemessene Haltung gaben ihm auch in militärischen Kreisen Ansehen und Einfluß. Sehr anders Anaxarchos von Abdera; er gehörte einer veralteten Philosophenschule an, deren materialistischer Tendenz seine Persönlichkeit entsprach; er war ein Mann der Welt, dem Könige stets untertänig und oft lästig; einst bei einem Gewitter fragte er ihn: »Donnerst du, Sohn des Zeus?«, worauf Alexander lachend antwortete: »Ich mag mich meinen Freunden

kel des Ammon, das Alexander als Sohn des Zeus bezeichnet habe, von dem der Branchiden bei Miletos, das den gleichen Ausspruch getan. Wenn späterhin in hellenischen Staaten ihm göttliche Ehren zu gewähren in Vorschlag gebracht wurde, so war es nicht im Interesse der Religion, sondern Parteisache, daß dem Antrage teilweise widersprochen wurde.

Alles dies vorausgesetzt, kann man sich ein ungefähres Bild von der Umgebung Alexanders machen. Dies bunte Durcheinander der verschiedenartigsten Interessen, das geheime Spiel von Rivalitäten und Intrigen, der unablässige Wechsel von Gelagen und Kämpfen, von Festlichkeiten und Strapazen, von Überfluß und Entbehrung, von strengem Dienst im Felde und zügellosen Genüssen in den Kantonierungen, dazu das stete Weiterdringen in andere und andere Länder, ohne Sorge für die Zukunft und nur der Gegenwart gewiß, das alles vereinte sich, der Umgebung Alexanders jene abenteuerliche und phantastische Haltung zu geben, die zu dem wunderbaren Glänze seiner Siegeszüge paßte. Neben seiner überwiegenden Persönlichkeit treten die einzelnen selten aus der Masse hervor, ihr Verhältnis zum König ist ihr Charakter; so der edle Krateros, der, so heißt es, den König, der milde Hephaistion, der den Alexander liebe; so der immer zuverlässige und dienstbereite Lagide Ptolemaios, der ruhige, durch und durch treue Koinos, der reckenhafte Lysimachos. Kenntlicher sind die allgemeinen Charaktere: die makedonischen Edlen, militärisch, trotzig, herrisch, bis zum Gespreizten voll Selbstgefühl; die asiatischen Fürsten, zeremoniös, prunkend, Meister in jeder Kunst des Luxus, der Unterwürfigkeit und Intrige; die Hellenen, teils im Kabinett des Königs wie der Kardianer Eumenes oder für andere technische Zwecke beschäftigt, teils als Dichter, Künstler, Philosophen im Gefolge des Königs, der auch unter den Waffen der Musen nicht vergaß und weder

schlagen und vertragen, so gut es ging, – Tausende und Abertausende lockte die erschlossene neue Welt des fernen Morgenlandes, sie folgten den Werbern Alexanders oder zogen auf eigene Hand ihm nach, in seinem Heere zu dienen oder im Lager allerlei Geschäft und Verdienst zu versuchen, in den neuen Städten sich anzusiedeln; sie gewöhnten sich an die asiatische Art zu leben, auch wohl an asiatische Unterwürfigkeit gegen den König und die großen Herren, wenn ihnen übrigens nur ihre Parrhesie und ihr sonstiger Betrieb nach hellenischer Art blieben; die »Gebildeten«, soweit sie nicht vorzogen, Gegner des Neuen zu sein, wurden um so enthusiastischere Bewunderer des großen Königs; Rhetoren, Poeten, Witzlinge, wie sie waren, gefielen sie sich darin, Phrasen, wie sie auf die Helden von Marathon und Salamis, auf Heroen wie Perseus und Herakles, auf die Siege des Bakchos und Achilleus hergebracht waren, auf ihn anzuwenden; selbst die Ehren der alten Heroen und des Olymps mußten zum Preise des mächtigen Herrschers dienen. Längst hatten die Sophisten gelehrt, daß alle die, zu welchen man wie zu Göttern betete, eigentlich ausgezeichnete Kriegshelden, gute Gesetzgeber, vergötterte Menschen seien; und so gut manches Geschlecht sich von Zeus oder Apollon abzustammen rühme, ebensogut könne ja wieder der Menschen einer durch große Taten wie einst Herakles in den Olymp kommen oder wie Harmodios und Aristogeiton heroischer Ehren teilhaftig werden. Hatten nicht hellenische Städte dem Lysandros, dem Vernichter der attischen Macht, Altäre gestiftet und Opfer gebracht und Paiane gesungen? Hatte Thasos nicht in feierlicher Gesandtschaft »Agesilaos dem Großen«, wie man ihn nannte, die Apotheose und die Errichtung eines Tempels angetragen? Um wieviel Größeres hatte Alexander getan! Kallisthenes schrieb in seiner Geschichte ohne Bedenken von dem Ora-

kann, ihre Bildung, ins Gewicht. Die Elemente dieser Bildung oder richtiger ihre Ergebnisse für den einzelnen und für das Gemeinleben waren die Aufklärung und die demokratische Autonomie. Die Aufklärung mit all ihrem Segen und Unsegen, da Unglaube, dort Aberglaube, oft beides zugleich, hatte die Geister der alten schlichten Religiosität, dem Glauben an die ewigen Mächte und der Scheu vor ihnen entwöhnt, und nur noch die Hefe von Zeremonien, Opfern, Zeichen und Zauberwirkungen war in der Sitte und konventionellen Geltung geblieben; klug sein galt jetzt statt fromm sein; Frivolität, Lust am Wagen und Gewinnen, der Ehrgeiz, sich irgendwie hervorzutun, und das Raffinement, mit dem, was man Besonderes konnte, zu wuchern, das waren und wurden immer mehr die Impulse der praktischen Moral. Und die Demokratie war die gegebene Form für das Gemeinwesen auf solcher Basis; wie schon Solon von seinen Athenern gesagt hatte: »Jeder für sich gehen sie des Fuchses Wege, vereint sind sie betäubten Verstandes.« Je breiter sich diese Demokratie entwickelt hatte – die Freiheit mit Sklavenarbeit und die Sklaven als ihre arbeitende Klasse –, desto dreister und schärfer war jener Individualismus geworden, der in der hellenischen Staatenwelt die Rivalitäten immer spröder, die Schwächeren auf ihre Ohnmacht trotziger, die Stärkeren in ihrer Macht selbstsüchtiger gemacht, die Zerbröckelung und gegenseitige Lähmung endlich bis zu unmöglichen Zuständen getrieben hatte, bis Alexanders Siege völlig neue Bahnen öffneten und jeder Kraft und Begierde und Begabung, aller Fahrigkeit und Wagelust ein unermeßliches Feld ersprießlicher Arbeit erschlossen. Mochte daheim in Sparta, Athen, mancher Stadt sonst Trauer, Groll, arger Wille genug bleiben, mochten die Hellenen in Taurien mit ihren Skythen, die in Sizilien und Großgriechenland mit den Puniern und Italikern sich

sehen fordert, darum endlich das Märchen von des Königs göttlicher Abstammung, über die er selbst mit seinen Vertrauten scherzte.

Die Makedonen ihrerseits hatten längst über die Reichtümer Asiens, über das neue wunderreiche Leben, das sich mit jedem Tage in steigender Flut über sie ergoß, über die steten Strapazen des Heerdienstes und den steten Taumel des Sieges, des Ruhmes und der Herrschaft jene Einfalt und Dürftigkeit abgetan, die vor einem Jahrzehnt noch der Spott der attischen Rednerbühne gewesen war; die Begeisterung für ihren König, der nach wie vor unter ihnen kämpfte, der wunderbare Glanz seines Heldentums, in dessen Widerschein sie sich sonnten, der Reiz des Herrseins, das jedem in seiner Sphäre hohes Selbstgefühl und die Begier zu neuen Taten gab, hatte sie vergessen lassen, daß sie friedliche Bauern und Hirten in der Heimat sein konnten. Und in der Heimat die Hirten und Bauern und Städter, wie überholt von dem plötzlichen Aufschwung ihres kleinen Landes zu der Höhe des Ruhmes und der geschichtlichen Größe, – sie hörten der Heimkehrenden wunderbare Erzählungen, sahen die Reichtümer Asiens dem Vaterlande zuströmen, lernten schnell, sich als das erste Volk der Welt zu fühlen; die Hoheit des Königtums, das einst nah und vertraulich auf einer Scholle Erde mit ihnen geweilt hatte, wuchs wie die Entfernungen nach Babylon, nach Ekbatana, nach Baktrien und Indien ins Unendliche.

Das Volk der Hellenen endlich, geographisch in so viele exzentrische Kreise auseinandergelebt und da, wo es in dichter Masse beieinandersaß, politisch nach wie vor höchst zersplittert, kam im Verhältnis zu den Völkermassen Asiens der Zahl der unmittelbar Beteiligten nach kaum in Rechnung; desto mehr fiel das, was man als die Summe der geschichtlichen Entwicklungen der Griechenwelt bezeichnen

Zahl neuer Städte dem hellenistischen Leben, für das auch diese Lande gewonnen werden sollten, Kraft, Anhalt und Beispiel gegeben; es war eine Form des Regiments gegründet worden, das der besonderen Art dieser Lande und der militärischen Bedeutung derselben angemessen schien. Den Abschluß bildete die Vermählung des Königs mit der schönen Tochter eines dieser sogdianischen Pehlevanen, die jetzt gefeiert wurde; mag immerhin persönliche Neigung der nächste Anlaß zu dieser Verbindung gewesen sein, sie war ebensosehr eine Maßregel der Politik, gleichsam ein äußeres Zeichen und Vorbild der Verschmelzung Asiens und Europas, die Alexander als die Folgewirkung seiner Siege, als die Bedingung der Dauer dessen, was er schaffen wollte, erkannte und in allmählicher Erweiterung durchzuführen versucht hat.

Freilich lagen in diesem Wollen, in dieser sich weit und weiter treibenden Verwirklichung Notwendigkeiten von sehr bedeutsamer Art. Nach der Natur der Elemente, die sich zusammenfinden und verschmelzen sollten, mußte das sprödere, gebundenere, durch die Wucht der trägen Massen stärkere asiatische vorerst überwiegen; sollte es gewonnen werden, so war es unvermeidlich, daß die Anschauungsweise, die Vorurteile, die Gewöhnungen der orientalischen Völker die Richtung gaben, in der sie, wenn die abendländische Macht sie nicht bloß unterworfen haben und beherrschen, sondern gewinnen und versöhnen wollte, an diese gewöhnt werden und an dem unendlich reichen entwickelten Wesen der Sieger allmählich teilzunehmen lernen konnten. Darum die asiatische Hofhaltung, mit der sich Alexander umgab, darum seine der medischen sich annähernde Tracht, in der er erschien, wenn die Waffen ruhten, darum das Zeremoniell und die Pracht des Hofes, die der Morgenländer als das »Gewand des Staates« an seinem Gebieter zu

der König habe ihm seine Herrschaft zurückgegeben und ihm Hoffnung auf eine noch größere gemacht[84].

Sind diese Beobachtungen richtig, so hat Alexander hier im oxianischen Lande dasselbe System für seine Reichsmarken versucht, das, wie wir sehen werden, im indischen Lande zu umfassender Anwendung kam; die Sogdiana wird die transoxianische Mark unter einem abhängigen König; sie und die bis an den Tanais hin begründeten hellenistischen Freistädte, hinter ihnen die große Satrapie Baktrien, welche auch noch die reichbevölkerte Margiana umfaßt, decken die den schweifenden Horden der Wüste zugewandte Seite des Reiches, die großen Straßen nach Hekatompylos, nach dem arischen Alexandrien, über den Kaukasos nach Indien, die Handelsstraße durch die Ferghana nach dem hohen Asien. Man begreift, warum Alexander die Ferghana selbst, das heutige Chôkand, nicht seinem Reich hat zufügen wollen; er begnügt sich, mit Chodjend den Paß dorthin in seiner Gewalt zu haben; mit noch einem Vorlande mehr würde er die Nordmark seines Reiches und die Kraft der Defensive dort nur geschwächt haben.

Es waren zwei Jahre verflossen, seit Alexander in diese Landschaften gekommen war und ein Unternehmen begonnen hatte, das, je größere Schwierigkeiten zu überwinden gewesen waren, desto vollständiger gelungen schien. Es hatte Mühe genug, blutiger Maßregeln, immer neuer Kämpfe gegen empörte Massen und gegen den trotzigen Widerstand der Herren auf ihren Felsenburgen bedurft. Jetzt war die Bevölkerung gebändigt, die Häupter des Landes gezüchtigt und ihre Burgen zerstört, denen, die sich endlich unterworfen, verziehen; es war in einer bedeutenden

84 [Dexippos F Gr Hist II 100 F 8 ist auf die Satrapie Susiana, vielleicht auf Argaios von Oropos zu beziehen, vgl. H. Berve, Alexanderr. II Nr. 107.]

zurück; er selbst ging mit dem größten Teil des Heeres nach Baktra, indem er Krateros mit 600 Mann von der Ritterschaft, mit seiner Taxis und drei anderen weiter nach Paraitakene hinein gegen Katanes und Haustanes, die einzigen noch übrigen Empörer, absandte; die Barbaren wurden in einer blutigen Schlacht überwunden, Katanes erschlagen, Haustanes gefangen vor Alexander gebracht, das Land zur Unterwerfung gezwungen; in kurzem folgte Krateros mit seinen Truppen dem König nach Baktra[83].

Es mag gestattet sein, hier auf eine frühere Bemerkung zurückzukommen, die, unsicher wie sie ist, nur den Anspruch macht, auf einen Punkt hinzuweisen, der für den Zusammenhang wichtig ist. Ein späterer Schriftsteller, Dexippos, der aus sehr guten Quellen gearbeitet hat, gibt bei Gelegenheit der Satrapienverteilung im Sommer 323 die Notiz, das Königtum in Sogdiana habe Oropios innegehabt, nicht als väterliches Erbe, sondern Alexander habe es ihm gegeben; da es ihm aber geschehen sei, daß er infolge eines Aufstandes flüchtend seine Herrschaft verloren, so sei auch Sogdiana an den Satrapen von Baktrien gekommen. Daß kein anderer Schriftsteller davon weiß, ist nach der Art unserer Überlieferung kein Grund zum Mißtrauen gegen diese Nachricht. Welcher Name sich in dem gewiß fehlerhaften Oropios verbirgt, ist nicht mehr zu erkennen, vielleicht der eines Großen, die nach tapferem Widerstand ihren Frieden mit Alexander machten und sich ergeben zeigten wie jener Choriënes oder wie Sisimithres, von dem Curtius sagt,

---

[83] Aman. IV 22, 1. Wie weit ins Innere des Landes hinauf Alexanders Truppen kamen, ist nicht zu ermitteln. Marco Polo, Baber und andere berichten, daß sich die Fürsten von Badakschan und Derwaz ihrer Abstammung von Sekander Filkûs (Alexander, Philippos' Sohn) rühmten. Dasselbe hörte der wunderliche Wanderer Wolff in Klein-Kaschgar von den dortigen Fürsten rühmen (Asiat. Journal 1833; May, App., p. 15).

ten die Maschinen und schleuderten Geschosse in die Burg hinauf. Choriënes, der bisher die Arbeiten der Makedonen gleichgültig mit angesehen hatte, erkannte mit Bestürzung, wie sehr er sich verrechnet habe; einen Ausfall auf die Gegner zu machen, verhinderte die Natur des Felsens, gegen Geschosse von oben her waren die Makedonen durch ihre Schirmdächer geschützt. Endlich mochten frühere Beispiele ihn überzeugen, daß es sicherer sei, sich mit Alexander zu vergleichen, als es zum Äußersten kommen zu lassen; er ließ Alexander durch einen Herold um eine Unterredung mit Oxyartes bitten; sie wurde gestattet, und Oxyartes wußte seinem alten Kampfgenossen leicht die letzten Zweifel zu nehmen, die ihm geblieben sein mochten. So erschien Choriënes, von einigen seiner Leute umgeben, vor Alexander, der ihn auf das huldvollste empfing und ihm Glück wünschte, daß er sein Heil lieber einem rechtschaffenen Mann als einem Felsen anvertrauen wolle. Er behielt ihn bei sich im Zelte und bat ihn, von seinen Begleitern einige abzusenden mit der Anzeige, daß die Feste durch gütlichen Vertrag an die Makedonen übergeben und daß allen, die sich auf der Burg befänden, das Vergangene verziehen sei. Am Tage darauf zog der König, von 500 Hypaspisten begleitet, hinauf, um die Burg in Augenschein zu nehmen; er bewunderte die Festigkeit des Platzes und ließ den für eine lange Belagerung getroffenen Vorsichtsmaßregeln und Einrichtungen alle Gerechtigkeit widerfahren. Choriënes verpflichtete sich, das Heer auf zwei Monate mit Lebensmitteln zu versorgen; er ließ aus den überaus reichen Vorräten seiner Burg den makedonischen Truppen, die durch die Kälte und die Entbehrungen der letzten Tage sehr mitgenommen waren, Brot, Wein und eingesalzenes Fleisch zeltweise verteilen.

Alexander gab ihm die Burg und das umliegende Gebiet

Herrn über die Gefangene; die Vermählung mit ihr sollte den Frieden mit dem Lande besiegeln. Auf die Kunde davon eilte Roxanens Vater zu Alexander; um der schönen Tochter willen ward ihm verziehen.

Noch blieb die Burg des Choriënes im Lande der Paraitakenen, wohin sich mehrere der Abtrünnigen geflüchtet hatten. In den unwegsamen, waldigen Bergschluchten, die man durchziehen mußte, lag noch der tiefe Schnee; häufige Regenschauer, Glatteis, furchtbare Gewitter machten die Märsche noch beschwerlicher. Das Heer litt an dem Notwendigsten Mangel, viele blieben erstarrt liegen; des Königs Beispiel, der Mangel und Mühsal mit den Seinen teilte, hielt allein noch den Mut der Truppen aufrecht; es wird erzählt, daß der König, als er abends am Biwakfeuer saß, sich zu erwärmen, und einen alten Soldaten von Kälte erstarrt und wie bewußtlos heranwanken sah, aufstand, ihm die Waffen abnahm, ihn auf seinem Feldstuhl beim Feuer niedersitzen ließ; als der Veteran sich erholt hatte, seinen König erkannte und bestürzt aufstand, sagte Alexander heiter: »Siehst du, Kamerad, auf des Königs Stuhl zu sitzen bringt bei den Persern den Tod, dir hat es das Leben wiedergegeben.« Endlich langte man vor der Burg an; sie lag auf einem hohen und schroffen Felsen, an dem nur ein schmaler und schwieriger Pfad hinaufführte; überdies strömte auf dieser allein zugänglichen Seite in einer sehr tiefen Schlucht ein reißender Bergstrom vorüber. Alexander, gewohnt, keine Schwierigkeit für unüberwindlich zu halten, befahl sofort, in den Tannenwäldern, die ringsumher die Berge bedeckten, Bäume zu fällen und Leitern zu bauen, um vorerst die Schlucht zu gewinnen. Tag und Nacht wurde gearbeitet, mit unsäglicher Mühe gelangte man endlich in die Tiefe hinab; nun wurde der Strom mit einem Pfahlwerk überbaut, Erde aufgeschüttet, die Schlucht ausgefüllt; bald arbeite-

durch den reichlich gefallenen Schnee, der zugleich das Ersteigen der Felsen doppelt gefährlich machte. Vor dieser Burg angekommen, ließ Alexander sie zur Übergabe auffordern, indem er allen, die sich in derselben befanden, freien Abzug versprach; ihm wurde geantwortet: er möge sich geflügelte Soldaten suchen. Entschlossen, auf jeden Fall den Felsen zu nehmen, ließ er im Lager durch den Herold ausrufen: die Felsenstirn, die über der Burg hervorrage, müsse erstiegen werden, zwölf Preise seien denen bestimmt, die zuerst hinaufkämen, zwölf Talente dem ersten, dem zwölften ein Talent; für alle, die an dem Wagnis teilnähmen, würde es ruhmvoll sein. Dreihundert Makedonen, die im Bergklettern geübt waren, traten hervor und empfingen die nötigen Weisungen; dann versah sich jeder mit einigen Eisenpflöcken, wie sie beim Zelten gebraucht werden, und mit starken Stricken. Um Mitternacht nahten sie der Stelle des Felsens, die am steilsten und deshalb unbewacht war. Anfangs stiegen sie mühsam, bald begannen jäh abstürzende Felswände, glatte Eislagen, lose Schneedecken; mit jedem Schritt wuchs die Mühe und die Gefahr. Dreißig dieser Kühnen stürzten in den Abgrund, endlich mit Tagesanbruch hatten die anderen den Gipfel erreicht und ließen ihre weißen Binden im Winde flattern. Sobald Alexander das verabredete Zeichen sah, sandte er von neuem einen Herold, der den feindlichen Vorposten zurief: die geflügelten Soldaten hätten sich gefunden, sie seien über ihren Häuptern, weiterer Widerstand sei unmöglich. Bestürzt, daß die Makedonen einen Weg auf den Felsen gefunden hatten, zögerten die Barbaren nicht länger, sich zu ergeben, und Alexander zog in die Felsenburg ein. Reiche Beute fiel hier in seine Hand, unter dieser viele Frauen und Töchter sogdianischer und baktrischer Edlen, auch des Oxyartes schöne Tochter Roxane. Sie war die erste, für die er in Liebe entbrannte; er verschmähte das Recht des

»Garten des Orients« endlich die Ruhe, deren er nur bedurfte, um selbst nach so vielen Kämpfen und Zerrüttungen bald wieder zu dem alten Wohlstand zu erblühen. Der Winter war herangekommen, der letzte, den Alexander in diesen Landen zuzubringen gedachte; die verschiedenen Heeresabteilungen sammelten sich um Nautaka, die Winterquartiere zu beziehen. Dorthin kamen die Satrapen der nächstgelegenen Landschaften, Phrataphernes von Parthien und Stasanor von Areia, die im vergangenen Winter bei ihrer Anwesenheit in Zariaspa verschiedene, wahrscheinlich auf das Heerwesen bezügliche Aufträge erhalten hatten. Phrataphernes wurde zurückgesandt, um den Satrapen der Marder und Tapurier, Autophradates, der Alexanders Befehle auf eine gefährliche Weise zu mißachten begann, festzunehmen. Stasanor ging in seine Lande zurück. Nach Medien wurde Atropates mit dem Befehl gesandt, den Satrapen Oxydates, der sich pflichtvergessen gezeigt hatte, zu entsetzen und dessen Stelle zu übernehmen. Auch Babylon erhielt, da Mazaios gestorben war, in der Person des Stamenes einen neuen Satrapen. Sopolis, Menidas und Epokillos gingen nach Makedonien, Truppen von dort zu holen.

Die Winterrast in Nautaka wurde, so scheint es, zu Vorbereitungen für den indischen Feldzug benutzt, den Alexander gegen den Sommer des nächsten Jahres, sobald die Hochgebirge zugänglicher wurden, zu beginnen gedachte. Noch hielten sich in den diesseitigen Bergen einige Burgen, auf die sich die letzte Kraft der Widerspenstigen zurückgezogen hatte.

Der König wandte sich mit dem ersten Beginn des Frühlings gegen den »Sogdianischen Felsen«, auf den der Baktrier Oxyartes die Seinigen geflüchtet hatte, weil er die Feste für uneinnehmbar hielt. Sie war mit Lebensmitteln für eine lange Belagerung versehen, ihren Bedarf an Wasser hatte sie

nen Abbruch zu tun, etwa 2000 Pferde stark warfen sie sich auf einen Teil des makedonischen Heeres; erst nach einem lange schwankenden Gefecht wurden sie zum Weichen gezwungen, sie hatten gegen 800 Mann, teils Tote, teils Gefangene verloren; so zusammengeschmolzen, ohne Führer, ohne Proviant, zogen sie es vor, sich zu unterwerfen. Dann wandte sich der König gegen die Felsenburg des Sisimithres »im baktrischen Lande«; es kostete schwere Anstrengungen, ihr nahe zu kommen, schwerere, den Sturm vorzubereiten; bevor der Angriff erfolgte, ergab sich Sisimithres[82].

Indes hatte Spitamenes, bevor ihm von den Erfolgen des Feindes und von dessen Macht das ganze Grenzgebiet gesperrt würde, noch einen Versuch auf das sogdianische Land machen zu müssen geglaubt; an der Spitze der mit ihm Geflüchteten und mit 3000 skythischen Reitern, welche die versprochene Beute lockte, erschien er plötzlich vor Bagai an der sogdianischen Grenze gegen die Wüste der Massageten. Von diesem Einfall benachrichtigt, rückte Koinos schleunig mit Heeresmacht gegen ihn; nach einem blutigen Gefechte wurden die Skythen mit Verlust von 800 Mann zum Rückzug gezwungen. Die Sogdianer und Baktrier, die auch den letzten Versuch scheitern sahen, verließen, Dataphernes an ihrer Spitze, den Spitamenes auf der Flucht und ergaben sich Koinos; die Massageten, um die Beute im Sogdianerlande betrogen, plünderten die Zelte und Wagen der Abtrünnigen; sie flohen mit Spitamenes der Wüste zu. Da kam die Nachricht, daß Alexander gegen die Wüste im Anzug sei; sie schnitten dem Spitamenes den Kopf ab und schickten ihn an den König.

Der Tod dieses ebenso kühnen wie verbrecherischen Gegners machte der letzten Besorgnis ein Ende; es begann dem

82 [Sisimithres ist mit Choriënes gleichzusetzen, vgl. u. S. 305; H. Berve, Alexanderr. II nr. 708.]

ßen ihre Beute im Stich und entkamen mit Mühe, viele wurden gefangen oder niedergemacht, und fröhlichen Mutes zog die kleine Schar zur Stadt zurück. Spitamenes überfiel sie aus einem Hinterhalt mit solchem Ungestüm, daß die Makedonen geworfen und fast abgeschnitten wurden; sieben von den Hetairen, sechzig von den Söldnern blieben auf dem Platze, unter ihnen der Kitharöde; Peithon fiel schwer verwundet in die Hände der Feinde, es war nahe daran, daß die Stadt selbst in ihre Gewalt kam. Schnell ward Krateros von dem Vorfall unterrichtet; die Skythen warteten seine Ankunft nicht ab, sondern zogen sich gen Westen zurück, indem sich immer neue Haufen mit ihnen vereinten; am Rande der Wüste holte sie Krateros ein, es entspann sich ein hartnäckiger Kampf; endlich entschied sich der Sieg für die Makedonen; mit Verlust von 150 Mann floh Spitamenes in die Wüste zurück, die jede weitere Verfolgung unmöglich machte.

Nachrichten solcher Art mochten mehr als die Bitten der Freunde oder der Trost frecher Schmeichler dazu dienen, den König seiner Pflicht zurückzugeben. Es wurde von Marakanda aufgebrochen; die dem Kleitos bestimmte Satrapie von Baktra erhielt Amyntas, Koinos blieb mit seiner und Meleagros' Taxis und 400 Mann von der Ritterschaft, mit sämtlichen Akontisten zu Pferd und den anderen Truppen, die bisher Amyntas gehabt, zur Deckung der Sogdiana zurück; Hephaistion ging mit einem Korps nach dem baktrischen Lande, um die Verpflegung der Heere für den Winter zu besorgen; Alexander selbst zog nach Xenippa, wohin viele der baktrischen Empörer sich geflüchtet hatten. Bei der Nachricht von Alexanders Anrücken wurden sie von den Einwohnern, die nicht durch unzeitige Gastfreundschaft ihr Hab und Gut in Gefahr bringen wollten, verjagt und suchten nun, durch heimlichen Überfall den Makedo-

eignisses, noch weniger zwischen dem Mörder und dem Ermordeten das Maß der Schuld festzustellen. Wie furchtbar die Tat war, zu der den König der wilde Zorn des Momentes hinriß, – in Kleitos trat ihm zum erstenmal die ganze Entrüstung und Empörung entgegen, die sein Wollen und sein Tun unter denen, auf deren Kraft und Treue er sich verlassen mußte, hervorgerufen hatte, die tiefe Kluft, die ihn von der Empfindung der Makedonen und Hellenen trennte. Er bereute den Mord, er opferte den Göttern; was er anderes hätte tun sollen, unterlassen die Moralisten, die ihn verdammen, zu sagen.

Während dieser Vorgänge in Marakanda hatte Spitamenes noch einen Versuch gemacht, in die baktrischen Lande einzudringen; unter den Massageten, zu denen er mit dem Rest seiner Sogdianer geflüchtet war, hatte er einen Haufen von 600 bis 800 Reitern angeworben und war an deren Spitze plötzlich vor einem der festen Grenzplätze erschienen, hatte die Besatzung herauszulocken gewußt und sie dann von einem Hinterhalt her überfallen; der Befehlshaber des Platzes fiel in die Hände der Skythen, seine Leute waren meist geblieben, er selbst wurde gefangen mit fortgeschleppt. Durch diesen Erfolg kühner gemacht, erschien Spitamenes wenige Tage darauf vor Zariaspa; die Besatzung dort, zu der auch die Wiedergenesenen aus den Lazaretten, meist Hetairen von der Ritterschaft, zu rechnen waren, schien zu bedeutend, um einen Angriff rätlich zu machen; plündernd und brennend zogen sich die Massageten über die Felder und Dörfer der Umgegend zurück. Als das Peithon, der die Verwaltung dort hatte, und Aristonikos, der Kitharöde, erfuhren, riefen sie die achtzig Reiter Besatzung, die Wiedergenesenen von der Ritterschaft und die Edelknaben, die dort waren, zu den Waffen und eilten vor die Tore, die plündernden Barbaren zu züchtigen; diese lie-

daß das Heer »mit seinem Blut Siege erkämpfe, aber deren Ehre nur dem Feldherrn zugeschrieben werde, der, preislich in seinem hohen Amt thronend, das Volk verachte, er, der doch nichts sei«. Da riß Alexander einer Wache die Lanze aus der Hand und schleuderte sie gegen Kleitos, der sofort tot zu Boden sank. Entsetzt wichen die Freunde; des Königs Zorn war gebrochen; Bewußtsein, Schmerz, Verzweiflung bewältigten ihn; man sagt, er habe den Speer aus Kleitos' Brust gezogen und gegen den Boden gestemmt, sich auf der Leiche zu ermorden; die Freunde hielten ihn zurück, sie brachten ihn auf sein Lager. Dort lag er weinend und wehklagend, rief den Namen des Ermordeten, den Namen seiner Amme Lanike, der Schwester des Ermordeten: das sei der schöne Ammenlohn, den ihr Pflegling zahle; ihre Söhne seien für ihn kämpfend gefallen, ihren Bruder habe er mit eigener Hand ermordet, ermordet den, der sein Leben gerettet; er gedachte des greisen Parmenion und seiner Söhne, er wurde nicht satt, sich anzuklagen als den Mörder seiner Freunde, sich zu verfluchen und den Tod zu rufen. So lag er drei Tage lang über Kleitos' Leichnam, eingeschlossen in seinem Zelte, ohne Schlaf, ohne Speise und Trank, endlich vor Ermattung stumm; nur einzelne tiefe Seufzer tönten noch aus dem Zelte hervor. Die Truppen, voll banger Sorge um ihren König, kamen zusammen und richteten über den Toten: er sei mit Recht getötet; sie riefen nach ihrem König; der hörte sie nicht; endlich wagten es die Strategen, das Zelt zu öffnen, sie beschworen den König, seines Heeres und seines Reiches zu gedenken, sie sagten, nach den Zeichen der Götter habe Dionysos die unselige Tat verhängt; es gelang ihnen endlich, den König zu beruhigen; er befahl, dem zürnenden Gotte zu opfern.

So im wesentlichen die Angaben unserer Quellen; sie genügen nicht, den wirklichen Verlauf des schrecklichen Er-

derungswürdiges getan, sein Ruhm sei, Alexanders Vater zu heißen, da sprang Kleitos auf, den Namen seines alten Königs zu vertreten, Alexanders Taten zu verkleinern, sich selbst und die alten Strategen zu rühmen, des toten Parmenion und seiner Söhne zu gedenken, alle die glücklich zu preisen, die gefallen oder hingerichtet seien, ehe sie die Makedonen mit medischen Ruten gepeitscht und bei den Persern um Zutritt zum Könige bitten gesehen. Mehrere der alten Strategen standen auf, verwiesen dem von Wein und Eifer Erhitzten seine Rede, sie suchten vergeblich die steigende Unruhe zu stillen; Alexander wandte sich zu seinem Tischnachbarn, einem Hellenen: »Nicht wahr, ihr Hellenen scheint euch unter den Makedonen wie Halbgötter unter Tieren umherzuwandeln?« Kleitos lärmte weiter; er wandte sich mit lauter Stimme an den König: »Diese Hand hat dich am Granikos errettet; du aber rede, was dir gefällt, und lade fürder nicht freie Männer zu deiner Tafel, sondern Barbaren und Sklaven, die deines Kleides Saum küssen und deinen persischen Gürtel anbeten!« Länger hielt Alexander seinen Zorn nicht, er sprang auf, nach seinen Waffen zu greifen; die Freunde hatten sie fortgeschafft; er schrie seinen Hypaspisten auf makedonisch zu, ihren König zu rächen; keiner kam; er befahl dem Trompeter, Lärm zu blasen, schlug ihn mit der Faust ins Angesicht, da er nicht gehorchte: gerade so weit sei es mit ihm gekommen wie mit Dareios zu jener Zeit, da er von Bessos und dessen Genossen gefangen fortgeschleppt worden sei und nichts als den elenden Namen des Königs gehabt habe; und der ihn verrate, das sei dieser Mensch, der ihm alles danke, dieser Kleitos. Kleitos, der von den Freunden hinausgeführt war, trat in dem Augenblick, da sein Name genannt wurde, zum anderen Ende des Saales wieder herein: »Hier ist Kleitos, o Alexander!« und rezitierte dann die Verse des Euripides von dem üblen Brauch,

pen von Baktrien bestimmt. Große Jagden, Gastmähler füllten die Tage; unter diesen war der eines dionysischen Festes, statt dessen, so heißt es, der König die Dioskuren feierte; der Gott habe darum gezürnt, und so sei der König zu schwerer Schuld gekommen; nicht ungewarnt; er habe schöne Früchte vom Meere hergesandt erhalten und Kleitos einladen lassen, sie mit ihm zu essen; Kleitos habe darüber das Opfer, das er eben bringen wollen, verlassen und sei zum König geeilt; drei zum Opfer besprengte Schafe seien ihm nachgelaufen; nach Aristandros' Deutung ein trauriges Zeichen; der König habe für Kleitos zu opfern befohlen, doppelt in Sorge durch einen seltsamen Traum, den er in der letzten Nacht gehabt und in dem er Kleitos in schwarzem Kleide zwischen den blutenden Söhnen Parmenions habe sitzen sehen.

Abends, so ist die weitere Erzählung, kam Kleitos zur Tafel; man war beim Weine froh bis in die Nacht hinein; man pries Alexanders Taten: er habe Größeres getan als die Dioskuren, selbst Herakles sei ihm nicht zu vergleichen; nur der Neid sei es, der dem Lebenden die gleichen Ehren mit jenen Heroen mißgönne. Schon war Kleitos vom Wein erhitzt, die persische Umgebung des Königs, die übergroße Bewunderung der Jüngeren, die frechen Schmeicheleien hellenischer Sophisten und Rhetoren, die der König in seiner Nähe duldete, hatten ihn schon lange verdrossen, jenes leichtsinnige Spielen mit den Namen der großen Heroen brachte ihn auf: das sei nicht die Art, des Königs Ruhm zu feiern, seine Taten seien auch nicht so gar groß, wie jene meinten, zum guten Teil gebühre den Makedonen der Ruhm. Alexander hörte mit Unwillen so verletzende Reden von einem, den er vor allen ausgezeichnet, doch schwieg er. Immer lauter wurde der Streit; auch König Philipps Taten kamen zur Sprache, und als nun behauptet wurde, er habe nichts Großes und Bewun-

trischen Satrapen Artabazos, dem der Stratege Koinos beigegeben war, in verschiedenen Richtungen in das sogdianische Land einrückten. Über die Einzelheiten dieser Unternehmungen sind keine weiteren Nachrichten überliefert; nur im allgemeinen wird angeführt, daß die verschiedenen festen Plätze des Landes teils durch Sturm genommen wurden, teils sich freiwillig unterwarfen; in kurzer Zeit war der wichtigste Teil des transoxianischen Landes, das Tal des Polytimetos, wieder in des Königs Gewalt, und von den verschiedenen Seiten her trafen die einzelnen siegreichen Kolonnen in Marakanda zusammen. Indes waren noch die Berge im Osten und Norden in Feindeshand, und man durfte vermuten, daß Spitamenes, der sich zu den raublüsternen Horden der Massageten geflüchtet hatte, dieselben zu neuen Einfallen bereden würde; zu gleicher Zeit mußte alles angewendet werden, um dem furchtbar zerrütteten Zustand des Landes möglichst schnell durch eine neue und durchgreifende Organisation ein Ende zu machen, besonders der zersprengten, obdachlosen und der notwendigsten Bedürfnisse entblößten Bevölkerung zu helfen und sie zu beruhigen. Demnach erhielt Hephaistion den Auftrag, neue Städte zu gründen, in diesen die Einwohner der Dorfschaften zu vereinigen, Lebensmittel herbeizuschaffen, während Koinos und Artabazos gegen die Skythen zogen, um womöglich des Spitamenes habhaft zu werden, Alexander selbst aber mit der Hauptmacht aufbrach, mit der Einnahme der einzelnen Bergschlösser die Unterwerfung des Landes zu vollenden. Er nahm sie ohne große Mühe. Er kehrte nach Marakanda zurück, dort zu rasten. Furchtbare Vorgänge sollten diese Ruhetage bezeichnen.

Der greise Artabazos hatte um Enthebung von seinem Dienst gebeten, der König statt seiner den Hipparchen Kleitos, den schwarzen Kleitos, wie man ihn nannte, zum Satra-

Satrap von Syrien, und Menes, der Hyparch, heranführte, eine dritte unter Epokillos, Menidas und Ptolemaios, dem Strategen der Thraker, im ganzen fast 17 000 Mann zu Fuß und 2600 Reiter[81], so daß nun erst der König Truppen genug um sich hatte, die Insurrektion Sogdianas bis in ihre letzten Schlupfwinkel zu verfolgen.

Mit dem Frühjahr 328 verließ er das Hoflager von Zariaspa, woselbst in den Lazaretten die Kranken von der makedonischen Ritterschaft nebst einer Bedeckung von etwa 80 Mann Söldnerreitern und einige Edelknaben zurückblieben. Das Heer ging an den Oxos; eine Ölquelle, die neben dem Zelte des Königs hervorsprudelte, ward von Aristandros für ein Zeichen erklärt, daß man zwar siegen, aber mit vieler Mühe siegen werde; und in der Tat bedurfte es großer Vorsicht, diesen Feinden, die von allen Seiten her drohten, zu begegnen. Der König teilte sein Heer so, daß Meleagros, Polyperchon, Attalos, Gorgias mit ihren Phalangen in Baktra zurückblieben, das Land in Obhut zu halten, während das übrige Heer, in fünf Kolonnen geteilt, unter der Führung des Königs, des Hipparchen Hephaistion, des Leibwächters Ptolemaios, des Strategen Perdikkas, des bak-

---

81 Arrian. IV 7, 2, der leider nicht Zahlen gibt. Curtius (VII 10, 11) rechnet in der ersten Kolonne, die nach ihm Alexandros (er meint Asandros) führt, 3000 Mann zu Fuß und 500 Reiter, in der zweiten 3000 Mann zu Fuß und 600 Reiter, in der dritten 3000 Mann zu Fuß und 1000 Reiter; er nennt noch 7400 Griechen zu Fuß und 600 zu Pferd, die Antipatros gesandt habe. Der Name Melamnidas bei Arrian ist wohl nach Curtius in Menidas zu ändern. Bemerkenswert ist Arrians Πτολεμαῖος ὁ τῶν Θρᾳκῶυ στατηγὸς. Der frühere Führer der Thraker zu Fuß, Sitalkes, war in Ekbatana zurückgeblieben; dieser Ptolemaios war mit Epokillos (Arrian. III 19, 6; IV 7, 2) zum Meere hinabgesandt, den Transport von Geld und Verabschiedeten nach Euboia zu geleiten (Frühling 330); also sie hatten zum Marsch bis Makedonien und von da nach Zariaspa etwa ein Jahr gebraucht. In der Luftlinie sind vom Hellespont bis Issos und von da über Bagdad bis Balk etwa 400 Meilen.

Noch gestatteten die Verhältnisse keineswegs, den indischen Feldzug zu beginnen. Sogdiana war zwar unterworfen und verheert worden, aber das strenge Strafgericht, das Alexander über das unglückliche Land verhängt hatte, weit entfernt, die Gemüter zu beruhigen, schien nach einer kurzen Betäubung in allgemeiner Wut seinen Rückschlag finden zu sollen; bei Tausenden waren die Einwohner in die ummauerten Plätze, in die Berge, in die Bergschlösser der Häuptlinge des oberen Landes und der oxianischen Grenzgebirge geflüchtet; überall, wo die Natur Schutz bot, lagen Banden von Geflüchteten, um so gefährlicher, je hoffnungsloser ihre Sache war. Peukolaos vermochte nicht, mit seinen dreitausend Mann die Ordnung aufrechtzuerhalten und das platte Land zu schützen; von allen Seiten her sammelten sich die Massen zu einer furchtbaren Insurrektion, und es schien nur ein Anführer zu fehlen, der die Abwesenheit Alexanders benutzte. Spitamenes, der, nach dem Überfall am Polytimetos zu urteilen, nicht ohne militärisches Geschick war, scheint, ins Land der Massageten geflüchtet, ohne weitere Verbindung mit diesem zweiten Abfall der Sogdianer gewesen zu sein; wenigstens wäre sonst nicht zu begreifen, warum er nicht früher mit seinen Skythen herbeieilte. Denn daß Alexander den Aufstand sich so weit entwickeln ließ, ehe er ihn zu unterdrücken eilte, war ein Zeichen, daß für den Augenblick seine Streitkräfte nicht so angetan waren, um diese kühnen und zahlreichen Feinde in ihren Bergen aufzusuchen; nach der Besetzung von Alexandreia in Arachosien, am Paropamisos und Tanais konnten kaum mehr als 10000 Mann disponibel sein. Erst im Laufe des Winters trafen bedeutende Verstärkungen aus dem Abendlande ein; eine Kolonne Fußvolk und Reiter, die Nearchos, der Satrap von Lykien, und Asandros von Karien geworben hatten, eine zweite, die Asklepiodoros, der

wort auf diese Anträge läßt einen Blick in den weiteren Zusammenhang seiner Pläne tun, die, so kühn sie auch sind, von der merkwürdigen Einsicht in das geographische Verhältnis der verschiedenen Länderstrecken, von deren Dasein durch seine Züge die erste Kunde verbreitet wurde, das sicherste Zeugnis ablegen. Er hatte sich bereits durch den Augenschein und durch die Berichte seiner Gesandtschaft und der Eingeborenen überzeugt, daß der Ozean, mit dem er das Kaspische Meer auch jetzt noch in unmittelbarer Verbindung glaubte, keineswegs der Nordgrenze des Perserreiches nahe sei und daß skythische Horden noch ungemessene Landstrecken gen Norden innehätten, daß es unmöglich sei für das neue Reich auf dieser Seite eine Naturgrenze in dem großen Meere zu finden; dagegen erkannte er sehr wohl, daß für die vollkommene Unterwerfung des iranischen Hochlandes, die seine nächste Absicht blieb, der Besitz der angrenzenden Tiefländer wesentliche Bedingung sei, und die Folgezeit hat gelehrt, wie richtig er den Euphrat und Tigris, den Oxos und Jaxartes, den Indus und Hydaspes zu Stützpunkten seiner Herrschaft über Persien und Ariana gemacht hat. Er antwortete dem Pharasmanes, daß er für jetzt nicht daran denken könne, in die pontischen Landschaften einzudringen; sein nächstes Werk müsse die Unterwerfung Indiens sein; dann, Herr von Asien, gedenke er nach Hellas zurückzukehren und durch den Hellespont und den Bosporus in den Pontos mit seiner ganzen Macht einzudringen; bis auf diese Zeit möge Pharasmanes das, was er jetzt anbiete, aufschieben. Für jetzt schloß der König mit ihm Freundschaft und Bündnis, empfahl ihn den Satrapen von Baktrien, Parthien und Areia und entließ ihn mit allen Zeichen seines Wohlwollens.

daß Arrian den Pharasmanes von den Amazonen sprechen läßt (ἔφασκε), ohne sein sonst übliches εἰσὶ δὲ οἳ λέγουσιν anzuwenden; also fand er es so im Ptolemaios oder Aristobulos.

Befehle entgegenzunehmen; er und seine Skythen seien gewillt, sich in allem und jedem den Befehlen des Königs zu unterwerfen. Alexanders Bescheid war seiner Macht und den damaligen Verhältnissen angemessen; ohne auf die Vorschläge einer skythischen Brautfahrt einzugehen, entließ er die Gesandten reichbeschenkt und mit der Versicherung seiner Freundschaft für das Volk der Skythen.

Um dieselbe Zeit war der Chorasmierkönig Pharasmanes mit einem Gefolge von 1500 Pferden nach Zariaspa gekommen, dem großen König persönlich seine Huldigung zu bringen, da bei der freundlichen Aufnahme, die Spitamenes unter den ihm benachbarten Massageten gefunden hatte, er selbst leicht verdächtig werden konnte; er herrschte über das Land des unteren Oxos und versicherte, Nachbar des kolchischen Stammes und des Weibervolkes der Amazonen zu sein; er erbot sich, wenn Alexander einen Feldzug gegen die Kolcher und Amazonen zu unternehmen und die Unterwerfung des Landes bis zum Pontos Euxeinos zu versuchen geneigt sei, ihm die Wege zu zeigen und für die Bedürfnisse des Heeres auf diesem Zuge zu sorgen[80]. Alexanders Ant-

---

[80] Die Lage von Chorasmien bezeichnet der heutige Name. Arrian. IV 15; Curt. VIII 1, 8. Die Äußerungen des Pharasmanes, wie sie Arrian berichtet, mit Alexanders Antwort, er wolle jetzt nicht in die pontischen Landschaften eindringen, könnten die Annahme, Alexander habe den Tanais Europas mit dem Jaxartes verwechselt, zu bestätigen scheinen; man begreift sonst nicht, wie er zu einem pontischen Feldzuge die Hilfe der Chorasmier am Aralsee in Anspruch nehmen und Pharasmanes sich Nachbar der Kolcher nennen konnte. Nicht bei Alexander, wohl aber bei den übertreibenden Makedonen mag diese Verwechslung anzunehmen sein. Die Getreuen, die mit der Gesandtschaft der europäischen Skythen gegangen waren, mußten gewissere Nachrichten vom Aralsee und vom Kaspischen Meer eingezogen haben. Vielleicht, daß Pharasmanes eine maritime Verbindung mit der gegenüberliegenden Landschaft des Kur und Araxes meinte, deren Alter alte Angaben und neue Forschungen hinreichend erweisen. Bemerkenswert ist,

dem Tage der Meder und Perser ans Kreuz zu schlagen. Vor den Augen der Versammlung nach persischer Sitte verstümmelt und gestäupt, ward Bessos zur Hinrichtung nach Ekbatana abgeführt.

Um diese Zeit trafen Phrataphernes, der parthische Satrap, und Stasanor von Areia in Zariaspa ein; sie brachten in Fesseln den treulosen Arsames, der als Satrap von Areia die Invasion des Satibarzanes begünstigt hatte, den Perser Barzanes, dem von Bessos die parthische Satrapie übergeben worden war, sowie einige andere Große, die der Usurpation des Bessos ihre Unterstützung geliehen hatten. Mit ihnen war der letzte Rest einer Opposition vernichtet, die bei besserer Führung das Gewaltrecht der Eroberung in sehr ernstes Gedränge zu bringen vermocht hätte; wer jetzt noch Partei gegen Alexander hielt, schien sich einer untergegangenen Sache oder der leichtsinnigsten Selbsttäuschung zu opfern.

Unter den Gesandtschaften, die im Laufe des Winters in des Königs Hoflager eintrafen, waren besonders die der europäischen Skythen merkwürdig. Alexander hatte im vorigen Sommer mit den skythischen Gesandten einige seiner Hetairen zurückgehen lassen; diese kamen jetzt in Begleitung einer zweiten Gesandtschaft zurück, welche von neuem die Huldigungen ihres Volkes und Geschenke, wie sie den Skythen die wertvollsten erschienen, überbrachte: ihr König sei in der Zwischenzeit gestorben, des Königs Bruder und Nachfolger beeile sich, dem König Alexander seine Ergebenheit und Bundestreue zu versichern, des zum Zeichen biete er ihm seine Tochter zur Gemahlin an; verschmähe sie Alexander, so möge er gestatten, daß sich die Töchter seiner Großen und Häuptlinge mit den Großen von Alexanders Hof und Heer vermählten; er selbst sei bereit, wenn Alexander es wünsche, persönlich bei ihm zu erscheinen, um seine

worfen oder von Anfang her ihre Teilnahme für die Empörung minder betätigt haben, jedenfalls fand Alexander militärische Unternehmungen gegen sie für jetzt nicht nötig, und von einer Bestrafung des vielleicht beabsichtigten Abfalls in Baktrien ist nicht mehr als eine unbedeutende Notiz überliefert. Diejenigen von den Großen, welche mit in den sogdianischen Aufstand verwickelt waren, hatten sich in die Berge geflüchtet und hielten in den dortigen Felsenschlössern sich für sicher.

Der Winter 329 auf 328, den Alexander in Zariaspa zubrachte, war in vielfacher Beziehung merkwürdig. Die Versammlung der baktrischen Großen, das Eintreffen neuer Kriegsvölker aus dem Abendlande, mehrere Gesandtschaften europäischer und asiatischer Völker, dazu das rüstige Treiben in diesem stets siegreichen, abgehärteten Heere, das bunte Gemisch makedonischen Soldatenlebens, persischen Prunkes und hellenischer Bildung, das alles zusammen gibt das ebenso seltsame wie charakteristische Bild für die Hofhaltung des jugendlichen Königs, der sehr wohl wußte, daß er zu dem Ruhm seiner Siege und Gründungen noch die feierliche Pracht des Morgenlandes und die volle Majestät des höchsten irdischen Glückes hinzufügen müsse, wenn nicht die neugewonnenen Völker an der Größe irre werden sollten, die sie als überirdisch zu verehren bereit waren.

Wie sehr Alexander die Vorurteile des Morgenlandes ehrte, bewies das Gericht über Bessos, das mit aller der Feierlichkeit gehalten wurde, die das Verbrechen des Königsmordes zu verdienen schien. Der Versammlung der nach Zariaspa berufenen Großen wurde Bessos in Ketten vorgeführt; Alexander selbst sprach die Anklage wider den Königsmörder; er befahl dann, ihm Nase und Ohren abzuschneiden, ihn nach Ekbatana abzuführen, ihn dort auf

er den größeren Teil des Heeres unter Krateros' Führung nachrücken ließ, an der Spitze des leichten Fußvolks, der Hypaspisten und der Hälfte der Hipparchien nach dem Sogdtale; mit verdoppelten Tagemärschen stand er am vierten Tage vor Marakanda. Spitamenes war auf die Kunde von seinem Herannahen geflüchtet. Der König folgte, sein Weg führte über jene Ufergegend, die an den Leichen makedonischer Krieger als Walstatt des unglücklichen Gefechtes kenntlich war; er begrub die Toten, so feierlich es die Eile gestattete, setzte dann den flüchtenden Feinden weiter nach, bis die Wüste, die sich endlos gen Westen und Norden ausdehnt, vom weiteren Verfolgen abzustehen nötigte. So war Spitamenes mit seinen Truppen aus dem Lande gejagt; die Sogdianer, im Bewußtsein ihrer Schuld und voll Furcht vor des Königs gerechtem Zorn, hatten sich bei seinem Herannahen hinter die Erdwälle ihrer Städte geflüchtet, und Alexander war an ihnen, um erst Spitamenes zu verjagen, vorübergeeilt; seine Absicht war nicht, sie ungestraft zu lassen; je gefährlicher dieser wiederholte Abfall, je wichtiger der sichere Besitz dieses Landes und je unzuverlässiger eine erzwungene Unterwerfung der Sogdianer war, desto notwendiger erschien die größte Strenge gegen die Empörer. Sobald Alexander vom Saum der Wüste zurückkehrte, begann er das reiche Land zu verwüsten, die Dörfer niederzubrennen, die Städte zu zerstören, bei zwölf Myriaden Menschen sollen in dieser greuelhaften Züchtigung niedergemetzelt worden sein.

Nachdem auf diese Weise Sogdiana beruhigt war, ging Alexander, indem er Peukolaos mit dreitausend Mann zurückließ, nach Zariaspa im Baktrischen, wohin er die Hyparchen des Landes zu jener Versammlung berufen hatte. Mögen die Baktrier, geschreckt durch das harte Gericht, welches über Sogdiana verhängt worden, sich nun unter-

schon tot oder verwundet auf dem Platze; Pharnuches forderte, die drei Befehlshaber sollten die Führung übernehmen, da er nicht Soldat und mehr zum Unterhandeln als zum Kämpfen gesandt sei; sie weigerten sich, die Verantwortlichkeit für eine Expedition zu übernehmen, die schon so gut wie mißglückt war; man begann, sich vom freien Feld zum Strom zurückzuziehen, um dort unter dem Schutz eines Gehölzes den Feinden Widerstand zu leisten. Aber der Mangel an Einheit im Befehl vereitelte die letzte Rettung; an den Fluß gekommen, ging Karanos ohne Meldung an Andromachos mit den Reitern hinüber; das Fußvolk, in dem Wahne, daß alles verloren sei, stürzte sich in wilder Hast nach, um das jenseitige Ufer zu erreichen. Kaum gewahrten dies die Barbaren, so sprengten sie von allen Seiten heran, gingen oberhalb und unterhalb über den Fluß, und von allen Seiten umzingelnd, von hinten nachdrängend, von den Flanken her einhauend, die an das Ufer Steigenden zurückdrängend, ohne den geringsten Widerstand zu finden, trieben sie die Makedonen auf einem Werder im Fluß zusammen, wo die Barbaren von den beiden Ufern her den Rest der Truppen mit Pfeilen durchbohrten. Wenige waren gefangen, auch diese wurden ermordet; die meisten, unter ihnen die Befehlshaber, waren gefallen; nur vierzig Reiter und dreihundert Mann vom Fußvolk hatten sich gerettet. Spitamenes selbst rückte sofort mit seinen Skythen gegen Marakanda und begann, durch die errungenen Vorteile ermutigt und von der Bevölkerung unterstützt, die Besatzung der Stadt zum zweiten Male zu belagern.

Diese Nachrichten nötigten den König, auf das schleunigste die Verhältnisse mit den skythischen Völkern am Tanais zu ordnen; zufrieden, in der neugegründeten Stadt am Tanais zugleich eine Grenzwarte und eine wichtige Position für künftige Unternehmungen zu besitzen, eilte er, indem

rückgezogen. Indes waren die makedonischen Truppen, die Alexander nach dem Fall von Kyropolis abgesandt, in Marakanda angekommen, 66 makedonische Ritter, 800 griechische Söldnerreiter, 1500 schwerbewaffnete Söldner; die Führung der Expedition hatten Andromachos, Karanos und Menedemos, ihnen hatte Alexander den Lykier Pharnuches, der der Landessprache kundig war, zugeordnet[79a], überzeugt, daß das Erscheinen eines makedonischen Korps die Empörer in die Flucht zu jagen hinreichen, im übrigen es besonders darauf ankommen werde, sich mit der sonst friedliebenden Masse der Bevölkerung Sogdianas zu verständigen. Die Makedonen hatten sich, als sie die Gegend von Marakanda bereits von Spitamenes geräumt sahen, denselben zu verfolgen beeilt; bei ihrem Nahen war er in die Wüste an der Grenze Sogdianas geflüchtet; indes war es ihnen notwendig erschienen, noch weiter zu verfolgen, die Skythen in der Wüste, welche den Empörern Zuflucht zu gestatten schienen, zu züchtigen. Dieser unüberlegte Angriff auf die Skythen hatte zur Folge, daß Spitamenes sie zu offenem Beistand bewegen und seine Streitmacht mit sechshundert jener kühnen Reiter, wie sie in der Steppe heimisch sind, vermehren konnte. Er rückte den Makedonen auf der Grenze der Steppe entgegen; ohne einen förmlichen Angriff auf sie zu machen oder von ihnen zu erwarten, begann er die geschlossenen Reihen des makedonischen Fußvolks zu umschwärmen und aus der Ferne zu beschießen, der makedonischen Reiterei, wenn sie auf ihn losrückte, zu entfliehen und sie durch wilde Flucht zu ermüden, an immer anderen und anderen Punkten seine Angriffe erneuend. Die Pferde der Makedonen waren durch die starken Märsche und durch den Mangel an Futter erschöpft, viele von den Leuten lagen

---

79a [u. zw. als Leiter der Expedition, vgl. H. Berve, Alexanderr. II nr. 768.]

her an der Donau auch unbesiegte Völker ihre Huldigungen darbrachten, so kamen jetzt auch von den sakischen Skythen Gesandte, dem König Frieden und Freundschaft anzutragen. So waren sämtliche Völker in der Nachbarschaft von Alexandreia beruhigt und traten zum Reiche in das Verhältnis, mit welchem Alexander für jetzt sich begnügen mußte, um desto schneller in Sogdiana erscheinen zu können.

Allerdings standen die Dinge in Sogdiana sehr gefährlich; dem Aufstand, welcher von Spitamenes und seinem Anhang begonnen war, hatte sich der sonst friedlich arbeitende Teil der Bevölkerung, vielleicht mehr aus Furcht als aus Neigung[79], angeschlossen; die makedonische Besatzung vor Marakanda ward belagert und bedeutend bedrängt, dann hatte sie einen Ausfall gemacht, den Feind zurückgeschlagen und sich ohne Verlust in die Burg zurückgezogen; das war etwa um dieselbe Zeit geschehen, als Alexander, nach der schnellen Unterwerfung der sieben Festungen, Entsatz schickte. Auf die Nachricht davon hatte Spitamenes die Belagerung aufgehoben, und sich in westlicher Richtung zu-

---

79 Curt. VII 6, 24: haud oppidanis consilium defectionis adprobantibus; sequi tamen videbantur quia prohibera non poterant; und gleich darauf incolae novae urbi dati captivi, quos reddito pretio dominis liberavit, quorum posteri nunc quoque non apud eos tam longa aetate propter memoriam Alexandri exoleverunt. Auch bei Arrian erscheinen die wiederholten Aufstände in Baktrien und Sogdiana wesentlich als das Werk weniger οἳ νεωτερίζειν ἐθέλοντες IV 18, 4, cf. IV 1, 5, Choriënes καὶ ἄλλαι τῶν ὑπάρχων οὐκ ὀλίγοι IV 21,1. Es scheint damals wie jetzt in dem Chanat Buchara gewesen zu sein, daß der größere Teil der Bevölkerung, friedlich gesinnt und dem Akkerbau und Handel ergeben, in schwerem Druck lebte. Die Tadjiks von Buchara, fleißig, gebildet, unkriegerisch, erzählen noch heute, daß sie seit Iskanders Zeiten dies Land bewohnen, daß nie einer aus ihrer Mitte Fürst im Lande gewesen sei, daß sie nur zu gehorchen verständen (Meiendorf, S. 194).

gelandet war, auf den Feind los, bald begann an einzelnen Punkten ein stehendes Treffen; es zur Entscheidung zu bringen, gab der König drei Hipparchien der Hetairen und den Akontisten zu Pferd den Befehl zum Einhauen; er selbst sprengte an der Spitze der übrigen Geschwader, die in tiefen Kolonnen vorrückten, den Feinden in die Flanke, so daß diese jetzt, von allen Seiten angegriffen, nicht mehr imstande, sich zum fliegenden Gefecht zu zerstreuen, an allen Punkten zurückzujagen begannen; die Makedonen setzten ihnen auf das heftigste nach. Die wilde Hast, die drückende Hitze, der brennende Durst machten die Verfolgung höchst anstrengend; Alexander selbst, auf das äußerste erschöpft, trank, ohne abzusitzen, von dem schlechten Wasser, das die Salzsteppe bot; schnell und heftig stellte sich die Wirkung des unglücklichen Trunkes ein; dennoch jagte er den Feinden noch meilenweit nach; endlich versagten seine Kräfte, die Verfolgung wurde abgebrochen, der König krank in das Lager zurückgetragen; mit seinem Leben stand alles auf dem Spiele.

Indes genas er bald. Der Angriff auf die Skythen hatte ganz den erwünschten Erfolg; es kamen Gesandte ihres Königs, das Vorgefallene zu entschuldigen: es sei die Nation ohne Anteil an jenem Zuge, den ein einzelner Haufe beutelüstern auf eigene Hand unternommen; ihr König bedaure die durch denselben veranlaßten Verwirrungen; er sei bereit, sich den Befehlen des großen Königs zu unterwerfen. Alexander gab ihnen die in dem Gefechte Gefangenen, etwa 150 an der Zahl, ohne Lösegeld frei, eine Großmut, die auf die Gemüter der Barbaren nicht ihren Eindruck zu machen verfehlte und die, mit seinen staunenswürdigen Waffentaten vereint, seinem Namen jenen Nimbus mehr als menschlicher Hoheit gaben, an welche die Einfalt roher Völker eher zu glauben als zu zweifeln geneigt ist. Wie sieben Jahre frü-

der Wunde, die er bei der Einnahme von Kyropolis empfangen, noch nicht soweit wiederhergestellt sein, um persönlich an dem Zuge teilnehmen zu können. Als aber die Skythen mit ihrem Prahlen immer frecher wurden und zugleich aus Sogdiana die bedrohlichsten Nachrichten einliefen, ließ der König seinen Zeichendeuter Aristandros zum zweiten Male opfern und den Willen der Götter erforschen; wieder verkündeten die Opfer nichts Gutes, sie bezeichneten persönliche Gefahr für den König; da befahl Alexander mit den Worten, daß er sich selbst lieber der höchsten Gefahr aussetzen als länger den Barbaren zum Gelächter dienen wolle, die Truppen an das Ufer rücken zu lassen, die Wurfgeschütze aufzufahren, die zu Pontons verwandelten Zeltfelle zum Übergang bereit zu machen. Es geschah; während auf dem jenseitigen Ufer die Skythen auf ihren Pferden laut lärmend auf- und niederjagten, rückten die makedonischen Scharen in voller Rüstung längs dem Südufer auf, vor ihnen die Wurfmaschinen, die dann plötzlich alle zugleich Pfeile und Steine über den Strom zu schleudern begannen. Das hatten die halbwilden Skythen noch nie gesehen; bestürzt und verwirrt wichen sie vom Ufer zurück, während Alexanders Truppen unter dem Schmettern der Trompeten über den Fluß zu gehen begannen; die Schützen und Schleuderer, die ersten am jenseitigen Ufer, deckten den Übergang der Reiterei, die zunächst folgte; sobald diese hinüber waren, eröffneten die Sarissophoren und die schweren griechischen Reiter, im ganzen etwa zwölfhundert Pferde stark, das Gefecht; die Skythen, ebenso flüchtig zum Rückzug wie wild im Angriff, umschwärmten sie bald von allen Seiten, beschossen sie mit einem Hagel von Pfeilen, setzten, ohne einem Angriff standzuhalten, der weit kleineren Zahl der Makedonen hart zu. Da aber brachen die Schützen und Agrianer mit dem gesamten leichten Fußvolk, das eben

den, um in der neuen Stadt Alexandreia am Tanais angesiedelt zu werden, hatte sich Alexander den freien Rückweg nach Sogdiana erkämpft; es war die höchste Zeit, daß die in Marakanda zurückgelassene und von Spitamenes belagerte Besatzung Hilfe erhielt. Aber schon standen die skythischen Horden, durch die Empörung der sieben Städte gelockt, an den Nordufern des Stromes bereit, über die Abziehenden herzufallen; wollte Alexander nicht alle am Tanais errungenen Vorteile und eine Zukunft neuen Ruhmes und neuer Macht aufgeben, so mußte er die am Strome genommene Position auf das vollständigste befestigen und den Skythen ein für allemal die Lust zu Invasionen verleiden, bevor er nach Sogdiana zurückkehrte; vorläufig schien es genug, wenn einige tausend Mann zum Entsatz von Marakanda geschickt wurden. In einem Zeitraum von etwa zwanzig Tagen waren die Werke der neuen Stadt für den dringendsten Bedarf fertig und für die ersten Ansiedler die notwendigen Wohnungen errichtet; makedonische Veteranen, ein Teil der griechischen Söldner, überdies aus den Barbaren der Umgegend, wer da wollte, und die aus den zerstörten Festungen fortgeführten Familien bildeten die erste Bevölkerung dieser Stadt, der der König unter den gebräuchlichen Opfern, Wettkämpfen und Festlichkeiten den Namen Alexandreia gab.

Indessen lagerten die skythischen Horden noch immer am jenseitigen Ufer des Flusses; sie schossen, wie zum Kampf herausfordernd, Pfeile hinüber; sie prahlten und lärmten, die Fremdlinge würden wohl nicht wagen, mit Skythen zu kämpfen, wagten sie es, so sollten sie inne werden, welch ein Unterschied zwischen den Söhnen der Wüste und den persischen Weichlingen sei. Alexander beschloß, über den Strom zu gehen und sie anzugreifen; aber die Opfer gaben ihm keine günstigen Zeichen; auch mochte er von

Alexander, daß der Fluß, der durch die Stadt herabkam, ausgetrocknet, wie er war, durch die Lücke, die sich dort in der Mauer befand, einen Weg darbiete, in die Stadt zu kommen. Er ließ Hypaspisten, Agrianer und Schützen auf das nächstgelegene Tor losrücken, während er selbst mit wenigen anderen durch das Flußbett unbemerkt in die Stadt hineinschlich, zu dem nächsten Tore eilte, es erbrach, die Seinigen einrücken ließ. Die Barbaren, obschon sie alles verloren sahen, warfen sich mit der wildesten Wut auf Alexander; ein blutiges Gemetzel begann, Alexander, Krateros, viele der Offiziere wurden verwundet, desto heftiger drangen die Makedonen vor; während sie den Markt der Stadt eroberten, waren auch die Mauern erstiegen; die Barbaren, von allen Seiten umringt, warfen sich in die Burg; sie hatten an achttausend Tote verloren. Sofort schloß Alexander die Burg ein; es bedurfte nicht langer Anstrengungen, Wassermangel nötigte sie zur Übergabe.

Nach dem Fall dieser Stadt war von der siebenten und letzten Feste kein langer Widerstand zu erwarten; nach dem Berichte des Ptolemaios ergab sie sich, ohne einen Angriff abzuwarten, auf Gnade und Ungnade; nach anderen Nachrichten wurde auch sie mit Sturm genommen und die Bevölkerung niedergemacht. Wie dem auch sei, Alexander mußte gegen die aufrührerischen Barbaren dieser Gegend um so strenger verfahren, je wichtiger ihr Gebiet war, er mußte sich um jeden Preis in vollkommen sicheren Besitz dieser Paßgegend setzen, ohne welche an die Behauptung des sogdianischen Landes nicht zu denken war; mit dem Blute der trotzenden Gegner, mit der Auflösung aller alten Verhältnisse mußte die Einführung des Neuen, das Transoxiana für Jahrhunderte umgestalten sollte, beginnen.

Durch die Unterwerfung der sieben Städte, aus denen die Reste der Bevölkerung zum Teil in Fesseln abgeführt wur-

Fußvolk von allen Seiten her zugleich zum Sturm herangerückt, hatte die Leitern angelegt, die Mauern erstiegen, und in kurzem waren die Makedonen Herren der Stadt; auf Alexanders ausdrücklichen Befehl mußten alle Männer über die Klinge springen; die Weiber, Kinder, alle Habseligkeiten wurden den Soldaten preisgegeben, die Stadt in Brand gesteckt. Noch an demselben Tage wurde die zweite Feste angegriffen und auf die gleiche Weise erstürmt; die Einwohner traf dasselbe Schicksal. Am nächsten Morgen standen die Phalangen vor der dritten Stadt, auch sie fiel bei dem ersten Sturm. Die Barbaren der zwei nächsten Festen sahen die Rauchsäule der eroberten Stadt emporsteigen; einige, aus derselben entronnen, brachten die Nachricht von dem fürchterlichen Ende der Stadt; auf diese Nachricht hielten die Barbaren in beiden Städten alles für verloren, in hellen Haufen stürzten sie aus den Toren, in die Berge zu flüchten. Alexander hatte, dies ahnend, bereits in der Nacht seine Reiterei vorausgesandt, mit dem Befehl, die Wege um beide Städte zu beobachten; so rannten die fliehenden Barbaren den dichtgeschlossenen Ilen der Makedonen in die Klinge und wurden meist niedergemacht, ihre Städte genommen und niedergebrannt.

Nachdem so in zwei Tagen die fünf nächsten Festen bewältigt waren, wandte sich Alexander gegen Kyropolis, vor der bereits Krateros mit seinen Truppen angekommen war. Diese Stadt, größer als die schon eroberten, mit stärkeren Mauern und im Inneren mit einer Burg versehen, war von ungefähr fünfzehntausend Mann verteidigt, den streitbarsten Barbaren der Umgegend. Alexander ließ sofort das Sturmzeug auffahren und gegen die Mauern zu arbeiten beginnen, um möglichst bald eine Bresche zum Angriff zu gewinnen. Während die Aufmerksamkeit der Belagerten auf die so bedrohten Punkte gerichtet war, bemerkte

da schien kaum imstande, ihm Widerstand zu leisten, sie schien dem gleichen Schicksal verfallen. Die Massageten, die Daer, die Saken in der Wüste, alte Kampfgenossen des Spitamenes und durch die Makedonen nicht minder bedroht, durch die Vorspiegelung von Mord und Plünderung leicht zur Teilnahme gereizt, eilten, sich der Bewegung anzuschließen. In den baktrischen Landen wurde das Gerücht verbreitet, daß die Zusammenkunft der Hyparchen nach Zariaspa, die Alexander angesetzt hatte, bestimmt sei, die Führer des Volkes mit einem Schlage beiseite zu schaffen; man müsse der Gefahr vorbeugen, sich sichern, ehe es zum Äußersten komme. Oxyartes, Katanes, Choriënes, Haustanes, viele andere folgten dem im Sogdlande gegebenen Beispiel. Die Kunde von diesen Vorgängen verbreitete sich über den Jaxartes in die Steppen der asiatischen Skythen; voll Mordlust und Raubgier drängten sich die Horden an die Ufer des Stromes, um sogleich bei dem ersten Erfolge, den die Sogdianer erringen würden, mit ihren Pferden den Strom zu durchschwimmen und über die Makedonen herzufallen. Wie mit einem Schlage war Alexander von unermeßlichen Gefahren umringt; der geringste Unfall oder Verzug mußte ihm und seinem Heere den Untergang bereiten; es bedurfte seiner ganzen Energie und Kühnheit, um schnell und sicher den Weg der Rettung zu finden.

Er rückte eiligst nach Gaza, der nächsten der sieben Festen, indem er Krateros gegen Kyropolis, wohin sich die meisten Barbaren der Umgegend geworfen hatten, vorausssandte mit dem Befehl, die Stadt mit Wall und Graben einzuschließen und Maschinen bauen zu lassen. Vor Gaza angekommen, ließ er sofort gegen die nicht hohen Erdwälle der Stadt den Angriff beginnen; während Schleuderer, Schützen und Maschinen durch einen Hagel von Geschossen die Wälle bestrichen und reinfegten, war das schwere

In der Tat schienen sich die Verhältnisse mit den skythischen Nachbarn freundlich gestalten zu wollen; von dem merkwürdigen Volke der Abier sowie von den »Skythen Europas« kamen Gesandtschaften an den König, mit ihm Bündnis und Freundschaft zu schließen; Alexander ließ mit diesen Skythen einige seiner Hetairen zurückreisen, angeblich, damit sie in seinem Namen Freundschaft mit ihrem König schließen sollten, in der Tat aber, um über das Land der Skythen, über die Größe der Bevölkerung, über die Lebensweise, die körperliche Beschaffenheit und das Kriegswesen der Skythen sichere Nachricht zu erhalten.

Indes begann im Rücken Alexanders eine Bewegung, welche mit außerordentlicher Gewalt um sich griff. Der Haß gegen die fremden Eroberer, vereint mit dem wildbeweglichen Sinn, der zu allen Zeiten die herrschende Klasse der Bevölkerung dieser Lande ausgezeichnet hat, bedurfte nur eines Anstoßes und eines Führers, um in wilder Empörung auszubrechen; und Spitamenes, der sich in seinen hochfahrenden Hoffnungen getäuscht sehen mochte, eilte, diese Stimmungen, das Vertrauen, das ihm Alexander geschenkt hatte, und dessen Fernsein zu benutzen. Die Sogdianer, die mit ihm an Bessos' Flucht und Vergewaltigung teilgenommen, bildeten den Kern einer Erhebung, zu der die Bevölkerung der sieben Städte den ersten Anstoß und vielleicht das verabredete Signal gab; die von Alexander in diesen Städten zurückgelassenen Besatzungen wurden von den Einwohnern ermordet. Nun loderte der Aufruhr auch im Tal des Sogdflusses empor; die nicht große Besatzung in Marakan-

Baber sagt, die Stadt sei sehr alt, ihre Burg liege auf einem Felsenvorsprung, einen Büchsenschuß weit vom Strom, der sich an ihrem Fuß vorüber nordwärts wende und durch den Sand weiterwühle. Plin. VI 16 nennt dies Alexandria in ultimis Sogdianorum finibus, und gerade die Biegung des Jaxartes bezeichnet Ptolemaios als Grenze Sogdianas.

nen gewiß frühzeitig jene merkwürdige Reihe von Grenzburgen errichtet worden ist, die unter anderen Völkerverhältnissen ihre Wichtigkeit bis in die neue Zeit behauptet haben. Alexander fand sieben Städte dieser Art vor, die, wenige Meilen voneinander entfernt, den Rand der Steppe begleiten; die bedeutendste unter ihnen war die Stadt des Kyros, die, größer und stärker befestigt als die übrigen, für die Hauptfeste der Landschaft galt. Alexander ließ in diese Pässe makedonische Besatzungen einrücken, während er selbst mit der Armee einige Stunden nordostwärts an der Stelle lagerte, wo der Tanais mit plötzlicher Wendung gen Norden die letzten Stromengen bildet, um sich fortan durch die Sandsteppen weiterzuwühlen. Alexander erkannte die Wichtigkeit dieser Lokalität, der natürlichen Grenzfestung gegen die Räuberhorden der Wüste; von hier aus war es leicht, den Einfällen der Skythen im Norden und Westen zu begegnen; für einen Feldzug in ihr Gebiet bot sie den gelegensten Ausgangspunkt; Alexander hoffte, daß sie nicht minder wichtig für den friedlichen Verkehr der Völker werden müßte; und wenn, was kaum zu bezweifeln, schon in jener Zeit Handelsverbindungen des Tieflandes mit dem Inneren Hochasiens bestanden, so führte aus dem Lande der Serer die einzige Gebirgsstraße, die von Kaschgar, den riesigen, bis 25 000 Fuß hohen Gebirgswall des Tian-schian hinab über Osch unmittelbar zu dieser Stelle hin, die zu einem Markte der umwohnenden Völker überaus günstig gelegen war[78].

[78] Nur Chodjend hat die militärisch wichtige Lage, die dem Plane Alexanders entsprechen konnte; sie ist zu aller Zeit der Schlüssel zu Ferghana und Maveralnahar, der stete Punkt der Invasionen herüber und hinüber, eine Hauptstation der großen Straße zwischen Samarkand und Kaschgar gewesen; die Züge Dschingis-Khans, Timurs, Babers, die Angaben der morgenländischen Geographen haben für das Gesagte unzählige Beweise. Sultan

zu erreichen. Die Heerstraße von Marakanda nach Kyropolis, der letzten Stadt des Reiches, nicht fern von den Südufern des Tanais, führt durch die Pässe der von räuberischen Stämmen bewohnten oxischen Berge, durch die Landschaft von Uratübe. Hier war es, wo einige Scharen Makedonen, beim Fouragieren in den Bergen verirrt, von den Barbaren überfallen und niedergemacht oder gefangen wurden; sofort rückte Alexander mit den leichteren Truppen gegen sie aus. Sie hatten sich, an 30000 Bewaffnete, auf ihre steilen und mit Burgen besetzten Berge zurückgezogen, von denen aus sie die heftigen und wiederholten Angriffe der Makedonen mit Schleudern und Pfeilen zurückschlugen; unter den vielen Verwundeten war Alexander selbst, dem durch einen Pfeilschuß das Schienbein zerschmettert wurde; dadurch zu neuer Wut entflammt, nahmen die Seinigen endlich die Höhe. Der größte Teil der Barbaren wurde niedergehauen, andere stürzten sich von den Felsen hinab und zerschmetterten in den Abgründen; nicht mehr als 8000 blieben am Leben, sich dem König zu unterwerfen.

Alexander zog dann aus diesen Berggegenden nordwärts, ohne Widerstand zu finden. Der eigentümliche Charakter dieser Landschaft Ferghana hat sie zu allen Zeiten zu einer wichtigen Völkergrenze und zur Vormauer orientalischer Kultur gegen die Horden der turanischen Steppen gemacht. Im Süden und Osten durch mächtige Gebirge, im Norden durch den Strom und die Bergzüge, die ihm ihre wilden Gebirgswasser zusenden, geschützt, ist sie nur von Westen und Nordwesten her fremden Einfällen offen; und allerdings lauern dort in dem weiten Steppenlande, das sich auf beiden Seiten des unteren Jaxartes ausdehnt, die Wanderhorden streitbarer Völkerschaften, welchen das Altertum den gemeinschaftlichen Namen der Skythen zu geben pflegt; es sind die Turanier der alten Parsensage, gegen deren Invasio-

mehrere Gebirgsketten hinabsendet, zwischen ihnen jene mehr oder minder engen Flußtäler, die sich nach dem Oxos öffnen und unter sich nur durch schwierige Paßwege in Verbindung stehen. Erst mit dem vierten, dem westlichsten dieser Zuflüsse, dem von Derbent, der zehn Meilen nördlich von Balk sich in den Oxos ergießt, verändert sich der Charakter der Landschaft; das massige Gebirge mit den Schneekuppen zwischen den Quellen des Derbent und dem Sogd bei Samarkand sendet fächerartig seine Ausläufer nach West, Südwest und Süd; und die von ihnen entspringenden Wasser vereinigen sich in dem Kaschka, der an Karschi (Nautaka) vorüberfließt, dann in der Wüste verrinnt. Auch der Sogdfluß, in weitem Bogen aus westlicher in südliche Richtung sich wendend, strömt an Buchara vorüber dem Oxos zu, aber verliert sich, ehe er ihn erreicht, in einer Steppenlache.

Für die politische Gestaltung scheint hier vor allem maßgebend, daß die breit entwickelte Absenkung nach dem Oxos zu dem Lauf des Jaxartes gleichsam den Rücken kehrt, daß das Tal des Sogdflusses, durch Schneegebirge von dem übrigen Stromsystem des Oxos getrennt, nur wie ein Vorland, eine Barriere desselben gegen den Jaxartes und die Wüsten in dessen Westen ist, daß der Bergzug, den man in dem Paß des Eisernen Tores überschreitet, die natürliche Grenze zwischen diesem Vorland und dem talreichen baktrischen Lande bildet, daß dies Land in dem Plateau von Pamir einen natürlichen Abschluß und ein Bollwerk gegen das hohe innere Asien hat.

Wenigstens die Übersicht der weiteren militärischen Tätigkeit Alexanders in diesen Gebieten wird sich nun leichter gewinnen lassen.

Er zog von Marakanda nordostwärts, die Ufer des Tanais, den die Anwohner Jaxartes, »den großen Strom«, nannten,

tos) hinab nach Samarkand, das noch 2150 englische Fuß über dem Meere liegt, fast unter demselben Meridian mit Balk, mit der Mündung des Derbentflusses in den Oxos, die 300 Fuß über dem Meere ist, mit Schehrisebz in dem Tal des Kaschka, mit jenem Paß von Karatübe von fast 3000 Fuß Höhe. Die hohe Talmulde des Sogdflusses ist im Norden durch neue von Ost nach West streichende Bergzüge begleitet, durch welche nordostwärts die Pässe zum Jaxartes hinabführen, der, von Osten herabkommend, bei Chodjend in plötzlicher Wendung nordwärts weiterströmt; an dieser Stelle treten die Berge vom Süden und die höheren vom Norden her nahe an den mächtigen Strom, scheiden so das reiche Tal des mittleren Jaxartes, die Ferghana, von dem unteren, dem zur Linken sich die weite Wüste ausdehnt. Chodjend ist von Samarkand in der Luftlinie etwa 30 Meilen entfernt, Balk von Samarkand etwa 42 Meilen, Balk von Chodjend 60, doppelt so weit wie Mailand von Basel.

Noch ein anderes Moment in der Formation dieser weiten Gebiete darf hervorgehoben werden. Jenes Anderab oder Adrapsa, wo Alexander nach Übersteigung der Hochpässe des Kaukasos im Beginn dieses Jahres gerastet hatte, liegt ungefähr unter dem gleichen Meridian mit der Nordwendung des Jaxartes bei Chodjend, beide 65 Meilen in der Luftlinie voneinander entfernt. Als Alexander von Anderab in der Richtung auf Kunduz, wie es scheint, hinabstieg, war er auf wenige Meilen der Stelle nahe, wo die beiden mächtigen Ströme Koktscha und Abi-Pandscha, jener von den indischen Hochketten, dieser von dem riesigen Pamirplateau, dem »Dach der Welt«, herabströmend, sich zum Oxos vereinigen. Unterhalb dieser Stelle erhält der mächtige Strom eine Reihe von Zuflüssen von Norden her aus dem schneereichen Hochgebirge, das, dem Jaxartes parallel und ihm bis auf 15-20 Meilen nahe, nach dem Süden

beschieden hat, um sie zur Heeresfolge aufzubieten, – in keinem anderen Teile der persischen Monarchie hatte er bisher Ähnliches getan. Gedachte er diesen Landen am Oxos ein anderes Verhältnis zu seinem Reich, eine andersgeartete Organisation zu geben als den bisher eroberten? Wir werden später sehen, daß er in Sogdiana einen der Großen des Landes zum »König« bestellte, daß er sich mit der Tochter eines anderen vermählte, daß er einem dritten – er wird ausdrücklich Hyparch genannt –, nachdem er ihn auf seiner Felsenburg zur Kapitulation genötigt, seine Burg und sein Gebiet ließ, daß er einen vierten, der in gleichem Falle war, in gleicher Weise zu Gnaden annahm, ihm auf ein größeres Gebiet Aussicht machte. Die in diesen Landen zahlreichen edlen Herren mit ihren Burgen, ihren Gebieten, die in unseren Quellen erwähnt werden, diese »Hyparchen«, wie sie genannt werden, erscheinen wie Lehensfürsten, wie Territorialherren unter des Reiches Hoheit, wie die Pehlewanen im Dschah-nameh. Es waren die Elemente vorhanden, eine Einrichtung zu treffen, die nach der Lage dieser Lande sich wohl empfehlen konnte; und vielleicht war die Ernennung des Artabazos in diesem Sinne gemeint. Wir kommen auf diese Frage im späteren zurück.

Schon mit seinen Märschen bis Marakanda konnte Alexander eine ungefähre Vorstellung von der charakteristischen Formation des transoxianischen Landes gewonnen haben. War er über Kilif nach Nautaka (Karschi) marschiert, so hatte er zur Linken die weite Wüste gehabt, während ihn zur Rechten die zum Teil bis 3000 Fuß hohen Vorberge eines Hochgebirges begleiteten, dessen Schneegipfel (namentlich den Hazreti-Sultân) er auf dem weiteren Marsch von Nautaka am Kaschkafluß hinauf nach Schehrisebz, als er den Paß von Karatübe überstieg, etwa zehn Meilen im Osten erblickte. Dann stieg er in das Tal des Sogdflusses (Polytime-

und Herrn, seinen Verwandten und Wohltäter festgenommen, gefangen fortgeschleppt, endlich ermordet habe. Bessos antwortete, er habe dies nicht auf seine Entscheidung allein getan, sondern in Übereinstimmung mit allen, die damals um Dareios' Person gewesen seien, in der Hoffnung, sich so des Königs Gnade zu verdienen. Darauf ließ ihn der König geißeln und durch den Herold bekanntmachen, was ihm der Königsmörder gesagt habe. Bessos ward nach Baktra abgeführt, um gerichtet zu werden.

So hat Ptolemaios diesen Vorgang berichtet, während nach Aristobulos Spitamenes und Dataphernes selbst den Bessos in Ketten übergeben haben. Damit scheint angedeutet, was die kleitarchische Überlieferung noch bestimmter hervorhebt, daß Spitamenes, Dataphernes, Katanes, Oxyartes vom König zu Gnaden aufgenommen, wohl auch in ihrem Besitz bestätigt worden sind. Alexander mochte glauben, damit auch des sogdianischen Landes sicher zu sein. Er zog zwar von Nautaka weiter nach Marakanda, der Hauptstadt Sogdianas, ließ auch dann, weiter nach dem Jaxartes marschierend, eine Besatzung in Marakanda zurück; aber unsere Quellen erwähnen nicht, daß er einen Satrapen der Sogdianer bestellt noch daß er andere Maßregem der Unterwerfung getroffen habe; er forderte nur eine bedeutende Lieferung von Pferden, um seine Reiter, die im Hochgebirge und auf dem weiteren Hermarsch viele Verluste erlitten hatten, wieder vollständig beritten zu machen.

Um so bemerkenswerter ist die beiläufige Notiz in unseren Quellen, daß Alexander die »Hyparchen des baktrischen Landes« nach Zariaspa beschieden habe zu einer Zusammenkunft, die mit dem Worte bezeichnet wird, das bei den Griechen für die im Perserreich üblichen jährlichen Musterungen in den Karanien hergebracht ist. Selbst wenn Alexander die baktrischen Hyparchen nur zur Musterung

ständigten sich bald, sie griffen den »König Artaxerxes«, sie meldeten an Alexander: wenn er ihnen eine kleine Heeresabteilung schicke, wollten sie den Bessos, der in ihrer Gewalt sei, ausliefern. Auf diese Nachricht gewährte Alexander seinen Truppen einige Ruhe und sandte, während er selbst in kleineren Tagemärschen nachrückte, den Leibwächter Ptolemaios, den Lagiden, mit etwa sechstausend Mann voraus, die hinreichend schienen, selbst wenn das Barbarenheer sich der Auslieferung des Bessos widersetzen sollte, dieselbe zu bewerkstelligen. In vier Tagen legte dieses Korps einen Weg von zehn Tagereisen zurück und erreichte die Stelle, wo tags zuvor Spitamenes mit seinen Leuten gelagert hatte. Hier erfuhr man, daß Spitamenes und Dataphernes in Beziehung auf Bessos' Auslieferung nicht sicher seien; deshalb befahl Ptolemaios dem Fußvolk, langsam nachzurücken, während er selbst an der Spitze der Reiter eiligst weiterzog; bald stand er vor den Mauern eines Fleckens, in dem sich Bessos, von Spitamenes und den anderen Verschworenen verlassen, mit dem kleinen Rest seiner Truppen befand; ihn mit eigener Hand auszuliefern, hatten sich die Fürsten geschämt. Ptolemaios ließ den Flekken umzingeln, die Einwohner durch einen Herold auffordern, Bessos auszuliefern, so werde er ihrer schonen. Man öffnete die Tore, die Makedonen rückten ein, nahmen Bessos fest und zogen in geschlossener Kolonne zurück, mit ihrer Beute zu Alexander zu stoßen; doch ließ Ptolemaios vorher anfragen, wie Alexander befehle, daß der gefangene Königsmörder vor ihm erscheinen solle. Alexander befahl, ihn nackt, ins Halseisen gebunden vorzuführen und ihn rechts an dem Wege, wo er mit dem Heere vorüberziehen würde, aufzustellen. So geschah es; als Alexander ihm gegenüber war und seiner ansichtig wurde, ließ er seinen Wagen halten und fragte ihn, warum er Dareios, seinen König

Um so wichtiger war es für Alexander, sich der Person des Bessos zu bemächtigen, bevor seine Usurpation des königlichen Namens zur Losung eines allgemeinen Aufstandes wurde. Er brach aus Baktra auf, um Bessos zu verfolgen. Nach einem mühseligen Marsche über das öde Land, das das Fruchtgebiet um Baktra vom Oxos trennt, erreichte das Heer das Ufer des mächtigen und reißenden Stromes. Nirgends waren Kähne zum Übersetzen, hindurchzuschwimmen oder hindurchzuwaten bei der Breite und Tiefe des Stromes unmöglich, eine Brücke zu schlagen zu zeitraubend, da man weder Holzung genug in der Nähe hatte noch das weiche Sandbett und der heftige Strom des Flusses das Einrammen von Pfählen leicht hätte bewerkstelligen lassen. Alexander griff zu demselben Mittel, dessen er sich an der Donau mit so gutem Erfolg bedient hatte; er ließ die Felle, unter denen die Truppen zelteten, mit Stroh füllen und fest zunähen, dann zusammenbinden, pontonartig ins Wasser legen, mit Balken und Brettern überdecken und so eine fliegende Brücke zustande bringen, über welche das gesamte Heer in Zeit von fünf Tagen den Strom passierte. Ohne Aufenthalt rückte Alexander auf der Straße von Nautaka vor.

Während dieser Zeit hatte das Schicksal des Bessos eine Wendung genommen, wie sie seines Verbrechens und seiner Ohnmacht würdig war. In steter Flucht vor Alexander, jedes Wollens und Handelns unfähig, schien er den Großen in seiner Umgebung ihre letzte Hoffnung zu vereiteln und zu verraten; natürlich, daß selbst in solcher Erniedrigung der Name der Macht noch lockte; und gegen den Königsmörder ward Unrecht für erlaubt gehalten. Der Sogdianer Spitamenes, von dem Anrücken des feindlichen Heeres unterrichtet, hielt es an der Zeit, durch Verrat an dem Verräter sich Alexanders Gunst zu erwerben. Er teilte den Fürsten Dataphernes, Katanes, Oxyartes seinen Plan mit, sie ver-

Oxos unterwarf. Zu gleicher Zeit kamen Artabazos und Erigyios aus Areia zurück; Satibarzanes war nach kurzem Kampfe besiegt, der tapfere Erigyios hatte ihn mit eigener Hand getötet; die Areier hatten die Waffen sofort gestreckt und sich unterworfen. Alexander sandte den Solier Stasanor in jene Gegenden mit dem Befehl, den bisherigen Satrapen Arsames, der bei dem Aufstand eine zweideutige Rolle gespielt hatte, zu verhaften und statt seiner die Statthalterschaft zu übernehmen. Die reiche baktrische Satrapie erhielt der greise Artabazos, denen, die sich in ihr Schicksal ergaben, gewiß zu nicht geringer Beruhigung. Aornos am Nordeingang der Pässe wurde zum Waffenplatz ausersehen; es wurden die Veteranen, die zum ferneren Dienst untauglich waren, sowie die thessalischen Freiwilligen, deren Dienstzeit um war, in die Heimat entlassen.

So war mit dem Frühling des Jahres 329 alles bereit, die Unterwerfung des transoxianischen Landes zu beginnen. Die eigentümlichen Verhältnisse desselben hätten, gehörig benutzt, einen langen und vielleicht glücklichen Widerstand möglich gemacht. Das fruchtreiche, dichtbevölkerte Talland von Marakanda, im Westen durch weite Wüsten, im Süden, Osten und Norden durch Gebirge mit höchst schwierigen Pässen geschützt, war nicht bloß leicht gegen jeden Angriff zu verteidigen, sondern überdies zu steter Beunruhigung Areias, Parthiens und Hyrkaniens günstig gelegen; leicht konnten dort bedeutende Kriegsheere zusammengebracht werden; die daischen und massagetischen Schwärme in den westlichen Wüsten, die skythischen Horden jenseits des Jaxartes waren stets zu Raubzügen geneigt; selbst indische Fürsten hatten sich bereit erklärt, an einem Kriege gegen Alexander teilzunehmen. Wenn auch die Makedonen siegten, boten die Wüsten im Westen, die Felsburgen des oberen Landes sichere Zuflucht und Ausgangspunkte zu neuen Erhebungen.

den Assyrern, den Medern, den Persern unterworfen, hatte dies Land, im Norden und Westen von den turanischen Völkern umgeben und stets von ihren Einfällen bedroht, die hervorragende Bedeutung eines zum Schutz Irans wesentlichen, zur militärischen Verteidigung organisierten Vorlandes bewahrt. Daß Bessos, »Satrap des Landes der Baktrier«, in der Schlacht von Arbela zugleich mit den Sogdianern und den an Baktrien grenzenden Indern die skythischen Saken nicht als seine Untertanen, sondern als »Verbündete des Großkönigs« geführt hatte, ließ hier eine Einheit der militärischen Leitung und eine Mitwirkung der Skythenstämme erwarten, der gegenüber die Bewältigung dieser Lande doppelt schwierig werden konnte.

Vielleicht, daß sie der plötzliche Anmarsch des makedonischen Heeres von unerwarteter Seite her erleichterte. Nach kurzer Rast rückte Alexander in raschen Märschen durch die Pässe, welche die nördlichsten Vorberge bilden, nach Aornos hinab und von dort über die Fruchtebenen nach Baktra, der Hauptstadt des Landes; nirgends fand er Widerstand.

Bessos, solange die Feinde noch fern waren, voll Zuversicht und in dem Wahne, daß die Gebirge und die Verwüstungen an ihrer Nordseite das turanische Land schützen würden, hatte nicht sobald von dem Anrücken Alexanders gehört, als er eilends aus Baktra aufbrach, über den Oxos floh und, nachdem er die Fahrzeuge, die ihn über den Strom gesetzt, verbrannt hatte, sich mit seinem Heere nach Nautaka im Sogdianerlande zurückzog. Noch hatte er einige tausend Sogdianer unter Spitamenes und Oxyartes sowie die Daer vom Tanais bei sich; die baktrischen Reiter hatten, sobald sie sahen, daß ihr Land preisgegeben wurde, sich von Bessos getrennt und in ihre heimatlichen Gebiete zerstreut, so daß Alexander mit leichter Mühe alles Land bis zum

und ihr eine starke Besatzung gegeben; es wurde der Perser Proëxes zum Satrapen des Landes, Neiloxenos von den Hetairen zum Episkopos bestellt.

Sobald die Tage der strengsten Kälte vorüber waren, brach Alexander aus der Winterrast auf, um das erste Beispiel eines Gebirgsübergangs zu geben, mit dessen staunenswürdiger Kühnheit nur die ähnlichen Wagnisse Hannibals zu wetteifern vermögen. Die Verhältnisse, unter denen Alexander den Marsch unternehmen mußte, erschwerten denselben bedeutend; noch war das Gebirge mit Schnee bedeckt, die Luft kalt, die Wege beschwerlich; zwar fand man zahlreiche Dorfschaften und die Einwohner friedlich und bereitwillig, zu geben, was sie hatten, aber sie hatten nichts als ihre Herden; die Berge, ohne Waldung und nur hie und da mit Terpentinbüschen bewachsen, boten keine Feuerung dar; ohne Brot und ungekocht wurde das Fleisch genossen, nur gewürzt mit dem Silphion, das in den Bergen wächst. So zog man vierzehn Tage lang über Bergstraßen; je näher man den Nordabhängen kam, desto drückender wurde der Mangel; man fand die Gegenden verwüstet und verödet, die Ortschaften niedergebrannt, die Herden fortgetrieben; man war genötigt, sich von Wurzeln zu nähren und das Zugvieh der Bagage zu schlachten. Nach unsäglicher Anstrengung, von der Witterung und dem Hunger mitgenommen, mit Verlust vieler Pferde, in traurigstem Aufzug, erreichte das Heer endlich am fünfzehnten Tage die erste baktrische Stadt Drapsaka oder Adrapsa, noch hoch im Gebirge.

Er stand am Eingang eines Gebietes doch sehr anderer Art, als die er bisher leicht genug unterworfen hatte. Baktrien und Sogdiana waren Länder uralter Kultur, einst ein eigenes Reich, vielleicht die Heimat des Zarathustra und der Lehre, die sich über ganz Iran verbreitet hatte. Dann

Aus dem Lande von Kabul führen sieben Pässe über das Gebirge Hindukusch nach dem Stromtal des Oxos; drei von diesen führen an den Quellflüssen des Pundschir aufwärts, am weitesten östlich die von Khawak mit einer Paßhöhe von 13 200 Fuß nach Anderab; diese und noch mehr die drei nächsten, welche zu den Quellen des Surkab hinabführen, sind vier bis fünf Monate hindurch vom Schnee so bedeckt, daß man sie kaum passieren kann; man muß dann den westlichsten Paß, den von Dundan Shikan, einschlagen, auf dem man mit etwa sechzig Meilen von Kabul nach Balk gelangt; dieser Weg führt durch mehrere Bergketten diesseits und jenseits des Hauptgebirges, und die Täler zwischen denselben sind an Quellen, an Weide und Herden reich, von friedlichen Hirtenstämmen bewohnt.

Alexander lagerte, das hohe Gebirge »zu seiner Linken«, an einer Stelle, wo er den beschwerlichen Ostpässen, namentlich dem nach Anderab, näher war als dem bequemeren Westpaß. Mußte ihn Bessos nicht über diesen kommen zu sehen erwarten und demnach seine Maßregeln getroffen haben? Es war angemessen, die näheren Pässe zu wählen und lieber dem Heere eine längere Rast zu gewähren, um so mehr, da die Pferde des Heeres durch die Wintermärsche schwer mitgenommen waren. Es kam noch ein anderer Umstand hinzu; was der König im Kabullande hörte und sah, mußte ihn erkennen lassen, daß hier die Eingangspforte zu einer neuen Welt sei, voll kleiner und großer Staaten, voll kriegerischer Volksstämme, bei denen die Nachricht von der Nähe des Eroberers unzweifelhaft Aufregung genug veranlassen mußte, vielleicht selbst Maßregeln, ihm, wenn er nach Norden weitergezogen, die Rückkehr durch die Pässe, die er jetzt vor sich hatte, unmöglich zu machen. Zur Sicherung dieser Position wurde an der Stelle, wo das Heer lagerte, eine Stadt »Alexandreia am Kaukasos« angelegt

den neu unterworfenen Ländern in seinem Rücken einen allgemeinen Aufstand zu organisieren.

Bessos ließ die Gegenden am Nordabhang des Gebirges mehrere Tagereisen weit verwüsten, um so jedes Eindringen eines feindlichen Heeres unmöglich zu machen; er übergab dem Satibarzanes, welcher auf die Anhänglichkeit seiner ehemaligen Untertanen rechnen konnte, etwa zweitausend Reiter, um mit diesen eine Diversion im Rücken der Makedonen zu machen, die, wenn sie glückte, den Feind gänzlich abschnitt. Die Areier erhoben sich bei dem Erscheinen ihres ehemaligen Herrn, ja der von Alexander eingesetzte Satrap Arsames selbst schien die Empörung zu begünstigen. Auch nach Parthien hin sandte Bessos einen seiner Getreuen, Barzanes, um dort eine Insurrektion zugunsten des alten Persertums zu bewirken.

Alexander erhielt die Nachricht von dem neuen Aufstand der Areier in Arachosien; sofort sandte er die Reiterei der Bundesgenossen, sechshundert Mann, unter ihren Führern Erigyios und Karanos, sowie die griechischen Söldner unter Artabazos, sechstausend Mann, unter denen auch die in den kaspischen Pässen übergetretenen unter Andronikos waren, nach Areia, ließ zugleich dem Satrapen in Hyrkanien und Parthien, Phrataphernes, den Befehl zukommen, mit seinen Reiterscharen zu jenen zu stoßen. Zu gleicher Zeit war der König selbst aus dem Arachosischen aufgebrochen und unter der strengsten Winterkälte über die nackten Paßhöhen, welche das Gebiet der Arachosier von dem der Paropamisaden trennen, gezogen. Er fand dies Hochland stark bevölkert, und obschon jetzt tiefer Schnee die Felder überdeckte, doch Vorräte genug in den zahlreichen Dörfern, die ihn freundlich aufnahmen. Er eilte in die offenere Landschaft des oberen Kabulstromes hinab und über diesen bis an den Fuß des hohen Hindukusch, des »Kaukasos«, jenseits dessen Baktrien liegt. Hier hielt er Winterrast.

ZWEITES KAPITEL

Alexander nach Baktra · Verfolgung des Bessos, dessen Auslieferung
Zug gegen die Skythen am Jaxartes · Empörung in Sogdiana
Bewältigung der Empörer · Winterrast in Zariaspa · Zweite
Empörung der Sogdianer · Bewältigung · Rast in Marakanda
Kleitos' Ermordung · Einbruch der Skythen nach Zariaspa.
Winterrast in Nautaka · Die Burgen der Hyparchen · Vermählung
mit Roxane · Verschwörung der Edelknaben
Kallisthenes' Strafe

Der nächste Feldzug galt dem oxianischen Lande. Dort hatte Bessos, der die Tiara des Großkönigs und den Namen Artaxerxes angenommen, eifrigst Vorbereitungen gemacht, um sich dem weiteren Vordringen der Makedonen zu widersetzen. Außer den Truppen, die noch seit der Ermordung des Großkönigs um ihn waren, hatte er aus Baktrien und Sogdiana etwa 7000 Reiter um sich versammelt, auch einige tausend Daer waren zu ihm gestoßen; mehrere Große des Landes, Dataphernes und Oxyartes aus Baktrien, Spitamenes aus Sogdiana, Katanes aus Paraitakene, befanden sich bei ihm; auch Satibarzanes hatte sich, nachdem seine Empörung im Rücken Alexanders mißglückt war, nach Baktrien geflüchtet, – ein Unfall, der für Bessos den großen Vorteil mit sich zu führen schien, daß Alexander, einmal von dem großen Wege nach Baktrien abgelenkt, wahrscheinlich die schwer zugänglichen Pässe über den Kaukasus scheuen und den Feldzug gegen Baktrien entweder ganz aufgeben oder sich wenigstens Zeit zu neuen und größeren Rüstungen lassen, vielleicht einen Einfall nach dem nahen Indien machen werde; und dann konnte es nicht schwer sein, in

entsprach; war sie für die doch sehr anderen Verhältnisse Irans, Turans, Indiens, für die Strapazen endloser Märsche, für die unvermeidlichen schroffen Wechsel der Ernährung, für Sonnenglut, Winterwetter im Hochgebirge, bald tropischer Regenmonate in gleichem Maße angemessen? Ergab nicht die Fürsorge für die Gesundheit der Mannschaften die Notwendigkeit, den Leib mit dichter schließenden Kleidungen warm zu halten, den Schädel vor Sonnenstich zu schützen, die Beine einzuhüllen, die Füße besser als mit Sandalen oder niedrigen Schuhen zu schützen? Vielleicht nach der Art, wie man sie bei den Völkern dort in Gebrauch sah? Ist das vielleicht die Einführung asiatischer Tracht, die dem König zu schwerem Vorwurf gemacht wird? Freilich, in der Dürftigkeit unserer Überlieferungen findet sich auf diese wie auf so viele Fragen keine Antwort.

seinem Reiche geben wollte, zu entwickeln; und während überall in den Mittelpunkten der Satrapien mehr oder weniger starke makedonisch-hellenische Garnisonen zurückblieben und sich, so dauernd angesiedelt, aus der bloß militärischen Ordnung auch zu zivilen Gemeinwesen, zu Politien nach hellenischer Art umbildeten, mußten in der Feldarmee die eingereihten Asiaten durch die militärische Gemeinschaft und Disziplin sich zu hellenisieren beginnen.

Diese Feldarmee war doch nicht bloß ein militärischer Körper; sie umschloß noch andere Elemente, andere Funktionen; sie bildete eine höchst eigentümliche Welt für sich. Das Feldlager war zugleich das Hoflager, umschloß die zentrale Verwaltung des ungeheuren Reiches, dessen obersten Zivildienst, das Kassenwesen, die Intendanturgeschäfte, die Vorräte für Bewaffnung und Bekleidung der Armee, für Unterhalt der Menschen und Tiere, den Lazarettdienst; mit dem Heere zogen Händler, Techniker, Lieferanten, Spekulanten aller Art, nicht wenige Literaten, nicht bloß die zum Unterricht der jungen Herren von Adel bestimmten; auch Gäste, hellenische und Asiaten, Laien und priesterliche; an einem Troß von Weibern wird es nicht gefehlt haben; wenn der Lynkestier Alexandros seit den Vorgängen in Pisidien gefangen dem Heere folgte, so wird auch der schwachsinnige Arrhidaios, Philipps Bastard, nicht zurückgelassen worden sein. Kurz, dies Feld- und Hoflager war gleichsam die bewegliche Residenz des Reichs, der mächtige und mächtig pulsierende Schwer- und Mittelpunkt desselben, der sich von einem Lande zum andern schob und weilend wie weitereilend sein Machtgewicht wirken ließ.

Vielleicht darf an dieser Stelle noch ein anderer Punkt angeführt werden, auf den die Natur der Sache zu führen scheint. Alexanders Truppen waren in der Bekleidung ausgezogen, welche dem Klima und der Landessitte der Heimat

sich von den Rekrutierungen aus der Heimat entfernte, näheren Ersatz zu schaffen.

Schon im Winter vorher waren die Ilen der Ritterschaft zu je zwei Lochen formiert, deren jeder seinen Lochagen erhielt; jetzt wurden je acht dieser Lochen zu einer Hipparchie vereint, so daß es fortan, wenn der moderne Ausdruck erlaubt ist, zwei Regimenter dieser schweren Kavallerie zu acht immerhin schwächeren Schwadronen gab. Die eine Hipparchie erhielt Kleitos, des Dropides Sohn, der bisher die königliche Ile der Ritterschaft geführt hatte, der »schwarze Kleitos«, die zweite Hephaistion. Bereits im Feldzug des nächsten Jahres ist die Zahl der Hipparchien weiter vermehrt.

In gleicher Weise sind die Söldnerreiter, die 400 Mann stark unter Menidas 331 zum Heere gekommen waren, so vermehrt worden, daß sie mehr als eine Hipparchie bilden.

Schon ist auch eine Waffe der Akontisten zu Pferd eingerichtet, ihre Zahl ist nicht mehr zu erkennen.

Die nicht minder bedeutenden Veränderungen in der Formation des Fußvolks, die im indischen Feldzug hervortreten, scheinen erst nach den großen Verstärkungen, die das Heer in Baktrien erhielt, durchgeführt zu sein.

Schon in Persepolis hatte der König Befehl in die Satrapien gesandt, junge Mannschaften auszuheben, im ganzen 30 000 Mann, die nach makedonischer Art zum Dienst ausgebildet und dann als »Epigonen« in die Armee eingestellt werden sollten. Aber schon demnächst, bei seinem zweijährigen Aufenthalt in den baktrischen Landen, nahm er Baktrier, Sogdianer, Paropamisaden usw. namentlich als Reiter in Dienst.

Mit einem Wort, das Heer des Königs, bisher aus Makedonen, Hellenen und europäischen Barbaren bestehend, begann sich in dem hellenistischen Charakter, den Alexander

schlimme Scharte in dem bisher so festen und scharf gefugten Instrument seiner Macht, dem einzigen, das sein Werk und seine Erfolge verbürgte.

Seine Spannkraft und sein imperatorischer Geist wird die zerrüttenden Nachwirkungen dieser Vorgänge zu bewältigen, rasch und völlig die erregten Truppen wieder in die Hand zu bekommen verstanden haben. Aber daß Philotas, daß Parmenion dieser Armee fehlten, war und blieb ein unersetzlicher Schaden, ein dauernder Flecken.

Es mag dahingestellt bleiben, ob in den bezeichneten Zusammenhang auch die weiteren Formationsänderungen zu rechnen sind, die wenigstens teilweise in diese Winterrast fallen, oder ob sie mehr noch von der sich verändernden militärischen Aufgabe veranlaßt wurden.

Seit dem Ende des Dareios gab es in den bisher persischen Landen keine organisierte feindliche Kriegsmacht mehr; es konnten noch da und dort Massen aufgeboten und ins Feld geführt werden, aber sie hatten nicht mehr die feste Formation des persischen Reichsheeres, auf das Alexander beim Beginn des Kampfes seine Armee zusammengestellt hatte, weder die Haustruppen der Großkönige und die Kardaker noch einen Kern hellenischer Söldner und deren taktische Übung. Der weitere Krieg mußte sich wesentlich auf den Kampf gegen lose Massen, auf deren Sprengung, rasche Verfolgung, jede Art des kleinen Krieges einrichten. Es mußten die Truppenkörper so formiert werden, daß sich aus ihnen mit Leichtigkeit Armeen im kleinen zusammenstellen ließen; sie mußten beweglicher, in ihrer Taktik noch mehr als bisher aggressiv werden, die leichten Truppen mußten eine noch größere Ausdehnung erhalten. Endlich war es notwendig, Fürsorge zu treffen, daß auch asiatische Aushebungen zur Verwendung kommen konnten, nicht bloß, um die Masse des Heeres zu vergrößern und in dem Maß, als man

rale das Diadem zu übertragen; der Lynkestier konnte den Verschworenen um so geeigneter dazu scheinen, als Antipatros, auf den gewiß besondere Rücksicht zu nehmen war, durch die Erhebung seines Eidams für die neue Ordnung der Dinge, so mochte man meinen, gewonnen werden konnte. Vielleicht darf erwähnt werden, daß Antipatros, sobald er von den Vorgängen in Prophthasia und Ekbatana unterrichtet war, Schritte getan zu haben scheint, die ohne solchen Zusammenhang unbegreiflich wären; es wird erzählt, daß er mit den Aitolern, die Alexander wegen Zerstörung der ihm ergebenen Stadt Oiniadai auf das strengste zu züchtigen befohlen hatte, insgeheim Unterhandlungen angeknüpft habe; eine Vorsicht, die für den Augenblick keine weitere Wirkung hatte, aber dem König nicht unbekannt blieb und, so wurde geglaubt, sein Mißtrauen in einer Weise erregte, die, wenn auch erst nach Jahren, ihren Ausdruck finden sollte.

So endete dieser trostlose Handel, trostlos auch, wenn das Gericht über Philotas gerecht, die Ermordung Parmenions eine politische Notwendigkeit gewesen war. Es macht das Geschehene nicht erträglicher, wenn Philotas nach den Überlieferungen bei aller persönlichen Tapferkeit und Kriegstüchtigkeit gewaltsam, selbstsüchtig, tückisch gewesen sein, wenn der Vater selbst ihn gemahnt haben soll, vorsichtiger, minder hochfahrend zu sein; noch weniger, wenn Parmenion auch in seinen dienstlichen Beziehungen sich mehrfach des Königs Tadel zugezogen haben soll. Mochte der König meinen, von seinen höchsten Offizieren die strengste Parition fordern, inmitten des Krieges die Zügel der Disziplin doppelt scharf anziehen zu müssen, – daß er in den Kreisen der Höchstkommandierenden zu strafen fand und so strafen zu müssen glaubte, war ein bedenkliches Symptom für den Zustand seines Heeres und eine erste

gen der Phalangiten, wurden vorgeführt, namentlich gegen Amyntas mehrfache Beschuldigungen geltend gemacht. Dieser verteidigte sich und seine Brüder dergestalt, daß die Makedonen ihn aller Schuld freisprachen; dann bat er um die Vergünstigung, seinen entflohenen Bruder zurückbringen zu dürfen; der König gestattete es; er reiste noch desselben Tages ab, erbrachte Polemon zurück; das und der rühmliche Tod, den Amyntas bald darauf in einem Gefecht fand, benahmen dem König den letzten Verdacht gegen die Brüder, die fortan von ihm auf mannigfache Weise ausgezeichnet wurden.

Bemerkenswert ist, daß bei Gelegenheit dieser Untersuchungen die Sache des Lynkestiers Alexandros, der vier Jahre früher in Kleinasien einen Anschlag auf des Königs Leben gemacht hatte, damals aber auf ausdrücklichen Befehl des Königs nur festgenommen war, jetzt zur Sprache gebracht wurde. Mag es wahr sein, daß das Heer seine Hinrichtung forderte, dem König konnte es notwendig scheinen, einen Mann, den er mit Rücksicht auf seine Verschwägerung mit dem Reichsverweser in Makedonien bisher der gerechten Strafe vorenthalten, dem jetzt geforderten Urteil des Heeres zu überantworten. Es ist nicht unwahrscheinlich, daß neue Anlässe hinzukamen, gerade jetzt ihn vor Gericht zu stellen; leider berichten unsere Quellen nichts Genaueres. Aber wenn Philotas eingestanden, daß der Zweck der Verschwörung Alexanders Ermordung gewesen sei, so mußte die erste und im voraus bedachte Frage sein, wer nach ihm das Diadem tragen solle; der zunächst Berechtigte war Arrhidaios, König Philipps Sohn; aber auch wenn er mit beim Heere war, es konnte niemandem einfallen, die Gewalt einem so gut wie Blödsinnigen zu übergeben; ebensowenig einem zum Königtum völlig Unberechtigten, etwa Parmenion oder seinem Sohn oder einem anderen der Gene-

lich zu vollstrecken; er stand an der Spitze einer bedeutenden Truppenmasse, die er bei seinem großen Ansehen im Heere und mit den Schätzen, die ihm zur Bewachung anvertraut waren und die sich auf viele tausend Talente beliefen, leicht zum Äußersten bringen konnte; selbst wenn er an der Verräterei seines Sohnes keinen unmittelbaren Anteil hatte, schien nach dessen Hinrichtung das Schlimmste möglich. Er stand in Ekbatana, 30 bis 40 Märsche entfernt; was konnte, wenn er sich empörte, in dieser Zeit geschehen? Der König durfte bei solchen Umständen nicht sein Begnadigungsrecht üben, er durfte nicht wagen, den Feldherrn offenbar und inmitten der so leicht irrezuführenden Truppen verhaften zu lassen; Polydamas aus der Schar der Hetairen wurde nach Ekbatana an Sitalkes, Menidas und Kleandros gesandt, mit dem schriftlichen Befehl des Königs, Parmenion in der Stille aus dem Wege zu räumen. Auf schnellen Dromedaren, von zwei Arabern begleitet, kam Polydamas mit der zwölften Nacht in Ekbatana an; der thrakische Fürst und die beiden makedonischen Befehlshaber entledigten sich sofort ihres Auftrages.

In Prophthasia gingen indes die Untersuchungen weiter. Auch Demetrios, einer der sieben Leibwächter, wurde, der Verbindung mit Philotas verdächtig, gefangengesetzt; Ptolemaios, des Lagos Sohn, erhielt seine Stelle. Die Söhne des Tymphaiers Andromenes waren dem Philotas sehr befreundet gewesen, und Polemon, der jüngste der Brüder, der in einer Ile der Ritterschaft stand, hatte sich, sobald er von der Gefangennahme seines Hipparchen Philotas gehört, in blinder Angst auf die Flucht begeben; seine und seiner Brüder Teilnahme an der Verschwörung erschien um so glaublicher. Amyntas, Simmias, Attalos, alle drei Strate-

für die Armee im Felde strengere kriegsrechtliche Formen galten, ist nach den vorliegenden Überlieferungen nicht mehr zu erkennen.

verbreiten muß; der König beruft einen geheimen Rat; die meisten verlangen, das Todesurteil sofort zu vollstrecken; Hephaistion, Krateros, Koinos raten, erst das Geständnis zu erzwingen; dafür entscheidet sich die Stimmenmehrheit; die drei Strategen erhalten den Auftrag, bei der Folter gegenwärtig zu sein. Unter den Martern bekennt Philotas, daß er und sein Vater von Alexanders Ermordung gesprochen, daß sie dieselben bei Dareios' Lebzeiten nicht gewagt hätten, da nicht ihnen, sondern den Persern der Vorteil davon zugefallen wäre, daß er, Philotas, mit der Vollstreckung geeilt habe, ehe sein Vater durch den Tod, dem sein greises Leben nahe sei, dem gemeinschaftlichen Plane entrissen würde, daß er diese Verschwörung ohne Vorwissen des Vaters angestiftet. Mit diesen Zeugnissen tritt der König am nächsten Morgen in die Versammlung des Heeres; Philotas wird vorgeführt und von den Lanzen der Makedonen durchbohrt.

Auch die besten Quellen, die, denen Arrian folgt, Ptolemaios und Aristobulos, bestätigen, daß schon in Ägypten Anzeigen von den verräterischen Plänen des Philotas an den König gebracht worden seien, daß dieser sich bei der Freundschaft, die zwischen ihm und Philotas bestanden, bei der hohen Achtung, die er dem Vater Parmenion stets bezeugt, nicht habe entschließen können, sie zu glauben. Ptolemaios bezeugt, daß der König selbst vor versammeltem Kriegsvolk die Anklage gesprochen, daß Philotas sich verteidigt habe, daß namentlich die Verheimlichung der Anzeige ihm als Verbrechen angerechnet worden sei. Die Folter erwähnt er nicht.

Auch Parmenion war des Todes schuldig erkannt worden[77]. Es erschien notwendig, das Urteil so schnell wie mög-

77 Diod. XVII 80: ... οἱ Μακεδόνες κατέγνωσαν τοῦ Φιλώτα καὶ τῶν καταιτιαθέντων θάνατον ἐν οἷς ὑπῆρχε Παρμενίων usw. Die Frage, ob nach dem daheim auch im Frieden geltenden Rechte verfahren wurde oder ob

besorgt gemacht und denselben zu der häufigen Warnung, sich nicht zu früh zu verraten, veranlaßt; längst hätten sie nicht mehr dem König treulich gedient, und die Schlacht von Gaugamela sei fast durch Parmenion verloren worden; seit Dareios' Tode aber seien ihre verräterischen Pläne gereift, und während er fortgefahren, ihnen alles anzuvertrauen, hätten sie den Tag seiner Ermordung bestimmt, die Mörder gedungen, den Umsturz alles Bestehenden vorbereitet. Mit der tiefsten Bestürzung, so sagt die Schilderung des Vorgangs, haben die Makedonen den König angehört; daß dann Philotas gebunden vorgeführt wird, bewegt sie nicht minder, erweckt ihr Mitleid; der Stratege Amyntas ergreift das Wort gegen den Schuldigen, der ihnen allen mit dem Leben des Königs die Hoffnung der Heimkehr vernichtet haben würde. Dann noch heftiger der Stratege Koinos, des Philotas Schwager; schon hat er einen Stein ergriffen, das Gericht nach makedonischer Sitte zu beginnen; der König hält ihn zurück: erst müsse Philotas sich verteidigen; er selbst verläßt die Versammlung, um nicht durch seine Gegenwart das Recht der Verteidigung zu beeinträchtigen. Philotas leugnet die Wahrheit der Beschuldigungen; er verweist auf seine, seines Vaters, seiner Brüder treue Dienste; er gesteht, die Anzeige des Kebalinos verschwiegen zu haben, um nicht als nutzloser und lästiger Warner zu erscheinen wie sein Vater Parmenion in Tarsos, als er vor der Arznei des akarnanischen Arztes gewarnt habe; aber Haß und Furcht folterten stets den Despoten, und das sei es ja, was sie alle beklagten. Unter der heftigsten Aufregung entscheiden die Makedonen, daß Philotas und die übrigen Verschworenen des Todes schuldig seien; der König vertagt das Gericht bis zum folgenden Tage.

Noch fehlt das Geständnis des Philotas, das zugleich über die Schuld seines Vaters und der Mitverschworenen Licht

rufen[76]. Niemand ahnt, was geschehen; dann tritt der König selbst in den Kreis: er habe das Heer nach makedonischer Sitte zum Gericht berufen, ein hochverräterischer Plan gegen sein Leben sei an den Tag gekommen. Nikomachos, Kebalinos, Metron legen Zeugnis ab, der Leichnam des Dimnos ist die Bestätigung ihrer Aussage. Dann bezeichnet der König die Häupter der Verschwörung: an Philotas sei die erste Anzeige gebracht, daß am dritten Tage der Mord geschehen sollte; obschon er täglich zweimal in das königliche Schloß komme, habe er den ersten, den zweiten Tag kein Wort geäußert; dann zeigte er Briefe des Parmenion, in denen der Vater seinen Söhnen Philotas und Nikanor rät: »Sorgt erst für euch, dann für die Euren, so werden wir erreichen, was wir bezwecken«; er fügt hinzu, daß diese Gesinnungen durch eine Reihe von Tatsachen und Äußerungen bestätigt und Zeugnis für das schnödeste Verbrechen seien; schon bei König Philipps Ermordung habe Philotas sich für den Prätendenten Amyntas entschieden; seine Schwester sei Gemahlin des Attalos gewesen, der ihn selbst und seine Mutter Olympias lange verfolgt, ihn von der Thronfolge zu verdrängen gesucht, sich endlich, mit Parmenion nach Asien vorausgesandt, empört habe; trotzdem sei diese Familie von ihm mit jeder Art von Auszeichnung und Vertrauen geehrt worden; schon in Ägypten habe er von den frechen und drohenden Äußerungen, die Philotas gegen die Hetäre Antigone oft wiederholt, sehr wohl gewußt, aber sie seinem heftigen Charakter zugute gehalten; dadurch sei Philotas nur noch herrischer und hochfahrender geworden; seine zweideutige Freigebigkeit, seine zügellose Verschwendung, sein wahnsinniger Hochmut hätten selbst den Vater

---

[76] Nach Curtius' Angabe waren sechstausend Makedonen zur Stelle, um sie her drängten sich Troßbuben, Knechte usw.; die übrigen Truppen werden in Kantonnements zerstreut gelegen haben.

richt, sagt, daß er nicht schuld an der Verzögerung dieser Anzeige sei und daß er diese bei dem auffallenden Benehmen des Philotas und der Gefahr weiterer Verzögerung unmittelbar an den König machen zu müssen geglaubt habe. Alexander hört ihn nicht ohne tiefe Bewegung; er befiehlt sofort, Dimnos festzunehmen. Der sieht die Verschwörung verraten, seinen Plan vereitelt, er entleibt sich. Dann wird Philotas zum König beschieden; er versichert, die Sache für eine Prahlerei des Dimnos und nicht der Rede wert gehalten zu haben, er gesteht, daß Dimnos' Selbstmord ihn überrasche, der König kenne seine Gesinnung. Alexander entläßt ihn, ohne Zweifel an seiner Treue zu äußern, er ladet ihn ein, auch heute nicht bei Tafel zu fehlen. Er beruft einen geheimen Kriegsrat, teilt da das Geschehene mit. Die Besorgnis der treuen Freunde vermehrt des Königs Verdacht eines weiteren Zusammenhangs und seine Unruhe über Philotas' rätselhaftes Benehmen; er befiehlt das strengste Stillschweigen über diese Verhandlung; er bescheidet Hephaistion und Krateros, Koinos und Erigyios, Perdikkas und Leonnatos zu Mitternacht zu sich, die weiteren Befehle zu empfangen. Zur Tafel versammeln sich die Getreuen beim König, auch Philotas fehlt nicht; man trennt sich spät am Abend. Um Mitternacht kommen jene Generale, von wenigen Bewaffneten begleitet; der König läßt die Wachen im Schloß verstärken, läßt die Tore der Stadt, namentlich die nach Ekbatana führenden, besetzen, sendet einzelne Kommandos ab, diejenigen, die als Teilnehmer der Verschwörung bezeichnet sind, in der Stille festzunehmen, schickt endlich 300 Mann zu Philotas' Quartier mit dem Befehl, erst das Haus mit einer Postenreihe zu umstellen, dann einzudringen, den Hipparchen festzunehmen und ins Schloß zu bringen. So vergeht die Nacht.

Am andern Morgen wird das Heer zur Versammlung be-

führlicher hat die Quelle, der Diodoros, Curtius, Plutarchos folgen, die Sache erzählt, ob der Wahrheit entsprechender, mag dahingestellt bleiben. Sie sagen im wesentlichen folgendes:

Unter den Mißvergnügten in des Königs Umgebung war Dimnos aus Chalaistra in Makedonien. Er vertraute dem Nikomachos, mit dem er in Buhlschaft lebte, daß er vom König an seiner Ehre gekränkt, daß er entschlossen sei, sich zu rächen; vornehme Personen seien mit ihm einverstanden, allgemein werde eine Änderung der Dinge gewünscht; der König, allen verhaßt und im Wege, müsse aus dem Wege geräumt werden; in drei Tagen werde er tot sein. Für des Königs Leben besorgt, aber zu scheu, ihm so Großes selbst zu enthüllen, teilt Nikomachos den verruchten Plan seinem Bruder Kebalinos mit und beschwört ihn, mit der Anzeige zu eilen. Der Bruder begibt sich ins Schloß, wo der König wohnt; um alles Aufsehen zu meiden, wartet er im Eingang, bis einer der Strategen herauskomme, dem er die Gefahr entdecken könne. Philotas ist der erste, den er sieht; ihm sagt er, was er erfahren, er macht ihn verantwortlich für die schleunige Meldung und für das Leben des Königs. Philotas kehrt zum König zurück, er spricht mit ihm von gleichgültigen Dingen, nicht von der nahen Gefahr; auf Kebalinos' Fragen, der ihn am Abend aufsucht, antwortet er, es habe sich nicht machen wollen, am nächsten Tage werde noch Zeit genug sein. Doch auch am andern Tage schweigt Philotas, obschon mehrfach mit dem König allein. Kebalinos schöpft Verdacht; er wendet sich an Metron, einen der königlichen Knaben, er teilt ihm die nahe Gefahr mit, fordert von ihm eine geheime Unterredung mit dem König. Metron bringt ihn in das Waffenzimmer Alexanders, sagt diesem während des Bades von dem, was Kebalinos ihm entdeckt, läßt dann ihn selbst hervortreten. Kebalinos vervollständigt den Be-

ren wollten den Krieg beendet, das Heer aufgelöst, die Beute verteilt sehen; nicht ohne ihre Einwirkung schien auch im Heer das Verlangen nach der Heimat laut und lauter zu werden.

So steigerte sich die Mißstimmung; schon wurde mit Geschenken, mit Nachsicht und Vertrauen der König ihrer nicht mehr Herr. Es konnte und durfte nicht lange in dieser Weise fortgehen; die Kriegszucht des Heeres und die Parition der Offiziere, das waren die ersten Bedingungen nicht bloß für das Gelingen der militärischen Unternehmungen, sondern auch für die Erhaltung des schon Gewonnenen und die Sicherheit der Armee selbst; wenn sich Alexander von Krateros, Kleitos, Philotas, Parmenion, von den Hetairen auch keiner Tat gewärtig sein mochte, so mußte er des Beispiels und der schon unsicheren Stimmung im Heere wegen eine Krisis herbeiwünschen, die ihm die Faktion offen gegenüberstellte und sie niederzutreten Gelegenheit bot.

Alexander rastete im Herbst des Jahres 330 mit seinem Heere in der Hauptstadt des Drangianerlandes; Krateros war von dem baktrischen Wege her wieder zu ihm gestoßen; auch Koinos, Perdikkas und Amyntas mit ihren Phalangen, auch die makedonische Ritterschaft des Philotas und die Hypaspisten waren um ihn; ihr Führer Nikanor, Philotas' Bruder, war vor kurzem gestorben, dem König ein schmerzlicher Verlust; durch den Bruder hatte er ihn feierlich bestatten lassen. Ihr Vater Parmenion stand mit den meisten der übrigen Truppen im fernen Medien, die Straße nach der Heimat und die reichen Schätze des Perserreiches zu hüten; im nächsten Frühling sollte er wieder zu der großen Armee stoßen. »Da erhielt Alexander die Anzeige von dem Verrat des Philotas«, sagt Arrian und führt dann summarisch an, wie gegen denselben verfahren worden sei. Aus-

nicht; sie bestärkten und steigerten sich gegenseitig in dem Ärger, zurückgesetzt und von dem, der ihnen alles danke, undankbar behandelt zu sein; jahrelang hätten sie kämpfen müssen, um jetzt die Frucht ihrer Siege in die Hände der Besiegten übergehen zu sehen; der König, der jetzt die persischen Großen wie ihresgleichen behandelte, werde sie selbst bald wie diese einstigen Sklaven des Perserkönigs behandeln; Alexander vergesse den Makedonen, man müsse auf seiner Hut sein.

Der König kannte diese Stimmung vieler Generale; seine Mutter, so wird berichtet, habe ihn wiederholt gewarnt, ihn beschworen, vorsichtig gegen die Großen zu sein, ihm Vorwürfe gemacht, daß er zu vertraut und zu gnädig gegen diesen alten Adel Makedoniens sei, daß er mit überreicher Freigebigkeit aus Untertanen Könige mache, ihnen Freunde und Anhang zu gewinnen Gelegenheit gebe, sich selbst seiner Freunde beraube. Alexander konnte sich nicht verhehlen, daß selbst unter seiner nächsten Umgebung viele seine Schritte mit Mißtrauen oder Mißbilligung betrachteten; in Parmenion war er gewohnt, einen steten Warner zu haben; von dessen Sohn Philotas wußte er, daß er seine Einrichtungen unverhohlen mißbilligt, ja über seine Person sich in sehr schonungsloser Weise geäußert habe; er hielt es dem heftigen und finsteren Sinne des sonst tapferen und im Dienst unermüdlichen Hipparchen zugute; tiefer kränkte es ihn, daß selbst der schlichte und hochherzige Krateros, den er vor allen hochachtete, nicht immer mit dem, was geschah, einverstanden war, daß selbst Kleitos, der das Agema der Ritterschaft führte, sich mehr und mehr ihm entfremdete. Immer deutlicher trat unter den makedonischen Generalen eine Spaltung hervor, die, wenn auch für jetzt ohne bedeutende Folgen, doch die Stimmung verbitterte und selbst im Kriegsrat schon in peinlicher Gereiztheit hervorbrach; die heftige-

tischen Machtvollkommenheit der früheren Satrapen noch das grausame Gewaltrecht von Eroberern in Anspruch. Während Alexander den Kniefall der persischen Großen und die Adoration, die ihm die Morgenländer schuldig zu sein glaubten, mit derselben Huld empfing wie die Ehrengesandtschaften der Griechen und den soldatischen Zuruf seiner Phalangen, hätten sie sich gern als die gleichen ihres Königs, alles andere tief unter sich im Staube der Unterwürfigkeit gesehen; und während sie sich selbst, soviel es das Kriegslager und die Nähe ihres laut mißbilligenden Königs gestattete, der ganzen Üppigkeit und Zügellosigkeit des asiatischen Lebens ohne anderen Zweck als den des verwildertsten Genusses hingaben, verargten sie ihrem König des medische Kleid und den persischen Hofstaat, in dem ihn die Millionen Asiens als ihren Gottkönig erkannten und anbeteten. So waren viele der makedonischen Großen im bösesten Sinne des Wortes zu Asiaten geworden, und der asiatische Hang zur Despotie, Kabale und Ausschweifung vereinigte sich mit jenem makedonischen Übermaß von Heftigkeit und Selbstgefühl, das sie, noch immer nach Ruhm begierig, im Kampf tapfer, zu jedem Wagnis bereit machte.

Sobald Alexander morgenländisches Wesen in seine Hofhaltung aufzunehmen begann, persische Große um sich versammelte, sie mit gleicher Huld und Freigebigkeit wie die Makedonen an sich zog, mit gleichem Vertrauen auszeichnete, mit wichtigen Aufträgen ehrte, mit Satrapien belehnte, war es natürlich, daß die makedonischen Großen, als geschähe ihnen Abbruch und Erniedrigung, auf dies asiatische Unwesen, das der König begünstigte, ihren Abscheu wandten und demgegenüber sich als die Vertreter des alt- und echt makedonischen Wesens fühlten. Viele, besonders die älteren Generale aus Philipps Zeit, verhehlten ihre Mißgunst gegen die Perser, ihr Mißtrauen gegen Alexander

Die asiatische Art war passiver, mißtrauischer, in ihrer Masse schwerfälliger und verstockter; von der Schonung, mit der man sie behandelte, von dem Verständnis ihrer Eigenart und ihres Vorurteils, von ihrer völligen Fügsamkeit hing für den Anfang die Existenz des neuen Reiches ab. Auch sie mußten in Alexander ihren König sehen; er war zunächst und allein die Einheit des weiten Reiches, der Kernpunkt, um den sich die neue Kristallisation bilden sollte. Wie er ihren Göttern geopfert und Feste gefeiert hatte, so wollte er auch in seiner Umgebung, in den Festen seines Hoflagers zeigen, daß er auch den Asiaten angehöre. Seit dem Ende des Dareios begann er, die Asiaten, die zu ihm kamen, im asiatischen Kleide und mit asiatischem Zeremoniell zu empfangen, die nüchterne Alltäglichkeit des makedonischen Feldlagers mit dem blendenden Pomp des morgenländischen Hoflebens abwechseln zu lassen; der nächste Tag sah ihn wieder an der Spitze der Makedonen im Kampf voran, unermüdlich bei Strapazen, voll Sorge und Umsicht für die Truppen, jedem einzelnen entgegenkommend und zugänglich.

In keiner Zeit war die makedonische Art besonders fügsam gewesen; der Krieg und die unermeßlichen Erfolge, die er gebracht, hatte den harten und stolzen Sinn dieser Hetairen nur noch gesteigert. Nicht alle begriffen wie Hephaistion die Absichten und die Politik ihres Königs oder hatten wie Krateros Hingebung und Selbstverleugnung genug, dieselbe um der Diensttreue willen zu unterstützen; die meisten verkannten und mißbilligten, was der König tat oder unterließ. Während Alexander alles versuchte, um die Besiegten zu gewinnen und sie in den Makedonen ihre Sieger vergessen zu lassen, hielten viele in ihrem Hochmut und ihrer Selbstsucht ein Verhältnis gänzlicher Unterwürfigkeit zur Grundlage aller weiteren Einrichtungen für unerläßlich, nahmen als sich von selbst verstehend zu der despo-

nistischer Art zu schaffen, »die Monarchie«, wie es spätere Zeiten nach der Vision des Propheten genannt haben, »von den Persern auf die Hellenen zu übertragen«, so wies ihm die Notwendigkeit der Dinge mit jedem Tag deutlicher und zwingender die Wege, die er einschlagen müsse, das begonnene Werk auszuführen.

Es lagen auf diesem Wege Schwierigkeiten unermeßlicher Art, Willkürlichkeiten, Gewaltsamkeiten, Unnatürlichkeiten, die das Begonnene unmöglich zu machen schienen. Sie machten ihn nicht stutzen; sie steigerten nur die Heftigkeit seines Willens, die stiere Selbstgewißheit seines Handelns. Das Werk, das er in der Begeisterung seiner Jünglingsjahre begonnen hatte, beherrschte ihn; lawinenhaft wachsend riß es ihn hin, Zerstörung, Verwüstung, Leichenfelder bezeichneten seine Bahn; mit der Welt, die er besiegte, verwandelte sich sein Heer, seine Umgebung, er selbst. Er stürmte weiter, er sah nur sein Ziel, in diesem sah er seine Rechtfertigung.

Er durfte glauben, daß sich die Notwendigkeit dessen, was er wollte, von selbst ergeben, aus dem, was geschah, auch dem Nichtwollenden sich überzeugend aufdrängen werde. Mochte sein hellenisches Reich vorerst in der Form sich wenig von dem der Achaimeniden unterscheiden, der wesentliche und in seinen Folgen unabsehbare Unterschied lag in der neuen Kraft, die er dem asiatischen Leben zuführte; was die Waffensiege begonnen hatten, konnte er dem durchgebildeten, aufgeklärten, unendlich beweglichen und quellenden Geiste des Griechentums ruhig weiterwirkend zu vollenden überweisen. Für den Moment kam alles darauf an, die Elemente, die sich mischen und durchgären sollten, einander zu nähern und aneinander zu binden.

γὰρ εὐεργετήσαντες ἢ δυνάμενοι τὰς πόλεις ἢ τὰ ἔθνη εὐεργετεῖν ἐτύγχανον τῆς τιμῆς ταύτης.

Er hatte Asien furchtbar getroffen; er wird des Speeres seines Ahnherrn Achill gedacht, er wird das Charisma des echten Königsspeeres darin erkannt haben, daß es die Wunde, die er geschlagen, auch heile. Mit der Vernichtung des alten Reiches, mit dem Ende des Dareios war er der Erbe der Macht über zahllose Völker, die bisher als Sklaven beherrscht worden waren; es war ein echtes Königswerk, sie zu befreien, soweit sie frei zu sein verstanden oder lernen konnten, sie in dem, was sie Löbliches und Gesundes hatten, zu erhalten und zu fördern, in dem, was ihnen heilig und ihr Eigenstes war, zu ehren und zu schonen. Er mußte sie zu versöhnen, zu gewinnen wissen, um sie selbst zu Mitträgern des Reiches zu machen, das sie mit der hellenischen Welt fortan vereinigen sollte; in dieser Monarchie mußte mit dem errungenen Siege nicht mehr von Siegern und Besiegten die Rede sein, sie mußte den Unterschied von Hellenen mit Barbaren vergessen machen. Gelang es ihm, die Bewohner dieses weiten west-östlichen Reiches so zu einem Volk zu verschmelzen, daß sie sich mit ihren Begabungen und Mitteln gegenseitig ergänzten und ausglichen, ihnen inneren Frieden und sichernde Ordnungen zu schaffen, sie die »Kunst der Muße« zu lehren, ohne damit »wie das Eisen die Stählung« zu verlieren, so konnte er meinen, ein großes und »wohltätiges Werk« geschaffen zu haben, ein solches, wie nach Aristoteles' Wort zur wahren Begründung des Königtums notwendig ist[75]. War es sein Ehrgeiz, sein Siegespreis, sein Enthusiasmus, ein west-östliches Reich helle-

---

75 Arist. Pol. VII 14, 15. Der Gesetzgeber müsse σπουδάζειν ὅπως καὶ τὴν περὶ τὰ πολεμικὰ καὶ τὴν ἄλλην νομοθεσίαν τοῦ σχολάζειν ἕνεκεν τάξῃ καὶ τῆς εἰρήνης, denn die meisten Militärstaaten halten sich nur, solange sie Krieg führen, κατακτησάμενοι δὲ τὴν ἀρχὴν ἀπόλλυνται· τὴν γὰρ βαφὴν ἀφίασιν, ὥσπερ ὁ σίδηρος, εἰρήνην ἄγοντες· αἴτος δ' ὁ νομοθέτης οὐ παιδεύσας δύνασθαι σχολάζειν. Arist. Pol. V 10, 22 und 10, 5: ἅπαντες

lich werden; sie würden vielleicht so antworten wie bei Antisthenes die Löwen, als in der Tierversammlung die Hasen eine Rede hielten und forderten, daß alle gleichen Teil erhalten müßten.«

So Aristoteles' Anschauungen; gewiß waren sie von ihm ohne alle persönliche Beziehung gemeint; aber wer sie las, konnte er anders, als dabei an Alexander denken? »Daß dieses Königs Geist über das menschliche Maß großgeartet gewesen sei«, sagt Polybios, »darin stimmen alle überein.« Seine Willensstärke, seinen weiten Blick, seine intellektuelle Überlegenheit bezeugen seine Taten und die strenge, ja starre Folgerichtigkeit ihres Zusammenhangs. Was er gewollt, wie er sein Werk sich gedacht hat – und das gerechte Urteil wird nur diesen Maßstab anlegen wollen –, nur auf Umwegen, nur aus dem, was ihm davon zu verwirklichen gelang, ist es annähernd zu erkennen. Alexander stand auf der Höhe der Bildung, der Erkenntnisse seiner Zeit; er wird von dem Beruf des Königs nicht minder groß gedacht haben, als der »Meister derer, welche wissen«. Aber nicht wird ihm wie seinem großen Lehrer in der Konsequenz des Gedankens der Monarchie und des »Wächteramtes des Monarchen« gelegen haben, die Barbaren wie Tiere und Pflanzen behandeln zu müssen, noch wird er gemeint haben, daß seine Makedonen darum von seinem Vater her zu den Waffen erzogen seien, damit sie, wie der Philosoph es aussprach, »Herren über die seien, denen es gebühre, Sklaven zu sein«[74], noch weniger, daß erst sein Vater, dann er die Hellenen zu der korinthischen Föderation gezwungen habe, damit sie das wehrlos gemachte Asien mit ihrer raffinierten Selbstsucht und ihrer dreisten Anstelligkeit ausbeuten und aussaugen könnten.

---

74 Arist. Pol. VII 14, gegen Ende: δεσπόζειν τῶν ἀξίων δουλεύειν.

jenen Schematismus hinausgehen, in der jene angeblichen Naturnotwendigkeiten durch die Macht der fortschreitenden Geschichte überwunden werden sollten.

Wenn das Zusammenbrechen der persischen Macht ein Beweis war, daß sie sich und ihre Lebenskraft völlig erschöpft hatte, war denn das hellenische Wesen schließlich mit seiner Freiheit und dem Trugbild der besten Verfassung in besseren Zuständen? War es auch nur stark genug gewesen, sich der beschämenden Abhängigkeit von der persischen Politik, sich der drohenden Invasionen der Barbaren des Nordens zu erwehren, solange jede Stadt nur ihrer Freiheit und ihrer Lust, über andere Herr zu sein, gelebt hatte? Und selbst die Makedonen, hatten sie auch nur irgendeine Bedeutung, auch nur Sicherheit in ihren eigenen Grenzen gehabt, bevor sich ihr Königtum entschlossen und stark emporrichtete, sie lehrte und sie zwang, nicht bloß zu sein und zu bleiben, wie sie so lange gewesen waren? Wenn Alexander seines Lehrers Politik las, so fand er da eine Stelle bedeutsamer Art; es ist die Rede von der Gleichheit der Rechte und Pflichten unter den Genossen des Staates und daß auf ihr das Wesen der besten Staatsordnung beruhe: »Ist aber einer durch so überlegene Tüchtigkeit ausgezeichnet, daß die Tüchtigkeit und die politische Macht der anderen mit der dieses einzelnen nicht vergleichbar ist, dann kann man ihn nicht mehr als Teil ansehen; man würde dem an Tüchtigkeit und Macht in solchem Maß Ungleichen unrecht tun, wenn man ihn als gleich setzen wollte; ein solcher wäre wie ein Gott unter Menschen[73]; daraus ergibt sich, daß auch die Gesetzgebung notwendig sich auf die, welche an Geburt und Macht gleich sind, beschränkt; aber für jene gibt es kein Gesetz; wer für sie Gesetze geben wollte, würde lächer-

---

73 Arist. Pol. III 13, 8: ὥσπερ γὰρ θεὸν ἐν ἀνθρώποις εἰκὸς εἶναι τὸν τοιοῦτον.

Tiere und Pflanzen, zu behandeln[72]. Er ist der Ansicht, daß die Natur selbst die Unterscheidung begründe; denn, sagt er, »die Völker in den kalten Gegenden Europas sind voll Mut, aber zu geistiger Arbeit und Kunstfertigkeit nicht geeignet, daher leben sie meist frei, sind aber zu Staatsleben und zur Beherrschung anderer unfähig; die in Asien sind zwar geweckten Geistes und zu den Künsten geschickt, aber ohne Mut, daher haben sie Herrscher und sind sie Sklaven; das Volk der Hellenen, wie es zwischen beiden wohnt, so hat es an beider Art teil; es ist ebensowohl mutvoll wie denkend, es hat daher Freiheit und das beste Staatsleben und ist befähigt, über alle zu herrschen, wenn es *ein* Staatswesen bildet.« Gewiß eine richtige Betrachtung, wenn das Leben der Völker sein und bleiben müßte, wie es die Natur einmal vorausbestimmt hat; aber auch dann, wenn die Geschichte – und Aristoteles gibt wenig auf sie – nicht neue Kräfte und Bedingungen entwickelte, war gegenüber den Aufgaben, die dem Sieger in Asien erwuchsen, des tiefen Denkers Rat doktrinär, unbrauchbar für das drängende, augenblickliche, praktische Bedürfnis, am wenigsten geeignet, einen möglichen, geschweige denn einen moralisch zu rechtfertigenden Zustand zu gründen. Der Philosoph wollte nur die Summe des Bisherigen erhalten und fortsetzen; der König sah in der unermeßlichen Wandlung, in dieser Revolution, die das Ergebnis und die Kritik des Bisherigen war, die Elemente einer neuen Gestaltung, die über

---

72 Arist. fr. 81 bei Plut. de Alex. s. virt. s. fort. 1,6: οὐ γὰρ ὡς Ἀριστοτέλης συνεβούλευεν αὐτῷ τοῖς μὲν Ἕλλησι ἡγεμονικῶς, τοῖς δὲ βαρβάροις δεσποτικῶς χρώμενος, καὶ τῶω μὲν ὡς φίλων καὶ οἰκείων ἐπιμελούμενος (also wie ein Epimelet), τοῖς δὲ ὡς ζῴοις ἢ φυτοῖς φροσφερόμενος usw. Die bezweifelte Echtheit dieses Fragmentes wird wohl durch die dem Gedanken nach gleiche Anführung, die Strabo nach Eratosthenes gibt, erwiesen. – Arist. Pol. VII 7,1.

So etwa die Märsche, mit welchen Alexander in den letzten Monaten des Jahres 330 sein Heer vom Nordsaum Khorassans bis an den Fuß des indischen Kaukasos führte. Voll Mühseligkeit und arm an kriegerischem Ruhm, sollte diese Zeit durch ein Verbrechen eine traurige Berühmheit erlangen; es galt, Alexander zu ermorden, wie Dareios ermordet worden war; der Plan rechnete auf die Stimmung des Heeres, das des rastlosen Weiterziehens übersatt schien.

Daß mit dem, was der König tat und tun ließ, mannigfache Erwartungen getäuscht, Besorgnisse genährt, Mißstimmung gerechtfertigt wurden, war bei der immer weiterschwelenden Eroberung, bei der Eile der Neugestaltungen, die sie forderte, bei der Richtung, die er ihnen geben zu müssen glaubte, unvermeidlich.

Ein neuerer Forscher ist in der Beurteilung Alexanders zu dem Ergebnis gekommen, daß »sein alles verschlingendes Gelüst Eroberung gewesen sei, Eroberung nach West und Ost, Süd und Nord«, eine Erklärung, mit der er dann freilich dem Verstande nichts weiter schuldig bleibt. Wenn Alexander in so raschem Erfolge, wie es geschah, siegte, wenn er die Machtgestaltung, von der bis dahin die Völker Asiens zusammengehalten waren, sprengte, wenn er in dem Niederbrechen der bisherigen zugleich die Anfänge einer neuen schuf, so mußte er im voraus des Planes gewiß sein, nach dem er sein Werk aufbauen wollte, des Gedankens, der auch den ersten Anfängen des Werkes, dessen Anfänge sie sein sollten, ihre Richtung und ihr Maß gegeben haben mußte.

Der tiefste Denker des Altertums, des Königs Lehrer Aristoteles, hat ihn in dieser Frage mehrfach beraten; er hat ihm empfohlen, zu den Hellenen sich als Hegemon, zu den Barbaren sich als Herr zu verhalten, die Hellenen als Freunde und Stammgenossen, die Barbaren, als wären sie

eine kleine Erweiterung ihres Gebietes, die sie längst gewünscht hatten, die Aufrechterhaltung ihrer alten Gesetze und Verfassung, die denen der griechischen Städte in keiner Weise nachzustehen schienen, endlich ein Verhältnis zum Reiche, das jedenfalls unabhängiger war als das der anderen Satrapien, das etwa waren die Mittel, mit denen Alexander das merkwürdige Volk der Ariaspen, ohne Kolonien unter ihnen zurückzulassen oder Gewaltmaßregeln zu brauchen, für die neue Ordnung der Dinge gewann.

Nicht minder friedlich zeigten sich ihm die Stämme der Gedrosier, deren Gaue er bei weiterem Marsch berührte. Ihre nördlichen Nachbarn, die Arachosier, unterwarfen sich; ihre Wohnsitze erstreckten sich bis in die Paßgegend, welche in das Gebiet der zum Indus strömenden Flüsse hinüberführt; darum gab Alezander diese wichtige Satrapie dem Makedonen Menon, stellte 4000 Mann Fußvolk und 600 Reiter unter seinen Befehl und befahl, jenes arachosische Alexandrien zu gründen, das, am Eingang der Pässe gelegen und bis auf den heutigen Tag eine der blühendsten Städte jener Gegend, in dem neueren Namen das Andenken ihres Gründers bewahrt hat[71]. Aus dem arachosischen Lande rückte das makedonische Heer unter vielen Beschwerden, denn schon war der Winter gekommen und bedeckte die Berggegenden mit tiefem Schnee, in das Land der Paropamisaden, des ersten indischen Volksstammes, den es auf seinem Zuge fand; nordwärts von diesem erhebt sich der indische Kaukasos, über den der Weg in das Land des Bessos führte.

---

71 Das im Text bezeichnete Kandahar wird nach den Traditionen des Morgenlandes (Ferishta, Abul Gasi etc., cf. Elphinstone Cabul von Rühs II, p. 152) für eine Stadt Alexanders gehalten, und Wilsons Gegenbeweise (Asiat. Researches XV, p. 106) scheinen die Sache noch nicht zu erschüttern.

Straßen und Pässen, die sie verbinden, gewonnen haben; es wird ihm notwendig erschienen sein, erst die ganze Südflanke des baktrischen Landes zu okkupieren, bevor er sich gegen den Usurpator in Baktrien wandte, ihm die Unterstützung, die er aus den arianischen und indischen Ländern an sich ziehen konnte, zu entziehen, ihn so in weitem Bogen einschließend schließlich auf den äußersten Flügel der feindlichen Aufstellung zu stoßen, nach demselben strategischen System, das nach den Schlachten am Granikos, bei Issos, bei Gaugamela maßgebend gewesen war. Mit dem Marsch nach Areia hinauf war diese Bewegung, die zunächst nach Drangiana und Arachosien führte, bereits eingeleitet. Alexander zog, so bald Krateros mit den übrigen Truppen wieder zu ihm gestoßen war, südwärts, um die einzelnen Distrikte dieses damals reichen und wohlbevölkerten Landes zu unterwerfen. Barsaëntes wartete seine Ankunft nicht ab, er flüchtete sich über die Ostgrenze seiner Satrapie zu den Indern, die ihn späterhin auslieferten. Alexander rückte im Tale des Flusses Ardekan in das Land der Zaranger oder Dranger hinab, deren Hauptstadt Prophthasia sich ohne weiteres ergab.

Südwärts von den Zarangern wohnten in den damals noch nicht versandeten Fruchtebenen des südlichen Sejestans die Ariaspen oder, wie die Griechen sie nannten, Euergeten, ein friedliches, ackerbautreibendes Volk, das, seit uralten Zeiten in diesem »Frühlingslande« heimisch, jenes stille, fleißige und geordnete Leben führte, welches in der Lehre des großen Zerdutsch mit so hohem Preise geschildert wird. Alexander ehrte ihre Gastfreundlichkeit auf vielfache Weise; es war ihm gewiß von besonderem Wert, dies wohlhabende und oasenartige Ländchen inmitten der hohen arianischen Gebirgs- und Wüstenlande sich geneigt zu wissen; ein längerer Aufenthalt unter diesen Stämmen,

gen den Usurpator mit doppelter Sicherheit fortsetzen zu können.

An der Spitze zweier Phalangen, der Bogenschützen und Agrianer, der makedonischen Ritterschaft und der Akontisten zu Pferd brach der König eiligst gegen den empörten Satrapen auf, während das übrige Heer unter Krateros an Ort und Stelle lagerte. Nach zwei höchst angestrengten Tagemärschen stand Alexander vor der Königsstadt Artakoana; er fand alles in heftiger Bewegung; Satibarzanes, durch den unerwarteten Überfall bestürzt und von dem zusammengebrachten Kriegsvolk verlassen, war mit wenigen Reitern über die Gebirge zu Bessos entflohen; die Areier hatten ihre Ortschaften verlassen und sich in die Berge geflüchtet. Alexander warf sich auf sie, dreizehntausend Bewaffnete wurden umzingelt und teils niedergehauen, teils zu Sklaven gemacht. Dies schnelle und strenge Gericht unterwarf die Areier; dem Perser Arsames wurde die Satrapie anvertraut.

Areia ist eines der wichtigsten Gebiete von Iran, es ist das Passageland zwischen Iran und Ariana; wo der Areiosstrom seinen Lauf plötzlich nordwärts wendet, kreuzen sich die großen Heerstraßen aus Hyrkanien und Parthien, aus Margiana und Baktrien, aus dem Oasengebiet von Sejestan und dem Stufenland des Kabulstromes; eine makedonische Kolonie Alexandreia in Areia wurde an dieser wichtigen Stelle gegründet, und noch heute lebt unter dem Volke von Herat die Erinnerung an Alexander, den Gründer ihrer reichen Stadt.

Alexander wird aus den Erkundigungen, die er bei der Veränderung seiner Marschrichtung eingezogen, ein ungefähres Bild von der Lage der arianischen Satrapien gegen Baktrien und Indien, von den Gebirgen und Strömen, welche die Konfiguration dieser Länder bestimmen, von den

so verstärkt und mit der ihm gewöhnlichen Schnelligkeit den Usurpator binnen kurzem zu überwältigen. Er war in vollem Marsch, als ihm höchst beunruhigende Nachrichten aus Areia zukamen: Satibarzanes habe treuloserweise den makedonischen Posten überfallen, sämtliche Makedonen nebst ihrem Führer Anaxippos erschlagen, das Volk seiner Satrapie zu den Waffen gerufen; Artakoana, die Königsstadt der Satrapie, sei der Sammelplatz der Empörer, von dort aus wolle der treubrüchige Satrap, sobald Alexander aus dem Bereich der arischen Berge sei, sich mit Bessos vereinigen und die Makedonen, wo er sie träfe, mit dem neuen König Artaxerxes Bessos gemeinschaftlich angreifen. Alexander konnte sich nicht verhehlen, daß solche Bewegung in der Flanke seiner Marschroute von der größten Gefahr sei; von Areia aus konnte er gänzlich abgeschnitten, von dort aus der Usurpation des Bessos vielfache Unterstützung zuteil werden; und der Satrap der zunächst an Areia grenzenden Landschaften Drangiana und Arachosien war Barsaëntes, einer der Königsmörder; es war vorauszusehen, daß er sich der Bewegung der Areier anschließen werde. Unter solchen Umständen den Zug gegen Baktrien fortzusetzen wäre tollkühn gewesen; und selbst auf die Gefahr hin, dem Usurpator Zeit zu größeren Rüstungen zu lassen, mußte er den Operationsfehler, die ganze Flanke seiner Bewegungen einem verdächtigen Bundesgenossen anvertraut zu haben, schnell und entschieden wiedergutzumachen und das ganze Gebiet in der Flanke erst zu unterwerfen suchen. Er gab die Verfolgung des Bessos und die Unterwerfung des baktrischen Landes für jetzt auf, um sich des Besitzes von Areia und der übrigen arianischen Länder zu vergewissern und von dorther die unterbrochenen Unternehmungen ge-

kolonnen nach Susia gekommen, und sie mögen die Hauptstraßen durch die Berge von Khorassan durchzogen haben.

abhang des Gebirges, dann durch die Teile Parthyenes und Areias, die der turanischen Wüste zunächst liegen, nach Baktriana führt. Als er die Grenze Areias erreicht hatte, kam ihm in Susia, der nächsten Stadt Areias', der Satrap des Landes Satibarzanes entgegen, sich und das Land ihm zu unterwerfen und zugleich wichtige Mitteilungen über Bessos zu machen. Satibarzanes blieb im Besitz seiner Satrapie; Anaxippos von den Hetairen mit 60 Mann Akontisten zu Pferd wurde als Posten für Bewachung des Platzes und um die nachkommenden Kolonnen aufzunehmen zurückgelassen, Anordnungen, welche deutlich genug zeigten, daß Alexander unter der Form einer Oberherrlichkeit, die nicht viel bedeutete, den mächtigen Satrapen in der Flanke seines Marsches zunächst nur in Untätigkeit halten wollte, um seinen eiligen Marsch sicher fortsetzen zu können. Denn schon hatte Bessos, wie Satibarzanes eröffnete und mehrere der Perser, welche aus Baktrien nach Susia kamen, bestätigten, die Tiara, den Titel König von Asien, den Königsnamen Artaxerxes angenommen, hatte Scharen flüchtiger Perser und viele Baktrianer um sich gesammelt und erwartete Hilfsheere aus den nahen skythischen Gebieten.

So rückte Alexander auf dem Wege nach Baktra vor; schon waren auch die bundesgenössischen Reiter, die Philippos aus Ekbatana nachführte, sowie die Söldnerreiter und die Thessaler, welche von neuem Dienste genommen hatten, zum Heere gestoßen[70]. Der König durfte hoffen,

---

[70] Nach Curt. VI 6, 36 kamen 500 griechische, 3000 illyrische, 130 thessalische, 300 lydische Reiter, 2600 Mann lydisches Fußvolk; die Angabe ist der Übertreibung verdächtig, doppelt verdächtig durch die Erwähnung illyrischer Truppen. Arrian sagt: »Alexander zog auf Baktra los, indem er bereits seine ganze Macht bei sich hatte; auf dem Wege stieß Philippos aus Ekbatana zu ihm.« Offenbar waren die Truppen in verschiedenen Marsch-

tas, dessen Vater Parmenion den wichtigen Posten in Ekbatana befehligte; von leichten Truppen hatte Alexander die Schützen und Agrianer bei sich; während des Marsches sollten nach und nach die anderen Korps wieder zur Armee stoßen, namentlich Kleitos die 6000 Phalangiten von Ekbatana nach Parthien, Parmenion selbst die Reiter und leichten Truppen, mit denen er zurückgeblieben war, nach Hyrkanien nachführen[69].

Es ist ausdrücklich bezeugt, daß Alexanders Absicht war, nach Baktra, der Hauptstadt der großen baktrischen Satrapie, zu gehen. Dorthin, wußte er, hatte sich Bessos mit seinem Anhang zurückgezogen, dorthin alle, die es mit der altpersischen Sache hielten, beschieden, um sich dem makedonischen Eroberer, wenn er über Hyrkanien hinauszugehen wage, entgegenzustellen. Alexander durfte hoffen, mit schnellem Marsch an die Ufer des Oxos die letzte namhafte Heeresmacht, die ihm noch widerstehen wollte, zu treffen und zu vernichten, bevor der Zuzug aus den arianischen Landen sich mit ihr vereinigt habe; und wenn sein Marsch diese arianischen Satrapien für jetzt rechts liegen ließ, so war zu erwarten, daß vor dem Schlage, der die Königsmörder niederschmettern sollte, auch sie sich beugen würden.

Er folgte der großen Straße, die von Hyrkanien am Nord-

69 Die Erzählung von dem Mißmut, dem Heimweh, der durch des Königs Rede wiedererweckten Kampflust des Heeres (Plut. 47, Diod. XVII 74 und am ausführlichsten Curt. VI 8, 17) ist übergangen, denn Arrian erwähnt nichts davon; und wenn Plutarch einen Brief des Königs anführt, der über diese Dinge einiges melde, so sieht dieser Brief nicht minder nach rhetorischer Erfindung aus als die Erzählung des Vorgangs bei Curtius. Desselben Ursprungs ist die Geschichte mit der Amazonenkönigin Thalestris, die von den genannten Schriftstellern in diesem Zusammenhang erzählt wird. Plut. Alex. 46 führt die Schriftsteller an, die sie erzählen, von den Genossen des Alexander nur den Onesikritos.

Grundlage seiner Macht und seiner Siege gewesen; jetzt garantierten ihm seine Siege die Ruhe Griechenlands und der Besitz Asiens die fernere Geltung dieser Hegemonie, die ihm streitig zu machen mehr töricht als gefährlich gewesen wäre. Unterlag Antipatros, so waren die Satrapen in Lydien und Phrygien, in Syrien und Ägypten bereit, im Namen ihres Königs nicht Erde und Wasser, wohl aber Genugtuung für Treubruch und Verrat zu fordern; und diese Freiheitsliebe der Mißvergnügten, dies zweideutige Heldentum der Phrase, Intrige und Bestechung hätte kein Marathon gefunden.

Der König durfte, unbekümmert um die Bewegungen in seinem Rücken, die Pläne weiterverfolgen, welche das Verbrechen des Bessos und seiner Genossen ihm aufzwang oder möglich machte. Durch den Besitz der kaspischen Pässe, durch die Besatzungen, die am Eingang des Medischen Paßweges in Ekbatana zurückgeblieben waren, durch die mobile Kolonne, welche die Linie des Euphrat beherrschte, war Alexander, obschon durch einen Doppelwall von Gebirgen vom syrischen Tiefland getrennt, doch der Verbindung mit den westlichen Provinzen seines Reiches sicher genug, um die große Länder- und Völkergrenze der hyrkanischen Gebirge zum Ausgangspunkt neuer Unternehmungen machen zu können.

Nachdem er seinem Heere einige Rast gegönnt, nach hellenischer Sitte Festspiele und Wettkämpfe angestellt und den Göttern geopfert hatte, brach er aus der hyrkanischen Residenz auf. Er hatte für den Augenblick etwa zwanzigtausend Mann zu Fuß und dreitausend Reiter um sich, namentlich die Hypaspisten, deren bewährter Stratege Nikanor, Parmenions Sohn, nur zu bald einer Krankheit erliegen sollte, den größeren Teil der Phalangiten, endlich die gesamte makedonische Ritterschaft unter Führung des Philo-

ERSTES KAPITEL

Verfolgung des Bessos · Aufstand in Areia · Marsch des Heeres nach Süden, durch Areia, Drangiana, Arachosien bis zum Südabhang des indischen Kaukasos · Der Gedanke Alexanders und Aristoteles' Theorie · Die entdeckte Verschwörung · Die neue Heeresorganisation

Um die Zeit der spartanischen Niederlage stand Alexander in Hyrkanien, am Nordabhang jenes Gebirgswalles, der Iran und Turan scheidet, vor ihm die Wege nach Baktrien und Indien, nach dem unbekannten Meere, das er jenseits beider Länder als Grenze seines Reiches zu finden erwarten mochte, hinter ihm die Hälfte des Perserreiches, und Hunderte von Meilen rückwärts die hellenische Heimat. Er wußte von Agis' Schilderhebung, von dessen wachsendem Einfluß in der Peloponnes, von der unsicheren Stimmung im übrigen Griechenland, welche die Alternativen des Kriegsglücks doppelt gefährlich machte; er kannte die Bedeutung dieses Gegners, dessen Vorsicht, dessen Tätigkeit. Und doch ging er weiter und weiter gen Osten, ohne Truppen an Antipatros zu senden oder günstige Nachrichten abzuwarten. Wenn nun Agis gesiegt hätte? Oder trotzte Alexander auf sein Glück? Verachtete er die Gefahr, der er nicht mehr begegnen konnte? Wagte er nicht, um Griechenland zu retten, die Königsmörder mit halb soviel Truppen zu verfolgen, als zu den Siegen von Gaugamela und von Issos hingereicht hatten?

Einst freilich war die Ruhe der Griechen und ihre Anerkennung der makedonischen Hegemonie die wesentliche

DRITTES BUCH

verzieh das Geschehene, nur sollten die Eleier und Achaier – denn sie waren Genossen des Hellenischen Bundes, Sparta nicht – an Megalopolis 120 Talente als Entschädigung zahlen. Man darf vermuten, daß Sparta nun dem Bunde beitreten mußte; in der Verfassung des altheraklidischen Staates wurde nichts geändert, dessen Gebiet nicht von neuem gemindert.

Auch in Athen wird sich die Spannung der Gemüter nun gelöst haben, wenn man natürlich auch nicht aufhörte, sich in bitteren Stimmungen zu gefallen. Bald nach Agis' Niederlage wurde der Prozeß gegen Ktesiphon vor den Richtern verhandelt. »Gedenket der Zeit«, sagt Aischines den Richtern, »in der ihr das Urteil sprecht; in wenigen Tagen werden die Pythien gefeiert, und das Synhedrion der Hellenen versammelt sich; des Demosthenes Politik in diesen Zeitläuften wird der Stadt zum Vorwurf gemacht; wenn ihr ihm den Kranz gewährt, wie Ktesiphon beantragt, werdet ihr dafür gelten, mit denen, die den gemeinen Frieden brechen, eines Sinnes zu sein.« Die Athener werden es sich als eine große politische Tat angerechnet haben, daß sich nicht ein Fünftel der Stimmen für Aischines ergab. Damit verfiel dieser in eine Buße von tausend Drachmen; er zahlte sie nicht, er verließ Athen und ging nach Ephesos, und in den nächsten Dionysien erhielt Demosthenes den goldenen Kranz, der, ihm nach der Schlacht von Chaironeia bestimmt, jetzt die Gutheißung seiner Politik von damals und jetzt ausspracht.

Die allgemeinen Verhältnisse in Hellas wurden mit solchen Demonstrationen nicht mehr geändert; seit dem Zusammenbrechen der spartanischen Erhebung traten sie in den Hintergrund.

Es folgte eine höchst blutige Schlacht, in der die Spartaner und ihre Bundesgenossen, wie die erhaltenen Berichte es darstellen, Wunder an Tapferkeit verrichteten, bis König Agis, mit Wunden bedeckt, von allen Seiten eingeschlossen, endlich dem Andrang erlag und den Tod fand, den er suchte[68]. Antipatros hatte, wenn auch mit bedeutendem Verlust, vollständig gesiegt.

Mit dieser Niederlage brachen die Hoffnungen der hellenischen Patrioten und der Versuch, die Hegemonie Spartas zu erneuen, zusammen. Eudamidas, des gefallenen kinderlosen Königs jüngerer Bruder und Nachfolger, der von Anfang her gegen diesen Krieg gewesen war, empfahl nun, obschon die Bundesgenossen sich mit nach Sparta zurückgezogen hatten, den weiteren Widerstand aufzugeben; es wurde an Antipatros gesandt und um Frieden gebeten. Dieser forderte fünfzig spartanische Knaben als Geiseln; man bot ihm ebenso viele Männer, damit begnügte sich der Sieger; er verwies die Frage über den Friedensbruch an das Synhedrion des Bundes, das nach Korinth berufen wurde; nach vielen Beratungen überwies es die Sache an Alexander, worauf spartanische Gesandte nach dem fernen Osten abgingen. Des Königs Entscheidung war so mild als möglich; er

---

[68] Daß die ausführliche Schilderung der Schlacht bei Curt. IV. 1.1 sqq. kleitarchisch ist, sieht man aus dem, was Diod. XVII. 63 über den Tod des Agis sagt. Die Zahl der Toten auf spartanischer Seite geben beide mit 5300 Mann an, auf der makedonischen sind nach Diodor 3500 gefallen, nach Curt. IV. 1.16 ex Macedonibus haus amplius centum, ceterum vix quisquam nisi saucius revertit in castra. Die Zeit dieser Schlacht erhellt aus Aischines' Rede gegen Ktesiphon, die vor den Pythien (Sept. 330) und nach der Niederlage des Agis gehalten ist; und daß sie nach dem Ehrendekret für den Thraker Rhebulas, d. h. nach dem Mai 330, geschlagen ist, wird für gewiß zu halten sein. Verkehrt ist Curt. IV. 1: 21 hic fuit exitus belli quod repente ortum prius tamen finitum est quam Dareum Alexander apud Arbelam superaret. Er widerspricht selbst dieser Angabe VII. 4. 32.

arbeiten mochten, sichtlich trieb die Stimmung der Stadt mehr und mehr dem Kriege zu; es wurde der Antrag gestellt, die Flotte auszurüsten und denen, die von Alexander abgefallen seien, zu Hilfe zu senden. Da ergriff Demades, der damals die Kasse der Festgelder verwaltete, das letzte Mittel; allerdings, erklärte er, seien die Mittel für die vorgeschlagene Expedition vorhanden; er habe dafür gesorgt, daß in der Theorikenkasse genug sei, um für das nächste Fest der Choen jedem Bürger eine halbe Mine zu zahlen; er stelle den Athenern anheim, ob sie das ihnen zukommende Geld lieber für Rüstung und Krieg verwenden wollten. Die Athener entschieden nach ihrer Art.

Indes lag Agis immer noch belagernd vor Megalopolis, die Stadt verteidigte sich mit höchster Anstrengung; daß sie nicht so rasch, wie man erwartet hatte, gewonnen wurde, mochte den Eifer derer abkühlen, die sich gern erhoben hätten, wenn Agis bis zum Isthmos und weiter vorgerückt wäre und sie gedeckt hätte. Da kam die Nachricht, daß Antipatros mit Heeresmacht heranrücke.

Wie er die Dinge in Thrakien zu Ende gebracht, erfahren wir nicht. Er war, sobald er irgend konnte, nach dem Süden aufgebrochen; nachdem er in schnellem Durchzug die Bewegung in Thessalien unterdrückt, im Weitermarsch die Kontingente wenigstens der zuverlässigsten Verbündeten an sich gezogen hatte, kam er mit einem bedeutenden Heere – es wird auf 40 000 Mann angegeben – über den Isthmos; er war stark genug, für den angebotenen Beistand derer zu danken, die jetzt angaben, für des Königs Sache gerüstet zu haben. Agis, dessen Heer nur 20 000 Mann Fußvolk und 2000 Reiter stark gewesen sein soll, gab die Belagerung von Megalopolis auf, um etwas rückwärts auf dem Wege nach Sparta in günstigerem Terrain, wo er der Übermacht widerstehen zu können hoffte, den Angriff zu erwarten.

Schon zündete die Flamme des Aufruhrs auch im mittleren Hellas, auch jenseits der Thermopylen; die Aitoler überfielen die akarnanische Stadt Oiniadai, zerstörten sie, die Thessaler, die Perrhaiber standen auf. Wenn Athen jetzt mit seiner bedeutenden Macht der Bewegung beitrat, so schien alles erreichbar.

Noch aus den dürftigen Spuren, die uns übrig sind, erkennt man, wie heftig in Athen debattiert worden sein muß. Aus einer Inschrift erfährt man von einem plataiischen Mann, der eine bedeutende Summe »für den Krieg« darbrachte, und das Ehrendekret zum Dank dafür hat der ehrwürdige Lykurgos beantragt. Derselbe zog den Leokrates, einen der Reichen, der nach der Niederlage von Chaironeia geflüchtet war und in Rhodos, dann in Megara große Geschäfte gemacht hatte, wegen Verrats vor Gericht, da er nach Athen zurückzukehren gewagt hatte; aber der Verklagte fand bei vielen Angesehenen und Reichen Fürsprache, und im Gericht waren die Stimmen für und wider ihn gleich geteilt. Wie zum Gegenschlag brachte Aischines die alte Klage gegen Ktesiphon, die seit 337 geruht hatte, wieder in Gang; es galt, dessen damaligen Antrag auf einen Ehrenkranz für Demosthenes als ungesetzlich strafen zu lassen; zur Entscheidung kam der Prozeß einige Wochen später, als schon alles entschieden war; in der Rede, die Aischines damals hielt, führt er an, wie Demosthenes große Worte gemacht habe, als werde die Stadt von gewissen Personen »gekappt, ausgekernt, die Muskeln ihrer Kraft durchschnitten«, daß er auf der Rednerbühne gesagt habe: »Ich bekenne mich dazu, die Politik Spartas unterstützt, die Thessaler und Perrhaiber zum Abfall veranlaßt zu haben.« Also Demosthenes hatte – etwa im Frühling 330 – seine Verdienste um die Führung des Aufstandes öffentlich rühmen können. So lebhaft Aischines, Demades, Phokion entgegen-

Man sieht ungefähr, wie hier die Dinge zusammenhängen. Alexander hatte im Spätherbst 331 von Susa aus Menes mit 3000 Talenten nach der Küste gesandt mit der Weisung, an Antipatros so viel zu übermachen, wie derselbe zum Kriege gegen Agis brauchen werde. Mag Zopyrion, der Stratege am Pontos, gewiß ohne Weisung Alexanders, gewiß ohne Gutheißung des Antipatros, sein Unternehmen gegen die Skythen etwa im Herbst 331 begonnen haben, seines Heeres Untergang war eine so schwere Schwächung der makedonischen Macht, daß Memnon, der Stratege in Thrakien, den Versuch, sich unabhängig zu machen, wagen konnte; und der odrysische Fürst Seuthes war mit Freuden zum Abfall bereit, die thrakischen Völker im Gebirge, jene Besser, unter den Räubern als Räuber berüchtigt, rückten ins Feld; über das ganze Gebiet im Norden und Süden des Haimos verbreitete sich der Aufstand.

Das wird die große Botschaft gewesen sein, die im Frühling 330 Rhebulas, des Seuthes Sohn, nach Athen brachte, gewiß mit dem Antrag, die Bündnisse, die Athen mit so vielen seiner Vorfahren, namentlich mit Ketriporis, mit Kersobleptes gegen König Philipp geschlossen hatte, gegen Alexander zu erneuern.

Schon war in der Peloponnes der Kampf begonnen. König Agis hatte makedonische Söldner unter Korrhagos angegriffen und völlig vernichtet. Von Sparta aus ergingen Aufrufe an die Hellenen, für die Freiheit mit der Stadt Lykurgs gemeinsame Sache zu machen. Die Eleier, alle Arkader außer Megalopolis, alle Achaier außer Pellene erhoben sich; Agis eilte, Megalopolis zu belagern, das ihm den Weg nach dem Norden sperrte: »Mit jedem Tage erwartete man den Fall der Stadt; Alexander stand jenseits der Grenzen der Welt, Antipatros zog erst sein Heer zusammen; wie der Ausgang sein werde, war ungewiß«, so sagt Aischines einige Wochen später.

nach Persien zurückgekehrt, Berichte über das, was während seiner Abwesenheit in Asien und Europa geschehen, empfangen: daß Zopyrion, als er einen Krieg gegen die Geten unternommen, durch plötzlich entstandenen Sturm mit seinem ganzen Heere untergegangen sei, daß auf die Nachricht von dieser Niederlage Seuthes die Odryser, seine Landsleute, zum Abfall veranlaßt habe, daß, da Thrakien fast verloren gewesen sei, nicht einmal Griechenland ...« da beginnt eine längere Lücke im Text des Curtius.

Also nach der Auffassung des Curtius hat die schwere Niederlage des Zopyrion dem thrakischen Fürsten Seuthes den Entschluß zur Empörung gegeben; nach Diodor ist Memnon, der Stratege im makedonischen Thrakien, der Anstifter des Abfalls; nach einer anderen Nachricht, die aus dem Kreise derselben Kleitarchischen Überlieferung zu stammen scheint, ist zugleich das Gerücht vom Tode Alexanders verbreitet; nach einer anderen gleichen Ursprungs hat Antipatros gegen die »Vierländer«, die am Haimos und bis zur Rhodope hinüber wohnen, ausziehen müssen und sie durch eine Kriegslist zur Heimkehr veranlaßt.

ciae praepositus, quum expeditionem in Getas faceret, tempestatibus procellisque subito coortis cum toto exercitu oppressus erat. qua cognita clade Seuthas Odrysas populares suos ad defectionem compulerat amissa propemodum Thracia ne Graecia quidem * * * Curtius oder seine griechische Vorlage hat wohl aus Gründen der künstlerischen Komposition den Komplex von Nachrichten erst 325 an Alexander kommen lassen; wenn er Zopyrion als Strategen von Thrakien bezeichnet, so ist es, als lasse das noch den übergangenen Memnon von Thrakien durchschimmern; daß Koinos der Berichterstatter gewesen sein solle, ist nicht minder abstrus; der bekannte dieses Namens lebte derzeit nicht mehr, und ein Koinos in den westlichen Bereichen wird sonst nicht erwähnt; weshalb Mützell in den Worten a Coeno die flüchtige Übersetzung eines ἀπὸ κοινοῦ im griechischen Original vermutet hat, womit das κοινὸν des Hellenischen Bundes gemeint sein sollte.

Seuthes nach Athen geführt haben, daß ihn die Athener mit einem so geschmückten Ehrendekret auszeichneten?

Arrian freilich berichtet über die Vorgänge dieses Jahres in Hellas, Makedonien, Thrakien nichts, aber die auf Kleitarchos zurückführenden Überlieferungen geben einiges. Diodor sagt: »Memnon, der makedonische Stratege in Thrakien, der Truppen hatte und voll Ehrgeiz war, regte die Barbaren auf und griff, als er sich stark genug sah, selbst zu den Waffen, weshalb Antipatros seine Kriegsmacht aufbot, nach Thrakien eilte, wider ihn kämpfte.« Noch weitere Momente bietet Justin; nachdem er das Ende des Dareios berichtet hat, fährt er fort: »Während dies geschah, empfing Alexander Briefe des Antipatros aus Makedonien, in denen vom Krieg des Spartanerkönigs Agis in Griechenland, von des Molosserkönigs Krieg in Italien, vom Krieg seines Strategen Zopyrion in Skythien berichtet war«; und weiterhin: »Zopyrion, der von Alexander als Stratege des Pontos bestellt war, in der Meinung, lässig zu sein, wenn er nicht auch etwas unternehme, ging mit einem Heere von dreißigtausend Mann gegen die Skythen und fand mit seiner ganzen Macht den Untergang.«

Freilich Curtius, der doch im wesentlichen auf dieselbe Quelle zurückführt, berichtet von Zopyrion und dem thrakischen Aufstand so, daß man glauben muß, diese Dinge wären volle vier Jahre später geschehen; aber es sind unzweifelhaft die gleichen Vorgänge[67]: »Alexander habe, aus Indien

---

67 Justin. XII 1, 4: epistulae, quibus bellum Agidis, regis Spartanorum, in Graecia, bellum Alexandri, regis Epiri, in Italia, bellum Zopyrionis, praefecti eius, in Scythia continebatur; und XII 2, 16: Zopyrion quoque, praefectus Ponti ab Alexandro magno relictus ... bellum Scythis intulit etc. Diod. XVII 62: Μέμνων ὁ καθεσταμένος στρατηγὸς τῆς Θρᾴκης ... ἀνέσεισε τοὺς βαρβάρους. Curt. XX 1,43: iisdem fere diebus litteras a Coeno accipit de rebus in Europa et Asia gestis, dum ipse Indiam subegit. Zopyrio Thra-

Hellenen zu schwächen? Wenn man jetzt noch unschlüssig zögerte, so konnte der letzte Rest der Persermacht erliegen, so mußte man erwarten, daß Alexander demnächst an der Spitze ungeheurer Heeresmassen wie ein zweiter Xerxes Hellas überfluten und zu einer Satrapie seines Reiches machen werde. Die Erregbarkeit des Volksgeistes, die begeisterten Deklamationen patriotischer Redner, die dem Zeitalter eigentümliche Lust am Übertriebenen und Unglaublichen und nicht an letzter Stelle der alte Nimbus der Spartanermacht, die sich so glorreich von neuem erhob – alles vereinte sich, eine Eruption hervorzubringen, die für Makedonien verhängnisvoll werden konnte.

Es folgen höchst merkwürdige Ereignisse, von denen uns freilich nur einzelne zerstreute Notizen überliefert sind, deren Zusammenhang, ja deren zeitliche Folge nicht mehr festgestellt werden kann.

Es ist neuester Zeit die obere Hälfte eines attischen Inschriftsteines gefunden worden, mit einem Relief geschmückt, auf dem noch die Reste von zwei Pferden, ein Mann im Himation, der in der Rechten eine Schale zum Spenden hält, eine Athena, die die Hand, wie es scheint, zu ihm hinstreckt, zu erkennen ist; darunter »Rhebulas, des Seuthes Sohn, des Kotys Bruder ...« Folgt dann ein Volksbeschluß, von dem nur die Datierung übrig ist, die etwa dem 10. Juni 330 entspricht[66]. Was konnte den Sohn des

---

66 Die Inschrift ist beschrieben und mitgeteilt im Ἀθήναιον 1876 S. 102 und jetzt C. I. A. II. n⁰ 175 b.; die Unterschrift des Bildes lautet: Ῥήβουλας Σεύθου υἱὸς Κότυος ἀδελφὸς ἀγγελ[λων. Diese Ergänzung ist sehr bedenklich; nicht sicherer, aber ansprechender ist es, wenn H. Droysen in der Voraussetzung, daß Seuthes aus der Familie des Kotys und, wie dieser sein Großvater (?) und sein Vater (?) Kersobleptes, attischer Bürger war, Ἀγγελῆθεν ergänzt [so IG II² 349]. Die Phiale, die der Mann hält, bezeichnet vielleicht σπονδαὶ, die er bietet.

gegen Dareios zu führen, hoffte er, daß der Eindruck desselben die Aufregung in Hellas entmutigen werde.

So mußte Antipatros während des Jahres 331 ruhig die Rüstungen des Spartanerkönigs und dessen wachsenden Einfluß in der Peloponnes mitansehen, sich begnügen, mit der Autorität Makedoniens in den Bundesstädten so weit zu wirken, als es irgend möglich war, im übrigen die Bewegungen der feindlichen Partei sorgfältig und immer kriegsbereit zu beobachten; er durfte die durch den Tod des Molosserkönigs entstandenen Irrungen nicht benutzen, die, wie es scheint, gelockerte Dependenz des Landes von Makedonien herzustellen, und selbst den Unwillen und den bitteren Vorwurf der Königin Olympias, die mit makedonischer Kriegsmacht ihren Anspruch auf das molossische Erbe durchgeführt sehen wollte, mußte er ruhig ertragen.

Indes hatte die Bewegung in Hellas eine sehr ernste Wendung genommen. Die Nachricht von Gaugamela – sie konnte ausgangs des Jahres 331 in Athen sein – mußte die Gegner Makedoniens entweder zur Unterwerfung oder zu einer letzten Kraftanstrengung veranlassen. Alexanders Fernsein, der Hader in Epeiros, die, wie man wußte, wachsende Mißstimmung in den thrakischen Landen empfahlen und begünstigten ein rasches Wagnis. Bald mochte man über Sinope erfahren, daß der Großkönig sich nach Medien gerettet, daß er zum nächsten Frühling die Völker seiner östlichen Satrapien nach Ekbatana beschieden habe, daß er den Kampf gegen die Makedonen fortzusetzen entschlossen sei. Noch durfte man wenigstens Subsidien von ihm erwarten; und wie sollte Alexander, von dessen Zug nach Susa, nach dem hohen Persien man schon wissen konnte, wagen, sein Heer, das kaum zur Besetzung der endlos weiten Wegestrecken bis zum Hellespont rückwärts hinreichte, mit Entsendungen nach Makedonien und zum Kampf gegen die

tiner, die in ihm nur einen Condottieren gegen die italischen Völker in den Bergen hatten haben wollen, begannen seine hochfliegenden Pläne zu fürchten, und die hellenischen Städte waren mit ihnen einig, daß man ihn lähmen müsse, bevor er ihrer Freiheit gefährlich werde. Der Fortgang seiner Waffen stockte, er wurde von einem lukanischen Flüchtling ermordet, sein Heer von den Sabellern bei Pandosia aufgerieben. Seinem Tode folgten Irrungen im Molosserlande wegen der Erbfolge; ein unmündiger Knabe, den ihm die makedonische Kleopatra, Alexanders Schwester, geboren, war sein Erbe; aber Olympias – sie lebte, wie es scheint, im epeirotischen Lande – suchte der Witwe, ihrer Tochter, das Regiment zu entreißen; das Land der Molosser gehöre ihr, schrieb sie den Athenern, die in Dodona ein Bild der Dione hatten schmücken lassen, als dürfe dergleichen nicht ohne ihre Erlaubnis geschehen. Daß so in dem Königshause selbst Zwist begann, konnte die Hoffnungen der Patrioten in Hellas nur erhöhen.

Als Alexander im Frühling 331 auf dem Marsch zum Euphrat in Tyros war, wußte er bereits von den weiteren Bewegungen des Agis; er begnügte sich damals, hundert phoinikische und kyprische Schiffe aufzubieten, die sich mit Amphoteros vereinigen sollten, die ihm getreuen Städte in der Peloponnes zu schützen. Er ehrte die athenischen Gesandten, die ihm in Tyros mit Glückwünschen und goldenen Kränzen entgegengekommen waren, und gab die am Granikos gefangenen Athener frei, um sich den attischen Demos zu verpflichten; er schien geflissentlich vermeiden zu wollen, daß es zwischen makedonischen und spartanischen Waffen zum offenen Kampf käme, der bei der Stimmung in den hellenischen Landen – selbst in Thessalien begannen sie unsicher zu werden – sehr bedenkliche Folgen haben konnte; im Begriff, einen neuen und entscheidenden Schlag

standen sich die Parteien schärfer gegenüber; und das Volk, bald von Demosthenes, Lykurgos, Hypereides, bald von Phokion, Demades und Aischines bestimmt, widersprach sich oft genug selbst in seinen souveränen Beschlüssen; während man mit dem Synhedrion des Bundes wetteifernd Glückwünsche und goldene Kränze an Alexander sandte, war und blieb auch nach dem Tage von Gaugamela ein attischer Gesandter am Hoflager des Großkönigs; während so Athen Verbindungen unterhielt, die nach dem Bundesvertrage offenbarer Verrat waren, ereiferten sich die attischen Redner über die neuen Vertragsverletzungen, die sich Makedonien erlaube. Nur daß man es vorzog, sich nicht in Gefahr zu begeben; man begnügte sich mit finsteren Gedanken und bedeutsamen Worten.

Nur Agis gab, auch nachdem sein Bruder durch Amphoteros und die makedonische Flotte aus Kreta gedrängt war, die einmal begonnene Aktion nicht auf. Er hatte von den bei Issos zersprengten Söldnern eine bedeutende Zahl an sich gezogen, der Werbeplatz auf dem Tainaron bot ihm soviel Kriegsvolk, als er Geld hatte anzuwerben; er hatte mit den Patrioten namentlich in den peloponnesischen Städten Verbindungen angeknüpft, die den besten Erfolg versprachen; die Umsicht und Kühnheit, mit der er seine Macht und seinen Anhang zu mehren verstand, gab den Gegnern Makedoniens nah und fern die Zuversicht naher Rettung.

In ebendieser Zeit fand ein Unternehmen, das mit großen Hoffnungen begonnen worden war, ein trauriges Ende. Ob der Zug des Epeiroten Alexandros nach Italien im Einverständnis mit dem makedonischen König oder in Rivalität gegen denselben unternommen sein mochte, es gab einen Moment, wo das Griechentum Italiens mit seinen Siegen sich stolzer denn je erheben zu sollen schien. Aber die Taren-

diesem Entschluß kam, so wagten auch die anderen Genossen des Hellenischen Bundes nicht, die beschworenen Verträge zu brechen, und der Beistand einiger Tyrannen und Oligarchen auf den Inseln hätte die persische Seemacht nicht stark genug gemacht, um gegen Amphoteros und Hegelochos standzuhalten; mit dem Frühling 332, mit der Belagerung von Tyros löste sie sich völlig auf, bis zum Ende des Jahres waren alle Inseln des Aigaiischen Meeres, auch Kreta, befreit. Dennoch wurde es in Hellas nicht ruhig; weder die Siege Alexanders noch die Nähe des bedeutenden Heeres, das der Reichsverweser in Makedonien unter den Waffen hielt, machten die Patrioten an ihren Hoffnungen und ihren Plänen irre; unzufrieden mit allem, was geschehen war und noch geschah, noch immer in dem Wahn, daß es möglich und gerechtfertigt sei, trotz des beschworenen Bundes und der makedonischen Übermacht Sonderpolitik in alter Art zu treiben, um die alte Staatenfreiheit zu erneuen, benutzten sie jede Gelegenheit, in der leichtsinnigen und leichtgläubigen Menge Mißgunst, Besorgnis, Erbitterung zu nähren; Thebens unglückliches Ende war ein unerschöpflicher Quell zu Deklamationen, den Korinthischen Bundestag nannten sie eine schlechtberechnete Illusion; alles, was von Makedonien ausging, selbst Ehren und Geschenke, wurde verdächtigt oder als Schmach für freie Hellenen bezeichnet: Alexander wolle nichts anderes als das Synhedrion selbst und jeden einzelnen Beisitzer desselben zu Werkzeugen der makedonischen Despotie machen; die Einheit der Hellenen sei eher im Hasse gegen Makedonien als im Kampfe gegen Persien zu finden; ja die Siege über Persien seien für Makedonien nur ein Mittel mehr, die Freiheit der hellenischen Staaten zu vernichten. Natürlich war die Rednerbühne Athens der rechte Ort, dieses Mißvergnügen in sehr erregten Debatten zur Schau zu stellen; nirgends

Sold gewesen waren, ohne weiteres entlassen, den anderen unter der Bedingung, daß sie in das makedonische Heer einträten, Amnestie bewilligt werden sollte; Andronikos, der sich für sie verwandt hatte, erhielt den Befehl über sie. Die Gesandten anlangend, entschied der König, weil Sinope nicht mit im Hellenischen Bunde sei, überdies der Stadt die Gesandtschaft an den Perserkönig als ihren Herrn nicht zum Vorwurf gemacht werden könne, deren Gesandte sofort auf freien Fuß zu setzen; ebenso wurde der Gesandte von Kalchedon entlassen, die von Sparta und Athen dagegen, die offenbar verräterische Verbindungen mit dem gemeinsamen Feind aller Hellenen unterhalten hätten, festzunehmen und bis auf weiteren Befehl in Verwahrsam zu halten.

Demnächst brach Alexander aus dem Lager auf und rückte in die Residenz der hyrkanischen Satrapie ein, um nach kurzer Rast die weiteren Operationen zu beginnen.

Während dieser Vorfälle in Asien hatte in Europa das Glück der makedonischen Waffen noch eine gefährliche Probe zu bestehen; die Entscheidung war um so wichtiger, da Sparta, nach Athens Niederlage, nach Thebens Fall der namhafteste Staat in Hellas, sich an die Spitze dieser Bewegungen gestellt hatte.

König Agis war, wie wir sahen, ausgangs des Jahres 333 trotz der eben eingetroffenen Nachricht von der Schlacht bei Issos, mit der noch bei Siphnos ankernden persischen Seemacht im Einverständnis, in Aktion getreten, hatte durch seinen Bruder Agesilaos Kreta besetzen lassen. Hätte damals Athen sich entschließen wollen, der Bewegung beizutreten, so würden – denn ohne weiteres hätten hundert Trieren aus dem Peiraieus in See gehen können – bedeutende Erfolge möglich gewesen sein. Aber da Athen nicht zu

von dort aus am Strande entlang nach Hyrkanien und weiter der großen Armee nachziehen. Noch hatten die Marder, deren Wohnsitze der Name des Amardosflusses zu bezeichnen scheint, sich nicht unterworfen; der König beschloß, gleich jetzt gegen sie auszuziehen. Während die Hauptmasse des Heeres im Lager zurückblieb, zog er selbst an der Spitze der Hypaspisten, der Phalangen Koinos' und Amyntas', der Hälfte der Ritterschaft und den neuformierten Akontisten zu Pferd an der Küste entlang gen Westen. Die Marder fühlten sich, da noch nie ein Feind in ihre Wälder eingedrungen war, völlig sicher, sie glaubten den Eroberer aus dem Abendlande schon auf dem weiteren Marsch nach Baktrien; da rückte Alexander von der Ebene heran; die nächsten Ortschaften wurden genommen, die Bewohner flüchteten sich in die waldigen Gebirge. Mit unsäglicher Mühe zogen die Makedonen durch diese wegelosen, dicht verwachsenen und schauerlichen Wälder nach; oft mußten sie sich mit dem Schwerte den Weg durch das Dickicht bahnen, während bald hier, bald da einzelne Haufen von Mardern sie überfielen oder aus der Ferne mit ihren Speeren trafen; als aber Alexander immer höher hinaufdrang und die Höhen mit seinen Märschen und Posten immer dichter einschloß, schickten die Marder Gesandte an ihn und unterwarfen sich und ihr Land seiner Gnade; er nahm von ihnen Geiseln, ließ sie übrigens in ungestörtem Besitz und stellte sie unter den Satrapen Autophradates von Tapurien.

In das Lager von Zadrakarta zurückgekehrt, fand Alexander bereits die griechischen Söldner, fünfzehnhundert an der Zahl, mit ihnen die Gesandten von Sparta, Athen, Kalchedon, Sinope, die, an Dareios gesandt, seit Bessos' Verrat sich mit den Griechen zurückgezogen hatten. Alexander befahl, daß von den griechischen Söldnern diejenigen, welche schon vor dem Korinthischen Vertrag in persischem

Autophradates, der Satrap der Tapurier, gekommen; auch er wurde mit Ehren aufgenommen und in dem Besitz seiner Satrapie bestätigt. Mit Artabazos war von den griechischen Truppen eine Gesandtschaft eingetroffen, bevollmächtigt, im Namen der ganzen Schar mit dem König zu kapitulieren; auf seine Antwort, daß das Verbrechen derer, die wider den Willen von ganz Hellas für die Barbaren gekämpft hätten, zu groß sei, als daß mit ihnen kapituliert werden könne, daß sie sich auf Gnade und Ungnade ergeben oder, so gut sie könnten, retten möchten, erklärten die Bevollmächtigten, daß sie bereit seien, sich zu ergeben, der König möge jemanden mitsenden, unter dessen Führung sie sicher ins Lager kämen. Alexander wählte dazu Artabazos, ihren Führer auf dem Rückzug von Thara, und Andronikos, einen der angesehensten Makedonen, den Schwager des schwarzen Kleitos.

Alexander erkannte die außerordentliche Wichtigkeit der hyrkanischen Satrapie, ihrer Engpässe, ihrer hafenreichen Küsten, ihrer zum Schiffbau trefflichen Waldungen; schon jetzt mochte ihn der große Plan einer kaspischen Flotte, eines Verkehrs zwischen diesen Küsten und dem Osten Asiens, einer Entdeckungsfahrt in diesem Meere beschäftigen; noch mehr als dies forderte die Kommunikation zwischen den bisherigen Eroberungen und den weiteren Heereszügen vollkommene Besitznahme dieser paßreichen Gebirgslandschaft, die das Südufer des Kaspischen Meeres beherrscht. Alexander hatte sich eben jetzt der Pässe der tapurischen Distrikte versichert; Parmenion war beauftragt, mit dem Korps, das in Medien stand, durch das nördliche Medien und die kaspischen Westpässe im Lande der Kadusier nach dem Meeresstrande hinabzurücken, um die Straße, welche Armenien und Medien mit dem Tal des Kur und dem Kaspischen Meer verbindet, zu öffnen; er sollte

gelangt, an einem nicht bedeutenden Fluß halt, die Nachrückenden zu erwarten. In den nächsten vier Tagen kamen sie, zuletzt die Agrianer, die Nachhut des Zuges, nicht ohne einzelne Gefechte mit den Barbaren, von den Bergen herab. Dann rückte Alexander auf dem Wege nach Zadrakarta vor, wo demnächst auch Krateros und Erigyios eintrafen, Krateros mit dem Bericht, daß er zwar die griechischen Söldner nicht getroffen habe, daß aber die Tapurier teils mit Gewalt unterworfen seien, teils sich freiwillig ergeben hätten.

Schon in dem Lager am Flusse waren zu Alexander Boten von dem Chiliarchen Nabarzanes gekommen, der sich bereit erklärte, die Sache des Bessos zu verlassen und sich der Gnade Alexanders zu unterwerfen; auf dem weiteren Wege war der Satrap Phrataphernes nebst anderen der angesehensten Perser, die beim Großkönig gewesen waren, zu Alexander gekommen, sich zu unterwerfen. Der Chiliarch, einer von denen, die Dareios gebunden hatten, mochte sich mit Straflosigkeit begnügen müssen; sein Name, sonst einer der ersten im Reiche, wird nicht weiter genannt. Phrataphernes dagegen und seine beiden Söhne Phradasmanes und Sisines gewannen bald Alexanders Vertrauen, dessen sie sich in mehr als einer Gefahr würdig zeigen sollten; der Vater erhielt seine Satrapien Parthien und Hyrkanien zurück. Dann kam auch Artabazos mit dreien seiner Söhne, Arsames, Kophen und Ariobarzanes, dem Verteidiger der persischen Pässe; Alexander empfing sie so, wie ihre Treue gegen den unglücklichen Dareios es verdiente; Artabazos war ihm aus der Zeit bekannt, wo derselbe mit seinem Schwager, dem Rhodier Memnon, am Hofe zu Pella Zuflucht gefunden hatte; er war dem abendländischen Wesen schon nicht mehr fremd; er und seine Söhne nahmen fortan in Alexanders Umgebung neben den vornehmsten Makedonen eine ehrenvolle Stellung ein. Mit ihnen zugleich war

nen Pässen durchschnitten, trennen sie die Grenzen von Parthien im Süden und Hyrkanien im Norden, die erst weiter ostwärts in den Klippenzügen von Khorassan aneinanderstoßen; der Besitz dieser Pässe, die als Verbindung zwischen dem Kaspischen Meere und dem Inneren, zwischen Iran und Turan so wichtig sind, war für den Augenblick doppelt notwendig für Alexander, weil sich einerseits die griechischen Söldner von Thara aus in die tapurischen Berge zurückgezogen hatten, andererseits Nabarzanes und Phrataphernes jenseits des Gebirges in Hyrkanien standen. Demnach verließ Alexander die Straße von Khorassan, auf der sich Bessos geflüchtet hatte, um sich erst dieser wichtigen Paßgegend zu versichern. Zadrakarta, eine Hauptstadt Hyrkaniens am Nordabhange des Gebirges, ward als Vereinigungspunkt der drei Heeresabteilungen bestimmt, mit denen Alexander nach Hyrkanien zu gehen beschloß. Auf dem längsten, aber bequemsten Wege führte Erigyios, von einigen Reiterabteilungen begleitet, die Bagage und Wagen hinüber; Krateros mit seiner und mit Amyntas' Phalanx, mit sechshundert Schützen und ebenso vielen Reitern zog über die Berge der Tapurier, um sie und zugleich die griechischen Söldner, wenn er sie träfe, zu unterwerfen; Alexander selbst mit den übrigen Truppen schlug den kürzesten Weg ein, der nordwestlich von Hekatompylos in die Berge führt. Mit der größten Vorsicht rückten die Kolonnen vor, bald der König mit den Hypaspisten, den leichtesten unter den Phalangiten und einem Teil der Bogenschützen voraus, Posten auf den Höhen zu beiden Seiten des Weges zurücklassend, um den Marsch der Nachkommenden zu sichern, die die wilden Stämme jener Berge beutelüstern zu überfallen bereit lagen; sie zu bekämpfen wäre zu zeitraubend, wenn nicht gar erfolglos gewesen. Mit den Bogenschützen vorauseilend, machte Alexander, in der Ebene auf der Nordseite des Gebirges an-

trien, Nabarzanes mit den Resten seiner Chiliarchie und von dem parthischen Satrapen begleitet nach Hyrkanien, um von dort aus gen Baktrien zu eilen und sich mit Bessos zu vereinigen. Ihr Plan war, die persische Monarchie im Osten wenigstens aufrechtzuerhalten und dann aus ihrer Mitte, wie einst nach Smerdes' Ermordung, einen neuen König der Könige zu ernennen. Indes war es klar, daß, wenn Phrataphernes aus Parthien, Satibarzanes aus Areia, Barsaëntes aus Drangiana hinweg nach Baktrien gingen, um unter Bessos' Führung, wie verabredet war, zu kämpfen, jedenfalls ihre Satrapien dem Feinde in die Hände fielen und sie ihre Länder einer sehr fernen Hoffnung opferten; so blieb Phrataphernes in Hyrkanien stehen, und Nabarzanes schloß sich ihm an; Satibarzanes ging nach Areia, Barsaëntes nach Drangiana, um nach den weiteren Unternehmungen Alexanders ihre Maßregeln zu nehmen; dieselbe Selbstsucht, die sie zum Königsmorde vereint hatte, zerriß die letzte Macht, die dem Feinde noch hätte entgegentreten können, und indem sie jeder nur sich und den eigenen Vorteil im Auge hatten, sollten sie vereinzelt desto sicherer dem Schwerte des Furchtbaren erliegen.

Alexander seinerseits war nach jenem Überfall, bei der gänzlichen Erschöpfung seiner Leute, nicht imstande gewesen, Dareios' Mörder, die nach allen Seiten hin flohen, zu verfolgen. In der Ebene von Hekatompylos rastete er, um die zurückgebliebenen Truppen an sich zu ziehen und die Angelegenheiten der Satrapie Parthien zu ordnen. Der Parther Amminapes, der sich dem König bei dessen Eintritt in Ägypten mit Mazakes unterworfen hatte, erhielt die Satrapie, Tlepolemos, aus der Schar der Hetairen, wurde ihm an die Seite gesetzt.

Im Norden der Stadt beginnen die Vorberge der Elbursketten, die von den Tapuriern bewohnt wurden; von einzel-

cher an seinen Mördern; die Majestät des persischen Königtums, durch das Recht des Schwertes gewonnen, ward jetzt zum Schwerte des Rechtes und der Rache in Alexanders Hand; sie hatte keinen Feind mehr als die letzten Vertreter, keinen Vertreter als den einstigen Feind desselben Königtums.

In den entsetzlichen Vorgängen dieser letzten Tage hatte sich die Stellung der persischen Großen völlig verändert. Die ihren König nach der Schlacht von Gaugamela nicht verlassen hatten, meist Satrapen der östlichen Provinzen, hatten ihre eigene Sache geschützt, wenn sie um die Person des Königs zusammenhielten. Jene Aufopferung und rührende Anhänglichkeit des Artabazos, der, einst in Pella an König Philipps Hof ein willkommener Gast, einer ehrenvollen Aufnahme bei Alexander hätte gewiß sein können, teilten wenige, da sie ohne Nutzen und voll Gefahr erschien. Sobald des Großkönigs Unglück ihren Vorteil, ja die Existenz ihrer Macht auf das Spiel setzte, begannen sie sich und ihre Ansprüche auf Kosten dieses Königs zu schützen, durch dessen Verblendung und Schwäche allein sie das Reich der Perser ins Verderben gestürzt glaubten; das ewige Fliehen des Dareios brachte nun, nach dem Verlust so vieler und schöner Länder, auch ihre Satrapien in Gefahr; es schien ihnen billig, lieber etwas zu gewinnen, als alles zu verlieren, lieber den Rest des Perserreiches zu behaupten, als auch ihn noch für eine verlorene Sache zu opfern; wenn nur durch sie noch Dareios König sein konnte, so glaubten sie nicht minder, sich ohne Dareios im Besitz ihrer Herrschaft behaupten zu können.

Sie hatten Dareios gefangengenommen, Alexanders plötzlicher Angriff trieb sie, ihn zu ermorden, um sich selbst zu retten; sie flohen, um die Verfolgung zu erschweren, in zwei Haufen, Bessos auf dem Wege von Khorassan nach Bak-

brecherischen Untergang seines Feindes sich der Vorteile zu freuen vergessen, die ihm aus dem Blute eines Königs zufließen sollten; große Geister fesselt an den Feind ein eigenes Band, eine Notwendigkeit, möchte man sagen, wie die Macht des Schlages sich nach dem Gegenstand bestimmt, den er treffen soll. Bedenkt man, wie die Königinmutter, wie die Gemahlin und Kinder des Großkönigs von Alexander aufgenommen worden waren, wie er überall ihr Unglück zu ehren und zu lindern suchte, so kann man nicht zweifeln, welches Schicksal er dem gefangenen König gewährt hätte; in des Feindes Hand wäre dessen Leben sicherer gewesen als unter Persern und Blutsverwandten.

Es ist ein anderer Punkt in diesen Vorgängen, in dem man Alexanders Glück erkennen kann, – sein Glück oder sein Verhängnis. Wäre Dareios lebend in seine Hand gefallen, so hätte er dessen Verzicht auf die Länder, die ihm bereits entrissen waren, dessen Anerkennung der neuen Machtgründung in Asien gewinnen, sie vielleicht damit erkaufen können, daß er ihm die östlichen Satrapien überließ; er hätte dann hier, wie er später in Indien mit dem König Poros getan, an der Grenze seines Reiches ein Königtum bestehen lassen, das in losen Formen der Abhängigkeit nur seine Oberhoheit anerkannte. Mit der Ermordung des Dareios war die Möglichkeit eines solchen Abschlusses dahin; wenn Alexander einen solchen für möglich gehalten, wenn er wirklich daran gedacht hatte, endlich einmal haltzumachen, so riß ihn jetzt das Verbrechen, das an seinem Gegner verübt worden war, weiter, in das Unabsehbare hinaus. Die Mörder nahmen die Macht und den Titel in Anspruch, die der legitime König nicht zu behaupten vermocht hatte; sie waren Usurpatoren gegen Alexander, wie sie Verräter an Dareios geworden waren. Das natürliche Vermächtnis des ermordeten Königs bestellte den, der ihn besiegt, zum Rä-

er den Völkern Asiens als ihr Herr und König galt und gelten mußte, durfte der flüchtige König nicht länger den Namen seiner verlorenen Herrlichkeit, eine Fahne zu immer neuem Aufruhr, durch die Steppen von Iran und Turan tragen. Der Wille und die Notwendigkeit, den Feind zu fangen, wurde nach der heroischen Natur Alexanders zur persönlichen Leidenschaft, zum achilleischen Zorn; er verfolgte ihn mit einer Hast, die an das Ungeheure grenzte und die, vielen seiner Tapferen zum Verderben, ihn dem gerechten Vorwurf despotischer Schonungslosigkeit aussetzen würde, wenn er nicht selbst Mühe und Ermüdung, Hitze und Durst mit seinen Leuten geteilt, selbst die wilde Jagd der vier Nächte geführt und bis zur letzten Erschöpfung ausgehalten hätte. Damals, heißt es, brachten ihm Leute einen Trank Wasser im Eisenhelm; er dürstete und nahm den Helm, er sah seine Reiter traurig nach dem Labetrunk blicken und gab ihn zurück: »Tränke ich allein, meine Leute verlören den Mut.« Da jauchzten die Makedonen: »Führe uns, wohin du willst! Wir sind nicht ermattet, wir dürsten auch nicht, wir sind nicht mehr sterblich, solange du unser König bist!« So spornten sie ihre Rosse und jagten mit ihrem König weiter, bis sie den Feind sahen und den toten Großkönig fanden.

Man hat Alexanders Glück darin wiedererkennen wollen, daß sein Gegner tot, nicht lebend in seine Hände gefallen sei; er würde stets ein Gegenstand gerechter Besorgnis für Alexander, ein Anlaß gefährlicher Wünsche und Pläne für die Perser gewesen sein, und endlich würde doch nur über seinen Leichnam der Weg zum ruhigen Besitz Asiens geführt haben; Alexander sei glücklich zu preisen, daß ihm nur die Fracht, nicht auch die Schuld dieses Mordes zugefallen, er habe sich um der Perser willen das Ansehen geben können, als beklage er ihres Großkönigs Tod. Vielleicht hat Alexander, wie nach ihm der große Römer, über den ver-

rung den wasserlosen Heideweg hinab. Viele erlagen der übermäßigen Anstrengung und blieben am Wege liegen. Als der Morgen graute, sah man die zerstreute, unbewehrte Karawane der Hochverräter; da jagte Alexander auf sie los; der plötzliche Schrecken verwirrte den langen Zug, mit wildem Geschrei sprengten die Barbaren auseinander; wenige versuchten Widerstand, sie erlagen bald, die übrigen flohen in wilder Hast, Dareios' Wagen in der Mitte, ihm zunächst die Verräter. Schon nahte Alexander; nur ein Mittel noch konnte retten; Bessos und Barsaëntes durchbohrten den gefesselten König und jagten fliehend nach verschiedenen Seiten. Dareios verschied kurz darauf. Die Makedonen fanden den Leichnam, und Alexander, so wird erzählt, deckte seinen Purpur über ihn.

So endete der letzte Großkönig aus dem Geschlecht der Achaimeniden. Nicht dem erlag er, gegen den er sein Reich zu behaupten vergebens versucht hatte; die Schlachten, die er verloren, hatten ihn mehr als Gebiet und Königsmacht, sie hatten ihn den Glauben und die Treue seines Perservolkes und seiner Großen gekostet; ein Flüchtling unter Verrätern, ein König in Ketten, so fiel er von den Dolchen seiner Satrapen, seiner Blutsverwandten durchbohrt; ihm blieb der Ruhm, nicht um den Preis der Tiara sein Leben erkauft noch dem Verbrechen ein Recht über das Königtum seines Geschlechtes zugestanden zu haben, sondern als König gestorben zu sein. Als König ehrte ihn Alexander; er sandte den Leichnam zur Bestattung in die Gräber von Persepolis; Sisygambis begrub den Sohn.

Alexander hatte mehr erreicht, als er hatte erwarten können. Nach zwei Schlachten hatte er den geschlagenen König fliehen lassen; aber seit er, Herr der Königsstädte des Reiches, auf dem Thron des Kyros und nach persischer Weise die Huldigung der Großen entgegengenommen hatte, seit

scher Melon, der krank zurückgeblieben war, daß Artabazos und die Griechen sich nordwärts in die tapurischen Berge zurückgezogen hätten, daß Bessos an Dareios' Statt die Gewalt in Händen habe und von den Persern und Baktriern als Gebieter anerkannt werde, daß der Plan der Verschworenen sei, sich in die Ostprovinzen zurückzuziehen und dem König Alexander gegen den ungestörten und unabhängigen Besitz des persischen Ostens die Auslieferung des Dareios anzubieten, wenn er dagegen weiter vordringe, ein möglichst großes Heer zusammenzubringen und sich gemeinschaftlich im Besitz der Herrschaften, die sie hätten, zu behaupten, vorläufig aber die Führung des Ganzen in Bessos' Händen zu lassen, angeblich wegen seiner Verwandtschaft mit dem königlichen Hause und seines nächsten Anrechts auf den Thron. – Alles drängte zur größten Eile; kaum gönnte sich Alexander während des heißen Tages Rast, am Abend jagte er weiter, die ganze Nacht hindurch; fast erlagen Mann und Roß; so kam er mittags in ein Dorf (etwa Bakschabad), in dem tags zuvor die Verschworenen gelagert und das sie am Abend verlassen hatten, um, wie gesagt wurde, fortan bei Nacht ihren Zug fortzusetzen; sie konnten nicht mehr als einige Meilen voraus sein; aber die Pferde waren erschöpft, die Menschen mehr als ermattet, der Tag heiß; auf Erkundigung bei den Einwohnern, ob es nicht einen kürzeren Weg den Fliehenden nach gebe, erfuhr Alexander, der kürzere sei öde, ohne Brunnen. Diesen beschloß er zu verfolgen; er wählte fünfhundert Pferde der Ritterschaft und für diese die Offiziere und die tapfersten Leute des Fußvolkes aus und ließ sie in ihren Waffen aufsitzen; mit dem Befehl, daß die Agrianer unter Attalos möglichst schnell auf dem Heerwege nachrücken, die anderen Truppen unter Nikanor geordnet folgen sollten, zog er mit seinen »Doppelkämpfern« um die Abenddämme-

den griechischen Söldnern und den Gesandten aus Hellas nordwärts in die Berge der Tapurier zurück; andere Perser, namentlich des Mazaios Sohn Antibelos und Bagisthanes von Babylon, eilten rückwärts, sich der Gnade Alexanders zu unterwerfen.

Alexander hatte seine Truppen einige Tage in Rhagai rasten lassen; am Morgen des sechsten Tages brach er wieder auf; er erreichte mit einem starken Marsche den Westeingang der Pässe (Aiwan-i-Keif); folgenden Tages zog er durch diese Pässe, die, fast drei Stunden lang, seinen Marsch nicht wenig verzögerten, dann noch so weit, als an diesem Tage zu kommen möglich war, durch die wohlbebaute Ebene von Choarene (Khuar) bis zu dem Saum der Steppe, über die der Weg ostwärts nach der parthischen Hauptstadt Hekatompylos, dem Mittelpunkt der Heerstraßen gen Hyrkanien, Baktrien und Ariana, führt. Während das Heer hier lagerte und einige Truppen sich in der Gegend zerstreuten, um für den Weg durch die Steppe zu fouragieren, kamen Bagisthanes und Antibelos in das makedonische Lager, unterwarfen sich der Gnade des Königs; sie sagten aus, daß Bessos und Nabarzanes sich der Person des Großkönigs bemächtigt hätten und eiligst gen Baktrien zögen; was weiter geschehen, wüßten sie nicht. Mit desto größerer Eile beschloß Alexander, die Fliehenden zu verfolgen; indem er den größeren Teil der Truppen unter Krateros mit dem Befehl, langsam nachzurücken, zurückließ, eilte er selbst mit der Ritterschaft, den Plänklern, den Leichtesten und Kräftigsten vom Fußvolk den Fliehenden nach. So die Nacht hindurch bis zum folgenden Mittag; und wieder nach wenigen Stunden Rast die zweite Nacht hindurch; mit Sonnenaufgang erreichte man Thara, wo schon vier Tage früher Dareios von den Meuterern gefangengenommen war. Hier erfuhr Alexander von des Großkönigs Dolmet-

des offenbaren Verrates, sie wollten nicht ohne den König fliehen. Bessos' Plan schien mißlungen; desto hartnäckiger verfolgte er ihn; er schilderte ihnen die Gefahr, in die sie der Großkönig stürze, er gewöhnte sie, die Möglichkeit eines Verbrechens zu denken, das allein retten könne. Da erschien Artabazos mit der Botschaft, der König verzeihe das unüberlegte Wort des Nabarzanes und die eigenwillige Absonderung des Bessos. Beide eilten in des Königs Zelt, sich vor ihm in den Staub zu werfen und mit heuchlerischem Geständnis ihre Reue zu beglaubigen.

Des anderen Tages rückte der Zug auf dem Wege nach Thara weiter; die dumpfe Stille, die mißtrauische Unruhe, die überall herrschten, offenbarten mehr eine drohende als überstandene Gefahr. Der Führer der Griechen bemühte sich, in die Nähe des Königs zu kommen, dessen Wagen Bessos mit seinen Reitern umgab. Endlich gelang es dem treuen Fremdling; er sagte dem König, was er fürchte; er beschwor ihn, sich dem Schutze der griechischen Truppen anzuvertrauen, nur dort sei sein Leben sicher. Bessos verstand nicht die Sprache, wohl aber die Miene des hellenischen Mannes; er erkannte, daß nicht länger zu zögern sei. Man langte gegen Abend in Thara an; die Truppen lagerten, die Baktrier dem Zelte des Königs nahe; in der Stille der Nacht eilten Bessos, Nabarzanes und Barsaëntes mit einigen Vertrauten in das Zelt, fesselten den König, schleppten ihn in den Wagen, in dem sie ihn als Gefangenen mit sich gen Baktrien führen wollten, um sich mit seiner Auslieferung Frieden von Alexander zu erkaufen. Die Kunde von der Tat verbreitete sich schnell durch das Lager, alles löste sich in wilder Verwirrung auf; die Baktrier zogen gen Osten weiter, mit Widerstreben folgten ihnen die meisten Perser; Artabazos und seine Söhne verließen den unglücklichen König, dem sie doch nicht mehr helfen konnten; sie zogen sich mit

übergegangen waren, daß man bei weiterer Flucht immer mehr Abfall fürchten mußte. Dareios berief die Großen seiner Umgebung und gab ihnen seine Absicht kund, das Zusammentreffen mit den Makedonen nicht länger meiden, sondern noch einmal das Glück der Waffen versuchen zu wollen. Diese Erklärung des Großkönigs machte tiefen Eindruck auf die Versammelten; das Unglück hatte die meisten entmutigt, man dachte mit Entsetzen an neuen Kampf; wenige waren bereit, ihrem König alles zu opfern, unter ihnen der greise Artabazos; gegen ihn erhob sich Nabarzanes, der Chiliarch: die dringende Not zwinge ihn, ein hartes Wort zu sprechen; hier zu kämpfen sei der sicherste Weg zum Verderben, man müsse nach Turan flüchten, dort neue Heere rüsten; aber die Völker trauten dem Glück des Königs nicht mehr; nur eine Rettung gebe es; Bessos habe bei den turanischen Völkern großes Ansehen, die Skythen und Inder seien ihm verbündet, er sei Verwandter des königlichen Hauses; der König möge ihm, bis der Feind bewältigt sei, die Tiara abtreten. Der Großkönig riß seinen Dolch aus dem Gürtel, kaum entkam Nabarzanes; er eilte, sich mit seiner Perserschar von dem Lager des Königs zu sondern; Bessos folgte ihm mit den baktrischen Völkern. Beide handelten im Einverständnis und nach einem längst vorbereiteten Plane; Barsaëntes von Drangiana und Arachosien wurde leicht gewonnen; die übrigen Satrapen der Ostprovinzen waren, wenn nicht offenbar beigetreten, doch geneigter, ihrem Vorteil als ihrer Pflicht zu folgen. Darum beschwor Artabazos den König, nicht seinem Zorne zu folgen, bei den Meuterern sei die größere Streitmacht, ohne sie sei man verloren, er möge sie durch unverdiente Gnade zur Treue oder zum Schein des Gehorsams zurückrufen. Indes hatte Bessos versucht, die Schar der Perser zum Aufbruch gen Baktrien zu bewegen; aber sie schauderten noch vor dem Gedanken

ze aus Persis in die Burg von Ekbatana zu bringen und dem Harpalos zu übergeben, der zu ihrer Verwaltung bestellt wurde und vorerst zu deren Bewachung sechstausend Makedonen mit den nötigen Reitern und leichten Truppen behielt; Parmenion sollte dann nach Übergabe des Schatzes mit den Soldtruppen, den Thrakern usw. an dem Lande der Kadusier vorüber nach Hyrkanien marschieren. Kleitos, der krank in Susa zurückgeblieben war, erhielt Befehl, sobald es seine Gesundheit gestatte, die sechstausend Mann, die vorläufig bei Harpalos blieben, ins Parthische zu führen, um sich dort mit der großen Armee wieder zu vereinigen. Mit den übrigen Phalangen, mit der makedonischen Ritterschaft, den Söldnerreitern des Erigyios, den Sarissophoren, den Agrianern und Schützen eilte Alexander dem fliehenden Dareios nach; in elf höchst angestrengten Tagemärschen, in denen viele Menschen und Pferde liegen blieben, erreichte er Rhagai, von wo aus für Alexanders Eile noch ein starker Marsch von acht Meilen bis zum Eingang der Kaspischen Tore war. Aber die Nachricht, daß Dareios bereits jenseits des Passes sei und einen bedeutenden Vorsprung auf dem Wege nach Baktrien voraushabe, sowie die Erschöpfung seiner Truppen bewogen den König, einige Tage in Rhagai zu rasten.

Um dieselbe Zeit lagerte Dareios mit seinem Zuge wenige Tagemärsche im Osten der Kaspischen Pässe. Er hatte kaum noch zwanzig Meilen Vorsprung; er mußte sich überzeugen, daß es einerseits unmöglich sei, bei der ungeheuren Schnelligkeit, mit der Alexander nacheilte, das turanische Land fliehend zu erreichen, daß er andererseits, wenn doch gekämpft werden mußte, möglichst seinen Marsch verlangsamen müsse, damit die Truppen mit frischer Kraft den vom Verfolgen ermatteten Feinden gegenüberträten; dazu kam, daß aus dem persischen Zuge schon manche zu Alexander

bald zu treffen. Er ließ, um desto schneller fortzukommen, die Bagage mit ihrer Bedeckung zurück und betrat nach zwölf Tagen das medische Gebiet; da erfuhr er, daß weder die Kadusier noch die Skythen, die Dareios erwartet, eingetroffen seien, daß Dareios, um ein entscheidendes Zusammentreffen zu verzögern, sich bereits zum Rückzug nach den Kaspischen Pässen, wohin die Weiber, Wagen und Feldgerät schon vorausgegangen seien, anschicke. Doppelt eilte Alexander; er wollte Dareios selbst in seiner Gewalt haben, um allem weiteren Kampf um den Perserthron ein Ende zu machen. Da kam, drei Tagereisen vor Ekbatana, Bisthanes, des Königs Ochos Sohn, einer von denen, die dem König Dareios bis dahin gefolgt waren, ins makedonische Lager; er bestätigte das Gerücht, daß Dareios weitergeflohen, daß er vor fünf Tagen aus Ekbatana gegangen sei, daß er die Schätze Mediens, etwa siebentausend Talente, mit sich genommen habe, ein Heer von sechstausend Mann Fußvolk und dreitausend Pferden ihn begleite. Alexander eilte nach Ekbatana; schnell wurden die dortigen Angelegenheiten geordnet, es wurden die Thessaler und die übrigen Bundesgenossen, so viele ihrer nicht freiwillig weiterdienen wollten, mit vollem Sold und einem Geschenk von zweitausend Talenten in die Heimat gesandt, aber nicht wenige blieben[65]; es wurde der Perser Oxydates, der in Susa, früher von Dareios zu ewigem Gefängnis verdammt, durch Alexander befreit war und darum doppelten Vertrauens würdig schien, an Atropates' Stelle, der mit Dareios war, zum Satrapen über Medien bestellt; es wurde Parmenion beauftragt, die Schät-

---

65 Für die Heeresordnung bezeichnend ist, daß Epokillos mit einem Kommando Reiter, da die heimkehrenden Reiter ihre Pferde verkauften, die Kolonne der Ausgedienten zum Meere geleitete, daß Menes, der Hyparch von Syrien, Phoinikien und Kilikien den Befehl erhielt, Trieren zu ihrer Überfahrt nach Euboia bereitzuhalten.

schen Söldnerscharen unter des Phokers Patron Führung; er erwartete die Ankunft mehrerer tausend Kadusier und Skythen; nach Ekbatana konnten die Völker von Turan und Ariana noch einmal zu den Waffen gerufen werden, um sich unter ihren Satrapen um die Person des Königs zu sammeln und den Osten des Reiches zu verteidigen; die medische Landschaft bot Positionen genug, in denen man sich verteidigen konnte; namentlich die Kaspischen Pässe, die den Eingang nach den östlichen und nördlichen Satrapien bildeten, hätte man auch gegen einen übermächtigen Feind leicht behaupten und ihm dauernd sperren können. Dareios beschloß, noch einmal das Glück der Waffen zu versuchen und mit dem Heere, das er bis zur Ankunft Alexanders versammelt haben würde, den Feind am weiteren Vordringen zu hindern; er mochte durch die Gesandten Spartas und Athens, die sich an seinem Hoflager befanden, erfahren haben, wie tiefen Eindruck die Nachricht von der Schlacht von Gaugamela in Hellas gemacht habe und daß die antimakedonische Partei richtauf sei, daß viele Staaten sich entweder schon mit Sparta offenbar vereint hätten oder nur des Königs Agis ersten Erfolg erwarteten, um von dem Korinthischen Bunde abzufallen, daß sich so in Griechenland ein Umschwung der Verhältnisse vorbereitete, der die Makedonen bald genug aus Asien zurückzukehren zwingen werde. Dareios mochte hoffen zu dürfen glauben, daß das Ende seines Unglücks nicht mehr fern sei.

Schon nahte Alexander; Paraitakene, die Landschaft zwischen Persis und Medien, hatte sich unterworfen und Oxathres, den Sohn des susianischen Satrapen Abulites, zum Satrapen erhalten; auf die Nachricht, daß Dareios unter den Mauern von Ekbatana an der Spitze eines bedeutenden Heeres von Baktrianern, Griechen, Skythen, Kadusiern den Angriff erwarten werde, eilte Alexander, den Feind möglichst

dischen Gebirge nach Ekbatana gegangen mit der Absicht, hier abzuwarten, was Alexander unternehmen werde, und sobald derselbe ihm auch hierher nachsetzte, in den Norden seines Reiches zu flüchten, alles hinter sich verheerend, daß Alexander ihm nicht folgen könne. Zu dem Ende hatte er bereits die Karawane seines Harems, seine Schätze und Kostbarkeiten an den Eingang der kaspischen Pässe gen Rhagai gesandt, um durch sie, wenn schleunige Flucht nötig werde, nicht behindert zu sein. Indes verging ein Monat nach dem andern, ohne daß sich auch nur ein feindliches Streifkorps in den Pässen des Zagrosgebirges oder an der inneren Grenze Mediens zeigte. Dann war Ariobarzanes, der heldenmütige Verteidiger der persischen Tore, in Ekbatana angekommen; man mochte jetzt von Südosten her die Makedonen erwarten; aber kein Feind ließ sich sehen. Gefielen dem Sieger die Schätze von Persepolis und Pasargadai vielleicht besser als neuer Kampf? Hielten ihn und sein übermütiges Heer die neuen und betäubenden Genüsse des Morgenlandes gefesselt? Noch sah sich Dareios von treuen Truppen, von hochherzigen Perserfürsten umgeben; mit ihm war der Kern des persischen Adels, die Chiliarchie, die Nabarzanes führte, Atropates von Medien, Autophradates von Tapurien, Phrataphernes von Hyrkanien und Parthien, Satibarzanes von Areia, Barsaëntes von Arachosien und Drangiana, der kühne Baktrianer Bessos, des Großkönigs Verwandter, umgeben von dreitausend baktrischen Reitern, die sich mit ihm aus der letzten Schlacht gerettet hatten; ferner des Großkönigs Bruder Oxathres und vor allem der greise Artabazos, der vielbewährte Freund des Dareios, vielleicht der würdigste Name des Persertums, mit ihm seine Söhne; auch des Großkönigs Ochos Sohn Bisthanes, auch des abtrünnigen Mazaios von Babylon Sohn Antibelos war in Ekbatana. Noch hatte Dareios einen Rest seiner griechi-

VIERTES KAPITEL

*Aufbruch aus Persepolis · Dareios' Rückzug aus Ekbatana
Seine Ermordung · Alexander in Parthien und Hyrkanien
Das Unternehmen Zopyrions, Empörung Thrakiens, Schilderhebung
des Agis · Dessen Niederlage, Beruhigung Griechenlands*

Vier Monate verweilte Alexander in den Königsstädten der persischen Landschaft. Nicht bloß, um das Heer sich erholen zu lassen; es wird richtig sein, was die minder guten Quellen berichten, daß er in diesen Wintermonaten gegen die räuberischen Bewohner der nahen Gebirge auszog, um das Land für immer gegen ihre Einfälle zu sichern. Es waren namentlich die Marder in den südlichen Gebirgen, die, ähnlich den Uxiern, bisher in fast völliger Unabhängigkeit gelebt hatten. Durch sehr mühselige Züge in ihre schneebedeckten Bergtäler zwang sie Alexander, sich zu unterwerfen. Die Satrapie Karmanien, der sich Alexander bei diesem Zuge genaht haben mochte, unterwarf sich, und der Satrap Astaspes wurde in ihrem Besitz bestätigt. Schon war dem edlen Phrasaortes, dem Sohn jenes Rheomitres, der in der Schlacht bei Issos den Tod gefunden, die Satrapie Persis übergeben. Daß eine Besatzung von 3000 Mann für Persepolis bestellt wurde, ist nicht hinreichend sicher überliefert; ebenso, daß ein Zuzug von 5000 Mann Fußvolk und 1000 Reitern hier oder demnächst auf dem Marsche eingetroffen sei. Dann endlich – es mochte Ende April sein – wurde nach Medien aufgebrochen, wohin Dareios mit dem Reste des Heeres von Arbela geflüchtet war.

Nach dem Verlust der Schlacht war Dareios durch die me-

legt war. Ein Friedensschluß in solchem Sinn würde das Werk der siegreichen Waffen mit der Anerkennung durch den, der ihnen erlegen war, besiegelt haben.

So die hypothetische Linie, die zu zeichnen angemessen schien, um die Lücke zu bezeichnen, die in unseren Überlieferungen ist; die Vorgänge in Persepolis bekommen einen Akzent mehr, wenn man jene Lücke sich so ergänzt denkt. Wenn Alexander Friedensanträge gewünscht, wenn er sie monatelang erwartet hatte, wenn sie auch nach dem Fall von Susa, auch nach der Forcierung der Pässe nach Persien hinauf, nach Besitznahme der alten Königsstätten dort nicht kamen, so war endlich die Hoffnung auf einen vertragsmäßigen Abschluß aufzugeben und der Akt zu vollziehen, mit dem die Achaimenidenmacht tot erklärt, die Besitzergreifung der Monarchie über Asien verkündet wurde.

Es war der Urteilsspruch, den zu vollstrecken die nächstweitere militärische Aufgabe sein mußte.

sein. Auf solche Alternative gestellt, hatte Dareios den weiteren Kampf gewählt; er hatte die zweite größere Schlacht, mit ihr die weite Länderstrecke von den Meeresküsten bis zu den Randgebirgen Irans verloren. Mußte er jetzt nicht innegeworden sein, daß er der Macht Alexanders nicht gewachsen sei? Zeigte nicht jeder weitere Marsch desselben, daß er tatsächlich sei, wofür er anerkannt zu werden gefordert hatte, Herr in Asien, und daß es da keine Macht mehr gebe, die ihn hindern könne, zu tun, was er wolle? Konnte Dareios noch zweifeln, daß er sich beugen, sich ihm unterordnen müsse, wenn er noch irgend etwas retten, wenn er die ihm teuren Pfänder, die in des siegreichen Gegners Hand waren, wiedergewinnen wolle?

Alexander mag nach dem Tage von Gaugamela erwartet haben, daß Dareios an ihn senden, ihm eingehendere Anträge als nach dem von Issos machen, sich vor der Macht der Tatsachen beugen werde; er mag, da ihm nicht angemessen scheinen konnte, unmittelbar die Initiative zu ergreifen, der Königinmutter – auf deren Fürbitte hatte er den Uxiern verziehen – Andeutungen gemacht haben, daß er friedlichen Erbietungen ihres Sohnes gern Gehör schenken werde. Er konnte auch jetzt noch gemeint sein, dem besiegten Gegner, wenn er den geschehenen Wechsel der Macht anerkenne, einen Frieden zu gewähren, der ihm Land und Leute ließ und ihm seine Familie wiedergab. Was Alexander jetzt innehatte, die Länderstrecken vom Meere bis zu den Bergsteilen, die Iran umschließen, bildeten ein großes zusammenhängendes, auch der Volksart nach ziemlich gleichartiges Ganzes, groß und reich genug, um, zu einem Reich mit Makedonien und Hellas vereint, die beherrschende Macht Asiens zu sein, durch seine Küsten dem Westen nahe genug, um die Herrschaft über das Mittelmeer hinzuzufügen, zu der mit dem ägyptischen Alexandrien der Grund- und Eckstein ge-

Daß sich Alexander einen Friedensschluß möglich dachte, in welcher Form, nach welcher Grundlage, das hatte die Antwort gezeigt, die er nach der Schlacht bei Issos auf die ebenso dürftigen wie hochmütigen Anträge des Großkönigs gegeben hatte. Die Forderung, die er in denselben voranstellte, ergab sich aus der Sachlage und aus der Summe der vorausliegenden geschichtlichen Tatsachen. Einst hatten Dareios' Vorfahren den makedonischen König gezwungen, sich ihrer Oberhoheit zu unterwerfen, ihr Satrap zu sein; sie hatten von den hellenischen Staaten Erde und Wasser gefordert, sie hatten nicht aufgehört, sich als geborene Herren auch über die Hellenen und die Barbaren Europas anzusehen, sie hatten im Antialkidischen Frieden und auf Grund desselben »Befehle« zur Nachachtung an die hellenischen Staaten erlassen; sie hatten, als König Philipp gegen Perinth und Byzanz kämpfte, ohne weiteres Truppen wider ihn gesandt, als stehe ihnen zu, über die griechische Welt ihre Hand zu halten und einzuschreiten, wann und wie es ihnen beliebe. Lag in dem Wesen Persiens, der »Monarchie Asiens«, dieser Anspruch der Oberherrlichkeit auch über die hellenische Welt, so konnte der Zweck des Krieges, zu dessen Führung Alexander sich an der Spitze der Makedonen und Hellenen erhoben hatte, kein anderer sein, als diesem Anspruch des Großkönigs gründlich und für immer ein Ende zu machen. Alexander hatte nach der Schlacht bei Issos den Anträgen des Dareios eine und nur eine Forderung entgegengestellt: die der Anerkennung, daß nicht mehr Dareios, sondern Alexander Herr und König in Asien sei; er war bereit, für diese Anerkennung dem besiegten Gegner Zugeständnisse zu machen, ihm, so ungefähr ist der Ausdruck, alles zu gewähren, von dessen Angemessenheit er ihn, den Sieger, überzeugen werde; wenn er diese Anerkennung weigere, dann möge er einer neuen Schlacht gewärtig

gen, ob erst jetzt oder schon jetzt der Moment gekommen war, in so drastischer Symbolik den unwiderruflichen Abschluß auszusprechen und das Urteil zu vollstrecken. Hatte die Schlacht bei Gaugamela die Persermacht definitiv gebrochen, warum zögerte dann Alexander ein halbes Jahr, den Schritt zu tun, zu dem die Weltstadt Babylon oder die Hofburg in Susa sich immerhin ebensogut geeignet hätte? Oder wenn er ihn verschob, weil mit jenem Siege, mit der Besitznahme von Babylon und Susa noch nicht Genügendes gewonnen schien, war dann etwa die Okkupation der Landschaft Persis militärisch und politisch von so großer Bedeutung, wenn noch Medien mit Ekbatana in Dareios' Hand war und damit der weite Norden und Osten des Reiches, damit der kürzere Weg zum Tigris und der großen königlichen Straße von Susa bis Sardeis, damit für ein in Medien sich sammelndes Heer von Reitermassen des Ostens die Möglichkeit, die lange und dünnbesetzte Linie zu durchreißen, die Alexander mit der westlichen Satrapie und mit Europa verband?

Die Überlieferungen, die uns vorliegen, sind nicht derart, daß wir voraussetzen dürfen, in ihnen alles Wesentliche erwähnt zu finden. Sie sind redselig genug, wo es sich um die moralische Beurteilung Alexanders handelt; von seinen militärischen Aktionen geben sie ungefähr genug, um deren summarischen Zusammenhang erkennen zu lassen; über sein politisches Handeln, über die Motive, die ihn bestimmten, die Zielpunkte, die er im Auge behielt, sagen sie wenig oder nichts, so daß auf Grund der Information, die sie uns geben, auch die Vorstellung gerechtfertigt hat scheinen können, Alexander habe den Hellespont überschritten mit dem sehr einfachen Plan, bis zu dem noch unbekannten Ganges und dem ebenso unbekannten Meer im Osten, in das er sich ergießt, zu marschieren.

liegen hinlänglich Beweise vor, daß es nicht die Tat eines aufgeregten Momentes, sondern ruhiger Überlegung war, wenn Alexander gebot, den Feuerbrand in das Zederngetäfel des Königspalastes zu werfen; Parmenion war anderer Ansicht gewesen, hatte dem König geraten, des schönen Gebäudes, seines Eigentums, zu schonen, nicht die Perser zu kränken in den Denkmälern ihrer einstigen Größe und Herrlichkeit. Der König hielt dafür, daß die Maßregel, die er beabsichtigte, nützlich und notwendig sei. So brannte ein Teil des Palastes von Persepolis nieder. Dann befahl der König, die Flamme zu löschen.

Vielleicht war dieser Brand des Palastes im Zusammenhang mit einer Art Inthronisation, die Alexander gefeiert zu haben scheint. Es wird erzählt, daß der Korinther Demaratos, als er Alexander auf dem Throne der Großkönige unter goldenem Baldachin sitzen sah, sich geäußert habe, um wie große Wonne diejenigen gekommen seien, welche diesen Tag nicht mehr erlebt hätten.

Noch ein zweites Vielleicht darf hier zur Erwähnung kommen, ein solches, das für die Gesamtauffassung Alexanders und seines Verfahrens nicht ohne Gewicht ist.

Bedeutete der Vorgang in Persepolis die feierliche Totsprechung der Achaimenidenmacht und die förmliche Besitzergreifung des ledig erklärten Reiches, so darf man fra-

---

Griechen, die vergreist, verstümmelt, gebrandmarkt, voll Scham und Verzweiflung dem Könige entgegentreten, die befohlene Ermordung der Einwohner, die Gelage des Königs, endlich jene athenische Tänzerin Thais, die in der Begeisterung des Tanzes einen Feuerbrand vom Altare reißt und in den Palast wirft, deren Beispiel trunken und in wilder Siegeslust Alexander und seine Getreuen folgen, das alles sind Märchen, die, aus derselben Quelle geschöpft, von einer Reihe spätgeborener Schriftsteller so oft und mit solcher Zuversicht wiederholt werden, daß sie mit der Zeit zu historischer Gewißheit geworden sind.

wärts und ostwärts hinauf fortsetzenden Tälern. Dareios, des Hystaspes Sohn, der zuerst Erde und Wasser von den Hellenen gefordert, der den Philhellenen Alexandros, den makedonischen König, zu einem persischen Satrapen gemacht hatte, war hier nach dem falschen Smerdes zum Großkönig erhoben worden, hatte sich hier seinen Palast, seinen Säulenhof und sein Grab gebaut; von vielen seiner Nachfolger war mit neuen Prachtgebäuden, mit Jagdrevieren und Paradiesen, mit Palästen und Königsgräbern das Felsental des Bendemir erfüllt; die Königspforte der tausend Säulen, der stolze Felsenbau auf dreifacher Terrasse, die Kolossalbilder von Rossen, von Stieren am Eingang, ein Riesenplan von Gebäuden der höchsten Pracht und feierlichsten Größe schmückten diesen heiligen Bezirk, den die Völker Asiens ehrten als den Ort der Königsweihe und der Huldigungen, als Herd und Mittelpunkt des einst so mächtigen Reiches. Dies Reich war jetzt gestürzt; Alexander saß auf dem Throne desselben Xerxes, der einst auf der Strandhöhe der Salaminischen Bucht sein Prachtzelt aufgeschlagen, dessen frevelnde Hand die Akropolis Athens niedergebrannt, die Tempel der Götter und die Gräber der Toten zerstört hatte. Jetzt war der makedonische König, der hellenische Bundesfeldherr, Herr in diesen Königsstädten, diesen Palästen; jetzt schien die Zeit gekommen, altes Unrecht zu rächen und die Götter und die Toten im Hades zu versöhnen; hier an diesem Herde der persischen Herrlichkeit sollte das Recht der Vergeltung geübt und die alte Schuld gesühnt, es sollte den Völkern Asiens der augenfällige Beweis geliefert werden, daß die Macht, die sie bisher geknechtet, ab und tot, daß sie für immer ausgetilgt sei[64]. Es

---

[64] Kleitarch, der Ségur Alexanders, der mit außerordentlichem Talent, aber auf Kosten der Geschichte Geschichten gemacht hat, ist für diese Winterrast in Persepolis überschwenglich reich an geistreichen Zügen. Jene

barzanes schlug sich durch, er entkam mit wenigen Reitern in die Gebirge und auf heimlichen Wegen nordwärts nach Medien.

Alexander brach nach kurzer Rast gen Persepolis auf; auf dem Wege soll ihm ein Schreiben des Tiridates, der des Königs Schätze unter sich hatte, zugekommen sein, ihn zur Eile zu mahnen, da sonst der Schatz geplündert werden könnte. Um desto schneller die Stadt zu erreichen, ließ er das Fußvolk zurück und jagte mit den Reitern voraus; mit Tagesanbruch war er an der Brücke, die bereits von der Vorhut geschlagen war. Seine unvermutet schnelle Ankunft, er war fast der Kunde von dem Gefecht vorausgeeilt, machte allen Widerstand und alle Unordnung unmöglich; die Stadt, die Paläste, die Schätze wurden ohne weiteres in Besitz genommen. Ebenso schnell fiel Pasargadai dem Sieger mit neuen, größeren Schätzen zu; viele tausend Talente Gold und Silber, unzählige Prachtgewebe und Kostbarkeiten wurden hier aufgehäuft gefunden; man erzählt, daß zehntausend Paar Maultiere und dreitausend Kamele nötig gewesen, um sie von dannen zu bringen.

Wichtiger noch als diese Reichtümer, mit denen Alexander dem Feinde seine bedeutendsten Machtmittel entriß und die seine Freigebigkeit aus den toten Schatzgewölben in den Verkehr der Völker, dem sie so lange entzogen gewesen, zurückzuführen eilte, war der Besitz dieser Gegend selbst, der eigentlichen Heimat des persischen Königtums. In dem Tale von Pasargadai hatte Kyros die medische Herrschaft bewältigt und zur Erinnerung des großen Sieges dort sein Hoflager, seine Paläste und sein Grab gebaut, zwischen den Monumenten höchster irdischer Pracht ein einfaches Felsenhaus, bei dem fromme Magier jeden Tag opferten und beteten. Noch reicher an Prachtbauten war die Ebene von Persepolis mit ihren am Araxes und Medos sich west-

wenn sie bewältigt wären, den Rückzug auf Persepolis zu sperren; er selbst rückte mit seinen Hypaspisten, mit der Taxis des Perdikkas, mit dem Geleit der Ritterschaft und einer Tetrarchie derselben[63], mit den Schützen und Agrianern rechts gegen die Pässe hin; ein höchst beschwerlicher Marsch, durch die Waldung des Berges, durch den heftigen Sturm, durch das Dunkel der Nacht doppelt schwierig. Vor Tagesanbruch traf man die ersten Vorposten der Perser, sie wurden niedergemacht; man nahte den zweiten, wenige entkamen zu der dritten Postenreihe, um sich mit dieser nicht in das Lager, sondern in die Berge zu flüchten.

Im persischen Lager ahnte man nichts von dem, was vorging; man glaubte die Makedonen unten vor dem Tale, man hielt sich in diesem winterlichen Sturmwetter in den Zelten, überzeugt, daß Sturm und Schnee dem Feinde das Angreifen unmöglich machen werde; so war alles im Lager ruhig, als plötzlich, es war in der Frühstunde, rechts auf den Höhen die makedonischen Trompeten schmetterten und von den Höhen herab, aus dem Tale herauf zugleich der Sturmruf ertönte. Schon war Alexander im Rücken der Perser, während Krateros vom Tal herauf den Sturm begann; leicht erbrach er die schlecht verwahrten Eingänge; die von dort Flüchtenden rannten dem vordringenden König ins Eisen; sich zu der verlassenen Stellung zurückwendend, trafen sie sie bereits von einem dritten Haufen besetzt, denn Ptolemaios war mit 3000 Mann zurückgelassen, um von der Seite her einzudringen. So trafen von allen Seiten die Makedonen in dem feindlichen Lager zusammen. Hier begann ein gräßliches Gemetzel, Fliehende stürzten den Makedonen in die Schwerter, viele in die Abgründe, alles war verloren; Ario-

---

[63] Diesen Ausdruck braucht Arrian sonst nicht, er erklärt sich dadurch, daß die Ilen der Ritterschaft in je zwei Lochen und die gesamte Ritterschaft in vier Hipparchien geteilt war, deren jede also vier Lochen enthielt.

und des Mutes scheitern zu müssen; und doch hing alles von der Einnahme dieser Pässe ab. Von Gefangenen erfuhr Alexander, daß diese Gebirge meist mit dichten Wäldern bedeckt seien, daß kaum einzelne gefährliche Fußsteige hinüberführten, daß sie jetzt doppelt mühselig wegen des Schnees in den Bergen sein würden, daß andererseits nur auf diesen Felsenpfaden die Pässe zu umgehen und in das von Ariobarzanes besetzte Terrain zu gelangen sei. Alexander entschloß sich zu dieser, vielleicht der gefährlichsten Expedition seines Lebens.

Krateros blieb mit seiner und Meleagros' Phalanx, mit einem Teile der Bogenschützen und fünfhundert Mann von der Ritterschaft im Lager zurück mit der Weisung, durch Wachtfeuer und auf jede andere Weise dem Feinde die Teilung der Armee zu verbergen, dann aber, wenn er von jenseits der Berge herüber die makedonischen Trompeten höre, mit aller Gewalt gegen die Mauer zu stürmen. Alexander selbst brach mit den Divisionen Amyntas, Perdikkas, Koinos, mit den Hypaspisten und Agrianern, mit einem Teil der Schützen und dem größten Teil der Ritterschaft unter Philotas in der Nacht auf und stieg nach einem sehr beschwerlichen Marsche von mehr als zwei Meilen über das mit tiefem Schnee bedeckte Gebirge. Er war am anderen Morgen jenseits; rechts die Bergkette, die an den Pässen und über dem Lager der Feinde endete, vor der Front das Tal, das sich zur Ebene des Araxes, über den hin der Weg nach Persepolis führt, ausbreitet, im Rücken die mächtigen Gebirge, die, mit Mühe überschritten, vielleicht bei irgendeinem Unfall den Rückweg, die Rettung unmöglich machten. Alexander teilte nach einiger Rast sein Heer; er ließ Amyntas, Koinos, Philotas mit ihren Korps in die Ebene hinabgehen, sowohl um auf dem Wege nach Persepolis über den Fluß eine Brücke zu schlagen als auch um den Persern,

genden zu versetzen; Sisygambis, die Königinmutter, legte Fürbitte für sie ein; man sagt, Madates, ihrer Nichte Gemahl, sei ihr Anführer gewesen. Alexander ließ auf der Königin Bitten diesen Hirtenstämmen ihr Bergland, er legte ihnen einen jährlichen Tribut von tausend Pferden, fünfhundert Haupt Zugvieh, dreißigtausend Schafen auf; Geld und Ackerland hatten sie nicht.

So war der Eingang in die höheren Gebirge geöffnet; und während Parmenion mit der einen Hälfte des Heeres, namentlich den schwerer Bewaffneten vom Fußvolk, den thessalischen Reitern und dem Train auf der großen Heerstraße weiterzog, eilte Alexander selbst mit dem makedonischen Fußvolk, der Ritterschaft, den Sarissophoren, den Agrianern und Schützen auf dem nächsten, aber beschwerlichen Gebirgswege, die persischen Pässe zu erreichen; Eilmärsche brachten ihn am fünften Tage an den Eingang derselben, den er durch mächtige Mauern gesperrt fand; der Satrap Ariobarzanes, so hieß es, stehe mit vierzigtausend Mann Fußvolk und siebenhundert Reitern hinter der Mauer in einem festen Lager, entschlossen, den Eingang um jeden Preis zu sperren. Alexander lagerte sich; am nächsten Morgen wagte er sich in die von hohen Felsen eingeschlossene Paßgegend hinein, um die Mauer anzugreifen; ihn empfing ein Hagel von Schleudersteinen und Pfeilen, Felsmassen, von den Abhängen hinabgestürzt, von drei Seiten ein erbitterter Feind; vergebens versuchten einzelne die Felsenwände zu erklimmen, die Stellung der Feinde war unangreifbar. Alexander zog sich in sein Lager, eine Stunde vor dem Paß, zurück.

Seine Lage war peinlich; nur dieser Paß führte nach Persepolis, er mußte genommen werden, wenn nicht eine gefährliche Unterbrechung eintreten sollte; aber an diesen Felsenwänden schienen die höchsten Anstrengungen der Kunst

sianas; in wenigen Tagen überschritt er den Pasitigris und betrat das Gebiet der talländischen Uxier, die, schon vom Perserkönig unterworfen und unter der Herrschaft des susianischen Satrapen, sich ohne weiteres ergaben. Die Berg-Uxier dagegen sandten Abgeordnete an ihn mit der Botschaft: nicht anders würden sie ihm den Durchzug nach Persis gestatten, als wenn sie die Geschenke, die die Perserkönige gegeben hätten, auch von ihm erhielten. Je wichtiger die freie Passage nach dem oberen Lande war, desto weniger konnte Alexander sie in den Händen des trotzigen Bergvolks lassen; er ließ ihnen sagen, sie möchten in die Engpässe kommen und sich dort ihr Teil holen.

Mit dem Agema und den anderen Hypaspisten, mit noch etwa achttausend Mann meist leichter Truppen wandte er sich, von Susianern geführt, bei Nachtzeit auf einen anderen sehr schwierigen Gebirgspfad, der von den Uxiern unbesetzt geblieben war; mit Tagesanbruch erreichte er die Dorfschaften derselben; die meisten derer, die daheim waren, wurden auf ihren Lagern ermordet, die Häuser geplündert und den Flammen preisgegeben; dann eilte das Heer zu den Engpässen, wohin sich die Uxier von allen Seiten versammelt hatten, um die Pässe zu sperren. Alexander sandte Krateros mit einem Teil des Heeres auf die Höhen hinter dem von den Uxiern besetzten Paßwege, während er selbst gegen den Paß mit größter Eile vorrückte, so daß die Barbaren, umgangen, durch die Schnelligkeit des Feindes erschreckt, aller Vorteile, die der Engpaß gewähren konnte, beraubt, sich sofort, als Alexander in geschlossenen Reihen anrückte, fliehend zurückzogen; viele stürzten in die Abgründe, viele wurden von den verfolgenden Makedonen, noch mehr von Krateros' Truppen auf der Höhe, nach der sie sich retten wollten, erschlagen. Alexander war anfangs willens, den ganzen Stamm der Berg-Uxier aus diesen Ge-

chende Tal schließt der Felskegel von Kelah-i-Sefid, der mit der Feste auf seiner Höhe den Weg völlig versperrt. Das sind die persischen Pässe auf der Fahrstraße über Shiras nach Persepolis; wer sie vermeiden will, wendet sich bei Fahiyan südwärts und erreicht über Kazerun, »bösen Felsweg auf und nieder«, Shiras. Daß man jenen Paß nordwärts umgehen, daß man vom Tab her einen kürzeren Weg als die Fahrstraße nehmen kann, zeigt Alexanders Marsch. Gleich bei Babehan führt ein Weg zur Linken nordostwärts, ersteigt bei Tang-i-tekab die nächsthöhere Terrasse und scheint dann bei Basht in die große Straße zu führen; dann wieder bei Fahiyan wird ein Weg angegeben, der gerade nordwärts ins Gebirge führt und jenseits Kelah-i-Sefid in die hinter der Feste liegende kleine Ebene hinabsteigt.

So die Wege, die Alexander zu nehmen hatte, um Persepolis und Pasargadai zu erreichen; die Jahreszeit war nichts weniger als günstig, es mußte schon tiefer Schnee in den Bergen liegen, es mußten die bei der Seltenheit der Ortschaften häufigen Biwaks und die kalten Nächte den an sich schon beschwerlichen Zug noch schwieriger machen; es kam dazu, daß man Widerstand von seiten der Uxier und noch mehr von seiten des Ariobarzanes, der sich mit bedeutender Truppenmacht in den höheren Pässen verschanzt hatte, erwarten konnte. Dennoch eilte Alexander gen Persien, nicht bloß, um sich des Landes, der Schätze von Persepolis und Pasargadai und des Weges ins Innere Irans zu versichern, sondern und namentlich, damit nicht durch längeres Zögern der Perserkönig Zeit gewann, große Rüstungen zu machen und sich von Medien hierher zu wenden, um die Heimat des persischen Königtums und die Hohe Pforte der Achaimeniden hinter den so schwierigen persischen Pässen zu verteidigen.

So zog Alexander mit seinem Heere über die Ebene Su-

che für die Züge des persischen Hofes zwischen Persepolis und Susa eingerichtet war. Sie führte zunächst durch die überaus reiche susianische Ebene, über den Kopratas (Dizful) und den Eulaios (Kuran bei Shuster), die sich vereinigen und als Pasitigris in das »Erythräische Meer« fließen, – dann weiter über zwei Flüsse, deren alte Namen nicht mehr festzustellen sind, den Jerahi bei Ram Hormuz und den Tab (Arosis?). Zwischen beiden führt ein Paß aus der Ebene in die Berge, derselbe Paß, wie es scheint, der von den Alten der Paß der Uxier genannt wurde. Denn die Uxier wohnen teils in der Ebene, teils in den Bergen, die diese im Nordosten begleiten; nur die in der Ebene waren dem Großkönig unterworfen; die in den Bergen gewährten, wenn der persische Hof des Weges zog, nur gegen reiche Geschenke den Durchzug durch jenen Paß, den sie in ihrer Gewalt hatten. Dieselben Randgebirge des hohen Iran, die bei Ninive bis dicht an den Tigris reichen, begleiten in südöstlichem Zuge die Ebene der Susianer und der Uxier, in mehreren Terrassen hintereinander bis zur Schneehöhe emporsteigend; weiter südöstlich, wo statt der Ebene und sie gleichsam fortsetzend das Erythräische Meer tief in das Land einschneidet, mehrt sich die Zahl dieser von der Küste an aufsteigenden Terrassen bis zu acht und neun Berglinien hintereinander, über die man von dem Meerbusen aus gegen zwanzig Meilen entfernt die Schneekette des Kuh-i-Baëna als Zentralmasse emporragen sieht. In dies Labyrinth von Bergzügen, durchbrechenden Bergströmen, kleinen Ebenen, Pässen zwischen ihnen führt die »Fahrstraße«, nachdem sie jene Uxierpässe hinter sich hat, nach Babehan, dann südöstlich über die Ebene von Lasther, weiter ostwärts zu der von Basht, dann in die von Fahiyan, von so mächtigen Bergen umschlossen, daß das Dorf nur am Morgen die Sonne sieht, den übrigen Tag im Schatten liegt. Dies nach Osten strei-

gewohnt war; dort auf dem Throne der Großkönige, in den Palästen des Kyros, Dareios und Xerxes wollte er den Sturz der Achaimenidendynastie verkünden. Er eilte, die Angelegenheiten des susianischen Landes zu ordnen. Er bestätigte dem Satrapen Abulites die Satrapie, übergab die Burg der Stadt Susa an Mazaros, die Feldhauptmannschaft der Satrapie nebst einem Korps von dreitausend Mann an Archelaos; er wies die Schlösser von Susa der Mutter und den Kindern des Perserkönigs, die bisher in seiner Nähe gewesen waren, als künftige Residenz an und umgab sie mit königlichem Hofstaat; man erzählt, daß er einige griechische Gelehrte am Hofe der Prinzessinnen zurückließ mit dem Wunsche, sie möchten von diesen Griechisch lernen. Nach diesen Einrichtungen brach er mit dem Heere gen Persien auf.

Unter den mannigfachen militärischen Schwierigkeiten, welche Alexanders Feldzüge denkwürdig machen, ist die Orientierung in völlig fremden Ländern nicht die geringste. Jetzt galt es, aus dem Tiefland nach dem hohen Iran hinaufzusteigen, nach Landschaften, von deren Konfiguration, von deren Ausdehnung, von deren Hilfsmitteln, Straßen, klimatischen Verhältnissen die Griechenwelt bisher auch nicht die geringste Kenntnis hatte. Man wird annehmen dürfen, daß sich Alexander aus den Mitteilungen persischer Männer, deren er bereits genug in seiner Umgebung hatte, eine ungefähre Vorstellung von den geographischen Verhältnissen der Gebiete, auf die er sich zunächst zu wenden hatte, zu bilden verstand. Das einzelne mußte sich dann aus den Umständen und aus Erkundigungen an Ort und Stelle ergeben.

Zunächst galt es, aus der Ebene Susianas durch die höchst schwierigen Pässe nach den Königsstädten in der hohen Persis zu gelangen. Die Straße, die Alexander einzuschlagen oder vielmehr sich zu öffnen hatte, war die, wel-

Während das Heer noch in Susa und an den Ufern des Choaspes verweilte, kam der Stratege Amyntas, welcher vor einem Jahre von Gaza aus heimgesandt war, Verstärkungen zu holen, mit den neuen Truppen heran[62]. Ihre Einordnung in die verschiedenen Heeresabteilungen war zugleich der Anfang einer neuen Formation der Armee, die im Laufe des nächsten Jahres und nach den neuen Gesichtspunkten, die der Fortgang des Krieges in den oberen Satrapien an die Hand gab, weiterentwickelt wurde; den Anfang machte, daß die Ilen der makedonischen Ritterschaft in zwei Lochen formiert und damit sozusagen taktisch verdoppelt wurden.

Im späteren wird auf diese Reorganisation zurückzukommen sein. Sie leitet die große Umwandlung ein, die, wie man Alexanders Verhalten in ihr auch beurteilen mag, aus der Konsequenz des Werkes, das er unternommen hatte, und den Bedingungen, die das Gelingen forderte, sich notwendig ergab.

Alexander gedachte demnächst, es mochte Mitte Dezember sein, nach den Königsstädten der Landschaft Persis aufzubrechen, mit deren Besitz der Glaube der Völker die Herrschaft über Asien untrennbar verbunden zu denken

---

62 Leider begnügt sich Arrian mit einem allgemeinen Ausdruck: ξὺν τῇ δυνάμει ἀφίκετο. Nach Diod. XVII 65 und Curt. V 1, 40 waren es 6000 Mann Fußvolk und 500 Reiter Makedonen, 600 thrakische Reiter, 3500 Mann thrakisches Fußvolk (Τραλλεεῖς bei Diod.), aus der Peloponnes 4000 Söldner und fast 1000 (bei Curt. 380) Reiter, außerdem 50 junge makedonische Edelleute πρὸς τὴν σωματοφυλακίαν. Aus Arrians Ausdruck (III 16, 11): τοὺς πεζοὺς δὲ προσέθηκε ταῖς τάξεσι ... κατὰ ἔθνη ἑκάστους συντάξας darf man schließen, daß nicht neue, schon formierte Truppenkörper (τάξεις usw.) aus der Heimat nachrückten, sondern Ersatzmannschaften, die den mobilen Taxeis, aus deren Kantons sie ausgehoben waren, eingereiht wurden, daß also in der Heimat die τάξεις gewisser Kantone zurückgeblieben waren, die dort ebenso κατὰ ἔθνη ergänzt wurden wie die mobilen sechs Taxeis (der Elymiotis, der Tymphaia, der Lynkesten-Oresten usw.).

phylakes, als Hyparch für Syrien, Phoinikien und Kilikien bestellt und die nötigen Truppen unter seinen Befehl gestellt, die große Passage von Babylon zur Küste und die Transporte aus dem Morgenlande nach Europa und umgekehrt zu sichern, eine Einrichtung, die wegen der Raubsucht der in der Wüste hausenden Beduinenstämme doppelt notwendig wurde. Der erste Transport war eine Summe von etwa dreitausend Talent Silber, von denen ein Teil nach Europa an Antipatros gehen sollte, damit er den eben jetzt beginnenden Krieg gegen Sparta mit Nachdruck führen könne, das übrige aber zu möglichst ausgedehnten Werbungen für die große Armee bestimmt wurde.

Während des etwa dreißigtägigen Aufenthaltes in Babylon war Susa, die Stadt des persischen Hoflagers und der königlichen Schätze, auf gütlichem Wege gewonnen worden. Schon von Arbela aus hatte Alexander den Makedonen Philoxenos, wie es scheint an der Spitze eines leichten Korps, vorausgesandt, um sich der Stadt und der königlichen Schätze zu versichern; er erhielt jetzt von ihm den Bericht, daß sich Susa freiwillig ergeben habe, daß die Schätze gerettet seien, daß sich der Satrap Abulites der Gnade Alexanders unterwerfe. Alexander langte zwanzig Tage nach seinem Aufbruch von Babylon in Susa an; er nahm sofort die ungeheuren Schätze in Besitz, die in der hohen Burg der Stadt, dem kissischen Memnonion der griechischen Dichter, seit den ersten Perserkönigen aufgehäuft lagen; allein des Goldes und Silbers waren fünfzigtausend Talente, dazu noch die aufgehäuften Vorräte von Purpur, Rauchwerk, edlen Gesteinen, der ganze überreiche Hausrat des üppigsten aller Höfe, auch mehrfache Beute aus Griechenland von Xerxes' Zeit her, namentlich die Erzbilder der Tyrannenmörder Harmodios und Aristogeiton, die Alexander den Athenern zurücksandte.

dann seit dem Fall von Tyros und Gaza Mazakes und Amminapes von Ägypten in Amt und Ehren bei ihm. Der Tag von Gaugamela hat den Stolz und das Selbstvertrauen der persischen Großen gebrochen, sie lernen die Dinge mit anderen Augen als bisher ansehen; die Übertritte mehren sich, zumal seit Mithrines die stets hochgehaltene Satrapie Armenien, Mazaios, der, wenn einer, tapfer gegen Alexander gekämpft, die reiche babylonische erhalten hat. Der persische Adel zu einem guten Teil gibt die Sache des landflüchtigen Achaimeniden auf, sammelt sich um den Sieger.

Natürlich, daß ihnen Alexander, soweit irgend möglich, entgegenkommt. Aber ebenso natürlich, daß, wenn er einem Perser eine Satrapie gibt oder seine bisherige läßt, neben demselben die bewaffnete Macht in der Satrapie aus makedonischen Truppen gebildet und unter makedonische Befehlshaber gestellt wird; ebenso natürlich, daß die Finanz der Satrapien von dem Geschäftsbereich des Satrapen getrennt, die Tributerhebung an makedonische Männer gegeben wird.

So jetzt in der babylonischen Satrapie. Dem Satrapen Mazaios wurde für die Tribute Asklepiodoros an die Seite gesetzt; die Stadt Babylon erhielt eine starke Garnison, die auf der Burg ihr Quartier nahm, unter Agathon[61], dem Bruder Parmenions, während die Strategie über die bei dem Satrapen bleibenden Truppen Apollodoros aus Amphipolis erhielt; außerdem wurde Menes, einer der sieben Somato-

---

61 Curt. V 1, 43. Diod. XVII 64; Ἀγάθωνι τῷ Πυδναίῳ, mit 700 Mann nach Diodor, 700 Makedonen und 300 Söldnern nach Curtius. Bemerkenswert, wenigstens als Maßstab, ist die Angabe des Diodor und Curtius über die Zahlungen an die Truppen aus der Beute; jeder von der Ritterschaft erhält 600 Drachmen, jeder Reiter der Bundesgenossen 500 Drachmen, jeder Makedone von der Phalanx 200, jeder Söldner die Löhnung von zwei Monaten; wie hoch die Löhnung war, wissen wir nicht.

prächtig wie zu Nebukadnezars Zeit zu begehen befahl. So gewann er die Völker für sich, indem er sie sich selbst und ihrem volkstümlichen Leben wiedergab; so machte er sie fähig, auf tätige und unmittelbare Weise in den Zusammenhang des Reiches, das er zu gründen im Sinne trug, einzutreten, eines Reiches, in dem die Unterschiede von Abend und Morgen, von Hellenen und Barbaren, wie sie bis dahin die Geschichte beherrscht hatten, untergehen sollten zu der Einheit einer Weltmonarchie.

Wie aber sollte dies Reich organisiert und verwaltet, wie in der politischen und militärischen Form der Gedanke durchgeführt werden, der für das bürgerliche und kirchliche Wesen die Norm gab? Sollten fortan die Satrapen, die Umgebung des Königs, die Großen des Reichs, das Heer nur Makedonen und Hellenen sein, so war jene Ineinsbildung nur Vorwand oder Illusion, die Volkstümlichkeiten nicht anerkannt, sondern nur geduldet, die Vergangenheit nur durch das Unglück und schmerzliche Erinnerungen an die Zukunft geknüpft, und statt der asiatischen Herrschaft, die wenigstens in demselben Weltteile erwachsen war, ein fremdes, unnatürliches, doppelt schweres Joch über Asien gekommen.

Die Antwort auf diese Fragen bezeichnet die Katastrophe in Alexanders Heldenleben; es ist der Wurm, der an der Wurzel seiner Größe nagt, das Verhängnis seiner Siege, das ihn besiegt.

Während der König Persiens die letzten Wege flieht, beginnt Alexander sich mit dem Glanze des persischen Königtums zu schmücken, die Großen Persiens um sich zu sammeln, sich mit dem Namen, den er bekämpft und gedemütigt hat, zu versöhnen, dem makedonischen Adel einen Adel des Morgenlandes hinzuzufügen.

Schon seit dem Herbst 334 ist Mithrenes von Sardes,

schen, ja sie nichts als den härteren, den demütigenden Druck höherer oder doch kühnerer geistiger Entwicklung empfinden lassen, so war kaum der Augenblick des Sieges ihres Gehorsams gewiß, und ein Wutausbruch der Volksmasse, eine Seuche, ein zweifelhafter Erfolg hätte genügt, die Schimäre selbstsüchtiger Eroberung zu zerstören. Alexanders Macht, der Masse nach im Verhältnis zu den asiatischen Gebieten und Völkern unverhältnismäßig gering, mußte an den Wohltaten, die sie den Besiegten brachte, ihre Rechtfertigung, in deren Zustimmung ihren Halt und ihre Zukunft finden; sie mußte sich gründen auf die Anerkenntnis jeder Volkstümlichkeit in Sitte, Gesetz und Religion, soweit sie mit dem Bestehen des Reiches vereinbar war. Was die Perser so tief gedrückt hatten und so gern erdrückt hätten, was nur ihre Ohnmacht oder Sorglosigkeit der Tat, nicht dem Rechte nach hatte gewähren lassen, das mußte nun neu und frei erstehen und sich unmittelbar zum hellenischen Leben verhalten, um mit ihm verschmelzen zu können. War nicht desselben Weges und seit Jahrhunderten die wundervolle koloniale Entwicklung der Hellenen vor sich gegangen? Hatte nicht bei den Skythen im taurischen Lande wie bei den Afrikanern der Syrte, in Kilikien wie an der keltischen Rhonemündung ihre Begabung, das Fremde aufzufassen, anzuerkennen, sich mit ihm zu verständigen und zu verschmelzen, die Fülle neuer lebensvollster Gestaltungen geschaffen, hellenisierend das Hellenische selbst der Zahl und der Spannkraft nach fort und fort gesteigert? Daß in dieser Richtung Alexanders Gedanken gingen, dafür kann als Beweis gelten, wie er in Memphis und Tyros und immerhin auch Jerusalem Feste feierte nach der Landesart, wie er in Babylon die von Xerxes geplünderten Heiligtümer von neuem zu schmücken, den Belosturm wiederherzustellen, den Dienst der babylonischen Götter fortan frei und

möglichen und die richtigen. Hier in Babylon war mehr als irgendwo bisher das Einheimische mächtig, naturgemäß und in seiner Art fertig; während Kleinasien dem hellenischen Leben nahe, Ägypten und Syrien demselben zugänglich war und mit ihm durch das gemeinsame Meer in Verbindung stand, in Phoinikien griechische Sitte schon länger in den Häusern der reichen Kaufherren und vieler Fürsten eingeführt, im Lande des Nildelta durch griechische Ansiedlungen, durch Kyrenes Nachbarschaft, durch mannigfache Verhältnisse mit hellenischen Staaten seit der Pharaonenzeit bekannt und eingebürgert war, lag Babylon fern von aller Berührung mit dem Abendland, tief stromab bei dem Doppelstrom des aramäischen Landes, das durch die Natur, durch Handel, Sitte und Religion, durch die Geschichte vieler Jahrhunderte eher gen Indien und Arabien als gen Europa wies; hier in Babylon lebte man noch in dem Besitz einer uralten Kultur, man schrieb noch wie seit Jahrhunderten Keilschrift auf Tonplatten, beobachtete und berechnete den Lauf der Gestirne, zählte und maß nach einem vollendeten metrischen System, in aller technischen Kultur immer noch in unerreichter Meisterschaft. In dies fremde, buntgemischte, in sich gesättigte Völkerleben kamen jetzt die ersten hellenischen Elemente, der Masse nach unbedeutend gegen das Heimische und ihm nur durch die Fähigkeit, sich ihm anzuschmiegen, überlegen.

Dazu ein zweites. Im Felde geschlagen freilich war die persische Macht; aber überwunden, hinweggetilgt war sie noch keineswegs. Wollte Alexander nur als Makedone und Hellene an des Großkönigs Stelle herrschen, so war er schon zu weit gegangen, als er die Grenzen abendländischer Nachbarschaft überschritt, auch jenseits der syrischen Wüste seine Eroberung fortzusetzen. Wollte er die Völker Asiens nichts als den Namen der Knechtschaft tau-

Mazaios übergab die Stadt, die Burg, die Schätze, und der siegreiche König hielt seinen Einzug in Semiramis' Riesenstadt.

Hier wurde den Truppen längere Rast gegeben; es war die erste wahrhaft morgenländische Großstadt, die sie sahen; ungeheuer in ihrem Umfang, voller Bauwerke der staunenswürdigsten Art, die Riesenmauer, die hängenden Gärten der Semiramis, des Belos Würfelturm, an dessen ungeheurem Bau sich Xerxes' wahnsinnige Wut über die salaminische Schmach vergebens versucht haben sollte, dazu die endlose Menschenmenge, die hier aus Arabien und Armenien, aus Persien und Syrien zusammenströmte, dann die überschwengliche Pracht und Lüsternheit des Lebens, der tausendfältige Wechsel raffinierter Wollust und ausgewähltester Genüsse, kurz dieser ganze märchenhafte Zauber morgenländischer Taumellust ward hier den Söhnen des Abendlandes als Preis so vieler Mühen und Siege. Wohl mochte der kräftige Makedone, der wilde Thraker, der heißblütige Grieche hier Sieges- und Lebenslust in überreichen Zügen schlürfen und auf duftigen Teppichen, bei goldenen Bechern, im lärmenden Jubelschall babylonischer Gelage schwelgen, mochte mit wilderer Begier den Genuß, mit neuem Genuß sein brennendes Verlangen, mit beiden den Durst nach neuen Taten und neuen Siegen steigern. So begann sich Alexanders Heer in das asiatische Leben hineinzuleben und sich mit denen, die das Vorurteil von Jahrhunderten gehaßt, verachtet, Barbaren genannt hatte, zu versöhnen und zu verschmelzen; es begann sich Morgen- und Abendland zu durchgären und eine Zukunft vorzubereiten, in der beide sich selbst verlieren sollten.

Mag es klares Bewußtsein, glückliches Ungefähr, notwendige Folge der Umstände genannt werden, jedenfalls traf Alexander in den Maßregeln, die er wählte, die einzig

zusammengeströmt wären und die natürliche Grenze ihres Landes, die sich so oft und so glücklich in der Geschichte geltend gemacht hat, vielleicht mit Erfolg verteidigt hätten, diese kriegerischen Reiter- und Räubervölker, die Alexander zum Teil mit Mühe und spät bewältigt, zum Teil nie anzugreifen gewagt hat, waren durch jene Flucht des Dareios sich selbst überlassen und gleichsam auf verlorenen Posten gestellt, ohne daß die Sache des Königs von ihnen den geringsten Vorteil gehabt hätte. So gewann der Sieg von Gaugamela durch die unglaubliche Verwirrung, in welche Dareios, zu allem bereit, um irgend etwas zu retten, immer tiefer versank, jene lawinenhaft wachsende Wirkung, welche die persische Macht bis auf den letzten Rest vertilgen sollte.

Alexander folgte weder dem Großkönig die Gebirgspässe hinauf noch den auf der Straße nach Susa Flüchtenden. Er zog an den Vorbergen der iranischen Randgebirge entlang die Straße nach Babylon, der Königin im weiten Aramäischen Tieflande, und seit Dareios Hystaspes' Zeit der Mittelpunkt des persischen Reiches; der Besitz dieser Weltstadt war der erste Preis des Sieges von Gaugamela. Alexander erwartete, Widerstand zu finden; er wußte, wie ungeheuer die »Mauern der Semiramis« seien, wie ein Netz von Kanälen sie umschließe, wie lange die Stadt des Kyros und Dareios Belagerung ausgehalten hatte; er erfuhr, daß sich Mazaios, der bei Arbela am längsten und glücklichsten das Feld behauptet, nach Babylon geworfen habe; es war zu fürchten, daß sich die Szenen von Halikarnaß und Tyros wiederholten. Deshalb ließ Alexander, sobald er sich der Stadt nahte, sein Heer schlagfertig vorrücken; aber die Tore öffneten sich, die Babylonier mit Blumenkränzen und reichen Geschenken, die Chaldäer, die Ältesten der Stadt, die persischen Beamten an der Spitze, kamen ihm entgegen;

Heer von etwa dreitausend Reitern und sechstausend Mann zu Fuß; mit diesen wandte sich Dareios in unaufhaltsamer Flucht nordostwärts durch die Pässe Mediens gen Ekbatana; dort hoffte er vor dem furchtbaren Feinde wenigstens für den Augenblick sicher zu sein, dort wollte er abwarten, ob sich Alexander mit den Reichtümern von Susa und Babylon begnügen, ihm das altpersische Land lassen werde, das mächtige Gebirgswälle von dem Aramäischen Tieflande scheiden; erstieg der unersättliche Eroberer dennoch die hohe Burg Irans, dann war des Großkönigs Plan, weit und breit verwüstend über die Nordabhänge des Hochlandes nach Baktrien, dem letzten Quartier des einst so ungeheuren Reiches, zu flüchten.

Von der größeren Masse der Zersprengten, die südwärts in der Richtung auf Susa und Persien geflohen war, fanden sich bei 25 000, nach anderen 40 000 Mann zusammen, die unter Führung des persischen Satrapen Ariobarzanes, des Artabazos Sohn, die persischen Pässe besetzten und sich hinter ihnen auf das sorgfältigste verschanzten. Wenn irgendwo, so war an dieser Stelle noch das persische Reich zu retten; es wäre vielleicht gerettet worden, wenn Dareios nicht den nächsten Weg gesucht, nicht durch seine Flucht nach dem Nordabhang von Iran die Satrapien südwärts sich selbst und der Treue der Satrapen überlassen hätte. Denn diese waren nicht alle wie Ariobarzanes gesinnt; sie mochten in ihrer ebenso verlockenden wie schwierigen Stellung gern den landflüchtigen Herrn vergessen, um sich der Hoffnung einer vielleicht längst ersehnten Unabhängigkeit hinzugeben oder durch freiwillige Unterwerfung von dem großmütigen Sieger mehr zu gewinnen, als sie durch die Flucht ihres Königs verloren hatten. Die Völker selbst, die, wenn Dareios an den Pforten Persiens für sein Königtum zu kämpfen hätte wagen wollen, nach ihrer Weise zu neuem Kampf

re der ungeheuren Bagage nahm, den Lykosfluß, vier Stunden jenseits des Schlachtfeldes. Hier fand man ein furchtbares Gewirre flüchtender Barbaren, noch gräßlicher durch die Dunkelheit der einbrechenden Nacht, durch das erneute Gemetzel, durch den Einsturz der überfüllten Flußbrücke; bald machte die Furcht den Heerweg frei, aber Alexander mußte, da Pferde und Reiter von der ungeheuren Anstrengung auf das äußerste ermüdet waren, einige Stunden rasten lassen. Um Mitternacht, als der Mond aufgegangen war, brach man von neuem auf nach Arbela, wo man Dareios, sein Feldgerät, seine Schätze zu erbeuten hoffte. Man kam im Laufe des Tages dort an, Dareios war fort; seine Schätze, sein Wagen, sein Bogen und Schild, sein und seiner Großen Feldgerät, ungeheure Beute fiel in Alexanders Hände.

Dieser große Sieg auf der Ebene von Gaugamela kostete nach Arrian von der makedonischen Ritterschaft allein 60 Tote; es waren über 1000 Pferde, davon die Hälfte bei der makedonischen Ritterschaft, gestürzt oder getötet; nach den höchsten Angaben fielen makedonischerseits 500 Mann; Zahlen, die gegen den Verlust der Feinde, der auf 30 000, ja 90 000 Mann angegeben wird, unverhältnismäßig erscheinen, wenn man nicht bedenkt, daß einerseits bei der trefflichen Bewaffnung der Makedonen im Handgemenge nicht viele tödlich verwundet wurden und daß andererseits erst beim Verfolgen das Fleischhandwerk beginnen konnte; alle Schlachten, nicht bloß des Altertums, beweisen, daß der Verlust der Fliehenden bis ins Unglaubliche größer ist als der der Kämpfenden.

Mit dieser Schlacht war Dareios' Macht gebrochen; von seinem zersprengten Heere sammelten sich einige tausend baktrische Reiter, die Überreste der hellenischen Söldner, gegen 2000 Mann unter dem Aitoler Glaukias und dem Phoker Patron, die Melophoren und Verwandten, im ganzen ein

Parmenion hatte – denn zugleich mit jenem Durchbruch durch die Lücke waren die anderen Inder und Perser, die parthischen Reiter mit ihnen, der thessalischen Ritterschaft in die Flanke gekommen – an Alexander die Meldung gesandt, daß er in schwerer Gefahr sei, daß Alexander Sukkurs senden müsse, oder alles sei verloren. Die Antwort des Königs soll gelautet haben: Parmenion müsse von Sinnen sein, jetzt Hilfe zu verlangen, mit dem Schwert in der Hand werde er zu siegen oder zu sterben wissen. Aber die schon begonnene Verfolgung gibt Alexander auf, um erst zu helfen; er eilt mit allem, was er an Truppen zur Stelle hat, nach dem rechten persischen Flügel, der noch steht; er stößt zuerst auf die schon aus dem Lager zurückgeschlagenen Perser, Inder, Parther, die sich schnell in Geschwaderkolonnen sammeln und in solcher Rottentiefe ihn empfangen. Das Reitergefecht, das sich hier entspinnt, ist furchtbar und lange schwankend; die Perser kämpfen um ihr Leben, jeder einzelne sucht sich durchzuhauen; an sechzig von den Hetairen fallen, sehr viele, unter ihnen Hephaistion, Menidas, werden schwer verwundet; endlich ist der Sieg auch hier entschieden; die sich durchgeschlagen, überlassen sich unaufhaltsam der Flucht.

Ehe Alexander so kämpfend bis zum rechten Flügel der Perser hindurchdrang, hatte auch die thessalische Ritterschaft, so schwer sie von Mazaios bedrängt wurde, das Gefecht wiederhergestellt, die kappadokischen, medischen, syrischen Reitermassen zurückgeschlagen; sie war bereits im Verfolgen, als Alexander bis zu ihr kam. Da er auch hier das Werk getan sah, jagte er zurück und in der Richtung, die der Großkönig genommen zu haben schien, über das Schlachtfeld, er setzte ihm nach, solange es noch hell war. Er erreichte, während Parmenion das feindliche Lager am Bumodos, die Elefanten und Kamele, die Wagen und Lasttie-

Flucht; nach tapferster Gegenwehr folgen die Perser, ihres Königs Flucht zu schirmen; die Flucht, die Verwirrung reißt die Schlachthaufen der zweiten Linie mit sich. Das Zentrum ist vernichtet.

Zugleich hat die ungeheure Heftigkeit, mit der Aretas in die feindlichen Haufen eingebrochen, das Gefecht im Rükken der Linie entschieden; die skythischen, baktrischen, persischen Reiter suchen, von den Sarissophoren, den hellenischen, paionischen Reitern auf das heftigste verfolgt, das Weite. Der linke Flügel der Perser ist vernichtet.

Anders der rechte. Der raschen Bewegung des Angriffes haben Alexanders Schwerbewaffnete nur mit Mühe folgen, sie haben nicht geschlossen bleiben können; zwischen der letzten Taxis, der des Krateros und der rechts ihr nächsten, die Simmias führt, ist eine Lücke entstanden; Simmias hat haltmachen lassen, da Krateros und der ganze Flügel Parmenions in schwerer Gefahr ist. Ein Teil der Inder und der persischen Reiter der feindlichen Mitte hat jene Lücke rasch benutzt, hat sich da hindurch, vom zweiten Treffen nicht gehindert, auf das Lager gestürzt, die wenigen Thraker, leicht bewaffnet und keines Angriffs gewärtig, vermögen den mörderischen Kampf in den Lagerpforten nur mit der größten Anstrengung zu halten; da brechen die Gefangenen los, fallen ihnen während des Kampfes in den Rücken; die Thraker werden überwältigt; schreiend und jubelnd stürzen sich die Barbaren ins Lager zu Raub und Mord. Wie die Führer der zweiten Linie links, Sitalkes, Koiranos, der Odryser Agathon, Andromachos innewerden, was geschehen ist, lassen sie kehrtmachen, führen ihre Truppen so schnell als möglich gegen das Lager, werfen sich auf den schon plündernden Feind, überwältigen ihn nach kurzem Gefecht; viele Barbaren werden niedergemacht, die anderen jagen ohne Ordnung rückwärts, auf das Schlachtfeld zurück, den makedonischen Ilen ins Eisen.

gen, welche die schnell rechts und links eindublierten Rotten bilden, unbeschädigt und ohne zu beschädigen, hindurch, um hinter der Front den Reitknechten in die Hände zu fallen.

Nun beginnt die ganze Massenlinie des Perserheeres, die sich bisher links geschoben, wie zum Angriff vorzurücken, während das Reitergefecht in Alexanders Flanke von Ariston und Menidas nur noch mit der größten Anstrengung unterhalten wird. Jetzt dem Feinde vielleicht auf Pfeilschußweite nahe, läßt Alexander in rascherem Tempo vorgehen, befiehlt zugleich, daß Aretas mit den Sarissophoren – es ist die letzte Kavallerie seines zweiten Treffens – den schwer Kämpfenden unter Menidas und Ariston zu Hilfe eile. Sowie man persischerseits diese Bewegung sieht, traben die nächsten Reitermassen des Flügels den Baktriern nach; es entsteht so eine Lücke in ihrem linken Flügel. Der Moment, den Alexander erwartet, ist da; er läßt das Signal zum Chok geben[60], an der Spitze von Kleitos' Ile sprengt er voran, die andern Ilen, die Hypaspisten folgen unter mächtigem Schlachtruf, in Sturmschritt; dieser Keilangriff reißt die feindliche Linie völlig auseinander; schon sind auch die nächsten Phalangen, Koinos, Perdikkas heran, mit vorstarrenden Spießen stürmen sie auf die Schlachthaufen der Susianer, der Kadusier, auf die Scharen, die den Wagen des Königs Dareios decken; nun ist kein Halten, kein Widerstand mehr; den wütenden Feind vor Augen, inmitten der plötzlichsten, wildesten, lärmendsten Verwirrung, der mit jedem Augenblick wachsenden Gefahr für seine Person ratlos gegenüber, gibt er alles verloren, wendet sich zur

---

60 Plut. Alex. 32, der genau beschreibt, welche Rüstung, welches Schwert, welchen Helm usw. Alexander an diesem Tage führte, sagt, erst jetzt, wo es zum Einhauen ging, habe Alexander den Bukephalos bestiegen, den er seines Alters wegen schonte.

brechen – es stehen hier hundert Wagen der Art – hat sich der Perserkönig besonderen Erfolg versprochen; er befiehlt jetzt jenen skythischen und den tausend baktrischen Reitern, den feindlichen Flügel zu umreiten und damit das weitere Vorrücken des Feindes zu hindern. Alexander läßt gegen sie die hellenischen Reiter des Menidas vorgehen; ihre Zahl ist zu gering, sie werden geworfen. Die Bewegung der Hauptlinie fordert hier möglichst festen Widerstand, die paionischen Reiter unter Ariston werden zu Menidas' Unterstützung vorgeschickt; vereint stürmen sie vor, so heftig, daß die Skythen und die tausend Baktrier weichen müssen. Aber schon jagt die Masse der anderen baktrischen Reiter an Alexanders Flügel vorüber, die geworfenen sammeln sich um sie, die ganze Übermacht stürzt sich auf Ariston und Menidas; auf das heftigste wird gekämpft; die Skythen, Mann und Roß gepanzert, setzen den Paionen und Veteranen hart zu, deren viele fallen; aber sie weichen nicht, sie machen, Ile um Ile, ihren Chok, sie drängen die Übermacht für den Augenblick zurück.

Die makedonische Front hat sich indessen in schräger Linie weiter und weiter vorgeschoben; jetzt sind die makedonischen Ilen und die Hypaspisten den hundert Sensenwagen des linken Flügels gegenüber, da brechen diese los und jagen gegen die Linie heran, die sie zerreißen sollen. Aber die Agrianer und die Bogenschützen empfangen sie unter lautem Geschrei mit einem Hagel von Pfeilen, Steinen und Speeren; viele werden schon hier aufgefangen, die stutzenden Pferde bei den Zügeln ergriffen und niedergestochen, das Riemenzeug durchhauen, die Knechte herabgerissen; die anderen, welche auf die Hypaspisten zujagen, werden entweder von den dicht verschildeten Rotten mit vorgestreckten Spießen empfangen und von den stürzenden Gespannen im Laufe gehemmt oder jagen durch die Öffnun-

drohte, kehrtmachen und so eine zweite Front bilden, wenn er gegen die Flanke losging, mit einer Viertelschwenkung sich im Haken an die Linie anschließen sollte. Als Reserve des linken Flügels rückten auf: das thrakische Fußvolk, ein Teil der Bündnerreiter unter Koiranos, die odrysischen unter Agathon, am weitesten links die Söldnerreiter unter Andromachos; auf dem rechten Flügel: Kleandros mit den alten Söldnern, die Hälfte der Bogenschützen unter Brison, der Agrianer unter Attalos, dann Aretes mit den Sarissophoren, Ariston mit den paionischen Reitern, am Flügel rechts die neugeworbenen hellenischen Reiter unter Menidas, die heute an der gefährlichsten Stelle ihre Waffenprobe machen sollten.

Die Heere beginnen vorzurücken; Alexander mit der makedonischen Ritterschaft, dem rechten Flügel, ist dem feindlichen Zentrum, den Elefanten der Inder, dem Kern des feindlichen Heeres, der doppelten Schlachtlinie gegenüber, von dem ganzen linken Flügel der Feinde überragt. Er läßt aus der rechten Flanke halbrechts vorrücken, des Kleitos Ile und das leichte Volk zu ihrer Rechten voran, dann die zweite, die dritte usw. Ile, die Hypaspisten usw., staffelförmig eine Abteilung nach der andern; Bewegungen, die mit der größten Stille und Ordnung ausgeführt werden, während die Feinde bei ihren großen Massen eine Gegenbewegung aus ihrer linken Flanke nicht ohne Verwirrung versuchen. Immer noch überragt ihre Linie bei weitem die der Makedonen, und die skythischen Reiter des äußersten Flügels traben schon zum Angriff gegen die leichten Truppen in Alexanders Flanke vor, sind ihnen schon nahe. Ohne sich durch dies Manöver irremachen zu lassen, setzt Alexander seine Bewegung halbrechts vorwärts fort; nicht mehr lange, und er wird an der hier zum Gebrauch der Sensenwagen geebneten Stelle vorüber sein. Von deren vernichtendem Ein-

bei Nacht anzugreifen, das Unvermutete und die Verwirrung eines Überfalls werde durch die Schrecken der Nacht verdoppelt werden. Alexanders Antwort soll gewesen sein, er wolle den Sieg nicht stehlen. Weiter wird erzählt, daß Alexander sich bald darauf zur Ruhe gelegt und ruhig den übrigen Teil der Nacht geschlafen habe; schon sei es hoher Morgen, schon alles bereit zum Ausrücken gewesen, nur der König habe noch gefehlt, endlich sei der alte Parmenion in sein Zelt gegangen und habe ihn dreimal bei Namen gerufen, bis Alexander sich endlich ermuntert, sich rasch gerüstet habe.

Am Morgen des 1. Oktober rückte das makedonische Heer aus dem Lager auf den Höhen, dort beim Gepäck wurde thrakisches Fußvolk zurückgelassen. Bald stand das Heer in der Ebene in Schlachtordnung; in der Mitte die sechs Taxen der Phalanx, auf ihrer Rechten die Hypaspisten und weiter die acht Ilen der makedonischen Ritterschaft; der Linken der Phalanx, der Taxis des Krateros, sich anschließend die Reiter der hellenischen Bundesgenossen, dann die thessalische Ritterschaft. Den linken Flügel führte Parmenion, der mit der pharsalischen Ile, der stärksten der thessalischen Ritterschaft, die Spitze des Flügels bildete. Auf der Spitze des rechten Flügels, mit dem Alexander den Angriff machen wollte, an die königliche Ile sich anschließend ein Teil der Agrianer, der Bogenschützen und Balakros mit den Akontisten. Da bei der ungeheuren Übermacht des Feindes Überflügelung unvermeidlich war und doch dem Gewaltstoß der Offensive, der die Entscheidung bringen mußte, nur so viel Kräfte entzogen werden durften, als die Rücken- und Flankendeckung der angreifenden Schlachtlinie durchaus forderte, ließ Alexander hinter den Flügeln seiner Linie rechts und links je ein zweites Treffen formieren, das, wenn der Feind die Linie im Rücken be-

nächst an den Mardern, standen die Albaner und Sakesiner, dann Phrataphernes mit seinen Parthern, Hyrkanern, Tapuriern und Saken, dann Atropates mit den medischen Völkern, nach ihnen die Völker aus Syrien diesseits und jenseits der Wasser; endlich auf dem äußersten rechten Flügel die kappadokischen und armenischen Reitervölker, vor ihnen fünfzig Sensenwagen.

Die Nacht verging ruhig; Alexander hatte, nachdem er mit seinen makedonischen Geschwadern und dem leichten Fußvolk vom Rekognoszieren des Schlachtfeldes zurückgekommen war, seine Offiziere um sich versammelt und ihnen angezeigt, daß er am folgenden Tage den Feind anzugreifen gedenke; er kenne ihren und ihrer Truppen Mut, mehr als ein Sieg habe ihn erprobt; vielleicht würde es notwendiger sein, ihn zu zügeln als anzufeuern; sie möchten ihre Leute vor allem erinnern, schweigend anzurücken, um desto furchtbarer beim Sturm den Schlachtgesang zu erheben; sie selbst sollten besonders Sorge tragen, seine Signale schnell zu vernehmen und schnell auszuführen, damit die Bewegungen rasch und mit Präzision vor sich gingen; sie möchten sich überzeugen, daß auf jedem der Ausgang des großen Tages beruhe, der Kampf gelte nicht mehr Syrien und Ägypten, sondern dem Besitz des Orients; es werde sich entscheiden, wer herrschen solle. Mit lautem Zuruf antworteten ihm seine Generale; dann entließ sie der König, gab den Truppen Befehl, zur Nacht zu essen und sich dann der Ruhe zu überlassen. Bei Alexander im Zelte waren noch einige Vertraute, als Parmenion, wie erzählt wird, hereintrat und nicht ohne Besorgnis von der unendlichen Menge der persischen Wachtfeuer und dem dumpfen Tosen, das durch die Nacht herübertöne, berichtete: die feindliche Übermacht sei zu groß, als daß man bei Tage und in offener Schlacht sich mit ihr zu messen wagen dürfe; er rate, jetzt

terhaufen, mit einigen Scharen leichten Fußvolkes untermischt, zog von den Hügeln herab durch die Ebene und, ohne sich der Linie der Perser zu nahen, wieder zum Lager zurück. Der Abend kam; beabsichtigten die Feinde einen nächtlichen Überfall? Das persische Lager, ohne Wall und Graben, hätte nicht Schutz gegen einen Überfall gewährt; die Völker erhielten Befehl, die Nacht hindurch unter den Waffen und in Schlachtordnung zu bleiben, die Pferde gesattelt neben sich bei den Wachtfeuern zu halten. Dareios selbst ritt während der Nacht an den Linien entlang, um die Völker durch sein Antlitz und seinen Gruß zu begeistern. Auf dem äußersten linken Flügel standen die Völker des Bessos, die Baktrianer, Daer und Sogdianer, vor ihnen hundert Sensenwagen, zu ihrer Deckung links vorgeschoben tausend baktrische Reiter und die massagetischen Skythen, Mann und Roß gepanzert. Rechts auf Bessos folgten die Arachosier und Berg-Inder; dann eine Masse Perser, die aus Reiterei und Fußvolk gemischt war, dann die Susianer und die Kadusier, welche sich an das Mitteltreffen anschlossen. Dies Mitteltreffen umfaßte zunächst die edelsten Perserscharen, die sogenannten Verwandten des Königs nebst der Leibwache der Apfelträger; zu beiden Seiten derselben die hellenischen Söldner, die sich noch im Dienst des Königs befanden; ferner noch im Mitteltreffen die Inder mit ihren Elefanten, die sogenannten Karier, die Nachkommen der einst nach den oberen Satrapien Deportierten, die mardischen Bogenschützen, vor ihnen fünfzig Sensenwagen. Das Zentrum, welches in der Schlacht am Pinaros so bald durchbrochen war, zu verstärken, waren hinter demselben die Uxier, die Babylonier, die Küstenvölker des persischen Meeres und die Sitakener aufgestellt; es schien so in zwei- und dreifachen Treffen fest und dicht genug, um den König in seine Mitte aufzunehmen. Auf dem rechten Flügel, zu-

herrn drang durch; Alexander befahl, die Truppen in der Ordnung, wie sie in die Schlacht rücken sollten, auf den Hügeln im Angesicht des Feindes sich lagern zu lassen. Das geschah am 30. September morgens.

Dareios seinerseits, obschon er lange Zeit die Ankunft der Makedonen erwartet und in dem weiten Blachfelde jedes Hindernis bis auf das Dorngestrüpp und die einzelnen Sandhügel, die den stürmischen Angriff seiner Reiterschwärme oder den Lauf der Sensenwagen hätten stören können, aus dem Wege geräumt hatte, war durch die Nachricht von Alexanders Nähe und dem sehr eiligen Rückzug seiner Vorposten unter Mazaios in einige Unruhe versetzt worden; doch in der stolzen Zuversicht seiner Satrapen, die kein unberufener Warner mehr störte, und den endlosen Reihen seines Heeres, vor denen kein Charidemos oder Amyntas dem dichten Häuflein der Makedonen den nur zu gerechten Vorzug zu geben wagte, endlich in den eigenen Wünschen, die so gern ihre Blindheit für besonnene Kraft halten und die zuversichtlichen Worte der Schmeichler lieber hören als die ernsten Mahnungen des schon Geschehenen, fand der Perserkönig bald Beruhigung und Selbstvertrauen; seine Großen überzeugten ihn leicht, daß er bei Issos nicht dem Feinde, sondern dem engen Raume erlegen sei; jetzt sei Raum für die Kampflust seiner Hunderttausende, für die Sensen seiner Kriegswagen, für seine indischen Elefanten; jetzt sei die Zeit gekommen, dem Makedonen zu zeigen, was ein persisches Reichsheer sei. – Da sah man am Morgen des 30. auf der Hügelreihe nordwärts das makedonische Heer geordnet und wie zur Schlacht geschart heranrücken; man erwartete, daß es sofort zum Angriff vorgehen werde; auch die persischen Völker ordneten sich über die weite Ebene hin zur Schlacht. Es erfolgte kein Angriff, man sah den Feind sich lagern; alles blieb ruhig, nur ein Rei-

tig verschanzt; in der Nähe einer so ungeheuren Übermacht war die größte Vorsicht geboten; vier Tage Rast, die den Truppen gegönnt wurde, reichten hin, alles zur entscheidenden Schlacht vorzubereiten.

Da sich weiter keine feindlichen Truppen zeigten, so war vorauszusehen, daß Dareios eine für seine Streitkräfte günstige Gegend besetzt habe und sich nicht wie früher durch das Zögern seiner Feinde und seine eigene Ungeduld in ein ihm ungelegenes Terrain hinauslocken lassen wolle. Alexander beschloß deshalb, ihm entgegenzurücken. Während alle unnötige Bagage und die zum Kampf untauglichen Leute im Lager zurückblieben, brach das Heer in der Nacht vom 29. zum 30. September, etwa um die zweite Nachtwache, auf; gegen Morgen erreichte man die letzten Hügel, man war dem Feind auf sechzig Stadien nahe, aber die Hügel, die man vor sich hatte, entzogen ihn noch dem Blick. Dreißig Stadien weiter, als das Heer über jene Hügel kam, sah Alexander in der weiten Ebene, etwa eine Stunde entfernt, die dunklen Massen der feindlichen Linie. Er ließ seine Kolonnen halt machen, berief die Freunde, die Strategen, die Ilarchen, die Anführer der Bundesgenossen und Soldtruppen und legte ihnen die Frage vor, ob man sofort angreifen oder an Ort und Stelle sich lagern und verschanzen und das Schlachtfeld zuvor rekognoszieren solle. Die meisten waren dafür, das Heer, das von Kampflust brenne, sogleich gegen den Feind zu führen; Parmenion dagegen riet zur Vorsicht: die Truppen seien durch den Marsch ermüdet, die Perser, schon länger in dieser für sie günstigen Stellung, würden wohl nicht versäumt haben, sie auf jede Weise zu ihrem Vorteil einzurichten; man könne nicht wissen, ob nicht eingerammte Pfähle oder heimliche Gruben die feindliche Linie deckten; die Kriegsregel erfordere, daß man sich zuerst orientiere und lagere. Diese Ansicht des alten Feld-

gesehen, dahin gedeutet hätten, daß die Sonne das Gestirn der Hellenen, der Mond das der Perser sei; jetzt verhüllten die Götter das Gestirn der Perser zum Zeichen ihres baldigen Unterganges. Dem Könige selbst deutete der zeichenkundige Aristandros, das Ereignis sei zu seinen Gunsten, noch in demselben Monat werde es zur Schlacht kommen. Dann opferte Alexander dem Mond, der Sonne, der Erde, und auch die Opferzeichen verhießen Sieg. Mit Anbruch des Morgens brach das Heer auf, um dem Heere der Perser zu begegnen.

In südlicher Richtung, auf der linken Seite die Vorhöhen der gordyaiischen Gebirge, auf der rechten den reißenden Tigris, zog das makedonische Heer weiter, ohne auf eine Spur der Feinde zu stoßen. Endlich am 24. wurde von der Vorhut gemeldet, im Blachfelde zeige sich feindliche Reiterei, wie stark, lasse sich nicht erkennen. Das Heer wurde rasch geordnet und rückte zum Kampf fertig vor. Bald kam die weitere Meldung, man könne die Zahl der Feinde auf ungefähr tausend Pferde schätzen. Alexander ließ die königliche und eine andere Ile der Hetairen und von den leichten Reitern (den Plänklern) die Paionen aufsitzen und eilte mit ihnen, indem er dem übrigen Heere langsam nachzurücken befahl, dem Feinde entgegen. Sobald die Perser ihn heransprengen sahen, jagten sie mit verhängtem Zügel davon; Alexander setzte ihnen nach, die meisten entkamen, manche stürzten, sie wurden niedergehauen, einige gefangen. Vor Alexander gebracht, sagten sie aus, daß Dareios nicht weit südwärts bei Gaugamela an dem Flusse Bumodos in einer nach allen Seiten hin ebenen Gegend stehe, daß sein Heer sich wohl auf eine Million Menschen und mehr als vierzigtausend Pferde belaufe, daß sie selbst unter Mazaios auf Kundschaft gesandt gewesen seien. Sofort machte Alexander halt; ein Lager wurde aufgeschlagen und sorgfäl-

brochen sei und auf dem linken Ufer des Tigris stehe, entschlossen, seinen Gegnern mit aller Kraft den Übergang über den Strom zu wehren; seine jetzige Macht sei viel größer als die in den issischen Pässen; sie selbst wären auf Kundschaft ausgesandt, damit sich das Perserheer zur rechten Zeit und am rechten Orte den Makedonen gegenüber am Tigris aufstellen könne.

Alexander durfte nicht wagen, einen so breiten und reißenden Strom, wie der Tigris ist, unter den Pfeilen der Feinde zu überschreiten; er mußte erwarten, daß Dareios die Gegend von Ninive, wo der gewöhnliche Heerweg über den Strom führt, besetzt halten werde; es kam alles darauf an, möglichst bald auf derselben Seite des Stromes mit dem Feinde zu sein; es galt, den Übergang unbemerkt zu bewerkstelligen. Alexander veränderte sofort die Marschroute und ging, während ihn Dareios auf der weiten Ebene der Trümmer von Ninive erwartete, nordöstlich in Eilmärschen auf Bedzabde. Kein Feind war in der Nähe, die Truppen begannen den sehr reißenden Strom zu durchwaten; mit der größten Anstrengung, doch ohne weiteren Verlust, gewannen sie das östliche Ufer. Alexander gewährte seinen erschöpften Truppen einen Tag Ruhe; sie lagerten sich längs den bergigen Ufern des Stromes.

Das war am 20. September. Der Abend kam, die ersten Nachtwachen rückten auf ihre Posten am Fluß und auf den Bergen; der Mond erhellte die Gegend, die vielen den makedonischen Berglanden ähnlich schien; da begann sich das Licht des Vollmondes zu verdunkeln, bald war die Scheibe des hellen Gestirnes völlig in Dunkel gehüllt. Es schien ein großes Zeichen der Götter; besorgt traten die Kriegsleute aus ihren Zelten; viele fürchteten, daß die Götter zürnten; andere erinnerten, daß, als Xerxes gegen Griechenland gezogen, seine Magier die Sonnenfinsternis, die er in Sardeis

und 7000 Reiter stark, erreichte es um den Anfang August Thapsakos, den gewöhnlichen Übergangsort. Eine Abteilung Makedonen war vorausgesandt worden, zwei Brücken über den Strom zu schlagen; sie waren noch nicht ganz vollendet, denn das jenseitige Ufer hatte der Perser Mazaios, mit etwa 10 000 Mann zur Deckung des Flusses abgesandt, bisher besetzt gehalten, so daß es für die um vieles schwächere makedonische Vorhut zu gewagt gewesen wäre, die Brücken bis an das jenseitige Ufer fortzuführen. Beim Anrücken der großen Armee zog sich Mazaios eilends zurück; zu schwach, um den Posten gegen Alexanders Übermacht zu behaupten, hätte er, seine Truppen aufopfernd, höchstens das Vorrücken der Feinde in etwas verzögern können, was für den Großkönig, dessen Rüstungen bereits vollendet waren, kein erheblicher Gewinn gewesen wäre.

Alexander ließ sofort den Bau beider Brücken vollenden und sein Heer auf das Ostufer des Euphrat hinüberrücken. Selbst wenn er vermutete, daß das persische Heer in der Ebene von Babylon, in der es sich gesammelt hatte, zum Kampfe und zur Verteidigung der Reichsstadt bereitstand, durfte er nicht, wie siebzig Jahre früher die Zehntausend, den Weg längs des Euphrat, den jene genommen hatten, einschlagen. Die Wüsten, durch welche derselbe führt, wären in der Hitze des Sommers doppelt mühselig gewesen, und die Verpflegung eines so bedeutenden Heeres hätte die größten Schwierigkeiten gehabt. Er wählte die große nördliche Straße, welche nordostwärts über Nisibis durch das kühlere und weidenreiche Hügelland, das die Makedonen später Mygdonien nannten, an den Tigris und dann an der linken Seite des Stromes hinab in die Ebene von Babylon führt.

Da brachte man eines Tages einige der feindlichen Reiter, die in der Gegend umherschwärmten, gefangen vor den König; sie sagten aus, daß Dareios bereits von Babylon aufge-

aus Kreta zu beschleunigen, dann auf die Seeräuber Jagd zu machen, den Peloponnesiern, die etwa von Sparta aus bedrängt werden könnten, Hilfe und Schutz zu bieten; die Kyprier und Phoiniker wurden angewiesen, ihm hundert Schiffe nach der Peloponnes nachzusenden. Zu gleicher Zeit wurden einige Veränderungen in der Verwaltung der bisher unterworfenen Länder vorgenommen; es wurde nach Lydien an die Stelle des Satrapen Asandros, der auf Werbung nach Griechenland ging, der Magnesier Menandros von den Hetairen gesandt, an dessen Stelle Klearchos den Befehl über die fremden Völker erhielt; es wurde die Satrapie Syrien von Menon, der nicht mit der gehörigen Sorgfalt für die Bedürfnisse des durch seine Provinz ziehenden Heeres gesorgt hatte, auf den jüngst angekommenen Asklepiodoros übertragen, zugleich diesem der unmittelbare Befehl über das Land des Jordan, dessen bisheriger Befehlshaber Andromachos von den Samaritanern erschlagen worden war, und die Bestrafung der Samaritaner übertragen. Endlich wurde die Finanzverwaltung in der Art geordnet, daß die Generalkasse, die bisher mit der Kriegskasse vereinigt gewesen war, von derselben getrennt und, wie schon für Ägypten geschehen war, so für Syrien und Kleinasien bis zum Tauros je eine besondere Hauptkasse eingerichtet wurde. Für die Satrapien westwärts vom Tauros erhielt dies Amt Philoxenos, für die syrischen Länder mit Einschluß der phoinikischen Städte Koiranos, wogegen die Verwaltung der Kriegskasse an den reuigen Harpalos gegeben wurde, dem der König aus alter Freundschaft oder aus politischen Rücksichten verzieh, was er getan hatte.

Dann endlich brach das Heer von Tyros auf und zog die große Heerstraße am Orontes hinab, vielleicht auf dem Marsche durch Zuzüge aus den kleinasiatischen Besatzungen verstärkt, dem Euphrat zu; etwa 40 000 Mann Fußvolk

arabischen Kreise Kleomenes, der, ein Grieche aus Naukratis in Ägypten, die Sprache und Sitten des Landes kannte, erhielt zugleich die Weisung, die von den Nomarchen aller Kreise gesammelten Tribute in Empfang zu nehmen, so wie ihm auch insbesondere die Sorge für den Bau der Stadt Alexandreia übertragen wurde.

Nach diesen Einrichtungen, nach einer Reihe von Beförderungen in der Armee, nach neuen Festlichkeiten in Memphis und einem feierlichen Opfer, das Zeus dem Könige dargebracht wurde, brach Alexander mit dem Frühling 331 nach Phoinikien auf; zugleich mit ihm traf die Flotte in dem Hafen von Tyros ein. Die kurze Zeit, die der König hier verweilte, verging unter großen und prächtigen Festlichkeiten nach hellenischem Brauch; zu den Opfern, die im Heraklestempel gefeiert wurden, hielt das Heer Wettkämpfe aller Art; die berühmtesten Schauspieler der hellenischen Städte waren berufen, diese Tage zu verherrlichen, und die kyprischen Könige, die nach griechischer Sitte die Chöre stellten und schmückten, wetteiferten an Pracht und Geschmack miteinander. Dann lief die attische Tetrere Paralia, die stets nur in heiligen oder besonders wichtigen Angelegenheiten gesendet wurde, in den Hafen der Stadt ein; die Gesandten, die sie brachte, kamen, dem König Glück zu wünschen und die unverbrüchliche Treue ihrer Vaterstadt zu versichern, eine Aufmerksamkeit, die Alexander mit der Freilassung der am Granikos gefangenen Athener erwiderte.

Es galt, für eine lange Abwesenheit von den westlichen Landen Fürsorge zu treffen. Bis auf Sparta und Kreta war in Hellas alles in Ruhe; nur daß noch zahlreiche Seeräuber, die Nachwirkung der persischen Unternehmungen, die Meere unsicher machten. Amphoteros erhielt Befehl, die Austreibung der spartanischen und persischen Besatzungen

aller Menschen Gott (τὸν θεόν), aber die Besten wähle er sich zu besonderer Kindschaft.

Und nun zurück zu dem Zusammenhang der historischen Ereignisse, deren mit dem Frühling 331 eine neue bedeutsame Reihe beginnen sollte.

Nach Memphis zurückgekehrt, fand Alexander zahlreiche Gesandtschaften aus den hellenischen Landen, deren keine ohne geneigtes Gehör und möglichste Erfüllung ihrer Anträge in die Heimat zurückkehrte. Mit ihnen zugleich waren neue Truppen angekommen, namentlich vierhundert Mann hellenische Söldner unter Menidas und fünfhundert thrakische Reiter unter Asklepiodoros, die sofort in das Heer eingereiht wurden, welches schon in den Rüstungen zum Aufbruch begriffen war. Dann ordnete Alexander die Verwaltung des ägyptischen Landes mit besonderer Vorsicht, namentlich darauf bedacht, durch Zerlegung der amtlichen Befugnisse die Vereinigung zu großer Macht in einer Hand zu vermeiden, die bei der militärischen Bedeutung dieser großen Satrapie und den reichen Machtelementen in ihr nicht ohne Gefahr gewesen wäre. Peukestas, des Makartatos Sohn, und Balakros, des Amyntas Sohn, erhielten die Strategie des Landes und den Befehl über die dort zurückbleibenden Truppen mit Einschluß der Besatzungen von Pelusion und Memphis, im ganzen etwa viertausend Mann, den Befehl über die Flotte von dreißig Trieren der Nauarch Polemon; die in Ägypten ansässigen oder einwandernden Griechen wurden unter eine besondere Behörde gestellt; die ägyptischen Kreise oder Nomen behielten ihre alten Nomarchen, mit der Bestimmung, an diese nach der früheren Taxe ihre Abgaben einzuzahlen; die Oberaufsicht über die sämtlichen rein ägyptischen Kreise wurde anfangs zweien, dann einem Ägypter sowie die über die libyschen Kreise einem griechischen Manne übertragen; der Verwalter der

zum Gotte gemacht hat, der durch sich selbst besteht, dem einzigen nicht erzeugten Erzeuger im Himmel und auf Erden, dem Herrn der seienden und nicht seienden Wesen«. Und daß diese Gedanken in voller Lebendigkeit bewahrt und vielleicht weitergeführt worden sind, lehrt eine denkwürdige Inschrift aus Dareios' II. Zeit und zu seinen Ehren; da ist Ammon-Ra der Gott, der sich selbst erzeugte, der sich offenbart in allem, was da ist, der von Anbeginn war und das Bleibende ist in allem, was da ist; die anderen Götter sind wie Prädikate für ihn, wie Tätigkeiten von ihm: »Es sind die Götter in deinen Händen und die Menschen zu deinen Füßen; du bist der Himmel, du bist die Tiefe; die Menschen preisen dich als den Unermüdlichen in der Sorge für sie, dir sind ihre Werke geheiligt.« Dann folgt das Gebet für den König: »Laß glücklich sein deinen Sohn, der da sitzet auf deinem Thron, mach ihn dir ähnlich, laß als König ihn herrschen in deinen Würden; und wie deine Gestalt ist Segen spendend, wenn du dich erhebst als Ra, so ist das Wirken deines Sohnes nach deinem Wunsch, Dareios, der ewig lebe; die Furcht vor ihm, die Achtung vor ihm, seines Ruhmes Glanz, sie seien im Herzen aller Menschen in jedem Lande, wie die Furcht vor dir, die Achtung vor dir im Herzen der Götter und Menschen weilt.«

Wenn die Priester des Ammonion Alexander als Sohn des Ammon-Ra, als Zeus-Helios begrüßt haben, so taten sie es in der vollen Wahrhaftigkeit ihrer religiösen Überzeugung und der tieferen Symbolik, in der sie ihre Gotteslehre faßten. Alexander, so wird erzählt, habe die Darlegungen des Priesters Psammon, des »Philosophen«, mit Aufmerksamkeit angehört, namentlich: daß jeder Mensch von einem Gott regiert werde (βασιλεύονται ὑπὸ θεοῦ), denn das in jedem Herrschende und Mächtige sei göttlich; dem habe Alexander entgegnet: allerdings sei der gemeinsame Vater

gehört, in den vielen Göttergestalten und deren Mythen, die ihrem Volke Religion waren, den tieferen Sinn zu suchen und in ihm die Rechtfertigung ihres Glaubens zu finden. Man weiß, bis zu welchen Punkten Aristoteles diese Fragen vertieft hat. Alexander wird nicht bloß dessen populären Dialog gelesen haben, in dem er schildert, wie ein Blick in die Herrlichkeit der Welt und die ewige Bewegung der Gestirne dem, der sie zum ersten Male sähe, die Überzeugung geben würde, »daß wirklich Götter seien, daß so Staunenswürdiges ihr Wirken und Werk sei«. Aus des großen Denkers Vorträgen mag auch er die Überzeugung gewonnen haben, daß die frühe Vorzeit den Himmel und die Gestirne, die sich in ewigen Sphären an ihm bewegen, als Gottheiten angeschaut, deren Tun und Wirken »in mythischer Gestalt« ausgesprochen habe, daß »zur Überredung der vielen sowie um der Gesetze und des Gebrauches willen« diese Mythen beibehalten, auch weiter ausgeführt und Wunderliches hinzugefügt worden sei, daß aber die wahre Gottheit, das »Unbewegt-Bewegende«, das »nicht durch andere Ursache als sich selbst Gewordene« ohne Stoff, ohne Teile, ohne Vielheit sei, reine Form, reiner Geist, sich selbst denkend, bewegend, ohne zu handeln und zu bilden, zu dem sich alles »aus Sehnsucht« bewegt als dem ewig Guten, dem höchsten Zweck.

Wie nun, wenn Alexander im Ammonion einer Gotteslehre, einer Symbolik begegnete, die, in ähnliche Spekulationen sich vertiefend, zugleich die Gewißheit des Jenseits, seines Gerichtes und seiner Verklärungen, die Pflichten und die Ordnung des Lebens hienieden, das darauf Vorbereitung sei, das Wesen des Priestertums und des Königtums zu *einem* großen und in sich geschlossenen System zu verbinden verstanden hatte? Schon Monumente aus der alten Pharaonenzeit sprechen von »dem Gott, der sich selbst

Ganz verstehen könnte man ihn nur von diesem Mittelpunkt seines Wesens aus, zu dem das, was er tut und schafft, nur die Peripherie ist, nur Stücke der Peripherie, von denen uns in der Überlieferung nur Fragmente erhalten sind. Dem Poeten steht es zu, zu der Handlung, die er darstellt, die Charaktere so zu dichten, daß sich aus ihnen erklärt, was sie tun und leiden. Die historische Forschung steht unter einem anderen Gesetz; auch sie sucht von den Gestalten, deren geschichtliche Bedeutung sie zu verfolgen hat, ein möglichst klares und begründetes Bild zu gewinnen; sie beobachtet, soweit ihre Materialien es gestatten, deren Tätigkeiten, Begabungen, Tendenzen; aber sie dringt nicht bis zu der Stelle, wo alle diese Momente ihren Quell, ihren Impuls, ihre Norm haben. Das tiefinnerste Geheimnis der Seele zu finden, damit den sittlichen Wert, das will sagen, den ganzen Wert der Person richtend zu bestimmen, hat sie keine Methoden und keine Kompetenz. Genug, daß sie für die Lükken, die ihr so bleiben, eine Art von Ersatz hat; indem sie die Persönlichkeiten in einem anderen Zusammenhang als dem, worin ihr sittlicher Wert liegt, in dem ihres Verhältnisses zu den großen geschichtlichen Entwicklungen, ihres Anteils an überdauernden Leistungen oder Schöpfungen, in ihrer Kraft oder Schwäche, ihren Plänen und Veranstaltungen, ihrer Begabung und Energie, dieselben zu ermöglichen, auffaßt und sie da nach ihrer Bedeutung einreiht, übt sie die Gerechtigkeit, die ihr zusteht, und gewährt sie ein Verständnis, das nicht tiefer, aber weiter und freier ist als jenes nur psychologische.

Wenigstens berührt mag hier ein Punkt werden, in dem sich bedeutsame Linien zu kreuzen scheinen.

Seit jenem merkwürdigen Ausspruch des Herakleitos, seit dem Aischyleischen »in vielen Namen *eine* Gestalt« haben die Dichter und Denker der hellenischen Welt nicht auf-

Alexander habe den Gott gefragt, ob alle, die an seines Vaters Tode schuld hätten, gestraft seien; darauf sei geantwortet, er möge besser seine Worte wägen, nimmermehr werde ein Sterblicher den verletzen, der ihn gezeugt; wohl aber seien die Mörder Philipps, des Makedonenkönigs, alle gestraft. Und zum zweiten habe Alexander gefragt, ob er seine Feinde besiegen werde, und der Gott habe geantwortet, ihm sei die Herrschaft der Welt bestimmt, er werde siegen, bis er zu den Göttern heimgehe. Diese und ähnliche Erzählungen, die Alexander weder bestätigte noch widerrief, dienten dazu, um seine Person ein Geheimnis zu verbreiten, das dem Glauben der Völker an ihn und seine Sendung Reiz und Gewißheit lieh und den aufgeklärten Hellenen nicht seltsamer zu scheinen brauchte als des Herakleitos Wort, daß die Götter unsterbliche Menschen, die Menschen sterbliche Götter seien, nicht seltsamer als der Heroenkult der Gründer in den neueren wie älteren Kolonien oder die Altäre und Festdienste, die vor zwei Menschenaltern dem Spartaner Lysandros gewidmet worden waren.

Es läge nahe, an dieser Stelle noch eine andere Frage aufzuwerfen, diejenige, mit der man doch erst den Kern der Sache treffen würde. Wie hat sich Alexander den Zweck dieses Zuges ins Ammonion, die geheimnisvollen Vorgänge in dem Tempel dort gedacht? Hat er die Welt täuschen wollen? Hat er selbst geglaubt, was er sie wollte glauben machen? Hat er, sonst so klaren und freien Sinnes, seines Wollens und Könnens so gewiß, Momente innerer Unsicherheit gehabt, in denen sein Gemüt eine Stütze, einen Ruhepunkt in dem Überirdischen suchte? Man sieht, es handelt sich bei dieser Frage um die religiösen und sittlichen Voraussetzungen, unter denen das Wollen und Handeln dieses leidenschaftlichen Charakters stand, um das innerste Wesen seiner Persönlichkeit, man könnte sagen, um sein Gewissen.

gen Bezirkes, der, reich an Oliven und Datteln, an kristallischem Salz und heilsamen Quellen, von der Natur zu dem frommen Dienste des Gottes und dem stillen Leben seiner Priester bestimmt schien. Als der König darauf, so wird erzählt, das Orakel zu hören verlangte, begrüßte der Älteste unter den Priestern ihn in dem Vorhofe des Tempels, gebot dann seinen Begleitern allen, draußen zu verweilen, und führte ihn in die Zelle des Gottes; nach einer kleinen Weile kam Alexander heiteren Angesichts zurück und versicherte, die Antwort sei ganz nach seinem Wunsche ausgefallen. Dasselbe soll er in einem Briefe an seine Mutter wiederholt haben: wenn er sie wiedersehe bei seiner Rückkehr, wolle er ihr die geheimen Orakel, die er empfangen, mitteilen. Dann beschenkte er den Tempel und die gastfreundlichen Bewohner der Oase auf das reichlichste und kehrte nach Memphis in Ägypten zurück[59].

Alexander hatte die Antwort des Gottes verschwiegen, desto lebhafter war die Neugier oder Teilnahme seiner Makedonen; die mit im Ammonion gewesen waren, erzählten Wunderbares von jenen Tagen; des Oberpriesters erster Gruß, den sie alle gehört hätten, sei gewesen: »Heil dir, o Sohn!« und der König habe erwidert: »O Vater, so sei es; dein Sohn will ich sein, gib mir die Herrschaft der Welt!« Andere verlachten diese Märchen; der Priester habe griechisch reden und den König mit der Formel »Paidion« anreden wollen, statt dessen aber mit einem Sprachfehler »Paidios« gesetzt, was man wahrlich für »Sohn des Zeus« nehmen könnte. Schließlich galt als das Sichere über diesen Vorgang:

59 Aristobul sagt, Alexander sei auf dem früheren Wege zurückgekehrt; Ptolemaios dagegen, er habe den geraden Weg nach Memphis eingeschlagen. Letztere Angabe ist wohl richtiger, da der Umweg über Paraitonion und Alexandreia jetzt, nach dem Vertrage mit Kyrene, keinen Zweck mehr gehabt hätte.

habe. Andere hielten dafür, der König wolle für seinen weiteren Zug des Gottes Rat erfragen, wie ja auch Herakles getan, als er nach dem Riesen Antaios ausgezogen, und Perseus, ehe er die Fahrt zu den Gorgonen unternommen; beide seien des Königs Ahnherren, deren Beispiel er gern nachahme. Was er wirklich wollte, erfuhr niemand, nur wenige Truppen sollten ihm folgen.

Von Alexandreia brach der Zug auf und wandte sich zunächst längs der Meeresküste gen Paraitonion, die erste Ortschaft der Kyrenaier, die Gesandte und Geschenke – 300 Kriegsrosse und 5 Viergespanne – sandten und um ein Bündnis mit dem König baten, das ihnen gewährt wurde. Von hier führte der Weg südwärts durch wüste Sandstrekken, über deren eintönigem Horizont kein Baum, kein Hügel hervorragt; den Tag hindurch heiße Luft voll feinen Staubes, der Sand oft so lose, daß jeder Schritt unsicher war; nirgends ein Grasplatz zum Ruhen, nirgends ein Brunnen oder Quell, der den brennenden Durst hätte stillen können; – Regenwolken, die bald, ein Geschenk der Jahreszeit, wiederholt Erquickung gaben, galten für eine Wundergabe des Gottes in der Wüste. So zog man weiter; keine Spur bezeichnete den Weg, und die niedrigen Dünen in diesem Sandmeer, die mit jedem Winde Ort und Form wechseln, vermehrten nur die Verwirrung der Führer, die schon die Richtung zur Oase nicht mehr zu finden wußten; – da zeigten sich an der Spitze des Zuges ein Paar Raben, sie erschienen wie Boten des Gottes, und Alexander befahl, im Vertrauen auf den Gott, ihnen zu folgen. Mit lautem Krähen flogen sie vorauf, sie rasteten mit dem Zuge, sie flatterten weiter, wenn das Heer weiterzog. Endlich zeigten sich die Wipfel der Palmen, und die schöne Oase des Ammon empfing den Zug des Königs.

Alexander war überrascht von der Heiterkeit dieses heili-

mels verweht, liegt wie im Meere ein grünes Eiland, von hohen Palmen überschattet, von Quellen und Bächen und dem Tau des Himmels getränkt, die letzte Stätte des Lebens für die rings ersterbende Natur, der letzte Ruheplatz für den Wanderer in der Wüste; unter den Palmen der Oase steht der Tempel des geheimnisvollen Gottes, der einst auf heiligem Kahne vom Lande der Aithiopen zum hunderttorigen Theben gekommen, der von Theben durch die Wüste gezogen war, auf der Oase zu ruhen und dem suchenden Sohne sich kundzutun in geheimnisvoller Gestalt. Ein frommes priesterliches Geschlecht wohnte um den Tempel des Gottes, fern von der Welt, in heiliger Einsamkeit, in der Ammon Zeus, der Gott des Lebens, nahe war; sie lebten für seinen Dienst und für die Verkündigung seiner Orakel, die zu hören die Völker nah und fern heilige Boten und Geschenke sandten. Zu dem Tempel in der Wüste beschloß der makedonische König zu ziehen, um große Dinge den großen Gott zu fragen.

Was aber wollte er fragen? Die Makedonen mit ihm erzählten sich wunderbare Geschichten aus früherer Zeit; damals von wenigen geglaubt, von vielen verlacht, von allen gekannt, waren sie durch diesen Zug von neuem angeregt worden; man erinnerte sich der nächtlichen Orgien, die Olympias in den Bergen der Heimat feierte; man wußte von ihren Zauberkünsten, um derentwillen sie König Philipp verstoßen; er habe sie einst in ihrem Schlafgemach belauscht und einen Drachen in ihrem Schoß gesehen; vertraute Männer, die er nach Delphoi geschickt, hätten ihm des Gottes Antwort gebracht: er möge dem großen Ammon Zeus opfern und ihn vor allen Göttern ehren. Man meinte, auch Herakles sei einer sterblichen Mutter Sohn gewesen; man wollte wissen, daß Olympias ihrem Sohne auf dem Wege zum Hellespont das Geheimnis seiner Geburt vertraut

So war mit dem Ausgang des Jahres 332 der letzte Rest einer persischen Seemacht, die das makedonische Heer im Rücken zu gefährden und dessen Bewegungen zu hindern vermocht hätte, vernichtet. Die Reihe von Waffenplätzen, die sich vom thrakischen Bosporus über die Küsten Kleinasiens und Syriens bis zu dem neu gegründeten Alexandreia hin erstreckte, diente ebensosehr zur vollkommenen Behauptung der unterworfenen Lande, wie sie für die weiteren Unternehmungen nach Osten eine breite Basis gab. Der neue Feldzug sollte in eine durchaus neue und fremde Welt und unter Völker führen, denen die hellenische Weise fremd, das freie Verhältnis der Makedonen zu ihrem Fürsten unverständlich, denen der König ein Wesen höherer Art war. Wie hätte Alexander verkennen können, daß die Völker, die er zu *einem* Reiche zu vereinen gedachte, ihre Einheit zunächst nur in ihm finden würden und erkennen mußten? Und wenn ihn der heilige Schild von Ilion als den hellenischen Helden bezeichnete, wenn die Völker Kleinasiens in dem Löser des Gordischen Knotens den verheißenen Überwinder Asiens erkannten, wenn in dem Heraklesopfer zu Tyros und der Feier im Ptahtempel zu Memphis der siegende Fremdling sich mit den besiegten Völkern und ihrer heiligsten Sitte versöhnt hatte, so sollte ihn jetzt in das Innere des Morgenlandes eine geheimere Weihe, eine höhere Verheißung begleiten, in der die Völker ihn als den zum König der Könige, zum Herrn von Aufgang bis Niedergang Erkorenen erkennen mochten.

In der weiten Einöde Libyens, an deren Eingang das verwitterte Felsenbild der hütenden Sphinx und die halbversandeten Pyramiden der Pharaonen stehen, in dieser einsamen, totenstillen Wüste, die sich vom Saume des Niltales abendwärts in unabsehbare Ferne erstreckt und mit deren Flugsand ein glühender Mittagswind die mühsame Spur des Ka-

te dann die Mannschaft der Trieren nieder und brachte den Tyrannen als Gefangenen in die Burg. Immer mehr sank das Ansehen der Perser und ihrer Partei; schon hatte auch Rhodos zehn Trieren zur makedonischen Flotte vor Tyros gesandt; jetzt sagten sich auch die Koer von der persischen Sache los; und während Amphoteros mit sechzig Schiffen dorthin abging, wandte sich Hegelochos mit der übrigen Flotte nach Lesbos, das allein noch durch Tyrannen und persische Besatzungen in Untertänigkeit gehalten wurde. Dort hatte sich Chares, dem im Jahre vorher sein Versuch auf Methymna mißglückt war, mit 2000 Söldnern eingefunden, Mytilene besetzt und im Namen des Dareios den Herrn zu spielen begonnen; der alte athenische Kriegsmann war nicht gemeint, groß Spiel zu wagen, er kapitulierte auf freien Abzug, zog mit seinen Kriegsleuten nach der attischen Insel Imbros, später nach Tainaron, dem großen Söldnermarkt. Die Übergabe Mytilenes gab auch den anderen Städten der Insel den Mut, frei zu sein; sie lieferten ihre Tyrannen aus und gaben sich demokratische Verfassung. Dann segelte Hegelochos südwärts nach Kos, das sich bereits in Amphoteros' Händen befand. Nur Kreta noch war von den Lakedaimoniern besetzt; Amphoteros übernahm ihre Unterwerfung und segelte mit einem Teil der Flotte dorthin ab, mit dem anderen ging Hegelochos nach Ägypten, um selbst die Meldung von dem Ausgang des Kampfes gegen die persische Seemacht zu überbringen, zugleich die Gefangenen abzuliefern, alle bis auf Pharnabazos, der auf der Insel Kos zu entweichen Gelegenheit gefunden hatte. Alexander befahl, die Tyrannen den Gemeinden, die sie geknechtet hatten, zum Gericht zurückzusenden; diejenigen aber, welche die Insel Chios an Memnon verraten hatten, wurden mit einer starken Eskorte nach der Nilinsel Elephantine, dem südlichsten Grenzposten des Reiches, ins Elend geschickt.

nach Phoinikien zu eilen, den Widerstand von Tyros zu unterstützen und die unsicheren Kontingente der Flotte beieinander zu halten. Mit dem Frühling 332 segelten die phoinikischen, die kyprischen Schiffe heim, aber Pharnabazos und Autophradates blieben mit dem Rest der Flotte im Aigaiischen Meer, schon so gering an Macht, daß sie sich nur mit Mühe, nur noch durch die Beihilfe der von ihnen begünstigten oder eingesetzten Tyrannen in dem Besitz von Tenedos, Lesbos, Chios, Kos zu behaupten vermochten. Durch Antipatros' Umsicht und feste Haltung allen Einflusses im übrigen Hellas beraubt, standen sie nur noch mit König Agis in unmittelbarer Verbindung; aber die Bewegung, die dieser im Einverständnis mit ihnen in der Peloponnes zu erregen gehofft hatte, war durch die allmähliche Auflösung der Seemacht gleichfalls ins Stocken geraten, nur Kreta hatte er durch seinen Bruder besetzen lassen. Indes entwickelte die makedonische Flotte unter den Nauarchen Hegelochos und Amphoteros während des Jahres 332 in den griechischen Gewässern ein so bedeutendes Übergewicht, daß zunächst die Tenedier, die nur gezwungen das Bündnis mit Alexander gegen das persische Joch vertauscht hatten, den Makedonen ihren Hafen öffneten und das frühere Bündnis von neuem proklamierten. Ihrem Beispiele folgten die Chier, die, sobald sich die makedonische Flotte auf ihrer Reede zeigte, gegen die Tyrannen und die persische Besatzung einen Aufstand machten und die Tore öffneten; der persische Admiral Pharnabazos, der damals mit fünfzehn Trieren im Hafen von Chios lag, sowie die Tyrannen der Insel kamen in die Gewalt der Makedonen; und als während der Nacht Aristonikos, der Tyrann von Methymna auf Lesbos, mit einigen Kaperschiffen vor dem Hafen, den er noch in den Händen der Perser glaubte, erschien und einzulaufen begehrte, ließ ihn die makedonische Hafenwache ein, mach-

einerseits schwerer zu passieren ist, andererseits eine am Euphrat verlorene Schlacht ihn nach Armenien zurückgeworfen und Babylon sowie die großen Straßen nach Persis und Medien preisgegeben hätte, wogegen eine Stelle hinter dem Tigris Babylon deckte, eine gewonnene Schlacht den Feind in den weiten Wüstenebenen von Mesopotamien aller Verfolgung preisgab, eine verlorene den Rückzug nach den östlichen Satrapien offenließ. Dareios begnügte sich, an den Euphrat einige tausend Mann unter Mazaios vorauszusenden, um die Passage des Flusses beobachten zu lassen; er selbst ging von Babylon aus in die Gegend von Arbela, einem Hauptorte auf der großen Heerstraße, die weiter jenseits des Lykos zu der großen Ebene von Ninive führt, welche sich westwärts bis an das linke Ufer des reißenden Tigris und nordwärts bis an die Vorhöhen des Zagrosgebirges ausdehnt; dort mochte er, sobald Alexander herankam, an die Ufer des Stromes rücken und ihm den Übergang unmöglich machen wollen.

Während der König Dareios für die Osthälfte seines Reiches mit allen Streitkräften, die sie aufbringen konnte, an ihrer Schwelle zu kämpfen bereitstand, war im fernen Westen der letzte Rest der persischen Macht unterlegen.

Was hätte die persische Flotte im Hellenischen Meere leisten können, wenn sie zur rechten Zeit, in der rechten Art agiert, wenn sie die von König Agis in der Peloponnes eingeleitete Bewegung mit aller Kraft unterstützt hätte! Aber zögernd, ohne Plan und Entschluß, hatte sie im Sommer 333 den Moment einer entscheidenden Offensive versäumt; und doch blieb sie, schon durch die Absendung vieler Schiffe, die die Söldner nach Tripolis führten, geschwächt, auch nach der Schlacht von Issos und als schon die phoinikische Küste von den Feinden bedroht war, in jenen westlichen Stationen, die nur für die Offensive einen Sinn hatten, statt

san, dem Schwertlande Irans, unter Phraphernes und seinen Söhnen. Dann die Meder, einst die Herren Asiens, deren Satrap Atropates zugleich die Kadusier, Sakesiner und Albaner aus den Tälern des Kur, des Araxes und des Urmeasees führte. Von Süden her, von den Küsten des Persischen Meeres, kamen die Völker Gedrosiens und Karmaniens unter Orontobates und Ariobarzanes, dem Sohne des Artabazos, die Perser unter Orxines aus dem Geschlechte der sieben Fürsten. Die Susianer und Uxier führte Oxathres, der Sohn des susianischen Satrapen Abulites; die Scharen von Babylon sammelten sich unter Bupares' Befehl, die aus Armenien kamen unter Orontes und Mithraustes, die aus Syrien diesseits und jenseits der Wasser unter Mazaios; selbst aus dem kappadokischen Lande, dessen Westen der Zug des makedonischen Heeres berührt hatte, kamen Reisige unter ihres Dynasten Ariarathes Führung.

So sammelte sich während des Frühjahres 331 das Reichsheer des Perserkönigs in Babylon, an vierzigtausend Pferde und viele hunderttausend Menschen, dazu zweihundert Sensenwagen und fünfzehn Elefanten, die vom Indus hergebracht waren. Es heißt, daß gegen die sonstige Gewohnheit vom König für die Bewaffnung dieses Heeres, namentlich der Reiter, gesorgt worden sei. Vor allem galt es, einen Kriegsplan zu finden, der es dem Perserheer möglich machte, mit der ganzen Wucht seiner Massen und der Vehemenz seiner ungeheuren Reitermacht zu wirken. Zwei Ströme, der Euphrat und Tigris, durchschneiden in diagonaler Richtung das syrische Tiefland, das sich an dem Fuße der iranischen Berge hinabzieht; über sie führen die Wege von den Küsten des Mittelmeeres zum oberen Asien. Es war ein naheliegender Gedanke, dem Feinde an den Stromübergängen entgegenzutreten; es war verständig, die Hauptmacht des Großkönigs hinter dem Tigris aufzustellen, da dieser

Meder und Perser, gegen die Reiterschwärme der baktrischen Ebene und die tapferen Bergvölker der kaspischen und kurdischen Gebirge? Waren es nicht seit des ersten Dareios Zeit die jetzt verlorenen Küstenländer und die Bemühungen um die Seeherrschaft, zu denen sie nötigten, so gut wie allein gewesen, die Gefahr und Unheil über das Reich des Kyros gebracht, die Perser zum eigenen Verderben in die ewigen Streitigkeiten der Hellenen verwickelt hatten? Jetzt galt es, das Innere des Morgenlandes zu retten, die hohe Burg Iran zu verteidigen, die Asien beherrscht; jetzt rief der König der Könige die Edlen seines Stammes, die Enkel der sieben Fürsten, die getreuen Satrapen, an der Spitze ihrer Völker für den Ruhm und die Herrschaft Persiens zu kämpfen; in ihre Hand legte er sein Schicksal; nicht hellenische Söldner, nicht hellenische Feldherren und makedonische Flüchtlinge sollten die Eifersucht und das Mißtrauen der Seinen wecken, die wenigen tausend Fremdlinge, die mit ihm von Issos geflüchtet waren, hatte das gemeinsame Unglück mit den Söhnen Asiens vereinigt; ein echt asiatisches Heer sollte dem Heere Europas vor den Bergwällen Irans entgegentreten.

Die Ebene von Babylon war zum Sammelplatz des großen Völkerheeres bestimmt. Aus dem fernsten Asien führte Bessos, der baktrische Satrap, die Baktrier, ihre nördlichen Nachbarn, die Sogdianer, sowie die streitbaren indischen Völker aus dem Berglande des indischen Kaukasus heran; ihm hatten sich das turkestanische Reitervolk der Saker unter Mauakes und die Daer aus der Steppe des Aralsees angeschlossen. Die Völker aus Arachosien und Drangiana und die indischen Bergbewohner der Paravetiberge kamen unter ihrem Satrapen Barsaëntes, ihre westlichen Nachbarn aus Areia unter dem Satrapen Satibarzanes, die persischen, hyrkanischen und tapurischen Reiterschwärre aus Koras-

Stirn, laut jammernd, daß Stateira tot sei, daß die Königin der Perser selbst der Ehre des Grabes entbehren müsse. Der Eunuch tröstet ihn: weder im Leben noch im Tode habe es ihr der makedonische König vergessen, daß sie eines Königs Gemahlin sei, er habe sie und die Mutter und die Kinder in höchsten Ehren gehalten bis auf diesen Tag, er habe die königliche Leiche mit aller Pracht nach persischer Weise bestatten lassen und mit Tränen ihr Gedächtnis geehrt. Bestürzt fragt Dareios, ob sie keusch, ob sie treu geblieben, ob Alexander sie nicht gezwungen habe zu seinem, wider ihren Willen. Da wirft sich der treue Eunuch ihm zu Füßen, beschwört ihn, nicht das Andenken seiner edlen Herrin zu beschimpfen und sich nicht selbst in seinem endlosen Unglück den letzten Trost zu rauben, den, von einem Feinde überwunden zu sein, der mehr als ein Sterblicher zu sein scheine; er schwört es mit den höchsten Eiden, daß Stateira treu und keusch gestorben, daß Alexanders Tugend ebenso groß sei wie seine Kühnheit. Dareios hebt die Hände gen Himmel und fleht zu den Göttern: »Wollt mir mein Reich zu erhalten und wiederaufzurichten gewähren, damit ich als Sieger dem Alexandros vergelten kann, was er den Meinen getan; soll ich aber nicht länger Asiens Herr sein, so gebt die Tiara des großen Kyros keinem anderen als ihm.«

Schon war des Großkönigs Aufgebot in alle Satrapien des Reiches gesandt, von dem große, doch im Verhältnis zum Ganzen nicht bedeutende Länderstrecken in Feindeshand waren. Ganz Iran und Turan, alles Land bis zu den Quellen des Euphrat stand noch unberührt; es waren die tapfersten und treuesten Völker Asiens, die nur auf des Königs Befehl warteten, um ins Feld zu rücken; was galt Ägypten, Syrien, Kleinasien gegen die ungeheure Länderstrecke vom Tauros bis zum Indus, vom Euphrat bis zum Jaxartes, was der Verlust stets unzuverlässiger Küstenvölker gegen die treuen

nes hochverehrt. Es mag sein, daß er für ruhige Zeiten ein König gewesen wäre, wie ihn die Throne Asiens selten gesehen; aber von dem Strom der Begebenheiten, dem zu widerstehen vielleicht einem Kambyses oder Ochos gelungen wäre, schon ergriffen, bot er, sich und sein Reich noch zu retten, auch zu unwürdigen und verbrecherischen Plänen die Hand, ohne damit mehr zu erreichen als das lastende Bewußtsein, nicht mehr ohne Schuld an dem zu sein, gegen den er vergebens rang. Und mit der wachsenden Gefahr mehrte sich die Verwirrung, die Haltlosigkeit und das Unrecht in allem, was er tat oder versuchte; immer dunkler umzog sich die Zukunft für das persische Königtum und dessen gerechte Sache; schon war das Tor gen Asien erbrochen, schon die reichen Satrapien der Küste des Siegers Beute, schon die Grundfeste der Achaimenidenmacht erschüttert. Und hätte vielleicht der Großkönig selbst nach seiner milden Art gern das Verlorene verschmerzt und dem Frieden noch größere Opfer gebracht, so sollte ihn, dessen Sinn weniger an Thron und Reich als an Weib und Kind zu hangen schien, das größte Maß des Schmerzes, wie er ihn empfand, die Größe seines Sturzes empfinden lassen.

Dies Motiv ist es, das jene Überlieferungen mit den lebhaftesten Farben ausmalen. Sie heben hervor, daß des Großkönigs Mutter Sisygambis, seine Kinder, seine Gemahlin Stateira, die schönste der Frauen Asiens, ihm doppelt teuer, da sie ein Kind unter dem Herzen trägt, Alexanders Gefangene sind. Die Hälfte seines Reiches und ungeheure Schätze bietet Dareios dem Feinde für die Gefangenen, der stolze Feind fordert Unterwerfung oder neuen Kampf. Dann kommt Tireus, der Eunuch, der gefangenen Königin Diener, der aus dem Lager des Feindes geflohen ist, zu Dareios, bringt ihm die Trauerbotschaft, die Königin sei in den Geburtswehen gestorben. Da schlägt sich Dareios die

DRITTES KAPITEL

*Die persischen Rüstungen · Alexanders Marsch nach Syrien,
über den Euphrat, nach dem Tigris · Schlacht bei
Gaugamela · Marsch nach Babylon · Besetzung von Susa
Zug nach Persien · Brand von Persepolis*

Stets ist das stolze Recht des Sieges der Sieg eines höheren Rechts, des Rechts, das die höhere Spannkraft, die überlegene Entwicklung, die treibende Kraft eines neuen zukunftsreichen Gedankens gibt. In solchen Siegen vollzieht sich die Kritik dessen, was bisher war und galt, aber nicht weiterführt, mächtig und selbstgewiß schien, aber in sich krank und brüchig ist. Nicht das Herkommen noch das ererbte Recht, nicht Friedlichkeit noch Tugend noch sonstiger persönlicher Wert schützt dann vor der überwältigenden Macht dessen, dem das Verhängnis geschichtlicher Größe zuteil geworden ist. Siegend, solange er zu wagen, zu kämpfen, niederzuwerfen findet, baut er auf, indem er noch zerstört, schafft so eine neue Welt, aber aus den Trümmern, auf dem Trümmerfeld seiner Zerstörungen. Was er besiegt und gebrochen hat, überdauert ihn in seinem Werk.

Die Überlieferungen von Alexanders Geschichte heben mehr oder weniger geflissentlich den Gegensatz zwischen ihm und Dareios, zwischen dem Helden der Tat und dem Helden des Leidens hervor. Sie schildern Dareios als milde, edel, treu, als ein Muster der Ehrerbietung gegen seine Mutter, der Liebe und Herzlichkeit gegen seine Gemahlin und seine Kinder, als bei den Persern wegen seiner Gerechtigkeit, seiner ritterlichen Tapferkeit, seines königlichen Sin-

tete. Es ist bekannt, auf wie außerordentliche Weise dieses Zeichen und des Königs Gedanken erfüllt worden sind; die Bevölkerung der Stadt wuchs reißend schnell, ihr Handel verband demnächst die abendländische Welt mit dem neu erschlossenen Indien, sie wurde der Mittelpunkt für das hellenische Leben der nächsten Jahrhunderte, die Heimat der aus dem Orient und Okzident zusammenströmenden Weltbildung und Weltliteratur, das herrlichste und dauerndste Denkmal ihres großen Gründers.

Handelsherrschaft Athens ihren Schlußstein und dauernde Sicherung zu geben, war nun nicht bloß erfüllt, sondern weit überboten; der hellenischen Welt war das Ostbassin des Mittelmeeres gewonnen und mit der Herrschaft über Ägypten die nahe Meeresbucht, von der aus die Seestraßen nach Aithiopien und dem Wunderland Indien führen. Unermeßliche Aussichten knüpften sich an den Besitz Ägyptens.

Wie Alexander sie ergriff und zu verwirklichen gedachte, zeigte das nächste, was er von Memphis aus unternahm.

Er hatte in Pelusion an der östlichen Ecke des Deltas eine starke Besatzung gelassen; von dort sollte im nächsten Frühling der Zug nach dem inneren Asien ausgehen. Von Memphis aus fuhr er mit den Hypaspisten, dem Agema der makedonischen Ritterschaft, den Agrianern und Bogenschützen den westlichen Nilarm hinab nach Kanopos, von da längs der Küste nach Rhakotis, einem alten Grenzposten gegen Libyen. Der Flecken lag auf der acht Meilen langen Nehrung, welche das Haffwasser Mareotis vom Meere trennt, vor der Küste sieben Stadien von ihr entfernt die Insel Pharos, jenes Robbeneiland der Homerischen Gesänge. Der König erkannte, wie überaus geeignet der Strand zwischen der Mareotis und dem Meere zur Gründung einer Stadt, der Meeresarm zur Herstellung eines großen und fast gegen jeden Wind sichernden Hafens sei.

Er selbst, so wird erzählt, wollte sofort seinem Baumeister Deinokrates den Plan der Stadt, die Straßen und Märkte, die Lage der Tempel für die hellenischen Götter und für die ägyptische Isis bezeichnen; da eben nichts anderes zur Hand war, ließ er seine Makedonen ihr Mehl ausstreuend die Linien des Grundrisses ziehen, worauf unzählige Vögel von allen Seiten herbeigeflogen kamen, von dem Mehle zu fressen, ein Zeichen, das der weise Aristandros auf den künftigen Wohlstand und ausgebreiteten Handel der Stadt deu-

So geschah es, daß, als Alexander von Gaza aus nach einem Marsche von sieben Tagen in Pelusion eintraf, Mazakes ihm ohne weiteres Ägypten übergab. Während der König seine Flotte auf dem pelusischen Nilarm stromauf sandte, ging er selbst über Heliopolis nach Memphis, um sich mit derselben dort wieder zu treffen. Alle Städte, zu denen er kam, ergaben sich ohne weiteres; ohne das geringste Hindernis besetzte er Memphis, die große Hauptstadt des Nillandes, dessen Unterwerfung damit vollbracht war.

Er wollte mehr als unterwerfen; die Völker, zu denen er kam, sollten innewerden, daß er komme, zu befreien und aufzurichten, daß er ehre, was ihnen heilig, gelten lasse, was nach ihrer Landesart sei. Nichts hatte die Ägypter tiefer getroffen, als daß König Ochos den heiligen Stier in Memphis niedergestochen hatte; Alexander opferte, wie den anderen Göttern der Ägypter, so dem Apis im Ptahtempel zu Memphis[58]; er ließ dort von hellenischen Künstlern gymnische und musische Wettkämpfe halten, zum Zeichen, wie fortan das Fremde hier heimisch, das Einheimische auch den Fremden ehrwürdig sein werde. Die Achtung, die er den ägyptischen Priestern zollte, mußte ihm diese Kaste um so mehr gewinnen, je tiefer sie von der oft fanatischen Intoleranz der persischen Fremdlinge herabgewürdigt worden war.

Mit der Besitznahme Ägyptens hatte Alexander die Eroberung der Mittelmeerküsten, die unter persischer Herrschaft gestanden, vollendet. Der kühnste Gedanke der Perikleischen Politik, in der Befreiung Ägyptens der See- und

---

58 Die romanhaften Schilderungen von Alexanders Leben und Taten (so Pseudo-Callisthenes I 34, Jul. Valer. I 34) machen aus diesem Opfer eine förmliche Pharaonenweihe (ἐνεϑρονίασαν), wie sie unter Alexanders Nachfolgern in Ägypten seit dem fünften Ptolemaios, unter dem Namen der Anakleterien, wieder eingeführt wurde.

Widerspruch mit jedem der geschichtlichen Wechselfälle, deren das Land seit dem Sturze des priesterlichen Königtums so viele erfahren hatte; die Versuche der saïtischen Könige, ihr Volk durch Handel und Verbindung mit fremden Völkern zu beleben, hatten nur das heimische Wesen noch mehr verwirren und verstocken müssen; die persische Herrschaft, der sie erlagen, hatte dann freilich mit dem dumpfen, stets zunehmenden Abscheu gegen die unreinen Fremdlinge, mit wiederholten Empörungen solcher, die sich pharaonischen Blutes rühmten, zu kämpfen, aber zu selbständiger Erhebung und eigener Bewegung war Ägypten nicht mehr gekommen; in sich versunken, in afrikanischer Indolenz und Genußsucht, belastet mit allen Nachteilen und aller Superstition eines Kastenwesens, von dem die Zeit nichts als die abgestorbene Form übriggelassen hatte, bei dem allem durch die überreiche Fruchtbarkeit ihres Landes, der kein freier und lebendiger Verkehr nach außen Wert und Reiz gab, mehr gedrückt als gefördert, bedurften die Ägypter mehr als irgendein Volk einer Regeneration, einer neuen und erfrischenden Durchgärung, wie sie das hochgespannte hellenische Wesen und dessen Herrschaft bringen konnte.

Ägypten war, sobald Alexander nahte, für den Perserkönig verloren; sein Satrap Mazakes, des bei Issos gefallenen Sabakes Nachfolger, hatte die unter Amyntas' Führung gelandeten griechischen Söldner aus Eifersucht oder mißverstandenem Eifer, statt sie zur Verteidigung des Landes in Sold zu nehmen, niedermetzeln lassen; jetzt, nach dem Fall von Tyros und Gaza, als durch die feindliche Okkupation, die bis zu den Araberstämmen der Wüste hinausreichte, Ägypten vom oberen Persien durchaus abgeschnitten war, schon die von Tyros gekommene Flotte vor Pelusion lag, blieb dem Satrapen und den wenigen Persern um ihn freilich nichts übrig, als sich möglichst schnell zu unterwerfen.

gigkeit erhielt und damit eine neue Ära begann; Arados wie Ake hatten eine frühere Ära mit der Befreiung vom Perserjoch begonnen, und man kann zweifeln, ob sie diese von dem Siege am Granikos oder dem issischen datierten.

Wenigstens aus den Münzen ergibt sich nicht, daß auch die anderen Städte diese Jahresrechnung eingeführt haben; aber jenen beiden Städten gewiß galt dieser Sieg Alexanders als Befreiung und als ein neuer Anfang.

Lange genug hatte der Widerstand von Tyros, dann noch der von Gaza des Königs Zug nach Ägypten verzögert; jetzt endlich, Jahr und Tag nach der Schlacht bei Issos, gegen den Anfang Dezember 332, brach er von Gaza auf. Es galt, die letzte Provinz des Großkönigs am Mittelmeer zu nehmen, die, wenn sie treu oder in treuen Händen gewesen wäre, vermöge ihrer günstigen örtlichen Verhältnisse lange Widerstand zu leisten vermocht hätte. Aber wie sollte sich das ägyptische Volk für die Sache eines Königs, an den es durch nichts als die Ketten einer ohnmächtigen und darum doppelt verhaßten Herrschaft gefesselt war, zu kämpfen bereit fühlen? Überdies lag in der Natur der Ägypter weniger Neigung zu Kampf als zur Ruhe, mehr Geduld und Arbeitsamkeit als Geist und Kraft; und wenn dessen ungeachtet während der zweihundert Jahre der Dienstbarkeit öfter Versuche gemacht worden waren, die fremde Herrschaft abzuschütteln, so hat an diesen das Volk im ganzen um so weniger Anteil genommen, da es seit der Auswanderung der einheimischen Kriegerkaste daran gewöhnt war, fremde, besonders hellenische Söldner für Ägypten kämpfen und höchstens Tausende von Eingeborenen als wüsten Haufen oder als Packknechte mitziehen zu sehen. Überhaupt war der damalige Zustand Ägyptens der der vollkommensten Stagnation; alle inneren Verhältnisse, Überreste der längst untergegangenen Pharaonenzeit, standen im offenbarsten

Gartens ein Schatz von 3000 Goldstücken gefunden, der nicht wie die Funde von 1829 und 1852 zerstreut, sondern wenigstens zum größeren Teil von Kundigen genau untersucht und verzeichnet werden konnte. Unter den so beschriebenen 1531 Stateren waren besonders zahlreich die von Ake und Sidon, von Arados; von Kilikien gab es einzelne Stücke; von den Städten Makedoniens, Thrakiens, Thessaliens waren ziemlich viele mit einem oder mehreren Typen vertreten; an Gepräge aus Hellas fehlte es fast ganz, von Kleinasien fanden sich Kios, Klazomenai(?), Pergamon, Rhodos mit ihrem eigenen Gepräge, ebenso König Pnytagoras vom kyprischen Salamis vor. »Diese Münzen«, sagt der eine Bericht, »waren beinahe durchgehend neu; ein großer Teil, namentlich die in Sidon geprägten, noch rauh, wie sie eben vom Prägestock gekommen zu sein schienen.« Daß sich unter diesen Münzen keine der Diadochen, die 306 den Königstitel angenommen haben, fanden sowie der Umstand, daß drei von Ake mit den Jahreszahlen 23 und 24 bezeichnet waren, ließ mit Sicherheit schließen, daß dieser Schatz vor 306 und bald nach 310 vergraben worden ist, also zu einer Zeit, wo formell noch die Monarchie Alexanders und die von ihm geschaffene Reichsverwaltung bestand.

Sehr bemerkenswert ist, daß sich unter diesen vielen Goldmünzen auch nicht eine von Tyros fand; es kann Zufall sein, wenn wir auch vermuten durften, daß zunächst nach der Eroberung der Stadt ihre politische Berechtigung minderer Art war als die anderer phoinikischer Städte. Von besonderem Interesse sind die Jahresziffern auf den Münzen von Ake; es finden sich die entsprechenden auf anderweitig bekannten Münzen von Arados, und zwar von 21 bis zu 76; es wird in der Geschichte der Diadochen davon zu handeln sein, daß Arados 258 durch die Seleukiden volle Unabhän-

Wenigstens einiges zur Ergänzung bieten die Münzen. Das Silbergeld Kleinasiens bis zum Tauros, sahen wir, mit dem bekannten Gepräge Alexanders geschlagen, gehörte sämtlich den späteren Klassen der Alexandermünzen an, denen, die in und nach den Zeiten der Diadochen geschlagen sind; wir können noch von einzelnen dieser Städte nachweisen, daß sie in der Zeit Alexanders und solange sein Reich der Form nach bestand (bis 306), Münzen eigenen Gepräges schlugen; wir durften daraus folgern, daß die Griechenstädte Kleinasiens, und die des lykischen Bundes mit ihnen, durch Alexander zu freien, ihm verbündeten Staaten gemacht wurden und daß sie in dieser ihrer staatlichen Selbständigkeit das Münzrecht ebenso souverän übten wie Athen und Argos und die anderen Staaten des Korinthischen Bundes. Jenseits des Tauros beginnt eine andere Weise; die zahlreichen Silbermünzen mit Alexandergepräge, die aus den kilikischen Städten erhalten sind, gehören sämtlich den älteren Klassen an; ebenso die von Kommagene, Damaskos, von Arados, Sidon, Ake, Askalon; und zwar wird hier in der Umschrift fast immer Alexander König genannt, was bei den gleichzeitigen Münzen von Makedonien, Thrakien, Thessalien in der Regel nicht der Fall ist.

Also in Kilikien, Syrien, Koilesyrien und Phoinikien läßt Alexander das städtische Gemeinwesen, aber die Städte werden nicht wie die griechischen Kleinasiens autonome Staaten; ihre Münzen zeigen, daß sie entweder im Auftrag des Königs und unter ihrer Verantwortlichkeit prägen oder daß sie nur innerhalb des von Alexander eingeführten Münzsystems und mit dessen Typen, nur Königsgeld prägen dürfen.

Noch ein weiteres darf hinzugefügt werden. Im Jahre 1863 wurde in der Nähe von Sidon beim Umgraben eines

gleicher Zeit wurden Minen bis unter die Mauern getrieben, so daß diese an einigen Stellen durch ihre eigene Schwere, an anderen vor den Stößen der Sturmböcke auf den Dämmen zusammensanken. Gegen diese schadhaften Stellen begann man zu stürmen; zurückgeschlagen, wiederholte man den Angriff zum zweiten, zum dritten Mal; endlich beim vierten Sturm, als die Phalangen von allen Seiten heranrückten, als immer neue Strecken der Mauer zusammenstürzten und die Maschinen immer furchtbarer wirkten, als die tapferen Araber schon zu viele Tote und Verwundete zählten, um noch an allen Orten den gehörigen Widerstand zu leisten, gelang es den Hypaspisten, Sturmleitern in die Breschen zu werfen und über den Schutt der eingestürzten Mauern einzudringen, die Tore aufzureißen und dem gesamten Heere den Eingang in die Stadt zu öffnen. Ein noch wilderer Kampf begann in den Straßen der Stadt; die tapferen Gazaier verteidigten ihre Posten bis auf den Tod; ein gräßliches Blutbad endete den heißen Tag; an zehntausend Barbaren sollen gefallen sein; ihre Weiber und Kinder wurden in die Sklaverei verkauft. Reiche Beute fiel in des Siegers Hand, namentlich an arabischen Spezereien, für die Gaza der Stapelplatz war. Alexander zog die Bevölkerung der umliegenden philistäischen und arabischen Ortschaften in die Stadt; eine dauernde Besatzung machte sie zu einem Waffenplatz, der für Syrien und für Ägypten gleich wichtig war.

Es mag gestattet sein, noch einen Augenblick bei den syrischen Landen zu verweilen. Die dürftigen Notizen, die nach den alten Überlieferungen über die neue Ordnung der Dinge in diesen Gebieten anzuführen waren, gewähren im entferntesten nicht eine klare Vorstellung, lassen nicht einmal erkennen, ob hier in derselben Art und nach demselben Schema wie in den Satrapien Kleinasiens verfahren wurde.

eilt; sobald sie vollendet war, wurden die Maschinen gegen die Mauer aufgefahren und begannen mit Tagesanbruch zu arbeiten; währenddessen opferte Alexander gekränzt und im kriegerischen Schmucke und erwartete ein Zeichen; da flog – so wird erzählt – ein Raubvogel über den Altar hin und ließ ein Steinchen auf des Königs Haupt hinabfallen, fing sich selbst aber in dem Tauwerk einer Maschine; der Zeichendeuter Aristandros deutete das Zeichen dahin, daß der König zwar die Stadt erobern werde, jedoch sich an diesem Tage wohl zu hüten habe. Alexander blieb in der Nähe der schützenden Maschinen, die nicht ohne Erfolg gegen die mächtigen Mauern arbeiteten. Plötzlich und mit großer Heftigkeit machten die Belagerten einen Ausfall, warfen Feuer in die Schirmdächer und Geschütze, beschossen von der hohen Mauer herab die Makedonen, welche in den Maschinen arbeiteten und zu löschen suchten, drängten diese so, daß sie bereits sich von ihrem Damme zurückzuziehen begannen. Länger hielt sich Alexander nicht; an der Spitze seiner Hypaspisten rückte er vor, half, wo am meisten Gefahr war, brachte die Makedonen von neuem in den Kampf, so daß sie wenigstens nicht ganz von dem Damme zurückgeworfen wurden; da traf ihn ein Katapultpfeil, fuhr ihm durch Schild und Panzer in die Schulter hinein. Der König sank, die Feinde drängten jubelnd heran, die Makedonen wichen von der Mauer zurück.

Des Königs Wunde war schmerzhaft, aber nicht gefährlich; sie hatte das Zeichen zur Hälfte wahr gemacht, nun mochte auch der glücklichere Teil desselben sich erfüllen. Eben jetzt waren die Maschinen, die die Mauern von Tyros gebrochen hatten, im nahen Hafen Majumas angekommen; um sie anwenden zu können, befahl der König, Dämme von zwölfhundert Fuß Breite und zweihundertfünfzig Fuß Höhe konzentrisch mit den Mauern der Stadt aufzuschütten; zu

denn die Stadt lag eine halbe Meile von der Küste, die überdies, durch Sandbänke und Untiefen gesperrt, einer Flotte kaum zu landen gestattete; von der Küste an erstreckte sich landeinwärts eine tiefe Sandgegend bis zum Fuße des Erdrückens, auf dem Gaza erbaut war. Die Stadt selbst hatte bedeutenden Umfang und war mit einer hohen und mächtigen Mauer umgeben, die jedem Widder und jedem Geschoß widerstehen zu können schien.

Alexander brach etwa mit Anfang September 332 von Tyros auf; ohne bei der festen Stadt Ake, welche den Eingang in das palästinische Syrien schließt, Widerstand zu finden, rückte er in das Land der Samaritaner ein; durch schnelle Unterwerfung beugten sie der gerechten Strafe ihrer Hartnäckigkeit vor. Jerusalem folgte seinem Beispiel, und Alexander, so wird berichtet, hielt im Tempel Jehovas ein feierliches Opfer; er zeigte sich in allem milde und nachsichtig gegen die Nachkommen Abrahams, deren Ergebenheit ihm bei dem Angriff auf die Philisterstadt von mannigfachem Nutzen sein konnte.

So langte das Heer ohne weiteren Aufenthalt vor Gaza an, lagerte sich auf der Südseite, wo die Mauer am leichtesten angreifbar schien; Alexander befahl sofort, die erforderlichen Maschinen zu zimmern und aufzustellen. Aber die Kriegbaumeister erklärten, es sei bei der Höhe des Erdrückens, auf dem die Stadt, liege, unmöglich, Maschinen zu errichten, die sie zu erreichen und zu erschüttern vermöchten. Um keinen Preis durfte Alexander diese Festung unbezwungen lassen; je schwieriger den Seinen die Aufgabe schien, desto mehr wollte er sie gelöst, auch hier das Unmögliche möglich gemacht sehen. Er befahl, auf der am meisten zugänglichen Südseite einen Damm gegen die Stadt hin aufzuschütten, der die Höhe des Erdrückens, auf dem die Mauern standen, erreichte. Die Arbeit wurde möglichst be-

tigende Wucht dieses makedonischen Kriegsfürsten fühlbar gemacht haben. Die mächtige Inselstadt, die stolze Flotte, die Kauffahrtei, der Reichtum dieser weltberühmten Stadt waren dahin; der achilleische Zorn des Siegers hatte sie niedergeworfen.

Er hatte neuen Widerstand im südlichen Syrien zu erwarten. Von Tyros hatte er die Juden und Samaritaner aufgefordert, sich zu unterwerfen; unter dem Vorwande, durch ihren Untertaneneid dem persischen Könige verpflichtet zu sein, hatten sie die Zufuhren und anderweitigen Leistungen die Alexander forderte, verweigert. Größere Sorge machte die Grenzfestung Gaza; in dem palästinischen Syrien bei weitem die wichtigste Stadt, auf der Handelsstraße vom Roten Meer nach Tyros, von Damaskos nach Ägypten, als Grenzfestung gegen die so oft unruhige ägyptische Satrapie für die Perserkönige stets ein Gegenstand besonderer Aufmerksamkeit, war sie von Dareios einem seiner treuesten Diener, dem Eunuchen Batis, anvertraut worden, der kühn genug dem Vordringen des siegreichen Feindes ein Ziel zu setzen gedachte. Er hatte die bedeutende persische Besatzung der Stadt durch Werbungen bei den Araberstämmen, die bis an die Küste im Süden Gazas wohnten, verstärkt; er hatte Vorräte für eine lange Belagerung aufgehäuft, überzeugt, daß, wenn er jetzt den Feind aufzuhalten vermöchte, einerseits die reiche Satrapie Ägypten in Gehorsam bleiben, andererseits der Großkönig Zeit gewinnen werde, seine neuen Rüstungen im oberen Asien zu vollenden, in die unteren Satrapien herabzukommen und den tollkühnen Makedonen über den Tauros, den Halys, den Hellespont zurückzujagen. Der lange Widerstand, den Tyros geleistet hatte, erhöhte den Mut des Eunuchen um so mehr, da die Flotte, der Alexander die endliche Einnahme der Inselstadt dankte, vor Gaza nicht anzuwenden war;

ker auf ihren Schiffen Tausende ihrer tyrischen Landsleute bargen und retteten; nicht minder, daß ein Teil der alten Bevölkerung blieb oder sich wieder zusammenfand. Die Stadt mit ihrem trefflichen Hafen, für eine Flotte vielleicht die beste Station auf der ganzen syrischen Küste, hatte Alexander allen Grund zu erhalten und zu begünstigen, schon um sich mitten unter den anderen Seestädten in diesen Gewässern, die ihre Fürsten und ihre Flotten, wenn auch unter makedonischer Hoheit, behielten, die beherrschende Position zu sichern. Aber das alte Gemeinwesen der Stadt und, so scheint es, das Königtum in ihr hatte ein Ende. Tyros wurde der makedonische Waffenplatz an dieser Küste und, wie man annehmen darf, eine der dauernden Stationen der Flotte.

Alexanders Siegesfeier war, daß er das Heraklesopfer, das ihm von den Tyriern geweigert war, im Herakleion der Inselstadt beging, indem das Heer in voller Rüstung dazu ausrückte und die gesamte Flotte auf der Höhe der Insel im Festaufzug vorübersteuerte; unter Wettkampf und Fackellauf wurde die Maschine, welche die Mauer gesprengt hatte, durch die Stadt gezogen und im Herakleion aufgestellt, das Heraklesschiff der Tyrier, das schon früher in Alexanders Hände gefallen war, dem Gott geweiht.

Die Kunde von diesen tyrischen Vorgängen muß unermeßlichen Eindruck gemacht, sie muß wie der Tag von Issos dem Morgenlande, so und noch mehr den abendländischen Küstenlanden bis zu den Säulen des Herakles die überwäl-

---

30 000 an. Es versteht sich, daß die Stadt mehr als 40 000 Einwohner, wie man aus Arrian schließen möchte, gehabt hat. Die 80 Schiffe, zum Teil Penteren, erforderten allein schon an 20 000 Mann. Enggebaut und voll hoher Häuser, wie sie war, konnte die Inselstadt bei dem Umfange von 22 Stadien (Plin.) nach dem Verhältnis neuerer Großstädte 80 000 Einwohner zählen. Von diesen waren wohl Tausende vor Anfang der Belagerung geflüchtet; sie fanden sich allmählich wieder zusammen.

die Brücke, Admetos war der erste auf der Mauer, der erste, der fiel; durch den Tod ihres Führers entflammt, unter den Augen des Königs, der schon mit dem Agema folgte, drangen die Hypaspisten vor; bald waren die Tyrier aus der Bresche verdrängt, bald ein Turm, bald ein zweiter erobert, die Mauer besetzt, der Wallgang nach der Königsburg frei, den der König nehmen ließ, weil von dort leichter in die Stadt hinabzukommen war.

Währenddessen waren die Schiffe von Sidon, Byblos, Arados in den Südhafen, dessen Sperrketten sie gesprengt hatten, eingedrungen und hatten die dort liegenden Schiffe teils in den Grund gebohrt, teils auf das Ufer getrieben; ebenso waren die kyprischen Schiffe in den Nordhafen eingelaufen und hatten bereits das Bollwerk und die nächsten Punkte der Stadt besetzt. Die Tyrier hatten sich überall zurückgezogen, sich vor dem Agenorion gesammelt, dort sich geschlossen zur Wehr zu setzen. Da rückte von der Königsburg der König mit den Hypaspisten, von der Hafenseite her Koinos mit den Phalangiten gegen diese letzten geordneten Haufen der Tyrier; nach kurzem, höchst blutigem Kampf wurden auch diese bewältigt und niedergemacht. Achttausend Tyrier fanden den Tod. Der Rest der Einwohner, so viele nicht entkamen, bei dreißigtausend Menschen, wurden in die Sklaverei verkauft. Denen, die sich in den Heraklestempel geflüchtet hatten, namentlich dem König Azemilkos, den höchsten Beamten der Stadt und einigen karthagischen Festgesandten ließ Alexander Gnade angedeihen[57]. Es mag sein, daß die Sidonier und andere Phoini-

---

57 Arrian. II 24, 4 u. 5. Polyb. XVI 39; ἐξηνδραποδισμένον μετὰ βίας. Nach Diodor wären 7000 Mann (6000 bei Curtius) im Kampfe gefallen, 2000 kriegsfähige Männer ans Kreuz geschlagen, 13 000 Greise, Weiber und Kinder (der größere Teil sei gen Karthago geflüchtet gewesen) verkauft worden; Arrian gibt die Zahl der Toten auf 8000, die der Gefangenen auf

Begreiflich, daß die Zuversicht im Heere zu wanken begann. Desto ungeduldiger war der König, ein Ende zu machen; jene erste Bresche hatte ihm gezeigt, wo er die trotzende Stadt fassen müsse; er wartete nur stille See ab, den Versuch zu erneuern. Drei Tage nach dem vergeblichen Angriff – es war im August – war das Meer ruhig, die Luft klar, der Horizont wolkenlos, alles so, wie des Königs Plan es forderte. Er berief die Führer der zum Angriff bestimmten Truppen, sagte ihnen das Nötige. Dann ließ er die mächtigsten seiner Maschinenschiffe im Süden gegen die Mauer anrücken und arbeiten, während zwei andere Schiffe, das eine mit den Hypaspisten Admets, das andere mit Koinos' Phalangiten, bereitlagen, zum Sturm anzulegen, wo es möglich sein werde; er selbst ging mit den Hypaspisten; zu gleicher Zeit ließ er sämtliche Schiffe in See gehen, einen Teil der Trieren sich vor die Häfen legen, um während des Sturmes vielleicht die Hafenketten zu sprengen und in die Bassins einzudringen; alle anderen Schiffe, welche Bogenschützen, Schleuderer, Ballisten, Katapulte, Sturmböcke oder Ähnliches an Bord hatten, verteilten sich rings um die Insel mit dem Befehl, entweder, wo es irgend möglich sei, zu landen oder innerhalb Schußweite unter der Mauer zu ankern und die Tyrier von allen Seiten zu beschießen, daß sie, unschlüssig, wo am meisten Gefahr oder Schutz sei, desto leichter dem Sturme erlägen.

Die Maschinen begannen zu arbeiten, von allen Seiten flogen Geschosse und Steine gegen die Zinnen, an allen Punkten schien die Stadt gefährdet, als plötzlich der Teil der Mauer, auf den es Alexander abgesehen hatte, zertrümmert zusammenstürzte und eine ansehnliche Bresche öffnete. Sogleich legten die beiden Fahrzeuge mit Bewaffneten an der Stelle der Maschinenschiffe bei, die Fallbrükken wurden hinabgelassen, die Hypaspisten eilten über

chanischen Mitteln und technischer Kunst, alles übertraf, was je in dieser Art von Barbaren und Hellenen unternommen worden war. Hatten die Tyrier, die anerkannt größten Techniker und Maschinenbauer der damaligen Welt, alles Unerwartetste geleistet, sich zu schützen, so waren Alexanders Ingenieure, unter ihnen Diades und Chairias aus der Schule des Polyeides, nicht minder erfinderisch gewesen, deren Künste zu überbieten. Jetzt, nachdem der König durch seinen Damm einen festen Angriffspunkt und für seine Schiffe einen ziemlich sicheren Ankerplatz gewonnen, nachdem er den Meeresgrund gereinigt und seinen Maschinen das Anlegen an den Mauern möglich gemacht, nachdem er die tyrische Seemacht vom Meere verdrängt hatte, so daß ihm nichts mehr zu tun übrig blieb, als die Mauern zu übersteigen oder zu durchbrechen, erst jetzt begann für ihn die mühevollste und gefährlichste Arbeit. Die Wut der Tyrier wuchs mit der Gefahr, ihr Fanatismus mit dem Nahen des Untergangs.

Dem Damme gegenüber waren die Mauern zu hoch und zu dick, um erschüttert oder erstiegen zu werden; nicht viel mehr richteten die Maschinen auf der Nordseite aus; die Mächtigkeit der in Zement gefugten Quadermassen schien jeder Gewalt zu trotzen. Mit desto größerer Hartnäckigkeit verfolgte Alexander seinen Plan; er ließ auf der Südseite der Stadt die Maschinen anrücken, arbeiten, nicht eher ruhen, als bis die Mauer, bedeutend beschädigt und durchbrochen, zu einer Bresche zusammenstürzte. Sogleich wurden Fallbrücken hineingeworfen, ein Sturm versucht; es entbrannte der härteste Kampf; vor der Wut der Verteidiger, vor den Geschossen, den ätzenden, glühenden Massen, die sie schleuderten, den schneidenden, fassenden Maschinen, die sie arbeiten ließen, mußten die Makedonen weichen; der König gab die zu kleine Bresche auf, welche bald von den Tyriern hinterbaut wurde.

Androkles von Amathos, die des Pasikrates von Kurion in den Grund, jagten die übrigen auf den Strand, begannen sie zu zertrümmern. Indessen hatte Alexander, der diesen Tag früher als gewöhnlich zu seinen Schiffen auf der Südseite zurückgekommen war und sehr bald die Bewegung vor dem Hafen jenseits der Stadt bemerkt hatte, die Mannschaften an Bord kommandiert, schleunigst seine Schiffe bemannt, den größten Teil derselben unmittelbar vor dem Südhafen auffahren lassen, um einem Ausfall der Tyrier von dieser Seite zuvorzukommen, war dann mit fünf Trieren und allen Fünfruderern seines Geschwaders um die Insel herumgesteuert, dem bereits siegreichen tyrischen zu. Von der Mauer der Stadt aus gewahrte man Alexanders Nahen; mit lautem Geschrei, mit Zeichen jeder Art suchte man den Schiffen die Gefahr kundzutun und sie zum Rückzuge zu bewegen; über den Lärm des anhaltenden Gefechtes bemerkten es die Kämpfenden nicht eher, als bis das feindliche Geschwader sie fast schon erreicht hatte; schnell wendeten die tyrischen Schiffe und ruderten in der größten Eile dem Hafen zu; nur wenige erreichten ihn; die meisten wurden in den Grund gebohrt oder so beschädigt, daß sie zu künftigem Seedienst unbrauchbar waren; noch dicht vor der Mündung fielen ein Fünfruderer und ein Vierruderer in des Feindes Hand, während sich die Mannschaft schwimmend rettete.

Dieser Ausgang des Tages war für das Schicksal der Stadt von schwerer Bedeutung; sie hatte mit dem Meere gleichsam das Glacis der Festung verloren. Die tyrischen Schiffe lagen nun tot in den beiden Häfen, die von denen des Feindes auf das strengste bewacht, tyrischerseits durch Sperrketten vor einem Einbruch gesichert wurden. Damit begann der letzte Akt der Belagerung, die, von beiden Seiten ein immer höher gesteigerter Wettkampf von Erfindungen, me-

sen wurden aus dem Fahrwasser in der Nähe des Dammes hinweggeschafft, so daß die einzelnen Maschinenschiffe sich endlich der Mauer nähern konnten. Das Heer war voll Kampfbegier und Erbitterung; hatten doch die Tyrier gefangene Makedonen auf die Höhe der Mauer geführt, sie dort – recht vor den Augen ihrer Kameraden im Lager – geschlachtet und ins Meer geworfen.

Den Tyriern entging keineswegs, wie sich mit jedem Tage die Gefahr mehrte und wie ihre Stadt ohne Rettung verloren sei, wenn sie nicht mehr die Oberhand auf dem Meere habe. Sie hatten auf Hilfe, namentlich von Karthago, gehofft; sie hatten erwartet, daß die Kyprier wenigstens nicht gegen sie kämpfen würden; von Karthago kam endlich das heilige Schiff der Festgesandtschaft, es brachte die Botschaft, daß der Mutterstadt keine Hilfe werden könnte. Und schon waren sie so gut wie eingesperrt, da vor dem Nordhafen die kyprische, vor dem südlichen die phoinikische Flotte ankerte, so daß sie nicht einmal ihre ganze Marine zu einem Ausfall, der noch die einzige Rettung zu sein schien, vereinigen konnten. Mit desto größerer Vorsicht rüsteten sie im Nordhafen hinter ausgespannten Segeln, die völlig verdeckten, was da geschah, ein Geschwader von drei Fünfruderern, ebenso vielen Vierruderern und sieben Trieren aus, bemannten diese mit auserlesenem Schiffsvolk; die Stille der Mittagsstunde, in der Alexander selbst auf dem Festlande in seinem Zelte zu ruhen sowie die Mannschaften der meisten Schiffe sich, um frisches Wasser und Lebensmittel zu holen, auf dem Strande zu befinden pflegten, war zum Ausfall bestimmt. Unbemerkt aus dem Hafen gefahren, ruderten sie, sobald sie den auf der Nordseite stationierten und fast ganz unbewachten Schiffen der kyprischen Fürsten nahekamen, mit lautem Schlachtruf auf dieselben los, bohrten beim ersten Anlauf die Pentere des Pnytagoras, die des

machos und ihren eigenen Königen sperrten den Nordhafen, während die phoinikischen, bei denen er selbst blieb, sich vor den ägyptischen Hafen legten. Es galt nun, die Maschinen und Türme nahe genug an die Mauern zu bringen, um entweder Bresche zu legen oder Fallbrücken auf die Zinnen zu werfen. Zu dem Ende war nicht bloß der Damm mit einer Menge von Maschinen bedeckt, sondern auch eine große Anzahl von Lastschiffen und alle Trieren, die nicht besonders segelten, zum Teil auf das kunstreichste mit Mauerbrechern, Katapulten und anderen Maschinen ausgerüstet. Aber den Maschinen vom Damme her widerstand die feste, aus Quadern erbaute Mauer, deren Höhe von hundertfünfzig Fuß, noch vermehrt durch die Aufstellung hölzerner Türme auf den Zinnen, die makedonischen Türme mit ihren Fallbrücken unschädlich machte. Und wenn sich die Maschinenschiffe rechts und links vom Damm den Mauern nahten, so wurden sie schon von ferne mit einem Hagel von Geschossen, Steinen und Brandpfeilen empfangen; wenn sie dennoch näher an den Strand hinruderten, um endlich anzulegen, fanden sie die Anfahrt durch eine Menge versenkter Steine unmöglich gemacht. Man begann die Steine herauszuschaffen, von den schwankenden Schiffen aus an sich schon eine mühselige Arbeit, und sie wurde dadurch verdoppelt und oft ganz vereitelt, daß tyrische, mit Schirmdächern versehene Fahrzeuge die Ankertaue der arbeitenden Schiffe kappten und sie so der treibenden Strömung und dem Winde preisgaben. Alexander ließ ebenso bedeckte Fahrzeuge vor den Ankern beilegen, um die Taue zu schützen; aber tyrische Taucher schwammen unter dem Wasser bis in die Nähe der Schiffe und zerschnitten deren Kabel, bis endlich die Anker an eisernen Ketten in den Seegrund gelassen wurden. Jetzt konnten die Schiffe ohne weitere Gefahr arbeiten; die Steinmas-

Die Stadt hat zwei Häfen, beide auf der dem Lande zugekehrten Seite der Insel, der sidonische rechts von dem Damm der Makedonen, der ägyptische links, durch den weit vorspringenden südlichen Teil der Insel vom offenen Meer entfernter. Die Tyrier hatten, solange sie nicht wußten, daß sich die kyprischen und phoinikischen Geschwader unter Alexanders Befehl befanden, die Absicht gehabt, ihm zu einer Seeschlacht entgegenzusegeln; jetzt sahen sie am Horizont die ausgedehnte Schlachtlinie der feindlichen Flotte herauffahren, mit der es ihre Schiffe, an Zahl wohl dreimal schwächer, um so weniger aufzunehmen wagen durften, da sie die beiden Häfen vor einem Überfall schützen mußten, wodurch die Zahl der verfügbaren Schiffe noch mehr verringert wurde. Sie begnügten sich, die enge Mündung des Nordhafens, der dem ersten Angriff ausgesetzt war, durch eine dicht gedrängte Reihe von Trieren mit seewärts gewandten Schnäbeln so zu sperren, daß jeder Versuch zum Durchbrechen unmöglich war. Alexanders seinerseits hatte, sobald seine Geschwader auf die Höhe von Tyros gekommen waren, halt machen lassen, um die feindliche Flotte zum Gefecht zu erwarten, war dann, als kein feindliches Schiff ihm entgegenkam, unter vollem Ruderschlag gegen die Stadt losgesteuert, vielleicht in der Hoffnung, durch einen heftigen Anlauf den Hafen zu gewinnen. Die dichte Reihe der Trieren in der engen Hafenmündung zwang ihn, diesen Plan aufzugeben; nur drei Schiffe, die am weitesten aus dem Hafen hinaus lagen, wurden in den Grund gebohrt; die Besatzung rettete sich durch Schwimmen zum nahen Ufer.

Alexander hatte die Flotte nicht fern von dem Damm sich an den Strand legen lassen, wo sie Schutz vor dem Winde hatte. Am folgenden Tage ließ er die Blockade der Stadt beginnen. Die kyprischen Schiffe unter dem Admiral Andro-

aus Lykien und Kilikien und selbst ein makedonisches, das Proteas, der sich durch seinen Überfall bei Siphnos ausgezeichnet hatte, der Neffe des schwarzen Kleitos, führte, so daß sich Alexanders Seemacht wohl auf 250 Schiffe belief, darunter auch Vier- und Fünfruderer.

Während die Flotte vollständig ausgerüstet und der Bau der Maschinen beendet wurde, unternahm Alexander einen Streifzug gegen die arabischen Stämme im Antilibanon, deren Unterwerfung um so wichtiger war, da sie die Straßen, die vom Tale des Orontes nach der Küste führen, beherrschten und die Karawanen aus Chalybon und Damaskos von ihren festen Bergschlössern aus überfallen konnten. Von einigen Geschwadern der Ritterschaft, von den Hypaspisten, den Agrianern und Bogenschützen begleitet, durchzog der König die schönen Täler der Libanonketten; mehrere Schlösser der Araber wurden erstürmt, andere ergaben sich freiwillig, alle erkannten die Oberherrschaft des makedonischen Königs an, der nach elf Tagen schon wieder nach Sidon zurückkehrte, wo kurz vorher viertausend Mann griechische Söldner, die Kleandros geworben, sehr zur rechten Zeit eintrafen. Die Rüstungen zur förmlichen Belagerung des mächtigen Tyros waren so weit, daß Alexander, nachdem er die Bemannung seiner Schiffe, um in offener Seeschlacht und namentlich im Entern ein entschiedenes Übergewicht über die Tyrier zu haben, mit Hypaspisten verstärkt hatte, von der Reede von Sidon aus in See stechen konnte. In voller Schlachtlinie steuerte er auf Tyros los, auf dem linken Flügel Krateros und Pnytagoras, er selbst mit den übrigen kyprischen Königen und den phoinikischen auf dem rechten; er gedachte die tyrische Flotte womöglich sogleich durch eine Schlacht von der See zu verdrängen und dann durch Sturm oder Blockade die Stadt zur Übergabe zu zwingen.

an Geld und Gut habe, sei sein, und wenn es ihm beliebe, Dareios' Tochter zu heiraten, so könne er es, ohne daß Dareios sie ihm gebe; er möge in Person kommen, wenn er etwas von seiner Güte empfangen wolle.

Mit doppeltem Eifer wurden die Belagerungsarbeiten fortgesetzt, namentlich der Damm vom Lande aus in größerer Breite wiederhergestellt, um einerseits dem Werke selbst mehr Festigkeit zu geben, andererseits mehr Raum für Türme und Maschinen zu gewinnen. Zu gleicher Zeit erhielten die Kriegsbaumeister den Auftrag, neue Maschinen sowohl für den Dammbau als für den Sturm auf die mächtigen Mauern zu errichten. Alexander selbst ging während dieser vorbereitenden Arbeiten mit den Hypaspisten und Agrianern nach Sidon, dort eine Flotte zusammenzubringen, mit der er Tyros zu gleicher Zeit von der Seeseite her blockieren könne. Gerade jetzt – es mag um Frühlingsanfang gewesen sein – kamen die Schiffe von Arados, Byblos und Sidon aus den hellenischen Gewässern zurück, wo sie auf die Nachricht von der Schlacht bei Issos sich von der Flotte des Autophradates getrennt und, sobald es die Jahreszeit erlaubte, zur Heimfahrt aufgemacht hatten; es waren an achtzig Trieren unter Gerostratos von Arados und Enylos von Byblos; auch die Stadt Rhodos, die sich vor kurzem für Alexanders Sache entschieden hatte, sandte zehn Schiffe; dann lief auch das schöne Geschwader der kyprischen Könige von etwa hundertundzwanzig Segeln in den Hafen von Sidon ein[56]; dazu kamen einige Schiffe

---

[56] Die »Verzeihung, weil sie mehr gezwungen als nach eigenem Willen für die Perser gekämpft«, ist nicht »Hochmut«, wie wohl gesagt worden ist. In aller Form war der König zum Vorkämpfer des Hellenentums bestellt; und er hatte allen Grund, dies Prinzip festzuhalten. Daß sich die Rhodier, die Kyprier für die hellenische Sache erst jetzt erklärten, machte solche ἄδεια notwendig, wenn sie als Hellenen anerkannt, nicht als Überläufer behandelt werden sollten.

len. Das wäre nach seinem Charakter und nach seinen Plänen noch unmöglicher gewesen als die Eroberung der Insel. Je mächtiger und unabhängiger Tyros seiner Landmacht gegenüberstand, desto notwendiger war es, die stolze Stadt zu demütigen; je zweifelhafter der Erfolg besorglicheren Gemütern erscheinen mochte, desto bestimmter mußte Alexander ihn erzwingen; ein Schritt rückwärts, ein aufgegebener Plan, eine halbe Maßregel hätte alles vereitelt.

In dieser Zeit mag es gewesen sein[55], daß von neuem Gesandte des Dareios eintrafen, die für des Großkönigs Mutter, Gemahlin und Kinder ein Lösegeld von zehntausend Talenten, ferner den Besitz des Landes diesseits des Euphrat, endlich mit der Hand seiner Tochter Freundschaft und Bundesgenossenschaft anboten. Als Alexander seine Generale versammelte und ihnen die Anträge des Perserkönigs mitteilte, waren die Ansichten sehr geteilt; Parmenion namentlich äußerte, daß, wenn er Alexander wäre, er unter den gegenwärtigen Umständen allerdings jene Bedingungen annehmen und sich nicht länger dem wechselnden Glück des Krieges aussetzen würde. Alexander antwortete: auch er würde, wenn er Parmenion wäre, also handeln; doch da er Alexander sei, so laute seine Antwort an Dareios: daß er weder Geld von Dareios brauche noch des Landes einen Teil statt des Ganzen nehme; was Dareios an Land und Leuten,

---

55 Arrian. II 25, 1 sagt nur ἔτι ἐν τῇ πολιορκίᾳ usw. Curt. IV 5, 1 erwähnt diese Sendung mit dem Erbieten, das Land bis zum Halys abzutreten, nach dem Fall von Tyros, IV 11, 1 kurz vor der Schlacht von Arbela eine dritte Sendung; Diodor. XVII 54 und Plut. 29 erwähnen die zweite Sendung nach der Rückkehr aus Ägypten. In Marathos – also etwa Mitte Dezember 333 – hatte Alexander die ersten Anträge abgelehnt; die Schüttung des Dammes mußte wenigstens vier Wochen kosten, dann folgte nach Zerstörung der bisherigen Arbeit eine Pause. Dareios hatte allen Anlaß, sein zweites Erbieten nicht zu verzögern.

und Schwefel und andere Dinge derart hinein; ferner wurden an den beiden Masten doppelte Rahen befestigt, an deren Enden Kessel mit allerlei das Feuer schnell verbreitenden Brennstoffen hingen; endlich wurde der hintere Teil des Schiffes schwer geballastet, um das vordere Werk möglichst über den Wasserspiegel emporzuheben. Bei dem nächsten günstigen Winde ließen die Tyrier diesen Brander in See gehen; einige Trieren nahmen ihn ins Schlepptau und brachten ihn gegen den Damm; dann warf die in dem Brander befindliche Mannschaft Feuer in den Raum und in die Masten und schwamm zu den Trieren, die das brennende Gebäude mit aller Gewalt gegen die Spitze des Dammes trieben. Der Brander erfüllte, von einem starken Nordwestwinde begünstigt, vollkommen seinen Zweck; in kurzer Zeit standen die Türme, die Schirmdächer, die Gerüste und Faschinenhaufen auf dem Damm in hellen Flammen, während sich die Trieren an den Damm ober dem Winde vor Anker legten und durch ihr Geschütz jeden Versuch, den Brand zu löschen, vereitelten. Zugleich machten die Tyrier einen Ausfall, ruderten auf einer Menge von Booten über die Bai heran, zerstörten in kurzem die Pfahlroste vor dem Damm und zündeten die Maschinen, die noch etwa übrig waren, an. Durch das Fortreißen jener Roste wurde der noch unfertige Teil des Dammes entblößt und den immer heftiger anstürmenden Wellen preisgegeben, so daß der vordere Teil des Werkes durchrissen und hinweggespült in den Wellen verschwand.

Man hat wohl gesagt, Alexander habe nach diesem unglücklichen Ereignis, das ihn nicht bloß eine Menge Menschen und alle Maschinen gekostet, sondern auch die Unmöglichkeit, Tyros vom Lande her zu bewältigen, gezeigt habe, die Belagerung ganz aufgeben, den von Tyros angebotenen Vertrag annehmen und nach Ägypten ziehen sol-

ten die Gebäude des von den Einwohnern verlassenen Alttyros und die Zedern des nahen Libanon; Pfähle ließen sich leicht in den weichen Meeresgrund treiben, und der Schlick diente dazu, die eingelassenen Werkstücke miteinander zu verbinden. Mit dem größten Eifer wurde gearbeitet, der König selbst war häufig zugegen[54]; Lob und Geschenke machten den Soldaten die harte Arbeit leicht.

Die Tyrier hatten bisher, auf ihre Schiffe, auf die Stärke und Höhe ihrer Mauern vertrauend, ruhig zugesehen; jetzt schien es Zeit, den übermütigen Feind die Torheit seines Wagnisses und die Überlegenheit einer uralten Meisterschaft in der Maschinenkunst erfahren zu lassen. Der Damm erreichte bereits das tiefere Fahrwasser; sie brachten auf der dem Lande zugewandten Stelle ihrer hohen Mauer so viel Geschütz als möglich zusammen und begannen Pfeile und Steine gegen die ungedeckten Arbeiter auf dem Damm zu schleudern, während diese zugleich von beiden Seiten durch die Trieren der Tyrier hart mitgenommen wurden. Zwei Türme, die Alexander auf dem Ende des Dammes errichten ließ, mit Schirmdecken und Fellen überhangen und mit Wurfgeschütz versehen, schützten die Arbeiter vor den Geschossen von der Stadt her und vor den Trieren; mit jedem Tage rückte der Damm, wenn auch wegen des tieferen Meeres langsamer, vor. Dieser Gefahr zu begegnen, bauten die Tyrier einen Brander in folgender Weise. Ein Frachtschiff wurde mit dürrem Reisig und anderen leicht entzündbaren Stoffen angefüllt, dann an der Gallione zwei Mastbäume befestigt und mit einer möglichst weiten Galerie umgeben, um in derselben desto mehr Stroh und Kien aufhäufen zu können; überdies brachte man noch Pech

---

54 Es wird erzählt, Alexander habe zuerst einen Schanzkorb mit Erde gefüllt und herangetragen, worauf dann die Makedonen mit lautem Jauchzen die mühselige Arbeit begonnen hätten; Polyaen. IV. 3. 3.

habe; werde dagegen Tyros eingenommen, so habe man Phoinikien ganz, und die phoinikische Flotte, der größte und schönste Teil der persischen Seemacht, werde sich zu Makedonien halten müssen; denn weder die Matrosen noch die übrige Bemannung der phoinikischen Schiffe würden, während ihre eigenen Städte besetzt wären, den Kampf zur See auszufechten geneigt sein; Kypros würde sich gleichfalls entschließen müssen zu folgen oder sofort von der makedonisch-phoinikischen Flotte genommen werden; habe man aber einmal die See mit der vereinten Seemacht, zu der auch noch die Schiffe von Kypros kämen, so sei Makedoniens Übergewicht auf dem Meere entschieden, der Zug nach Ägypten sicher und des Erfolges gewiß; und sei erst Ägypten unterworfen, so brauche man wegen der Verhältnisse in Hellas nicht weiter besorgt zu sein; den Zug nach Babylon könne man, über die heimischen Zustände beruhigt, mit desto größeren Erwartungen beginnen, da dann die Perser zugleich vom Meere und von den Ländern diesseits des Euphrat abgeschnitten seien. Die Versammlung überzeugte sich von der Notwendigkeit, die stolze Seestadt zu unterwerfen; aber ohne Flotte sie zu erobern, schien unmöglich. Immerhin unmöglich für den ersten Blick; aber das als notwendig Erkannte mußte auch zu ermöglichen sein; kühne Pläne durch kühnere Mittel zu verwirklichen gewohnt, beschloß Alexander, die Inselstadt landfest zu machen, um dann die eigentliche Belagerung zu beginnen.

Neutyros, auf einer Insel von einer halben Meile Länge und geringerer Breite erbaut, war vom festen Lande durch eine Meerenge von etwa tausend Schritt Breite getrennt, die in der Nähe der Insel noch etwa drei Faden Fahrwasser hatte, in der Nähe des Festlandes dagegen seicht und schlammig war. Alexander beschloß, an dieser Stelle einen Damm durch das Meer zu legen; das Material dazu liefer-

wie auf die eigenen Hilfsmittel und die unangreifbare Lage der Stadt gestützt, mit Alexander die Bedingungen, die dem Interesse der Stadt entsprächen, einzugehen. Überzeugt, eine Auskunft, die zugleich schicklich, gefahrlos und ersprießlich sei, gefunden zu haben, meldeten die Tyrier dem makedonischen Könige ihren Beschluß: sie würden sich geehrt fühlen, wenn er ihrem heimischen Gott in dem Tempel von Alttyros auf dem Festlande seine Opfer darbringe; sie seien bereit, ihm zu gewähren, was er sonst fordern werde, ihre Inselstadt müsse für die Makedonen und Perser geschlossen bleiben.

Alexander gab sofort alle weiteren Unterhandlungen auf; er beschloß, das zu erzwingen, was für den Fortgang seiner Unternehmungen ihm unentbehrlich war. Das seemächtige Tyros, neutral in seinem Rücken, hätte allem Übelwollen und Abfall in den hellenischen Landen, hätte dem schon begonnenen Kampf des Königs Agis, dessen Bruder schon Kreta gewonnen hatte, einen Mittelpunkt und Halt gegeben. Er berief die Strategen, Ilarchen, Taxiarchen sowie die Führer der Bundestruppen, teilte das Geschehene mit und eröffnete seine Absicht, Tyros um jeden Preis einzunehmen; weder könne man den Marsch nach Ägypten wagen, solange die Perser noch eine Seemacht hätten, noch den König Dareios verfolgen, während man die Stadt Tyros mit ihrer offenbar feindlichen Gesinnung, dazu Ägypten und Kypros, die noch in den Händen der Perser seien, im Rücken habe; der griechischen Angelegenheiten wegen sei das noch weniger möglich; mit Hilfe der Tyrier könnten sich die Perser wieder der Seeküsten bemächtigen und, während man auf Babylon losgehe, mit noch größerer Heeresmacht den Krieg nach Hellas hinüberspielen, wo die Spartaner schon offenbar aufgestanden seien und die Athener bisher mehr die Furcht als der gute Wille für Makedonien zurückgehalten

dos. Auf seinem weiteren Zuge nahm er Byblos durch vertragsmäßige Übergabe. Die Sidonier eilten, sich dem Sieger der verhaßten Persermacht zu ergeben; Alexander nahm auf ihre ehrenvolle Einladung die Stadt in Besitz, gab ihr ihr früheres Gebiet und ihre frühere Verfassung wieder, indem er dem Abdollonymos, einem in Armut lebenden Nachkommen der sidonischen Könige, die Herrschaft übertrug; er brach dann nach Tyros auf.

Auf dem Wege dahin begrüßte ihn eine Deputation der reichsten und vornehmsten Bürger von Tyros, an ihrer Spitze der Sohn des Fürsten Azemilkos; sie erklärten, daß die Tyrier bereit seien zu tun, was Alexander verlangen werde. Der König dankte ihnen und belobte ihre Stadt: er gedenke nach Tyros zu kommen, um im Tempel des Tyrischen Herakles ein feierliches Opfer zu halten.

Es war gerade das, was die Tyrier nicht wollten; unter den jetzigen Verhältnissen, darüber waren die Lenker der Stadt einig, müsse sie, wie zur Zeit der sidonischen Empörung mit so glücklichem Erfolge geschehen sei, mit der strengsten Neutralität ihre Unabhängigkeit sichern, um bei jedem Ausgang des Krieges ihren Vorteil zu finden; und sie könne es, da die Marine der Stadt trotz dem im Aigaiischen Meere befindlichen Geschwader bedeutend genug sei, den gefaßten Beschlüssen Achtung zu verschaffen; noch habe die persische Seemacht in allen Meeren die Oberhand, und Dareios rüste schon ein neues Heer, um das weitere Vordringen der Makedonen zu hemmen; wenn er siege, so werde die Treue der Tyrier um so reicher belohnt werden, da bereits die übrigen phoinikischen Städte die persische Sache verraten hätten; unterliege er, so werde Alexander, ohne Seemacht wie er sei, vergebens gegen die Stadt im Meere zürnen, Tyros dagegen noch immer Zeit haben, auf seine Flotte, seine Bundesgenossen in Kypros, der Peloponnes und Libyen so-

führt. Die Schlacht von Issos änderte für die phoinikischen Städte die Lage der Dinge völlig. Wenn sie gemeinsame Sache gemacht, wenn sie ihre Seemacht vereinigt hätten, jeden Punkt, auf den sich der Feind werfen wollte, gemeinsam zu unterstützen, wenn die Admirale des Großkönigs die hellenischen Gewässer und die jetzt wirkungslose Offensive aufgegeben hätten, um die phoinikischen Häfen zu verteidigen, so ist nicht abzusehen, wie die nur kontinentale Macht des Eroberers den Sieg über die maritime Verteidigung dieser befestigten und volkreichen Städte hätte davontragen sollen. Aber die phoinikischen Städte waren trotz ihres Bundes nichts weniger als geeint, am wenigsten seit dem, was sie an Sidon hatten geschehen lassen. Die Sidonier werden den Sieg von Issos mit Jubel begrüßt haben; sie durften hoffen, durch Alexander wiederzuerhalten, was sie im Kampf gegen den persischen Despoten eingebüßt hatten. Byblos, durch Sidons Fall gehoben, mußte ebenso besorgt sein, alles zu verlieren, wie es, auf dem Festlande gelegen, unfähig war, dem siegreichen Heere Alexanders zu widerstehen; Arados und Tyros dagegen lagen im Meere; doch hatte Arados, weniger durch ausgebreiteten Handel als durch Besitzungen auf dem Festlande mächtig, durch Alexanders Heranrücken mehr zu verlieren als Tyros, das mit den 80 Schiffen, die es noch daheim hatte, sich auf seiner Insel sicher glaubte.

Als nun Alexander vom Orontes her sich dem Gebiete der phoinikischen Städte nahte, kam ihm auf dem Wege Straton, des aradischen Fürsten Gerostratos Sohn, entgegen, überreichte ihm namens seines Vaters einen goldenen Kranz und unterwarf ihm dessen Gebiet, welches den nördlichsten Teil der phoinikischen Küste umfaßte und sich eine Tagereise weit landeinwärts bis zur Stadt Mariamne erstreckte; auch die große Stadt Marathos, in der sich Alexander einige Tage aufhielt, gehörte zum Gebiete von Ara-

scharf ausgeprägten Sonderinteressen der untereinander eifersüchtigen Städte. Als zur Zeit des Königs Ochos Sidon auf dem Bundestage zu Tripolis die beiden anderen Hauptstädte des Bundes, Tyros und Arados, zur Teilnahme an der Empörung aufrief, versprachen sie Hilfe, warteten aber untätig das Ende eines Unternehmens ab, das, falls es glückte, sie mitbefreite, falls es mißglückte, mit Sidons Verlusten ihre Macht und ihren Handel mehren mußte. Sidon unterlag, brannte nieder, verlor die alte Verfassung und Selbständigkeit, und Byblos, so scheint es, trat statt ihrer in den Bundesrat von Tripolis oder hob sich wenigstens seit dieser Zeit so, daß es fortan neben Arados und Tyros eine Rolle zu spielen vermochte.

Die neun Städte von Kypros, in ihrem Verhältnis zum Perserreiche den phoinikischen ähnlich, aber durch ihren zum Teil hellenischen Ursprung und die größere Gunst ihrer Lage ungeduldiger, frei zu sein, hatten zu gleicher Zeit mit Sidon, König Pnytagoras von Salamis an ihrer Spitze, sich empört, waren aber unter Pnytagoras' Bruder Euagoras bald nach Sidons Fall zum Gehorsam zurückgekehrt; und wenn nach einiger Zeit Pnytagoras die Herrschaft von Salamis wiedererhielt, so war völlige Hingabe an das persische Reich die Bedingung gewesen, unter der er wie ehedem der Erste unter den kleinen Fürsten von Kypros sein durfte.

Zwanzig Jahre waren nach jenem Aufstand verflossen, als Alexander seinen Krieg gegen Persien begann. Die Schiffe der Phoiniker unter ihren »Königen«, die von Tyros unter Azemilkos, die der Aradier unter Gerostratos, die von Byblos unter Enylos, ihnen zugesellt die von Sidon, ferner die kyprischen Schiffe unter Pnytagoras und den anderen Fürsten, waren auf des Perserkönigs Aufruf in die hellenischen Gewässer gegangen, hatten dort, freilich bald unter schlaffer Führung, ohne großen Erfolg den Krieg ge-

non zum Satrapen ernannt. Über Phoinikien konnte der König noch nicht verfügen; dort erwarteten ihn nicht geringe Schwierigkeiten.

Die politische Stellung der phoinikischen Städte im Perserreich war besonderer Art, eine Folge ihrer geographischen Lage und ihrer inneren Verhältnisse. Seit Jahrhunderten zur See mächtig, entbehren sie des für Seemächte fast unentbehrlichen Vorteils der insularen Lage; sie waren nacheinander die Beute der Assyrer, der Babylonier, der Perser geworden. Aber auf der Landseite durch die hohen Bergketten des Libanon fast vom Binnenlande abgeschnitten und teilweise auf kleinen Küsteninseln erbaut, die wenigstens dem unmittelbaren und fortwährenden Einfluß der auf dem Festlande herrschenden Macht nicht ganz zur Hand waren, behaupteten sie mit ihrer alten Verfassung die alte Selbständigkeit insoweit, daß sich die Perserkönige gern mit der Oberherrlichkeit und der Befugnis, die phoinikische Flotte aufzubieten, begnügten. Die einst sehr bedrohliche Rivalität der Griechen in Kauffahrtei, Industrie, Seemacht war, seitdem der alte Attische Seebund zusammengebrochen war, überholt; und selbst in den Zeiten der völligen Unabhängigkeit dieser Städte war ihre Betriebsamkeit und ihr Wohlstand vielleicht nicht so groß gewesen wie jetzt unter der Perserherrschaft, die ihrem Handel ein unermeßliches Hinterland sicherte. Während sonst in allen dem Perserreiche einverleibten Ländern die frühere volkstümliche Zivilisation entartet oder vergessen war, blieb in Phoinikien der alte Handelsgeist und die Art von Freiheit, die der Betrieb des Handels fordert. Auch bei den Phoinikern hatte es nicht an Versuchen gefehlt, sich der Herrschaft des Großkönigs zu entziehen; wenn es trotz der Erschlaffung der Persermacht damit nicht gelungen war, so lag der Grund in der inneren Verfassung und mehr noch in den

Bericht von dieser Expedition befahl Alexander, alles, was an Menschen und Sachen in seine Hände gefallen sei, nach Damaskos zurückzubringen und zu bewachen, die griechischen Abgeordneten ihm sofort zuzuschicken. Sobald diese angekommen waren, entließ er die beiden Thebaner ohne weiteres, teils aus Rücksicht für ihre Person, indem der eine Thessaliskos, des edlen Ismenias Sohn, der andere, Dionysidoros, ein olympischer Sieger war, teils aus Mitleid mit ihrer unglücklichen Vaterstadt und dem nur zu verzeihlichen Haß der Thebaner gegen Makedonien; den Athener Iphikrates, den Sohn des Feldherrn gleichen Namens, behielt er aus Achtung für dessen Vater und um den Athenern einen Beweis seiner Nachsicht zu geben, in hohen Ehren um seine Person; der Spartiate Euthykles dagegen, dessen Vaterstadt gerade jetzt offenbaren Krieg begonnen hatte, wurde vorderhand als Gefangener zurückbehalten; er ist späterhin, als die immer größeren Erfolge der makedonischen Waffen das Verhältnis zu Sparta änderten, in seine Heimat entlassen worden.

Während Parmenions Zug nach Damaskos hatte Alexander die Verhältnisse Kilikiens geordnet. Wir erfahren wenig darüber, aber das wenige ist bezeichnend. Dies Gebiet, das militärisch wichtiger war als irgendein anderes und das in den freien und tapferen Stämmen des Tauros eine gefährliche Umgebung hatte, mußte in durchaus feste Hand gelegt werden. Der König übertrug es einem der sieben Leibwächter, dem Balakros, Nikanors Sohn; es scheint, daß ihm mit der Satrapie zugleich die Strategie übertragen wurde; wir finden demnächst des Balakros Kämpfe gegen die Isaurier erwähnt. Man glaubt unter den Münzen Alexanders vom älteren Typus eine bedeutende Zahl von kilikischem Gepräge zu erkennen. Für Syrien, soweit es durch Parmenion besetzt war – Koilesyrien –, wurde Me-

daß zunächst Phoinikien, dies unerschöpfliche Arsenal des Perserreiches, mochte es sich unterwerfen oder verteidigen wollen, seine Flotte aus den griechischen Meeren zurückziehen mußte, daß damit die von Sparta begonnene Bewegung ohne jede weitere Unterstützung von seiten Persiens bald gebrochen werden konnte, daß endlich mit der Besetzung des Nillandes, der dann kein wesentliches Hindernis weiter entgegentreten konnte, die Operationsbasis für den Feldzug nach dem weiteren Osten ihre volle Breite und Festigkeit hatte.

Dementsprechend mußte der Gang der weiteren Unternehmungen sein. Alexander sandte Parmenion mit den thessalischen Reitern und anderen Truppen das Tal des Orontes aufwärts nach Damaskos, der Hauptstadt Koilesyriens, wohin die Kriegskasse, das Feldgerät, die ganze kostbare Hofhaltung des Großkönigs sowie die Frauen, Kinder, Schätze der Großen von Sochoi aus gesandt worden waren. Durch den Verrat des syrischen Satrapen, der mit den Schätzen und der Karawane so vieler edler Perserinnen und ihren Kindern flüchten zu wollen vorgab, fielen diese und die Stadt in Parmenions Hände. Die Beute war ungemein groß; unter den vielen tausend Gefangenen[53] befanden sich die Gesandten von Athen, Sparta und Theben, die vor der Schlacht von Issos an Dareios gekommen waren. Auf Parmenions

---

53 Curtius sagt dreißigtausend Menschen; eine Zahl, die nicht unwahrscheinlich ist, wenn man das Fragment aus Parmenions Bericht an Alexander (Athen. XIII., p. 607) für echt halten dürfte und das aus der ungeheuren Masse nur einen kleinen Teil aufzählt; es heißt da: »Dirnen des Königs zu Musik und Gesang fand ich dreihundertneunundzwanzig, Kranzflechter sechsundvierzig, Köche zum Zubereiten zweihundertsiebenundsiebzig, Köche beim Feuer neunundzwanzig, Milchmänner dreizehn, Getränke zu bereiten siebzehn, den Wein zu wärmen siebzig, Salben zu mischen vierzig.« – Parmenions Kriegslist bei Transportierung der Lasttiere gibt Polyaen. IV 5.

weiterzugehen zwang. Die persischen Admirale eilten zu retten, was noch zu retten war. Pharnabazos segelte mit zwölf Trieren und 1500 Söldnern nach der Insel Chios, deren Abfall er fürchten mußte, Autophradates mit dem größeren Teil der Flotte – auch die tyrischen Schiffe unter dem König Azemilkos waren mit ihm – nach Halikarnaß. König Agis erhielt statt der großen Land- und Seemacht, die er gefordert hatte, dreißig Talente und zehn Schiffe; er sandte sie seinem Bruder Agesilaos nach dem Tainaron mit der Weisung, den Schiffsleuten die volle Löhnung auszuzahlen und dann nach Kreta zu eilen, um sich der Insel zu versichern; er selbst folgte nach einigem Aufenthalt in den Kykladen dem Autophradates nach Halikarnaß. An Unternehmungen zur See konnte nicht weiter gedacht werden, da die phoinikischen Geschwader – denn daß Alexander nicht nach dem Euphrat marschierte, zeigte sich bald genug – nur die Jahreszeit abwarteten, um in die Heimat zu segeln, die sich vielleicht schon den Makedonen hatte ergeben müssen. Auch die kyprischen Könige glaubten für ihre Insel fürchten zu müssen, sobald die phoinikische Küste in Alexanders Gewalt war.

Es ist neuerer Zeit wohl als seltsam, als planlos bezeichnet worden, daß Alexander nicht nach der Schlacht von Issos die Verfolgung der Perser fortgesetzt, den Euphrat zu überschreiten sich beeilt habe, um dem Reich der Perser ein Ende zu machen. Es wäre töricht gewesen, er würde einen Stoß in die Luft getan haben, während sein Rücken noch keineswegs gesichert war. Der Zug der hellenischen Söldner nach Pelusion konnte ihn daran erinnern, daß er Ägypten haben mußte, wenn er seinen Marsch ins Innere Asiens sicher basieren wollte. Nicht Babylon und Susa waren der Siegespreis für Issos, sondern daß die Küste des Mittelmeeres bis zum öden Strand der Syrte ihm offen stand,

gleich die allgemeine Empörung in Hellas aufflammen zu machen. Sie ließen eine Besatzung in Chios, einige Schiffe bei Kos und Halikarnaß zurück; sie gingen mit 100 Schiffen, den am besten fahrenden, nach Siphnos. Dort kam König Agis zu ihnen, freilich mit nur einer Triere, aber mit einem großen Plan, zu dessen Ausführung er sie ersuchte, so viel Schiffe und Truppen als möglich mit ihm nach der Peloponnes zu senden, ihm Geld zu weiteren Werbungen zu geben. Auch in Athen war die Stimmung auf das höchste erregt oder doch die Patrioten bemüht, sie zu entzünden. »Als Alexander«, sagt Aischines drei Jahre später in einer Rede gegen Demosthenes, »in Kilikien eingeschlossen war und Mangel an allem litt, wie du sagtest, und nächster Tage, wie deine Worte waren, von der persischen Reiterei niedergestampft sein sollte, da faßte das Volk deine Zudringlichkeiten nicht, noch die Briefe, die du in deinen Händen haltend umhergingst, mochtest du auch den Leuten mein Gesicht zeigen, wie entmutigt und verstört es aussehe, auch wohl mich als das Opfertier bezeichnen, das fallen werde, sobald dem Alexander etwas begegnet sei.« Und doch, sagt Aischines, empfahl Demosthenes, noch zu zögern; desto eifriger mögen Hypereides, Moirokles, Kallisthenes gedrängt haben, mit Agis vereint die hellenischen Staaten, die nur das Zeichen zum Abfall zu erwarten schienen, gegen Antipatros und Makedonien zu führen. Es muß dahingestellt bleiben, ob auch mit Harpalos Verbindungen angeknüpft wurden, dem Schatzmeister Alexanders, der sich jüngst, gewiß nicht mit leeren Händen, aus dem Staube gemacht hatte und nun in Megara war.

Aber statt der erwarteten Siegesnachricht aus Kilikien kam die von der gänzlichen Niederlage des Großkönigs, von der völligen Vernichtung des Perserheeres. Die Athener mochten Gott danken, daß sie noch nichts getan, was sie

sche Friede war dem hellenischen Patriotismus das rettende Prinzip, unter diesem Banner gedachte man den Greuel des Korinthischen Bundes aus dem Felde zu schlagen. Damals wurde auf der attischen Rednerbühne mit offenen Worten der Bruch mit Alexander empfohlen, trotz der geschlossenen Verträge. »In diesen steht«, sagte ein Redner, »wenn wir teilhaben wollen an dem gemeinen Frieden; also können wir auch das Gegenteil wollen.«

Noch beherrschte die persische Flotte, trotz der kleinen Niederlage, die Datames erlitten, das Aigaiische Meer. Nach der Einnahme von Tenedos hatten die persischen Admirale ein Geschwader unter Aristomenes in den Hellespont gesandt, sich der Küsten dort zu bemächtigen, sie selbst waren, die ionische Küste brandschatzend, nach Chios gegangen; freilich versäumten sie, die wichtige Position von Halikarnaß zu decken, wo Othontopates noch die Seeburg hielt; diese fiel – in Soloi erhielt Alexander die Nachricht davon – in die Hand der Makedonen; nach dem schweren Verlust an Mannschaft, den die Perser erlitten, mußten wohl auch die Punkte auf dem Festlande, die sie noch hatten, Myndos, Kaunos, das Triopion aufgegeben werden; nur Kos, Rhodos, Kalymna, damit der Eingang in die Bucht von Halikarnaß blieben noch persisch. Sie wußten, daß Dareios bereits über den Euphrat vorgerückt sei, mit einem Heere, in dem die griechischen Söldner allein der ganzen Armee Alexanders gleichkamen, mit einer unermeßlichen Übermacht an Reitern.

Es ist nicht klar, welche Motive die nächstweitere Aktion der Admirale bestimmten, ob das Vordringen des Hegelochos, der auf Alexanders Weisung von neuem eine Flotte im Hellespont gesammelt hatte, dem Aristomenes mit seinem Geschwader erlag, der Tenedos wiedergewann, oder die Absicht, mit der erwarteten Niederlage Alexanders zu-

Ist dieses Schreiben[52], so wie es vorliegt, erlassen worden, so war es nicht bloß für den geschrieben, an den es gerichtet war, sondern ein Manifest, das der Sieger zugleich an die Völker Asiens und an die Hellenen richtete.

Auch an die Hellenen. Noch war die Perserflotte im Aigaiischen Meere, und ihre Nähe nährte die Aufregung in Hellas. Ein Sieg dort, eine dreiste Landung auf dem Isthmos oder in Euboia hätte mit der dann unzweifelhaften Schilderhebung der Hellenen unberechenbare Wirkungen gehabt, Makedonien selbst sehr ernsten Gefahren ausgesetzt. Darum, so scheint es, war Alexander so spät von Gordion aufgebrochen; er hätte im Notfalle von dort in fünfzehn Tagemärschen den Hellespont erreichen können. Vielleicht erst die Nachricht von der Abführung der hellenischen Söldner nach Tripolis mochte ihn zum Aufbruch bestimmt haben; ohne diese durften die Bewegungen der persischen Flotte, die überdies um die in Tripolis bleibenden Schiffe gemindert war, seinem militärischen Blick als bloße Ostentation erscheinen.

Bei weitem nicht so urteilten die Patrioten in Hellas. Wie mochte ihnen der Mut wachsen, als Hegelochos, durch den tapferen Beschluß der Athener, hundert Trieren in See zu schicken, geschreckt, die angehaltenen attischen Schiffe freigegeben hatte; wie gar, als die makedonische Besatzung in Mytilene gezwungen wurde, zu kapitulieren, die ganze Insel zum Antialkidischen Frieden zurückkehrte, Tenedos die mit Alexander und dem Korinthischen Bund geschlossenen Verträge aufgeben und sich wieder zum Antialkidischen Frieden bekennen mußte. Der glorreiche Antialkidi-

---

52 Arrian. II 14, 4. Dieselbe Vorlage ist in der Bearbeitung des Curtius (IV 1, 10) nicht zu verkennen. Es scheint mir kein Grund zum Verdacht gegen die Echtheit des Schreibens vorzuliegen; mit dem im Text angedeuteten Grunde würde sich erklären, daß es erhalten worden ist.

hast an die Spartaner und gewisse andere Hellenen Geld gesandt, das zwar von keinem der andern Staaten, wohl aber von den Spartanern angenommen worden ist; hast endlich durch deine Sendlinge meine Freunde zu verführen und den Frieden, den ich den Hellenen gegeben habe, zu stören gesucht. Aus diesen Gründen bin ich gegen dich zu Felde gezogen, indem die Feindseligkeiten von dir begonnen sind. Im gerechten Kampfe Sieger zuerst über deine Feldherren und Satrapen, jetzt auch über dich und die Heeresmacht, die mit dir war, bin ich durch die Gnade der unsterblichen Götter auch des Landes Herr, das du dein nennst. Wer von denen, die wider mich gekämpft haben, nicht im Kampfe geblieben ist, sondern sich zu mir und in meinen Schutz begeben hat, für den trage ich Sorge; keiner ist ungern bei mir, vielmehr treten alle gern und freiwillig unter meinen Befehl. Da ich so Herr über Asien bin, so komm' auch du zu mir; solltest du jedoch zu irgendeiner Besorgnis, im Fall du kämest, Grund zu haben glauben, so sende einige deiner Edlen, um die gehörigen Sicherheiten entgegenzunehmen. Bei mir angelangt, wirst du um die Zurückgabe deiner Mutter, deiner Gemahlin, deiner Kinder und um was du sonst willst, bittend geneigtes Gehör finden; was du von mir verlangen wirst, soll dir werden. Übrigens hast du, wenn du von neuem an mich schickst, als an den König von Asien zu senden, auch nicht an mich wie an deinesgleichen zu schreiben, sondern mir, dem Herrn alles dessen, was dein war, deine Wünsche mit der gebührenden Ergebenheit vorzulegen, widrigenfalls ich mit dir als dem Beleidiger meiner königlichen Majestät verfahren werde. Bist du aber über den Besitz der Herrschaft anderer Meinung, so erwarte mich noch einmal zum Kampf um dieselbe im offenen Felde und fliehe nicht; ich für mein Teil werde dich aufsuchen, wo du auch bist.«

der Schlacht wider ihn entschieden habe, so fordere er, der König, von ihm, dem Könige, seine Gemahlin, seine Mutter und Kinder, die kriegsgefangen seien, ihm zurückzugeben; er erbiete sich, Freundschaft und Bundesgenossenschaft mit ihm zu schließen; er fordere ihn auf, die Überbringer dieser Botschaft, Meniskos und Arsimas, durch Bevollmächtigte zurückbegleiten zu lassen, um die nötigen Gewährleistungen zu geben und zu empfangen.

Auf dieses Schreiben und die anderweitigen mündlichen Eröffnungen der königlichen Botschafter antwortete Alexander in einem Schreiben, das er seinem Gesandten Thersippos, welcher mit jenen an den Hof des Dareios abging, an den König abzugeben befahl, ohne sich auf weitere mündliche Unterhandlungen einzulassen. Das Schreiben lautete:

»Eure Vorfahren sind nach Makedonien und in das übrige Hellas gekommen und haben, ohne den geringsten Anlaß hellenischerseits, mannigfaches Unglück über uns gebracht. Ich, zum Feldherrn der Hellenen erwählt und entschlossen, die Perser entgelten zu lassen, was sie an uns getan, bin nach Asien hinübergegangen, nachdem ihr neuerdings Veranlassung zum Kriege gegeben habt. Denn die Perinthier, die meinen Vater beleidigt hatten, habt ihr unterstützt, und nach Thrakien, über das wir Herren sind, hat Ochos Kriegsmacht gesandt; mein Vater ist unter den Händen von Meuchelmördern, die, wie ihr selbst auch in Briefen an jedermann erwähnt habt, von euch angestiftet wurden, umgekommen; mit Bagoas gemeinschaftlich hast du den König Arses ermordet und dir den persischen Thron unrechtmäßigerweise, nicht nach dem Herkommen der Perser, sondern mit Verletzung ihrer heiligsten Rechte angemaßt; du hast in Beziehung auf mich Schreiben, die nichts weniger als freundschaftlich waren, den Hellenen, um sie zum Kriege gegen mich aufzureizen, zukommen lassen;

von Memphis vorgedrungen, schon Herr des wichtigsten Teiles von Ägypten, als seine Söldner, durch ihre frechen Plünderungen verhaßt und wieder, um zu plündern, in der Gegend zerstreut, von den Ägyptern, die der Satrap aufgerufen, überfallen und sämtlich, Amyntas mit ihnen, erschlagen wurden.

Dareios selbst hatte auf seiner Flucht bis Onchai die Reste seines persischen Volkes und etwa 4000 hellenische Söldner gesammelt und mit diesen in unablässiger Eile seinen Weg nach Thapsakos fortgesetzt, bis er hinter dem Euphrat sich vor weiterer Gefahr sicher glaubte. Mehr als der Verlust der Schlacht und einiger Satrapien mochte der der Seinigen, mehr als die Schande der Niederlage und der Flucht die Schande, der er seine Gemahlin, die schönste Perserin, in den Händen des stolzen Feindes preisgegeben fürchtete, sein Herz kränken; und indem er über sein häusliches Unglück und seinen Kummer wohl die Gefahr und Ohnmacht seines Reiches, aber nicht seinen erhabenen Rang vergaß, glaubte er Großes zu tun, wenn er dem Sieger in großmütiger Herablassung einen ersten Schritt entgegenkam. Er schickte bald nach der Schlacht Gesandte an Alexander mit einem Schreiben, das darlegte, wie dessen Vater Philipp mit dem Großkönig Artaxerxes in Freundschaft und Bundesgenossenschaft gestanden, aber nach dessen Tod gegen den Großkönig Arses zuerst und ohne den geringsten Anlaß von seiten Persiens Feindseligkeiten begonnen, wie dann bei dem erfolgten neuen Thronwechsel in Persien Alexander selbst versäumt habe, an ihn, den König Dareios, Gesandte zu senden, um die alte Freundschaft und Bundesgenossenschaft zu befestigen, vielmehr mit Heeresmacht nach Asien eingebrochen sei und den Persern vieles und schweres Unglück bereitet habe; deshalb habe er, der Großkönig, seine Völker versammelt und wider ihn geführt; da der Ausgang

Der Verlust des makedonischen Heeres in dieser Schlacht wird auf 300 Mann vom Fußvolk, 150 Reiter angegeben. Der König selbst war am Schenkel verwundet. Trotzdem besuchte er am Tage nach der Schlacht die Verwundeten; er ließ die Gefallenen mit allem militärischen Gepränge, indem das ganze Heer wie zur Schlacht ausrückte, bestatten; die drei Altäre am Pinaros wurden ihr Denkmal, die Stadt Alexandreia am Eingange der syrischen Pässe das Denkmal des großen Tages von Issos, der mit einem Schlage die persische Macht vernichtet hatte.

Von dem persischen Heere sollen gegen 100 000 Mann, darunter 10 000 Reiter, umgekommen sein. Daß es auf seinem linken Flügel zuerst geschlagen, nach dem Meere zu aufgerollt worden war, hatte die Reste desselben völlig zersprengt. Die Masse flüchtete über die Berge nach dem Euphrat; andere Haufen waren nordwärts in die kilikischen Berge geflohen und hatten sich von da nach Kappadokien, Lykaonien, Paphlagonien geworfen; teils Antigonos von Phrygien, teils Kalas von Kleinphrygien bewältigte sie. Von den hellenischen Söldnern retteten sich etwa 8000 vom Schlachtfelde über die Amanischen Berge nach Syrien, erreichten, von Amyntas, dem makedonischen Flüchtling, geführt, in ziemlich geordnetem Rückzug Tripolis, wo am Strande noch die Trieren lagen, auf denen sie gekommen waren; sie besetzten von diesen so viele, als zu ihrer Flucht nötig waren, verbrannten die anderen, um sie nicht den Feinden in die Hände fallen zu lassen, fuhren dann nach Kypros hinüber. Andere mögen auf anderen Wegen die See erreicht haben und nach dem Tainaron gezogen sein, neue Dienste zu suchen. Mit denen auf Kypros wandte sich Amyntas nach Pelusion, dort des bei Issos gefallenen Satrapen Sabakes Stelle, mit der bereits der Perser Mazakes betraut war, an sich zu bringen. Schon war er bis vor die Tore

er sein Verhältnis zu Persien zu gestalten dachte. Unter gleichen Umständen hätten die Athener und Spartaner ihren Haß oder ihre Habgier das Schicksal der feindlichen Fürstinnen bestimmen lassen; Alexanders Benehmen war ebensosehr ein Beweis freierer oder doch weiterblickender Politik, wie sie für seinen hochherzigen Sinn zeugt. Seine Zeitgenossen priesen diesen, weil sie oder solange sie jene nicht begriffen; fast keine Tat Alexanders haben sie mehr bewundert als diese Milde, wo er den stolzen Sieger, diese Ehrerbietung, wo er den Griechen und den König hätte zeigen können; denkwürdiger als alles schien ihnen, daß er, darin größer als sein großes Vorbild Achill, das Recht des Siegers auf des Besiegten Gemahlin, die doch für die schönste aller asiatischen Frauen galt, geltendzumachen verschmähte; von ihrer Schönheit auch nur zu sprechen, wo er nahe war, verbot er, damit auch nicht ein Wort den Gram der edlen Frau vermehre. Man erzählte nachmals, der König sei, nur von seinem Liebling Hephaistion begleitet, in das Zelt der Fürstinnen gekomen, dann habe die Königinmutter, ungewiß, wer von beiden gleich glänzend gekleideten Männern der König sei, sich vor Hephaistion, der höher von Gestalt war, in den Staub geworfen, nach persischer Sitte anzubeten; aber da sie, durch Hephaistions Zurücktreten über ihren Irrtum belehrt, in der höchsten Bestürzung ihr Leben verwirkt geglaubt, habe Alexander lächelnd gesagt: »Du hast nicht geirrt, auch der ist Alexander«; dann habe er den sechsjährigen Knaben des Dareios auf den Arm genommen, ihn geherzt und geküßt[51].

51 Diese Erzählung, die sehr oft in den alten Autoren erwähnt wird, wäre besonders darum zweifelhaft, weil Alexander in einem wahrscheinlich etwas später geschriebenen Briefe (Plut. c. 23) versichert, nie die Gemahlin des Dareios gesehen zu haben; eine Angabe, die Plut. de Curios. und Athen. XIII, p. 603 wiederholen; wäre nur an die Echtheit jenes Briefes zu glauben.

zu fangen, schien der Siegespreis des Tages; er fand in der Schlucht dessen Schlachtwagen, Schild, Mantel, Bogen; mit diesen Trophäen kehrte er ins Lager der Perser zurück, das ohne Kampf von seinen Leuten besetzt und zur Nachtruhe eingerichtet worden war.

Die Beute, die man machte, war, außer dem üppigen Prunke des Lagers und den kostbaren Waffen der persischen Großen, an Geld und Geldeswert nicht bedeutend, da die Schätze, die Feldgerätschaften, die Hofhaltungen des Großkönigs und der Satrapen nach Damaskos gesendet waren. Aber die Königinmutter Sisygambis, die Gemahlin des Dareios und deren Kinder fielen mit dem Lager, in dem sie über der Verwirrung der Flucht vergessen worden waren, in des Siegers Hand. Als Alexander, vom Verfolgen zurückgekehrt, mit seinen Offizieren im Zelte des Dareios zu Nacht aß, hörte er das Wehklagen und Jammern weiblicher Stimmen in der Nähe und erfuhr, daß es die königlichen Frauen seien, die Dareios für tot hielten, weil sie gesehen, wie sein Wagen, sein Bogen und Königsmantel im Triumph durch das Lager gebracht worden waren; sogleich sandte er Leonnatos, einen der Freunde, an sie mit der Versicherung: Dareios lebe, sie hätten nichts zu fürchten, er sei weder ihr noch Dareios' persönlicher Feind, es handle sich um ehrlichen Kampf um Asiens Besitz, er werde ihren Rang und ihr Unglück zu ehren wissen. Er hielt ihnen sein Wort; nicht allein, daß sie die Schonung genossen, die dem Unglück gebührt, auch die Ehrerbietung, an die sie in den Tagen des Glückes gewöhnt waren, wurde ihnen nach wie vor gezollt, der Dienst um sie nach persischer Sitte fortgesetzt. Alexander wollte sie nicht als Kriegsgefangene, sondern als Königinnen gehalten, er wollte über den Unterschied von Griechen und Barbaren die Majestät des Königtums gestellt sehen. Hier zuerst wurde erkennbar, wie

gel der Perser gebrochen, und Dareios suchte statt in der Schlacht und bei seinen Getreuen sein Heil in der Flucht. Alexander sah seine Phalangen in Gefahr; er eilte, sie zu retten, ehe er den flüchtigen König weiterverfolgte; er ließ seine Hypaspisten links schwenken und den griechischen Söldnern, während die Hopliten der Phalanx von neuem ansetzten, in die Flanke fallen, die, unfähig, dem Doppelangriff zu widerstehen, geworfen, zersprengt, niedergemacht wurden. Die Massen hinter ihnen, die als Reserve hätten dienen und nun den Kampf aufnehmen können, waren der Flucht des Großkönigs gefolgt. Die Reiter des Nabarzanes, die noch im heißesten Kampf und im Vordringen waren, erreichte jetzt das Geschrei: »Der König flieht«; sie begannen zu stocken, sich zu lockern, zu fliehen; von den Thessalern verfolgt, jagten sie über die Ebene. Alles stürzte den Bergen zu, die Schluchten füllten sich; das Gedränge aller Waffen und Nationen, der zermalmende Hufschlag der stürzenden Pferde, das Geschrei der Verzweifelnden, die mörderische Wut ihrer Todesangst unter den Klingen und Spießen der verfolgenden Makedonen und deren jubelndes Siegesgeschrei, – das war das Ende des glorreichen Tages von Issos.

Der Verlust der Perser war ungeheuer, der Walplatz mit Leichen und Sterbenden bedeckt, die Schluchten des Gebirges mit Leichen gesperrt und hinter dem Wall von Leichen des Königs Flucht sicher.

Dareios, der, sobald Alexanders erster Angriff glückte, sein Viergespann gewendet hatte, war durch die Ebene bis zu den Bergen hingejagt; dann hemmte der jähe Boden die Eile, er sprang vom Wagen, ließ Mantel, Bogen und Schild zurück und warf sich auf eine Stute, die zu ihrem Füllen im Stall mit der Eile, die Dareios verlangte, heimjagte. Alexander setzte ihm nach, solange es Tag war; den Großkönig

Indes hatte dem heftigen Vorrücken Alexanders das schwere Fußvolk der Mitte nicht in gleicher Linie folgen können, so daß da Lücken entstanden, die der Eifer, nachzukommen, schon durch die steilen Ufer des Pinaros gehemmt, nur vergrößerte; als Alexander schon in dem Zentrum der Feinde wütete und ihr linker Flügel wankte, eilten die Hellenen des Perserheeres, sich auf die makedonischen Hopliten, denen sie sich an Mut, Waffen und Kriegskunst gewachsen wußten, da, wo in deren Linie die größte Lücke war, zu werfen. Es galt, den schon verlorenen Sieg wiederzugewinnen; gelang es, die Makedonen wieder von dem steilen Ufer zurück und über den Fluß zu drängen, so war Alexander in der Flanke entblößt und so gut wie verloren. Diese Gefahr feuerte die Pezhetairen zu doppelter Anstrengung an; sie hätten den Sieg, den Alexander schon gewonnen, preisgegeben, wenn sie wichen. Den Kampf des gleichen Mutes und der gleichen Kraft machte der alte Haß zwischen Hellenen und Makedonen noch blutiger; man wütete doppelt, weil der Feind des Feindes Fluch und Todesseufzer verstand. Schon waren Ptolemaios, des Seleukos Sohn, der die vorletzte Taxis führte, zahlreiche Offiziere gefallen; nur kaum noch, mit äußerster Anstrengung hielt man hier das Gefecht, das sich in der Nähe des Gestades bereits für die Perser zu entscheiden schien.

Nabarzanes mit den persischen Reitern war über den Pinaros gesetzt und hatte sich mit solchem Ungestüm auf die thessalischen Reiter geworfen, daß eine der Ilen ganz zersprengt wurde, die anderen sich nur durch die Gewandtheit ihrer Pferde, sich immer wieder von neuem rasch sammelnd und bald da, bald dort dem Feinde mit neuem Chok zuvorkommend, zu behaupten vermochten; es war nicht möglich, daß sie auf die Dauer der Übermacht und der Wut der persischen Reiter widerstanden. Aber schon war der linke Flü-

angriff hätte machen können, sondern im Mittelpunkt der Defensive befand, die, wenn schon durch die natürlichen Uferwände des Pinaros und durch Erdaufschüttungen geschützt, einem scharfen Angriff nicht widerstehen zu können schien.

Alexander ließ seine Linie langsam vorrücken, um mit größter Ordnung und durchaus geschlossen auf den Feind einbrechen zu können. Er ritt an der Front entlang, sprach zu den einzelnen Abteilungen, rief diesen, jenen der Führer mit Namen an, erwähnend, was sie schon Rühmliches getan; überall jauchzten ihm die Scharen zu, forderten, nicht länger zu zögern, den Angriff zu beginnen. Sobald sich die ganze Linie in geschlossener Ordnung auf Pfeilschußweite den Feinden genähert hatte, warf sich Alexander unter dem Schlachtrufe des Heeres mit seiner Ritterschaft in den Pinaros; ohne von dem Pfeilhagel des Feindes bedeutenden Verlust zu erleiden, erreichten sie das jenseitige Ufer, stürzten sich mit solcher Gewalt auf die feindliche Linie, daß diese nach kurzem, vergeblichem Widerstande sich zu lösen und zu weichen begann. Schon sah Alexander des Perserkönigs Schlachtwagen, er drang auf diesen vor; es entspann sich das blutigste Handgemenge zwischen den edlen Persern, die ihren König verteidigten, und den makedonischen Rittern, die ihr König führte; es fielen Arsames, Rheomitres, Atizyes, der ägytische Satrap Sabakes; Alexander selbst ward am Schenkel verwundet; desto erbitterter kämpften die Makedonen; dann wandte Dareios seinen Wagen aus dem Getümmel, ihm folgten die nächsten Reihen, die links gegen die Höhe vorgeschobenen; bald war hier die Flucht allgemein. Die Paionen, die Agrianer, die beiden Ilen des äußersten makedonischen Flügels stürzten sich von rechts her auf die verwirrten Haufen und vollendeten an dieser Seite den Sieg.

Je näher man dem Pinaros kam, desto deutlicher erkannte man die bedeutende Ausdehnung der feindlichen Linie, die weit über den rechten Flügel des makedonischen Heeres hinausreichte; der König hielt für nötig, zwei von den makedonischen Ilen, die des Peroidas und Pantordanos, hinter der Front nach dem äußersten Flügel vorzuschieben; er konnte schon in die Schlachtlinie statt ihrer die Agrianer, die Bogenschützen und Reiter des Seitenkorps ziehen; denn ein heftiger Angriff, den sie auf die ihnen gegenüberstehenden Barbaren gemacht, hatte diese geworfen und sich auf die Höhen zu flüchten genötigt, so daß jetzt jene dreihundert Hetairen hinreichend schienen, sie fernzuhalten und die Bewegungen der Schlachtlinie von dieser Seite her zu sichern.

Mit diesem Aufmarsch, wie er sich, ohne Hast, mit kleinen Pausen zum Ausruhen, vollzog, hatte Alexander nicht bloß jenes in seine Rechte vorgeschobene Flankenkorps des Feindes weit seitab gedrängt; er hatte zugleich rechts mit dem leichten Volk zu Fuß und zu Roß seine Linie über den linken Flügel des Feindes hinausgerückt, so daß dasselbe den Stoß, den er mit den Ilen der Hetairen zu führen gedachte, decken und die Spitze der feindlichen Linken beschäftigen konnte, bis er sich auf das Zentrum des Feindes gestürzt hatte, ihm zur Linken die Hypaspisten, die nächsten Phalangen ihm folgend. War das Zentrum des Feindes gebrochen, so hoffte er dessen rechten Flügel, der durch die hellenischen Söldner und die Reitermassen ein entschiedenes Übergewicht über Parmenions Flügel hatte, gleichzeitig mit seinen Ilen in der Flanke, mit seinen Hypaspisten in der Front zu fassen und zu vernichten. Er konnte voraussehen, daß sein erster Stoß um so entscheidender wirken werde, da der Großkönig sich nicht bei der Reiterei auf dem rechten Flügel, die persischerseits den Haupt-

wurde, aus seiner Marschkolonne, in der das schwere Fußvolk, die Reiterei, die Leichtbewaffneten nacheinander herangezogen, das schwere Fußvolk rechts und links in Schlachtlinie zu sechzehn Mann Tiefe aufrücken lassen; beim weiteren Vorrücken öffnete sich die Ebene mehr und mehr, so daß auch die Reiterei, auf dem linken Flügel die der hellenischen Bündner und die Geworbenen aus Elis, auf dem rechten, der wie gewöhnlich den Angriff machen sollte, die thessalische und makedonische, aufreiten konnte. Schon erkannte man in der Ferne die lange Linie des Perserheeres; die Höhen zur Rechten sah man mit feindlichem Fußvolk bedeckt, man bemerkte, wie sich eben vom linken Flügel der Feinde große Schwärme Reiterei längs der Schlachtlinie hinabzogen, um sich auf dem rechten feindlichen Flügel, wo das Terrain freier war, wie es schien, zu einem großen Reiterangriff zu vereinen. Alexander befahl den thessalischen Ilen, hinter der Front, damit der Feind es nicht sähe, nach dem linken Flügel hinabzutraben und zunächst nach den kretischen Bogenschützen und den Thrakern des Sitalkes, die eben jetzt in die Schlachtlinie links bei den Phalangen aufrückten, einzuschwenken; er befahl Parmenion, der den linken Flügel kommandierte, mit den geworbenen Reitern von Elis, die nun links auf die Thessaler folgten, sich so dicht als möglich an das Meer zu halten, damit die Schlachtlinie nicht von der Seeseite her umgangen werde. Auf seinem rechten Flügel ließ er rechts von der makedonischen Ritterschaft die Ilen der Sarissophoren unter Protomachos, die Paionen unter Ariston, die Bogenschützen unter Antiochos aufrücken. Gegen die auf den Bergen in seiner Rechten aufgestellten Kardaker formierte er aus den Agrianern unter Attalos, einem Teil der Bogenschützen und einigen Reitern eine zweite Front, die gegen die Schlachtlinie einen Winkel bildete.

Linie zurückzuziehen. Sodann wurde die Linie des Fußvolkes so geordnet, daß die 30 000 hellenischen Söldner unter Thymondas den rechten Flügel bildeten, den linken 60 000 Kardaker; andere 20 000 Kardaker wurden weiter links bis auf die Höhe geschoben, bestimmt, den rechten Flügel Alexanders zu gefährden; sobald die Makedonen zum Angriff an den Pinaros gerückt waren, stand wenigstens ein Teil jenes Korps im Rücken des rechten Flügels. Der enge Raum gestattete persischerseits nur, die bezeichneten Truppen zur unmittelbaren Teilnahme an der Schlacht zu bestimmen; die Mehrzahl der Völker, aus leichtem und schwerem Fußvolk bestehend, rückte hinter der Linie kolonnenweise auf, so daß immer neue Truppen ins Treffen geführt werden konnten. Nachdem so alles geordnet war, wurde den vorgeschickten Reiterschwärmen das Zeichen zum Rückzug gegeben; sie verteilten sich rechts und links auf die Flügel; aber das Terrain schien auf dem linken den Gebrauch der Reiterei unmöglich zu machen, weshalb auch die dorthin Bestimmten auf den rechten Flügel verlegt wurden, so daß nun der Küste zunächst die gesamte Reiterei, die eigentliche persische Macht, unter Führung des Nabarzanes vereint war. Dareios selbst nahm nach der persischen Sitte auf seinem Schlachtwagen im Zentrum der gesamten Linie seine Stellung, umgeben von einer Reiterschar der edelsten Perser, die sein Bruder Oxathres befehligte. Der Schlachtplan war, daß das Fußvolk seine Stellung hinter dem Pinaros behaupten sollte, zu welchem Ende die weniger steilen Stellen des Ufers mit Verschanzungen ausgefüllt wurden; auf dem rechten Flügel dagegen sollte die persische Reiterei sich mit aller Gewalt auf den linken Flügel der Makedonen werfen, während die Truppen von den Bergen her den Feinden in den Rücken fielen.

Alexander seinerseits hatte, sobald das Terrain freier

Diese Ebene erstreckt sich von den Strandpässen etwa zwei Meilen nordwärts bis zur Stadt Issos; auf der Westseite vom Meere, auf der Ostseite von den zum Teil hohen Bergen eingeschlossen, erweitert sie sich, je mehr sie sich von den Pässen entfernt. In der Mitte, wo sie über eine halbe Meile breit ist, durchströmt sie südwestwärts ein kleiner Gebirgsfluß, der Pinaros, dessen nördliche Ufer zum Teil abschüssig sind; er kommt nordöstlich aus den Bergen, die, seinen Lauf begleitend, auf seinem Südufer eine bedeutende Berghöhe in die Ebene vorschicken, so daß sich mit dem Laufe des Pinaros die Ebene etwas bergein fortsetzt. In einiger Entfernung nordwärts vom Pinaros begann das persische Lager.

Sobald Dareios Nachricht erhielt, daß Alexander zu den Strandpässen zurückgekehrt, daß er bereit sei, eine Schlacht anzubieten und bereits anrücke, wurde, so schnell und so gut es sich tun ließ, die persische Heeresmasse geordnet. Freilich war das sehr beschränkte Terrain der Übermacht nicht günstig, desto mehr schien es zu einer nachhaltigen Defensive geeignet; der Pinaros mit seinen abschüssigen Ufern war wie Wall und Graben, hinter dem sich die Masse des Heeres ordnen sollte. Um dies ohne alle Störung bewerkstelligen zu können, ließ Dareios 30 000 Reiter und 20 000 Mann leichtes Fußvolk über den Fluß gehen, mit der Weisung, sich demnächst rechts und links auf die Flügel der

---

sehr beunruhigt und Hephaistion voll Scham und Bekümmernis war, sprach Alexander: »Ich nehme, o Hephaistion, den Gruß als freudiges Zeichen an; er verheißt mir, daß uns ein Gott behüten und wir wohlbehalten aus der Schlacht zurückkehren werden.« Lucian. pro lapsu in salutando 8. Nach Curt. III 8, 21 hat Alexander während der Nacht auf einer Höhe am Wege unter großer Fackelbeleuchtung ein Opfer gebracht; gewiß das sicherste Mittel, dem kaum eine Meile entfernten Feinde seine Nähe und daß das Heer noch nicht den Paß hinter sich habe, anzukündigen!

den, könne da der Ausgang des Kampfes zweifelhaft sein? Der Preis dieses Sieges aber sei nicht mehr eine oder zwei Satrapien, sondern das Perserreich; nicht die Reiterscharen und Söldner am Granikos, sondern ein Reichsheer Asiens, nicht persische Satrapen, sondern den Perserkönig würden sie besiegen; nach diesem Siege bleibe ihnen nichts weiter zu tun, als Asien in Besitz zu nehmen und sich für alle Mühsale zu entschädigen, die sie gemeinsam durchgekämpft. Er erinnerte an das, was sie gemeinsam ausgeführt, er erwähnte, wie die einzelnen bei den Aktionen bisher sich ausgezeichnet hatten, sie mit ihren Namen nennend. Das und vieles andere, was vor der Schlacht im Munde des tapferen Feldherrn tapfere Männer anzufeuern geeignet ist, sprach Alexander mit der ihm eigentümlichen Hoheit und Begeisterung; niemand, den nicht des jugendlichen Helden Worte ergriffen hätten; sie drängten sich heran, ihm die Hand zu reichen und ein tapferes Wort hinzuzufügen. Sie verlangten, gleich aufzubrechen, gleich zu kämpfen. Alexander entließ sie mit dem Befehl, zunächst dafür zu sorgen, daß die Truppen gehörig abkochten, einige Reiter und Bogenschützen nach den Strandpässen vorauszuschicken, um den Weg zu rekognoszieren und jene zu besetzen, mit den übrigen Truppen für den Abend zum Marsch bereit zu sein.

Am späten Abend brach das Heer auf, erreichte um Mitternacht die Pässe, machte bei den Felsen halt, um etwas zu ruhen, während die geeigneten Vorposten vorgeschoben waren. Mit der Morgenröte wurde aufgebrochen, durch die Pässe in die Strandebene zu ziehen[50].

50 In einem angeblichen Briefe des Kardianers Eumenes an Antipatros wird erzählt: Am Morgen vor der Schlacht kam Hephaistion in des Königs Zelt, und entweder vergaß er sich, oder er war, wie ich selbst, aufgeregt, oder ein Gott gab es ihm in den Mund, kurz, er sagte: »Behüt dich Gott (ὑγίαινε), o König! Es ist Zeit!« Als über diesen sehr unpassenden Gruß alle

sei; man halte den gemeinen Soldaten nicht wert und gebe ihn, wenn er verwundet zurückbleibe, seinem Schicksal und den Feinden preis. So und ärger noch murrten die Soldaten, während sie ihre Waffen putzten und ihre Speere schärften, weniger aus Mutlosigkeit, als weil es anders, als sie erwartet hatten, gekommen war, und um sich des unbehaglichen Gefühls, das die tapfersten Truppen bei der Nähe einer lange erwarteten Entscheidung ergreift, mit lautem Scheltworte zu entschlagen.

Alexander kannte die Stimmung seiner Truppen; ihn beunruhigte diese Ungebundenheit nicht, die der Krieg erzeugt und fordert. Sobald ihm jene Offiziere von dem, was sie gesehen, Bericht erstattet hatten, namentlich, daß die Ebene von der Pinarosmündung bis Issos mit Zelten bedeckt, daß Dareios in der Nähe sei, berief er die Strategen, Ilarchen und Befehlshaber der Bundesgenossen, teilte ihnen die empfangenen Meldungen mit, zeigte, daß unter allen denkbaren Möglichkeiten die jetzige Stellung des Feindes den sichersten Erfolg verspreche; der Schein, umgangen zu sein, so läßt ihn Arrian sagen, werde sie nicht beirren; sie hätten zu oft rühmlich gekämpft, um den Mut bei scheinbarer Gefahr sinken zu lassen; stets Sieger, gingen sie stets Besiegten entgegen; Makedonen gegen Meder und Perser, erfahrene, unter den Waffen ergraute Krieger gegen die längst der Waffen entwöhnten Weichlinge Asiens, freie Männer gegen Sklaven, Hellenen, die für ihre Götter und ihr Vaterland freiwillig kämpften, gegen entartete Hellenen, die für nicht einmal hohen Sold ihr Vaterland und den Ruhm ihrer Vorfahren verrieten, die streitbarsten und freiesten Autochthonen Europas gegen die verächtlichsten Stämme des Morgenlandes, kurz, Kraft gegen Entartung, das höchste Wollen gegen die tiefste Ohnmacht, alle Vorteile des Terrains, der Kriegskunst, der Tapferkeit gegen persische Hor-

zum Nachrücken gezwungen, verwirrt, aufgelöst und jedem Überfall bloßgegeben hätte. Er hatte nicht erwarten können, daß die Perser das für sie so günstige Terrain aufgeben, daß sie gar in die enge Strandebene am Pinaros vorrükken würden. Dareios hatte es getan; von flüchtigen Landleuten benachrichtigt, daß Alexander kaum einige Stunden entfernt jenseits der Strandpässe stehe und nichts weniger als auf der Flucht sei, mußte er sich, da er sein ungeheures Heer weder schnell genug zurückziehen konnte noch es gegen diese Thermopylen Kilikiens vorzuschieben wagte, in der engen Ebene gelagert zu einer Schlacht bereit machen, für die er jetzt die Vorteile des Angriffs dem Feinde überlassen mußte. In der Tat, hätte es irgendein Strategem gegeben, den Großkönig zum Aufbruch aus der Ebene von Sochoi und zu dieser folgenreichen Bewegung nach Kilikien hinab zu nötigen, so würde es Alexander, selbst wenn es einen größeren Verlust als den des Lazaretts von Issos gegolten hätte, mit Freuden gewagt haben. So unglaublich schien ihm das erste Gerücht von Dareios' Nähe, daß er einige Offiziere auf einer Jacht an der Küste entlangfahren ließ, um sich von der wirklichen Nähe des Feindes zu überzeugen.

Einen anderen Eindruck machte dasselbe Gerücht auf die Truppen Alexanders; sie hatten dem Feinde in einigen Tagen und auf offenem Felde zu begegnen gehofft; jetzt war alles unerwartet und übereilt; jetzt stand der Feind in ihrem Rücken, schon morgen sollte gekämpft werden; man werde, hieß es, was man schon besessen, dem Feinde durch eine Schlacht entreißen, jeden Schritt rückwärts mit Blut erkaufen müssen; vielleicht aber seien die Pässe schon besetzt und gesperrt, vielleicht müsse man sich, wie einst die Zehntausend, durch das Innere Asiens durchschlagen, um statt Ruhm und Beute kaum das nackte Leben in die Heimat zu bringen; und das alles, weil man nicht vorsichtig vorgerückt

den Feind, der ihn meide, aufzusuchen. Das unnötige Heergerät, die Harems, der größte Teil des Schatzes, alles, was den Zug hindern konnte, wurde unter Kophenes, dem Bruder des Pharnabazos, nach Damaskos gesandt, während der König, um den Umweg über Myriandros zu meiden, durch die Amanischen Pässe nach Kilikien einrückte und in Issos ankam. Dies geschah an demselben Tage, da Alexander nach Myriandros gezogen war. Die Perser fanden in Issos die Kranken des makedonischen Heeres, sie wurden unter grausamen Martern umgebracht; die frohlockenden Barbaren meinten, Alexander fliehe vor ihnen; sie glaubten, er sei von der Heimat abgeschnitten, sein Untergang gewiß. Ungesäumt brachen die Völker auf, die Fliehenden zu verfolgen.

Allerdings war Alexander abgeschnitten; man hat ihn der Unvorsichtigkeit angeklagt, daß er die Amanischen Tore nicht besetzt, daß er keine Besatzung in Issos zurückgelassen, sondern die zurückbleibenden Kranken einem grausamen Feinde preisgegeben habe; sein ganzes Heer, sagt man, hätte elend untergehen müssen, wenn die Perser eine Schlacht vermieden, das Meer durch ihre Flotte, die Rückzugslinie Alexanders durch eine hartnäckige Defensive gesperrt, jedes Vorrücken durch ihre Reiterschwärme beunruhigt und durch Verwüstungen, wie sie Memnon geraten, doppelt gefährlich gemacht hätten. Alexander kannte die persische Kriegsmacht; er wußte, daß die Verpflegung von so vielen Hunderttausenden auf seiner Marschlinie und in dem engen Kilikien auf längere Zeit eine Unmöglichkeit sei, daß jenes Heer, nichts weniger als ein organisches Ganzes, zu einem System militärischer Bewegungen, durch die er hätte umgarnt werden können, unfähig sei, daß im schlimmsten Falle eine Reihe rascher und kühner Märsche von seiner Seite jene unbehilfliche Masse

Eunuchen und Stummen, zu den Hunderttausenden unter den Waffen eine endlose Karawane geschmückter Wagen, reicher Baldachine, lärmenden Trosses, lagerte er nun bei Sochoi; hier in der weiten Ebene, die ihm Raum gab, die erdrückende Übermacht seines Heeres zu entwickeln und namentlich seine Reitermassen wirksam zu verwenden, wollte er den Feind erwarten, um ihn zu vernichten.

Es soll Arsames gewesen sein, der, aus Kilikien flüchtend, ins Lager die erste Nachricht von Alexanders Nähe, von dessen Anmarsch brachte; nach dem, was er meldete, schien der Feind über die Amanischen Pässe anrücken zu wollen; man erwartete täglich die Staubwolke im Westen. Es verging ein Tag nach dem anderen, man wurde gleichgültig gegen die Gefahr, die nicht näherkam; man vergaß, was schon verloren war; man verspottete den Feind, der das enge Küstenland nicht zu verlassen wage, der wohl ahne, daß die Hufe der persischen Rosse hinreichen würden, seine Macht zu zertreten. Nur zu gern hörte Dareios die übermütigen Worte seiner Großen: der Makedone werde, eingeschüchtert durch die Nähe der Perser, nicht über Tarsos hinausgehen, man müsse ihn angreifen, man werde ihn vernichten. Vergebens widersprach der Makedone Amyntas: Alexander werde den Persern nur zu bald entgegenrücken, sein Säumen sei nichts als ein Vorzeichen doppelter Gefahr; um keinen Preis dürfe man sich in die engen Täler Kilikiens hinabwagen, das Feld von Sochoi sei für die persische Macht das geeignete Schlachtfeld, hier könne die Menge siegen oder besiegt sich retten. Aber Dareios, mißtrauisch gegen den Fremdling, der seinen König verraten, durch die Schmeichelreden seiner Großen und durch die eigenen Wünsche berauscht, endlich durch die Unruhe der Schwäche und durch sein Verhängnis vorwärtsgetrieben, beschloß die Stellung von Sochoi aufzugeben und

der Armee am sichersten waren, von Issos aus auf der gewöhnlichen und den Griechen durch Xenophons Beschreibung bekannten Straße südwärts an der Meeresküste hin, durch die sogenannten Strandpässe nach der Küstenstadt Myriandros, unfern vom Eingang der syrischen Hauptpässe, um von hier aus mit dem nächsten Morgen in die Ebene von Syrien und nach Sochoi aufzubrechen. Über Nacht begann heftiges Unwetter, es waren die ersten Novembertage; Sturm und Regen machten den Aufbruch unmöglich; das Heer blieb im Lager von Myriandros, etwa drei Meilen südwärts der Strandpässe, in wenig Tagen hoffte man den Feind auf der Ebene von Sochoi zur entscheidenden Schlacht zu treffen.

In der Tat, entscheidend mußte das nächste Zusammentreffen der beiderseitigen Heere werden. Das persische zählte nach Hunderttausenden, unter diesen hellenische Söldner, mit den jüngst unter dem Akarnanen Bianor und dem Thessaler Aristomedes gelandeten 30 000; unter der Masse asiatischen Kriegsvolkes bei hunderttausend Mann schwerbewaffnetes Fußvolk (Kardaker) und die gepanzerten persischen Reiter. Dareios vertraute auf diese Macht, auf seine gerechte Sache, auf seinen Kriegsruhm; er glaubte gern den stolzen Versicherungen seiner Großen und – so wird erzählt – einem Traume kurz vor dem Auszug aus Babylon, der ihm günstig genug von den Chaldäern gedeutet war; er hatte das makedonische Lager in dem Scheine einer ungeheuren Feuersbrunst, den makedonischen König in persischer Fürstentracht durch Babylons Straßen reiten, dann Roß und Reiter verschwinden sehen. So der Zukunft sicher, war er über den Euphrat gezogen; umgeben von der ganzen kriegerischen Pracht eines »Königs der Könige«, begleitet von seinem Hofstaat und Harem, von den Harems der persischen Satrapen und Fürsten, von den Scharen der

Nach Tarsos zurückgekehrt, ließ der König seine Ritterschaft unter Philotas' Führung über das Aleïsche Feld an den Pyramosstrom vorrücken, während er selbst mit dem übrigen Heere an der Küste entlang über Magarsos nach Mallos zog, zweien Städten, in denen es hellenische Erinnerungen gab, an die der König anknüpfen konnte; namentlich in Mallos hatte sich das Volk schon vor dem Erscheinen Alexanders gegen seine bisherigen Unterdrücker erhoben; den blutigen Kampf zwischen der persischen und der Volkspartei entschied und stillte erst Alexanders Erscheinen; er erließ der Stadt, die ihren Ursprung von Argos herleitete wie das makedonische Königshaus, den Tribut, den sie bisher an den Großkönig gezahlt, gab ihr die Freiheit, ehrte ihren Gründer Amphilochos von Argos mit Heroenfeier.

Noch während des Aufenthaltes in Mallos erhielt Alexander die Nachricht, daß der König Dareios mit einem ungeheuren Heere vom Euphrat herangerückt sei und bereits einige Zeit in der syrischen Stadt Sochoi, zwei Tagereisen von den Pässen entfernt, stehe. Alexander berief sofort einen Kriegsrat; alle waren der Meinung, man müsse eiligst aufbrechen, durch die Pässe vorrücken, die Perser, wo man sie auch finde, angreifen. Der König befahl, am folgenden Morgen aufzubrechen. Der Marsch ging von Mallos aus um den tiefeinschneidenden Meerbusen hin nach Issos.

Von Issos führen zwei Wege nach Syrien; der eine, beschwerlichere, geht ostwärts durch die Schluchten und über die Höhen der Amanischen Berge; Alexander wählte diesen nicht, seine Soldaten wären durch den Wechsel von Berg und Tal und durch die Unwegsamkeit der Gegend doppelt ermüdet an den Feind gekommen; und er durfte sich nicht früher von der Küste dieser Bucht entfernen, als bis sie ganz in seiner Gewalt und den feindlichen Schiffen gesperrt war. Er rückte, mit Zurücklassung der Kranken, die im Rücken

danapal gegründet, das Standbild dieses assyrischen Königs aufbewahrte mit der merkwürdigen Inschrift: »Anchiale und Tarsos hat Sardanapal an einem Tage gegründet; du aber, Fremdling, iß, trinke, liebe; was sonst der Mensch hat, ist nicht der Rede wert.« Dann kam er nach Soloi, der »Heimat der Soloikismen«, die, obschon griechischen Ursprungs, den Persern so anhing, daß Alexander nicht nur eine Besatzung in der Stadt zurückließ, sondern ihr eine Buße von zweihundert Talenten auferlegte. Von hier aus machte er mit drei Phalangen und mit den Schützen und Agrianern einen Streifzug in das rauhe Kilikien; in sieben Tagen hatte er teils durch Gewalt, teils in Güte die Unterwerfung dieser Gebirgsbewohner vollendet, damit seine Verbindung mit den westlichen Provinzen gesichert. Er kehrte nach Soloi zurück; er empfing hier von seinen Befehlshabern in Karien die Nachricht, daß Othontopates, der noch die Seeburg von Halikarnaß gehalten, in einem hartnäckigen Gefecht bewältigt, daß mehr als 1000 Mann gefangen seien. Zur Feier des glücklich begonnenen Feldzugs und der Wiedergenesung des Königs wurden in Soloi mannigfache Festlichkeiten veranstaltet; durch das große Opfer, das dem Asklepios gebracht wurde, durch den Festaufzug des gesamten Heeres, durch den Fackellauf, durch die gymnischen und künstlerischen Wettkämpfe mag in den der hellenischen Sitte fast schon entwöhnten Soliern die Erinnerung an die Heimat und ihre Vorfahren erweckt worden sein; nun war die Zeit der Barbaren vorüber, hellenisches Leben gewann Raum in den Ländern vieljähriger Knechtschaft; hellenischer Ursprung, sonst inmitten asiatischer Barbarei verachtet und vergessen, wurde ein großes Recht. Alexander gab den Soliern eine demokratische Verfassung; wenige Wochen später, gleich nach der entscheidenden Schlacht, sandte er Befehl, ihnen die Brandschatzung zu erlassen und ihre Geiseln zurückzugeben.

an kannte, einen Trank zu bereiten, der helfen werde; Alexander bat um nichts als eilige Hilfe; Philippos versprach sie. Zu derselben Zeit erhielt Alexander von Parmenion ein Schreiben, das ihm Vorsicht empfahl: Philippos, der Arzt, habe von Dareios tausend Talente und das Versprechen, mit einer Tochter des Großkönigs vermählt zu werden, um Alexander zu vergiften. Alexander gab den Brief seinem Arzte und leerte, während jener las, den Becher. Ruhig las der Arzt, er wußte sich aller Schuld rein; er beschwor den König, ihm zu vertrauen und zu folgen, bald werde dann sein Leiden vorüber sein; er sprach mit ihm von der Heimat, von seiner Mutter und seinen Schwestern, den nahen Siegen und den wunderreichen Ländern des Ostens; seine treue Sorgfalt ward durch des Königs baldige Genesung belohnt; Alexander kehrte zurück in die Reihen seiner Makedonen.

Die Kriegsoperationen wurden mit doppeltem Eifer fortgesetzt. Die Landschaft Kilikien war in der Kette der persischen Satrapien der Ring, der die des vorderen und oberen Asiens zusammenhielt. Die stärkste Defensivstellung des Perserreichs gegen den Westen hatte Alexander mit den Pässen des Tauros rasch genommen; er mußte sich des ganzen Gebietes an ihrem Südabhang möglichst versichern, um die zweite Paßregion, die des Amanischen Gebirges gegen Syrien, gewinnen und behaupten zu können. Während Parmenion mit den Söldnern und Bundestruppen, mit den thessalischen Ilen und den Thrakern des Sitalkes ostwärts vorrückte, die Pässe nach dem oberen Asien zu besetzen, ging der König westwärts, um sich der Straße nach Laranda und Ikonion, des sogenannten rauhen Kilikiens zu versichern, dessen Bewohner, freie räuberische Bergvölker wie ihre pisidischen Nachbarn, leicht die Verbindung mit Kleinasien stören konnten.

Er zog von Tarsos nach der Stadt Anchiale, die, von Sar-

Alexander fand die Höhen mit starken Posten besetzt; er ließ das übrige Heer lagern und brach selbst mit den Hypaspisten, den Schützen und Agrianern um die erste Nachtwache auf, die Feinde beim Dunkel der Nacht zu überfallen. Kaum hörten die Wachen ihn anrücken, so verließen sie in eiliger Flucht den Paß, welchen sie mit leichter Mühe hätten sperren können, wenn sie sich nicht auf verlorenem Posten geglaubt hätten. Arsames, der kilikische Satrap, schien sie nur vorgeschoben zu haben, um Zeit zu gewinnen, das Land zu plündern und zu verwüsten und sich dann sicher, eine Einöde in seinem Rücken, auf Dareios, der bereits vom Euphrat her anrückte, zurückziehen zu können. Desto eiliger zog Alexander durch die Pässe und mit seiner Reiterei und den Leichtesten der Leichtbewaffneten auf Tarsos los, so daß Arsames, der die Feinde weder so nah noch so rasch geglaubt hatte, in eiliger Flucht, ohne die Stadt oder das Land geplündert zu haben, sein Leben für einen baldigen Tod rettete.

Von Nachtwachen, Eilmärschen und der Mittagssonne eines heißen Spätsommertages ermattet, kam Alexander mit seinen Truppen zum Kydnos, einem klaren und kalten Bergstrome, der durch die Stadt Tarsos hinströmt. Schnell und nach dem Bade verlangend, warf er Helm, Harnisch und Kleid ab und eilte in den Strom; da überfiel ihn ein Fieberschauer, er sank unter; halbtot, bewußtlos wurde er aus dem Strom gezogen und in sein Zelt getragen. Krämpfe und brennende Hitze schienen die letzten Zeichen des Lebens, das zu erretten alle Ärzte verzweifelten; die Rückkehr des Bewußtseins wurde zur neuen Qual; schlaflose Nächte und der Gram um den zu nahen Tod zehrten die letzte Kraft hinweg. Die Freunde trauerten, das Heer verzweifelte; der Feind war nah, niemand wußte Rettung. Endlich erbot sich der akarnanische Arzt Philippos, der den König von Kindheit

abhang der paphlagonischen Grenzgebirge nach Ankyra[49]; dorthin kam eine Gesandtschaft der Paphlagonier, dem Könige ihre Unterwerfung des Landes unter der Bedingung anzubieten, daß keine makedonischen Truppen nach Paphlagonien kämen. Der König gewährte es; Paphlagonien blieb unter einheimischen Dynasten, vielleicht unter Kompetenz der Statthalterschaft von Phrygien am Hellespont.

Weiter ging der Zug nach Kappadokien, jenseits des Halys durch die bis zum Iris gelegenen Gebiete dieser großen Satrapie, die ohne Widerstand durchzogen und, obschon die nördlichen Landschaften derselben nicht okkupiert werden konnten, doch als makedonische Satrapie an Sabiktas übertragen wurde. Daß in den Griechenstädten am Pontos die demokratische Partei auf Befreiung durch Alexander hoffte, ist wenigstens durch ein Beipiel bezeugt. Doch blieb dort die persische Partei – so in Sinope – oder die Tyrannis vorerst noch im Besitz der Macht. Alexander durfte die wichtigeren Unternehmungen nicht hinausschieben, um die abgelegene Küste des Pontos zu besetzen; er zog den Küsten des Mittelmeeres zu. Der Weg, den er nahm, führte an dem Nordabhang des Tauros zu den kilikischen Pässen oberhalb Tyana, denselben, die vor etwa siebzig Jahren der jüngere Kyros mit seinen zehntausend Griechen überschritten hatte.

[49] Alexander hat nicht den Aufbruch aus Gordion so lange verzögert, um Grünfutter auf den Feldern zu finden; denn schon im Mai ist auf der phrygischen Hochebene das Gras vollauf. Der Aufbruch Alexanders wird erfolgt sein, nachdem die Nachricht eingelaufen, daß die Söldner der Flotte Befehl erhalten, nach Tripolis zu kommen; er mag anfangs Juli marschiert sein. Wenn Alexander über Ankyra kam, so hat er nicht den Weg südwärts durch die Salzsteppe, sondern die Reichsstraße über den Halys genommen, wie auch Arrian (II. 4. 2) angibt, daß Alexander ἐπὶ Καππαδοκίας ἐλάσας ξυμπᾶσαν τὴν ἐντὸς Ἅλυος ποταμοῦ προσηγάγετο καὶ ἔτι ὑπὲρ τὸν Ἅλυν πολλήν. Alexander kam wohl erst Anfang September nach Kilikien.

Preis weiteren Kampfes ihrer wartete, abnehmen; in dem Stolz der errungenen Siege neuer Siege gewiß, sahen sie Asien schon als ihre Beute an; sie selbst, ihr König und die Götter waren ihnen Gewähr für den Erfolg.

Auch Gesandte aus Athen kamen nach Gordion, den König um Freigebung der Athener, die in der Schlacht am Granikos gefangen und gefesselt nach Makedonien abgeführt waren, zu bitten; ob wohl mit Berufung auf den in Korinth beschworenen Bund und ihre Bundestreue? Ihnen wurde der Bescheid, wiederzukommen, wenn der nächste Feldzug glücklich zu Ende geführt sei.

Die Stadt Gordion, der uralte Sitz phrygischer Könige, hatte auf ihrer Burg die Paläste des Gordios und Midas und den Wagen, an dem Midas einst erkannt worden war als der von den Göttern zur Herrschaft Phrygiens Erkorene; das Joch an diesem Wagen war durch einen aus Baumbast geschürzten Knoten so künstlich befestigt, daß man weder dessen Anfang noch Ende bemerken konnte; es gab ein Orakel, daß, wer den Knoten löse, Asiens Herrschaft erhalten werde. Alexander ließ sich die Burg, den Palast, den Wagen zeigen, er hörte dies Orakel, er beschloß, es zu erfüllen und den Knoten zu lösen; umsonst suchte er ein Ende des Bastes, und verlegen sahen die Umstehenden sein vergebliches Bemühen; endlich zog er sein Schwert und durchhieb den Knoten; das Orakel war, gleichviel wie, erfüllt[48].

Das Heer brach tags darauf auf und marschierte am Süd-

---

48 Eine andere Darstellung hat Aristobul von dieser Begebenheit gegeben: der König habe den Spannagel, der, durch die Deichsel gesteckt, den Knoten zusammenhielt, herausgezogen. Selbst angenommen, daß die Sache so richtig sei, so wird zuverlässig das ganze Heer das Zerhauen mit dem Schwerte lieber geglaubt und nacherzählt haben als die in der Tat unbedeutende Operation mit dem Spannagel; wie beim Ei des Kolumbus ist nicht das Resultat, sondern die Neuheit der Lösung ein Zeugnis des Genies.

verfolgen, das um so mehr, da jeder Schritt vorwärts die Existenz der feindlichen Flotte selbst gefährdete, indem er derselben die Küsten ihrer Heimat nahm. Dies ins Werk zu setzen, war Zweck des nächsten Feldzugs[47].

Mit dem Frühling 333 vereinigten sich in Gordion die verschiedenen Abteilungen des makedonischen Heeres; von Süden her aus Kelainai rückten die Truppen ein, welche mit Alexander den Winterfeldzug gemacht hatten; von Sardeis her führte Parmenion die Reiterei und den Train der großen Armee heran; aus Makedonien kamen die Neuverheirateten von ihrem Urlaub zurück, mit ihnen eine bedeutende Anzahl Neuausgehobener, namentlich 3000 Makedonen zu Fuß und 300 zu Pferde, 200 thessalische, 150 elische Reiter, so daß Alexander trotz der zurückgelassenen Besatzungen nicht viel weniger Mannschaft als am Granikos beisammen hatte. Wie der Geist dieser Truppen war, läßt sich aus ihren Erfolgen bisher und aus dem, was als

---

[47] Die Vorgänge auf dem Meere und Memnons Tod sind chronologisch nicht mehr genau zu bestimmen. Wenn Dareios, wie Curt. III 2, 2 angibt, noch in Babylon war, als er Memnons Tod erfuhr, so läßt sich folgendes schließen. Wir werden Ende Oktober das persische Heer bei Sochoi in der Nähe des Flusses Haleb finden. Das Heer der Zehntausend brauchte vom Halebfluß bis Pylai, 220 Parasangen, 35 Märsche; von Pylai bis Babylon sind weitere 20 Parasangen. Dareios ist also spätestens anfangs September von Babylon aufgebrochen. Es geschah, nachdem er die Nachricht vom Tode Memnons empfangen hatte; er erhielt sie nicht mehr durch die Reichspost über Sardeis, sondern viel langsamer auf dem weiten Umwege zur See über Phoinikien; Memnons Tod ist also spätestens Ende Juli erfolgt. Thymondas, der an Pharnabazos in Tripolis das Kommando Memnons übertrug, nahm dort zugleich die griechischen Söldner der Flotte in Empfang; der Befehl zu deren Überführung muß wenigstens acht Wochen früher aus Babylon abgegangen sein, also spätestens Anfang Juni, so daß spätestens Ende Juni Pharnabazos mit einem Teil der Flotte und den Söldnern nach Phoinikien gesegelt war. Memnon könnte schon im Laufe des Mai und noch früher gestorben sein.

von neuem Gesandte an den Perserkönig gesandt, ja auf die Nachricht, daß ihre aus dem Pontos zurückkehrenden Getreideschiffe angehalten und zum Kampf gegen die Perserflotte verwendet würden, eine Flotte von hundert Segeln unter Menestheus, Iphikrates' Sohn, in See zu schicken dekretiert hatten; Hegelochos sah sich dadurch veranlaßt, die angehaltenen attischen Schiffe zu entlassen, um den Athenern den Vorwand, ihre hundert Trieren zur Perserflotte stoßen zu lassen, zu entziehen. Um so ersprießlicher war es, daß Proteas mit seinem Geschwader von fünfzehn Schiffen die persischen Schiffe bei Siphnos nicht bloß festhielt, sondern durch einen geschickten Überfall so überraschte, daß acht derselben samt ihrer Mannschaft in seine Hände fielen, die beiden anderen die Flucht ergriffen und, von Datames geführt, sich zu der Flotte retteten, die in der Gegend von Chios und Miletos kreuzte und die Küsten plünderte.

Damit war die erste und wohl die größte Gefahr, die Memnons Plan hätte bringen können, beseitigt; der rasche Angriff des Proteas hatte einem Abfall der Griechen vorgebeugt. Aber zeigten nicht diese Erfolge selbst, daß Alexander unrecht getan hatte, die Flotte aufzulösen, die er nach kaum sechs Monaten von neuem zu bilden genötigt war? Alexander hatte ein sicheres Gefühl von dem Maße der Tatkraft und der Einsicht, das er von den persischen Führern erwarten konnte, und taxierte seine hellenischen Bundesgenossen so, wie sie der Erfolg gezeigt hat; wenn sie auch zum Abfall geneigt und ihre Schiffe mit den persischen zu vereinigen bereit waren, Antipatros mußte sie auf dem festen Lande im Zaume halten können; endlich war es keineswegs so schwierig, in Eile eine neue Flotte aufzustellen, um gegen den Feind die Küsten zu decken; Alexander konnte, um den Seekrieg unbekümmert, seinen Kriegsplan weiter-

sche Besatzung frei abziehen und die Stadt nach den Bestimmungen des Antialkidischen Friedens wieder Bundesgenossin von Persien sein sollte. Aber sobald die beiden Perser im Besitz der Stadt waren, achteten sie des Vertrages nicht weiter; sie ließen eine Besatzung unter Befehl des Rhodiers Lykomedes in der Stadt, setzten einen der früher Verbannten, Diogenes, als Tyrannen ein; in schweren Kontributionen, die teils von einzelnen Bürgern, teils von der ganzen Stadt gefordert wurden, ließen sie Mytilene den ganzen Druck des persischen Joches fühlen. Dann eilte Pharnabazos, die Söldner nach Syrien zu bringen; dort empfing er die Weisung, den Oberbefehl an Memnons Stelle zu übernehmen, dessen Pläne freilich durch diese Ablieferung der Söldner in ihrem Nerv durchschnitten waren; die rasche und durchschlagende Offensive, die Sparta, Athen, das ganze hellenische Festland entflammt haben würde, war nicht mehr möglich.

Dennoch versuchten Pharnabazos und Autophradates etwas der Art. Sie sandten den Perser Datames mit zehn Trieren nach den Kykladen und fuhren selbst mit hundert Schiffen nach Tenedos; sie nötigten die Insel, die sich der hellenischen Sache angeschlossen hatte, zu den Bestimmungen des Antialkidischen Friedens – so war auch hier die Formel – zurückzukehren. Augenscheinlich war es auf die Besetzung des Hellespontes abgesehen. Alexander hatte bereits, um wenigstens die Kommunikation mit Makedonien durch eine Flotte zu sichern, zu deren Bildung Hegelochos an die Propontis gesandt mit der Weisung, sämtliche aus dem Pontos herabkommenden Schiffe anzuhalten und zum Kriegsdienst einzurichten. Zu gleicher Zeit ließ Antipatros durch Proteas Schiffe aus Euboia und der Peloponnes zusammenziehen, um das Geschwader des Datames, das schon bei der Insel Siphnos vor Anker lag, zu beobachten, eine Maßregel, die um so nötiger war, da die Athener

keit der Perser; sie anzunehmen werde ein Zeichen des traurigsten Argwohns, das Bekenntnis einer Ohnmacht sein, an deren Statt des Großkönigs Gegenwart nichts als Begeisterung und Hingebung finden werde; sie beschworen den schwankenden Herrn, nicht auch das Letzte einem Fremdling anzuvertrauen, der nichts wolle, als an der Spitze des Heeres stehen, um das Reich des Kyros zu verraten. Zornig sprang Charidemos auf, beschuldigte sie der Verblendung, der Feigheit und Selbstsucht: sie kennten ihre Ohnmacht und die furchtbare Macht der Griechen nicht, sie würden das Reich des Kyros ins Verderben stürzen, wenn nicht des Großkönigs Weisheit ihm jetzt folge. Der Perserkönig, ohne Vertrauen zu sich selbst und doppelt gegen andere mißtrauisch, überdies in dem Gefühl persischer Hoheit verletzt, berührte des Fremdlings Gürtel, und die Trabanten schleppten den hellenischen Mann hinaus, ihn zu erdrosseln; sein letztes Wort an den König soll gewesen sein: »Meinen Wert wird deine Reue bezeugen, mein Rächer ist nicht fern.« Im Kriegsrat wurde beschlossen, den Makedonen bei ihrem Eintritt in das obere Asien mit dem Reichsaufgebot unter des Großkönigs persönlicher Führung entgegenzutreten, von der Flotte soviel griechische Söldner als möglich heranzuziehen, die Pharnabazos, sobald als es möglich sei, in Tripolis an der phoinikischen Küste ausschiffen solle. Thymondas, Mentors Sohn, wurde nach Tripolis gesandt, diese Völker zu übernehmen und dem Reichsheer zuzuführen, dem Pharnabazos in des Großkönigs Namen die ganze Gewalt, die Memnon innegehabt hatte, zu übertragen.

Pharnabazos und Autophradates hatten indessen die Belagerung von Mytilene fortgesetzt und glücklich beendet; die Stadt hatte sich unter der Bedingung ergeben, daß gegen die Zurückführung der Verbannten und die Vernichtung der mit Alexander errichteten Bundesurkunde die makedoni-

seite eingeschlossen, durch ein Geschwader, das den Hafen sperrte, und ein anderes, welches das Fahrwasser nach Hellas beobachtete, aller Aussicht auf Hilfe beraubt, wurde sie auf das Äußerste gebracht. Schon kamen von anderen Inseln Gesandte an Memnon; in Euboia besorgten die Städte, die makedonisch gesinnt waren, in kurzer Frist ihn kommen zu sehen; die Spartaner waren bereit, sich zu erheben. Da erkrankte Memnon; und nachdem er Pharnabazos, seinem Neffen, dem Sohne des Artabazos, bis zur weiteren Entscheidung des Großkönigs seine Gewalt übertragen hatte, sank er, wenn nicht für seinen Ruhm, doch für Dareios' Hoffnungen zu früh, ins Grab.

Als Dareios, so wird erzählt, die Botschaft von Memnons Tod empfing, berief er einen Kriegsrat, unschlüssig, ob er dem Gegner, der rastlos vorrückte, die nächsten Satrapen entgegenschicken oder ihm in Person und an der Spitze des Reichsheeres begegnen solle. Die Perser empfahlen, daß er selbst das schon versammelte Reichsheer ins Feld führe; unter den Augen des Königs der Könige werde das Heer zu siegen wissen, *eine* Schlacht genüge, Alexander zu vernichten. Aber der Athener Charidemos, der, vor Alexander flüchtig, dem Großkönig doppelt erwünscht gekommen war, riet, nicht ohne dessen Zustimmung, vorsichtig zu sein, nicht alles auf einen Wurf zu setzen, nicht am Eingang Asiens Asien selbst preiszugeben, das Reichsaufgebot und die Gegenwart des höchsten Herrn auf die letzte Gefahr aufzusparen, zu der es nie kommen werde, wenn man dem tollkühnen Makedonen mit Geschick und Vorsicht zu begegnen wisse; an der Spitze von hunderttausend Mann, von denen ein Drittel Griechen, verbürge er sich dafür, den Feind zu vernichten. Auf das heftigste widersprachen die stolzen Perser: jene Pläne seien des persischen Namens unwürdig, sie seien ein ungerechter Vorwurf gegen die Tapfer-

der von Europa abzuschneiden, den Krieg nach Hellas hinüberzuspielen und von dort aus in Verbindung mit Makedoniens zahlreichen Feinden in Hellas die Kraft Alexanders in ihrer Wurzel zu zerstören. Er hatte eine mächtige Flotte von phoinikischen und kyprischen Schiffen, auch zehn lykische, zehn von Rhodos, drei von Mallos und Soloi in Kilikien befanden sich bei derselben; die Seeburg von Halikarnaß war noch in seiner Gewalt, Rhodos, Kos, gewiß alle Sporaden hielten zu ihm, die attischen Kleruchen, die Samos innehatten, wohl nicht minder; die Oligarchen und Tyrannen auf Chios und Lesbos harrten nur seines Beistandes, der Demokratie und der Verbindung mit Makedonien ein Ende zu machen; die Patrioten in Hellas hofften von ihm die Herstellung der hellenischen Freiheit.

Von der Reede von Halikarnaß war Memnon mit der Flotte nach Chios gegangen; durch den Verrat der Oligarchen, die hier früher das Regiment gehabt, Apollonides an ihrer Spitze, gewann er die Insel; er stellte die Oligarchie wieder her, die ihm den Besitz der Insel sicherte. Er segelte nach Lesbos, wohin Chares von Sigeion mit Söldnern und Schiffen gekommen war, den Tyrannen Aristonikos von Methymna auszutreiben, derselbe Athener Chares, der Alexander bei seiner Landung in Sigeion so ergeben begrüßt hatte; er forderte von Memnon, ihn bei seinem Unternehmen nicht zu stören. Aber Memnon kam als des Tyrannen »väterlicher Freund und Gastfreund« und jagte mit leichter Mühe den einst attischen Strategen von dannen. Schon hatten sich ihm die andern kleineren Städte der Insel ergeben, aber die bedeutendste, Mytilene, hatte, ihrem Bunde mit Alexander treu und auf die makedonische Besatzung, die sie aufgenommen, sich verlassend, seine Aufforderung abgewiesen. Memnon begann sie zu belagern, bedrängte sie auf das härteste; durch einen Wall und fünf Lager auf der Land-

ZWEITES KAPITEL

Persische Rüstungen · Die persische Flotte unter Memnon und die Griechen · Alexanders Marsch über den Tauros · Okkupation Kilikiens · Schlacht bei Issos · Das Manifest · Aufregung in Hellas Die Belagerung von Tyros · Die Eroberung Gazas Okkupation Ägyptens

Persischerseits war die Nachricht von der Schlacht am Granikos mit mehr Unwillen als Besorgnis aufgenommen worden. Man wird die eigentliche Bedeutung des unternommenen Angriffes und damit die Gefahr, die dem Reiche drohte, verkannt, man wird geglaubt haben, Alexanders Erfolge seien das zufällige Glück eines Tollkühnen, seien durch die Fehler, die sie nur erleichtert, verschuldet worden; meide man diese, so werde allen weiteren Gefahren vorgebeugt und des Makedonen Glück am Ende sein. Vor allem schien Mangel an Einheit und planmäßiger Führung des Heeres das Unglück am Granikos herbeigeführt zu haben; Memnons Rat, man bekannte es jetzt, hätte befolgt werden, er selbst das Heer von Anfang her führen sollen. So wurde ihm wenigstens jetzt der alleinige und unumschränkte Befehl über die persische Land- und Seemacht in den vorderen Satrapien übertragen.

In der Tat schien in diesem Hellenen dem makedonischen König ein gefährlicher Gegner gefunden zu sein; schon die hartnäckige Verteidigung von Halikarnaß zeigte sein Talent und seinen Charakter; dann bis auf wenige Punkte von der Küste verdrängt, faßte er, begünstigt durch die Auflösung der makedonischen Flotte, den großen Plan, Alexan-

teile der Herrengunst und der Weichbildspolitik, an die sie sich in der langen Zeit der Fremdherrschaft gewöhnt hatten, über dem unermeßlichen Segen ihrer neuen Lage, freie Politien, Reichsstädte in dem Reich ihres Befreiers zu sein, verlernen und vergessen würden.

Den Hellenen, die in diesen asiatischen Ländern von der Propontis bis zum Kyprischen Meere wohnten, muß der Kontrast der neuen gegen die bisherigen Verhältnisse sich lebhaft genug aufgedrängt haben, es muß ihnen gewesen sein, als wenn ihnen nunendlich Licht und Luft wiedergegeben werde.

und zum regelmäßigen Beschicken ungeeignet gewesen. Man wird voraussetzen dürfen – bestimmte Angaben sind darüber nicht vorhanden –, daß Alexander auch diese Griechen außerhalb des Bundes zur Anerkennung seiner unumschränkten Strategie und zu bestimmten Leistungen für den großen Krieg verpflichtete; ob er mit jeder einzeln in solchem Sinne Verträge schloß, ob er sie veranlaßte, für diesen Zweck und zugleich zur Handhabung des Landfriedens wie im Hellenikon eine eigene analoge Föderation zu schließen, etwa als Aioler, Ioner usw., ist nach den vorliegenden Materialien nicht mehr zu erkennen[46]. Wenigstens von einer derartigen Verbindung haben wir, zuerst aus der Zeit des Antigonos (um 306), urkundliche Nachricht; es ist ein »Koinon der Städte« in der Landschaft des Idagebirges, vereinigt um den Dienst der Athena von Ilion, mit einem Synhedrion, das namens der Städte Beschlüsse faßt; in der Inschrift werden als Teilnehmer dieses Bundes Gargara am Adramyttenischen Meerbusen, Lampsakos am Hellespont genannt.

Wir sahen, wie Alexander darauf gewandt war, das Emporkommen dieser altgriechischen Städte zu fördern; wenn er ihnen so neidlos und mit vollen Händen gab, so mochte er hoffen, sie an die neue Ordnung der Dinge, die in Hellas selbst noch bei weitem nicht sicher stand, desto fester zu knüpfen; er mochte hoffen, daß sie der kleinen Gaunervor-

---

46 Die Andeutung im Text bezieht sich auf die Tatsache, daß es Silber- und Kupfermünzen aus dieser und der nächstfolgenden Zeit gibt, welche den Pallaskopf der Stateren Alexanders auf der Schauseite, auf der Rückseite den Donnerkeil mit der Inschrift ΑΙΟΛΕ haben. Die auf karischen Münzen häufige Doppelaxt hierher zu ziehen ist kaum rätlich. Für die Erneuerung oder erneute Bedeutung des Bundes der ionischen Städte spricht, daß Smyrna, welches von Alexander und Antigonos wiederhergestellt worden, nach Vitruv. IV 1, wieder in den Bund eingeführt worden und daß für Alexander ein Hain oder Wettspiele ὑπὸ τοῦ κοινοῦ τῶν Ἰώνων gestiftet worden sind (Strabo XIV, p. 644).

noikisiert hatten, aufgelöst; die Inseln – von mehreren werden wir sehen, daß der Demos sich für Alexander erhob – wurden wohl behandelt wie die Griechenstädte des Festlandes.

Daß diese Städte nicht bloß in ihrer kommunalen Freiheit hergestellt, sondern wieder freie Staaten wurden, wie sie bis zum Frieden des Antialkidas gewesen waren, beweisen ihre Münzen aus dieser Zeit; sie haben nicht das Gepräge des Königs, sondern das autonome der prägenden Stadt, sie verpflichtet nicht die von Alexander eingeführte Münzordnung, sondern mehrere der bei ihnen hergebrachten. Und wenn noch nach einem Jahrhundert von den Seleukiden Städte in der Aiolis als in »unserer Bundesgenossenschaft« stehende bezeichnet werden, so ist das unzweifelhaft die von Alexander begründete Form.

Es liegt die Frage nahe, ob diese befreiten und hergestellten Politien der Inseln und der asiatischen Küste der Föderation der im Synhedrion von Korinth vereinten Griechenstaaten beigetreten sind. Von der Insel Tenedos wissen wir es durch ein bestimmtes Zeugnis; daß der Ausdruck, der von dieser gebraucht ist, sich bei Mytilene auf Lesbos und bei anderen Städten nicht wiederholt, gestattet den Schluß, daß es bei diesen nicht geschehen ist. Es konnte, so scheint es, wohl Alexanders Interesse sein, sich in diesen befreiten Hellenenstädten ein Gegengewicht gegen den Bund derer zu schaffen, die zum großen Teil mit Waffengewalt in die Verbindung mit Makedonien gezwungen und nichts weniger als zuverlässige Verbündete waren; auch war der »Bund der Hellenen innerhalb der Thermopylen« nicht bloß zum Kriege gegen Persien errichtet, sondern zugleich, um Frieden, Recht und Ordnung in dem Gebiete des Bundes aufrechtzuerhalten; zu diesem Zweck wäre für die Inseln und die Städte Asiens das Synhedrion in Korinth zu entlegen

der Lykier blieb, wie wir annehmen durften, in voller Wirksamkeit, unzweifelhaft gegen die Bedingung, daß das lykische Kontingent von 10 Kriegsschiffen, das sich noch bei der Perserflotte befand, zurückgerufen werde. Und die Lyder, so sagen unsere Quellen, »erhielten ihre Gesetze wieder und wurden frei«. Wie immer diese Gesetze der Lyder gewesen sein mögen – wir wissen nichts Weiteres von ihnen –, jedenfalls beweist deren Herstellung, daß hinfort in diesem Lande wieder die Gesetze, nicht die Willkür und das Gewaltrecht der Eroberer wie bisher gelten solle; sie beweist, daß dies einst tapfere, gewerbstätige, hochgebildete Volk des Kroisos von dem Joche der Fremdherrschaft, unter dem es verkommen war, befreit sein und sich in seiner volkstümlichen Art und Einheit wieder zu erheben versuchen sollte.

Von denjenigen Bevölkerungen, die – so die »Barbaren« in den Gebirgen Kleinphrygiens – ohne eigenes Gemeinwesen lebten, wurde, wenn sie sich freiwillig ergaben, nur »der Tribut, den sie bisher geleistet hatten«, gefordert. Nicht minder bezeichnend ist, daß der Tribut, den die Ephesier bisher an den Großkönig bezahlt hatten, fortan dem Heiligtum der Artemis entrichtet werden sollte, während Erythrai, wie eine Inschrift bezeugt, Ilion, das Alexander als Stadt herstellen ließ, gewiß ähnlich die anderen Griechenstädte der Küste mit der Autonomie zugleich die Entlastung vom Tribut erhielten. Dagegen wurden die Städte Pamphyliens, die nur noch dem Namen nach griechisch waren, namentlich Aspendos, nach dem Versuch, unterhandelnd den König zu täuschen, zur Tributzahlung verpflichtet und unter die Verwaltung des Satrapen gestellt. Die Burg von Halikarnaß, mehrere Inseln blieben noch Jahr und Tag in der Gewalt der Perser; das Gemeinwesen von Halikarnaß wurde in die Ortschaften, aus denen es die karischen Dynasten sy-

mit dem Namen Stratege – wurde in Lydien dem Satrapen zur Seite gesetzt. Vielleicht wurde hier und überall die Finanzverwaltung der Satrapie in unmittelbare Beziehung zu dem Schatzamt gestellt, welches – ob erst in dieser Zeit, ist nicht mehr zu ersehen – Harpalos, des Machatas Sohn, erhielt.

Daß die Kompetenz der Satrapen viel schärfer, als im Perserreich der Fall gewesen, umgrenzt, daß sie nicht als Herren in ihrem Territorium, sondern als königliche Beamte bestellt wurden, zeigt sich an der Tatsache, daß es von den Satrapen des Alexanderreiches bis 306 keine Münzen gibt, während im Perserreich schon unter Dareios I., dem Begründer des Verwaltungssystems des Reiches, das Münzrecht von den Satrapen geübt worden ist. Es scheint auf die durch Alexander begründete Ordnung zu gehen, wenn in einer Schrift aus der Diadochenzeit die verschiedenen Wirtschaftsformen, die der Könige, der Satrapen, der Städte, der Privaten, in der Art unterschieden werden, daß für die königliche Wirtschaft die Hauptzweige seien die Münzpolitik, die Regelung von Ausfuhr und Einfuhr, die Führung des Hofhaltes, für die der Satrapen vor allem die Grundsteuer, dann die Einnahme von den Bergwerken, die von den Emporien, die von den Erträgen der Felder und des Marktverkehrs, die von den Herden, endlich Kopfsteuer und Gewerbesteuer.

Nicht minder bedeutsam war, wie Alexander die politische Stellung der Bevölkerungen ordnete. Es scheint sein Gedanke gewesen zu sein, da, wo irgend organisierte Gemeinwesen bestanden oder einst bestanden hatten, diese in allen kommunalen Sachen frei schalten zu lassen. Nicht bloß den hellenischen Städten Asiens wurde in diesem Sinne ihre Autonomie hergestellt und durch Herstellung der Demokratie gesichert; auch die althergebrachte Föderation

Die Motive, nach denen Alexander verfuhr, liegen auf der Hand. Es konnte am wenigsten seine Absicht sein, immer mehr Gebiet zu okkupieren und immer tiefer ins Innere Kleinasiens vorzudringen, solange die persische Seemacht noch das Meer beherrschte und in Hellas unberechenbare Wirren veranlassen konnte; genug, daß er sie mit den Wirkungen, die er seiner ersten großen Schlacht gegeben, vollständig von der Küste und den Hafenplätzen ausschloß, von denen aus sie, wenn er mit dem zweiten Feldzug weiter vordrang, ihn im Rücken hätten gefährden können.

Freilich von den hellenischen Traditionen unterschied sich die Art seines Vordringens gar sehr. Die attische Macht zu den Zeiten des Kimon und Perikles hatte sich kaum je über die Küstenstädte Kleinasiens hinaus landeinwärts gewagt, und wenn die Spartaner in den Tagen des Thibron und Agesilaos, wenn gar Chares und Charidemos mit den Streitkräften des zweiten Attischen Seebundes es getan, so waren sie nach einigen Plünderungen und Brandschatzungen wieder umgekehrt. Alexanders militärische Maßregeln waren auf definitive Besitznahme, auf einen dauernden Zustand gerichtet.

Entsprachen diesem Zweck die politischen Einrichtungen, die der König traf? Was davon während dieses ersten Feldzugs erkennbar wird, schloß sich allerdings den Formen an, die dort bisher bestanden hatten, aber so, daß sie mit wesentlicher Veränderung ihres Inhaltes ihre Bedeutung zu verändern schienen. Es blieb die Satrapie in Phrygien am Hellespont, in Lydien, in Karien; aber in Lydien wurde neben dem Satrapen ein besonderer Beamter für die Verteilung und Erhebung der Tribute bestellt; in Karien erhielt die Fürstin Ada die Satrapie, aber die starke Truppenmacht in derselben befehligte ein makedonischer Stratege; ebenso ein eigener Chef der Militärmacht – wohl auch

war seitdem der Mittelpunkt der phrygischen Satrapie, die Residenz des Satrapen.

Dorthin wandte sich Alexander von Sagalassos aus; an dem Askanischen See vorüber in fünf Märschen erreichte er die Stadt. Er fand die Burg – der Satrap Atizyes war geflüchtet – in den Händen von 1000 karischen und 100 hellenischen Söldnern; sie erboten sich, wenn der persische Entsatz an dem Tage – sie nannten ihn –, für den er ihnen zugesagt worden, nicht angekommen sei, Stadt und Burg zu übergeben. Der König ging darauf ein; er hätte nicht ohne bedeutenden Zeitverlust der Burg Meister werden können; und in dem Maße, als er schneller Gordion erreichte und mit den dorthin beschiedenen anderen Teilen seines Heeres nach dem Tauros vorrückte, machte er den Entsatz der Stadt unmöglich. Er ließ ein Kommando von etwa 1500 Mann in Kelainai zurück. Er übertrug die Satrapie Phrygien dem Antigonos, Philippos' Sohn, der bisher die Kontingente der Bundesgenossen befehligt hatte, ernannte zu deren Strategen Balakros, des Amyntas Sohn.

Nach zehntägiger Rast in Kelainai zog er weiter nach Gordion am Sangarios, von wo die große Straße über den Halys und durch Kappadokien nach Susa führt.

Nicht eben dem Umfang nach groß war, was Alexander mit diesem ersten Kriegsjahre erreicht hatte; und die Staatsmänner und Kriegskundigen in Hellas mögen die Nase gerümpft haben, daß der hochgefeierte Sieg am Granikos nichts weiter eingebracht habe als die Eroberung der West- und der halben Südküste Kleinasiens, Eroberungen, die Memnon in kluger Berechnung habe geschehen lassen, um sich indessen zum Herrn des Meeres und der Inseln zu machen und so Alexanders Verbindung mit Makedonien zu durchreißen.

dem Lynkestier Amyntas[45], wie er selbst den des rechten übernahm. Schon war man bis an die steilste Stelle des Berges vorgerückt, als sich plötzlich die Barbaren rottenweise auf die Flügel des heranrückenden Heeres stürzten, mit doppeltem Erfolg, da sie bergab gegen die Bergansteigenden rannten. Die Bogenschützen des rechten Flügels traf der heftigste Angriff, ihr Anführer fiel, sie mußten weichen; die Agrianer hielten stand, schon war das schwere Fußvolk nahe heran, Alexander an der Spitze; die heftigen Angriffe der Barbaren zerschellten an der geschlossenen Masse der Beschildeten, im Handgemenge erlagen die leichtbewehrten Pisider der schweren Waffe der Makedonen: fünfhundert lagen erschlagen, die andern flüchteten; der Gegend kundig, entkamen sie. Alexander rückte auf dem Hauptwege nach und nahm die Stadt.

Nach dem Fall von Sagalassos wurden von den übrigen pisidischen Plätzen die einen mit Gewalt genommen, die andern kapitulierten. Damit war der Weg nach der Hochfläche geöffnet, mit der Phrygien jenseits der Gebirge von Sagalassos beginnt. In einer östlichen Senkung dieser Hochfläche liegt der See von Egerdir in der Größe des Bodensees, im Süden und Osten von mächtigen Bergmassen umgürtet; etwa acht Meilen westlich von diesem ein kleinerer See, der Askanische, von dessen Nordspitze etwa drei Meilen entfernt der Höhenzug streicht, an dessen Nordseite die Quellen des Maiandros liegen. In den Pässen, die zum Tal des Maiandros führen, liegt die alte Stadt Kelainai, wo einst Xerxes nach seinen Niederlagen in Hellas und auf dem Meere eine mächtige Burg gebaut hatte, das Vordringen der Hellenen von der befreiten Küste her zurückzuhalten; Kelainai

---

45 Amyntas führte sonst die Ilen der Sarissophoren; Reiter rückten nicht mit ins Gefecht als οὐκ ὠφέλιμοι ἐν τῇ δυσχωρίᾳ (Arrian. I 28,4).

sos beherrscht, durch eine kleine Truppenzahl selbst einem großen Heere leicht gesperrt werden konnte; an einer steilen Bergwand zieht sich der Weg hinauf, der von einem ebenso steilen Berge auf der anderen Seite überragt wird; und hinten in dem Sattel zwischen beiden liegt die Stadt. Beide Berge fand der König von den Barbaren – denn ganz Termessos war ausgezogen – so besetzt, daß er vorzog, sich vor dem Paß zu lagern, überzeugt, daß die Feinde, wenn sie die Makedonen so rasten sähen, die Gefahr für nicht dringend halten, den Paß durch eine Feldwache sichern und in die Stadt zurückkehren würden. So geschah es, die Menge zog sich zurück, nur einzelne Posten zeigten sich auf der Höhe; sofort rückte der König mit leichtem Fußvolk vor, die Posten wurden zum Weichen gebracht, die Höhen besetzt, das Heer zog ungehindert durch den Paß und lagerte sich vor der Stadt. Dort ins Lager kamen Gesandte der Selgier, die, pisidischen Stammes wie die Termessier, aber mit denselben in fortwährender Fehde, mit dem Feind ihrer Feinde Vergleich und Freundschaft schlossen und fortan treu bewahrten. Termessos zu erobern würde längeren Aufenthalt nötig gemacht haben; Alexander brach daher ohne weiteren Verzug auf.

Er rückte gegen die Stadt Sagalassos, die, von den streitbarsten aller Pisider bewohnt, am Fuße der obersten Terrasse der pisidischen Alpenlandschaft liegt und den Eingang in die Hochebene Phrygiens öffnet; die Höhe auf der Südseite der Stadt hatten die Sagalasser, mit Termessiern vereint, besetzt und sperrten so den Makedonen ihren Weg. Sofort ordnete Alexander seine Angriffslinie, auf dem rechten Flügel rückten die Schützen und Agrianer vor, dann folgten die Hypaspisten, die Taxen der Phalanx; die Thraker des Sitalkes bildeten die Spitze des linken Flügels; den Befehl des linken Flügels übertrug er, bezeichnend genug,

ließ sie einzunehmen seinem Statthalter, da ihm bereits die Nachricht zugekommen war, daß die Aspendier weder die Pferde, wie sie versprochen, ausliefern noch die fünfzig Talente, zu denen sie sich verpflichtet, zahlen wollten, sondern sich zum ernsthaften Widerstand gerüstet hatten. Er rückte gegen Aspendos, besetzte die von ihren Einwohnern verlassene Unterstadt; ohne sich durch die Festigkeit der Burg, in die sich die Aspendier geflüchtet hatten, noch durch den Mangel an Sturmzeug zur Nachgiebigkeit bewegen zu lassen, schickte er die Gesandten, welche die Bürger, durch seine Nähe geschreckt, an ihn abgesandt hatten, um sich auf Grundlage des früheren Vertrages zu ergeben, mit der Weisung zurück, daß die Stadt außer den früher verlangten Pferden und fünfzig Talenten noch fünfzig Talente zahlen und die angesehensten Bürger als Geiseln stellen, wegen des Gebietes, das sie ihren Nachbarn gewaltsam entrissen zu haben beschuldigt wurde, sich einer gerichtlichen Entscheidung unterwerfen, dem Statthalter des Königs in dieser Gegend gehorchen und jährlichen Tribut zahlen solle. Der Mut der Aspendier hatte rasch ein Ende; sie fügten sich.

Der König zog wieder nach Perge, von dort weiter durch das rauhe Gebirgsland der Pisider nach Phrygien zu marschieren. Jetzt dieses in viele Stämme geteilte, zum Teil in nachbarlichen Fehden begriffene Bergvolk Tal für Tal zu unterwerfen, konnte nicht in seiner Absicht liegen; genug, wenn er, sich den Durchmarsch zu erzwingen, sie seine starke Hand fühlen ließ; die so geöffnete Straße zwischen der Pamphylischen Küste und Phrygien dauernd zu sichern, mußte er seinen künftigen Befehlshabern in den Gebieten, die das Gebirgsland umgaben, überlassen.

Die Straße, die er wählte, führt von Perge westwärts durch die Küstenebene an den Fuß der Gebirge, dann in ein sehr schwieriges Defilé, das, von der Bergfeste Termes-

gefallen. Der König selbst schrieb – wenn der Brief echt ist – an seine Mutter die einfachen Worte: er habe durch die Pamphylische Leiter, so nannte man die Bergabhänge dort, einen Weg machen lassen und sei von Phaselis aus hindurchgezogen.

So rückte Alexander in den Küstensaum der Landschaft Pisidien, der Pamphylien genannt wird, mit seinem Heere ein; diese Küstenlandschaft erstreckt sich, vom Taurosgebirge im Norden begrenzt, bis jenseits der Stadt Side, wo das Gebirge sich wieder dicht an die Küste drängt, um sich nordöstlich über Kilikien, der ersten Landschaft jenseits des Tauros, hinzuziehen, dergestalt, daß Alexander mit der Besetzung Pamphyliens die Unterwerfung der Seeküste diesseits des Tauros beendet nennen konnte. Perge, der Schlüssel zum Übergang über die Gebirge im Norden und Westen zu den inneren Landschaften, ergab sich; die Stadt Aspendos schickte Gesandte an den König, sich zur Übergabe zu erbieten, zugleich zu bitten, daß ihr keine makedonische Besatzung gegeben werde, eine Bitte, die Alexander unter der Bedingung gewährte, daß Aspendos außer Ablieferung einer bestimmten Anzahl Pferde, deren Haltung sie dem Perserkönige statt Tributes leistete, noch fünfzig Talente zur Löhnung seiner Soldaten zahlen solle. Er selbst brach nach Side auf, der Grenzstadt Pamphyliens, die einst von Auswanderern aus Kyme in Aiolis gegründet worden war; aber die Sprache dieser Hellenen – die der Heimat hatten sie vergessen, die des Landes nicht angenommen – war eigener Art. Alexander ließ in ihrer Stadt eine Besatzung zurück, die, so wie die gesamte Küste der Pamphylischen Bucht, unter Nearchos' Befehl gestellt wurde. Darauf trat Alexander den Rückweg nach Perge an; die mit einer Besatzung von Landeseingeborenen und fremden Söldlingen versehene Bergfestung Syllion zu überrumpeln mißlang ihm; er über-

Antipatros, dessen Schwiegersohn der Hochverräter war, besonders aber, um nicht zu beunruhigenden Gerüchten im Heere und in Griechenland Anlaß zu geben.

Nach diesem Aufenthalt brach das Heer aus der Gegend von Phaselis auf, um Pamphylien und den wichtigsten Ort des Landes, Perge, zu erreichen. Einen Teil des Heeres sandte Alexander auf dem langen und beschwerlichen Gebirgswege, den er durch die Thraker wenigstens für das Fußvolk hatte gangbar machen lassen, voraus, während er selbst, wie es scheint, mit der Ritterschaft und einem Teil des schweren Fußvolkes den Küstenweg einschlug; in der Tat ein gewagtes Unternehmen, da gerade jetzt in der Winterzeit der Weg von der Brandung bedeckt war; den ganzen Tag brauchte man, um das Wasser zu durchwaten, das oft bis an den Nabel hinaufreichte; aber das Beispiel und die Nähe des Königs, der das Wort »unmöglich« nicht kannte, ließ die Truppen wetteifern, alle Mühe mit Ausdauer und mit Freudigkeit zu überstehen; und als sie, endlich am Ziele angelangt, auf ihren Weg, auf die schäumende Brandung des weiten Meeres zurücksahen, da war es ihnen wie ein Wunder, das die Götter durch Alexander vollbracht, und sie erkannten staunend, was sie selbst vermochten unter ihres Heldenkönigs Führung. Die Kunde von diesem Zuge verbreitete sich, mit märchenhaften Zusätzen geschmückt, unter den Hellenen: der König sei trotz des heftigen Südwindes, der das Wasser bis an die Berge hinaufgepeitscht, an das Gestade hinabgezogen, und plötzlich habe der Wind sich gedreht und von Norden her die Wasser zurückgejagt; andere wollten gar wissen, daß er sein Heer trockenen Fußes durch das Meer geführt habe; und der Peripatetiker Kallisthenes, der zuerst die Geschichte dieser Feldzüge schrieb, denen er selbst beiwohnte, verstieg sich zu der Phrase: das Meer habe dem Könige seine Huldigung darbringen wollen und sei vor demselben nieder-

Sohn Amyntas, der, aus Makedonien landesflüchtig, beim Herannahen des makedonischen Heeres von Ephesos zunächst wohl nach Halikarnaß geflohen, dann weiter zum Perserhofe gegangen war, hatte Alexandros schriftliche und mündliche Eröffnungen an den Großkönig gelangen lassen, und Sisines, einer von Dareios' Vertrauten, kam, angeblich um Befehle an Atizyes, den Satrapen von Großphrygien, zu bringen, mit geheimen Aufträgen nach den vorderen Landen, zunächst bemüht, sich in die Kantonierungen der thessalischen Ritterschaft einzuschleichen. Von Parmenion aufgefangen, gestand er den Zweck seiner Sendung, den er, unter Bedeckung nach Phaselis vor den König geführt, dahin bezeichnete, daß er im Namen des Großkönigs dem Lynkestier, wenn er Alexander ermorde, tausend Talente und das Königtum Makedoniens habe versprechen sollen.

Sofort berief der König die Freunde, mit ihnen zu beraten, wie gegen den Beschuldigten zu verfahren sei. Ihre Meinung war, daß es früher schon nicht wohlgetan gewesen sei, einem so zweideutigen Manne den Kern der Reiterei anzuvertrauen; um so notwendiger scheine es jetzt, ihn wenigstens sofort unschädlich zu machen, bevor er die thessalische Ritterschaft noch mehr für sich gewinne und sie in seine Verräterei verwickle. Demnach wurde einer der zuverlässigsten Offiziere, Amphoteros, Krateros' Bruder, an Parmenion abgesandt; in der Landestracht, um unkenntlich zu sein, von einigen Pergaiern begleitet, gelangte er unerkannt an den Ort seiner Bestimmung; nachdem er seine Aufträge gesagt hatte – denn der König hatte so gefährliche Dinge nicht einem Briefe, der leicht aufgefangen und mißbraucht werden konnte, anvertrauen wollen –, wurde der Lynkestier in der Stille aufgehoben und festgesetzt; ihn zu richten, verschob der König auch jetzt noch, teils aus Rücksicht auf

In eben diesen Tagen war es, daß ein verruchter Plan ans Licht kam, doppelt verrucht, weil er von einem der vornehmsten Befehlshaber des Heeres ausging, dem Alexander Großes verziehen und Größeres anvertraut hatte. Der König war vielfach gewarnt worden, noch vor kurzem hatte Olympias in einem Brief ihren Sohn beschworen, vorsichtig gegen frühere Feinde zu sein, die er jetzt für seine Freunde halte.

Der Verräter war Alexandros der Lynkestier, in dem die zweideutigen Ansprüche seiner Familie auf das makedonische Königtum einen ebenso heimtückischen wie hartnäckigen Vertreter fanden. Der gleichen Teilnahme an jener Verschwörung zum Morde des Königs Philipp verdächtig, die zwein seiner Brüder die Todesstrafe gebracht hatte, war er, weil er dem Sohn des Ermordeten sich sofort unterworfen und ihn zuerst als König begrüßt hatte, nicht bloß straflos geblieben, sondern Alexander behielt ihn in seiner Umgebung, übergab ihm manches wichtige Kommando, so noch zuletzt die Anführung der thessalischen Ritterschaft für den Zug gegen Memnons Land und nach Bithynien. Aber selbst das Vertrauen des Königs vermochte nicht, des argen Mannes Gesinnung zu ändern; das Bewußtsein eines vergeblichen, aber nicht bereuten Verbrechens, der ohnmächtige Stolz, doppelt gekränkt durch die Großmut des glücküberhäuften Jünglings, das Andenken an zwei Brüder, deren Blut für den gemeinsamen Plan geflossen, die eigene Herrschsucht, die desto heftiger quälte, je hoffnungsloser sie war, kurz Neid, Haß, Begier, Furcht, das mögen die Triebfedern gewesen sein, die den Lynkestier die Verbindung mit dem persischen Hofe wieder anzuknüpfen oder vielleicht nicht abzubrechen bewogen; jener Neoptolemos, der in Halikarnaß für die Perser kämpfend den Tod gefunden hatte, war sein Neffe; durch Antiochos'

zwei, die kleineren je eine hatten; nach demselben Verhältnis die Verteilung der Bundessteuern, als Leiter der Union der »Lykiarch«, dessen Name vielleicht gleichfalls »König« war; dieser wie die übrigen Bundesbehörden und die Bundesrichter durch Wahl der Bundesversammlung bestellt.

Dann zog der König nach Phaselis. Die Stadt, dorisch ihrem Ursprung nach und bedeutend genug, inmitten der lykischen Umgebung sich als hellenische Stadt zu behaupten, lag außerordentlich günstig an der Pamphylischen Meerbucht und den drei Häfen, denen sie ihren Reichtum dankte; gegen Westen erheben sich die Berge in mehreren Terrassen hintereinander bis zur Höhe von siebentausend Fuß, in flachem Bogen sich um die Pamphylische Bucht bis Perge hinziehend, dem Ufer des Meeres so nah, daß der Weg an mehreren Stellen nur dann nicht von der Brandung bedeckt wird, wenn Nordwind das Wasser von der Küste zurücktreibt; will man diesen Weg vermeiden, so muß man den bei weitem beschwerlicheren und längeren durch die Berge einschlagen, der gerade damals durch einen pisidischen Stamm, der sich beim Eingang des Gebirges ein Bergschloß gebaut hatte und von da aus die Phaseliten heimsuchte, gesperrt wurde. Alexander griff in Verbindung mit den Phaseliten dies Raubnest an und zerstörte es. Freudenmahle feierten diese glückliche Befreiung der oft geängstigten Stadt und die Siege des makedonischen Königs; es mochte seit Kimons Siegen am Eurymedon das erste Mal sein, daß die Stadt ein hellenisches Heer sah. Auch Alexander scheint in diesen Tagen sehr heiter gewesen zu sein; man sah ihn nach einem der Gastmahle mit seinen Getreuen im frohen Festzug nach dem Markte ziehen, auf dem die Bildsäule des Theodektes stand, und sie mit Blumenkränzen schmücken, das Andenken des ihm werten Mannes zu feiern.

nahme dieser an Städten reichen und durch Seehäfen ausgezeichneten Provinz. Telmessos und jenseits des Xanthosflusses Pinara, Xanthos, Patara und an dreißig kleinere Ortschaften im oberen Lykien ergaben sich den Makedonen; dann rückte Alexander – es war in der Mitte des Winters – an die Quellen des Xanthos hinauf, in die Landschaft Milyas; hier empfing er die Gesandtschaft der Phaseliten, die ihm nach der hellenischen Sitte einen goldenen Ehrenkranz sandten, Gesandte mehrerer Städte des unteren Lykiens, die wie jene sich ihm zu Frieden und Freundschaft erboten. Den Phaseliten – aus ihrer Stadt war der ihm befreundete Dichter Theodektes, der jüngst in Athen gestorben war, dessen Vater noch lebte – versprach er, demnächst zu ihnen zu kommen und dort einige Zeit zu rasten. Von den lykischen Gesandten, die nicht minder freundlich aufgenommen wurden, forderte er, denen, die er dazu senden werde, ihre Städte zu übergeben. Er bestellte demnächst einen der ihm Nächstbefreundeten, Nearchos von Amphipolis, der aus Kreta gebürtig war, zum Satrapen über Lykien und die östlich darangrenzenden Küstenlande. Aus späteren Vorgängen erhellt, daß sich zu dieser Zeit ein Kontingent lykischer Schiffe bei der Perserflotte befand; man wird annehmen dürfen, daß Alexander deren Zurückberufung entweder als Folge der getroffenen Vereinbarung voraussetzte oder als Bedingung dessen, was er gewährte, forderte. Denn unzweifelhaft ist den Lykiern, den Termele, wie sie sich selbst nannten, ihre alte, wohlgeordnete Bundesverfassung geblieben: dreiundzwanzig Städte, jede mit Rat und Volksversammlung, mit einem »Strategen« an der Spitze ihrer Verwaltung, der vielleicht mit dem lykischen Namen eines »Königs« der Stadt bezeichnet wurde, dann für das ganze Bundesgebiet die Versammlung der Städte, in der die sechs bedeutendsten je drei Stimmen, die mittleren je

Von den in Asien zurückbleibenden mobilen Truppen (denn einige tausend Mann waren als Besatzungen verwendet) bildete Alexander zwei Marschkolonnen; die kleinere unter Parmenions Befehl, bestehend aus der makedonischen und thessalischen Ritterschaft, den Truppen der Bundesgenossen sowie dem Park der Wagen und Maschinen, ging über Tralleis nach Sardeis, um in der Lydischen Ebene zu überwintern und mit dem Beginn des Frühlings nach Gordion aufzubrechen. Die größere Kolonne, aus den Hypaspisten, den Taxen der Phalanx, den Agrianern, Bogenschützen, Thrakern gebildet[44], brach unter Führung des Königs selbst von Karien auf, um die Seeküste und die inneren Landschaften Kleinasiens zu durchziehen und in Besitz zu nehmen.

Der Marsch ging über den festen Grenzplatz Hyparna, dessen Besatzung, aus griechischen Söldnern bestehend, gegen freien Abzug auch die Burg übergab, nach der Landschaft Lykien. Lykien war seit der Zeit des Kyros dem persischen Reiche einverleibt, hatte aber nicht bloß seine eidgenössische Verfassung behalten, sondern auch bald seine Unabhängigkeit soweit wiedererlangt, daß es nur einen bestimmten Tribut nach Susa zahlte, bis dann der Satrap von Karien, wie erwähnt ist, auch Lykien zugewiesen erhielt. Noch in den letzten Jahren hatte der Perserkönig die Gebirgslandschaft Milyas auf der Grenze gegen Phrygien zu Lykien geschlagen. Persische Besatzungen standen in Lykien nicht; Alexander fand kein Hindernis bei der Besitz-

---

44 Daß der König auf seinem Zuge auch Reiter bei sich hatte, versteht sich von selbst und ergibt sich aus Arrian. I 28, 4. Doch ist nicht zu sehen, welches Korps; vielleicht einige Ilen Sarissophoren oder die Odryser. Da die hellenischen Bündner an Parmenion gewiesen, 3000 Söldner in Karien zurückgeblieben, von den Beurlaubten gewiß viele Phalangiten waren, so müssen die Phalangen, die mit Alexander gingen, sehr schwach gewesen sein.

von Halikarnaß konnte Alexander die Eroberung der Westküste Kleinasiens für beendet ansehen; die neubegründete Freiheit in den griechischen Städten der Küste und die makedonischen Besatzungen in Phrygien am Hellespont, Lydien und Karien sicherten diese Gegenden vor neuen Angriffen der Perserflotte. Dieser auch die Südküste Kleinasiens zu sperren sowie die Landschaften im Inneren Kleinasiens zu unterwerfen mußte der Zweck der nächsten Operationen sein. Da vorauszusehen war, daß weder in den Küstenstädten, denen wegen der Jahreszeit von der See her nicht leicht Hilfe kommen konnte, noch auch im Innern des Landes, das längst von den Persern so gut wie völlig geräumt war, der Widerstand groß sein würde, so war es unnötig, das ganze Heer an diesem beschwerlichen Zug teilnehmen zu lassen; dazu kam, daß zu den großen Bewegungen, die den Feldzug des nächsten Jahres eröffnen sollten, das Heer mit frischen Truppen aus der Heimat verstärkt werden sollte. Bei dem Heere befanden sich viele Kriegsleute, die sich jüngst erst verheiratet hatten; diese wurden auf Urlaub nach der Heimat entlassen, um den Winter hindurch bei Weib und Kind zu sein. Ihre Führung übernahmen drei Neuvermählte aus der Zahl der Befehlshaber, des Seleukos Sohn Ptolemaios, einer der Leibwächter des Königs, des alten Parmenion Schwiegersohn Koinos und Meleagros, beide Strategen der Phalanx; sie erhielten den Auftrag, zugleich mit den Beurlaubten so viel frische Mannschaften wie möglich nach Asien mitzubringen und im Frühling in Gordion zur großen Armee zu stoßen. Man kann sich vorstellen, mit welchem Jubel dieser Urlaub angenommen, mit welcher Freude die heimkehrenden Krieger von den Ihrigen empfangen und angehört wurden, wenn sie von ihren Taten und ihrem Könige, von der Beute und den schönen Ländern Asiens erzählten; es schien, als ob Asien und Makedonien aufhörten, einander fern und fremd zu sein.

gleich ließ Alexander trotz der Nacht aufbrechen, die brennende Stadt zu besetzen; wer noch beim Anzünden beschäftigt war, wurde niedergehauen, Widerstand fand man nirgends; die Einwohner, die man in ihrer Wohnung fand, verschonte man. Endlich graute der Morgen; die Stadt war von den Feinden geräumt, sie hatten sich auf die Salmakis und die Hafeninsel zurückgezogen, von wo aus sie den Hafen beherrschen und, selbst fast vollkommen sicher, die Trümmerstätte, die in den Händen der Feinde war, beunruhigen konnten.

Dies erkannte der König; um sich nicht mit der Belagerung der Burg aufzuhalten, die ihm unter den jetzigen Umständen nicht mehr entscheidende Resultate bringen konnte, ließ er, nachdem die in der letzten Nacht Gefallenen begraben waren, den Park seiner Belagerungsmaschinen nach Tralleis vorausgehen, die letzten Überbleibsel der Stadt, die sich so hartnäckig der gemeinsamen Sache der Hellenen widersetzt hatte und die überdies die Nähe der Perser in der Salmakis und auf Arkonnesos nur gefährlicher machte, von Grund aus zerstören; die Bürgerschaft wurde in die sechs Flecken aufgelöst, die vierzig Jahre früher der Dynast Maussollos in seiner Residenz vereinigt hatte. Ada erhielt die Satrapie über Karien wieder, unter der die hellenischen Städte dort autonom und tributfrei blieben. Die Einkünfte des Landes blieben der Fürstin; Alexander ließ zu ihrem und des Landes Schutz 3000 Mann Söldner und etwa zweihundert Reiter unter Ptolemaios' Befehl zurück, der den Auftrag erhielt, zur gänzlichen Vertreibung der Feinde aus den einzelnen Küstenstrichen, die sie noch besetzt hielten, sich mit dem Befehlshaber von Lydien zu vereinigen, demnächst die Belagerung der Salmakis durch Zirkumvallation zu beginnen.

Die späte Jahreszeit war herangekommen; mit dem Fall

zug blasen. Der König wünschte auch jetzt noch die Stadt zu retten; er hoffte, daß nach diesem Tage, der ihm nur vierzig Tote, dem Feinde dagegen an tausend gekostet und deutlich genug gezeigt hatte, daß einem neuen Angriff wohl der Fall der Stadt folgen dürfte, von seiten der Belagerten Anträge gemacht werden würden, die er nur erwartete, um diesem unnatürlichen Kampf von Griechen gegen eine griechische Stadt ein Ende zu machen.

In Halikarnaß berieten die beiden Befehlshaber, Memnon und Othontopates, welche Maßregeln zu ergreifen seien; es entging ihnen nicht, daß sie unter den jetzigen Umständen, da bereits ein Teil der Mauer eingestürzt, ein anderer dem Einsturz nahe, die Besatzung durch viele Tote und Verwundete geschwächt war, die Belagerung nicht mehr lange würden aushalten können; und wozu sollten sie die Stadt halten, da doch das Land bereits verloren war? Der Hafen, den zu behaupten für die Flotte von Wichtigkeit war, konnte durch Besetzung der Hafenburg[43] und durch die Behauptung der am Karischen Meerbusen gelegenen festen Plätze genugsam gesichert werden; sie beschlossen, die Stadt preiszugeben. Um Mitternacht sahen die makedonischen Feldwachen über den Mauern der Stadt eine Feuersbrunst emporlodern; Flüchtende, die aus der brennenden Stadt sich ins Feld zu den makedonischen Vorposten retteten, berichteten, daß der große Turm, der gegen die makedonischen Maschinen errichtet war, die Waffenmagazine, die Stadtviertel zunächst an den Mauern brennten; man sah, wie ein heftiger Wind die Feuersbrunst in die Stadt hineintrieb; man erfuhr, daß das Umsichgreifen der Flammen von denen in der Stadt auf alle Weise gefördert werde. So-

---

43 Das ist die Salmakis (Arrian. I 23, 3), von der Akropolis im Innern der Stadt unterschieden, wie der Plan bei Newton (History of discoveries 1862) zeigt.

Ephialtes' Führung bei der vielgefährdeten Stelle der Mauer heraus, während die anderen beim Westtor, wo der Feind es am wenigsten erwartete, gegen das Lager hin ausrückten. Ephialtes kämpfte mit dem größten Mute, seine Leute warfen Feuerbrände und Pechkränze in die Maschinen; aber ein kräftiger Angriff des Königs, der von den hohen Belagerungstürmen mit einem Hagel von Geschossen und großen Steinen unterstützt wurde, zwang die Feinde nach sehr hartnäckigem Kampfe zum Weichen; viele, unter ihnen Ephialtes, blieben auf dem Platze, noch mehrere unterlagen auf der Flucht über den Schutt der eingestürzten Mauer und durch die engen Toreingänge. Indessen hatten sich auf der anderen Seite den Feinden zwei Taxen Hypaspisten und einiges leichte Fußvolk unter dem Leibwächter Ptolemaios entgegengeworfen; lange währte der Kampf, Ptolemaios selbst, der Chiliarch der Hypaspisten Addaios, der Anführer der Bogenschützen Klearchos, mancher andere namhafte Makedone war bereits gefallen, als es endlich gelang, die Feinde zurückzudrängen; unter der Menge der Fliehenden brach die enge Brücke, die über den Graben führte, viele stürzten hinab und kamen, teils von den Nachstürzenden erdrückt, teils von den Spießen der Makedonen getroffen, um. Bei dieser allgemeinen Flucht hatten schnell die in der Stadt Zurückgebliebenen die Tore schließen lassen, damit nicht mit den Fliehenden zugleich die Makedonen den Eingang erzwängen; vor den Toren drängten sich nun große Haufen unglücklicher Flüchtlinge zusammen, die, ohne Waffen, ohne Mut und Rettung, den Makedonen preisgegeben, sämtlich niedergemetzelt wurden. Mit Entsetzen sahen die Belagerten, daß die Makedonen, von so großen Erfolgen angefeuert und von der hereinbrechenden Nacht begünstigt, im Begriff standen, die Tore zu erbrechen, in die Stadt selbst einzudringen; statt dessen hörten sie das Signal zum Rück-

der Zulauf aus der Stadt; es entspann sich ein hartnäckiger Kampf unter den Mauern. Bald waren die Makedonen im Vorteil, warfen den Feind in die Tore zurück, und da die Mauern hier für den Augenblick fast von Verteidigern entblößt und an einer Stelle bereits eingestürzt waren, so schien nichts als der Befehl des Königs zum allgemeinen Angriff zu fehlen, um die Stadt einzunehmen. Alexander gab ihn nicht; er hätte gern die Stadt unversehrt erhalten; er hoffte, daß sie kapitulieren werde.

Aber die Gegner hatten hinter jener Bresche eine neue Mauer halbmondförmig von Turm zu Turm erbaut. Der König ließ die weiteren Arbeiten auf diese richten; Schirmwände, aus Weiden geflochten, hohe hölzerne Türme, Schilddächer mit Mauerbrechern wurden in den einspringenden Winkel, der schon von Schutt und Trümmern gereinigt und zum Beginn der neuen Sturmarbeiten geebnet war, vorgeschoben. Wieder machten die Feinde einen Ausfall, um die Maschinen in Brand zu stecken, während von den beiden Türmen und der Mauer aus ihr Angriff auf das lebhafteste unterstützt wurde; schon brannten mehrere Schirmwände und selbst ein Turm, kaum noch schützten die unter Philotas zur Feldwacht aufgestellten Truppen die übrigen; da erschien Alexander zum Beistand, eilig warfen die Feinde Fackeln und Waffen hinweg und zogen sich hinter die Mauern zurück, von wo sie, den Angreifern in der Flanke und zum Teil im Rücken, ihre Geschosse wirksam genug schleuderten.

Bei so hartnäckigem Widerstand hatte der König allen Grund, schärfer anzufassen. Er ließ die Maschinen von neuem arbeiten; er selbst war bei der Arbeit, leitete sie. Da beschloß Memnon – es heißt auf Ephialtes' dringende Mahnung, es nicht zum Äußersten kommen zu lassen – einen allgemeinen Ausfall. Ein Teil der Besatzung brach unter

Mauern nah, als die Belagerten über Nacht einen Ausfall machten, die Maschinen zu verbrennen; schnell verbreitete sich der Lärm durch das Lager; aus dem Schlafe geweckt, eilten die Makedonen ihren Vorposten zu Hilfe, und nach kurzem Kampfe beim Licht der Lagerfeuer mußten die Belagerten in die Stadt zurück, ohne ihren Zweck erreicht zu haben. Unter den hundertfünfundsiebzig Leichen der Feinde fand man auch die des Lynkestiers Neoptolemos. Makedonischerseits waren nur zehn Tote, aber dreihundert Verwundete, da man bei der Dunkelheit der Nacht sich nicht hinlänglich hatte decken können.

Die Maschinen begannen zu arbeiten: bald lagen zwei Türme und die Mauern zwischen ihnen auf der nordöstlichen Seite der Stadt in Schutt; ein dritter Turm war stark beschädigt, so daß eine Untergrabung ihn leicht zum Sturz bringen mußte. Da saßen eines Nachmittags zwei Makedonen aus der Phalanx des Perdikkas in ihrem Zelt beim Wein und sprachen gegeneinander groß von sich und ihren Taten, sie schwuren, ganz Halikarnaß auf ihre Lanzenspitze zu nehmen und die persischen Memmen in der Stadt dazu; sie nahmen Schild und Speer und rückten selbander gegen die Mauern, sie schwangen ihre Waffen und schrien nach den Zinnen hinauf; das sahen und hörten die auf der Mauer und machten gegen die zwei Männer einen Ausfall; diese aber wichen nicht vom Platz, wer ihnen zu nahe kam, wurde niedergemacht, und wer zurückwich, dem nachgeworfen. Aber die Zahl der Feinde mehrte sich mit jedem Augenblick, und die zwei Männer, die überdies tiefer standen, erlagen fast dem Andrange der Mehrzahl. Indes hatten ihre Kameraden im Lager diesen sonderbaren Sturmlauf mit angesehen und liefen nun auch hin, mitzuhelfen; ebenso mehrte sich

angaben und leiteten. Irgend Genaueres geben unsere Quellen darüber nicht.

eine langwierige Belagerung gefaßt, etwa tausend Schritte vor den Wällen der Stadt. Die Feindseligkeiten eröffneten die Perser durch einen Ausfall auf die soeben anrückenden Makedonen, der jedoch ohne viel Mühe zurückgeschlagen wurde. Wenige Tage nachher zog sich der König mit einem bedeutenden Teile des Heeres nordwestlich um die Stadt hin, teils um die Mauern zu besichtigen, besonders aber, um von hier aus die nahe Stadt Myndos, die für den Fortgang der Belagerung von großer Wichtigkeit werden konnte, zu besetzen, da ihm von der Besatzung dort die Übergabe versprochen war, wenn er nachts vor den Toren der Stadt sein wollte. Er kam, aber niemand öffnete; ohne Sturmleitern und Maschinen, da das Heer nicht wie zu einem Sturm ausgezogen war, ließ der König, erzürnt, so betrogen zu sein, sofort seine Schwerbewaffneten unter die Mauern der Stadt rücken und das Untergraben derselben beginnen. Ein Turm stürzte, ohne jedoch Bresche genug zu geben, daß man mit Erfolg hätte angreifen können. In Halikarnaß war mit Tagesanbruch der Abzug der Makedonen bemerkt und sofort zur See Unterstützung nach Myndos geschickt; Alexander mußte unverrichteter Sache in seine Stellung vor Halikarnaß zurückkehren.

Die Belagerung der Stadt begann; zunächst wurde der Wallgraben, der fünfundvierzig Fuß breit und halb so tief war, unter dem Schutz mehrerer sogenannter Schildkrötendächer ausgefüllt, damit die Türme, von denen aus die Mauern von Verteidigern gesäubert werden, und die Maschinen, mit denen Bresche gelegt wird, gegen die Mauern vorgeschoben werden konnten[42]. Schon standen die Türme den

---

[42] Die Erdarbeiten bei der Belagerung und die Errichtung von Maschinen lassen mit Sicherheit darauf schließen, daß das, was den technischen Waffen zufällt, in der Armee Alexanders nicht fehlte, wenn man auch annehmen muß, daß die Kombattanten die Arbeiten ausführten, welche die Ingenieure

Gefahr zu entziehen, in der Tat, um ein Zeichen und Unterpfand seiner Treue zu geben, die sein griechischer Ursprung nur zu oft schon zu verdächtigen Gelegenheit gegeben hatte. Diese Hingebung zu ehren und seinem anerkannten und oft erprobten Feldherrntalent die gebührende Wirksamkeit zu eröffnen, hatte ihm der Perserkönig den Oberbefehl über die gesamte persische Seemacht und die Küsten übertragen; wenn noch etwas für Persien zu retten war, schien er der Mann zu sein, der retten konnte. Mit außerordentlicher Tätigkeit hatte er das feste Halikarnaß noch durch neue Werke, namentlich durch einen breiten und tiefen Graben verstärkt, die aus Persern und Söldnern bestehende Besatzung vermehrt, seine Kriegsschiffe in den Hafen der Stadt gezogen, um durch sie die Verteidigung zu unterstützen und die Stadt im Fall einer längeren Belagerung mit Lebensmitteln zu versehen; er hatte die Insel Arkonnesos, welche den Hafen beherrschte, befestigen lassen, nach Myndos, Kaunos, Thera, Kallipolis Besatzungen gelegt, kurz alles so vorbereitet, daß Halikarnaß der Mittelpunkt höchst erfolgreicher Bewegungen und ein Bollwerk gegen das Vordringen der Makedonen werden konnte. Eben darum waren nicht wenige von der besiegten Partei in Hellas nach Halikarnassos gegangen, unter ihnen die Athener Ephialtes und Thrasybulos; auch von den beim Morde des Königs Philipp Geflüchteten der Lynkestier Neoptolemos; und jener Amyntas, des Antiochos Sohn, scheint sich mit den Söldnern von Ephesos hierher gerettet zu haben. Gelang es, in dieser starken Position der makedonischen Macht standzuhalten, so war sie – denn die persische Flotte beherrschte das Meer – von der Heimat abgeschnitten und Hellas mit dem Ruf der Freiheit unschwer zu neuer Schilderhebung zu bewegen.

Indessen rückte Alexander heran und lagerte sich, auf

xodaros beabsichtigte, durch eine Verbindung mit dem makedonischen Königshause, dessen Pläne in Beziehung auf Asien kein Geheimnis mehr waren, sich zu einem Kampfe um seine Unabhängigkeit vorzubereiten. Daß er auch Gold auf seinen Namen prägte, was – so ist die Meinung – keinem Satrapen zustand, würde zeigen, wie weit er schon zu sein glaubte. Der Hader am Hofe Philipps zerstörte seine Pläne, so daß er dem Wunsche des Perserkönigs, seine Tochter mit dem edlen Perser Othontopates zu vermählen, entgegenkam, und nach seinem im Jahre 335 erfolgten Tode wurde Othontopates Herr der karischen Dynastie.

Sobald jetzt Alexander in Karien einrückte, eilte Ada ihm entgegen; sie versprach, ihn auf jede Weise bei der Eroberung Kariens zu unterstützen, ihr Name selbst würde ihm Freunde gewinnen; die Wohlhabenden im Lande, unzufrieden über die erneute Verbindung mit Persien, würden sich sofort für sie entscheiden, da sie im Sinne ihres Bruders stets gegen Persien und für Griechenland Partei genommen habe; sie bat den König, als Treupfand ihrer Gesinnung ihre Adoption anzunehmen. Alexander wies es nicht zurück, er ließ ihr die Herrschaft von Alinda; die Karer wetteiferten, sich ihm zu ergeben, namentlich die griechischen Städte; er stellte ihre Demokratie her, gab ihnen Autonomie, entließ sie der Tributpflicht.

Nur Halikarnaß war noch übrig; dorthin hatte sich Othontopates zurückgezogen; ebendahin war Memnon, nachdem er in Ephesos und Miletos weder die Gelegenheit günstig noch die Zeit hinreichend gefunden hatte, um erfolgreichen Widerstand zu organisieren, mit den Resten der am Granikos geschlagenen Armee gekommen, um mit dem karischen Satrapen vereinigt die letzte wichtige Position auf der kleinasiatischen Küste zu halten. Er schickte Weib und Kind an den Großkönig, angeblich, um sie aller

zusetzen hoffte. Noch war an der Küste des Aigaiischen Meeres Karien und in Karien Halikarnassos übrig, doppelt wichtig durch seine Lage am Eingang dieses Meeres und dadurch, daß sich in diese sehr feste Stadt der letzte Rest der persischen Macht in Kleinasien zum Widerstand gesammelt hatte.

Karien war vor etwa fünfzig Jahren zur Zeit des zweiten Artaxerxes unter die Herrschaft des Dynasten Hekatomnos von Halikarnassos gekommen, der, dem Namen nach persischer Satrap, so gut wie unabhängig und bereit war, diese Unabhängigkeit bei der ersten Veranlassung mit gewaffneter Hand geltend zu machen; er hatte seine Residenz nach dem Innern seines Landes, nach Mylasa, verlegt und von hier aus seine Herrschaft bedeutend auszudehnen verstanden. Sein Sohn und Nachfolger Maussollos verfolgte die Pläne des Vaters, er vergrößerte auf jede Weise seine Macht und seine Reichtümer; dann auch mit Lykien betraut, beherrschte er zwei wichtige Seeprovinzen Kleinasiens; um so näher lag es ihm, seine Seemacht – schon der Vater hatte als persischer Nauarch gegen Kypros gekämpft – weiterzuentwickeln; er verlegte die Residenz wieder nach Halikarnaß, das er durch Zusammenziehung von sechs kleinen Ortschaften vergrößerte; er erregte den Bundesgenossenkrieg gegen die Athener, um deren Seemacht zu schwächen; selbst nach Miletos streckte er seine Hand aus. Nachdem er (351), dann seine Schwester und Gemahlin Artemisia, die ihm nach karischer Sitte in der Herrschaft folgte, gestorben war, übernahm der zweite Bruder Idrieus die Regierung (349); von den Zeitumständen begünstigt, behauptete er Chios, Kos und Rhodos. Seine Schwester und Gemahlin Ada folgte ihm (343), wurde aber schon nach vier Jahren durch ihren jüngeren Bruder Pixodaros der Herrschaft beraubt, so daß ihr nichts als die Bergfestung Alinda blieb. Pi-

Eingreifen in die entscheidenden Aktionen zu verzichten und einstweilen bei den Inseln vor Anker zu liegen. Auf dem Festland in der ganzen Kraft der Offensive, sah Alexander seine Seemacht jetzt, da sie unmöglich gegen den dreimal stärkeren Feind die See halten konnte, auf die Verteidigung beschränkt; so wichtige Dienste sie ihm beim Beginn des Feldzuges und zur Deckung der ersten Bewegungen des Landheeres geleistet hatte, sie war ihm, seit die persische Macht in Kleinasien unterlegen, ohne besonderen Nutzen, dagegen der Aufwand, den sie verursachte, außerordentlich; hundertsechzig Trieren forderten an dreißigtausend Mann Matrosen und Schiffssoldaten, fast ebensoviel Mannschaft wie das Heer, das das Perserreich über den Haufen stürzen sollte; sie kosteten monatlich mehr als fünfzig Talente Sold und vielleicht ebensoviel für Unterhalt, ohne, wie das Landheer, das nicht viel teurer zu unterhalten war, mit jedem Tag neue Eroberung und neue Beute zu machen. Alexanders Kassen waren erschöpft und hatten vorerst keine bedeutenden Zuflüsse zu erwarten, da den befreiten griechischen Städten ihre Abgaben erlassen wurden, die inländischen weder gebrandschatzt noch geplündert, sondern nur nach dem alten, sehr niedrigen Ansatz besteuert werden sollten. Dies waren die Gründe, die den König veranlaßten, im Herbst 334 seine Flotte aufzulösen; er behielt nur wenige Schiffe zum Transport längs der Küste bei sich, unter diesen die zwanzig, die Athen gestellt hatte, sei es, um dadurch die Athener zu ehren oder um ein Unterpfand ihrer Treue zu haben, falls die feindliche Flotte, wie zu vermuten, sich nach Hellas wenden sollte.

Jetzt, nach Auflösung der Flotte, wurde es für Alexander doppelt wichtig, jede Küstenlandschaft, jede Seestadt, jeden Hafen zu besetzen, um dadurch jene Kontinentalsperre durchzusetzen, mit welcher er die persische Seemacht matt-

ges zurück, einem höchst unbequemen Ankerplatz, da sie ihr Trinkwasser nachts aus dem Maiandros, etwa drei Meilen weit, holen mußte. Der König gedachte sie aus ihrer Position zu treiben, ohne seine Flotte ihre zugleich sichere und sichernde Stellung aufgeben zu lassen; er sandte die Reiter und drei Taxen vom Fußvolk unter Philotas' Führung an der Küste entlang nach dem Vorgebirge Mykale mit dem Befehle, jede Landung der Feinde zu hindern; nun auf dem Meere gleichsam blockiert, waren sie bei gänzlichem Mangel an Wasser und Lebensmitteln genötigt, nach Samos zugehen, um das Nötige an Bord zu nehmen. Dann kehrten sie zurück, fuhren wieder, wie zum Kampf herausfordernd, in Schlachtordnung auf; da die hellenische Flotte ruhig bei Lade blieb, sandten sie fünf Schiffe dem Hafen zu, der, zwischen dem Lager und den kleinen Inseln gelegen, das Heer von der Flotte trennte, in der Hoffnung, die Schiffe unbemannt zu überraschen, da es bekannt war, daß sich das Schiffsvolk in der Regel von den Schiffen zerstreue, um Holz und Vorräte zu holen. Sobald Alexander jene fünf Schiffe heransteuern sah, ließ er mit dem gerade anwesenden Schiffsvolk zehn Trieren bemannen und in See gehen, um auf den Feind Jagd zu machen. Die persischen Schiffe kehrten, bevor jene heran waren, schleunigst um, sich zu ihrer Flotte zurückzuziehen; eines, das schlecht segelte, fiel den Makedonen in die Hände und wurde eingebracht; es war aus Jasos in Karien. Das persische Geschwader zog sich, ohne Weiteres gegen Miletos zu versuchen, nach Samos zurück.

Der König hatte sich durch die letzten Vorfälle überzeugt, daß die Perserflotte auf die Bewegungen seiner Landmacht keinen nennenswerten Einfluß mehr üben, vielmehr, durch die fortschreitende Okkupation der Küsten bald völlig vom Festland abgedrängt, gezwungen sein werde, auf weiteres

derstand veranlaßt habe; Glaukippos möge schleunigst in die Stadt zurückkehren und den Milesiern melden, daß sie eines Sturmes gewärtig sein könnten. Mit dem nächsten Tage begannen die Sturmböcke und Mauerbrecher zu arbeiten, bald lag ein Teil der Mauer in Bresche; die Makedonen drangen in die Stadt ein, während die Flotte, sobald sie von ihrem Ankerplatze aus den Sturm gegen die Stadt gewahrte, dem Hafen zuruderte und den Eingang desselben sperrte, so daß die Trieren, dicht aneinandergedrängt und die Schnäbel hinausgewendet, der Perserflotte Hilfe zu leisten und den Milesiern, sich zur Perserflotte zu retten, unmöglich machten. Die Milesier und Söldner, in der Stadt von allen Seiten gedrängt und ohne Aussicht auf Rettung, suchten ihr Heil in der Flucht; die einen schwammen auf ihren Schilden zu einem der Felseneilande der Häfen, andere suchten auf Booten den makedonisch-hellenischen Trieren zu entkommen; die meisten kamen in der Stadt um. Jetzt Meister der Stadt, setzten die Makedonen, von dem König selbst geführt, nach dem Eiland über, und schon waren die Leitern von den Trieren an die steilen Ufer geworfen, um die Landung zu erzwingen; da befahl der König, voll Mitleid mit jenen Tapferen, die sich auch jetzt noch zu verteidigen oder rühmlich zu sterben bereit seien, ihrer zu schonen und ihnen Gnade unter der Bedingung anzubieten, daß sie in seinem Heere Dienst nähmen; so wurden dreihundert griechische Söldner gerettet. Ebenso schenkte Alexander allen Milesiern, die nicht beim Sturme umgekommen waren, Leben und Freiheit.

Die Perserflotte hatte den Fall Milets von Mykale aus mit angesehen, ohne das geringste zur Rettung der Stadt tun zu können. Jeden Tag lief sie gegen die hellenische Flotte aus in der Hoffnung, sie zum Kampfe herauszulocken, und kehrte abends unverrichteter Sache nach der Reede des Vorgebir-

ihren vierhundert Segeln seien die Perser doch Herren zur See; er selbst erklärte sich bereit, an Bord zu gehen und an dem Kampfe teilzunehmen. Alexander wies es zurück: unter den jetzigen Verhältnissen eine Seeschlacht zu wagen würde ebenso nutzlos wie gefährlich, es würde tollkühn sein, mit hundertsechzig Schiffen gegen die Übermacht der feindlichen Flotte, mit seinen wenig geübten Seeleuten gegen die Kyprier und Phoiniker kämpfen zu wollen; die Makedonen, unbezwinglich auf dem festen Lande, dürften den Barbaren nicht auf dem Meere, das ihnen fremd sei und wo überdies tausend Zufälligkeiten mit in Betracht kämen, preisgegeben werden; der Verlust eines Treffens würde den Erwartungen von seinem Unternehmen nicht bloß bedeutenden Eintrag tun, sondern für die Hellenen die Losung zum Abfall werden; der Erfolg eines Sieges könne nur gering sein, da der Gang seiner Unternehmungen auf dem festen Lande die Perserflotte von selbst vernichten werde; das sei auch der Sinn jenes Zeichens; so wie der Adler sich auf das Land gesetzt, so würde er die persische Seemacht vom Lande aus überwältigen; es sei nicht genug, nichts zu verlieren; nicht zu gewinnen, sei schon Verlust. Die Flotte blieb ruhig auf der Reede bei Lade.

Indessen kam Glaukippos, ein angesehener Milesier, ins Lager des Königs, im Namen des Volkes und der Söldnerscharen, in deren Hand jetzt die Stadt sei, zu erklären: Miletos sei bereit, seine Tore und Häfen den Makedonen und Persern gemeinschaftlich zu öffnen, wenn Alexander die Belagerung aufheben wolle. Der König erwiderte, er sei nicht nach Asien gekommen, um sich mit dem zu begnügen, was man ihm werde zugestehen wollen, er werde seinen Willen durchzusetzen wissen; von seiner Gnade möge man Strafe oder Verzeihung für die Wortbrüchigkeit erwarten, die die Stadt zu einem ebenso strafbaren als vergeblichen Wi-

sehr bequem, aber weniger geräumig und werden durch die Reede der Insel Lade mitbeherrscht. Die reiche Handelsstadt war von den Persern nicht eben bedrückt, ihr war ihre Demokratie gelassen worden; sie mag gehofft haben, neutral zwischen den kämpfenden Mächten verharren zu können; sie hatte nach Athen gesandt, um Hilfe zu bitten.

Nikanor, der die »hellenische Flotte« führte, erreichte vor Ankunft der überlegenen Perserflotte die Höhe von Miletos und ging mit seinen hundertundsechzig Trieren bei der Insel vor Anker. Zu gleicher Zeit war Alexander unter den Mauern der Stadt erschienen, hatte sich der äußeren Stadt bemächtigt, die innere mit einer Zirkumvallation eingeschlossen, zur Verstärkung der wichtigen Position von Lade die Thraker und gegen 4000 Mann Söldner auf die Insel übersetzen lassen und seiner Flotte die Weisung gegeben, von der Seeseite Miletos auf das sorgfältigste zu sperren. Drei Tage darauf erschien die persische Flotte; die Perser steuerten, da sie die Meerbucht von hellenischen Schiffen besetzt sahen, nordwärts und gingen, vierhundert Segel stark, bei dem Vorgebirge Mykale vor Anker.

Daß die hellenische und die persische Seemacht einander so nahe lagen, schien ein entscheidendes Seegefecht unvermeidlich zu machen; viele Strategen Alexanders wünschten es; man glaubte des Sieges gewiß zu sein, da sogar der alte, vorsichtige Parmenion zum Kampfe riet; denn ein Adler – das läßt ihn Arrian anführen – sei am Ufer beim Spiegel des Schiffes Alexanders sitzend gesehen worden; stets hätten die Griechen zur See über die Barbaren gesiegt, und das Zeichen des Adlers lasse keinen Zweifel, was der Götter Wille sei; ein gewonnenes Seegefecht würde der ganzen Unternehmung von außerordentlichem Nutzen sein, durch eine verlorene Schlacht könne nichts weiter verloren werden, als was man schon jetzt nicht mehr habe, denn mit vier Ilen makedonischer Ritter, den thrakischen Rittern, den Agrianern und Bogenschützen und etwa 12 000 Mann Hopliten und Hypaspisten bestand, auf der Straße nach Miletos auf[41]. Die Stadt war wegen ihres geräumigen Hafens für die persische Flotte, wenn sie das Aigaiische Meer halten sollte, beim Herannahen der späten Jahreszeit von der größten Wichtigkeit. Der Befehlshaber der persischen Besatzung von Milet, der Grieche Hegesistratos, hatte früher in einem Schreiben dem König die Übergabe der Stadt angeboten, aber, von der Nähe der großen persischen Flotte unterrichtet, die wichtige Hafenstadt den Persern zu erhalten beschlossen. Desto eifriger war Alexander, die Stadt zu erobern.

Miletos liegt auf einer Landzunge im Süden des Latmischen Meerbusens, drei Meilen südwärts von dem Vorgebirge Mykale, vier von der Insel Samos, die man am Horizont aus dem Meere hervorragen sieht; die Stadt selbst, in die äußere und die mit starken Mauern und tiefem Graben versehene innere Stadt geteilt, öffnet nach dem Meerbusen zu vier Häfen, von denen der größte und wichtigste auf der Insel Lade etwas von der Küste entfernt liegt; groß genug, um einer Flotte Schutz zu gewähren, ist er mehr als einmal Veranlassung gewesen, daß Seekriege in seiner Nähe geführt und durch seine Besetzung entschieden sind; die zunächst an der Stadt liegenden Häfen werden durch kleine Felseneilande voneinander geschieden, sie sind für den Handel

---

41 Da die beiden Kolonnen von Parmenion und Alkimachos 10 000 Mann Fußvolk und 400 Reiter zählten, mit Kalas nach Bithynien die thessalischen und griechischen Reiter und die Bundeskontingente zu Fuß – gewiß über 6000 Mann Fußvolk und über 1200 Pferde – detachiert waren, so hatte Alexander gewiß nicht mehr als etwa 13-14 000 Mann Fußvolk und etwa 3000 Reiter bei sich. Auf dem Wege von Ephesos nach Milet wird Parmenion mit seiner Kolonne zu ihm gestoßen sein.

volk und zweihundert Pferden abgesandt, um die Städte in Besitz zu nehmen. Zu gleicher Zeit wurde Alkimachos, Lysimachos' Bruder, mit ebensoviel Truppen nordwärts nach den aiolischen und ionischen Städten detachiert mit dem Befehl, überall die Oligarchie aufzuheben, die Volksherrschaft wieder einzurichten, die alten Gesetze wiederherzustellen, die bisher an Persien entrichteten Tribute ihnen zu erlassen. Es wird die Wirkung dieser Expeditionen gewesen sein, daß auch in Chios die Oligarchie, an deren Spitze Apollonides stand, gestürzt, daß auf Lesbos die Tyrannis in Antissa und Eresos gebrochen, Mytilene mit einer makedonischen Besatzung gesichert wurde.

Der König selbst blieb noch einige Zeit in dem schönen Ephesos, ihm doppelt lieb durch den Umgang mit Apelles, dem größten unter den damals lebenden Malern; das Bild Alexanders, mit dem Blitze in der Hand, das noch lange eine Zierde des großen Tempels der Artemis war, entstand in dieser Zeit. Ihn beschäftigten mancherlei Pläne zur Förderung der griechischen Küstenstädte; vor allem befahl er, die Stadt Smyrna, die seit der Zerstörung durch die lydischen Könige sich in mehrere Flecken aufgelöst hatte, wiederherzustellen, die Stadt Klazomenai durch einen Damm mit ihrer Hafeninsel zu verbinden, die Landenge von Klazomenai bis Teos zu durchstechen, damit die Schiffe nicht nötig hätten, den weiten Umweg um das Schwarze Vorgebirge zu machen; das Werk ist nicht zustande gekommen, aber noch in später Zeit wurden auf der Landenge in einem dem König Alexander geweihten Haine Wettkämpfe von dem Bunde der Ionier zum Gedächtnis ihres Befreiers gehalten.

Nachdem Alexander noch im Tempel der Artemis geopfert und eine Musterung der Truppen, die in vollem Waffenschmuck und wie zur Schlacht aufgestellt waren, gehalten hatte, brach er folgenden Tages mit seinem Heere, das aus

ihren Beginn zu schänden pflegt. Indes rückte Alexanders siegreiches Heer immer näher; Memnon war bereits nach Halikarnassos gegangen, um dort möglichst kräftige Verteidigungsmaßregeln zu treffen; und Amyntas, der bei der Aufregung des Volkes sich nicht mehr sicher noch die Stadt gegen die Makedonen zu behaupten für möglich halten mochte, eilte mit den in der Stadt liegenden Söldnern, sich zweier Trieren im Hafen zu bemächtigen, und flüchtete zur persischen Flotte, welche vierhundert Segel stark bereits im Aigaiischen Meere erschienen war. Kaum sah sich das Volk von den Kriegsscharen befreit, als es auch in allgemeiner Empörung gegen die oligarchische Partei aufstand; viele vornehme Männer flüchteten, Syrphax und sein Sohn und die Söhne seiner Brüder retteten sich in die Tempel, das wütende Volk riß sie von den Altären hinweg und steinigte sie; man suchte die übrigen, bereit, sie dem gleichen Tode zu opfern. Da rückte Alexander, einen Tag nach Amyntas' Flucht, in die Stadt ein, tat dem Morden Einhalt, befahl, die um seinetwillen Verbannten wieder aufzunehmen, die Demokratie für alle Zeit in Geltung zu lassen; er überwies die Abgaben, die bisher an Persien entrichtet worden waren, der Artemis und dehnte das Asylrecht des Tempels auf ein Stadion von den Tempelstufen aus. Mag die neue Umgrenzung des Tempelbezirks mit bestimmt gewesen sein, künftigem Streit zwischen dem Tempel und der politischen Gemeinde vorzubeugen, dem Hader in der Gemeinde selbst wurde durch die Vermittlung des Königs ein Ende gemacht, »und wenn ihm irgend etwas zum Ruhm gereicht«, sagt Arrian, »so ist es das, was er damals in Ephesos tat«.

In Ephesos kamen zu Alexander Abgeordnete aus Tralleis und Magnesia am Maiandros, um ihm die beiden Städte, die wichtigsten im nördlichen Karien, zu übergeben; Parmenion wurde mit einem Korps von fünftausend Mann Fuß-

Ephesos, die Königin unter den ionischen Städten, ging den anderen mit einem großen Beispiel voran. Noch zu Philipps Zeit, vielleicht infolge jener Beschlüsse von Korinth 338, hatte der Demos sich freigemacht; Autophradates war mit einem Heere vor die Stadt gerückt, hatte die Behörden derselben zu Unterhandlungen zu sich beschieden, hatte dann während derselben die Bevölkerung, die an keine weitere Gefahr dachte, von seinen Truppen überfallen, viele gefangennehmen, viele töten lassen. Seit der Zeit war wieder eine persische Besatzung in Ephesos und die Gewalt in den Händen des Syrphax und seines Geschlechtes. Unter denen, die nach Philipps Tod den Hof von Pella verlassen hatten, war Amyntas, des Antiochos Sohn, dessen Bruder Herakleides die Ile der Ritterschaft von Bottiaia führte; obschon Alexander ihn nie anders als gütig behandelt hatte, war er, mochte er sich irgendeiner Schuld bewußt sein oder argen Wünschen Raum geben, aus Makedonien geflüchtet und nach Ephesos gekommen, wo ihn die Oligarchie auf alle Weise ehrte. Indes war die Schlacht am Granikos geschlagen, Memnon hatte sich mit einigen Überresten der geschlagenen Truppen nach der ionischen Küste gerettet und flüchtete weiter auf Ephesos zu. Hier hatte die Nachricht von der Niederlage der Perser die heftigste Aufregung hervorgebracht; das Volk hoffte, die Demokratie wiederzugewinnen, die Oligarchie war in höchster Gefahr; da erschien Memnon vor der Stadt; die Partei des Syrphax eilte, ihm die Tore zu öffnen, und begann in Verbindung mit den persischen Truppen auf das ärgste gegen die Volkspartei zu wüten; das Grab des Heropythos, des Befreiers von Ephesos, wurde aufgewühlt und entweiht, der heilige Schatz im großen Tempel der Artemis geplündert, des Königs Philipp Bildsäule im Tempel umgestürzt, kurz, es geschah alles, was den Untergang der Gewaltherrschaft noch mehr als

Reiter und leichtes Fußvolk wurde als Besatzung der Satrapie unter seinen Befehl gestellt; mit ihm blieben Nikias und Pausanias aus der Schar der Hetairen zurück, dieser als Befehlshaber der Burg von Sardeis und ihrer Besatzung, zu der das Kontingent von Argos bestimmt wurde, jener zur Verteilung und Erhebung der Tribute. Ein anderes Korps, das aus den Kontingenten der Peloponnesier und der übrigen Hellenen bestand, wurde unter Kalas und dem Lynkestier Alexandros, der an Kalas' Stelle den Befehl über die thessalische Ritterschaft erhalten hatte, nach den Gegenden, die dem Rhodier Memnon gehörten, abgesandt. Nach dem Fall von Sardeis mochte es notwendig erscheinen, auch auf der linken Flanke die Okkupation weiterzuführen und mit der weiteren Küste der Propontis die Straße ins Innere am Sangarios hinauf zu gewinnen. Die Flotte endlich – Nikanor führte sie – wird nach dem Siege am Granikos Befehl erhalten haben, nach Lesbos und Miletos zu segeln; es wird bei ihrem Erscheinen geschehen sein, daß Mytilene dem Makedonischen Bunde beitrat.

Der König selbst wandte sich mit der Hauptmacht von Sardeis aus nach Ionien, dessen Städte seit langen Jahren das Joch persischer Besatzungen oder persisch gesinnter Oligarchen getragen hatten und sich, wie sehr sie auch durch die lange Knechtschaft gebeugt sein mochten, nicht ohne lautes Verlangen ihrer alten Freiheit erinnerten, die ihnen jetzt noch einmal wie durch ein Wunder der Götter wiederkehren zu wollen schien. Nicht als ob sich diese Stimmung überall geäußert hätte; wo die oligarchische Partei stark genug war, mußte der Demos schweigen; aber man durfte gewiß sein, daß, wenn die befreiende Macht nahte, die Demokratie hoch aufflammen werde; immerhin, daß dann nach hellenischer Art ungezügelte Freude und leidenschaftlicher Haß gegen die Unterdrücker den Beginn der neuen Freiheit bezeugten.

schroff abstürzenden Felsmasse, welche vom Tmolos in die Ebene vorspringt, gelegen und mit dreifacher Mauer umgeben, für uneinnehmbar galt; es befand sich in derselben der Schatz der reichen Satrapie, welcher dem Befehlshaber der Stadt Gelegenheit bieten konnte, die überdies bedeutende Besatzung zu vermehren und zu versorgen, und eine starke Macht in Sardeis hätte der persischen Seemacht die beste Stütze gegeben. Um so willkommener war, daß etwa zwei Meilen von der Stadt Mithrenes, der persische Befehlshaber der Besatzung, nebst den angesehensten Bürgern erschien, diese die Stadt, jener die Burg mit den Schätzen zu übergeben. Der König sandte Amyntas, des Andromenes Sohn, voraus, die Burg zu besetzen, er selbst folgte nach kurzer Rast; den Perser Mithrenes behielt er fortan in seiner Nähe und zeichnete ihn auf jede Weise aus, gewiß ebensosehr, um seine Unterwerfung zu belohnen, als um zu zeigen, wie er sie belohne. Den Sardianern und allen Lydern gab er die Freiheit und die Verfassung ihrer Väter wieder, deren sie zwei Jahrhunderte lang unter dem Druck persischer Satrapen entbehrt hatten. Um die Stadt zu ehren, beschloß er, die Burg mit einem Tempel des olympischen Zeus zu schmücken; als er sich nach der tauglichsten Stelle dazu im Bereich der Akropolis umsah, erhob sich plötzlich ein Wetter, unter Donner und Blitz ergoß sich ein heftiger Regenschauer über den Platz, wo einst der lydische Königspalast gestanden hatte; diese Stelle wählte der König für den Tempel, der fortan die hohe Burg des vielgefeierten Kroisos schmücken sollte.

Sardeis wurde der zweite wichtige Punkt in der Operationslinie Alexanders, das Tor zum Innern Kleinasiens, zu dem die großen Straßen von diesem Mittelpunkte des vorderasiatischen Handels hinaufführen. Die Statthalterschaft Lydiens erhielt des Parmenion Bruder Asandros; eine Schar

mit Hellas Verbindung anknüpfen konnte. Seine Erfolge zu Lande mußten sie überholen; seine Operationsbasis zum weiteren Vordringen nach Osten mußte so breit und so sicher als möglich sein; stützte er sich nur auf den Hellespont, so blieben die Satrapien am Aigaiischen Meere in der Hand des Feindes, der von da aus seine Flanke beunruhigen konnte. Es war notwendig, die ganze Küste Kleinasiens zu besetzen, um von dort aus gegen Osten vordringen zu können. Es kam dazu, daß diese Küstenstriche, von Griechen bevölkert, unter dem Eindruck der gewonnenen Schlacht je schneller desto sicherer für das Interesse des siegenden Griechentums gewonnen werden konnten.

Alexander übergab die Satrapie in Phrygien am Hellespont Kalas, dem Sohne des Harpalos, der, durch zweijährigen Aufenthalt in diesen Gegenden schon bekannt, geeignet schien, die in militärischer Hinsicht höchst wichtige Landschaft zu verwalten; es wurde nichts Weiteres in der Verwaltung geändert, auch die Abgaben blieben dieselben, wie sie an den Großkönig entrichtet worden waren. Die nichtgriechischen Einwohner des Landes kamen größtenteils, sich freiwillig zu unterwerfen; sie wurden ohne weiteres in ihre Heimat entlassen. Die Zeliten, die mit dem Perserheere an den Granikos ausgezogen waren, erhielten Verzeihung, weil sie gezwungen am Kampfe teilgenommen hatten. Parmenion wurde nach Daskylion, der Residenz des phrygischen Satrapen, detachiert; er nahm die Stadt, die von der persischen Besatzung bereits geräumt war, in Besitz. Weiter ostwärts in dieser Richtung vorzudringen war für den Augenblick nicht nötig, da Daskylion für den Marsch nach Süden als Rückendeckung genügte.

Alexander selbst wandte sich südwärts, um auf Sardeis, die Residenz der Satrapie Lydien, zu gehen. Sardeis war berühmt wegen seiner alten Burg, die, auf einer isolierten,

ter, die zuerst im Kampfe gefallen waren, ebensoviel Bronzestatuen von dem Bildhauer Lysippos gießen und in Dion aufstellen zu lassen. Er sandte dreihundert vollständige Rüstungen nach Athen mit der Aufschrift: »Alexander, Philipps Sohn, und die Griechen mit Ausnahme der Lakedaimonier von den Barbaren in Asien.«

Mit dem Siege am Granikos war die Macht Persiens diesseits des Tauros vernichtet, die Streitmacht der Satrapien, welche die Vormauer des Reiches bildeten, zerstreut, entmutigt, so zusammengeschmolzen, daß sie nicht wieder im offenen Felde mit den Makedonen zusammenzutreffen wagen durfte; auch die persischen Besatzungen der einzelnen großen Städte, zu klein, um einer siegreichen Armee zu widerstehen, konnten als überwunden gelten. Dazu kam, daß viele Führer der Perser, namentlich der lydische Satrap, gefallen waren, daß Arsites, der Hyparch Phrygiens am Hellespont, bald nach der Schlacht, wie es hieß, aus Reue und Angst vor Verantwortlichkeit sich selbst entleibt habe, daß endlich die wichtigen Küstenstriche um so leichter eine Beute der Makedonen werden mußten, da sich in den reichen griechischen Städten immer noch demokratisch gesinnte Männer fanden, denen sich jetzt des persischen Joches und der persisch gesinnten Oligarchen frei zu werden Gelegenheit darbot.

Alexander konnte nicht zweifelhaft sein, wohin er sich wenden müsse, um die Wirkung seines Sieges auf die vorteilhafteste Weise zu benutzen und zu steigern. Ein schnelles Eindringen in das Innere Kleinasiens hätte ihn weite Gebiete, große Beute, Land und Leute gewinnen lassen; aber sein Zweck war, die Macht des Großkönigs zu vernichten; schon war eine Perserflotte im Aigaiischen Meere, die, wenn er ins Innere vorgedrungen wäre, hinter seinem Rücken operieren und sich der Küsten bemächtigen,

salischen und hellenischen des linken Flügels, auf sie einbrechen. Nach kurzem, furchtbarem Kampfe, in welchem dem König ein Pferd unter dem Leib erstochen wurde, waren die Söldner bewältigt; es entkam niemand, außer wer sich etwa unter den Leichen verborgen hatte; zweitausend von diesen Söldnern wurden gefangengenommen.

Alexanders Verluste waren verhältnismäßig gering; beim ersten Angriff waren fünfundzwanzig Ritter von der Ile von Apollonia geblieben, außerdem etwa sechzig Mann von der Reiterei und dreißig vom Fußvolk gefallen[40]. Sie wurden am folgenden Tage in ihrer Waffenrüstung und mit allen militärischen Ehren begraben, ihren Eltern und Kindern daheim alle Steuern erlassen. Für die Verwundeten trug Alexander persönlich Sorge, ging zu ihnen, ließ sich ihre Wunden zeigen, sich von jedem erzählen, wie er sie empfangen. Er befahl, auch die gefallenen persischen Führer, auch die griechischen Söldner, die im Dienste des Feindes den Tod gefunden hatten, zu bestatten; die gefangenen Griechen dagegen wurden in Fesseln geschlagen und zu öffentlicher Strafarbeit nach Makedonien abgeführt, weil sie wider den gemeinsamen Beschluß Griechenlands und für die Perser gegen Griechenland gefochten hatten; nur die von Theben erhielten Verzeihung. Das reiche persische Lager fiel in Alexanders Hände; die Beute des Sieges teilte er mit seinen Bundesgenossen; seiner Mutter Olympias schickte er von den goldenen Bechern, purpurnen Teppichen und anderen Kostbarkeiten, die in den Zelten der persischen Fürsten gefunden waren; er gebot, zum Andenken der fünfundzwanzig Rit-

---

40 Bei Halikarnaß ist der Verlust eines Nachtgefechtes 16 Tote und gegen 300 Verwundete (1 : 18 $^1/_2$); diese Zahl ist so groß, weil sich die Leute bei der Dunkelheit nicht gehörig hatten decken können. Nimmt man bei einem Gefecht am Tage das Verhältnis auch nur 1 : 8, so ist von der Ile der Apollonia ungefähr jeder verwundet worden.

bis tief in die Brust, und Rhoisakes stürzte rücklings vom
Pferde. Zugleich war der lydische Satrap Spithridates an
Alexander herangesprengt; schon hatte er über des Königs
Nacken seinen Säbel zum tödlichen Schlage erhoben, da
kam ihm der schwarze Kleitos zuvor, mit einem Hieb trennte er des Barbaren Arm vom Rumpfe, gab ihm dann den
Todesstoß. Immer wilder wurde der Kampf; die Perser fochten mit höchster Tapferkeit, den Tod ihrer Fürsten zu rächen, während immer neue Scharen über den Fluß setzten,
eindrangen, niedermetzelten; umsonst suchten die Feldherren Niphates, Petines, Mithrobuzanes zu widerstehen, umsonst Pharnakes, des Dareios Schwager, Arbupales, der
Enkel des Artaxerxes, die sich schon lösenden Massen zu
halten; bald lagen sie erschlagen auf dem Felde. Das Zentrum der Perser war durchbrochen, die Flucht wurde allgemein; etwa tausend, nach anderen zweitausendfünfhundert
Perser waren geblieben, die übrigen flohen weit zersprengt
vom Schlachtfelde. Alexander verfolgte sie nicht weit, da
noch die ganze Masse des feindlichen Fußvolkes unter Omares auf den Höhen stand, entschlossen, den Ruhm griechischer Söldner gegen die makedonischen Waffen zu bewähren. Es war das einzige, was ihnen übrigblieb; müßige
Zuschauer eines blutigen Kampfes, den ihre Mitwirkung
vielleicht gewonnen haben würde, ohne bestimmte Befehle
für den Fall, den der Stolz der persischen Fürsten unmöglich
geglaubt hatte, blieben sie von Erstaunen und Ratlosigkeit
gefesselt auf ihren Höhen, die wenigstens einen ehrenvollen
Rückzug zu sichern vermocht hätten. Die blinde Flucht der
Reiterscharen hatte sie preisgegeben; auf sich beschränkt,
erwarteten sie den Angriff des siegreichen Heeres und den
eigenen Untergang, den sie so teuer als möglich zu machen
entschlossen waren. Alexander ließ die Phalanx auf sie anrücken, zugleich von allen Seiten alle Reiter, auch die thes-

teils vom hohen Ufer herab ihre Wurflanzen schleuderten, teils unmittelbar an das Wasser vorgingen und die Heraufsteigenden zurückdrängten; diese, durch den schlüpfrigen Lehm am Ufer noch mehr behindert, hatten schweren Stand, großen Verlust, zumal die am meisten rechts, während denen links sich schon eine Stütze bot. Denn schon war der König mit dem Agema der Ritterschaft durch den Fluß, stürmte schon gegen die Stelle des Ufers an, wo die dichteste Masse der Feinde und die Heerführer versammelt waren. Sofort begann der heftigste Kampf um die Person des Königs, in den die andern Ilen, eine nach der andern, durch den Fluß folgend, mit eingriffen; ein Reitergefecht, das in seiner Hartnäckigkeit, Stetigkeit und der Wut des Handgemenges einem Kampfe des Fußvolkes glich; Roß an Roß, Mann an Mann gedrängt, kämpften die Makedonen mit ihren Speeren, die Perser mit ihren leichteren Wurflanzen und bald mit ihren krummen Säbeln, jene, um die Perser vom Ufer zurück auf das Blachfeld zu werfen, diese, um die Makedonen in den Strom zurückzustoßen. Des Königs weißen Helmbusch sah man im dichtesten Getümmel; in dem heftigen Gefecht zersplitterte sein Speer, er rief seinem Stallmeister zu, ihm einen andern zu reichen; auch dem war sein Speer zerbrochen, und er kämpfte mit dem umgekehrten Stumpf. Kaum daß Demaratos von Korinth dem Könige seine Waffe gereicht, so sprengte auch schon ein neuer Schwarm erlesener persischer Reiter heran, Mithridates, ihr Führer, jagte voraus und auf Alexander zu, sein Wurfspieß verwundete des Königs Schulter; ein Speerstoß Alexanders streckte den persischen Fürsten tot zu Boden. In demselben Augenblick jagte des Gefallenen Bruder, Rhoisakes, auf Alexander los, zerschmetterte mit einem Hiebe dessen Helm, so daß der Säbel noch die Stirnhaut ritzte; Alexander bohrte ihm den Speer durch den Harnisch

weiteren Reiterhaufen des Zentrums, endlich die des rechten Flügels unter Rheomitres. Eine kurze Zeit standen beide Heere schweigend, in gespannter Erwartung einander gegenüber, – die Perser bereit, auf den Feind, wenn er durch den Fluß heranrücke, während er die steilen Ufer heraufkomme und ehe er sich ordnen könne, zu stürzen, Alexander mit raschem Blick erspähend, wie und wo der Angriff möglich sei. Dann bestieg er sein Schlachtroß, rief den Truppen zu, ihm zu folgen und als Männer zu kämpfen, gab das Zeichen zum Vorrücken. Voran Amyntas, der Lynkestier, mit den Sarissophoren und Paionen und einer Taxis, ihm zugeordnet die Ile von Apollonia, von Ptolemaios, Philippos' Sohn, geführt, die diesen Tag die erste Stelle in der Ritterschaft, den ersten Angriff hatte[39]. Sowie sie im Fluß waren, folgte der König an der Spitze der übrigen Ilen der Hetairen unter dem Schall der Trompeten und des Schlachtgesanges; er wollte, während Ptolemaios durch seinen Angriff den äußersten linken Flügel des Feindes beschäftigte, mit den sieben Ilen halbrechts aufrückend, rechts an Ptolemaios, links an die nachrückende Linie des Fußvolkes gelehnt, auf das Zentrum der Feinde einbrechen und dasselbe sprengen. Mit dem linken Flügel sollte Parmenion, dem Flusse zu in schräger Linie folgend, den rechten Flügel des Feindes lähmen.

Sobald sich Amyntas und Ptolemaios dem feindlichen Ufer des Flusses nahten, begann das Gefecht. Die Perser, hier von Memnon und dessen Söhnen geführt, widersetzten sich mit aller Macht ihrem Hinaufdringen, indem sie

---

39 Es ist die Ile des Sokrates; daß er anwesend war, ergibt Arrian. I 15, 1; wenn trotz des anwesenden Ilarchen Ptolemaios diese Ile führt, so wird man in ihm den Somatophylax, der Arrian. I 22, 4 vorkommt, erkennen müssen, und es ergibt sich damit ein bezeichnender Zug für die Stellung der sieben Somatophylakes.

gen, in der Nähe der Makedonen zu übernachten, er werde sich zurückziehen und so es möglich machen, daß man am anderen Morgen, bevor die Perser ausgerückt und aufgestellt seien, den Übergang ohne Gefahr bewerkstellige; jetzt dagegen scheine ein Übergang nicht ohne Gefahr: der Tag neige sich, der Fluß sei an manchen Stellen tief und reißend, das Ufer jenseits steil, man könne nicht in Linie passieren, man müsse in Kolonnen durch den Fluß gehen; die feindliche Reiterei werde diese in die Flanke nehmen und niederhauen, ehe sie zum Fechten kämen; der erste Unfall aber sei nicht bloß für den Augenblick empfindlich, sondern für die Entscheidung des Krieges höchst bedenklich. Der König antwortete: »Wohl erkenne ich das, aber ich würde mich schämen, wenn ich den Hellespont leicht überschritten hätte und dies kleine Wasser uns abhalten sollte, hinüberzugehen, wie wir sind; auch würde das weder mit dem Ruhme der Makedonen noch mit meiner Art einer Gefahr gegenüber stimmen; die Perser, glaube ich, würden Mut fassen, als könnten sie sich mit Makedonen messen, weil sie nicht sofort erführen, was sie fürchten.« Mit diesen Worten schickte er Parmenion nach dem linken Flügel, den er führen sollte, während er selbst zu den Geschwadern des rechten ritt.

An dem Glanze seiner Waffen und an der weißen Feder seines Helmes, an der Ehrerbietung der ihn Umgebenden sahen die Perser jenseits, daß Alexander ihrem linken Flügel gegenüberstand und daß dort der Hauptangriff zu erwarten sei; sie eilten, den Kern ihrer Reiterei in dichten Reihen ihm gegenüber hart an das Ufer zu stellen; dort war Memnon mit seinen Söhnen und Arsames mit seinen eigenen Reitern; dann folgte in der Schlachtlinie der phrygische Hyparch Arsites, der lydische Satrap Spithridates mit den hyrkanischen Reitern und vierzig edlen Persern in seinem Geleit, dann die

um noch höher in des Königs Gnade zu steigen. Sie rückten den Makedonen bis an den Granikos entgegen; sie beschlossen, von den steilen Ufern dieses Flusses aus jedes Weiterrücken Alexanders zu hindern; sie stellten sich an dem rechten Ufer so auf, daß der Rand des Flusses von der persischen Reiterei, das ansteigende Terrain in einiger Entfernung hinter ihr von den griechischen Söldnern besetzt war.

Indessen rückte Alexander über die Ebene Adrasteia dem Granikos zu, das schwere Fußvolk in die zwei Kolonnen des rechten und linken Flügels geteilt, auf der rechten Flanke die makedonische, auf der linken die thessalische und griechische Reiterei; die Packtiere mit dem größeren Teil des leichten Fußvolkes folgten den Kolonnen; die Vorhut bildeten die Sarissophoren und etwa fünfhundert Mann leichtes Fußvolk unter Hegelochos' Führung. Schon näherte sich die Hauptmasse dem Flusse, als eilends einige von den Sarissophoren zurückgesprengt kamen mit der Nachricht, die Feinde ständen jenseits des Flusses in Schlachtordnung, und zwar die Reiter in ausgedehnter Linie längs dem steilen und lehmigen Flußufer, eine Strecke rückwärts das Fußvolk. Alexander durchschaute die Fehler der feindlichen Disposition, welche die Waffe des ungestümen Angriffs zur Verteidigung eines schwierigen Terrains und die trefflichen griechischen Söldner zu müßigen Zuschauern eines Kampfes machte, dem nur sie gewachsen waren; ein dreistes Vorgehen mit Kavallerie mußte hinreichen, das jenseitige Ufer und damit die Schlacht zu gewinnen, deren Erfolge zu sichern und zu benutzen die Hypaspisten und Phalangen dienen sollten. Er ließ die Truppen aus den Marschkolonnen rechts und links aufmarschieren und sich in Schlachtordnung setzen. Parmenion kam zu ihm, dem Kampf zu widerraten: es sei ratsam, sich vorerst an dem Ufer des Flusses zu lagern; der Feind, an Fußvolk schwächer, werde nicht wa-

der Mündung des Granikos; gerade jetzt war dieser Platz, der die vom Granikos durchströmte Ebene Adrasteia beherrscht, von Wichtigkeit, da nach den Berichten des Amyntas das persische Heer an die Ufer des Granikos vorgerückt und demnach der erste Zusammenstoß mit dem Feinde an diesem Fluß zu erwarten war.

Wenn Alexander sichtlich möglichst bald zu schlagen wünschte, so hätten die Perser ihm um so mehr ausweichen sollen. Im Kriegsrat in Zeleia hatte Memnon widerraten, einen Kampf zu beginnen, der kaum einen Sieg und, wenn man siegte, kaum einen Vorteil hoffen lasse; die Makedonen seien an Fußvolk den Persern weit überlegen und doppelt gefährlich, da sie unter Führung ihres Königs kämpfen würden, während Dareios dem persischen Heere fehle; selbst angenommen, daß die Perser siegten, so würde den Makedonen der Rücken gedeckt und ihr Verlust nur der eines vergeblichen Angriffes sein; die Perser dagegen verlören durch eine Niederlage das Land, das sie zu verteidigen hätten; das einzig Ersprießliche sei, jedes entscheidende Gefecht zu vermeiden; Alexander sei nur auf kurze Zeit mit Lebensmitteln versehen, man müsse sich langsam zurückziehen, eine Einöde hinter sich lassen, in der die Feinde keinen Unterhalt, kein Vieh, kein Obdach fänden; dann werde Alexander ohne Schlacht besiegt sein, durch kleinen Schaden dem größeren und unberechenbaren vorgebeugt werden. Memnons Meinung fand im Rate der persischen Feldherren kein Gehör, man hielt sie der Hoheit Persiens nicht würdig; namentlich widersprach Arsites von Phrygien am Hellespont, in seiner Satrapie werde er auch nicht *ein* Haus anzünden lassen. Die übrigen Perser stimmten mit ihm für die Schlacht, ebensosehr aus Kampflust als aus Abneigung gegen den griechischen Fremdling, der schon zu viel beim Großkönig galt und den Krieg verlängern zu wollen schien,

um dessen Zorn gegen Achills Geschlecht zu versöhnen, da Achilles' Sohn den greisen König am heiligen Herde erschlagen hatte. Vor allem ehrte er das Andenken seines großen Ahnen Achill, er kränzte und salbte des Helden Grab, das Grab des Patroklos sein Freund Hephaistion; dann folgten Wettkämpfe aller Art. Viele Eingeborene und Hellenen kamen, dem König goldene Kränze darzubringen, unter ihnen der Athener Chares, der Herr von Sigeion, derselbe, dessen Auslieferung er im vorigen Jahr gefordert hatte. Zum Schluß der Festlichkeiten befahl der König den Wiederaufbau Ilions, gab den Bürgern der neuen Stadt Autonomie und Steuerfreiheit und versprach, ihrer noch weiter zu gedenken.

Dann zog er nach der Ebene von Arisbe, wo das übrige Heer, das unter Parmenions Führung bei Abydos gelandet war, ein Lager bezogen hatte. Unverzüglich brach man auf, um den Feinden zu begegnen, von denen man wußte, daß sie etwa fünfzehn Meilen ostwärts um Zeleia sich zusammengezogen hatten. Der Marsch ging über Perkote nach Lampsakos, der Stadt des Memnon; die Bürger wußten sich keine andere Rettung, als durch eine Gesandtschaft des Königs Gnade zu erflehen; an deren Spitze stand Anaximenes, der als wissenschaftlicher Mann wohlbekannt und bei König Philipp früher gern gesehen war; auf seine Fürbitte verzieh Alexander der Stadt[38].

Von Lampsakos aus rückte das Heer unweit der Küste weiter, als Vorhut voraus der Lynkestier Amyntas mit einer Ile der Ritterschaft und vier Ilen der Sarissophoren. Wie sie nahten, ergab sich die Stadt Priapos an der Propontis unfern

---

38 Paus. VI 18, 2 erzählt, Alexander habe geschworen, das Entgegengesetzte von dem zu tun, was die Gesandten von Lampsakos bitten würden, worauf denn der Rhetor ihm dringend geraten habe, die abtrünnige Stadt zu strafen. Wenigstens eine artige Anekdote.

Während dieser Rüstungen in Kleinasien war Alexander mit den seinigen so weit gediehen, daß er mit dem Anfang des Frühlings 334 aufbrechen konnte. Er zog über Amphipolis am Strymon längs der Küste über Abdera, Maroneia, Kardia; am zwanzigsten Tage war er in Sestos. Schon lag seine Flotte im Hellespont. Parmenion erhielt Befehl, die Reiterei und den größeren Teil des Fußvolkes von Sestos nach Abydos zu führen. Mit dem übrigen Fußvolk ging der König nach Elaius, den troischen Gestaden gegenüber, auf dem Grabhügel des Protesilaos, des ersten Helden, der im Kriege gegen Troja gefallen war, zu opfern, damit ihm glücklicher als jenem der Zug gen Osten würde. Dann wurde das Heer eingeschifft; 160 Trieren und viele Lastschiffe kreuzten in diesen Tagen zwischen den schönen, in aller Frühlingspracht grünenden Gestaden des Hellesponts, den einst Xerxes gejocht und gegeißelt hatte; Alexander, selbst am Steuer seines königlichen Schiffes, lenkte vom Grabe des Protesilaos aus nach der Bucht hinüber, die seit den Zeiten Achills und Agamemnons der Hafen der Achaier hieß und an der die Grabhügel des Aias, des Achilles und Patroklos emporragten. Auf der Höhe des Hellesponts opferte er dem Poseidon, spendete den Nereiden aus goldener Schale. Dann nahte man dem Gestade; Alexanders Triere war die erste am Ufer; vom vorderen Bord schleuderte der König seine Lanze in das Land der Feinde, sprang dann, der erste von allen, in voller Rüstung an den Strand. Altäre, gebot er, sollten fortan diese Stelle bezeichnen. Dann zog er mit seinen Strategen und dem Geleit der Hypaspisten nach den Ruinen Ilions, opferte im Tempel der Ilischen Athena, weihte ihr seine Waffen, nahm statt deren von den Waffen des Tempels, namentlich den heiligen Schild, der für den des Achill gegolten haben mag. Auch am Altar des herdschirmenden Zeus opferte er dem Schatten des Priamos,

nicht schärfer drängte, die ganze Küste zu säubern; die Satrapen warfen ihm späterhin vor, daß er, um sich unentbehrlich zu machen, den Krieg zu verlängern suche; entweder das oder die Eifersucht der Satrapen entzog ihm die Mittel, mehr zu tun.

Mit dem Frühling 334 war die Flotte des Großkönigs zum Aussegeln fertig; es war an die Satrapen und Befehlshaber in Kleinasien Befehl gesandt, nach der Küste vorzurücken und den Makedonen an der Schwelle Asiens die Spitze zu bieten. In der Ebene von Zeleia versammelte sich diese Kriegsmacht, 20 000 Mann persische, baktrische, medische, hyrkanische, paphlagonische Reiter und ebenso viele griechische Söldner[37], ein Heer, das, wie es sich demnächst zeigte, tapfer und groß genug war, um, gut geführt, dem Feinde den Weg zu verlegen. Aber der König hatte keinen obersten Befehlshaber ernannt; die gemeinschaftliche Beratung der Anführer sollte über den Gang der Unternehmungen entscheiden; es waren außer Memnon Arsites, Hyparch von Phrygien am Hellespont, der zunächst bedrohten Landschaft, Spithridates, Satrap von Lydien und Jonien, Atizyes, Satrap von Großphrygien, Mithrobuzanes, Hyparch von Kappadokien, der Perser Omares und andere persische Große. Unzweifelhaft war unter diesen Memnon der bewährteste, wenn nicht der einzige Feldherr; doch als Grieche und Liebling des Königs verhaßt, hatte er im Kriegsrat weniger Einfluß, als für die persische Sache zu wünschen gewesen wäre.

---

37 So Arrian. I 14, 4. Dagegen gibt Diodor. XVII 19 10 000 Reiter und 100 000 Mann Fußvolk, Justin. XI 6,11 gar 600 000 Mann. Der σύλλογος, den Arrian. I 13, 10 erwähnt, verglichen mit den ähnlichen συλλόγοις in Zariaspa (IV 1, 5; IV 7, 3) und in Ekbatana (IV 7, 3) läßt erkennen, daß die in den kleinasiatischen Landen zu Amt und Lehen angesessenen Magnaten mit ihrem Kriegsvolk aufgeboten sind.

vom Hellespont her war Kyzikos; auf einer Insel erbaut, nur durch einen seichten Meeresarm vom nahen Festlande getrennt, in den letzten Jahrzehnten mit mächtigen Mauern umgeben, mit Schiffshäusern für 200 Trieren versehen, bot diese stark bevölkerte freie Stadt dem, der sie besaß oder dem sie sich anschloß, eine Position, welche die Propontis, das asiatische Ufer bis Lampsakos, den Osteingang des Hellespontes beherrschte. Es war für das makedonische Korps in Asien von großem Wert, daß die Stadt der persischen Sache abgewandt war. Memnon gedachte sie durch einen Handstreich zu nehmen; an der Spitze von 5000 griechischen Söldnern brach er aus seinen Besitzungen auf und zog in Eilmärschen heran; fast wäre es ihm gelungen, sich der Stadt, deren Tore, da man Kalas' Heer zu sehen glaubte, nicht geschlossen waren, zu bemächtigen; da es mißlang, verwüstete er das städtische Gebiet und eilte nach der Aiolis, wo Parmenion Pitane belagerte; Memnons Erscheinen entsetzte die Stadt. Dann brach er schnell nach Troas auf, wo er Kalas bereits bedeutend vorgedrungen fand; die Stadt Lampsakos, die ihm gehörte, gab seinen Bewegungen einen trefflichen Stützpunkt; an Truppen überlegen, siegte er in einem Gefechte, und Kalas war gezwungen, sich an den Hellespont zurückzuziehen und sich auf die feste Stellung von Rhoiteion zu beschränken.

Es ist unklar, ob wenigstens diese Position von Kalas gehalten wurde; jedenfalls Parmenion selbst war demnächst am Hofe zu Pella. Vielleicht hat der König diesen zurückberufen, weil nach der Beendigung des Feldzugs im Norden nur nötig schien, die Punkte, die den Übergang nach Asien deckten, gleichsam als Brückenkopf festzuhalten; und mit der Flotte zur Seite genügte dazu eine geringere Truppenzahl in Rhoiteion und vielleicht Abydos. Um so auffallender dann, daß Memnon, der ein vorzüglicher Feldherr war,

Heer, dessen Avantgarde es war und welches bereits sich zum Übergang nach Asien rüstete, aufzuhalten sei; ebensowenig konnte bis zu dessen Ankunft ein persisches Reichsheer aufgeboten, zusammengezogen, nach Kleinasien gesandt sein; es schien am leichtesten und geratensten, die Gefahr in ihrer Wurzel zu ertöten. So wurden Verbindungen am makedonischen Hofe angeknüpft und König Philipp – so erklärt Alexander in einem späteren Schreiben an den Großkönig – mit dessen Wissen und Willen ermordet. Das gefürchtete Unternehmen schien mit einem Schlage vereitelt, die Unruhen, die in Thessalien, Hellas, Thrakien, Illyrien ausbrachen, ließen die letzte Besorgnis schwinden; als gar Attalos an der Spitze seiner Truppen und im Einverständnis mit den leitenden Staatsmännern Athens sich gegen Alexanders Thronbesteigung erklärte, da schienen die persischen Intrigen noch einmal den Sieg davongetragen zu haben. Schon hatte sich Memnon gegen Magnesia, das Parmenion und Attalos besetzt hatten, gewandt, hatte ihnen durch geschickte Manöver empfindliche Verluste beigebracht. Indes hatte Alexander die Angelegenheiten Makedoniens geordnet, Griechenland beruhigt; Attalos war beseitigt, die Truppen schnell zur Treue zurückgekehrt; Parmenion hatte mit dem einen Teile des Heeres Gryneion erobert, sich dann auf Pitane gewandt, während mit dem andern Kalas, des Harpalos Sohn, sich im Innern der Landschaft Troas festzusetzen suchte. Daß der makedonische König sich zum Feldzug gegen die Thraker, Triballer, Illyrier anschickte, gab dem persischen Hofe eine neue Frist; allerdings wurde das Reichsheer, die Seemacht der Seeküsten aufgeboten; aber vorerst mußte man auf Abfall und Empörung in Hellas rechnen, abwarten, wie weit Memnon mit seinen geringen Streitkräften reichen werde.

Der wichtigste Punkt zum Schutz gegen eine Invasion

galt von den beiden Syrien diesseits und jenseits der Wasser; die Knechtschaft langer Jahrhunderte hatte diesen Völkern den Nacken gebeugt, sie ließen über sich ergehen, was auch kommen mochte; nur an der Küste Phoinikiens war das alte bewegliche Leben, mit ihm mehr Gefahr als Treue für Persien, und nur die Eifersucht gegen Sidon und der eigene Vorteil vermochte Tyros den Persern treu zu erhalten. Ägypten endlich hatte niemals seinen Haß gegen die Fremdlinge aufgegeben oder verleugnet, und die Verwüstungen des Ochos konnten es wohl lähmen, aber nicht gewinnen. Alle diese Länder, von dem persischen Reiche zum eigenen Verderben erobert, waren bei einem kühnen Angriff von Westen her so gut wie verloren.

Deshalb hatte die persische Politik seit langem keine höhere Sorge, als die Eifersucht der hellenischen Staaten zu nähren, die mächtigen zu schwächen, die schwachen aufzureizen und zu unterstützen und durch ein ausgebildetes System von Bestechungen und Verfeindungen eine Gesamttätigkeit der Hellenen, der Persien nicht Widerstand zu leisten vermocht hätte, zu hintertreiben. Lange war dies gelungen, bis endlich das makedonische Königtum, schnell und sicher vorwärtsschreitend, alle diese Bemühungen zuschanden zu machen drohte. Mit dem Siege von Chaironeia, mit der darauffolgenden Gründung des Hellenischen Bundes mußte man in der Hofburg zu Susa wissen, was bevorstand.

Erst Dareios – er wurde König um die Zeit, da Philipp ermordet wurde – ergriff Maßregeln gegen die schon über den Hellespont gekommenen Truppen. Er überwies dem Rhodier Memnon, dem Bruder Mentors, was an hellenischen Söldnern zur Hand war, mit dem Befehl, den Makedonen entgegenzuziehen und die Grenzen des Reiches zu schützen. Es war leicht zu sehen, daß auf diese Weise wohl ein einzelnes Korps, nicht aber das makedonisch-griechische

auf momentane Willkür, auf stete Erpressungen und auf eine Art Erblichkeit der Amtsgewalt, wie sie, ganz gegen den Sinn monarchischer Herrschaft, in den langen Zeiten schlaffen Regiments üblich geworden war, so daß der Großkönig kaum noch eine andere Gewalt über sie hatte als die der Waffen oder die, welcher sie aus persönlichen Rücksichten sich fügen mochten. Die volkstümlichen Zustände, welche in allen Ländern des persischen Reiches fortbestanden, machten den morschen Koloß nur noch unfähiger, sich zur Gegenwehr zu erheben; die Völker von Iran, Ariana, den baktrischen Ländern waren allerdings kriegerisch und mit jeder Art von Herrschaft zufrieden, solange sie diese zu Krieg und Beute führte; und hyrkanische, baktrische, sogdianische Reiter bildeten die stehenden Satrapenheere in den meisten Provinzen; aber besondere Anhänglichkeit für das persische Königtum war keineswegs bei ihnen zu finden, und so furchtbar sie einst in den Völkerheeren des Kyros, Kambyses und Dareios zum Angriff gewesen waren, ebenso unfähig waren sie zur ernsten und nachhaltigen Verteidigung, zumal wenn ihnen griechische Kriegsübung und Tapferkeit gegenüberstand. Die westlichen Völker gar, stets mit Mühe und oft nur durch blutige Gewalt in Unterwürfigkeit gehalten, waren, wenn ein siegreicher Feind ihren Grenzen nahte, gewiß bereit, die persische Sache zu verlassen. Kaum waren die Griechen der kleinasiatischen Küste durch Oligarchie oder durch Tyrannen, deren Existenz von der Macht der Satrapen und des Reiches abhing, in Abhängigkeit zu erhalten, und die Völker im Inneren der Halbinsel hatten, seit zwei Jahrhunderten in stetem Druck, weder die Kraft noch das Interesse, sich für Persien zu erheben; selbst an den früheren Empörungen der kleinasiatischen Satrapen hatten sie nicht teilgenommen, sie waren stumpf, indolent, ohne Erinnerung ihrer Vergangenheit. Dasselbe

kelt, mit der sich Asien zu messen vermied und verlernte; der Zug der Zehntausend hatte gezeigt, daß die griechische Kriegsart mächtiger sei als die ungeheuren Völkerheere Persiens; ihr vertrauten sich die Satrapen an, wenn sie sich empörten, ihr der König Ochos, als er den Aufstand in Ägypten zu unterdrücken auszog, so daß das Königtum, auf die Siege der persischen Waffen gegründet, sich durch griechische Söldner zu erhalten genötigt war.

Allerdings hatte Ochos noch einmal die Einheit des Reiches äußerlich hergestellt und mit der blutigen Strenge, die der Despotismus fordert, seine Macht geltend zu machen gewußt; aber es war zu spät, er selbst versank in Untätigkeit und Schwäche, die Satrapen behielten ihre allzu mächtige Stellung, und die Völker, namentlich die der westlichen Satrapien, vergaßen unter dem erneuten Druck nicht, daß sie schon nahe daran gewesen, ihn abzutun. Nach neuen und furchtbaren Verwirrungen war endlich der Thron an Dareios gekommen; er hätte statt tugendhaft energisch, statt großmütig rücksichtslos, statt milde Despot sein müssen, wenn das Reich durch ihn sollte gerettet werden; er hatte die Verehrung der Perser, und die Satrapen waren ihm ergeben, aber das rettete nicht; er wurde geliebt, nicht gefürchtet, und bald sollte sich zeigen, wie vielen unter den Großen des Reiches ihr eigener Vorteil höher galt als der Wille und die Gunst eines Herrn, an dem sie alles, nur nicht Herrschergröße bewunderten.

Dareios' Reich erstreckte sich vom Indus bis zum Hellenischen Meere, vom Jaxartes bis zur Libyschen Wüste. Seine oder vielmehr seiner Satrapen Herrschaft war nicht nach dem Charakter der verschiedenen Völker, über die sie herrschten, verschieden; sie war nirgends volkstümlich, nirgends durch eine von ihr aus entwickelte und tiefhinabgreifende Organisation gesichert; sie beschränkte sich

Verwaltung und der Heeresmacht lag die Notwendigkeit seines Falles.

Betrachtet man den Zustand des Perserreiches, wie er zu der Zeit war, als Dareios III. den Thron bestieg, so erkennt man leicht, wie alles in Auflösung und zum Untergang reif war. Der Grund war nicht die Sittenverderbnis des Hofes, des herrschenden Stammes, der beherrschten Völker; stete Begleiterin des Despotismus, tut sie niemals der despotischen Gewalt Abbruch, die, wie das Reich der Osmanen lange genug den Beweis gegeben hat, unter der liederlichsten Hof- und Haremswirtschaft, unter steten Kabalen und Schändlichkeiten der Großen, unter gewaltsamen Thronwechseln und unnatürlicher Grausamkeit gegen die eben noch allmächtige Partei immer wieder diplomatische und militärische Erfolge nach allen Seiten hin zu gewinnen vermag. Persiens Unglück ist eine Reihe schwacher Regenten gewesen, welche die Zügel der Herrschaft nicht so fest anzuziehen vermocht hatten, wie es zum Bestehen des Reiches nötig war; daraus folgte, daß in den Völkern die Furcht, in den Satrapen der Gehorsam, im Reiche die einzige Einheit schwand, die es zusammenhielt; in den Völkern, die überall noch ihre alte Religion, ihre Gesetze und Sitten und zum Teil einheimische Fürsten hatten, nahm das Verlangen nach Selbständigkeit, in den Satrapen, zu mächtigen Statthaltern großer und entfernter Länderstrecken, die Begier nach unabhängiger Macht, in dem herrschenden Volke, das, im Besitz und der Gewohnheit der Gewalt, die Bedingungen ihrer Gründung und ihrer Dauer vergessen hatte, die Gleichgültigkeit gegen den Großkönig und gegen das Geschlecht der Achaimeniden überhand. In den hundert Jahren fast gänzlicher Untätigkeit, welche auf Xerxes' Kriegszug nach Europa gefolgt waren, hatte sich in den griechischen Landen eine eigentümliche Kriegskunst entwik-

So das Heer Alexanders. Sein Vater hatte es organisiert, in scharfer Disziplin und zahlreichen Feldzügen tüchtig gemacht, in der festen Verbindung der thessalischen mit der makedonischen Ritterschaft eine Kavallerie geschaffen, wie sie die hellenische Welt noch nicht gesehen. Aber bis zur vollen Wirkung seiner militärischen Überlegenheit, bis zur freien und vollen Handhabung, man möchte sagen bis zum Verständnis seiner eigenen Kraft hatte er sich nicht erhoben; bei Chaironeia, wo er die makedonischen Reiter des rechten Flügels führte, durchbrach er die andrängende Linie des Feindes nicht, er ließ selbst die Phalanx, wenn auch in Ordnung, zurückgehen; daß Alexander auf die heftig nachdrängende Linie des Feindes mit der thessalischen Ritterschaft des linken Flügels einbrach, entschied den Erfolg des Tages. Schon da, noch mehr in den Kämpfen des Jahres 335, hatte Alexander gezeigt, daß er kühner, plötzlicher, immer entscheidend die unwiderstehliche Offensivkraft seines Heeres zu verwenden verstand, nicht minder, daß er zugleich der Feldherr und der erste Soldat seines Heeres und im vollsten Sinn des Wortes dessen Vorkämpfer war. Wenn irgend etwas, so war die Art, wie er sich persönlich einsetzte und immer an der Spitze des entscheidenden Stoßes auf den Feind stürzte, dazu angetan, den Wetteifer seiner Offiziere und seiner Truppen zu entflammen. Sein Heer war der Zahl nach gering, aber in so organischer Gestaltung, bei solcher taktischen Ausbildung der einzelnen Waffen, unter solcher Führung zog es mit der vollen moralischen Überlegenheit, sich des Sieges gewiß zu fühlen, nach Asien.

Das Perserreich war nicht dazu angetan, Widerstand zu leisten; in seiner Ausdehnung, in dem Verhältnis der beherrschten Völker, in der mangelhaften Organisation der

wahrscheinlich ist die βασιλικὴ θεράπεια die Arrian. IV 16, 6 erwähnt wird, als Lazarett zu deuten usw.

der hellenischen Bundesgenossen, der Söldner; darauf wohl die Ilarchen der Kavallerie, die Chiliarchen der Hypaspisten, die Taxiarchen der Pezhetairen usw. Wenn gelegentlich auch die »Hegemonen« der Bundesgenossen, der Söldner zum Kriegsrat berufen werden, so scheinen damit Kommandierende wie Sitalkes, der die thrakischen Akontisten, Attalos, der die Agrianer, Agathon und Ariston, die die odrysischen und paionischen Reiter führten, gemeint zu sein, vielleicht auch die Führer der hellenischen Kontingente, der Lochen hellenischer Söldner[36].

36 Eine Menge technischer Fragen, die sich hier noch aufdrängen, sind nach dem vorhandenen Material nicht mehr zu beantworten; aber man tut wohl, sich der Lücken zu erinnern, die damit in der Forschung bleiben. Daß das Heer Feldgeschütz mit sich führte, zeigt das Gefecht bei Pelion. Nicht bloß die Bespannung für diese, für die Bagage- und Proviantwagen mehrte die Masse der Pferde, für die gesorgt werden mußte; nach einer Bestimmung des Königs Philipp (Frontin. IV 1, 6) durfte jeder Reiter nur einen Knecht mit sich führen; aber doch einen, der natürlich gleichfalls beritten war; von einem Sachkundigen wird mir bemerklich gemacht, daß, wenn, wie noch heute, für das Pferd täglich vier Metzen Hafer oder Gerste gerechnet und – wie bei dem Marsche nach Asien hinein doppelt notwendig war – Fourage auf drei Tage mitgenommen wurde, das zweite Pferd nicht wohl zu dem Reitknecht noch Massen Heu und 24 Metzen Hartkorn tragen konnte, sondern ein Handpferd (Saumtier) nötig war, das zugleich das Gepäck des Hetairen trug. Gewiß galt dies bei der thessalischen Ritterschaft wie bei der makedonischen; beide zusammen auf 3000 Kombattanten gerechnet, gibt schon 9000 Pferde; wie es mit den hellenischen Reitern, mit den Sarissophoren und Paionen gehalten wurde, wissen wir nicht. Nach derselben Stelle des Frontin wird auf je zehn Phalangiten ein Lastträger bewilligt; wahrscheinlich bei den Bündnern und Söldnern ebenso. – Natürlich mußte im Hauptquartier des Königs eine Kanzlei, eine Intendantur, eine Kassenverwaltung sein usw. Gelegentlich erfährt man, daß Harpalos, einer der 337 verbannten Freunde Alexanders, der zu Kriegsdienst körperlich untauglich war, die Kasse des Königs zu verwalten erhielt, daß ein anderer dieses Kreises, der Mytilenaier Laomedon, ὅτι δίγλωσσος ἦν ἐς τὰ βαρβαρικὰ γράμματα (Arrian. III 6, 6), zur Obhut über die gefangenen Barbaren bestellt wurde. Und

scheint, daß die Ausbildung des Reiters besonders darauf gerichtet sein mußte, ihn zu freiester Bewegung auf seinem Pferde zu gewöhnen, wie sich vielleicht etwas derart noch auf Bildwerken aus dieser Zeit wiedererkennen läßt[35].

Noch schärfer ist diese Armee dadurch charakterisiert, daß sie nicht bloß Offiziere, sondern einen wirklichen Offiziersstand hatte. Wie in späteren Jahrhunderten das von Gustav Adolf gegründete Gymnasium illustre des Ritterhauses eine rechte »Akademie ritterlicher Übungen«, so war die »Somatophylakia«, das Korps der »königlichen Knaben«, militärisch und wissenschaftlich die Vorschule der jungen makedonischen Edelleute; aus dieser gingen die »Hetairen« der Ritterschaft, die Offiziere der Hypaspisten, der Pezhetairen, der Sarissophoren usw. hervor, um zu den höheren Stufen emporzusteigen, wie solches Avancement noch in mehrfachen Beispielen erkennbar ist. Als höchste Rangstufe, oder doch zunächst um den König, die sieben Somatophylakes und, wie es scheint, die im engeren Sinne Hetairen genannten, die einen wie andern zu Rat und Dienst und vorübergehenden Kommandos stets zu des Königs Verfügung. Dann als höchster Offizier nach dem Könige der alte Parmenion wie daheim Antipatros, ob mit besonderem Titel, muß dahingestellt bleiben. Dann – man weiß nicht in welcher Rangfolge – die Hipparchen der verschiedenen Reiterkorps, die Strategen der Phalangen, der Hypaspisten,

35 Das Erzbild des kämpfenden Reiters aus Herkulanum (Mus. Borb. III, Tab. 43), das, wenn nicht Alexander, so doch wohl einen der 25 am Granikos gefallenen Hetairen (Arrian. I 16, 5) darstellt, zeigt den Reiter mit hoch zum Schwertschlag gehobener Rechten, das rechte Bein nach hinten auf den Schenkel des Pferdes gestemmt, das linke weit nach vorn gestreckt, eine Stellung, die, wenn sie überhaupt möglich, mehr die eines Voltigeurs als eines schulmäßigen Reiters ist.

zum Angriff bestimmte unter des Königs Führung, der linke unter der Parmenions steht.

In zwei Momenten tritt die Eigentümlichkeit der Armee Alexanders am stärksten hervor.

In den griechischen Heeren war die Zahl der Reiter immer gering gewesen; in den Schlachten des Epameinondas steigt das Verhältnis derselben zum Fußvolk auf 1:10. In dem Heere Alexanders ist es fast doppelt so stark, 1:6. Schon bei Chaironeia hatte Alexander an der Spitze der Reitermassen des linken Flügels die fast verlorene Schlacht glänzend entschieden. Für den Kampf gegen die Heere des Großkönigs, die in den Reitervölkern Asiens ihre Stärke hatten, verstärkte er ebendiese Waffe, der er die eigentlich offensive Rolle bestimmte; es galt, den Feind in seiner Stärke zu treffen.

Es verdient beachtet zu werden, daß den Griechen und Makedonen der Steigbügel und das Hufeisen unbekannt waren; gewiß auch den Reitervölkern Asiens, die sonst ohne weiteres überlegen gewesen sein würden. Bei den ungeheuren Strapazen, den langen Märschen in Winterszeit auf dem Glatteis der Gebirgswege, die Alexander in den späteren Feldzügen den Pferden seiner Kavallerie zumutete, muß man sich der fehlenden Hufeisen erinnern. Nicht minder eine Steigerung der Strapazen für die Reiter war es, daß sie ohne Sattel und Steigbügel, mit bloß festgeschnallten Decken ritten; für das Gefecht war der Reiter durch den Mangel des Steigbügels auf eine Weise gehindert, die wir uns schwer vorstellen können; indem er nicht in seinem Steigbügel stehend, sondern durchaus nur sitzend den Stoß oder Hieb führen konnte, hatte er sozusagen nur die Kraft der oberen Hälfte seines Körpers zur Verfügung, und es mußte um so mehr auf die Vehemenz des geschlossenen, den Feind durchbrechenden Choks gerechnet werden. Es

ge Ordnung eines hellenischen Kriegshaufens zu sichern vermöge. Jetzt traten diese leichten Völker als wesentliche Bestandteile des makedonischen Heeres auf, um in dessen Aktion nach der Eigentümlichkeit ihrer nationalen Kampfweise verwertet zu werden, zugleich ihrerseits durch die feste Disziplin, die in dieser Armee herrschte, gehalten und in ihrem Wert gesteigert.

Über die Marschordnung und Lagerordnung der Armee fehlt es an nennenswerten Nachrichten. Für größere Aktionen wiederholt sich im wesentlichen dasselbe Schema der Aufstellung, das, um in der weiteren Darstellung Wiederholungen zu vermeiden, hier in seinen charakteristischen Punkten bezeichnet werden mag. Die Mitte bildet das schwere Fußvolk in der regelmäßig wechselnden Folge der sechs Phalangen, jede unter ihrem Strategen. An die Phalangen schließen sich rechts die Taxeis der Hypaspisten, an diese die acht Geschwader der makedonischen Ritterschaft in ihrer regelmäßig wechselnden Folge; die leichten Truppen des rechten Flügels, die Ilen der Sarissophoren und die der Paionen sowie die Agrianer und Bogenschützen werden nach den Umständen als Plänkler, zur einleitenden Attacke, als Flankendeckung für die Spitze des Flügels usw. verwandt. Dem linken Flügel der Phalanx schließen sich zunächst, wenn sie nicht anderweitig, z. B. zur Deckung des Lagers verwandt werden, die Thraker des Sitalkes an, als Peltasten den Hypaspisten des rechten Flügels entsprechend; dann die hellenischen Kontingente zu Pferd, darauf die thessalische Ritterschaft, endlich die leichten Truppen dieses Flügels, die odrysischen Reiter des Agathon, in den nächstfolgenden Kriegsjahren auch eine zweite Abteilung Bogenschützen. Die Schlachtlinie hat zwischen der dritten und vierten Phalanx ihre Mitte, von dort aus rechnet man die beiden »Flügel«, von denen der rechte, in der Regel

Toxarchen neu besetzt worden; bei Eröffnung des Krieges führte sie Klearchos[34].

Daneben die leichte Reiterei, teils makedonische, teils Paionen, Odryser, Völkerstämme, deren Tüchtigkeit im Reiterdienst seit alten Zeiten berühmt gewesen ist; ihre Zahl ist nicht festzustellen. Die Paionen führte Ariston, die odrysischen Thraker Agathon, des Tyrimmas Sohn, beide wohl aus fürstlichem Stamm. Sie und das makedonische Korps der Sarissophoren unter des Lynkestiers Amyntas Führung werden unter dem Namen der Prodromen, der Plänkler, zusammengefaßt.

Mit diesen leichten Truppen kam in Alexanders Heer ein Element zur Geltung, das in der hellenischen Kriegskunst bisher nicht in seinem vollen Wert anerkannt worden war. Die leichten Truppen in den griechischen Heeren vor ihm hatten weder durch ihre Anzahl noch durch ihre Anwendung große Bedeutung erlangen, auch einer gewissen Geringschätzung nicht frei werden können, da sie teils aus dem niederen Volke, teils barbarische Söldner waren, deren Stärke in jener Kunst heimlicher Überfälle, lärmender Angriffe, scheinbar verwirrter Rückzüge bestand, die den hellenischen Kriegsleuten zweideutig und widerwärtig schien. Der berühmte spartanische Feldherr Brasidas selbst gestand, daß der Angriff dieser Völkerschaften mit ihrem wildschallenden Kriegsgeschrei und dem drohenden Schwenken ihrer Waffen etwas Schreckendes, ihr willkürliches Überspringen aus Angriff in Flucht, aus Unordnung in Verfolgung etwas Furchtbares habe, davor nur die stren-

---

[34] Agrianer und Bogenschützen sollen (nach Diod. XVII 17) 1000 im Heere gewesen sein, wahrscheinlich eine zu niedrige Angabe. Im Feldzuge von 335 waren von beiden zusammen 2000 im Heere, und im indischen Feldzuge spielen οἱ Ἀγριᾶνες οἱ χίλιοι ihre Rolle (Arrian. IV 25, 6). Daß Schleuderer mit im Heere gewesen, sagt Arrian nirgends, und aus II 7, 8 folgt es nicht.

Befehl über die thessalische Ritterschaft hat Kalas, des Harpalos Sohn.

Auch hellenische Reiter, Bundeskontingente, sind mit im Heer; sie werden in der Regel den thessalischen zugeordnet, aber als besonderes Korps; sie stehen unter Befehl des Philippos, Menelaos' Sohn. Geworbene Reiter aus Hellas kommen erst in den späteren Feldzügen vor.

Endlich die leichten Truppen zu Fuß und zu Pferd. Sie kommen teils aus dem oberen Makedonien, teils aus den Ländern der Thraker, Paionen, Agrianer, je nach der Art ihres Landes mit Schutz- und Trutzwaffen gerüstet, durch das in ihrer Heimat übliche Jagen und Wegelagern und die unzähligen kleinen Kriege ihrer Häuptlinge geübt, waren sie zum fliegenden Gefecht, zur Deckung des Marsches, zu alledem, wozu man im beginnenden achtzehnten Jahrhundert die Panduren, Husaren, Ulanen, Tartaren verwenden lernte, geeignet.

Unter dem leichten Fußvolk der Zahl nach am bedeutendsten sind die Thraker, die Sitalkes, wohl aus dem thrakischen Fürstenhause, führt. Daß sie mehrere Taxen bilden, läßt auf ihre Zahl schließen; sie werden als Akontisten, als Speerwerfer bezeichnet; sie scheinen den kleinen Schild geführt zu haben, wie ja die Waffe der Peltasten den Thrakern nachgeahmt worden ist. Dann die Agrianer, auch sie sind Akontisten, sie stehen unter Führung des Attalos, der vielleicht ein Sohn des Fürsten Langaros war. Endlich die Bogenschützen, teils Makedonen, teils Geworbene, wohl meist aus Kreta; fast kein Gefecht, in dem sie und die Agrianer nicht voran sind; in einem Jahre ist dreimal die Stelle des

salische Aufsitz an 6000 Reiter betrug. Xen. Hell. VI 19. Die gleiche Zahl (1500 Mann) gibt Diod. XVII 17 für die makedonische Ritterschaft. Freilich beide Zahlen nur nach der Randbemerkung einer Handschrift, während im Text dafür beide Male 1800 steht.

In der Reiterei den ersten Rang haben die makedonischen und thessalischen Ilen. Sie sind aus dem ritterlichen Adel Makedoniens und Thessaliens; gleich an Waffen, Übung und Ruhm, wetteifern sie unter den Augen des Königs, sich auszuzeichnen, der in der Regel an ihrer Spitze steht. Von welcher Bedeutung diese Waffe für Alexanders Unternehmen war, zeigt jede der großen Schlachten, die er geschlagen hat, und vielleicht mehr noch Kavalkaden wie die letzte Verfolgung des Dareios, die Jagd auf Bessos. Gleich furchtbar im Chok wie im Einzelkampf, waren Alexanders Reiter durch Ordnung und Übung der asiatischen Reiterei, in wie großen Massen sie auch erscheinen mochte, überlegen, ihr Angriff auf das feindliche Fußvolk in der Regel entscheidend. Sie haben Helm, Halsberge, Brustharnisch, Achsel- und Hüftstücke; auch das Roß ist an Stirn und Brust gepanzert; sie führen den Stoßspeer und an der Seite das Schwert[32]. Die makedonischen Hetairen führt Philotas, des Parmenion Sohn, wie es scheint mit dem Namen Hipparch; sie führen den Namen der »Ritterschaft der Hetairen«. Sie bilden acht Ilen oder Geschwader, die bald nach ihren Ilarchen, bald nach makedonischen Landschaften benannt werden. In der Schlacht bei Arbela stehen die einzelnen Geschwader unter Kleitos, Glaukias, Ariston, Sopolis, Herakleides, Demetrios, Meleagros und Hegelochos. Das Geschwader des Sopolis heißt nach Amphipolis am Strymon, das des Herakleides nach der Landschaft Bottiaia usw. Das des Kleitos wird die königliche Ile genannt und bildete das Agema der Ritterschaft. Unter den thessalischen Ilen ist die von Pharsalos die stärkste und tüchtigste[33], den

---

32 Von der Bewaffnung geben die Reste der sog. Alexanderschlacht eine ziemliche Anschauung. Auffallend ist da die Länge des Speeres.
33 Arrian. III 11, 10. Wenn Diodor recht hat, daß 1500 thessalische Reiter mit auszogen, so ist beachtenswert, daß in Jasons von Pherai Zeit der thes-

tege der Bündner war Antigonos, der spätere König, Stratege der Söldner Menandros, einer der Hetairen. Für größere Aktionen scheinen diese Bündner und Söldner mit den makedonischen Hopliten kombiniert worden zu sein in der Art, daß die so und so viel Lochen der makedonischen Taxis, die Pezhetairoi, mit so und so viel Lochen Bündnern und Söldnern die Phalanx des Perdikkas, des Koinos usw. bildeten. Das gesamte schwere Fußvolk in Alexanders Heer mag sich vielleicht auf 18 000 Mann belaufen haben.

Sodann die eigentümlich makedonische Truppe der Hypaspisten. Schon der Athener Iphikrates hatte, um eine Waffe zu haben, die behender zum Angriffe als die Hopliten und schwerer als die Leichtbewaffneten wäre, ein Korps mit linnenen Panzern, mit leichterem Schild und längerem Schwert, als die Hopliten trugen, unter dem Namen von Peltasten errichtet. In Makedonien fand diese neue Waffengattung Eingang vielleicht für die Truppen, die, im Gegensatz gegen das Aufgebot der Miliz, in beständigem Dienst gehalten wurden, wie ihr Name, der Trabanten, Schildtruppen (des Königs) bedeutet, anzudeuten scheint. Der Feldzug von 335 hat uns die Verwendung dieses Korps in mehrfachen Beispielen gezeigt. Oft hinderte das Terrain den vollen Gebrauch der Phalanx, öfter noch waren Überfälle, rasche Züge, Handstreiche aller Art zu wagen, zu denen die Phalangen nicht beweglich, die leichten Truppen nicht fest genug waren; Höhen zu besetzen, Flußübergänge zu forcieren, Kavallerieangriffe zu unterstützen und auszunutzen, waren diese Hypaspisten vor allem geeignet. Das ganze Korps, »die Hypaspisten der Hetairen«, wie sie bezeichnet werden, führte Nikanor, dessen Bruder Philotas die Ritterschaft der Hetairen befehligte, der Sohn des Parmenion. Die erste Taxis führte den Namen des Agema, des königlichen Geleites der Hypaspisten.

Rundschild, der die Breite des Mannes deckt; ihre Hauptwaffe ist die makedonische Sarissa, ein Spieß von 14-16 Fuß Länge, und das kurze griechische Schwert. Für das Nahgefecht in Masse bestimmt, mußten sie so geordnet sein, daß sie einerseits den heftigsten Anlauf des Feindes ruhig erwarten, andererseits die feindlichen Reihen mit einem Vorstoß zu durchbrechen sicher sein konnten; sie standen in der Regel sechzehn Mann tief, indem die Spieße der ersten fünf Glieder über die Front hinausragten, dem gegen sie anstürmenden Feinde eine undurchdringliche, ja unangreifbare Mauer; die folgenden Reihen legten ihre Sarissen auf die Schultern der Vordermänner, so daß der Angriff dieser »Schlachthaufen« durch die furchtbare Doppelgewalt der Schwere und Bewegung durchaus unwiderstehlich war. Nur die vollendete gymnastische Ausbildung der einzelnen machte die Einheit, Präzision und Schnelligkeit, mit welcher die auf engen Raum zusammengedrängte Menschenmasse die künstlichsten Bewegungen ausführen mußte, möglich; sie sind in der Schlacht, wie zwei Jahrtausende später der Tartaren Aga die geschlossenen brandenburgischen Bataillone, Vierecke von Pikenieren und Musketieren, genannt hat, »wandernde Kastelle«. Von diesen makedonischen Hopliten, den »Pezhetairen«, waren in dem Heere, das nach Asien zog, sechs Taxeis oder Phalangen, die unter den Strategen Perdikkas, Koinos, Amyntas Andromenes' Sohn, Meleagros, Philippos Amyntas' Sohn, Krateros standen; die Taxeis scheinen kantonweise gebildet zu sein und rekrutiert zu werden, so war die des Koinos aus Elymiotis, die des Perdikkas aus der Orestis und Lynkestis, die des Philippos, die später Polyperchon führte, aus der Tymphaia.

Die hellenischen Schwerbewaffneten, Söldner sowohl wie Bündner, standen unter besonderem Kommando; Stra-

nach den Waffen und zum Teil nach Landsmannschaften geteilt, nicht nach Art der römischen Legionen und der Divisionen neuester Zeit, die in ihrer Verbindung aller Waffen gleichsam Armeen im kleinen sind. Gegen Feinde wie die Völkermassen Asiens, die, ohne militärische Ordnung und Kunst, zu einem Hauptschlag zusammengerafft, mit einer Niederlage alles verloren geben, mit einem Siege über organisierte Truppen nichts als erneute Gefahr gewinnen, gegen solche Feinde hat die Ordnung nach der Waffe und der Landsmannschaft den Vorzug der einfachsten taktischen Form und der natürlichen inneren Geschlossenheit; in denselben Gegenden, in denen Alexanders Phalanx des Dareios Heer übermannte, erlagen sieben römische Legionen den ungestümen Angriffen der Parther.

Das Heer, das Alexander nach Asien führte, behielt als Grundlage die makedonische Organisation; die Kontingente der Bundesgenossen, die hinzukamen, sowie die außer dem alten Bestande von Geworbenen neu hinzugefügten Mietvölker dienten nur dazu, diese Organisation, der sie eingefügt wurden, nach ihren beiden Elementen der Beweglichkeit und der Stetigkeit möglichst zu vervollständigen.

In der hellenischen Taktik war das schwere Fußvolk die überwiegende Waffe gewesen, bis in den Peltasten eine leichtere Infanterie hinzugefügt worden war, der die Spartaner erlagen. Auch in dem makedonischen Heere bildeten in der Schlachtordnung diese beiden Formen des Fußvolkes, die Phalangen und die Hypaspisten, die der Zahl nach stärkste Macht.

Das Eigentümliche der Phalanx bestand in der Bewaffnung der einzelnen und in ihrer Zusammenordnung. Die Phalangiten sind Hopliten im hellenischen Sinn, wenn auch nicht ganz so schwer wie die hellenischen; sie sind ausgerüstet mit Helm, Brustharnisch, Beinschienen und einem

dem Kampf wider die Persermacht auch für den ersten einleitenden Feldzug wesentlich den Charakter eines Landkrieges zu geben, so liegt es auf der Hand, daß es politische, nicht militärische Gründe waren, die sie dazu bestimmten.

Alexander mußte sich mit seiner Landmacht des Erfolges völlig sicher halten, oder richtiger – denn hier schließt sich unsere dritte Frage an –, er mußte die Stärke der nach Asien bestimmten Feldarmee, ihre Ausrüstung, ihre Organisation, das Verhältnis der Waffen in ihr so berechnet haben, daß er sich des Erfolges völlig sicher halten durfte.

Die makedonische Kriegsmacht hatte schon König Philipp auf etwa 30 000 Mann Fußvolk und gegen 4000 Reiter gebracht; sie hatte unter ihm ihre eigentümliche Ausbildung erhalten; es war die entwickelte hellenische Militärorganisation, auf die Verhältnisse Makedoniens übertragen und ihnen entsprechend weitergebildet; sie war natürlich darauf gestellt, die verschiedenen Waffen, Infanterie und Kavallerie, leichte und schwere Truppen, Landesaufgebot und Soldtruppen in ungleich freierer und wirksamerer Durchbildung, als in der hellenischen Kriegskunst bisher erreicht war, verwenden zu können.

Bei seinem Aufbruch nach Asien ließ Alexander, freilich nach einer Angabe, die sich als sehr unzuverlässig erweist, 12 000 Mann Fußvolk und 1500 Reiter unter Antipatros' Befehl in Makedonien zurück, und ihre Stelle ersetzten 1500 thessalische Reiter, 600 Reiter und 7000 Mann Fußvolk hellenischer Bundestruppen, 5000 hellenische Söldner, außerdem Thraker zu Fuß, odrysische und paionische Reiter. Die Gesamtstärke des Heeres, das nach dem Hellespont marschierte, wird nach der sichersten Überlieferung auf »nicht viel über 30 000 Mann zu Fuß und mehr als 5000 Reiter« angegeben.

Die Gesamtmasse des Fußvolkes und der Reiterei war

Sicherung lagen in Akrokorinth, in Chalkis, auf Euboia, in der Kadmeia makedonische Besatzungen; und als ihr Rückhalt, keineswegs bloß um die Barbarenstämme jenseits des Haimos und in Illyrien in Respekt zu halten, ließ Alexander bei seinem Ausmarsch eine bedeutende Kriegsmacht, vielleicht die volle Hälfte der eigentlich makedonischen Truppen, in Makedonien zurück, die sich zugleich mit dem jährlichen Nachwuchs an Rekruten verstärkte und als Depot der für die Armee in Asien auszubildenden Ersatztruppen diente.

Noch blieb ein sehr wesentlicher Übelstand. Die makedonische Seemacht war bei weitem nicht der persischen gewachsen. Der Großkönig konnte, wie sich demnächst zeigte, ohne weiteres 400 Kriegsschiffe in See schicken, seine Flotte war die der Phoiniker und Kyprier, der besten Seeleute der Alten Welt; mit den Inseln der Westküste Kleinasiens, die, obschon nach dem Antialkidischen Frieden autonom, unter Tyrannen oder Oligarchen ganz zur Verfügung des Großkönigs standen, war er, wenn er wollte, Herr des Aigaiischen Meeres. Hätten die Staaten des Korinthischen Bundes ihre Kriegsschiffe mit denen Makedoniens vereint – und Athen allein hatte deren über 350 in seinen Schiffshäusern –, so wäre es leicht gewesen, sich dieses Meeres zu versichern, bevor die persische Seemacht herankam. Die makedonische Politik hat es weder bei der Gründung des Bundes noch bei dessen Erneuerung für möglich oder für rätlich erachtet, bedeutende maritime Leistungen von den hellenischen Staaten zu fordern[31]. Wenn sie es vorzog,

---

31 Nach Arrian. I 11, 6 und I 18,4 ist Alexanders Flotte beim Übergang nach Asien 160 Schiffe stark. Wie viele darunter makedonisch waren, ist nicht ersichtlich; man darf glauben, daß Byzanz wie 335 in die Donau, so 334 in den Hellespont Schiffe stellte; ähnlich wohl auch andere Griechenstädte der thrakischen Küste. Nach Diod. XVII 22 waren 20 attische Schiffe in dieser Flotte.

Verfügung hatte. In dem Seebund der perikleischen Zeit hatte Athen über seine Bundesgenossen eine wirkliche Herrschaft gehabt und streng genug gehandhabt, selbst ihre Prozesse vor die attischen Gerichtshöfe gezogen; im zweiten attischen Seebund hatten der attische Staat und die Gesamtheit der autonomen Bundesgenossen nebeneinander gestanden, in der Art, daß das Synhedrion der Verbündeten, ständig in Athen versammelt, mit Rat und Volk von Athen über die zu treffenden Maßregeln verhandelte und auf die Anträge des Synhedrion der Demos von Athen die entscheidenden Beschlüsse faßte. Wenn König Philipp bei Gründung des Korinthischen Bundes sich mit einer ungleich loseren Form begnügte, wenn Alexander trotz des zweimal gegebenen Anlasses deren nicht festere forderte oder erzwang, so muß es ihnen entweder nicht nötig oder unmöglich erschienen sein, diese Föderation nach heutiger Ausdrucksweise über die bloß völkerrechtliche zu einer staatsrechtlichen Vereinigung zu entwickeln.

Man wird dies beachten müssen, um die Konsequenzen, die sich daraus ergaben, richtig zu würdigen. Die Art, wie der Bund gegründet, wie er dann gebrochen und von neuem beschworen worden war, zeigte hinlänglich, daß die geschworenen Eide allein nicht ausreichten, Alexander der Hilfe der Bundesstaaten gegen den Großkönig und ihres Beharrens bei der gemeinsamen Politik zu versichern. Wenigstens ein Surrogat dafür gab das Parteiwesen in fast jeder hellenischen Stadt und der althergebrachte echt partikularistische Nachbarhader der Städte untereinander; und es konnte die makedonische Politik kein Vorwurf treffen, wenn sie ihren Anhängern Vorschub leistete, um nicht das Heft in die Hände derer kommen zu lassen, die nach Lage der Dinge die persische Partei waren, wenn sie fortfuhren, wider den geschlossenen Bund zu arbeiten. Zur weiteren

an Alexander; in eigener Verfassung standen sie in ihren vier Landschaften zu einem Gemeinwesen vereint neben Makedonien, jener Verfassung, die ihnen König Philipp gegeben oder erneut hatte und kraft deren die militärischen und finanziellen Mittel des Landes dem makedonischen König so gut wie zur freien Verfügung standen. Ob in dieser Verfassung auch die Bergstämme Thessaliens, die von alters her »zugewandten Kantone«, die Doloper, Ainianen, Malier usw., begriffen waren oder ob nur die amphiktyonische Verbindung sie an Makedonien knüpfte, ist nicht mehr zu erkennen.

Auch die Aitoler scheinen nicht in dem Korinthischen Bunde gestanden, sondern ihre früheren Sonderverträge mit Makedonien, durch die sie 338 Herren von Naupaktos geworden waren, erneut zu haben.

Der Korinthische Bund umfaßte »Hellas bis zu den Thermopylen«; nur Sparta war nicht beigetreten. Aus den früher angeführten Artikeln der Bundesverfassung erhellt, daß sie nicht bloß der führenden Macht dienen sollte, sich der Hegemonie über Hellas und der hellenischen Kontingente zum Perserkrieg zu versichern, sondern zugleich den Landfrieden innerhalb des Bundesgebietes und den Besitzstand auf Grund der 338 getroffenen Feststellungen zu erhalten und jeden ferneren Einfluß der persischen Politik auf die einzelnen verbündeten Staaten auszuschließen. Über die Organisation des Bundes fehlen weitere Nachrichten in dem Maße, daß nicht einmal zu erkennen ist, ob das Synhedrion in Korinth dauernd vereinigt war oder nur zu gewissen Zeiten zusammentrat, ob Makedonien in demselben Sitz und Stimme hatte, ob nicht vielmehr Makedonien außer dem Bunde stand und der König nur als »unumschränkter Feldherr« für den Perserkrieg über die vertragsmäßigen Kontingente und die auswärtige Politik der Bundesstaaten die

entrissen und an dessen Neffen Alexandros, den Bruder der Olympias, übergeben und bis an den Ambrakischen Busen erweitert hatte, stand es wie eine natürliche Stütze an der Seite Makedoniens; die Vermählung des jungen Königs mit Philipps Tochter, vielleicht eine Art Mitbesitz der Königin Olympias, schien es noch enger an das makedonische Interesse knüpfen zu müssen. Wie seltsam, daß trotzdem die Epeiroten weder in den Kämpfen von 335 für Makedonien eintreten noch an dem großen Zuge nach Asien sich beteiligen; vielmehr unternimmt der Epeirotenkönig ein Jahr darauf »mit 15 Kriegsschiffen und zahlreichen Fahrzeugen zum Transport von Schiffen und Pferden« seinen Zug nach Italien, man kann nicht einmal sagen, ob im Einverständnis mit Makedonien. Wäre ein solches zu erweisen, so gewönne man für die Auffassung der politischen Gedanken dieser Zeit ein wichtiges Moment mehr. Aber vielleicht darf man sich erinnern, daß die Verfassung der Molosser bei weitem nicht in dem Maße königlich war wie die makedonische, sondern durch die Eide, die der König dem Volk, das Volk dem Könige leistete, in hohem Maße gebunden, wohl so, daß der König nur über das, was sein Königsgut ihm brachte, freie Verfügung hatte; und so mag der Molosserkönig seinen Zug nach Italien nicht im Namen des epeirotischen Staates unternommen, sondern auf eigene Kosten und Gefahr ein geworbenes Heer nach Italien geführt haben, um, ähnlich wie mehr als ein spartanischer König, in fremdem Dienst zu kämpfen.

In welcher Weise die griechischen Staaten sich zu Makedonien verhielten, ist schon früher angeführt worden. Es wird hier nötig sein, auf die Frage zurückzukommen, um einige Punkte von politischer Bedeutung zu berühren, die freilich nicht mehr alle ins klare zu bringen sind.

Nicht erst der Korinthische Bund knüpfte die Thessaler

ten der thrakischen Südküste Alexandermünzen geprägt sind, wie von den makedonischen Pella, Amphipolis, Skione usw.; also sie stehen wie diese unter dem makedonischen Münzgesetz, sie sind wie diese, immerhin mit kommunaler Autonomie, nicht mehr »Selbst-Staaten«[30]. Von diesen, wenn man will, königlichen Städten in Thrakien liegen Abdera, Maroneia auf der Straße zum Hellespont, Kardia auf dem Eingang zur Chersones, Krithote am Nordeingang des Hellespont, gegenüber von Lampsakos, Sestos und Koile an der Stelle des Überganges nach Abydos, Perinthos und Selymbria an der Propontis.

Im Norden Makedoniens ist das Fürstentum der Paionen und weiter das der Agrianer unter der Hoheit Makedoniens mit dem Recht oder der Pflicht des Waffendienstes in dem Heere des Königs; wenigstens von den paionischen Fürsten gibt es auch aus der Zeit Alexanders Münzen, aber weder nach dem makedonischen Münzfuß noch mit dem Gepräge Alexanders.

Die Völkerschaften im Norden von ihnen bis zum Adriatischen Meere, die Triballer, Autariaten, Dardaner, die Taulantiner, die Illyrier des Kleitos sind mit dem Feldzug von 335 zur Ruhe und zu Verträgen gezwungen, in denen sie ihre Abhängigkeit von Makedonien haben anerkennen müssen; ob bis zur Tributpflichtigkeit, muß dahingestellt bleiben.

Sehr eigentümlich ist das Verhältnis des Königtums von Epeiros zu Makedonien. Seit König Philipp es dem Arybbas

---

30 Nach dem Ausdruck des Vertrages zwischen Sparta und Argos bei Thucyd. V. 79: ταὶ δὲ ἄλλαι πόλιες ταὶ ἐν Πελοποννάσῳ... αὐτόνομοι καί αὐτοπόλιες τῶν αὐτῶν ἔχοντες usw. Von Philippoi ist es sicher, da dort neben Goldmünzen des Königs auch solche der Stadt (A. Kopf des Herakles mit der Löwenhaut, B. der Dreifuß mit ΦΙΛΙΠΠΩΝ) geprägt sind. Ob es aus dieser Zeit auch autonome Münzen von Amphipolis gibt, scheint noch nicht erforscht zu sein.

zur Heeresfolge abhängig. Thrakien war, wenn es gestattet ist, den römischen Begriff zu antizipieren, eine Provinz des makedonischen Staates geworden. Sie zu behaupten, waren an dominierenden Punkten des Landes die neuen Städte Philippopolis, Kalybe, Beroa, Alexandropolis gegründet und kolonisiert worden, nicht freie Kolonien in althellenischer Art, sondern militärische Stationen, immerhin mit bürgerlichem Gemeinwesen und kommunaler Autonomie, in die zur Füllung aus der Nähe und Ferne zum Teil zwangsweise Ansiedler gesetzt wurden. Das Land Thrakien stand – wenigstens seit 335 wissen wir davon – unter makedonischen Strategen. Es muß dahingestellt bleiben, wie weit der Amtsbereich des Strategen über die Haimospässe hinaus sich erstreckte, und ob ein zweiter Stratege, wie eine unsichere Nachricht aus dem Jahre 331 oder 326 vermuten läßt, diese Gegenden »am Pontos« verwaltete oder ob die Völkerschaften vom Haimos bis zur Donau und ihren Mündungen nach dem Feldzug von 335 nur zu friedlicher Nachbarschaft und vielleicht Tribut verpflichtet waren. Die Griechenstädte an der thrakischen Küste des Pontos, von Apollonia und Mesembria bis Kallatis und Istros hinauf, waren wohl schon dem Philipp befreundet; aber sie scheinen auch nach dem Feldzug von 335 nicht in ein engeres Verhältnis zu Makedonien getreten zu sein. Von Byzanz wurden zu jenem Feldzug Schiffe an die Donau gesandt, gewiß auf Grund eines nur symmachischen Verhältnisses; denn Byzanz hat in der Zeit Alexanders und der Diadochen keine Alexandermünzen geprägt, war also ein selbständiger Staat geblieben wie die griechischen Städte des Korinthischen Bundes; ob Byzanz in diesen getreten war, ob es nicht vielmehr Verträge für sich mit Makedonien geschlossen hatte, muß dahingestellt bleiben.

Sehr bemerkenswert ist, daß von fast allen Griechenstäd-

konnte er den entscheidenden ersten Stoß wagen und dessen Wirkung zu entwickeln hoffen.

Der Machtbereich Alexanders erstreckte sich von Byzanz bis zum Eurotas und landeinwärts über den Haimos und Pindos bis gegen die Donau und die Adria; ein Gebiet, das von den vier Seiten des Aigaiischen Meeres die nördliche und westliche wie im rechten Winkel umschloß, während dessen Ostseite die zum Perserreich gehörenden, aber von Griechenstädten besetzten Gestade Kleinasiens bildeten; Kreta, das der offenen Südseite dieses Meeres vorliegt, war griechisch, aber eine Welt für sich wie Großgriechenland und Sizilien, wie die Griechenstädte im Norden und Süden des Pontos.

Vollkommen sicher war Alexander des Gebietes, das auf dem Scheitel jenes rechten Winkels lag und gleichsam den Keil- und Schlußstein seines Machtbereiches bildete. Hier in den makedonischen Landen, mit Einschluß der Tymphaia und Parauaia im Westen, des Strymonlandes im Osten, war er der geborene König, dem der Adel, der Bauer, die Städte – auch die griechischer Gründung wie Amphipolis – unbedingt ergeben waren.

An dieses Kernland seiner Macht schlossen sich die übrigen Gebiete rechts und links und rückwärts in den mannigfachsten politischen Formen von völliger Abhängigkeit bis zur losen Föderation.

Von besonderer Wichtigkeit war das thrakische Land, derjenige Teil des Machtbereiches, der vom Eingang des Hellespontes bis zum Ausgang des Bosporus der Küste Kleinasiens nahe liegt und sie flankiert. Das Thrakerreich, das einst das Becken des Hebros bis in die Berge hinauf beherrscht hatte, war von König Philipp zerstört worden, und wenn noch, wie es scheint, ein Rest desselben als Fürstentum der Odrysen bestand, so war es von Makedonien bis

seine Ratgeber die wirtschaftliche Wirkung der Maßregel berechnet, ob sie die weitere Entwertung des Goldes, wenn die persischen Schätze in Umlauf gesetzt wurden, vorausgesehen haben, muß dahingestellt bleiben. Genug, wenn uns eine tiefeingreifende Maßregel darauf aufmerksam macht, bis zu welchem Punkt hin der große Plan, ehe man zur Ausführung schritt, vorbedacht worden ist.

Eine zweite Vorfrage ist, wie das Unternehmen, zu dem Alexander auszog, basiert war, oder ob es sein Wille war, sobald er den Hellespont hinter sich hatte, seine Basis aufzugeben und, wie man wohl den Ausdruck gebraucht hat, die Schiffe hinter sich zu verbrennen.

Dem weiteren Verlauf der Darstellung muß es vorbehalten bleiben, zu rechtfertigen, warum auf die so gestellte Alternative hier nicht eingegangen werden kann. Wenigstens vorerst lag für Alexander alles daran, seiner Basis sicher zu sein, und nur soweit er es militärisch und politisch war,

---

Gold zu dem Preise von 22 Drachmen 5 $^1/_2$ Ob. Silber für den Stater gekauft, also auf den Kurs von 1 : 11,47; d.h. auf 100 Stateren gewann er beinahe 210 Drachmen. Wenn Alexander jene 800 Talente Anleihe sich in Silber einzahlen ließ, ehe er seine neue Münzordnung einführte, so hatte er nach derselben, wenn ich richtig gerechnet habe, an 800 Talent 16 800 Stateren gewonnen, und wenn er die üblichen Zinsen von 12 % in Gold zu zahlen kontrahiert hatte, so ersparte er an dem jährlichen Zins 2100 Stateren. Die Art, wie Arrian (VII 23, 3) in der neuen Formation der Truppen die drei Makedonen in der Rotte (δεκαδάρχης, διμοιρίτης und δεκαστάτηρος) bezeichnet, läßt schließen, daß der Sold nach Stateren, also nach Gold, berechnet wurde, und daß es schon seit lange üblich war, den Sold in Dareiken, Kyzikenern usw. festzustellen, ist bekannt. Wenn Alexander jetzt 30 000 Mann je zu einem Dareiken Monatssold hatte, so gewann er mit dem niedrigen Kurswert des Goldes im Jahr etwas über 30 000 Stateren. In ähnlicher Weise kann man sich die Lieferungskontrakte usw. abgeschlossen denken. Jedenfalls sieht man, daß es möglich ist, bei der neuen Münzordnung an eine Finanzmaßregel zu denken.

Man wird nicht annehmen wollen, daß diese Neuordnung ohne wesentliche Motive eingeführt wurde. Hatte Philipp die Doppelwährung eingeführt, so war seine Absicht gewesen, bei dem Sinken des Goldpreises im Handel mit der griechischen Welt, wo die Silberwährung galt, den Preis beider edlen Metalle zu fixieren und sie damit im Gleichgewicht zu erhalten. Sank der Wert des Goldes weiter, so mußte auch aus Makedonien das Silber abfließen, wie bisher schon aus Persien, in dem Maße, als der Wert des Silbers höher war als der des Goldes, für das man es kaufen konnte. Mit der neuen Münzordnung, die Alexander einführte, war dem persischen Golde sozusagen der Krieg erklärt; das Gold war zur bloßen Ware gemacht, zu einer Ware, die, wenn die Schätze des Perserkönigs erobert und das dort in Masse totliegende Gold dem Verkehr zurückgegeben wurde, sich immerhin weiter entwerten konnte, ohne daß die auf Silber gestellten Preise in der griechischen Welt dadurch in gleichem Maße erschüttert wurden. Das Silber nach attischem Fuß wurde fortan zum Wertmaß, die Tetradrachme zum Nominal einer Münzeinheit, in der sich ungefähr alle hellenischen Münzsysteme wie ebenso viele Brüche in ihrem Generalnenner zusammenfinden konnten. Und nach einem halben Menschenalter war die »Alexanderdrachme« die Weltmünze.

Ob mit dieser Umgestaltung des makedonischen Münzsystems zugleich eine finanzielle Hilfe für die augenblicklichen Geldgeschäfte gesucht wurde[29], ob Alexander und

---

drei Halbdrachmen des Berliner Kabinetts, die Herr von Sallet für mich zu wägen die Güte gehabt hat, gab die eine 2,09, die beiden anderen nur 1,93 und 1,38, ein halber Obolos dagegen wieder 0,32.

[29] Beispielshalber mag angeführt werden, daß Lykurg in seinem Rechenschaftsbericht [IG II² 1496, Z. 196 ff.] angibt, er habe mehr als ein Talent

siens[26]. Sie bestand darin, daß er, während in der hellenischen Welt die Silberwährung, wie im Perserreich die Goldwährung, herrschte, Gold auf den Fuß der Dareiken prägte, daneben Silber auf denjenigen Fuß, der dem Handelswert des Goldes am nächsten entsprach. Also er setzte die Goldwährung »nicht an die Stelle, sondern an die Seite der bisher in der griechischen Welt allein üblichen Silberwährung, er führte damit in seinem Reiche Doppelwährung ein«[27]. Nach dem Verhältnis des Goldes zu Silber, das im Handel 1 : 12,51 stand, normierte er seine Silberstücke, deren 15 auf ein Goldstück von 8,60 g gehen sollten, auf 7,24 g; es war im wesentlichen der Fuß des verbreiteten rhodischen Silbergeldes.

Die Goldmünzen Alexanders sind von demselben Gewicht und Feingehalt wie die »Philippeer«, aber seine Silbermünzen folgen einem völlig andern System; es sind Tetradrachmen von 17,00-17,20 g und deren Stückelung, ganz nach dem attischen System, mit der Wertung des Goldes gegen Silber wie 1 : 12,30. Nicht bloß geschah diese Verminderung in der Absicht, von der Doppelwährung des Vaters zur reinen Silberwährung der Hellenen zurückzukehren, wie denn im weiteren die »Alexanderdrachme« zur allgemeinen, im ganzen Reich gültigen Zahlungseinheit erhoben worden ist, sondern – und dies ist das für unsere Frage Bedeutsame –: es gibt in der großen Masse Drachmengeldes von Alexander auch nicht ein Stück nach dem philippischen Fuß[28].

---

26 Mommsen, Histoire de la monnaie Romaine. Traduit de l'allemand par le Duo de Luynes I, p. 69: »C'etait comme un acheminement éloigné à la conquête de Perse, qu'il projetait déjà.« Im persischen Reich war Gold gegen Silber normiert zu 1 : 13,33, während Gold im Handel mehr und mehr sank.
27 So der Ausdruck von Brandis, Das Münz-, Maß- und Gewichtssystem in Vorderasien, S. 250.
28 Wenigstens keine Tetradrachmen, Didrachmen und Drachmen. Von

Traum, ein Phantom, ein Spiel der erregten Phantasie; erst dem, der ihn ausführt, gewinnt er Gestalt, Fleisch und Bein, den Impuls eigener Bewegung, das Hier und Jetzt seines Wirkens und mit den Bedingnissen und Gegenwirkungen in Raum und Zeit immer neue Schranken, immer schärfere Ausprägungen, mit denen seiner Kraft zugleich die seiner Schwächen.

Ist Alexander wie ein Abenteurer, wie ein Träumer hinausgezogen mit dem summarischen Gedanken, Asien bis zu den ungekannten Meeren, die es umgrenzen, zu erobern? Oder hat er gewußt, was er wollte und was er wollen konnte? Hat er danach seine militärischen und politischen Pläne entworfen, seine Maßregeln getroffen?

Es handelt sich nicht darum, aus der Reihenfolge seiner Erfolge rückwärts schließend, deren planmäßigen Zusammenhang aufzuweisen und die Evidenz als Beweis zu geben; es fragt sich, ob es Beweise gibt, daß vor dem begonnenen Werk schon vor seinem Geiste stand, wie es werden sollte.

Vielleicht, daß eine Tatsache dafür anzuführen ist, von der freilich unsere Quellen nicht sprechen. Außer wenigen Inschriften und Kunstwerken haben wir unmittelbare Überreste aus jener Zeit nur in den Münzen, deren Tausende goldene, silberne, kupferne mit dem Gepräge Alexanders erhalten sind, stumme Zeugen, welche die Forschung endlich zu sprechen gelehrt hat. Verglichen mit den Gold- und Silbermünzen der Perserkönige, der zahllosen Griechenstädte, der makedonischen Könige vor Alexander ergeben sie einen Vorgang sehr bemerkenswerter Art.

Im früheren ist erwähnt worden, daß König Philipp in seinen Landen eine neue Münzordnung eingeführt habe; sie war, nach dem Ausdruck eines berühmten Forschers, gleichsam eine entfernte Anbahnung zur Eroberung Per-

Der Charakter der uns erhaltenen Überlieferungen gestattet nicht, aus ihnen auf die Fragen, die sich hier aufdrängen, Antwort zu erwarten. Selbst der verständige Arrian gibt nur den äußeren, fast nur den militärischen Sachverlauf mit gelegentlicher moralischer Würdigung seines Helden, kaum daß er von denen, die militärisch in Rat und Tat seine Helfer waren, mehr als die Namen anführt; von der Verwaltung, den Finanzen, den politischen Organisationen, von der Kanzlei, dem Kabinett des Königs, von den Personen, die in diesen Funktionen des Königs Werkzeuge waren, sagt er nichts; er unterläßt es, sich und dem Leser klar zu machen, wie die Taten und Erfolge, von denen er berichtet, möglich waren und wirklich wurden, mit welchen Mitteln, inwieweit vorausgeplant, von welchen Zielen und nach welchen praktischen Gesichtspunkten bestimmt, durch welche Macht des Willens, der überlegenen Einsicht, der militärischen und politischen Genialität.

Aus der Fülle von Fragen, die damit angedeutet sind, genügt es, vorerst diejenigen hervorzuheben, die hier an der Schwelle des staunenswürdigsten Siegeslaufes die wesentlichen sind.

Es hat nicht an solchen gefehlt, die dem Charakter Alexanders und seiner Genialität damit gerecht zu werden glaubten, daß sie ihn wie einen Phantasten darstellten, der mit seinen nicht minder enthusiastischen Kriegsvölkern nach Asien gezogen sei, die Perser zu schlagen, wie und wo er sie fände, vom Zufall erwartend, wie ihn der nächste Tag weiterführen werde. Andere haben gemeint, daß er den Gedanken, mit dem sich sein Vater getragen, den Philosophen, Redner, Patrioten immer von neuem empfohlen, der recht eigentlich von der hellenischen Bildung gezeugt und entwickelt worden sei, nur eben ausgeführt habe.

Der Gedanke, bevor er zur Tat geworden, ist nur ein

ERSTES KAPITEL

*Die Vorbereitungen zum Kriege · Das Münzwesen
Die Bundesverhältnisse des Königtums · Die Armee · Übergang
nach Asien · Schlacht am Granikos · Okkupation der
Westküste Kleinasiens · Eroberung von Halikarnaß · Zug
durch Lykien, Pamphylien, Pisidien · Organisation der
neuen Gebiete*

Alexanders Unternehmen erscheint auf den ersten Blick in nicht geringem Mißverhältnis zu den Hilfsmitteln, die ihm zur Verfügung standen. Und nur die kleinere Hälfte seines Werkes war, den Feind aus dem Felde zu schlagen; er mußte daran denken, wie die Erfolge der Waffen dauernd gemacht werden sollten.

Denn der räumlichen Ausdehnung nach kam das Ländergebiet, über dessen Kräfte er verfügen konnte, kaum dem dreißigsten Teil des Perserreiches gleich; nicht minder ungleich stellte sich das Zahlenverhältnis der Bevölkerungsmassen hier und dort, seiner und der persischen Streitkräfte zu Wasser und zu Lande dar. Fügt man hinzu, daß der makedonische Schatz beim Tode Philipps erschöpft und mit 500 Talenten Schulden belastet war, während in den Schatzkammern des Großkönigs zu Susa, Persepolis, Ekbatana usw. ungeheure Vorräte edlen Metalls aufgehäuft lagen, daß Alexander nach Beendigung seiner Rüstungen, zu denen er 800 Talente hatte aufnehmen müssen, nicht mehr als 60 Talente zur Verfügung hatte, den Krieg gegen Asien zu beginnen, so erscheint sein Unternehmen tollkühn und fast chimärisch.

ZWEITES BUCH

niker und Kyprioten herankam, das schon aufgebotene Reichsheer des Großkönigs sich sammelte und über den Tauros kam? Er durfte nicht länger zögern, wenn er Kleinasien und damit die Basis zum weiteren Kampf gewinnen wollte.

Es wird berichtet, daß er so verfahren, als wenn er für immer von Makedonien Abschied nehmen wolle. Was daheim ihm gehörte, Landgüter, Waldungen und Dörfer, selbst Hafenzölle und andere Einkünfte, habe er an die Freunde verschenkt, und auf Perdikkas' Frage, als fast alles verteilt gewesen sei, was denn ihm bleibe, habe er geantwortet: »Die Hoffnung«; da habe denn Perdikkas seinen Anteil verschmäht: »Laß uns, die wir mit dir kämpfen werden, die Hoffnung mit dir teilen«; und manche Freunde seien dem Beispiel des Perdikkas gefolgt. Die Erzählung wird übertrieben sein, aber der Stimmung vor dem Auszug entspricht sie; der König verstand es, sie hoch und höher zu spannen; der Enthusiasmus, der ihn erfüllte, entflammte seine Generale, den ritterlichen Adel, der ihn umgab, das gesamte Heer, das ihm folgte; den Heldenjüngling an ihrer Spitze, forderten sie siegesgewiß eine Welt zum Kampfe heraus.

gris hatte. Gewiß kannte man die Anabasis des Xenophon, vielleicht die persische Geschichte des Ktesias; manches mochte man von Hellenen, die in Asien in Sold gewesen, von persischen Gesandtschaften, von Artabazos und Memnon, die jahrelang als Flüchtlinge am makedonischen Hofe gelebt hatten, erkundet haben. Aber wie sorgfältig man Nachrichten gesammelt haben mochte, es konnte kaum mehr sein als ein unsicheres Material zu Entwürfen für den Krieg bis zum Euphrat und allenfalls bis zum Tigris; von der Gestaltung der Länder weiter nach Osten, von den Entfernungen dort hatte man unzweifelhaft keine Vorstellung.

Dann wurden die Angelegenheiten der Heimat geordnet, Antipatros zum Reichsverweser bestellt mit genügender Heeresmacht, um die Ruhe in Hellas zu sichern, die Grenzen Makedoniens zu decken, die zugewandten Völker umher in Gehorsam zu halten; es wurden die Fürsten der verbündeten Barbarenstämme zur persönlichen Teilnahme am Kampfe aufgefordert, damit das Reich vor Neuerungen desto sicherer, die Stammesgenossen unter ihrer Führung desto tapferer wären[25]. Noch eine Sorge wurde im Kriegsrat besonders von Antipatros und Parmenion angeregt: wessen im Fall eines unvorhergesehenen Unglücks die Thronfolge im Reiche sein solle. Sie beschworen den König, sich vor dem Feldzug zu vermählen und die Geburt eines Thronerben zu erwarten. Er verwarf ihre Anträge: es sei seiner, der Makedonen und Hellenen unwürdig, an Hochzeit und Ehebett zu denken, wenn Asien zum Kampfe bereitstehe. Sollte er warten, bis die schon aufgebotene Flotte der Phoi-

25 Als solche Fürsten oder Fürstensöhne wird man Sitalkes, der die Thraker, Ariston, der die paionischen Reiter (Plut. Alex. 39), Attalos, der die Agrianer, vielleicht auch Agathon, des Tyrimmas Sohn, der die odrysischen Reiter führte, ansehen dürfen.

teils aus Eifer für den Zug nach Asien, währenddessen er keine verdächtige Unzufriedenheit in Griechenland zurücklassen wollte; nur die Verbannung des Charidemos, jenes wüsten Abenteurers, den selbst Demosthenes ehedem verabscheut hatte, wurde vom König verlangt; Charidemos floh nach Asien zum Perserkönig. Nicht lange darauf verließ auch Ephialtes Athen und ging zur See fort.

Nachdem auf diese Weise Hellas beruhigt, durch die Vernichtung Thebens und die makedonische Besatzung in der Kadmeia auch für die Zukunft neuen Bewegungen hinlänglich vorgebeugt schien, brach Alexander aus dem Lager vor Theben auf und eilte im Herbst 335 nach Makedonien zurück. Ein Jahr hatte hingereicht, sein vielgefährdetes Königtum fest zu gründen; des Gehorsams der barbarischen Nachbarvölker, der Ruhe in Hellas, der Anhänglichkeit seines Volkes gewiß, konnte er den nächsten Frühling zum Beginn des Unternehmens bestimmen, das für das Schicksal Asiens, für die Geschichte von Jahrhunderten entscheidend werden sollte.

Die nächsten Monate waren den Rüstungen zum großen Kriege gewidmet; von Griechenland, von Thessalien, von den Gebirgen Thrakiens kamen die Scharen der Verbündeten; Söldner wurden geworben, Schiffe zur Überfahrt nach Asien gerüstet. Der König hielt Beratungen, die Operationen des Feldzuges nach den Erkundigungen, die über die Kriegsmacht und Organisation des persischen Reiches, über die Beschaffenheit der östlichen Länder, über die militärische Wichtigkeit der Stromtäler, der Bergzüge, der Städte und Landschaften eingezogen waren, zu entwerfen. Wie gern erführen wir Genaueres darüber, namentlich, ob man am Hofe zu Pella eine Vorstellung von den geographischen Verhältnissen des Reiches, das man anzugreifen gedachte, von dessen Ausdehnung jenseits des Tauros, jenseits des Ti-

ners der makedonischen Macht, die seiner Art lukrativer Kriegführung ein Ende machte, des Ephialtes, der jüngst als Gesandter nach Susa gesandt worden war, anderer; denn diese seien nicht bloß die Ursache der Niederlage, die Athen bei Chaironeia erlitten, sondern auch aller der Unbilden, die man nach Philipps Tod sich gegen dessen Andenken und den rechtmäßigen Erben des makedonischen Königtums erlaubt habe; den Fall Thebens hätten sie nicht minder verschuldet als die Unruhestifter in Theben selbst; die von diesen jetzt in Athen Zuflucht gefunden, müßten gleichfalls ausgeliefert werden. Die Forderung Alexanders veranlaßte die heftigsten Erörterungen in der Volksversammlung zu Athen; Demosthenes beschwor das Volk, »nicht wie die Schafe in der Fabel ihre Wächterhunde dem Wolfe auszuliefern«. Das Volk wartete in seiner Ratlosigkeit auf des strengen Phokion Meinung; sein Rat war, um jeden Preis des Königs Verzeihung zu erkaufen und nicht durch unbesonnenen Widerstand zum Unglück Thebens auch noch Athens Untergang hinzuzufügen; jene zehn Männer, deren Auslieferung Alexander fordere, sollten jetzt zeigen, daß sie aus Liebe zum Vaterlande sich auch dem größten Opfer zu unterziehen bereit seien. Demosthenes aber bewog durch seine Rede das Volk, durch fünf Talente den makedonisch gesinnten Redner Demades, daß dieser an den König gesandt wurde und ihn bat, diejenigen, welche strafbar seien, dem Gerichte des athenischen Volkes zu überlassen. Der König tat es, teils aus Achtung vor Athen[24],

---

24 Nach Plut. Alex. 13; Phoc. 17 soll Alexander Athen so großmütig behandelt haben, weil die Stadt, so sei sein Ausdruck gewesen, ihr Augenmerk auf Griechenland richten müsse, da ihr, wenn er falle, die Hegemonie über Hellas zukomme. So knabenhaft war die Politik Alexanders nicht; aber die Athener mögen so abgeschmackte Erfindungen gern gehört und geglaubt haben.

herzigen Frau verziehen, ihr und ihren Verwandten die Freiheit geschenkt habe.

Der Fall und Untergang Thebens war wohl dazu angetan, die Hellenen und ihre kurzatmige Begeisterung zu ernüchtern. Die Eleier eilten, die Anhänger Alexanders, die sie verbannt hatten, wieder heimzuführen; die Arkader riefen ihre Kriegsscharen vom Isthmos zurück und verdammten die zum Tode, die zu diesem Hilfszug gegen Alexander aufgemuntert hatten; die einzelnen Stämme der Aitoler schickten Gesandte an den König und baten um Verzeihung für das, was bei ihnen geschehen sei. Ähnlich anderer Orten.

Die Athener hatten die Flüchtlinge Thebens trotz des Bundeseides heimkehren lassen, hatten auf Demosthenes' Antrag beschlossen, Beistand nach Theben zu schicken, die Flotte auszusenden; aber das Zögern Alexanders hatten sie nicht benutzt, ihre Truppen – in zwei Märschen hätten sie dort sein können – ausrücken zu lassen. Sie feierten gerade die großen Mysterien (im Anfang September), als Flüchtende die Nachricht von dem Falle der Stadt brachten; in höchster Bestürzung wurde die Feier unterbrochen, alles bewegliche Gut vom Lande in die Stadt geflüchtet, dann eine Versammlung gehalten, die auf Demades' Vorschlag beschloß, eine Gesandtschaft von zehn Männern, die dem König genehm seien, zu senden, um wegen seiner glücklichen Rückkehr aus dem Triballerlande und dem illyrischen Kriege sowie wegen der Unterdrückung und gerechten Bestrafung des Aufruhrs in Theben Glück zu wünschen, zugleich aber um die Vergünstigung zu bitten, daß die Stadt ihren alten Ruhm der Gastfreundschaft und Barmherzigkeit auch an den thebanischen Flüchtlingen bewähren dürfe. Der König forderte die Auslieferung des Demosthenes, des Lykurgos, ferner des Charidemos, des erbitterten Geg-

Das Schicksal Thebens war erschütternd; kaum ein Menschenalter früher hatte es die Hegemonie in Hellas gehabt, seine heilige Schar Thessalien befreien, seine Rosse im Eurotas tränken lassen, und jetzt war es von der Erde vertilgt. Die Griechen aller Parteien sind unerschöpflich in Klagen über Thebens Fall und nur zu oft ungerecht gegen den König, der es nicht retten konnte. Er hat nachmals, wenn Thebaner unter den Söldnerscharen Asiens als Kriegsgefangene in seine Hände fielen, sie nie anders als mit Großmut behandelt; schon jetzt, während der Kampf kaum beendet war, verfuhr er in gleicher Weise. Eine edle Thebanerin, so wird erzählt, wurde gefangen und gebunden vor ihn gebracht; ihr Haus war von Alexanders Thrakern niedergerissen, sie selbst von dem Anführer derselben geschändet, dann unter wilden Drohungen nach ihren Schätzen befragt; sie hatte den Thraker an einen im Gebüsch versteckten Brunnen geführt, darin seien die Schätze versenkt; und als er hinabstieg, hatte sie Steine auf ihn hinabgeschleudert, bis er tot war. Nun brachten die Thraker sie vor des Königs Richterstuhl; sie sagte aus, sie sei Timokleia, jenes Theagenes Schwester, der als Feldherr bei Chaironeia gegen Philipp für die Freiheit der Hellenen gefallen war. So glaubwürdig wie die Erzählung ist ihr Schluß, daß Alexander der hoch-

τῶν ἐν τῷδε τῷ ψηφίσματι εἰρημένων, ὑπαρχέτω μὲν αὐτῷ ἀτίμῳ εἶναι καὶ τὰ χρήματα αὐτὸ δημόσια ἔστω … καὶ κρινέσθω ἐν Ἀθηναίοις καὶ τοῖς συμμάχοις ὡς διαλύων τὴν συμμαχίαν, ζημιόντων δὲ αὐτὸν θανάτῳ ἢ φυγῇ ὅπερ Ἀθηναῖοι καὶ οἱ σύμμαχοι κρατῶσιν. Wenn hundert Jahre später im achaiischen Bundesvertrag ebenso, wie es scheint, die Todesstrafe für Bundesbruch verordnet war, wenn ebenso auf Grund des Hellenischen Bundes von 480 gegen Themistokles die Klage des Hochverrates erhoben wird, so scheint nach der Rechtsanschauung der Hellenen solche Strafbefugnis und solche Strafe zum Wesen derartiger Föderationen gehört zu haben und wird ein Artikel dieses Inhaltes auch in den Bundesvertrag von Korinth gesetzt worden sein.

liches Blutbad an; selbst Weiber und Kinder wurden nicht geschont, ihr Blut besudelte die Altäre der Götter. Erst das Dunkel der Nacht machte dem Plündern und Morden ein Ende; von den Makedonen sollen fünfhundert gefallen, von den Thebanern sechstausend erschlagen worden sein, bis des Königs Befehl dem Gemetzel ein Ende machte.

Am folgenden Tage berief er eine Versammlung der Bundesgenossen, welche an dem Kampfe teilgenommen hatten, und überwies ihnen die Entscheidung über das Schicksal der Stadt. Die Richter über Theben waren dieselben Plataier, Orchomenier, Phoker, Thespier, welche den furchtbaren Druck der Thebaner lange hatten erdulden müssen, deren Städte ehemals von ihnen zerstört, deren Söhne und Töchter von ihnen geschändet und als Sklaven verkauft waren. Sie beschlossen, die Stadt solle dem Erdboden gleichgemacht, das Land mit Ausnahme des Tempellandes unter Alexanders Bundesgenossen verteilt, alle Thebaner mit Weib und Kind in die Sklaverei verkauft, nur den Priestern und Priesterinnen, den Gastfreunden Philipps, Alexanders, der Makedonen die Freiheit geschenkt werden; Alexander gebot, auch Pindars Haus und Pindars Nachkommen zu verschonen. Dann wurden dreißigtausend Menschen jedes Alters und Standes verkauft und in die weite Welt zerstreut, hierauf die Mauern niedergerissen, die Häuser ausgeräumt und zerstört; das Volk des Epameinondas war nicht mehr, die Stadt ein grauenvoller Schutthaufen, »der Kenotaph ihres Ruhmes«; eine makedonische Wache oben auf der einsamen Burg hütete die Tempel und »die Gräber der Lebendigen«.[23]

23 Vielleicht darf man voraussetzen, daß in der Bundesakte ein Artikel gestanden hat, auf Grund dessen so geurteilt wurde. Wenigstens in der des zweiten attischen Seebundes von 378/7 [IG II² 43] heißt es: ἐὰν δέ τις εἴπῃ ἢ ἐπιψηφίσῃ ἢ ἄρχων ἢ ἰδιώτης παρὰ τόδε τὸ ψήφισμα ὡς λύειν τι δεῖ

Agrianer in die Umwallung eindringen, das Agema nebst den anderen Hypaspisten ausrücken, aber vor den äußeren Werken haltmachen. Da fiel Perdikkas schwer verwundet beim Angriff auf den zweiten Wall, doch die zwei Phalangen, in Verbindung mit den Schützen und Agrianern, erstürmten den Wall und drangen durch den Hohlweg des Elektrischen Tores in die Stadt bis zum Herakleion vor. Da wandten sich plötzlich und mit lautem Geschrei die Thebaner, stürzten sich auf die Makedonen, so daß diese mit bedeutendem Verluste – siebzig von den Bogenschützen fielen, unter ihnen ihr Führer, der Kreter Eurybotas – fliehend sich auf die Hypaspisten zurückzogen. In diesem Augenblick rückte Alexander, der die Thebaner ohne Ordnung die Fliehenden verfolgen sah, mit geschlossener Phalanx schnell auf sie an. Sie wurden zurückgeworfen, und ihr Rückzug war so übereilt, daß die Makedonen mit ihnen in das Tor eindrangen, während an anderen Stellen die Mauern, die wegen der vielen Außenposten ohne Verteidiger waren, erstiegen und besetzt, die Verbindung mit der Kadmeia hergestellt wurde. Jetzt war die Stadt so gut wie verloren; die Besatzung der Kadmeia warf sich mit einem Teil der Hereingedrungenen in die Unterstadt auf das Amphieion; andere stiegen über die Mauern und rückten im Sturmschritt auf den Markt. Umsonst kämpften die Thebaner mit der größten Tapferkeit; von allen Seiten drangen die Feinde ein; überall war Alexander und befeuerte die Seinigen durch Wort und Beispiel; die thebanische Reiterei, in die Straßen zersprengt, jagte durch die noch freien Tore ins offene Feld hinaus; von dem Fußvolk rettete sich, wer es konnte, ins Feld, in die Häuser, in die Tempel, die mit wehklagenden Weibern und Kindern angefüllt waren. Voll Erbitterung richteten jetzt nicht sowohl die Makedonen als die Phoker, die Plataier und die übrigen Boioter ein gräß-

welches innerhalb die Kadmeia stößt; er bezog hier ein Lager, um zur Unterstützung der in der Burg liegenden Makedonen in der Nähe zu sein; er zögerte noch weiter mit dem Angriff. Man sagt, er habe die in der Stadt wissen lassen, daß, wenn sie den Phoinix und Prothytes, die Urheber ihres Abfalls, auslieferten, das Geschehene vergeben und vergessen sein sollte. Es gab manche in der Stadt, die empfahlen und verlangten, daß man an den König senden und Verzeihung für das Geschehene erbitten sollte; aber die Boiotarchen, die Verbannten, die, welche sie zur Rückkehr aufgefordert hatten, von Alexander keiner freundlichen Aufnahme gewärtig, reizten die Menge zum hartnäckigsten Widerstand; es soll dem König geantwortet worden sein, wenn er den Frieden wolle, so möge er ihnen Antipatros und Philotas ausliefern; es soll die Aufforderung erlassen worden sein, wer mit ihnen und dem Großkönig Hellas befreien wolle, möge zu ihnen in die Stadt kommen.[22] Alexander wollte auch jetzt noch nicht angreifen.

Aber Perdikkas, der mit seiner Phalanx die Vorhut des makedonischen Lagers hatte und in der Nähe der feindlichen Außenwerke stand, hielt die Gelegenheit zu einem Angriff für so günstig, daß er Alexanders Befehl nicht abwartete, gegen die Verschanzungen anstürmte, sie durchbrach und über die Vorwache der Feinde herfiel. Schnell brach auch Amyntas mit seiner Phalanx, die zunächst an der des Perdikkas stand, aus dem Lager hervor und folgte ihm zum Angriff auf den zweiten Wall. Der König sah ihre Bewegungen und fürchtete für sie, wenn sie allein dem Feinde gegenüberblieben; er ließ eilig die Bogenschützen und

---

22 Plut. Alex. 11. Die beiden Namen verdächtigen die Angabe; ist mit Philotas der Befehlshaber der Kadmeia gemeint, so fällt neben ihm Antipatros auf; ist dieser Name richtig überliefert, so würde der Hohn erst vollständig sein, wenn statt Philotas sein Vater Parmenion neben ihm genannt würde.

Wie alles in diesem ersten Kriege des Königs überraschend, plötzlich, wie voll Nerv und Muskel ist, so vor allem dieser Marsch. Vierzehn Tage vorher hatte er den letzten Schlag bei Pelion getan; auf die Nachrichten, was in Theben geschehen, war er aufgebrochen, in sieben Tagen durch das Gebirge bis Pellineion am oberen Peneios marschiert; nach raschem Weitermarsch zum Spercheios, durch die Thermopylen, nach Boiotien hinein, stand er jetzt bei Onchestos, zwei Meilen von Theben, fast 60 Meilen von Pelion. Sein plötzliches Erscheinen hatte zunächst den Erfolg, daß die arkadischen Hilfsvölker nicht über den Isthmos hinauszurücken wagten, daß die Athener ihre Truppen so lange zurückzuhalten beschlossen, bis sich der Kampf gegen Alexander entschieden habe, daß sich die Orchomenier, Plataier, Thespier, Phoker, andere Feinde der Thebaner, die sich schon der ganzen Wut ihrer alten Peiniger preisgegeben glaubten, mit doppeltem Eifer den Makedonen anschlössen. Der König hatte nicht im Sinn, sofort zur Gewalt zu schreiten, er führte sein Heer von Onchestos heran, ließ es vor den nördlichen Mauern nahe beim Gymnasion des Iolaos lagern; er erwartete, daß die Thebaner angesichts seiner Macht die Torheit ihres Unternehmens erkennen und um gütlichen Vergleich bitten würden. Sie waren, obschon ohne alle Aussicht auf Hilfe, so weit entfernt, sich beugen zu wollen, daß sie ihre Reiter und leichtes Volk sofort einen Ausfall machen ließen, der die feindlichen Vorposten zurückdrängte, und die Kadmeia nur eifriger bedrängten. Auch jetzt noch zögerte Alexander, einen Kampf zu beginnen, der, einmal begonnen, schweres Unheil über eine hellenische Stadt bringen mußte; er rückte am zweiten Tage an das südliche Tor, welches nach Athen hinausführt und an

scheinlich, so hat Diodors Gewährsmann Kleitarchos doch nicht den Anspruch, glaubwürdig zu sein.

Alles schien ihrem Unternehmen den glücklichsten Erfolg zu versprechen: die Eleier hatten bereits die Anhänger Alexanders verjagt; die Aitoler waren in Bewegung, Athen rüstete, Demosthenes sandte Waffen nach Theben, die Arkader rückten aus, den Thebanern zu helfen. Und als Gesandte des Antipatros nach dem Isthmos kamen, die schon bis dahin Vorgerückten an die geschlossenen Verträge zu mahnen, zur vertragsmäßigen Bundeshilfe aufzufordern, hörte man nicht auf sie, sondern auf die flehende Bitte der thebanischen Gesandten, die mit wollumwundenen Ölzweigen in den Händen zum Schutz der heiligen Sache aufriefen. Alles ließ den besten Erfolg hoffen. Die Kadmeia ward mit Palisaden und anderen Werken eingeschlossen, so daß der Besatzung dort weder Hilfe noch Lebensmittel zukommen konnten; die Thebaner hatten ihre Sklaven freigegeben, sie und die Metoiken zum Kriege gerüstet; sie waren mit Vorräten und Waffen vollauf versehen; bald mußte die Kadmeia fallen, dann war Theben und ganz Hellas frei, dann die Schande von Chaironeia gerächt, und der Bundestag von Korinth, dies Trugbild von Selbständigkeit und Sicherheit, verschwand vor dem fröhlichen Lichte eines neuen Morgens, der schon über Hellas heranzubrechen schien.

Da verbreitete sich das Gerücht, ein makedonisches Heer rücke in Eilmärschen heran, stehe nur zwei Meilen entfernt in Onchestos. Die Führer beschwichtigten das Volk: es werde Antipatros sein; seit Alexander tot sei, brauche man die Makedonen nicht mehr zu fürchten. Dann kamen Boten: es sei Alexander selbst; sie wurden übel empfangen: Alexandros, der Lynkestier, Aeropos' Sohn, sei es. Tags darauf stand der König, der totgeglaubte, mit seinem Heere unter den Mauern der Stadt.[21]

---

[21] Die Stärke des Heeres gibt Diod. XVII 9 auf mehr als 30 000 Mann Fußvolk und nicht weniger als 3000 Reiter an. Ist die Zahl an sich nicht unwahr-

die Makedonen gerichteten Unternehmungen niedergelegt. Nicht weniger als das persische Gold wirkte für solche Pläne, daß neben Demosthenes der unbestechliche Lykurgos für sie sprach. Das Notwendigste war, daß ungesäumt gehandelt, daß mit einer großen Tat der allgemeinen Erhebung ein Mittelpunkt gegeben wurde.

Begreiflich, daß in dem schwergestraften Theben, daß unter den Geflüchteten und Verbannten Thebens in Athen und überall die Stimmung dazu war, das Äußerste zu wagen. Schon einmal waren Verbannte von Athen aus zur Befreiung der Kadmeia ausgezogen; Pelopidas hatte sie geführt, die Siege von Leuktra und Mantineia waren die schönsten Früchte jener Heldentat gewesen. Freilich in dem Bundesvertrag hatte jede Stadt ausdrücklich gelobt, nicht gestatten zu wollen, daß von ihr aus Flüchtlinge die Heimkehr zu erzwingen unternähmen; aber der König, mit dem man den Bund beschworen, war jetzt tot. Gewiß nicht ohne Einverständnis mit Demosthenes, vielleicht von ihm mit einem Teil des persischen Geldes, das in seinen Händen war, unterstützt, verließen mehrere der Flüchtlinge Athen; nachts kamen sie nach Theben, wo ihre Freunde sie schon erwarteten. Sie begannen damit, zwei Führer der makedonischen Partei, die nichtsahnend von der Kadmeia herabgekommen waren, zu ermorden. Sie beriefen die Bürgerschaft zur Versammlung, berieten, was geschehen, was zu hoffen sei; sie beschworen das Volk bei dem teuren Namen der Freiheit und des alten Ruhmes, das Joch der Makedonen abzuschütteln, ganz Griechenland und der persische König seien bereit, ihnen beizustehen; und als sie verkündeten, daß Alexander nicht mehr zu fürchten, daß er in Illyrien gefallen sei, da beschloß das Volk, die alte Freiheit wiederherzustellen, wieder Boiotarchen zu bestellen, die Besatzung aus der Kadmeia zu vertreiben und an die anderen Staaten Gesandte um Hilfe zu senden.

mos noch verständig genug war nicht anzunehmen; aber Demosthenes nahm sie, um sie im Interesse des Großkönigs und gegen den beschworenen Frieden zu verwenden. Er stand mit dem Strategen des Großkönigs in brieflichem Verkehr, natürlich um für den Kampf gegen Alexander Mitteilungen zu geben und zu empfangen. Hand in Hand mit Lykurgos und den andern gleichgesinnten Volksführern tat er, was nötig war, einen neuen Kampf gegen die makedonische Macht vorzubereiten und einzuleiten, namentlich die Flüchtlinge Thebens, deren viele in Athen Aufnahme gefunden, zu neuen Wagnissen aufzuregen. Je ferner Alexander war, je länger er fern blieb, desto größer wurden der Mut und der Eifer dieser Partei; schon wurden Gerüchte von einer Niederlage Alexanders im Lande der Triballer verbreitet und geglaubt. Auch in Arkadien, in Elis, in Messenien, bei den Aitolern erwachte die alte Neuerungssucht und neue Hoffnungen; vor allem fühlten die Thebaner das Joch der makedonischen Herrschaft; die Besatzung in ihrer Burg schien sie unablässig an ihre jetzige Schmach und den Verlust ihres einstigen Ruhmes zu mahnen.

Da verbreitete sich gewisse Nachricht, Alexander sei im Kampf gegen die Triballer gefallen; Demosthenes brachte einen Menschen vor das versammelte Volk, der eine Wunde aus derselben Schlacht aufzuweisen hatte, in der Alexander vor seinen Augen gefallen sein sollte. Wer konnte zweifeln? Wer hätte nicht mit Freuden sich von denen überzeugen lassen, die sagten, jetzt sei die Zeit gekommen, des makedonischen Joches frei zu werden; die Verträge, die man mit Alexander geschlossen, hätten mit seinem Tode ein Ende; der Großkönig, bereit, die Freiheit der hellenischen Staaten zu schützen, habe reichliche Subsidien in die Hände der Männer, welche mit ihm nichts als das Wohl und die Freiheit der Hellenen im Sinne hätten, zur Unterstützung aller gegen

Die raschen und heftigen Stöße, mit denen der König, mehr als einmal in gewagten Angriffen, die Illyrier niederwarf, lassen seine Ungeduld erkennen, hier fertig zu werden. Während er mit den Illyriern noch vollauf zu tun hatte, war im Süden eine Bewegung ausgebrochen, die, wenn sie nicht schnell gedämpft wurde, den großen Plan eines Perserzuges noch lange hindern, wenn nicht für immer unmöglich machen konnte.

Die Hellenen hatten zwar Alexanders Hegemonie anerkannt, das Bündnis mit ihm auf dem Bundestag zu Korinth beschworen; aber er war ja nun mit seiner Kriegsmacht weit hinweg, und die Worte derer, die an die alte Freiheit und den alten Ruhm mahnten, fanden bald offene Ohren und Herzen. Freilich, solange in der Hofburg von Susa noch Alexanders Jugend verachtet wurde, hielt man sich wohl in Hellas still; den Athenern wird noch in den Ohren geklungen haben, was ihnen jüngst der Großkönig geschrieben: »Ich will euch kein Geld geben, bittet mich nicht, denn ihr bekommt doch nichts.« Aber allmählich sah man in Asien ein, was für ein Feind dem Reich in Alexander erstanden sei. Freilich wurde Memnon – sein Bruder war wohl nicht mehr am Leben – mit 5000 hellenischen Söldnern gegen die bereits in Asien gelandeten makedonischen Truppen ins Feld geschickt. Aber die Bewegung unter den asiatischen Hellenen drohte ihm einen schweren Stand; es gab kein besseres Schutzmittel als das oft erprobte, die Feinde des Reiches in Hellas und durch die Hellenen zu bekämpfen.

Dareios erließ ein Schreiben an die Hellenen, sie zum Kriege gegen Alexander aufzufordern; er sandte Geld an die einzelnen Staaten, nach Athen 300 Talente, die der De-

---

sich aus der Bestallung des Antipatros 323 mit dem Regiment über τὰ ἐπέκεινα τῆς Θρᾴκης ὡς ἐπὶ Ἰλλυρίους καὶ Τριβαλλοὺς καὶ Ἀγριᾶνας usw. Arrian. τὰ μετὰ Ἀλεξ. 7.

Durch diese Bewegung hatte Alexander nicht bloß sein Heer aus augenscheinlicher Gefahr gerettet, sondern er konnte von seiner Stellung am Ufer des Flusses aus alle Wege und Operationen der Feinde übersehen und sie in Untätigkeit halten, falls er Verstärkungen heranziehen wollte. Indes gaben ihm die Feinde früher Gelegenheit, einen Handstreich auszuführen, der dem Kriege hier ein schnelles Ende machte. Sie hatten sich, in der Meinung, jener Rückzug sei ein Werk der Furcht gewesen, in langer Linie vor Pelion gelagert, ohne sich mit Wall und Graben zu schützen oder auf den Vorpostendienst die nötige Sorgfalt zu wenden. Das erfuhr Alexander; in der dritten Nacht ging er unbemerkt mit den Hypaspisten, Agrianern, Bogenschützen und zwei Phalangen über den Fluß und ließ, ohne die Ankunft der übrigen Kolonnen abzuwarten, die Bogenschützen und Agrianer vorrücken; diese brachen an der Seite des Lagers ein, wo am wenigsten Widerstand möglich war; und die Feinde, aus tiefem Schlaf aufgeschreckt, unbewaffnet, ohne Leitung oder Mut zum Widerstande, wurden in den Zelten, in der langen Gasse des Lagers, auf dem regellosen Rückzüge niedergehauen, viele zu Gefangenen gemacht, den anderen bis an die Berge der Taulantiner nachgesetzt; wer entkam, rettete sich mit Verlust seiner Waffen. Kleitos selbst hatte sich in die Stadt geworfen, sie dann angezündet und sich unter dem Schutz der Feuersbrunst zu Glaukias in das Taulantinerland geflüchtet. So wurde die alte Grenze auf dieser Seite wiedergewonnen und den besiegten Fürsten, wie es scheint, unter der Bedingung der Friede gegeben, daß sie die Oberhoheit Alexanders anerkannten[20].

20 Das illyrische Königtum blieb in der Familie des Bardylis und Kleitos noch lange; Illyrier kommen in Alexanders Zug nach Asien nicht vor, trotz Diodors ausdrücklicher Angabe (XVII 77). Die Vermutung, daß die illyrischen Fürsten die Oberhoheit Makedoniens anerkennen mußten, ergibt

über die Barbaren, und eiligst flohen sie über die Höhen nach der Stadt hinein. Nur eine Schar hielt noch eine Anhöhe besetzt, über welche der Weg führte; Alexander befahl den Hetairen seiner Stabswache aufzusitzen, gegen die Anhöhe vorzusprengen; wenn der Feind Miene machte, sich zu widersetzen, sollte die Hälfte von ihnen von den Pferden springen und gemischt mit denen zu Pferd zu Fuß kämpfen. Aber die Feinde zogen sich, sobald sie dies Heranstürmen sahen, rechts und links von der Anhöhe hinab. Der König besetzte nun diese, ließ die noch übrigen Ilen der Ritterschaft, die zweitausend Bogenschützen und Agrianer eilig nachrücken, dann die Hypaspisten und nach ihnen die Phalangen durch den Fluß gehen und jenseits in Schlachtordnung links aufrücken, die Wurfgeschütze dort auffahren. Er selbst blieb indes auf jener Anhöhe mit der Nachhut und beobachtete die Bewegungen der Feinde, welche kaum den Übergang des Heeres bemerkten, als sie auch schon an den Bergen hin vorrückten, um über die mit Alexander zuletzt Abziehenden herzufallen. Ein Ausfall des Königs gegen sie und der Schlachtruf der Phalanx, als wolle sie durch den Fluß zurück anrücken, schreckte sie zurück, und Alexander führte seine Bogenschützen und Agrianer im vollen Lauf in den Fluß. Er selbst ging zuerst hinüber und ließ, sobald er sah, daß seine Nachhut vom Feinde bedrängt wurde, das Wurfgeschütz gegen die Feinde jenseits spielen, die Bogenschützen mitten im Fluß umwenden und schießen; während nun Glaukias mit seinen Taulantinern sich nicht in Schußweite wagte, gingen die letzten Makedonen über den Fluß, ohne daß Alexander bei dem ganzen gefährlichen Manöver auch nur einen Mann verloren hätte; er selbst hatte an den gefährlichsten Punkten gefochten, er war am Halse durch einen Keulenschlag, am Kopf durch einen Steinwurf verwundet.

engen Wege überfallen und niedermetzeln konnten, während die Illyrier aus der Festung den Abziehenden in den Rücken fielen.

Durch eine kühne Bewegung, wie sie nur ein makedonisches Heer auszuführen imstande war, machte Alexander die Hoffnungen der Feinde zuschanden. Während die meisten der Reiterei und sämtliche Leichtbewaffnete, dem Feinde in der Stadt zugewandt, jede Gefahr von dieser Seite unmöglich machten, rückte die Phalanx, zu 120 Mann Tiefe formiert, die Flanken mit 200 Reitern gedeckt, in der Ebene vor, mit der größten Stille, damit die Kommandos schnell vernommen würden. Die Ebene war bogenförmig von Höhen umschlossen, von welchen herab die Taulantiner die Flanken der vorrückenden Masse bedrohten; aber das ganze Viereck fällte die Speere, drang gegen die Höhen vor, machte dann plötzlich rechtsum, rückte in dieser Richtung vor, kehrte sich, da ein anderer Haufen der Feinde die neue Flanke bedrohte, gegen diesen; so abwechselnd, vielfach und mit der größten Präzision eine Stelle mit der anderen tauschend, rückten die Makedonen zwischen den feindlichen Höhen hin, formierten sich endlich aus der linken Flanke »wie zu einem Keile«, als wollten sie durchbrechen[19]. Bei dem Anblick dieser unangreifbaren und mit ebensoviel Ordnung wie Schnelligkeit ausgeführten Bewegungen wagten die Taulantiner keinen Angriff und zogen sich von den ersten Anhöhen zurück. Als nun aber die Makedonen das Schlachtgeschrei erhoben und mit den Lanzen an ihre Schilde schlugen, kam ein panischer Schrecken

---

19 Ich weiß nicht, ob ich das Technische dieses Manövers richtig verstanden habe. Die Angabe τὸ βάθος τῆς φάλαγγος sei 120 Mann gewesen, ist vielleicht zur Feststellung der Stärke der hier »in Phalanx« vereinten Infanterie zu verwenden, da die Tiefe der Aufstellung vermuten läßt, daß ein Viereck von ungefähr gleicher Front und Tiefe gebildet wurde.

Rücken der Feinde, wenn sie den Angriff versuchen sollten, bedrohend; nach der Sitte seines Landes schlachtete er zum Opfer drei Knaben, drei Mädchen, drei schwarze Widder und rückte dann vor, als wolle er mit den Makedonen handgemein werden; doch sobald diese gegen die Höhen anrückten, verließen die Illyrier eiligst ihre feste Stellung, ließen selbst die Schlachtopfer liegen, die den Makedonen in die Hände fielen, und zogen sich in die Stadt zurück, unter deren Mauern sich jetzt Alexander lagerte, um sie, da der Überfall mißlungen war, mit einer Umwallung einzuschließen und zur Übergabe zu zwingen. Aber schon am folgenden Tage zeigte sich Glaukias mit einer starken Heeresmacht auf den Höhen; Alexander mußte es aufgeben, mit seinen gegenwärtigen Streitkräften auf die mit Kriegsvolk gefüllte Festung einen Sturm zu wagen, bei dem er den Feind auf den Bergen im Rücken gehabt hätte. Es bedurfte in dieser Stellung großer Vorsicht. Philotas, der mit einem Trupp Reiterei und den nötigen Gespannen zum Fouragieren abgeschickt wurde, wäre fast in die Hände der Taulantiner gefallen; nur Alexanders schnelles Nachrücken mit den Hypaspisten, den Agrianern und Bogenschützen und 300 von der Ritterschaft sicherte Philotas' Rückkehr, rettete den wichtigen Transport. Die Lage des Heeres wurde von Tage zu Tage peinlicher; in der Ebene fast eingeschlossen, hatte Alexander weder Truppen genug, Entscheidendes gegen die Macht beider Fürsten zu wagen, noch hinreichend Proviant, um sich bis zur Ankunft von Verstärkungen zu halten; er mußte zurück, aber der Rückzug schien doppelt gefährlich. Kleitos und Glaukias glaubten nicht ohne Grund, den König auf diesem höchst ungünstigen Boden in ihren Händen zu haben; die überragenden Berge hatten sie mit zahlreicher Reiterei, mit vielen Akontisten, Schleuderern und Schwerbewaffneten besetzt, die das Heer in jenem

feindliche Überfälle nicht weiter denken sollten. Alexander gab seine Zustimmung, und Langaros drang plündernd und verwüstend in ihre Täler ein, so daß sie den Marsch der Makedonen nicht weiter störten. Der König ehrte die treuen Dienste des treuen Bundesgenossen, verlobte ihn mit seiner Halbschwester Kynane und lud ihn ein, nach Beendigung des Krieges nach Pella zu kommen, um die Hochzeit zu feiern. Langaros starb gleich nach dem Zuge auf dem Krankenbett.

In dem mächtigen Gebirgswall, der die Wasserscheide zwischen den makedonischen und illyrischen Strömen bildet, ist südöstlich vom Lychnitischen See (dem See von Ochrida) eine fast zwei Meilen breite Lücke, durch die der Apsos (Devol) nach Westen fließt; sie bildet das natürliche Tor zwischen dem makedonischen Oberland und Illyrien. König Philipp hatte nicht eher geruht, als bis er sein Gebiet bis an den See erweitert hatte; unter den Positionen und Kastellen, welche die Wege dorthin beherrschten, war die Bergfestung Pelion die beste und wichtigste; wie ein Außenwerk gegen die Vorberge nach Illyrien zu gelegen, die sie im Kreise umgaben, schützte sie auch den Weg, der aus dem Tale des Erigon südwärts zu dem des Haliakmon und in das südliche Makedonien führte; die Straße von hier nach Pelion ging an dem eingeschnittenen Bette des Apsos hinab und war stellenweise so eng, daß ein Heer kaum zu vier Schilden hindurchziehen konnte. Diese wichtige Position war bereits in den Händen des illyrischen Fürsten; Alexander rückte in Eilmärschen den Erigon aufwärts, um womöglich die Festung vor Ankunft der Taulantiner wieder zu nehmen.

Vor der Stadt angekommen, bezog er am Apsos ein Lager, um am folgenden Tage zu stürmen. Kleitos hatte schon auch die waldigen Höhen rings um die Stadt besetzt, so den

märsche von den Pässen der Westgrenze entfernt, welche die Illyrier bereits überschritten hatten, war er nicht mehr imstande, Pelion, den Schlüssel zu den beiden Flußtälern des Haliakmon und des Apsos (Devol), zu retten; hielt ein Überfall der Autariaten ihn auch nur zwei Tage auf, so waren die vereinten Illyrier und Taulantiner stark genug, von Pelion aus bis in das Herz Makedoniens vorzudringen, die wichtige Linie des Erigonstromes zu besetzen und, während sie selbst die Kommunikation mit ihrer Heimat durch den Paß von Pelion offen hatten, den König von den südlichen Landschaften seines Reiches und von Griechenland abzuschneiden, wo bereits gefährliche Bewegungen bemerkbar wurden. Freilich lag Philotas mit einer starken Besatzung in der Kadmeia, und Antipatros in Makedonien hatte noch Truppen zur Hand, ihn zu unterstützen; aber ohne die Heeresmacht, die mit dem Könige war, vermochten sie wenig; und diese Heeresmacht war in ernstem Gedränge; für Alexander stand Großes auf dem Spiel; ein unglückliches Treffen, und alles, was er und sein Vater mühsam erreicht hatten, stürzte zusammen.

Langaros, der Fürst der Agrianer, der ihm schon bei Philipps Lebzeiten unzweideutige Beweise seiner Anhänglichkeit gegeben und dessen Kontingent in dem eben beendeten Feldzuge mit ausgezeichnetem Mute gefochten hatte, war ihm mit seinen Hypaspisten und den schönsten und tüchtigsten Truppen, die er sonst noch hatte, entgegengekommen; und als nun Alexander, voll Besorgnis über den Aufenthalt, den ihm die Autariaten verursachen könnten, sich nach ihrer Macht und Bewaffnung erkundigte, berichtete ihm Langaros, er brauche vor diesen Menschen, den schlechtesten Kriegsvölkern im Gebirge, nicht besorgt zu sein; er selbst wolle, wenn der König es gestatte, in ihr Land einfallen, so daß sie genug mit sich selbst zu tun haben und an

Nach einer so schnellen und erfolgreichen Unternehmung schickten die Völkerschaften, die in der Nähe der Donau wohnten, Gesandte mit den Geschenken ihres Landes in des Königs Lager, baten um Frieden, der ihnen gern gewährt wurde; auch der Triballerfürst Syrmos, der wohl einsah, daß er seine Donauinsel nicht zu halten imstande sein werde, unterwarf sich. Hieher kam auch von den Bergen am Adriatischen Meere eine Gesandtschaft keltischer Männer, die, wie ein Augenzeuge erzählt, groß von Körper sind und Großes von sich denken, und, von des Königs großen Taten unterrichtet, um seine Freundschaft werben wollten. Beim Gelage fragte sie der junge König, was sie wohl am meisten fürchteten. Er meinte, sie sollten ihn nennen; sie antworteten: nichts, als daß etwa der Himmel einmal auf sie fallen möchte; aber eines solchen Helden Freundschaft gelte ihnen am höchsten. Der König nannte sie Freunde und Bundesgenossen und entließ sie reich beschenkt, meinte aber nachmals doch, die Kelten seien Prahler.

Nachdem so mit der Bewältigung der freien Thraker auch die odrysischen zur Ruhe gezwungen, mit dem Siege über die Triballer die makedonische Hoheit über die Völker südwärts der Donau hergestellt, durch die Niederlage der Geten die Donau als Grenze gesichert, somit der Zweck dieser Expedition erreicht war, eilte Alexander südwärts, durch das Gebiet der ihm verbündeten Agrianer nach Makedonien zurückzukehren. Er hatte bereits die Nachricht erhalten, daß der Fürst Kleitos mit seinen Illyriern sich des Passes von Pelion bemächtigt habe, daß der Taulantinerfürst Glaukias schon heranziehe, sich mit Kleitos zu vereinigen, daß die Autariaten mit ihnen im Einverständnis sich anschickten, das makedonische Heer in seinem Marsche durch die Gebirge zu überfallen.

Alexanders Lage war schwierig; noch mehr als acht Tage-

mit Heu ausgefüllt und fest zusammengeschnürt. In der Stille der Nacht setzten fünfzehnhundert Reiter und viertausend Mann Fußvolk unter Führung des Königs über den Strom, landeten unter dem Schutze des weiten Getreidefeldes unterhalb der Stadt. Mit Tagesanbruch rückten sie durch die Saaten vor, vorauf das Fußvolk mit der Weisung, das Getreide mit den Sarissen niederzuschlagen und, bis sie an ein unbebautes Feld kämen, vorzurücken. Dort ritt die Reiterei, die bisher dem Fußvolk gefolgt war, unter des Königs Anführung bei dem rechten Flügel auf, während links, an den Fluß gelehnt, die Phalanx in ausgebreiteter Linie unter Nikanor vorrückte. Die Geten, erschreckt durch die unbegreifliche Kühnheit Alexanders, der so leicht den größten aller Ströme, und das in einer Nacht, überschritten, eilten, weder dem Andrang der Reiter noch der Gewalt der Phalanx gewachsen, sich in die Stadt zu werfen; und als sie auch dahin die Feinde nachrücken sahen, flüchteten sie, indem sie von Weibern und Kindern mit sich nahmen, was die Pferde tragen konnten, weiter ins Innere des Landes. Der König rückte in die Stadt ein, zerstörte sie, sandte die Beute unter Philippos und Meleagros nach Makedonien zurück, opferte am Ufer des Stromes dem Retter Zeus, dem Herakles und dem Strome Dankopfer. Es war nicht seine Absicht, die Grenzen seiner Macht bis in die weiten Ebenen, die sich nordwärts der Donau ausbreiten, auszudehnen; der breite Strom war, nachdem die Geten die Macht der Makedonen kennengelernt hatten, eine sichere Grenze, und in der Nähe weiter kein Volksstamm, dessen Widerstand man zu fürchten gehabt hätte. Nachdem der König mit jenen Opfern das nördlichste Ziel seiner Unternehmungen bezeichnet hatte, kehrte er noch desselben Tages von einer Expedition, die ihn keinen Mann gekostet hatte, in sein Lager jenseits des Flusses zurück.

Ufer steil, der hier eingeengte Strom reißend, der Schiffe zu wenig, und die Geten am Nordufer schienen bereit, mit ihnen gemeinsame Sache zu machen. Alexander zog seine Schiffe zurück und beschloß sofort, die Geten am jenseitigen Ufer anzugreifen; wenn er durch ihre Demütigung Herr der beiden Ufer war, konnte sich auch die Donauinsel nicht halten.

Die Geten[17], etwa viertausend Mann zu Pferde und mehr als zehntausend zu Fuß, hatten sich am Nordufer der Donau vor einer schlecht befestigten Stadt, die etwas landeinwärts lag, aufgestellt; sie mochten erwarten, daß der Feind tagelang brauchen werde, über den Strom zu kommen, daß sich so Gelegenheit finden werde, die einzelnen Abteilungen, die landeten, zu überfallen und aufzureiben. Es war in der Mitte des Mai[18], die Felder neben der Getenstadt mit Getreide bedeckt, das hoch genug in den Halmen stand, um landende Truppen dem Auge des Feindes zu entziehen. Alles kam darauf an, die Geten mit schnellem Überfall zu fassen; da die Schiffe aus Byzanz nicht Truppen genug aufnehmen konnten, so brachte man aus der Gegend eine Menge kleiner Nachen zusammen, deren sich die Einwohner bedienen, wenn sie auf dem Strome fischen oder Freibeuterei treiben oder Freunde im anderen Dorfe besuchen; außerdem wurden die Felle, unter denen die Makedonen zelteten,

---

17 Das thrakische Volk der Geten hatte noch 340 zu König Philipp gehalten, weil er ihren Bedränger, den Skythenkönig Ateas, bekämpfte und besiegte. Alexanders Feldzug zeigt, daß sie jetzt auf dem Nordufer der Donau saßen. Er mag bei seinem Auszug nicht einen Angriff auf sie beabsichtigt, sondern gegen die Triballer die Schiffe von Byzanz aufgeboten haben. Daß sie, jenseits der Donau, ihre Streitmacht zusammenzogen, wird ihm die Notwendigkeit gezeigt haben, auch ihnen eine Lektion zu geben.
18 Nach eines Botanikers mündlicher Mitteilung, der hier Mitte Mai das Getreide bereits mannshoch stehen sah.

etwa drei Märsche von der Donau entfernt strömt. Syrmos, der Triballerfürst, hatte, von Alexanders Zug in Kenntnis gesetzt, die Weiber und Kinder der Triballer zur Donau vorausgeschickt und sie auf die Insel Peuke überzusetzen befohlen; eben dahin hatten sich bereits die den Triballern benachbarten Thraker geflüchtet; auch Syrmos selbst war mit seinen Leuten dahin geflohen; die Masse der Triballer dagegen hatte sich rückwärts dem Flusse Lyginos zu, von dem Alexander tags zuvor aufgebrochen war, gezogen, wohl um sich der Pässe in seinem Rücken zu bemächtigen. Kaum hatte das der König erfahren, so kehrte er schnell zurück, um sie aufzusuchen, und überraschte sie, da sie sich eben gelagert hatten; sie stellten sich schnell an dem Saum des Waldes auf, der sich an dem Fluß entlangzog. Während die Kolonnen der Phalanx heranzogen, ließ Alexander die Bogenschützen und Schleuderer vorauseilen, mit Pfeilen und Steinen die Feinde auf das offene Feld zu locken. Diese brachen hervor, und indem sie, namentlich auf dem rechten Flügel, sich zu weit vorwagten, sprengten rechts und links drei Ilen der Ritterschaft auf sie ein; schnell rückten im Mitteltreffen die anderen Ilen und hinter ihnen die Phalanx vor; der Feind, der sich bis dahin wacker gehalten hatte, stand dem Andrang der geharnischten Reiter und der geschlossenen Phalanx nicht und floh durch den Wald zum Fluß zurück; dreitausend kamen auf der Flucht um, die anderen retteten sich, durch das Dunkel des Waldes und der hereinbrechenden Nacht begünstigt.

Alexander setzte seinen früheren Marsch fort und kam am dritten Tage an die Ufer der Donau, wo ihn bereits die Schiffe von Byzanz erwarteten; sofort wurden sie mit Bogenschützen und Schwerbewaffneten bemannt, um die Insel, auf welche sich die Triballer und Thraker geflüchtet hatten, anzugreifen; aber die Insel war gut bewacht, die

waffnet, mit einem Fuchsbalg statt des Helmes bedeckt, so daß sie gegen die schwerbewaffneten Makedonen nicht das Feld halten konnten, wollten sie die feindliche Schlachtlinie, wenn sie gegen die Höhen anrückte, durch das Hinunterrollen ihrer vielen Wagen, mit denen sie die Höhen besetzt hatten, zerreißen und in Verwirrung bringen, um über die aufgelösten Reihen herzufallen. Alexander, der die Gefahr sah und sich überzeugte, daß der Übergang an keiner anderen Stelle möglich sei, gab dem Fußvolk die Weisung, sobald die Wagen herabrollten, überall, wo es das Terrain gestattete, die Linie zu öffnen und die Wagen durch diese Lücken hinfahren zu lassen; wo sie nicht nach den Seiten hin ausweichen könnten, sollten die Leute, das Knie gegen den Boden gestemmt, die Schilde über ihren Häuptern fest aneinanderschließen, damit die niederfahrenden Wagen über sie wegrollten. Die Wagen kamen und jagten teils durch die Öffnungen, teils über die Schilddächer hinweg, ohne Schaden zu tun. Mit lautem Geschrei drangen jetzt die Makedonen auf die Thraker ein; die Bogenschützen, vom rechten Flügel aus vorgeschoben, wiesen die anprallenden Feinde mit ihren Geschossen zurück und deckten den bergaufsteigenden Marsch der Schwerbewaffneten; sowie diese in geschlossener Phalanx nachrückten, vertrieben sie mit leichter Mühe die schlechtbewaffneten Barbaren aus ihrer Stellung, so daß sie dem auf dem linken Flügel mit den Hypaspisten und Agrianern anrückenden König nicht mehr standhielten, sondern die Waffen wegwarfen und, so gut sie konnten, bergab flüchteten. Sie verloren fünfzehnhundert Tote; ihre Weiber und Kinder und alle Habe wurde den Makedonen zur Beute und unter Lysanias und Philotas in die Seestädte auf den Markt geschickt.

Alexander zog nun die sanfteren Nordabhänge des Gebirges hinab in das Tal der Triballer, über den Lyginos, der hier

Dem Könige standen zwei Wege über das Gebirge in das Land der Triballer offen, entweder am Axiosstrom aufwärts durch die nördlichen Pässe und das Gebiet der allezeit treuen Agrianer in die Ebene der Triballer hinabzugehen, oder ostwärts durch das Gebiet der freien Thraker im Tal des Hebros nach dem Haimos hinaufzusteigen, um die Triballer an ihrer Ostgrenze zu überfallen; dieser zweite Weg war vorzuziehen, weil er durch das Gebiet unsicherer Völkerschaften, namentlich der odrysischen Thraker, führte. Zugleich wurde Byzanz aufgefordert, eine Anzahl Kriegsschiffe nach den Donaumündungen zu senden, um den Übergang über diesen Strom möglich zu machen. Antipatros blieb zur Verwaltung des Reiches in Pella zurück.

Von Amphipolis aus zog der König[16] zuerst gegen Osten, dann im Nestostal hinauf, Philippoi und den Orbelos ihm zur Linken, die sogenannten freien Thraker in das hohe Gebirge werfend. Darauf ging er über die Rhodope, um durch das Gebiet der Odryser zu den Haimospässen zu gelangen. Nach einem Marsche von zehn Tagen, so heißt es, war Alexander am Fuß des Gebirges; der Weg, der sich hier eng und steil zwischen den Höhen hindurchdrängt, war von den Feinden besetzt, die mit aller Macht den Übergang hindern zu wollen schienen, teils Gebirgsbewohner dieser Gegend, teils freie Thraker. Nur mit Dolch und Jagdspieß be-

---

16 Die Stärke des Heeres wird nicht angegeben. Doch sieht man aus Arrian, der von der Ritterschaft drei oder vielmehr vier Ilen nennt (I 3, 5), daß wenigstens 1500 Mann von der Ritterschaft mit waren (I 3, 6). Genannt werden ferner das Agema und die andern Hypaspisten, also mehrere Taxeis, ferner die Phalangen des Koinos, Perdikkas, Amyntas (I 6, 10; I 8, 1); aus 14, 5 ist zu schließen, daß auch die des Meleagros und Philippos mit waren, ja vielleicht (I 2,1) noch zwei andere. Endlich werden 2000 Bogenschützen und Agrianer genannt – im ganzen vielleicht eine Streitmacht von 20 000 Mann. Daß auch Geschütz (μηχαναί) mit war, ergibt Arrian I 6, 8.

pendenz von Makedonien, die ihnen zu ertragen unleidlich genug sein mochte; doppelt unleidlich, da die makedonischen Ansiedlungen am Hebros und vielleicht ein makedonischer Stratege als Statthalter über dieselben sie Ruhe zu halten zwang. Ohne daß diese Völker die Verwirrung nach Philipps Ermordung zu offenbaren Feindseligkeiten benutzt oder mit den Verschworenen, mit Attalos, mit den Athenern in Verbindung gestanden hätten, war die Besorgnis vor ihnen im Rat Alexanders so groß, daß alle Nachgiebigkeit und selbst, wenn sie abfielen, Nachsicht für geratener hielten, als mit Strenge Unterwürfigkeit und Achtung gegen die bestehenden Verträge zu fordern. Alexander erkannte, daß Nachgiebigkeit und halbe Maßregeln Makedonien, das, wenn es angriff, unüberwindlich war, zur Defensive erniedrigt, die wilden und raublüsternen Barbaren kühner, den Perserkrieg unmöglich gemacht hätten, da man weder die Grenzen ihren Angriffen preisgeben noch sie als leichtes Fußvolk in den Perserkriegen entbehren konnte.

Jetzt waren die Gefahren im hellenischen Lande glücklich beseitigt und die Jahreszeit so weit vorgerückt, daß man die Gebirge ohne bedeutende Hindernisse zu durchziehen hoffen durfte. Da von den bezeichneten Völkerschaften diejenigen, welche zu Makedonien gehörten, noch nichts Entschiedenes unternommen hatten oder wenigstens seit Alexanders Rückkehr nach Makedonien an weitere Wagnisse nicht zu denken schienen, da auf der anderen Seite, um sie von jedem Gedanken an Abfall und Neuerungen abzuschrecken, die Überlegenheit der makedonischen Waffen und der bestimmte Wille, dieselben geltend zu machen, gleichsam vor ihren Augen gezeigt werden mußte, so beschloß der König einen Zug gegen die Triballer, welche noch nicht dafür gestraft waren, daß sie Philipp auf dem Rückmarsch vom Skythenzug überfallen und beraubt hatten.

gegen die Triballer hatte wenden können, hatte ihn der Tod ereilt. Wie hätten die Aufträge eines jungen Königs und die bekannten Spannungen am Hofe zu Pella nicht die Triballer ebenso locken sollen wie die Illyrier?

Wenn sie sich jetzt erhoben, so würden die ihnen nächstgesessenen Thrakerstämme, die, »selbst den Räubern als Räuber furchtbar«, im Haimos hausten, die Maider, Besser, Korpillen nicht etwa ihren Einbruch abgewehrt, sondern sich mit ihnen vereint und die Gefahr verdoppelt haben; auch die südlicher in der Rhodope bis zum Nestostal hinab wohnenden, die sogenannten freien Thraker, hätten sicher wie ehedem bei dem Zug gegen Abdera mit den Triballern gemeinsame Sache gemacht. Und der im Norden nächstgelegenen, halb untertänigen Gebiete, namentlich des zwischen dem Strymon und dem oberen Axios gelegenen und immer noch bedeutenden Fürstentums der Paionen, war das makedonische Königtum noch keineswegs für alle Fälle sicher, obschon sie sich für den Augenblick noch ruhig verhielten. Nicht weniger unzuverlässig schienen die Thraker im Flußgebiet des Hebros und bis an die Propontis im Süden, den Pontos im Osten, einst viele kleine Fürstentümer, zusammen von bedeutender Macht, solange sie in dem odrysischen Königtum – sie alle stammten aus diesem Königshause des Teres, des Odrysenkönigs in der perikleischen Zeit – eine Art zusammenhaltender Einigung gehabt hatten; von König Philipp waren sie in langen und schweren Kämpfen mehr und mehr getrennt und zur Abhängigkeit gezwungen worden; daß Athen die Wiedereinsetzung des Kersobleptes und des alten Teres von Philipp forderte, hatte den schweren Krieg von 340 veranlaßt. Möglich, daß nach dem Siege von Chaironeia Philipp auch in den thrakischen Verhältnissen Ordnung gemacht hat; es kann kein Zweifel sein, daß einzelne dieser Fürsten ihr Erbe behielten, aber in De-

Glaukias, die neben und hinter jenen bis zur Seeküste bei Apollonia und Dyrrhachion saßen. Nicht minder schickten sich die Autariaten, die seit zwei Menschenaltern in den Tälern des Brongos und Angros, der serbischen und bulgarischen Morawa, saßen, von der allgemeinen Bewegung ihrer illyrischen Stammgenossen und der Lust nach Beute ergriffen, zu einem Einbruch in das makedonische Gebiet an.

Noch gefährlicher schien der zahlreiche, den Makedonen feindliche Thrakerstamm der Triballer, die jetzt im Norden des Haimosgebirges und längs der Donau hinab wohnten. Sie hatten schon einmal, um 370, als die Autariaten sie aus ihrem Lande an der Morawa verdrängt hatten, den Weg über die Gebirge bis Abdera gefunden und waren dann mit Beute beladen zur Donau zurückgekehrt, wo sie die Geten aus ihren Sitzen trieben. Die Ausgetriebenen zogen sich auf die weiten Ebenen auf dem linken Donauufer zurück, die wie die Sumpfwälder der Donaumündung und die Steppe der Dobrudscha die Skythen, die der alte König Ateas beherrschte, innehatten; so bedrängten sie ihn, daß der alte König endlich durch Vermittlung der ihm befreundeten Griechen in Apollonia Philipps Hilfe anrief; aber bevor dieser kam, hatte er seinen Frieden mit den Geten gemacht und kehrte seine Waffen gegen den, der zu seiner Hilfe heranzog; er büßte es mit schwerer Niederlage (339). Aber den mit reicher Beute heimkehrenden Philipp – er wählte den Weg durch das Gebiet der Triballer – überfielen die, welche er zu schrecken gedacht haben mochte, nahmen ihm einen Teil seiner Beute ab, und die Wunde, die er davontrug, zwang ihn heimzuziehen, ohne sie erst zu züchtigen; im Herbst darauf hatte ihn der amphiktyonische Krieg nach Hellas gerufen, dann die Bewältigung Thebens, die Ordnung des Korinthischen Bundes, dann der Krieg gegen den Illyrier Pleurias in Anspruch genommen; bevor er sich

und Kos gedrückt und in persischer Obödienz gehalten wurde, mit steigender Erregung auf die Fortschritte der makedonischen Truppen. Mochte deren Voraussendung ein Fehler, für Alexanders Anfänge eine Verlegenheit gewesen sein, jetzt konnte dies Korps und die Aufregung, die es veranlaßte, wenigstens für den thrakischen Feldzug den Rücken decken; die Positionen, die es besetzt hatte, und die makedonische Flotte, die im Hellespont lag, machten einen Versuch der Perser, nach Thrakien hinüberzugehen, unmöglich.

Allerdings war es dringend nötig, die Thraker, Geten, Triballer, Illyrier die Überlegenheit der makedonischen Waffen fühlen zu lassen, um mit ihnen, bevor das große Unternehmen nach Asien begonnen wurde, ein haltbares Verhältnis herzustellen. Diese Völkerschaften, die Makedonien von drei Seiten umgaben, waren in der Zeit Philipps teils zu Untertanen, teils zu pflichtigen Verbündeten des makedonischen Königtums gemacht oder doch, wie die illyrischen Stämme, durch wiederholte Niederlagen in ihren räuberischen Streifzügen gehemmt worden. Jetzt mit Philipps Tod schien diesen Barbaren die Zeit gekommen, der lästigen Dependenz sich zu entschlagen und unter ihren Häuptlingen in alter Unabhängigkeit zu streifen und zu heeren, wie ihre Väter getan.

So standen jetzt die Illyrier unter ihrem Fürsten Kleitos auf, dessen Vater Bardylis, erst Kohlenbrenner, dann König, die verschiedenen Gaue zu gemeinsamen Raubzügen vereint und in den schlimmen Zeiten des Amyntas und des Aloriten Ptolemaios auch makedonische Grenzgebiete besetzt hatte, bis endlich Philipp in schweren Kämpfen ihn bis hinter den Lychnitischen See zurückgeworfen hatte. Wenigstens die Pässe im Süden desselben gedachte jetzt Kleitos zu gewinnen. Gemeinsame Sache mit ihm zu machen, rüsteten sich die Taulantiner unter ihrem Fürsten

nion vereinigt, und da sie ihre Macht nicht stark genug glaubten, Attalos inmitten seiner Truppen, die er zu gewinnen verstanden hatte, festzunehmen, ließen sie ihn dem Befehl gemäß ermorden; die verführten Truppen, teils Makedonen, teils hellenische Söldner, kehrten zur Treue zurück.

So in Asien; in Makedonien selbst hatte Olympias ihres Sohnes Abwesenheit benutzt, die Wollust der Rache bis auf den letzten Tropfen zu genießen. Der Mord des Königs war, wenn nicht ihr Werk, gewiß ihr Wunsch gewesen; aber noch lebten die, um derentwillen sie und ihr Sohn Unwürdiges hatten dulden müssen; auch die junge Witwe Kleopatra und ihr Säugling sollten sterben. Olympias ließ das Kind im Schoß der Mutter ermorden und zwang die Mutter, sich am eigenen Gürtel aufzuknüpfen. Es wird berichtet, daß Alexander der Mutter darüber zürnte; mehr als zürnen konnte der Sohn nicht. Noch war der Mut der Gegner nicht gebrochen; immer neue Anzettelungen wurden entdeckt; an einem Plan zur Ermordung Alexanders fand man Amyntas beteiligt, den Sohn des Königs Perdikkas, den Philipp nachmals mit seiner Tochter Kynane vermählt hatte; er wurde hingerichtet.

Indes hatte das nach Asien vorausgesandte Korps sich an der Küste nach Osten und Süden ausgedehnt; das freie Kyzikos an der Propontis stützte dessen linke Flanke, auf der rechten hatte Parmenion Gryneion im Süden des Kaikos besetzt; und schon hatte sich in Ephesos der Demos erhoben, die persisch gesinnte Oligarchie ausgetrieben, für das weitere Vordringen Parmenions ein wichtiger Stützpunkt[15]. Gewiß sah der Demos allerorten, der von Tyrannen wie in den Städten der Insel Lesbos, von Oligarchen wie in Chios

---

15 Die Vorgänge bei Magnesia, wo der persische Feldherr Memnon die Oberhand behielt, fallen noch vor das Ende des Attalos, der bei Polyän (V 44, 4) neben Parmenion genannt wird, also noch in das Jahr 336.

herrscht hat, je von den letzten Eindrücken und den nächsten Hoffnungen abhängig; und Spartas mürrische Abkehr bezeugt doch mehr Konsequenz der Schwäche als der Stärke, mehr üble Laune als echtes Selbstgefühl. Man darf vermuten, daß der verständigere Teil des hellenischen Volkes sich dem großen nationalen Unternehmen, an dessen Schwelle man stand, und dem jugendlichen Helden, der sich für dasselbe einsetzte, zuwandte; die Tage, welche Alexander in Korinth zubrachte, schienen den Beweis dafür zu geben. Von allen Seiten waren Künstler, Philosophen, politische Männer dorthin geeilt, den königlichen Jüngling, den Zögling des Aristoteles, zu sehen; alle drängten sich in seine Nähe und suchten einen Blick, ein Wort von ihm zu erhaschen. Nur Diogenes von Sinope blieb ruhig in seiner Tonne beim Ringplatz der Vorstadt. So ging Alexander zu ihm; er fand ihn vor seiner Tonne liegen und sich sonnen; er begrüßte ihn, fragte ihn, ob er irgendeinen Wunsch habe. »Geh mir ein wenig aus der Sonne«, war des Philosophen Antwort. Der König sagte darauf zu seinem Gefolge: »Beim Zeus, wenn ich nicht Alexander wäre, möchte ich Diogenes sein.«[14] Vielleicht nur eine Anekdote, wie deren unzählige von dem Sonderling erzählt wurden.

Alexander kehrte mit dem Winter nach Makedonien zurück, um sich zu dem bis jetzt verschobenen Zuge gegen die barbarischen Völker an der Grenze zu rüsten. Attalos war nicht mehr im Wege; Hekataios hatte sich mit Parme-

---

14 Plut. Alex. 14; Paus. II 2, 4 etc. Auf diese Zeit bezieht sich wahrscheinlich die artig erfundene Geschichte, die sich bei Alexanders Besuch in Delphoi zugetragen haben soll: da die Pythia nicht weissagen wollte, weil es nicht die Zeit war (es galt dafür, daß in den Wintermonaten Apollon fern sei), so ergriff sie Alexander am Arm, um sie wider ihren Willen zum Dreifuß zu führen; sie rief: »O Sohn, du bist unwiderstehlich!« und freudig nahm Alexander ihren Ausruf als Orakel an.

Alexander zog weiter nach Korinth, wohin die Bevollmächtigten der Bundesstaaten beschieden waren. Auch Sparta mag geladen worden sein; darauf führt die Erwähnung der spartanischen Erklärung, es sei nicht Herkommen bei ihnen, andern zu folgen, sondern selbst zu führen. Alexander hätte sie unschwer zwingen können; es wäre weder klug noch der Mühe wert gewesen; er wollte nichts als die möglichst schleunige Beruhigung Griechenlands und die Anerkennung der Hegemonie Makedoniens gegen die Perser. In diesem Sinne wurde die Formel des Bundes erneut und beschworen, Alexander zum unumschränkten Strategen der Hellenen ernannt.

Alexander hatte erreicht, was er wollte. Es wäre von Interesse, die Stimmung zu kennen, wie sie nun in den hellenischen Landen über ihn war; wahrscheinlich weder so empört noch so nur erheuchelt, wie es uns der verbissene Freiheitseifer attischer Redner oder der affektierte Tyrannenhaß griechischer Moralisten der römischen Kaiserzeit möchte glauben machen. Die andere Seite zeigt es, wenn, von den asiatischen Hellenen gesandt, Delios von Ephesos, der Schüler Platons, zu Alexander gekommen war und ihn »am meisten drängte und entflammte«, den Krieg gegen die Perser zu beginnen. Unter den ihm Nächstbefreundeten waren Erigyios und Laomedon, geborene Lesbier, nach Amphipolis übersiedelt, denen das Elend ihrer von Perserfreunden beherrschten Heimat bekannt genug gewesen sein wird, – eine traurige Erläuterung der Autonomie, die der Großkönig in dem Antialkidischen Frieden den Inseln von Rhodos bis Tenedos zugesichert hatte; für das Griechentum dort gab es keine Rettung, wenn nicht Alexander kam und siegte. In Hellas selbst hatte nur Theben, nicht unverschuldet, den Untergang seiner Autonomie zu beklagen; in Athen war die Stimmung der leichtfertigsten Menge, die je ge-

daß er mit den Thessalern vereint in Hellas einrücken werde, daß er sich über die Verblendung der Athener sehr erzürnt geäußert habe, waren, obschon Demosthenes nicht aufgehört hatte, den Krieg zu predigen, die Rüstungen nicht eifriger betrieben worden. Rasches Vorgehen des makedonischen Heeres konnte Hellas vor großem Unheil retten.

Alexander rückte aus den Thermopylen in die boiotische Ebene hinab, lagerte sich nahe bei der Kadmeia; von Widerstand der Thebaner war keine Rede. Als man in Athen erfuhr, daß Theben in Alexanders Händen sei, so daß jetzt ein Marsch von zwei Tagen den Feind vor die Tore der Stadt bringen konnte, verging auch den eifrigsten Freiheitsmännern der Mut. Es wurde beschlossen, in Eile die Mauern in Verteidigungszustand zu setzen, das platte Land zu räumen, alle fahrende Habe nach Athen zu flüchten, »so daß die vielbewunderte und vielumstrittene Stadt wie ein Stall voll Rinder und Schafe wurde«, aber zugleich beschlossen, dem Könige Gesandte entgegenzuschicken, die ihn begütigen, um Verzeihung bitten sollten, daß seine Hegemonie nicht sofort von den Athenern anerkannt sei; vielleicht ließ sich noch der Besitz von Oropos retten, das man zwei Jahre vorher aus Philipps Hand empfangen hatte. Demosthenes, der mit unter den Gesandten war, kehrte auf dem Kithairon um, entweder seines Schreibens an Attalos eingedenk oder um sein Verhältnis mit Persien nicht bloßzustellen; er überließ es den anderen Gesandten, die Bitten des attischen Demos zu überbringen. Alexander nahm sie gütig auf, verzieh das Geschehene, erneuerte die früher mit seinem Vater geschlossenen Verträge, verlangte nur, daß Athen zu den weiteren Verhandlungen Bevollmächtigte nach Korinth sende. Der Demos hielt es angemessen, dem jungen Könige noch größere Ehren als zwei Jahre vorher seinem Vater zu dekretieren.

mit dem gleichen Entgegenkommen gewann er die anwohnenden Ainianen, Malier, Doloper, – Stämme, deren jeder in dem Rat der Amphiktyonen eine Stimme hatte und mit deren Zutritt ihm der Weg durch die Thermopylen offenstand.

Die schnelle Einnahme und Beruhigung Thessaliens hatte den hellenischen Staaten nicht Zeit gelassen, die wichtigen Pässe des Oitagebirges zu besetzen. Es lag nicht in Alexanders Plan, durch gewaltsame Maßregeln einer Bewegung, die womöglich nur als das törichte Werk einer Partei erscheinen sollte, Vorwand und Bedeutung zu geben. Durch die Nähe der makedonischen Heeresmacht erschreckt, beeilten sich die Hellenen, den Schein tiefen Friedens anzunehmen; weil demnach die früheren Verhältnisse, wie sie von Philipp gegründet waren, noch bestanden, berief Alexander die Amphiktyonen nach den Thermopylen, forderte und erhielt von ihnen durch gemeinsamen Beschluß die Anerkennung seiner Hegemonie. In derselben Absicht gewährte er den Ambrakioten die Autonomie, die sie mit der Austreibung der makedonischen Besatzung hergestellt hatten: er habe selbst sie ihnen anbieten wollen, sie seien ihm nur zuvorgekommen.

Wenn auch die Thessaler, die Amphiktyonen Alexanders Hegemonie anerkannt hatten, von Theben, Athen, Sparta waren keine Gesandten in den Thermopylen erschienen. Vielleicht brach Theben jetzt noch los; es hätte auf die Zustimmung vieler Staaten, vielleicht auf ihren Beistand rechnen können. Freilich, gerüstet waren sie nicht; Sparta hatte, seit Epameinondas am Eurotas gelagert, sich nicht erholen können; in der Kadmeia, in Chalkis, auf Euboia, in Akrokorinth lag noch makedonische Besatzung; in Athen war, wie immer, viel deklamiert und wenig getan; selbst als die Nachricht kam, daß der König bereits in Thessalien sei,

Er brach jetzt gegen Thessalien auf; er zog an der Meeresküste den Pässen des Peneios zu; den Hauptpaß Tempe sowie den Seitenpaß Kallipeuke fand er stark besetzt. Sie mit der Waffe in der Hand zu nehmen war schwierig, jeder Verzug gefahrbringend; Alexander schuf sich einen neuen Weg. Südwärts vom Hauptpaß erheben sich die Felsmassen des Ossa, weniger steil vom Meere her als neben dem Peneios emporsteigend; zu diesen minder steilen Stellen führte Alexander sein Heer, ließ, wo es nötig war, Stufen in das Gestein sprengen und kam, so das Gebirge übersteigend, in die Ebene Thessaliens, im Rücken des thessalischen Postens. Er war ohne Schwertstreich Herr des Landes, das er gewinnen, nicht unterwerfen wollte, um für den Perserkrieg der trefflichen thessalischen Reiter gewiß zu sein. Er lud die Edlen Thessaliens zu einer Versammlung; er erinnerte an die gemeinschaftliche Abstammung vom Geschlecht Achills, an die Wohltaten seines Vaters, der das Land von dem Joche des blutigen Tyrannen von Pherai befreit und durch die Wiederherstellung der uralten Tetrarchien des Aleuas für immer vor Aufständen und Tyrannei gesichert habe; er verlange nichts, als was sie freiwillig seinem Vater gegeben hätten, und die Anerkennung der in dem Hellenischen Bunde demselben übertragenen Hegemonie von Hellas; er versprach, die einzelnen Familien und Landschaften wie sein Vater in ihren Rechten und Freiheiten zu lassen und zu schützen, in den Perserkriegen ihren Rittern den vollen Anteil an der Kriegsbeute zu geben, Phthia aber, die Heimat ihres gemeinsamen Ahnherrn Achilles, durch Steuerfreiheit zu ehren. Die Thessaler eilten, so günstige und ehrenvolle Bedingungen anzunehmen, durch gemeinsamen Beschluß Alexander in den Rechten seines Vaters zu bestätigen, endlich, wenn es not tue, mit Alexander zur Unterdrückung der Unruhen gen Hellas zu ziehen. Wie die Thessaler, so

statthafteste war, gegen Attalos selbst zu ziehen; die griechischen Staaten wären zu lange sich selbst überlassen gewesen, Makedonen gegen Makedonen zum Bürgerkriege geführt, in dem vielleicht persische Satrapen den Ausschlag gegeben hätten, endlich Attalos, der nur als Verbrecher angesehen werden durfte, als eine Macht behandelt worden, gegen die zu kämpfen den König in den Augen der Hellenen und Barbaren erniedrigt hätte. Verstand man ihn zu treffen, so war die Kette gesprengt, und das Weitere fand sich von selbst.

Attalos wurde als des Hochverrates schuldig zum Tode verurteilt; einer der »Freunde«, Hekataios von Kardia, erhielt den Befehl, an der Spitze eines Korps nach Asien überzusetzen, sich mit den Truppen Parmenions zu vereinigen, Attalos lebend oder tot nach Makedonien einzubringen. Da von den Feinden im Norden schlimmstenfalls nicht mehr als verwüstende Einfälle zu fürchten waren und ein späterer Zug sie leicht unterwerfen konnte, beschloß der König, mit seinem Heere in Hellas einzurücken, bevor ihm dort eine bedeutende Heeresmacht entgegengestellt werden konnte.

Um diese Zeit kamen Boten des Attalos nach Pella, welche die Gerüchte, die über ihn verbreitet seien, Verleumdung nannten, in schönklingenden Worten seine Ergebenheit versicherten und zum Zeichen seiner aufrichtigen Gesinnung die Briefe, die er von Demosthenes über die Rüstungen in Hellas empfangen habe, in des Königs Hand legten. Der König, der aus diesen Dokumenten und aus Attalos' Annäherung auf den geringen Widerstand, den er in Hellas zu erwarten habe, schließen konnte, nahm seinen Befehl nicht zurück; auf des alten Parmenion Diensttreue, obschon Attalos dessen Schwiegersohn war, konnte er sich verlassen.

hen oder bei dem ersten Anlaß die Grenzen des Reiches räuberisch zu überfallen.

Alexanders Lage war peinlich und dringend; seine Freunde – auch die jüngst verbannten waren zurückgekehrt – beschworen ihn, nachzugeben, ehe alles verloren sei, sich mit Attalos zu versöhnen und das vorausgesandte Heer an sich zu ziehen, die Hellenen gewähren zu lassen, bis der erste Rausch vorüber sei, die Thraker, Geten, Illyrier durch Geschenke zu gewinnen, die Abtrünnigen durch Gnade zu entwaffnen. So hätte sich freilich Alexander in Makedonien recht festsetzen und ein glücklicher König seines Landes werden können; er hätte vielleicht allmählich denselben Einfluß über Hellas und dieselbe Macht über die umwohnenden Barbaren, die sein Vater gehabt hatte, gewinnen, ja endlich wohl auch an einen Zug nach Asien denken können, wie der Vater sein Leben lang. Alexander war anderer Art; der Entschluß, den er faßte, zeigt ihn in der ganzen Macht und Kühnheit seines Geistes. Wie von einem Helden späterer Jahrhunderte gesagt worden ist: »Sein Genius zog ihn.«

Das Gewirr der Gefahren ordnete sich in drei Massen: der Norden, Asien, Hellas. Zog er gegen die Völker im Norden, so gewann Attalos Zeit, seine Macht zu verstärken und vielleicht nach Europa zu führen; das Bündnis der hellenischen Städte erstarkte, und er war gezwungen, als Treubruch und offene Empörung der Staaten zu bekämpfen, was jetzt noch als Parteisache und als Einflüsterungen verbrecherischer und von persischem Golde bestochener Demagogen bestraft werden konnte. Zog er gegen Hellas, so konnte auch eine geringe Macht den Marsch durch die Pässe sperren und lange aufhalten, während Attalos durch nichts gehindert war, in seinem Rücken zu operieren und sich mit den aufrührerischen Thrakern zu vereinen. Das Un-

Vater geschworenen Bundesvertrages die Staaten, die ihm geschworen, nicht gegen den Sohn. Er sandte Boten und Briefe an Attalos, er unterhandelte mit Persien über Subsidien gegen Makedonien. Athen rüstete eifrig zum Kriege, machte die Flotte bereit; Theben schickte sich an, die makedonische Besatzung aus der Kadmeia zu treiben; die Aitoler, bisher Freunde Makedoniens, beschlossen, die von Philipp aus Akarnanien Verjagten mit gewaffneter Hand zurückzuführen; die Ambrakioten verjagten die makedonische Besatzung und richteten eine Demokratie ein; Argos, die Eleier, Arkader, alle waren bereit, das makedonische Joch von sich zu werfen, und Sparta hatte sich ihm nie unterworfen.

Umsonst schickte Alexander Gesandte, die sein Wohlwollen und seine Achtung vor den bestehenden Freiheiten versicherten; die Hellenen schwelgten in der Zuversicht, daß nun die alte Zeit des Ruhmes und der Freiheit zurückgekehrt sei; sie meinten, der Sieg sei unzweifelhaft; bei Chaironeia habe die ganze makedonische Macht unter Philipp und Parmenion mit Mühe die Heere Athens und Thebens besiegt; jetzt seien alle Hellenen vereint, ihnen gegenüber ein Knabe, der kaum seines Thrones sicher sei und lieber in Pella peripatesieren als mit Hellas zu kämpfen wagen werde; sein einziger erprobter Feldherr Parmenion sei in Asien, mit ihm ein bedeutender Teil des Heeres, schon von den persischen Satrapen bedrängt, ein anderer unter Attalos bereit, sich für die Hellenen gegen Alexander zu erklären; selbst die thessalischen Ritter, selbst das Kriegsvolk der Thraker und der Paionen sei der makedonischen Macht entzogen, nicht einmal der Weg nach Hellas ihr mehr offen, wenn Alexander wagen sollte, sein Reich den Einfällen der nordischen Nachbarn und den Angriffen des Attalos preiszugeben. In der Tat drohten die Völker im Norden und Osten, sich der Abhängigkeit von Makedonien zu entzie-

DRITTES KAPITEL

*Gefahren von außen · Der Zug nach Griechenland 336
Erneuerung des Bundes von Korinth · Das Ende des Attalos
Die Nachbarn im Norden · Feldzug nach Thrakien, an die Donau,
gegen die Illyrier · Zweiter Zug nach Griechenland 335 · Zerstörung
Thebens · Zweite Erneuerung des Bundes von Korinth*

Rasch und mit fester Hand hatte Alexander die Zügel der Herrschaft ergriffen, die Ruhe im Innern hergestellt. Aber von außen liefen höchst beunruhigende Nachrichten ein.

In Kleinasien hatte Attalos, auf seine Truppen rechnend, die er zu gewinnen verstanden, den Plan gefaßt, unter dem Scheine, die Ansprüche seines Großneffen, des Sohnes der Kleopatra, zu vertreten, die Herrschaft an sich zu reißen; seine Heeresmacht und noch mehr die Verbindungen, die er mit den Feinden Makedoniens angeknüpft hatte, machten ihn sehr gefährlich. Dazu begann eine Bewegung in den hellenischen Landen, die einen allgemeinen Abfall besorgen ließ. Die Athener hatten auf die Nachricht von Philipps Tod – die erste empfing Demosthenes durch geheime Boten des Strategen Charidemos, der wohl in der Nähe der thrakischen Küsten auf Station war – ein Freudenfest gefeiert, dem Gedächtnis des Mörders einen Ehrenbeschluß gewidmet; Demosthenes selbst hatte die Anträge gestellt, er hatte, in der Ratsversammlung sprechend, Alexander einen Gimpel genannt, der sich aus Makedonien nicht hinauswagen werde; er setzte alles in Bewegung, Athen, Theben, Thessalien, das ganze Hellas zum offenen Bruch mit Makedonien zu vermögen, als bände der Eid des mit dem

eines zweifellosen Erbes«; er, der Zwanzigjährige, sollte zeigen, ob er König zu sein Beruf und Kraft habe. Er ergriff die Zügel der Herrschaft mit sicherer Hand, und die Verwirrung ordnete sich schnell und ruhig. Er berief nach makedonischer Sitte das Heer, die Huldigung desselben zu empfangen: nur der Name des Königs sei ein anderer, die Macht Makedoniens, die Ordnung der Dinge, die Hoffnung auf Eroberung dieselbe. Er ließ die alte Dienstpflicht; er erließ denen, die dienten, alle anderen Dienste und Lasten. Häufige Übungen und Märsche, die er anordnete, stellten den militärischen Geist bei den Truppen, den die jüngsten Vorgänge gelockert haben mochten, wieder her und machten sie seiner Hand sicher.

Der Königsmord forderte die strengste Strafe; sie war zugleich das sicherste Mittel, das neue Regiment zu befestigen. Es kam an den Tag, daß die lynkestischen Brüder vom Perserkönig, der den Krieg mit Philipp fürchtete, bestochen waren und in der Hoffnung, durch persische Hilfe das Reich an sich zu reißen, eine Verschwörung gestiftet hatten, für deren geheime Pläne Pausanias nur das blinde Werkzeug gewesen war; die Mitverschworenen wurden in den Tagen der Leichenfeier hingerichtet, unter ihnen die Lynkestier Arrhabaios und Heromenes; ihr Bruder Alexandros wurde begnadigt, weil er sich unterworfen hatte; des Arrhabaios Sohn Neoptolemos flüchtete zu den Persern.

dessen sie nicht länger durch Usurpatoren beraubt bleiben dürften; überdies seien Alexander und Amyntas fast noch Knaben, dieser von Kindheit an der Kraft und Hoffnung zu herrschen entwöhnt, Alexander unter dem Einfluß seiner rachedürstenden Mutter, durch Übermut, verkehrte Bildung im Geschmack des Tages, Verachtung der alten guten Sitte den Freiheiten des Landes gefährlicher als selbst sein Vater Philipp; sie dagegen seien Freunde des Landes und aus jenem Geschlecht, das zu aller Zeit die alte Sitte aufrechtzuerhalten gestrebt habe; ergraut unter den Makedonen, mit den Wünschen des Volkes vertraut, dem großen Könige in Susa befreundet, könnten sie allein das Land vor dessen Zorn schützen, wenn er Genugtuung für den tollkühn begonnenen Krieg Philipps zu fordern komme; zum Glücke sei das Land durch die Hand ihres Freundes früh genug von einem Könige befreit, der das Recht, der des Volkes Wohl, der Schwüre und Tugend für nichts geachtet habe.

So die Parteien; aber das Volk haßte die Königsmörder und fürchtete den Krieg nicht; es vergaß Kleopatras Sohn, da der Vertreter seiner Partei fern war; es kannte den Sohn des Perdikkas nicht, dessen Tatlosigkeit Beweis genug für seine Unfähigkeit schien. Auf Alexanders Seite war alles Recht und die Teilnahme, welche unverdiente Kränkungen erwecken, außerdem der Ruhm der Kriege gegen die Maider, die Illyrier, des Sieges von Chaironeia, der schönere Ruhm der Bildung, Leutseligkeit und Hochherzigkeit; selbst den Geschäften des Reiches hatte er schon mit Glück vorgestanden; er besaß das Vertrauen und die Liebe des Volkes; namentlich des Heeres war er sicher. Der Lynkestier Alexandros erkannte, daß für ihn keine Hoffnung blieb; er eilte zu Olympias' Sohn, er war der erste, der ihn als König der Makedonen begrüßte.

Alexanders Anfang war »nicht die einfache Übernahme

die Begleitung vorauf in das Theater, er meint ihrer inmitten der frohen Menge nicht zu bedürfen. Da stürzt Pausanias auf ihn zu, durchstößt seine Brust, und während der König niedersinkt, eilt er zu den Pferden, die ihm am Tore bereitstehen; flüchtend strauchelt er, fällt nieder; Perdikkas, Leonnatos, andere von den Leibwächtern des Königs erreichen ihn, durchbohren ihn.

In wilder Verwirrung löst sich die Versammlung; alles ist in Bestürzung, in Gärung. Wem soll das Reich gehören, wer es retten? Alexander ist der Erstgeborene des Königs; aber man fürchtet den wilden Haß seiner Mutter, die, dem Könige zu gefallen, mancher verachtet und mißehrt hat. Schon ist sie in Aigai, die Totenfeier ihres Gemahls zu halten; sie scheint das Furchtbare geahnt, vorausgewußt zu haben; den Mord des Königs nennt man ihr Werk, sie habe dem Mörder die Pferde bereitgehalten. Auch Alexander habe um den Mord gewußt, ein Zeichen mehr, daß er nicht Philipps Sohn, sondern unter schwarzen Zauberkünsten empfangen und geboren sei; daher des Königs Abscheu gegen ihn und seine wilde Mutter, daher die zweite Ehe mit Kleopatra. Dem Knaben, den sie eben geboren, gebühre das Reich; und habe nicht Attalos, ihr Oheim, des Königs Vertrauen gehabt? Der sei würdig, die Regentschaft zu übernehmen. Andere meinen, das nächste Recht an das Reich habe Amyntas, Perdikkas' Sohn, der als Kind die Zügel des vielbedrohten Reiches an Philipp habe überlassen müssen; nur Philipps Trefflichkeit könne seine Usurpation entschuldigen; nach unverjährbarem Recht müsse Amyntas jetzt die Herrschaft erhalten, deren er sich in langer Entsagung würdig gemacht habe. Dagegen behaupten die Lynkestier und ihr Anhang, wenn ältere Ansprüche gegen Philipps Leibeserben geltend gemacht würden, so habe vor Perdikkas und Philipps Vater ihr Vater und ihr Bruder das Reich besessen,

her Gunst. Bei einem Gelage hatte er schwere Beschimpfung von Attalos erlitten, dann sich auf das höchste entrüstet an den König gewandt, der, was Attalos getan, wohl tadelte, aber sich begnügte, den Beleidigten mit Geschenken zu begütigen, ihn in die Reihe der Leibwächter aufzunehmen. Darauf vermählte sich Philipp mit Attalos' Nichte, Attalos mit Parmenions Tochter; Pausanias sah keine Hoffnung, sich zu rächen; desto tiefer nagten der Gram und das Verlangen nach Rache und der Haß gegen den, der ihn um sie betrogen. In seinem Hasse war er nicht allein; die lynkestischen Brüder hatten nicht vergessen, was ihr Vater, was ihr Bruder gewesen war; sie knüpften geheime Verbindung mit dem Perserkönig an; sie waren um so gefährlicher, je weniger sie es schienen. Im stillen fanden sich mehr und mehr Unzufriedene zusammen; Hermokrates, der Sophist, schürte die Glut mit der argen Kunst seiner Rede, er gewann Pausanias' Vertrauen. »Wie erlangt man den höchsten Ruhm?« fragte der Jüngling. »Ermorde den, der das Höchste vollbracht hat«, war des Sophisten Antwort.

Es kam der Herbst, mit ihm die Hochzeitsfeier; in Aigai, der alten Residenz und, seit Pella blühte, noch der Könige Begräbnisort, sollte das Beilager gehalten werden; von allen Seiten strömten Gäste herbei, in festlichem Pomp kamen die Theoren aus Griechenland, viele mit goldenen Kränzen für Philipp, die Fürsten der Agrianer, Paionen, Odryser, die Großen des Reiches, der ritterliche Adel des Landes, unzähliges Volk. In lautem Jubel, unter Begrüßungen und Ehrenverleihungen, unter Festzügen und Gelagen vergeht der erste Tag; Herolde laden zum nächsten Morgen in das Theater. Ehe noch der Morgen graut, drängt sich schon die Menge durch die Straßen zum Theater in buntem Gewühl; von seinen Edelknaben und Leibwächtern umgeben, naht endlich der König in festlichem Schmuck; er sendet

fe und aus dem Lande verwiesen, Thessalos' Auslieferung in Korinth gefordert.

So kam das Jahr 336. Die Rüstungen zum Perserkriege wurden mit der größten Lebhaftigkeit betrieben, die Kontingente der Bundesstaaten aufgerufen, nach Asien eine bedeutende Heeresmacht unter Parmenion und Attalos vorausgesandt, die Plätze jenseits des Hellesponts zu besetzen und die hellenischen Städte zu befreien, dem großen Bundesheer den Weg zu öffnen. Seltsam genug, daß der König so seine Macht zersplitterte, doppelt seltsam, daß er einen Teil derselben, der nicht auf alle Fälle stark genug war, darangab, ehe er der politischen Verhältnisse daheim völlig sicher war. Ihm entgingen die Bewegungen in Epeiros nicht; sie schienen einen Krieg in Aussicht zu stellen, der nicht bloß den Perserzug noch mehr zu verzögern drohte, sondern, wenn er glücklich beendet wurde, keinen bedeutenden Gewinn gebracht, im entgegengesetzten Falle das mühsame Werk, das der König in zwanzigjähriger Arbeit vollendet hatte, mit einem Schlage zerstört haben würde. Der Krieg mußte vermieden, der Molosser durfte nicht in so unzuverlässiger Stellung zu Makedonien gelassen werden; er wurde durch einen Antrag gewonnen, der ihn zugleich ehrte und seine Macht sicherte. Philipp verlobte ihm seine und Olympias' Tochter Kleopatra; noch im Herbst desselben Jahres sollte das Beilager gehalten werden, welches der König zugleich als das Fest der Vereinigung aller Hellenen und als gemeinsame Weihe für den Perserkrieg mit der höchsten Pracht zu feiern beschloß; hatte doch auf seine Frage, ob er den Perserkönig besiegen werde, der Delphische Gott ihm geantwortet: »Siehe, der Stier ist gekränzt; nun endet's; bereit ist der Opfrer.«

Unter den jungen Edelleuten des Hofes war Pausanias, ausgezeichnet durch seine Schönheit und in des Königs ho-

zu warnen und aufzureizen nicht unterlassen haben. Anlaß zu Mißtrauen fand sich genug; Attalos und dessen Freunde standen überall voran. Als gar den Gesandten des karischen Dynasten Pixodaros, die um ein Bündnis mit Philipp warben und Verschwägerung beider Häuser vorschlugen, für des Dynasten Tochter Arrhidaios zum Gemahl angeboten wurde, des Königs Sohn von der Thessalerin, da meinte Alexander nicht anders, als daß sein Recht auf die Nachfolge in Gefahr sei. Seine Freunde stimmten bei; sie rieten, mit Entschlossenheit und höchster Eile den Plänen des Vaters entgegenzuarbeiten. Ein Vertrauter, der Schauspieler Thessalos, wurde zum karischen Dynasten gesandt: er möge doch seine Tochter nicht dem blödsinnigen Bastard preisgeben; Alexander, des Königs rechtmäßiger Sohn und einstiger Thronerbe, sei bereit, eines so mächtigen Fürsten Eidam zu werden. Philipp erfuhr die Sache und zürnte auf das heftigste; in Gegenwart des jungen Philotas, eines der Freunde Alexanders, warf er ihm die Unwürdigkeit seines Mißtrauens und seiner Heimlichkeiten vor; er sei seiner hohen Geburt, seines Glückes, seines Berufes nicht wert, wenn er sich nicht schäme, eines Karers Tochter, des Barbarenkönigs Sklavin, heimzuführen. Die Freunde Alexanders, die ihn beraten, Harpalos, Nearchos, Ptolemaios, des Lagos Sohn, die Brüder Erigyios und Laomedon, wurden vom Ho-

---

muß also eine Art weiblicher Sukzession für Epeiros in Übung gewesen sein, Olympias mit ihrem Bruder Alexandros als Erbin der einen Hälfte des Landes gegolten haben, während die andere ihr Oheim und Vormund Arybbas innehatte. Diesen und sein Geschlecht hatte Philipp dann vertrieben, die Städte am Ambrakischen Busen noch hinzugewonnen, diese und das ganze Königtum an Alexandros übergeben; gewiß nicht ohne Bedingungen. Früher war Epeiros in Dependenz von Thessalien gewesen; der König Alketas wird bei Xen. Hell. VI 1, 7 als ὁ ἐν Ἠπείρῳ ὕπαρχος bezeichnet.

kedonen, daß sie unserer Königin Schoß segnen und dem Lande einen rechtmäßigen Thronerben schenken mögen!« Alexander war zugegen; im heftigsten Zorn schrie er ihm zu: »Gelte ich dir als Bastard, Lästerer?« und schleuderte den Becher gegen ihn. Der König sprang wütend auf, riß das Schwert von der Seite, stürzte auf den Sohn zu, ihn zu durchbohren; der Wein, die Wut, die Wunde von Chaironeia machten seinen Schritt unsicher; er taumelte, fiel zu Boden. Die Freunde eilten, Alexander aus dem Saale zu entfernen. »Seht, Freunde«, sagte er beim Hinausgehen, »mein Vater will von Europa nach Asien gehen und kann nicht den Weg von Tisch zu Tisch vollenden.« Er verließ mit der Mutter Makedonien; sie ging nach ihrer Heimat Epeiros, er weiter zu den Illyriern.

Nicht lange danach kam Demaratos, der korinthische Gastfreund, nach Pella; nach dem Gruße fragte der König, wie es unter den Hellenen aussähe und ob sie Frieden und Eintracht hielten. Mit edler Freimütigkeit antwortete der Gastfreund: »O König, schön fragst du nach Fried' und Eintracht im hellenischen Lande und hast dein eigen Haus mit Unfrieden und Haß erfüllt und, die dir die Nächsten und Liebsten sein sollten, von dir entfremdet!« Der König schwieg; er wußte, wie Alexander geliebt wurde, was er galt und war; er fürchtete, den Hellenen Anlaß zu bösem Leumund und vielleicht zu böseren Plänen zu geben. Demaratos selbst mußte das Geschäft des Vermittlers übernehmen; bald waren Vater und Sohn versöhnt, Alexander kehrte zurück.

Aber Olympias vergaß nicht, daß sie mißehrt und verstoßen war; sie blieb in Epeiros; sie drang in ihren Bruder, die Waffen gegen Philipp zu erheben, sich der Abhängigkeit von ihm frei zu machen[13]. Sie wird auch wohl ihren Sohn

---

13 Die Art dieser Abhängigkeit ist unklar. Satyros (fr. 5) sagt von Philipp: προσεκτήσατο δὲ καὶ τὴν Μολόττων βασιλείαν γήμας Ὀλυμπιάδα. Es

ner Stimme bekundete den Helden; wenn er ruhte, bezauberte die Milde seiner Miene, das sanfte Rot, das auf seiner Wange spielte, sein feuchtaufblickendes Auge, das ein wenig zur Linken geneigte Haupt. In ritterlichen Übungen war er vor allen ausgezeichnet; schon als Knabe bändigte er das wilde thessalische Roß Bukephalos, an welches sich kein anderer wagen wollte und das ihm späterhin in allen seinen Kriegen als Schlachtroß diente. Die erste Waffenprobe legte er unter seines Vaters Regierung ab; er bezwang, da Philipp Byzanz belagerte, die Maider und gründete dort eine Stadt mit seinem Namen; noch höheren Ruhm gewann er in der Schlacht von Chaironeia, die durch seine persönliche Tapferkeit gewonnen wurde. Im Jahre darauf schlug er den illyrischen Fürsten Pleurias in einer sehr hartnäckigen Schlacht. Der Vater sah, so scheint es, neidlos in dem Sohn den einstigen Vollender seiner Pläne; er wird nach so vielen Erschütterungen, die die Sukzession des Königshauses über das Land gebracht, über die Zukunft desselben beruhigt gewesen sein, wenn ihm zur Seite der Nachfolger stand, der den höchsten Aufgaben des Königtums gewachsen schien, dem, so soll sein Ausspruch gewesen sein, »Makedonien zu klein sein werde«, der »nicht, wie er selbst, vieles, was nicht mehr zu ändern, zu bereuen haben werde«.

Dann begannen Irrungen zwischen Vater und Sohn; Alexander sah seine Mutter von Philipp vernachlässigt, thessalische Tänzerinnen und griechische Buhlerinnen ihr vorgezogen; dann gar wählte sich der König eine zweite Gemahlin aus den edlen Töchtern des Landes, des Attalos Nichte Kleopatra. Das Beilager, so ist die Erzählung, wurde nach makedonischer Sitte glänzend und lärmend gefeiert; man trank und lachte; schon waren alle vom Wein erhitzt; da rief Attalos, der jungen Königin Oheim: »Bittet die Götter, ihr Ma-

Größe der Gedanken, den Gedanken der Größe gegeben zu haben, der ihn den Genuß verachten und die Wollust fliehen lehrte[11], der seine Leidenschaft adelte und seiner Kraft Maß und Tiefe gab. Alexander bewahrte für seinen Lehrer allezeit die innigste Verehrung: seinem Vater danke er nur sein Leben, seinem Lehrer, daß er würdig lebe.

Unter solchen Einflüssen bildete sich sein Genius und sein Charakter; voll Tatenlust und Ruhmbegier trauerte er wohl um die Siege seines Vaters, die ihm nichts mehr zu tun übrig lassen würden. Sein Vorbild war Achilleus, aus dessen Geschlecht er sich gern entstammt zu sein rühmte und dem er durch Ruhm und Leid ähnlich werden sollte. Wie jener seinen Patroklos, so liebte er den Freund seiner Jugend, Hephaistion; und wenn er seinen großen Ahnherrn glücklich pries, daß Homer der Nachwelt das Gedächtnis seiner Taten überliefert habe, so ist die Heldensage der morgen- und abendländischen Völker nicht müde geworden, den Namen Alexanders mit allem Wunderglanz menschlicher und übermenschlicher Größe zu schmücken. Er liebte mehr seine Mutter als seinen Vater; von jener hatte er den Enthusiasmus und die tiefe Innigkeit des Empfindens[12], die ihn in der Reihe der Helden alter und neuer Zeit unterscheidet. Dem entsprach sein Äußeres: sein scharfer Gang, sein funkelnder Blick, das zurückfliegende Haar, die Gewalt sei-

---

11 In der Tat ist die Keuschheit eine seiner schönsten Tugenden und durch viele Beispiele bewährt. Als Jüngling war er so entfernt von Wollust, daß seine Eltern voll Besorgnis ihn durch eine schöne Hetäre zu verführen suchten, die sich in sein Schlafgemach schleichen mußte; Alexander wandte sich voll Scham von ihr und beklagte sich bitter über das Geschehene.

12 Unter den vielen dahin gehörigen Erzählungen besonders bezeichnend ist die von dem wunderbaren Einfluß, den die Musik auf ihn ausübte; als Antigenides einst ein Kriegslied zur Flöte sang, sprang Alexander auf und griff nach den Waffen. (Plut.) de fort. Alex. II 2.

lande, vom stillen Goldstrom und dem Sonnenquell, dem goldenen Weinstock mit smaragdenen Trauben und der Nysawiese des Dionysos des Knaben Seele beschäftigt haben; dann wuchs er heran und hörte von den Siegen bei Marathon und Salamis, von den heiligen Tempeln und Gräbern, die der Perserkönig mit seinen Sklavenheeren zerstört und geschändet habe, und wie damals auch sein Ahnherr, der erste Alexandros, den Persern Erde und Wasser habe darbringen, ihnen Heeresfolge gegen die Hellenen leisten müssen, wie nun Makedonien nach Asien ziehen und die Ahnen rächen werde. Als einst Gesandte aus der persischen Königsburg nach Pella kamen, fragte er sie sorgsam nach den Heeren und Völkern des Reichs, nach Gesetz und Brauch, nach Verfassung und Leben der Völker; die Perser erstaunten über den Knaben[9].

Von nicht minderer Wichtigkeit war, daß Aristoteles, der größte Denker des Altertums, des Heranwachsenden Lehrer wurde. Philipp soll bei der Geburt seines Sohnes ihn darum ersucht, er soll ihm geschrieben haben: »Nicht daß er geboren ist, sondern daß er in deinen Tagen geboren ist, macht mich froh; von dir erzogen und gebildet, wird er unserer würdig und der Bestimmung, die einst sein Erbe ist, gewachsen sein.«[10] Der die Welt dem Gedanken erobert hat, erzog den, der sie mit dem Schwerte erobern sollte; ihm gebührt der Ruhm, dem leidenschaftlichen Knaben die Weihe und

---

9 Wenn diese von Plutarch aufbewahrte Anekdote sicheren Grund hat, so muß sie wohl vor dem Kriege gegen Perinth und Byzanz vorgefallen sein, also ehe Alexander fünfzehn Jahre alt war. Vorher schon waren der Perser Artabazos und dessen Schwager, der Rhodier Memnon, als Flüchtlinge am Hofe zu Pella.

10 Kein Zweifel, daß dieser im Altertum berühmte Brief eine Fälschung ist; Aristoteles, damals noch nicht dreißig Jahre alt, hatte noch nicht den Ruhm, den dieser Brief voraussetzt.

denlebens und den großen Gedanken eines Zusammenhanges aus, wie ihn die Forschung nachzuweisen sich so oft umsonst bemüht und öfter überhoben hat.

Von König Philipp sprechend, sagt Theopompos: »Nie hat, alles in allem gerechnet, Europa einen solchen Mann getragen wie den Sohn des Amyntas.« Aber das Werk, in dem er das Ziel seines Lebens sah, zu vollbringen, fehlte ihm, dem Rechnenden, Nüchternen, mit unverdrossener Arbeit sich Mühenden, ein letztes Etwas, das auf seinem Wege nicht lag. Er mag jenen Gedanken als Mittel ergriffen haben, die Griechenwelt zu einigen, den Blick seiner Makedonen hoch und höher zu heben; es war der Gedanke, den die Bildung, die Geschichte des Griechentums ihm gab; die Notwendigkeit der Verhältnisse, mit denen er so lange, so schwer zu ringen hatte, trieb ihn zu diesem Gedanken, nicht die Notwendigkeit und die unwiderstehliche Macht dieses Gedankens zu dessen Ausführung; man möchte zweifeln, ob er an ihn glaubte, wenn man ihn in immer neuen Vorbereitungen zögern und zur Seite lenken sieht; gewiß waren diese erforderlich; aber den Ossa auf den Pelion türmend, erreicht man den Olymp der Götter doch nicht. Wohl sah er jenseits des Meeres das Land der Siege und der Zukunft Makedoniens; dann aber trübte sich sein Blick, und seine Pläne umwölkten sich mit den unbestimmten Gestaltungen seiner Wünsche. Dasselbe Verlangen nach dem großen Werke teilte von ihm sich seinen Umgebungen, dem Adel, dem gesamten Volke mit, es wurde der stets durchklingende Grundton des makedonischen Lebens, das lockende Geheimnis der Zukunft: man kämpfte gegen die Thraker und siegte über die Griechen; aber der Orient war das Ziel, für das man kämpfte und siegte.

Unter solchen Umgebungen verlebte Alexander seine Kinderjahre, und früh genug mögen die Sagen vom Morgen-

sen, voll tiefer Gluten, war sie dem geheimnisvollen Dienste des Orpheus und Bakchos, den dunklen Zauberkünsten der thrakischen Weiber eifrigst ergeben; in den nächtlichen Orgien, so wird berichtet, sah man sie vor allen in wilder Begeisterung, den Thyrsos und die Schlange schwingend, durch die Berge stürmen; ihre Träume wiederholten die phantastischen Bilder, deren ihr Gemüt voll war; sie träumte in der Nacht vor der Hochzeit, es umtose sie ein mächtiges Gewitter, und der Blitz fahre flammend in ihren Schoß, daraus dann ein wildes Feuer hervorbreche und in weit und weiter zehrenden Flammen verschwinde.

Wenn die Überlieferung sagt, daß außer vielen anderen Zeichen in der Nacht, da Alexander geboren wurde, der Artemistempel zu Ephesos, mit seinem Megabyzos an der Spitze seiner Verschnittenen und Hierodulen den Hellenen ein echt morgenländisches Heiligtum, niedergebrannt sei, daß ferner der König Philipp die Nachricht von der Geburt des Sohnes zu gleicher Zeit mit drei Siegesbotschaften erhielt[8], so spricht sie sagenhaft den Sinn des reichsten Hel-

---

Justin. VIII 6). Schon 352 fand Philipp Anlaß, wider Arybbas zu kämpfen (Dem. Olynth. I 14). Dann, als Alexandros zwanzig Jahre alt war, veranlaßte er ihn, die Waffen gegen seinen Oheim zu erheben (ereptum Arybbae regnum puero admodum tradit; Justin. l. c.). Nach Athen geflüchtet, erwirkte Arybbas den Beschluß, daß die attischen Strategen Fürsorge treffen sollten, ὅπως Ἀ[ρύββα]ς καὶ οἱ παῖδες αὐτοῦ [κομί]σωνται τὴν ἀρχὴν τὴν πατρ[ῴαν] [IG II² 226]. Damals eroberte Philipp auch die von den Eleiern gegründeten Städte in der Kassopia am Ambrakischen Meerbusen und übergab sie dem Molosser. Arybbas scheint bald darauf gestorben zu sein, Alexandros blieb der alleinige Herr in Epeiros.

8 Es ist ein olympischer Sieg Ol. 106, die Eroberung von Poteidaia, ein Sieg des Parmenion über die illyrischen Dardaner (Plut. Alex. 3). Der Synchronismus dieser drei Vorgänge ist, wie viele ähnliche Synchronismen der griechischen Geschichte, vielleicht volksmäßige Kombination, vielleicht schulmäßige Gedächtnishilfe, gewiß ohne pragmatischen Wert.

eigentümlichsten Art, Grieche im Verhältnis zu seinem Volke, Makedone für die Griechen, war er jenen um die hellenische List und Hinterlist, diesen um die makedonische Derbheit und Tatkraft voraus, beiden überlegen an scharfer Fassung seiner Ziele, an folgerichtiger Durchführung seiner Entwürfe, an Verschwiegenheit und Raschheit in der Ausführung. Er verstand, seinen Gegnern stets ein Rätsel zu sein, ihnen immer anders, an anderer Stelle, in anderer Richtung zu erscheinen, als sie erwarteten. Von Natur zu Wollust und Genuß geneigt, war er in seinen Neigungen ebenso rücksichtslos wie unbeständig; oft schien er von seinen Leidenschaften völlig beherrscht zu werden und war doch in jedem gegebenen Fall ihrer völlig Herr, so nüchtern und kalt, wie es seine Zwecke forderten; und man kann zweifeln, ob in seinen Tugenden oder in seinen Fehlern mehr sein eigenstes Wesen hervortrat. In ihm stellt sich die Bildung seines Zeitalters, ihre Glätte, Klugheit, Frivolität, ihre Verbindung von großen Gedanken und raffinierter Geschmeidigkeit wie in *einem* Bilde dar.

Das entschiedene Gegenteil von ihm war seine Gemahlin Olympias, die Tochter des Epeirotenkönigs Neoptolemos aus dem Geschlecht Achills; Philipp hatte sie in seinen jungen Jahren bei der Mysterienfeier auf Samothrake kennengelernt und sich mit Einwilligung ihres Vormundes und Oheims Arybbas mit ihr vermählt[7]. Schön, verschlos-

---

7 Plut. Alex. 2. Ihr Vater Neoptolemos wird bereits im Beschluß des attischen Seebundes von 378/7 [IG II² 43, Z. 14] neben seinem Vater Alketas genannt. Nach dem Tode des Alketas teilte Neoptolemos mit seinem Bruder Arybbas nach kurzer gemeinsamer Regierung das Königtum der Molosser, und nach Neoptolemos' Tod übernahm die Vormundschaft seiner Kinder Olympias und Neoptolemos ihr Oheim Arybbas. Olympias wurde 357 Philipps Gemahlin; bald war auch deren Bruder am Hofe Philipps (in Macedoniam nomine sororis accersit omnique studio spe regni sollicitatum usw.;

Von den zahlreichen edlen Geschlechtern, die am Hofe von Pella versammelt waren, verdienen zwei wegen ihrer besonderen Wichtigkeit Erwähnung, das des Jolaos und des Philotas. Philotas' Sohn war jener treue und besonnene Feldherr Parmenion, dem Philipp wiederholt die Führung der wichtigsten Expeditionen anvertraute; ihm dankte er den Sieg über die Dardaner 356, durch ihn ließ er 343 Euboia besetzen; Parmenions Brüder Asandros und Agathon, noch mehr seine Söhne Philotas, Nikanor und Hektor nahmen später bedeutenden Anteil an dem Ruhme des Vaters; seine Töchter verbanden sich mit den vornehmsten Söhnen des Landes: die eine mit Koinos, dem Phalangenführer, die andere mit Attalos, dem Oheim einer späteren Gemahlin des Königs. In nicht minder einflußreicher und ehrenvoller Stellung war des Iolaos Sohn Antipatros oder, wie ihn die Makedonen nannten, Antipas; das bezeichnet des Königs Wort: »Ich habe ruhig geschlafen, denn Antipas wachte.« Seine erprobte Treue und die nüchterne Klarheit, mit der er militärische wie politische Verhältnisse auffaßte, machten ihn für das hohe Amt eines Reichsverwesers, das er bald genug einnehmen sollte, vollkommen geeignet; die Vermählung mit seiner Tochter schien das sicherste Mittel, die hohe Familie der Lynkestier zu gewinnen; seine Söhne Kassandros, Archias und Iolaos erhielten erst später Bedeutung.

So der Hof, so die Nation, wie sie durch Philipp gestaltet waren; man darf hinzufügen, daß das monarchische Element in dem makedonischen Staatsleben ebenso durch die geschichtliche Stellung dieses Staates wie durch die Persönlichkeit Philipps ein entschiedenes Übergewicht erhalten mußte. Erst in dem Ganzen dieses Zusammenhanges ist des Königs Charakter und Handlungsweise begreiflich. Im Mittelpunkt von Widersprüchen und Gegensätzen der

seiner Opulenz, seinem militärischen Glanz, dem Adel, der dort versammelt war, wohl imponieren. Mehrere dieser edlen Geschlechter, wie schon bemerkt, waren fürstlichen Ursprungs; so das Bakchiadengeschlecht von Lynkestis; so das Geschlecht des Polyperchon, fürstlich im tymphäischen Lande; so das des Orontes, dem die Landschaft Orestis gehört zu haben scheint; des Orontes älterer Sohn Perdikkas erhielt die Führung der Phalanx von Orestis, derselben, wie es scheint, welche demnächst, als er selbst Hipparch wurde, an seinen Bruder Alketas überging. Das bedeutendste unter diesen fürstlichen Geschlechtern, eine Seitenlinie des Königshauses, war das von Elymiotis, entstammt von dem oben erwähnten Fürsten Derdas aus der Zeit des Peloponnesischen Krieges; um das Jahr 380 hatte ein zweiter Derdas den Besitz des Landes und war damals, mit Amyntas von Makedonien und den Spartanern verbündet, gegen Olynth gezogen; später, um 350, wird er als von den Olynthiern gefangen erwähnt. Wenn Philippos dessen Schwester Phila zur Gemahlin genommen hat, so wird er damit ihn fester an sich zu ketten oder ein Zerwürfnis auszugleichen bezweckt haben. Des Derdas Brüder Machatas und Harplos werden in des Königs Umgebung erwähnt. Aber es blieb zwischen Philipp und dieser Familie stete Spannung, die nicht immer geschickt genug verhelt und von dem Könige vielleicht absichtlich erhalten wurde, um durch zweifelhafte Gunst sie etwas fern und in Besorgnis zu halten. Kaum konnte Machatas in einer Rechtssache, in welcher der König zu Gericht saß, einen gerechten Spruch erlangen, und Philipp unterließ nicht, eine Unrechtlichkeit, die ein Verwandter des Hauses sich zuschulden kommen lassen, zur öffentlichen Kränkung der Familie zu benutzen; die Bitten, die des Machatas Bruder Harpalos für ihn einlegte, wurden nicht ohne Schärfe zurückgewiesen.

krates einen Freund der Literatur und der Bildung; daß er Aristoteles zum Lehrer seines Sohnes berief, bezeugt es. Er sorgte, so scheint es, durch Einrichtung von Lehrvorträgen aller Art, die zunächst für die Edelknaben in seiner Umgebung bestimmt waren, für die Bildung des jungen Adels, den er soviel als möglich an den Hof zu ziehen, an seine Person zu fesseln und für den unmittelbaren Dienst des Königtums vorzuüben suchte. Als Edelknaben und bei reiferer Jugend in den Scharen der Hetairen als Leibwächter (Somatophylakes) des Königs, als Kommandierende bei den verschiedenen Abteilungen des Heeres, in Gesandtschaften an hellenische Staaten, wie sie so häufig vorkamen, hatte der Adel Gelegenheit genug, sich auszuzeichnen oder den Lohn für geleistete Dienste zu empfangen; überall aber bedurfte er jener Bildung und attischen Sitte, wie sie der König wünschte und selbst besaß. Sein eifrigster Gegner mußte gestehen, daß Athen kaum einen an feiner Geselligkeit ihm Ähnlichen aufzuweisen habe; und wenn es an seinem Hofe für gewöhnlich nach der derben makedonischen Art mit Gelagen und Lärm und Trunkenheit herging, »kentaurenhaft, laistrygonenhaft«, wie Theopomp es mit Verachtung schildert, so waren die Hoffeste, der Empfang fremder Gesandtschaften, die Feier der großen Spiele desto glänzender nach hellenischer Art und Geschmack, alles prächtig und großartig, nichts kleinlich und karg. Die Domänen des Königshauses, die Grundsteuern des Landes, die Zölle der Häfen, die Bergwerke am Pangaion, die jährlich an 1000 Talenten Ertrag gaben, vor allem die Ordnung und Wirtschaftlichkeit der Verwaltung, die Philippos durchgeführt, machten sein Königtum so überlegen, wie es in der hellenischen Welt nur einmal vorgekommen war, in der perikleischen Zeit Athens.

Selbst attischen Gesandten konnte der Hof von Pella mit

Frische dem überbildeten, in Demokratie und städtischem Leben überreizten oder abgestumpften Griechentum überlegen sein. Die Gunst des Schicksals hatte diesem makedonischen Lande die alte Kraft und Art erhalten, bis es demselben zuteil wurde, sie in großen Aufgaben zu bewähren; sie hatte hier in dem Kampf des Königtums mit dem Adel nicht wie in Hellas Jahrhunderte früher dem trotzigen Herrenstande, sondern dem Königtum den Sieg gegeben. Und dies Königtum eines freien und kräftigen Bauernvolkes, diese militärische Monarchie gab jetzt diesem Volk die Form, die Kraft und Richtung, welche auch die Demokratien in Hellas wohl als wesentlich erkannt, aber festzuhalten und zu dauernden Organisationen zu entwickeln nicht vermocht hatten.

Dagegen mußte die Bildung, das eigenste Ergebnis des hellenischen Lebens, ganz und völlig dem makedonischen Volksleben gegeben und so das schon von früheren Fürsten Begonnene fortgesetzt werden. Das Vorbild des Königs und seines Hofes war hier von der größten Wichtigkeit, und der Adel des Landes trat bald in die ebenso natürliche wie wirksame Stellung, den gebildeten Teil der Nation auszumachen; ein Unterschied, der sich in solcher Art in keinem der griechischen Hauptstaaten zu entwickeln vermocht hatte, indem die Spartaner alle roh und den Heloten und Perioiken ihres Landes gegenüber nur Herren waren, die freien Athener aber sich wenigstens selbst ohne Ausnahme für höchst gebildet hielten, während anderenorts freilich mit der Demokratie der Herrenstand aufgehört hatte, aber um mit dem Unterschiede von reich und arm das Niveau des geistigen Lebens desto sicherer sinken zu machen.

Philipp hatte in den Tagen des Epameinondas in Theben gelebt; ein Schüler des Platon, Euphraios von Oreos, hatte früh auf sein Schicksal Einfluß gehabt; ihn selbst nennt Iso-

Zucht und militärische Tüchtigkeit zu geben. Es wird berichtet, daß er den unnützen Troß, die Bagagewagen des Fußvolkes, abschaffte, den Reitern nur je einen Pferdeknecht gestattete, daß er oft, auch in der Sommerhitze, marschieren, oft Märsche von 6-7 Meilen mit vollem Gepäck und Proviant für mehrere Tage machen ließ. So strenge war die Zucht des Heeres, daß in dem Kriege von 338 zwei hohe Offiziere, die sich eine Lautenschlägerin mit ins Lager gebracht hatten, kassiert wurden. Mit dem Dienst selbst entwickelte sich die feste Ordnung von Befehlenden und Gehorchenden und eine Stufenfolge des Ranges, in der nur Verdienst und anerkannte Tüchtigkeit steigen ließen.

Die Erfolge dieser Militärverfassung zeigten sich bald. Sie bewirkte, daß sich die verschiedenen Landschaften des Reiches als ein Ganzes, die Makedonen als ein Volk fühlen lernten; sie machte es möglich, daß die neugewonnenen Gebiete mit dem alten Makedonien zusammenwuchsen. Vor allem, sie gab in dieser Einheit und in dem militärischen Typus, der fortan vorherrschend wurde, dem makedonischen Volk das Selbstgefühl kriegerischer Tüchtigkeit und die ethische Kraft fester Ordnung und Unterordnung, deren Spitze der König selbst war. Und wieder ihm bot für seine Zwecke das Bauernvolk seines Landes ein fügsames und derbes Material, der Adel der Hetairen die Elemente zu einem Offizierstande voll Ehrgefühl und Wetteifer, sich auszuzeichnen[6]. Ein Heer dieser Art mußte den Söldnerhaufen oder gar dem herkömmlichen Bürgeraufgebot der hellenischen Staaten, ein Volkstum von dieser Derbheit und

---

[6] Ein Beispiel des Ehrgefühls gibt jener Pausanias, der des Vorwurfs, Weibisches zu dulden, sich damit entledigt, daß er in einer Schlacht gegen die Ulyrier, den König zu retten, der in großer Gefahr war, vor ihn hintrat und sich in Stücke hauen ließ (Diod. XVI 93). Anderes wird von einem anderen Pausanias zu erwähnen sein.

angeregt, aber durch Philipp erst zu ihrer ganzen Bedeutung entwickelt, die Basis seiner Macht wurden.

»Mein Vater«, sagt Alexander bei Arrian zu den unzufriedenen Makedonen in Opis 324, »übernahm euch, als er König wurde, umherziehend, mittellos, die meisten in Felle gekleidet, auf den Bergen Schafe weidend und elend genug zu deren Schutz gegen die Illyrier, Thraker und Triballer kämpfend; er hat euch die Chlamys der Soldaten gegeben, euch in die Ebene hinabgeführt, euch gelehrt, den benachbarten Barbaren im Kampf gewachsen zu sein.« Gewiß war früher schon, wenn es Krieg gab, jeder wehrhafte Mann ausgezogen, um nach Beendigung des Krieges wieder zu seinem Pflug oder zu seiner Herde zurückzukehren. Die Gefahren, unter denen Philipp die Regierung übernahm, die Kämpfe, mit denen er namentlich in den ersten Jahren seiner Regierung sein von allen Seiten bedrohtes Land zu schützen hatte, gaben Veranlassung, das, was schon König Archelaos begonnen, vielleicht die dann folgenden inneren Wirren wieder zerrüttet hatten, wiederaufzunehmen und weiterzuentwickeln[5]. Auf Grund jener Kriegspflicht schuf er ein Nationalheer, das, fort und fort gesteigert, schließlich wohl 40 000 Mann zählte.

Er verstand nicht bloß, es zu formieren, sondern ihm

---

[5] Die Einrichtung der Reiterei der Hetairen und des Fußvolks der Pezhetairen sowie die Einteilung der letzteren εἰς λόχους καὶ δεκάδας καὶ τὰς ἄλλας ἀρχὰς führt Anaximenes [F Gr Hist II 72 F4] auf Philipps älteren Bruder Alexandros zurück. Aus der bekannten Charakteristik, die Demosthenes (Olynth. II 17) von der Armee Philipps um 348 gibt, könnte man auf einen Gegensatz zwischen dem Aufgebot auf der einen, den ξένοι und πεζέταιροι als stehenden Truppen auf der anderen Seite schließen, wenn nicht die Angabe sichtlich und vielleicht absichtlich schief wäre. Aber man sieht, daß die ξένοι, also geworbene Leute, von Anfang eine Rolle in diesem Heerwesen spielen, ähnlich wie in dem thessalischen des Jason die 6000 ξένοι (Xen. Hell. VI 1, 5.).

Um 356 waren die Grenzen gegen die Barbaren bis auf weiteres gesichert. In kurzem schwanden die Parteien am Hofe; von der Partei der Lynkestier waren Ptolemaios und Eurydike tot; einer von den Söhnen des Aeropos, Alexandros, wurde später durch Vermählung mit des treuen Antipatros Tochter, die beiden anderen, Heromenes und Arrhabaios, durch andere Gnaden gewonnen, Arrhabaios' Söhne Neoptolemos und Amyntas am Hofe erzogen. Die beiden Prätendenten Argaios und Pausanias verschwinden in der geschichtlichen Überlieferung. Den rechtmäßigen Thronerben endlich, des Perdikkas Sohn Amyntas, in dessen Namen Philipp im Anfang die Regierung geführt hatte, knüpfte er, als er erwachsen war, durch die Vermählung mit seiner Tochter Kynane an sein Interesse.

So war Makedonien in der Hand eines Fürsten, der mit Planmäßigkeit und Gewandtheit die Kräfte seines Reiches zu entwickeln, zu benutzen und bis zu dem Grade zu erhöhen verstand, daß sie dem großen Gedanken, an der Spitze des Griechentums gegen die Persermacht in die Schranken zu treten, schließlich gewachsen waren. In den geschichtlichen Überlieferungen, wie sie uns vorliegen, sind über die staunenswürdigen Erfolge des Königs die Machtelemente, durch welche sie errungen wurden, vergessen; und während sie die Hand, die einen Staat Griechenlands nach dem andern zu sich herüberzog, in jedem einzelnen ihrer schlauen Griffe beobachten, lassen sie uns über den Körper, dem diese Hand angehört und dem sie ihre Kraft und Sicherheit dankt, fast völlig im dunkeln; das verführerische Gold, das sie dieselbe Hand zeigen und zur rechten Zeit spenden lassen, erscheint fast als das einzige oder doch wesentliche Mittel, mit dem Philipp gewirkt.

Faßt man das innere Leben seines Staates näher ins Auge, so treten deutlich zwei Momente hervor, die, schon früher

Philipp des Amyntas Sohn (359-336)

Athen, kämpfte an Timotheos' Seite mit Ruhm gegen die Olynthier. Dann aber brachen, vielleicht von den Lynkestiern aufgerufen, die Illyrier über die Grenze herein; er kämpfte anfangs glücklich gegen sie, dann in einer großen Schlacht fanden er und 4000 Mann den Tod; das Land wurde weithin von den Illyriern verwüstet, die Paionen brachen von Norden ins Land.

Unter solchen Umständen übernahm *Philippos* das Regiment 359, zunächst für des Perdikkas unmündigen Sohn Amyntas. Er war schon – wohl seit des Ptolemaios Ende – im Lande; nach einem Vergleich, zu dem Platon dem Perdikkas geraten haben soll, war ihm ein Teilfürstentum zugewiesen worden; die Truppen, die er dort hielt, gaben ihm einen ersten Anhalt. Die Gefahren waren furchtbar; die Illyrier, die Paionen standen im Lande, es kamen die älteren Prätendenten Argaios, Pausanias, von Athen, von dem Thrakerkönig unterstützt; drei Bastardsöhne seines Vaters forderten das Königtum. Von dem bereiten Willen des Landes unterstützt, überstand Philipp die erste Not; mit Vorsicht, Gewandtheit, Entschlossenheit rettete er das Reich vor den Illyriern, Thrakern, Paionen, das Königtum vor den Prätendenten, das königliche Haus vor neuen Intrigen und Verwirrungen. Und als die Athener, die die Torheit gehabt hatten, der gemeinsamen Sache wider ihn für seine Anerkennung ihres Anspruchs auf Amphipolis den Rücken zu kehren, über seine Erfolge in Sorge gerieten und mit den Fürsten von Illyrien, Thrakien, Paionien ein Schutz- und Trutzbündnis schlössen, damit Barbareneinbrüche von drei Seiten zugleich die Macht Makedoniens brächen, ehe sie völlig gesammelt wurde und erstarkte, da war Philipp – schon hatte er Amphipolis genommen und die Bürgerschaft gewonnen – rasch an den Grenzen, und die Barbaren, die noch lange nicht zum Werk fertig waren, mußten eilen, sich zu unterwerfen.

lange geheime Buhlschaft mit Ptolemaios, aus unbekanntem Geschlecht, dem Mann ihrer Tochter, gehabt; sie veranlaßte ihn, während Alexandros, von den Thessaliern zu Hilfe gerufen, glücklich kämpfte, die Waffen gegen ihn zu erheben; er behauptete gegen den Heimeilenden das Feld; dann eilte Theben, sich einzumischen: es galt, Makedonien zu lähmen, bevor es weitere Erfolge in Thessalien gewann; Pelopidas stiftete einen Vergleich, nach dem Alexandros dreißig Edelknaben als Geiseln stellte, Ptolemaios, so scheint es, ein Teilfürstentum mit der Stadt Aloros – nach dieser wird er genannt – erhielt. Ein Vergleich, der nur gemacht schien, den König sicherer zu verderben; während eines festlichen Tanzes wurde er ermordet, und dem Mörder gab die Mutter ihre Hand und, unter dem Namen der Vormundschaft für ihre jüngeren Söhne Perdikkas und Philippos, das Königtum (368-365). Gegen ihn erhob sich, von vielen Makedonen gerufen, von der Chalkidike kommend, Pausanias und machte rasche Fortschritte; Eurydike flüchtete mit ihren beiden Kindern zu Iphikrates, der mit attischer Macht in der Nähe war; er schlug den Aufstand nieder. Aber fester stand darum Ptolemaios nicht; die Ermordung Alexanders war ein Bruch des Vertrages mit Theben; an Pelopidas, der mit einem Heere in Theben stand, wandten sich die Freunde des Ermordeten; er kam mit einem rasch geworbenen Heere; aber des Ptolemaios Gold zerrüttete es; Pelopidas begnügte sich, einen neuen Vertrag mit ihm zu schließen; als Pfand seiner Treue stellte Ptolemaios 50 Hetairen und seinen Sohn Philoxenos; vielleicht war es bei diesem Anlaß, daß auch Philippos nach Theben kam.

Aber Perdikkas III., sowie er herangewachsen war, rächte den Mord seines Bruders mit dem Morde des Usurpators. Sich dem Einfluß Thebens zu entziehen, hielt er sich zu

die Grenzen. Zwei Jahre lang hatte Argaios das Königtum inne, ob aus dem Königshause, ob ein Bruder des Pausanias, ob ein Lynkestier, muß dahingestellt bleiben. Aber mit thessalischer Hilfe kam Amyntas zurück, gewann das Königtum wieder, freilich in elendem Zustande; die Städte, die Landschaften an der Küste waren in der Gewalt der Olynthier, selbst Pella schloß dem Könige die Tore. Daß er sich mit Eurydike vermählte, die beiden Fürstenhäusern, dem von Elymais und von Lynkestis, angehörte, mag geschehen sein, um endlich Versöhnung zu schaffen[4].

Es folgten die Wirkungen des Antialkidischen Friedens, der Zug der Spartaner gegen Olynthos; Amyntas schloß sich dem Zuge an, auch Derdas, der Fürst der Elymiotis, folgte mit 400 Reitern. Aber man kam nicht so bald zum Ziel; Derdas wurde gefangen. Und nachdem endlich (380) Olynth gebrochen war, erhob sich Theben, es folgten Spartas Niederlagen bei Naxos, bei Leuktra; Olynth erneute den Chalkidischen Bund; Jason von Pherai vereinte die Macht Thessaliens, nötigte wie Alketas von Epeiros, so Amyntas III., in seinen Bund zu treten; an der Schwelle großer Erfolge wurde er ermordet (370). Der schwache Amyntas hätte sich seiner Oberhoheit nicht zu erwehren vermocht. Er starb wenig später; ihm folgte der älteste seiner drei Söhne, Alexandros II.; von seiner Mutter, der Lynkestierin, kam ihm ein rasches Verderben. Sie hatte schon

---

4 Eurydike ist die Tochter des Sirrhas von Elymiotis aus seiner Ehe mit einer Tochter des Lynkestiers Arrhabaios, Strabo VII, p. 326. Der Bruder der Eurydike ist Derdas, der, als er Amyntas den Kleinen ermordete (390), noch in der Blüte der Jugend stand, also etwa 406 geboren war. Aus dieser Ehe sind dem Amyntas drei Söhne geboren: Alexandros, Perdikkas, Philippos, von denen der älteste, als der Vater starb (369), vielleicht 16 oder 17 Jahre, der jüngste, Philippos, 10 Jahre alt war; also die Ehe mag 386 geschlossen sein.

Schon gegen König Archelaos hatte sich der Lynkestierfürst Arrhabaios in Verbindung mit dem elymiotischen Sirrhas in Waffen erhoben, vielleicht unter dem Vorwand, die Beseitigung des echten Erbfolgers zu rächen, vielleicht für Amyntas, des Arrhidaios Sohn, den Nächstberechtigten aus dem königlichen Hause. Archelaos hatte den Frieden damit erkauft, daß er seine Töchter, die ältere dem Sirrhas, die jüngere dem Amyntas, vermählte. Dann wurde er, wie es heißt, durch Zufall auf der Jagd getötet. Ihm folgte sein unmündiger Sohn Orestes 399 unter Vormundschaft des Aeropos; aber der Vormund ermordete ihn, wurde selbst König. Aeropos ist gewiß der Sohn jenes Arrhabaios aus dem bakchiadischen Fürstengeschlecht der Lynkestis an der Grenze der Illyrier, mit deren Hilfe seine Vorfahren so oft gegen die Könige von Makedonien gekämpft hatten; was Aeropos, seine Söhne und Enkel in den folgenden sechzig Jahren getan, bezeichnet sie als die steten Gegner der neuen monarchischen Tendenzen des Königshauses, als Vertreter des althergebrachten loseren Zustandes. Immer neue Empörungen und Thronwechsel sind der Beweis für das Ringen des Königsgeschlechtes und der partikularistischen Richtungen.

Aeropos verstand das Königtum zu behaupten; aber als er 392 starb, bemächtigte sich Amyntas der Kleine der Gewalt; ihn ermordete Derdas 391, und des Aeropos Sohn Pausanias wurde König. Wieder diesen verdrängte jener Amyntas, des Arrhidaios Sohn (390-369); die älteste Linie des Königshauses trat mit ihm wieder in ihr Recht.

Die Jahre seiner Regierung sind voller Wirren, die das zerrüttete Makedonien zur leichten Beute jedes Überfalls zu machen schienen. Vielleicht von den Lynkestiern herbeigerufen, brachen die Illyrier verheerend in das Land, besiegten des Königs Heer, zwangen ihn selbst zur Flucht über

Ehre zu suchen veranlaßten, das alles begünstigte die Fortschritte Makedoniens.

Vor allem wichtig und erfolgreich war die Zeit des Königs Archelaos; während das übrige Hellas von dem Peloponnesischen Kriege verwirrt und zerrissen wurde, schritt unter seiner umsichtigen Leitung Makedonien rasch vorwärts; er baute feste Plätze, deren bisher das Land entbehrt hatte; er legte Straßen an; er entwickelte die begonnene Ordnung des Heerwesens. »Er tat in allem«, sagt Thukydides, »mehr für Makedonien als die acht Könige vor ihm.« Er stiftete Festspiele nach Art der hellenischen, die bei Dion, unfern dem Grabe des Orpheus, dem olympischen Zeus und den Musen gefeiert wurden, gymnische und musische. Sein Hof, der Sammelplatz von Dichtern und Künstlern aller Art[3] und der Vereinigungspunkt des makedonischen Adels, wurde das Vorbild für das Volk und dessen fortschreitende Entwicklung; Archelaos selbst galt im Munde der Zeitgenossen für den reichsten und glücklichsten Menschen von der Welt.

Nach ihm begann schwerer als je zuvor innerer Hader, vielleicht von einer Reaktion gegen die Neuerungen der sich sammelnden Königsmacht veranlaßt oder geschürt, gerichtet zugleich gegen die neue Bildung und Sitte, für die das Königtum eingetreten war; Tendenzen, die der Lage der Sache nach in den Fürstengeschlechtern und einem Teil der Hetairen ihre Träger fanden und von der Politik der leitenden Staaten in Hellas bestens gefördert wurden, während die Masse des Volkes, so scheint es, dabei gleichgültig blieb.

---

3 Aristoph. Ran. 85: μακάρων εὐωχίαν. Anderes bei Aelian. V. H. XIV 17; II 21. Die Dichter Agathon, Choirilos, Euripides, der Maler Zeuxis waren an seinem Hofe; Platon wird als ihm sehr befreundet genannt, Athen. XI, p. 508 usw.

ken belohnte. Selbst die Familien von fürstlichem Adel, die früher in den oberen Landschaften selbständige Herrschaft gehabt und, nachdem sie von dem mächtigeren Königtum Makedoniens abhängig geworden, doch den Besitz ihres früheren Territoriums behalten hatten, traten wohl mit ihrem Volk in die Verhältnisse ein, welche für das Königsland galten. Größere Städte in hellenischem Sinn gab es in diesem Bauern- und Adelslande nicht; die an der Küste liegenden waren hellenische Kolonien, selbständige Gemeinwesen, im bewußten Gegensatz gegen das Binnenland.

Gegen die Zeit der Perserkriege, namentlich unter dem ersten Alexandros, »dem Philhellenen«, wie Pindar ihn nennt, begannen lebhaftere Beziehungen Makedoniens zum Griechentum. Schon dessen Vater hatte dem aus Athen geflüchteten Hippias, Peisistratos' Sohn, Zuflucht und Besitz in seinem Lande angeboten. Alexandros selbst, der dem Heere der Perser nach Hellas folgen mußte, tat, was er konnte – man erinnere sich der Schlacht bei Plataiai –, den Hellenen hilfreich zu sein; ihm wurde auf Grund seiner nachgewiesenen Abstammung von den Temeniden von Argos die Zulassung zu den olympischen Wettkämpfen gewährt, die Anerkennung, daß er Hellene sei.

Wie er, so waren seine nächsten Nachfolger mit mehr oder minder Geschick und Kraft darauf gewandt, ihr Land in unmittelbaren Zusammenhang mit dem Verkehr, dem politischen Leben und der Bildung des Griechentums zu bringen. Die Nähe der reichen und handelskundigen Kolonien in Chalkidike, die durch sie veranlaßten vielfältigen Berührungen mit den Hauptmächten von Hellas, die um deren Besitz kämpften und den Einfluß Makedoniens suchten oder fürchteten, die fast ununterbrochenen Kämpfe in Hellas selbst, welche manchen berühmten Namen die Heimat zu meiden und an dem reichen Hofe von Pella Ruhe und

gleichartig gewesen war, neu gestalten, wenn er ein völlig neues Heerwesen schaffen konnte, so muß das Königtum eine sehr weitgehende Befugnis normativer Verordnungen gehabt haben. Aber gewiß bestimmte, was Recht sei, die Gewohnheit und das Herkommen, ergänzte den Mangel der Verfassung. Man wird sagen dürfen, daß das Königtum ebenso weit von asiatischer Despotie wie das Volk von Leibeigenschaft und sklavischer Unterwürfigkeit war; »Die Makedonen sind freie Männer«, sagt ein alter Schriftsteller[1], nicht Penesten wie die Masse des Volkes in Thessalien, nicht Heloten wie im spartanischen Lande, sondern ein Bauernvolk, gewiß nicht ohne freien und erblichen Besitz, gewiß nicht ohne Gemeindeverfassung mit Ortsversammlung und Ortsgericht, alle zu den Waffen pflichtig, wenn der König das Land aufruft. Noch in später Zeit gilt das Heer als versammeltes Volk, wird zur Volksversammlung berufen zu Beratung und Gericht.

In diesem Heere tritt deutlich ein zahlreicher Adel hervor unter dem Namen der »Hetairen«[2], der Kriegsgesellen, wie ihn schon die homerischen Gesänge kennen. Diesen Adel wird man kaum als Herrenstand bezeichnen dürfen; was ihn auszeichnete, war wohl nur größeres Besitztum, die Erinnerungen edler Abstammung, nähere Beziehung zur Person des Königs, der treue Dienste mit Ehren und Geschen-

---

1 Lucian. Dial. Mort. 14: ἐλεύθεροι ἄνδρες.
2 Von den dorischen Phylen findet sich in dem makedonischen Volk oder Adel, soviel mir bekannt, keine Spur. Der König nimmt in die Reihe der Hetairen auch Fremde auf. Theopomp. [F Gr Hist II 115 F 224]: οἱ ἑταῖροι αὐτοῦ ἐκ πολλῶν τόπων συνερρυηκότες· οἱ μὲν γὰρ ἐξ αὐτῆς τῆς χώρας, οἱ δὲ ἐκ Θετταλίας, οἱ δὲ ἐκ τῆς ἄλλης Ἑλλάδος, οὐκ ἀριστίνδην ἐξειλεγμένοι. Die 800 Hetairen Philipps besaßen nach Theopomps Schätzung wohl soviel Land als 10000 Hellenen, also in Makedonien große Güter, die es in der hellenischen Welt wenigstens innerhalb der Thermopylen nicht mehr gab.

hat nach Alexandros' I., des Philhellenen, Tod dessen jüngerer Sohn Perdikkas II. nicht geruht, als bis er seine älteren Brüder Amyntas, Philippos, Alketas zur Seite geschoben hatte; so hat Perdikkas' Sohn Archelaos, der in unrechtmäßiger Ehe geboren war, den rechtmäßigen Erben verdrängt und, ehe er heranwuchs, ermordet. In anderen Fällen gab die Vormundschaft, die geordnete Form der Prostasie, die Handhabe zur Usurpation.

Dazu noch ein anderes; mehrere Beispiele zeigen, daß jüngeren Söhnen des Königs, auch wohl Fremden, Teile des Landes zu eigenem erblichen Besitz abgetreten wurden, gewiß unter der Oberhoheit des Königs, aber doch mit so fürstlicher Befugnis, daß sie auch zu Waffendienst aufbieten und eigene Truppen halten durften. So hatte der jüngere Bruder des Philhellenen Alexandros, Arrhidaios, das Fürstentum Elymiotis im oberen Lande erhalten, und es blieb in dessen Geschlecht; so des Perdikkas Bruder Philippos ein Gebiet am oberen Axios. Das Königtum konnte nicht erstarken, wenn es diese Fürstenlinien nicht in Parition zu halten vermochte, zumal solange die Paionen, die Agrianer, die Lynkestier, andere Grenzgebiete unter selbständigen Fürsten ihnen Rückhalt gaben. Zuerst Alexandros, der Philhellene, in der Zeit der Perserkriege, scheint die Lynkestier, die Paionen, die Oresten, die Tymphaier zur Anerkennung der makedonischen Oberhoheit gezwungen zu haben; aber die Fürsten dort behielten ihren Fürstenstand und damit ihre fürstlichen Güter.

Von der Verfassung und Verwaltung Makedoniens ist zu wenig überliefert, als daß man sagen könnte, wie weit sich des Königs Macht erstreckt habe. Wenn König Archelaos im letzten Jahrzehnt des Peloponnesischen Krieges eine Fülle neuer Einrichtungen schaffen, wenn König Philipp II. das Münzwesen seines Landes, das bis dahin höchst un-

nicht Feinde besiegt, sondern Freunde gewonnen habe, und seitdem sei das makedonische Sitte geblieben, über besiegte Feinde, ob Hellenen oder Barbaren, keine Trophäen zu errichten; weder Philippos nach dem Tage von Chaironeia, noch Alexander nach den Siegen über die Perser, die Inder habe es getan.

In den Jahren dieser Siege schreibt Aristoteles, in den hellenischen Landen habe sich das Königtum nur in Sparta, bei den Molossern und in Makedonien erhalten, bei den Spartanern und Molossern, weil es in seiner Machtvollkommenheit so beschränkt worden sei, daß die Könige nicht mehr beneidet würden. Während allerorten sonst das Königtum, das sich in dem niederen Volk eine Stütze zu gewinnen versäumt hatte, dem Emporkommen des Herrenstandes erlegen war, während dann gegen diesen Herrenstand selbst das niedere Volk, lange von allem Anteil an der Leitung des öffentlichen Lebens ausgeschlossen und in Druck gehalten, sich endlich aufgelehnt, die edlen Geschlechter ihrer Vorrechte beraubt und sie in das gleiche Recht des demokratischen Gemeinwesens herabgezogen hatte, war Makedonien in seiner altertümlichen Königsherrschaft geblieben, da hier die Elemente der Reibung und des Hasses in dem Verhältnis der Stände nicht zur Ausbildung kamen; »an Reichtum und Ehre über alle hervorragend«, blieb hier das alte Königtum.

Es gab hier Gefahren anderer Art. Das Königtum gehörte dem königlichen Geschlecht; aber die Erbfolge in demselben war nicht so fest normiert, daß sie jeden Zweifel und Hader im voraus ausgeschlossen hätte. Je freier hier die königliche Gewalt blieb, um so mehr forderte sie von dem, der sie innehatte, persönliche Tüchtigkeit und Leistung; und nur zu oft geschah es, daß Unmündige, Unfähige, Lässige dem tüchtigeren Bruder oder Vetter weichen mußten; so

schaften Emathia, Mygdonia, Bottiaia, Pieria, Amphaxitis in dem Namen der Makedonen vereinigte.

Sie gehörten zu denselben pelasgischen Stämmen, die einst alles hellenische Land innegehabt hatten und von denen auch andere später den Hellenen, hinter deren Entwicklung sie zurückgeblieben, als Barbaren oder Halbbarbaren erschienen. Die Religion, die Sitte der Makedonen bezeugt diese Gemeinschaft; mögen immerhin an den Grenzen Vermischungen mit illyrischen, mit thrakischen Stämmen stattgefunden haben, die makedonische Sprache erweist sich als den älteren Dialekten der hellenischen nahestehend.

Bis in späte Zeit ist in der makedonischen Kriegsverfassung der Name der Hetairen in Übung geblieben. War derselbe, wie wohl nicht zu bezweifeln, mit der Gründung des Königtums in das Land gekommen, so hatten die makedonischen Herakleiden das gleiche Los mit ihren Vorfahren in der Peloponnes, in ein fremdes Land eingewandert, ihre Macht und ihr Recht auf die Unterwerfung der dort Altheimischen gründen zu müssen, nur daß hier mehr als in einem anderen dorischen Lande das Alte mit dem Neuen sich mischte und zu einem Ganzen verschmolz, welches die Frische, aber auch die rohe Derbheit der Väter, man möchte sagen die Heroenzeit in ihrer unpoetischen Gestalt, bewahrte. Es gab da Sitten höchst altfränkischer Art. Wer noch keinen Feind getötet, mußte den Halfter ungegürtet tragen; wer noch keinen Eber im freien Anlauf erlegt hatte, durfte beim Gastmahl nicht liegen, mußte sitzen; bei der Leichenfeier hatte des Verstorbenen Tochter den Scheiterhaufen, auf dem der Leichnam verbrannt war, auszulöschen; es wird berichtet, daß die Trophäen des ersten Sieges, den Perdikkas über die einheimischen Stämme davontrug, durch den Willen der Götter über Nacht von einem Löwen umgerissen worden, zum Zeichen, daß man

zu den Quellen des Strymon und weiter südostwärts auf dessen linker Seite als Orbelos zur Küste hinab, die natürliche Grenze des makedonisch-paionischen Gebietes auch gegen die thrakischen Völker im Osten und Norden vollendend. In dem so umschlossenen Gebiet durchbrechen der Haliakmon, der Axios mit seinen Nebenflüssen, der Strymon eine zweite, eine dritte Gebirgsreihe, die, dem Pindos-Skardos-Orbelos gleichsam konzentrisch, die innerste Küstenebene, die von Pella und Thessalonike am Thermaischen Busen, umschließt; und der Doppelkranz von Talkesseln, durch welche die drei Ströme hindurchbrechen und, wenigstens der Axios und Haliakmon, in dieser Küstenebene einander nahe das Meer erreichen, macht die Bevölkerung dieser Lande wie von Natur in kantonale Stämme zerfallen und die Ebene der Küste zu deren gemeinsamer Mitte und Malstatt.

Nach den Erzählungen Herodots ist das Volk, das später den Namen Dorer geführt, aus Thessalien gedrängt, an den Pindos in das Tal des Haliakmon gezogen und hat dort den Namen Makedonen geführt. Andere Sagen lassen Argeas, den Stammvater der Makedonen, von Argos in der Orestis, am Quellgebiet des Haliakmon, ausziehen und erklären damit den Namen Algeaden, mit dem das Königshaus wohl genannt wird. Nach anderer Überlieferung, die dann die landesübliche wurde, waren drei Brüder, Herakleiden aus dem Fürstengeschlecht von Argos, das von Temenos abstammt, nach Norden zu den Illyriern, dann weiter in das obere Land Makedoniens gekommen, hatten sich dann in Edessa festgesetzt, an den mächtigen Kaskaden, mit denen die Wasser in die weite, fruchtreiche Küstenlandschaft treten. Hier in Edessa, das auch Aigai genannt wird, habe der jüngste der drei Brüder das Königtum begründet, das dann in allmählichem Wachstum die nächstgelegenen Land-

ZWEITES KAPITEL

*Das makedonische Land, Volk, Königtum · König Philipps II.
innere Politik · Der Adel, der Hof · Olympias · Alexanders Jugend
Zerwürfnis im Königshause. Attalos · Philipps II. Ermordung*

Aber war Philipp, waren seine Makedonen Griechen, den Kampf gegen die Perser im Sinne des hellenischen Volkes und der hellenischen Geschichte übernehmen zu können?

Die Verteidiger der alten partikularistischen Politik und der hellenischen »Freiheit« haben es oft genug bestritten, und ihr großer Wortführer Demosthenes geht in seinem patriotischen Eifer so weit, zu versichern, daß Philipp weder ein Hellene noch mit Hellenen verwandt sei, sondern zu den Barbaren gehöre, die nicht einmal als Sklaven brauchbar seien.

Ältere Überlieferungen geben eine andere Auffassung. Aischylos läßt, wie schon angeführt ist, den König Pelasgos von Argos sagen, sein Volk, Pelasger nach ihm geheißen, wohne bis zu des Strymon klaren Wassern und umfasse wie das Bergland Dodona, so das Land am Pindos und die weiten Gaue Paioniens. Also dem alten Marathonkämpfer gelten die Völkerschaften, die das Flußgebiet des Haliakmon und des Axios bewohnen, für gleichen Stammes mit der alten Bevölkerung der Lande vom Olympos bis zum Tainaron, mit der im Westen des Pindos. Der hohe Pindos, der Thessalien vom Bergland Dodona und von Epeiros scheidet, bildet in seinen nördlichen Fortsetzungen bis zum Schar-Dagh, dem alten Skardos, die Scheidung zwischen Makedonien und Illyrien; dann wendet sich das Gebirge nach Osten

den Staaten von Hellas Frieden und Bündnis geschlossen habe, daß er sein Heer rüste, um mit dem nächsten Frühling in die Provinzen Kleinasiens einzubrechen. Dareios wünschte auf jede Weise diesen Krieg zu vermeiden; er mochte ahnen, wie sein ungeheures Reich, in sich zerrüttet und abgestorben, nur eines äußeren Anstoßes bedürfe, um zusammenzubrechen. So zögernd, versäumte er die letzte Frist, dem Angriff, den er fürchtete, zuvorzukommen.

In derselben Zeit, da er das Königtum übernahm, sandte König Philipp die ersten Truppen unter Parmenions und Attalos' Befehl über den Hellespont, sich in den griechischen Städten der nächsten Satrapien festzusetzen. Schon war an die Genossen des Hellenischen Bundes die Weisung erlassen, ihre Kontingente nach Makedonien, ihre Trieren zur makedonischen Flotte zu senden. Er selbst gedachte demnächst aufzubrechen, um an der Spitze der makedonisch-hellenischen Macht das Werk zu beginnen, für das er bisher gearbeitet hatte.

tigt; damals war ihm von den Persern der Preis der Tapferkeit zuerkannt, sein Name von alt und jung gefeiert worden, der König Ochos hatte ihn mit Geschenken und Lobpreisungen überhäuft, ihm die Satrapie Armenien gegeben. Mochte Bagoas jener Stimmung der Perser nachgegeben oder sich mit der Hoffnung geschmeichelt haben, daß Kodomannos für die Tiara, die er durch ihn erlangt, ihm ergeben bleiben würde, früh genug sollte er erkennen, wie sehr er sich getäuscht hatte. Der König – Dareios nannte er sich – haßte den Mörder und verachtete seinen Rat; Bagoas beschloß, ihn aus dem Wege zu räumen, er mischte ihm Gift in den Becher; aber Dareios war gewarnt; er rief den Eunuchen und hieß ihn, als wäre es ein Zeichen seiner Gunst, den Becher trinken. So fand Bagoas eine späte Strafe.

Die Zügel der Herrschaft waren in der Hand eines Königs, wie ihn Persien lange nicht gehabt hatte; schön und ernst, wie der Asiate sich gern seinen Herrscher denkt, allen huldreich und von allen verehrt, an allen Tugenden seiner großen Ahnen reich, frei von den scheußlichen Lastern, die das Leben der letzten Könige geschändet und zum Verderben des Reichs gemacht hatten, schien Dareios berufen, das Reich, das er ohne Schuld und Blut erworben, von den Schäden zu heilen, an denen es krankte. Keine Empörung störte den Beginn seiner Herrschaft; Ägypten war dem Reiche wiedergegeben, Baktrien, Syrien dem Könige treu und gehorsam; von den Küsten Ioniens bis an den Indus schien Asien so sicher wie seit lange nicht, geeint unter dem edlen Dareios. Und dieser König sollte der letzte Enkel des Kyros sein, der über Asien herrschte, gleich als ob ein unschuldiges Haupt sühnen müsse, was nicht mehr zu heilen war.

Schon stieg im fernen Westen das Wetter, das Persien vernichten sollte, empor. Schon hatten die seeländischen Satrapen Botschaft gesandt, daß der makedonische König mit

schend. Alle fürchteten und haßten ihn; der einzige, dem er Vertrauen schenkte, mißbrauchte es. Sein Vertrauter Bagoas war ein Ägypter; dem Glauben und Aberglauben seines Vaterlandes, zu dessen Untergang er selbst geholfen, ganz ergeben, hatte er die Schändung der vaterländischen Heiligtümer und die Ermordung des heiligen Apis nicht vergessen; je mehr im Reich und am Hofe die Erbitterung gegen den Großkönig wuchs, desto kühner wurden die Pläne seines tückischen Günstlings. Der Eunuch gewann den Arzt des Königs, ein Gifttrank machte dem Leben des Verhaßten ein Ende; das Reich war in des Eunuchen Hand; um desto sicherer seine Stelle zu behaupten, ließ er des Königs jüngsten Sohn Arses zum Könige weihen, die Brüder desselben ermorden; nur einer, Bisthanes, rettete sich. Das geschah etwa zu der Zeit der Schlacht von Chaironeia.

Bald empfand Arses den frechen Stolz des Eunuchen, er vergaß ihm nicht den Mord seines Vaters und seiner Brüder. Bagoas eilte, ihm zuvorzukommen; nach kaum zweijähriger Regierung ließ er den König mit seinen Kindern ermorden; zum zweiten Male war die Tiara in seinen Händen. Aber das königliche Haus war verödet; durch Ochos' Hand waren Artaxerxes' II. Söhne, durch Bagoas Ochos' Söhne und Enkel ermordet bis auf jenen Bisthanes, der sich durch die Flucht gerettet hatte. Noch lebte ein Sohn jenes Dareios, dem sein Vater Artaxerxes II. die Tiara gewährt, die erbetene Gunst versagt hatte, des Namens Arbupalos; aber die Augen der Perser wandten sich auf Kodomannos, der einer Seitenlinie des Achaimenidenhauses angehörte; er war der Sohn des Arsames, des Brudersohnes von Artaxerxes II., und der Sisygambis, einer Tochter desselben Artaxerxes; in dem Kriege, den Ochos gegen die Kadusier geführt, hatte er die Herausforderung ihres riesigen Anführers, da kein anderer sich zu stellen wagte, angenommen und ihn bewäl-

Eubulos, seines Zeichens ein Wechsler, hatte, wohl auf dem Wege der Tributpachtung, die Stadt Atarneus, das feste Assos, die reiche Küste gegenüber von Lesbos an sich gebracht, sie seinem getreuen Hermias vererbt, einem dreimal entlaufenen Sklaven, wie man in dem klatschsüchtigen Athen sagte; man kannte ihn dort als Schüler Platons, als Freund des Aristoteles; nach Platons Tod folgte Aristoteles seiner Einladung nach Atarneus (345) zu längerem Aufenthalt. Gegen diesen reichen »Tyrannen« wandte sich Mentor, lud ihn, um ihm die Wege zur Gnade des Großkönigs zu zeigen, zu einer Zusammenkunft ein, ließ ihn dann greifen, schickte ihn nach Susa, wo er ans Kreuz geschlagen wurde; er selbst bemächtigte sich seiner Schätze, seines Gebietes. Nur seine Tochter rettete sich, flüchtete zu Aristoteles; er nahm das verarmte, »aber sittsame und wackere Mädchen« zur Frau.

Es war in der Zeit, da Philippos gegen die Thraker zog, Byzanz, Perinth bedroht schienen. Demosthenes empfahl damals den Athenern, Gesandte an den Großkönig zu schikken, ihm den Zweck der makedonischen Rüstungen darzulegen; es sei ja einer der mächtigsten Freunde Philipps und Mitwisser aller seiner Pläne bereits aufgegriffen und in des Königs Hand. Den Perinthiern sandte Arsites, der Satrap Phrygiens am Hellespont, Geld, Proviant, Waffen, Soldtruppen unter dem Athener Apollodoros. Aber auf die Bitte der attischen Gesandtschaft um persische Subsidien antwortete der Großkönig in einem »sehr stolzen und barbarischen Schreiben«. Mochte er die Athener nur verachten oder auch ihnen Verderben sinnen, die Dinge in Hellas rollten rasch weiter, vollendeten sich in derselben Zeit, da ihn ein jähes Ende traf.

Seit der glorreichen Rückkehr aus Ägypten saß er in seiner Hofburg, in zügelloser Willkür und Grausamkeit herr-

Wie schwer hatten die attischen Redner vor einem Jahrzehnt, als Artaxerxes III. erst zu rüsten begann, die Gefahr für Hellas geschildert, wenn Ägypten wieder persisch würde. Jetzt hatte man in Athen nur die Sorge um die wachsende Macht des makedonischen Königs, der ja schon auch nach Perinth und Byzanz die Hand ausstrecke. Freilich, Philipp mochte meinen, eilen zu müssen, ehe die Persermacht – denn griechische Söldner, griechische Bundesgenossen fand sie so viele, als sie bezahlen wollte – sich auf Europa stürze; über sein Gebiet zuerst hätte sich die Flut der Barbaren ergossen.

Das Perserreich stand so gewaltig da wie in seinen besten Tagen; und daß es gelernt hatte, mit griechischen Feldherren, griechischen Söldnern seine Kriege zu führen, schien ihm eine neue Überlegenheit zu sichern, solange die Griechenwelt blieb, wie sie war, voll ungebundener Kräfte, in zahllose Autonomien zerrissen, in jeder Stadt immer wechselnde Parteiherrschaft. Der Großkönig hatte das ganze Reich seiner Vorfahren wieder, bis auf das, was Dareios und Xerxes jenseits des Hellespontes dem Reich einverleibt hatten, Thrakien, Makedonien, Thessalien. In seinem Chiliarchen Bagoas, in dem Rhodier Mentor besaß er zwei treffliche Werkzeuge zu weiterem Wirken; miteinander in geschworener Gemeinschaft dienten sie dem Herrn, lenkten sie ihn, Bagoas allmächtig am Hofe und in den oberen Satrapien, Mentor mit der Küste Kleinasiens betraut, zugleich, wie es scheint, als Karanos, wie einst Kyros, an der Spitze der Kriegsmacht Kleinasiens.

Auf Mentors Antrag gewährte der Großkönig die Begnadigung des Artabazos, des Memnon, ihrer Familien, die am makedonischen Hofe Zuflucht gefunden hatten; sie kehrten zurück. Aus dieser Zeit Mentors ist ein Zug überliefert, der bedeutsame Zusammenhänge erschließt. Ein Bithynier,

chen des Bagoas, rückte südwärts von Pelusion auf, die Verbindung mit Memphis abzuschneiden. Dem verwegenen Nikostratos gelang die Landung im Rücken der feindlichen Linie, er schlug die dort stehenden Ägypter, die unter Kleinias von Kos zu deren Unterstützung herbeieilenden griechischen Söldner. Nektanebos eilte, seine Truppen rückwärts auf Memphis zusammenzuziehen. Nach tapferem Widerstande übergab Philophron Pelusion gegen freien Abzug. Mentor und Bagoas wandten sich gegen Bubastis; die Aufforderung zur Unterwerfung, die Drohung, bei unnützem Widerstande die Züchtigung, die Sidon erlitten, zu wiederholen, brachte den Zwiespalt zwischen den Griechen, die bereit waren, ihr Leben daranzusetzen, und den feigen Ägyptern zum Ausbruch; die Griechen kämpften weiter; der endlichen Einnahme der Stadt – sie hätte dem Bagoas, dem Liebling des Königs, das Leben gekostet, wenn nicht Mentor zu seiner Rettung herbeigeeilt wäre – folgte die Besetzung der noch übrigen Plätze des niederen Landes. Der anrückenden Übermacht gegenüber hielt sich Nektanebos nicht mehr in seiner Hauptstadt sicher; er rettete sich mit seinen Schätzen stromauf nach Äthiopien.

So erlag – um 344 – Ägypten Artaxerxes III. Er ließ das Land, das sechzig Jahre dem Reich entfremdet gewesen war, seinen Zorn fühlen. Die Zeiten des Kampfes erneuten sich. Es folgten Hinrichtungen in Menge, Plünderungen ärgster Art; mit eigener Hand durchbohrte der Großkönig den heiligen Stier Apis, befahl, die Tempel ihres Schmukkes, ihres Goldes, selbst ihrer heiligen Bücher zu berauben. »Der Dolch« hieß er fortan im Munde des Volkes. Nachdem Pherendakes zum Satrapen eingesetzt, die griechischen Söldner überreich beschenkt in die Heimat entlassen waren, kehrte der König mit unermeßlicher Beute, mit Ruhm bedeckt, nach Susa zurück.

selbst wandte sich gegen die phoinikischen Städte. Vor solcher Übermacht entsank diesen der Mut; nur die Sidonier waren entschlossen, den äußersten Widerstand zu leisten; sie verbrannten ihre Schiffe, um sich die Flucht unmöglich zu machen. Aber auf Mentors Rat hatte König Tennes bereits Unterhandlungen angeknüpft, sie beide verrieten die Stadt; als die Sidonier bereits die Burg und die Tore in Feindeshand und jede Rettung unmöglich sahen, zündeten sie die Stadt an und suchten den Tod in den Flammen; 40000 Menschen sollen umgekommen sein. Den kyprischen Königen sank der Mut, sie unterwarfen sich.

Mit dem Fall Sidons war der Weg nach Ägypten frei. Das Heer des Großkönigs zog an der Küste südwärts, nicht ohne bedeutende Verluste gelangte es durch die Wüste, welche Asien und Ägypten scheidet, unter die Mauern der Grenzfestung Pelusion, welche von 5000 Griechen unter Philophron verteidigt wurde; die Thebaner unter Lakrates, voll Begier, ihren Waffenruhm zu bewähren, griffen sogleich an, wurden zurückgeworfen; nur die einbrechende Nacht rettete sie vor schwererem Verlust. Nektanebos durfte hoffen, den Kampf zu bestehen; er hatte 20000 Griechen, dazu ebenso viele Libyer, 60000 Ägypter; zahllose Nilschiffe waren imstande, dem Feind jeden Flußübergang zu wehren, selbst wenn er die Verschanzungen, die am rechten Nilufer entlang errichtet waren, genommen hatte.

Der Großkönig teilte seine Macht. Er selbst zog den Nil aufwärts, Memphis bedrohend. Die boiotischen Söldner und persisches Fußvolk unter Lakrates und dem lydischen Satrapen Rhoisakes sollten Pelusion berennen; die Söldner von Argos unter Nikostratos und 1000 ausgewählte Perser unter Aristazanes wurden mit 80 Trieren ausgesandt, im Rücken von Pelusion eine Landung zu versuchen; eine vierte Abteilung, in ihr Mentors Söldner und die 6000 Grie-

Athen müsse eingedenk der Tage von Marathon und Salamis den Krieg wider ihn beginnen. So schnell freilich war das Reichsheer nicht beieinander. Und bevor es kam, hatte sich zu der noch währenden Empörung in Kleinasien auch Phoinikien erhoben. Die Sidonier unter ihrem Fürsten Tennes beredeten auf dem Tage zu Tripolis die anderen Städte zum Abfall; man verbündete sich mit Nektanebos, man zerstörte die königlichen Schlösser und Paradiese, verbrannte die Magazine, ermordete die Perser, die in den Städten waren; sie alle, namentlich das durch Reichtum und Erfindsamkeit ausgezeichnete Sidon, rüsteten mit größtem Eifer, warben Söldner, machten ihre Schiffe fertig. Der Großkönig, dessen Reichsheer sich bei Babylon sammelte, befahl dem Satrapen Belesys von Syrien und dem Mazaios, dem Verwalter Kilikiens, den Angriff auf Sidon. Aber Tennes, unterstützt von 4000 griechischen Söldnern unter Mentors Führung, die ihm Nektanebos sandte, leistete glücklichen Widerstand. Zu gleicher Zeit erhoben sich die neun Städte von Kypros, verbanden sich mit den Ägyptern und Phoinikern, gleich ihnen unter ihren neuen Fürsten unabhängig zu sein. Auch sie rüsteten ihre Schiffe, warben griechische Söldner. Nektanebos selbst war auf das beste gerüstet; der Athener Diophantos, der Spartaner Lamios standen an der Spitze seiner Söldner.

»Mit Schimpf und Schande«, sagt ein attischer Redner dieser Zeit, »mußte Ochos abziehen.« Er rüstete einen dritten Zug, er forderte die hellenischen Staaten auf, ihn zu unterstützen; es war in den letzten Stadien des heiligen Krieges; wenigstens Theben sandte ihm 1000 Söldner unter Lakrates, Argos 3000 unter Nikostratos; in den asiatischen Griechenstädten waren 6000 Mann geworben, die unter Bagoas' Befehl gestellt wurden. Der Großkönig befahl dem Satrapen Idrieus von Karien den Angriff auf Kypros; er

obern. Aber König Tachos hatte sich durch Mißtrauen und Zurücksetzung den König Agesilaos, durch Erpressungen das ägyptische Volk so verfeindet, daß, während er in Syrien stand, seines Oheims Sohn Nektanebos II. sich zum Pharao aufwerfen konnte, und da Agesilaos auch die griechischen Truppen dem neuen Herrn zuwandte, blieb dem Tachos kein anderer Ausweg, als nach Susa zu flüchten und des Großkönigs Gnade anzuflehen. Gegen Nektanebos erhob sich in Mendes ein anderer Prätendent, fand Zulauf in Menge; es kam soweit, daß der Pharao samt seinen Griechen umstellt, mit Wällen und Gräben dicht und dichter eingeschlossen wurde, bis gegen die 100 000 Mann der alte Agesilaos mit seinen Griechen anrückte und den ganzen mendesischen Haufen auseinander- und in Flucht trieb; es war die letzte Tat des alten Spartanerkönigs; im Begriff, nach Sparta heimzusegeln, starb er (358).

Die dürftigen Überlieferungen dieser Zeit geben nur an, daß noch Artaxerxes II. seinen Sohn Ochos gegen Ägypten gesandt habe, daß das Unternehmen gescheitert sei, daß Ochos, gleich nachdem er König geworden, gegen die Kadusier gekämpft, sie besiegt habe.

Wenige Jahre darauf, um 354, war man in Athen in lebhafter Sorge über die großen Rüstungen, die König Ochos mache, größere, als seit Xerxes' Zeit gemacht seien; man meinte, er wolle zuerst Ägypten unterwerfen, um sich dann auf Griechenland zu stürzen; auch Dareios habe erst Ägypten unterworfen, dann sich gegen Hellas gewandt, auch Xerxes erst das empörte Ägypten bewältigt, dann seinen Zug nach Hellas unternommen; man sprach in Athen, als sei er schon auf dem Wege; seine Flotte liege bereit, Truppen über Meer zu führen, auf 1200 Kamelen werde ihm der Schatz nachgeführt; mit seinem Golde werde er zu seinem asiatischen Heere hellenische Söldner in Masse anwerben;

Werk war der Abfall der attischen Bundesgenossen (357), der Rhodier, Koer, Chier voran; nur um so eifriger half Athen den empörten Satrapen; das gegen sie gesandte königliche Heer wurde namentlich von Chares geschlagen; die Athener jubelten wie über einen zweiten marathonischen Sieg. Aber eine persische Gesandtschaft erschien in Athen, über Chares Beschwerde zu führen, drohte, 300 Trieren den Feinden Athens zum Beistand zu senden; man beeilte sich, den Zorn des Königs zu begütigen, schloß mit den empörten Bundesgenossen Frieden (355). Auch ohne attische Hilfe kämpfte Artabazos weiter, sein Schwager Memnon unternahm einen Zug gegen den Tyrannen im kimmerischen Bosporos, mit dem Herakleia im Kriege war, die wichtigste Stadt an der bithynischen Küste des Pontos. Artabazos selbst gewann Unterstützung von den Thebanern, die ihm ihren Feldherrn Pammenes mit 5000 Söldnern sandten; mit deren Hilfe schlug er des Königs Truppen in zwei Schlachten. Dann ließ Artabazos den thebanischen Feldherrn gefangensetzen, weil er mit den Gegnern in Verhandlung zu stehen schien; Pammenes mag Weisung dazu aus Theben empfangen haben, wohin der Großkönig große Geldsummen hatte senden lassen. Rasch sank nun das Glück des Artabazos; er mußte flüchten (um 351), er und Memnon fanden am makedonischen Hofe Zuflucht, Mentor ging nach Ägypten.

Ägypten war seit langem der rechte Herd des Kampfes gegen die Persermacht. Noch als Artaxerxes II. das Reich hatte, war dort von Tachos, dem Sohn des Nektanebos, ein großes Unternehmen gerüstet; mit einem Heer von 80 000 Ägyptern, 10 000 griechischen Söldnern, zu denen Sparta unter dem alten Agesilaos noch 1000 sandte, einer Flotte von 200 Schiffen, deren Befehl der Athener Chabrias übernahm, gedachte Tachos auch das syrische Land zu er-

Ariaspes, nach ihm Arsames; aber ein dritter Sohn Ochos, so wird erzählt, trieb den ersten mit falschen Gerüchten von des Vaters Ungnade zum Selbstmord, ließ den zweiten durch gedungene Mörder beseitigen. Gleich darauf (358) starb Artaxerxes II. Ochos folgte ihm.

Ochos erscheint in der Überlieferung als ein asiatischer Despot echter Art, blutdürstig und schlau, energisch und wollüstig, in der kalten und berechneten Entschiedenheit seiner Handlungen nur desto furchtbarer; ein solcher Charakter konnte wohl die im Innersten zerrüttete Persermacht noch einmal zusammenraffen und mit dem Schein von Kraft und Frische beleben, die empörten Völker und die trotzigen Satrapen zur Unterwürfigkeit zwingen, indem er sie auch seine Launen, seine Mordlust, seine wahnsinnige Wollust schweigend anzusehen gewöhnte. Er begann mit der Ermordung seiner jüngeren Brüder, ihres Anhanges; und der persische Hof nannte ihn voll Bewunderung mit dem Namen seines Vaters, der keine Tugend als die Sanftmut gehabt hatte.

Die Art, wie der Thronwechsel geschah, vielleicht schon die blutigen Vorgänge, die ihm vorausgingen, waren Anlaß oder Vorwand zu neuen Empörungen in den vorderen Satrapien, zu dreisterem Vorgehen Ägyptens. Es erhob sich Orontes, der Ionien, Artabazos, der Phrygien am Hellespont hatte; attische Inschriften bezeugen die Verbindung des Orontes mit Athen. Artabazos hatte zwei rhodische Männer, die Brüder Mentor und Memnon, beide tüchtige Kriegsleute, an sich gezogen, sich mit ihrer Schwester vermählt, seine griechischen Söldner unter ihren Befehl gestellt. Die attischen Strategen Chares, Charidemos, Phokion leisteten ihm Beistand. Andere Satrapen blieben auf des Großkönigs Seite; namentlich der von Karien, Maussollos, aus dem alten Dynastengeschlecht des Landes; sein

dend, hielt der Hof von Susa die noch streitbaren Staaten Griechenlands in Atem; er ließ sie sich selbst zerfleischen.

Nur daß mit diesem Ringen in Hellas auch die Empörer des Großkönigs, Kypros, Ägypten, die syrische Küste, Gelegenheit fanden, sich dorther Beistand zu gewinnen, und die Satrapen Kleinasiens schon nicht mehr bloß nach der Weisung der Hofburg sich zu dem Wirrsal in Hellas verhielten. Des zu gütigen Artaxerxes Hand war nicht fest genug, die Zügel anzuziehen. Trotz zehnjährigen Kampfes erlangte er von dem kyprischen Könige nichts, als daß sich Kypros zur Zahlung des Tributes wie ehedem verstand. Ägyptens wurde er trotz des hellenischen Söldnerheeres, das er sandte, trotz des Iphikrates, der es führte, nicht mehr Herr. Die empörten Kadusier in den Gebirgen der kaspischen Pässe vermochte er mit aller Anstrengung nicht wieder zu unterwerfen. Die Bergvölker zwischen Susa, Ekbatana und Persepolis hatten sich der Botmäßigkeit entzogen, sie forderten und erhielten, wenn der Großkönig mit seinem Hofe durch ihr Gebiet zog, Tribut für den Durchzug. Schon empörten sich einige der Satrapen Kleinasiens: Ariobarzanes in Phrygien am Hellespont, Autophradates in Lydien, Maussollos, Orontes; nur der Verrat des Orontes, den sie zum Führer gewählt hatten, rettete dem Großkönige die Halbinsel.

Noch trauriger zeigen die Überlieferungen, freilich die griechischen, des alternden Artaxerxes Schwäche im Bereich seines Hofes; er scheint da wie ein Spielball an den Händen seiner Mutter, seines Harems, seiner Eunuchen. Sein Sohn Dareios, den er, ein Neunziger, zum Nachfolger ernannt mit dem Recht, schon jetzt die Tiara zu tragen, soll wegen einer Gunst, die ihm von dem Vater versagt worden, eine Verschwörung gegen dessen Leben angezettelt und dann auf des Vaters Befehl, dem sie verraten worden, mit dem Tode gebüßt haben. Zum Thron der nächste war nun

lings an dem Verhaßten zu rächen; ihm ward ein Nachfolger gesandt mit dem Befehl, ihn zu ermorden.

Von sehr ernster Bedeutung war, daß zugleich Ägypten in Waffen stand. Noch bei Kunaxa hatte auch ägyptisches Kriegsvolk in dem Heere des Großkönigs gekämpft; aber man wußte in dem Griechenheere bereits, daß Ägypten abgefallen sei; jener Tamos flüchtete mit der Flotte nach Ägypten, und Sparta trat mit Memphis in Verbindung, empfing von dort Subsidien und die Zusage weiterer Hilfe. Nur zu leicht konnten auch die phoinikischen Städte, auch Kypros, wo der König Euagoras das griechische Wesen eifrigst förderte, dem Beispiel Ägyptens folgen; die ganze maritime Macht Persiens stand auf dem Spiel, während die griechische Landmacht die Satrapien Kleinasiens bedrängte; dem Reich wiederholte sich die Gefahr der perikleischen Zeit in gesteigertem Maße. Wie ihr wehren?

Den rechten Weg wies der Athener Konon, der nach der letzten Niederlage der attischen Macht Zuflucht am Hofe des Euagoras gefunden hatte. Auf seinen Rat erhielt der Satrap von Phrygien am Hellespont Befehl, eine Flotte zusammenzubringen und den Staaten in Hellas mit persischem Golde den Kampf gegen Sparta möglich zu machen. Mit Konons Sieg bei Knidos, mit der Schilderhebung von Theben, Korinth, Athen, mit des Pharnabazos Seezug bis zur lakonischen Küste und seinem Erscheinen in der Versammlung der Verbündeten zu Korinth war Agesilaos zu schleuniger Heimkehr gezwungen. Bald hart bedrängt, suchte Sparta des Großkönigs Gunst und Bündnis, es sandte Antialkidas, jenen Frieden zu schließen, in dem Sparta dem Reiche die Griechenstädte Asiens und Kypros obendrein preisgab. Nicht mehr militärisch, aber diplomatisch war damit Persien der Griechen Meister; bald den Spartanern, bald den Athenern, bald den Thebanern seine Gunst zuwen-

vier Satrapien, deren Grenzfesten mißachten konnte? Nimmermehr hätte der Empörer die Pässe des Tauros überschreiten können, wenn der Satrap Kilikiens, aus dem altheimischen Stamm der Syennesis, wenn die persische Flotte, die unter dem Ägypter Tamos stand, ihre Schuldigkeit getan hätte. Vor allem, daß Kyros, mit zu großer Macht in den vorderen Satrapien, die rings von den Küsten her mit griechischem Wesen durchzogen waren, griechisches Kriegsvolk in Masse hatte an sich ziehen können, zeigte, daß man mit jenen Satrapien behutsamer und strenger als bisher verfahren müsse. Nicht das Satrapensystem war fehlerhaft; es war der Fehler der zentralen Stelle, daß die Karanen und Satrapen sich hatten gewöhnen können, Politik auf eigene Hand zu machen, wie Territorialherren zu regimentieren, in den Stadttyrannen, Steuerpächtern, dotierten Günstlingen sich persönlichen Anhang zu schaffen, welcher Macht genug gab, nach oben zu trotzen und nach unten zu drücken.

Vielleicht war es nicht erst in diesem Zusammenhange, daß die Zahl der Satrapien Kleinasiens – nach der Einrichtung des Dareios I. nur vier – gemehrt, daß namentlich die große Satrapie Phrygien, welche von der Propontis bis zum Tauros und den armenischen Gebirgen das ganze innere Hochland umfaßte, in drei Satrapien – Phrygien am Hellespont, Großphrygien und Kappadokien – zerschlagen, von der Satrapie Ionien das ganze Karien und die Südküste bis Kilikien abgelöst, daß endlich Kilikien fortan ohne Satrapen gelassen und, so scheint es, unmittelbares Reichsland wurde.

Schon waren die Spartaner unter Agesilaos' Führung in den vorderen Landen, den Kampf gegen das Reich zu wagen. Daß Tissaphernes, der in sein früheres Amt zurückgekehrt war, nicht energischer verfuhr, nicht mehr erreichte, gab der Königinmutter die Handhabe, den Tod ihres Lieb-

Griechenstädte unter die persische Herrschaft zugesagt hatte, mochte es ihm unbedenklich erscheinen lassen, als Kern des Heeres, mit dem er das ihm gebührende Reich in Besitz zu nehmen gedachte, 13 000 griechische Söldner, ein buntes Gemisch aus allen griechischen Staaten, zu werben, denen dann noch Sparta 700 Hopliten nach Issos nachsandte. Tissaphernes, der Satrap Ioniens, der persönliche Feind des Kyros, hatte rechtzeitig Warnungen nach Susa gesandt; mit dem Aufgebot des Reichs rückte Artaxerxes gegen den Empörer aus; am Eingang Babyloniens bei Kunaxa traf er ihn zur Schlacht. Nach dem Siege der Griechen auf ihrem Flügel stürmte Kyros mit 600 Reitern auf die 6000 Reiter, die den König umgaben, durchbrach sie, drang auf den König selbst ein, verwundete ihn, erlag dann unter den Streichen des Königs und seiner Getreuen. Des Königs Wunde heilte sein Arzt, der Grieche Ktesias. Auch des Kyros Harem fiel in des Königs Hand, unter den Gefangenen zwei Griechinnen, die von ihren Eltern dem Prinzen nach Sardes gebracht waren; die eine von ihnen, eine Milesierin, flüchtete sich glücklich in das Lager der Hellenen, die andere, die schöne und hochgebildete Milto von Phokaia, die in des Großkönigs Harem überging, hat dann dort, wie die Griechen erzählen, lange eine bedeutende Rolle gespielt.

Äußerlich war die Macht des Großkönigs mit dem Tage von Kunaxa hergestellt. Aber es war ein Zeugnis tiefer Zerrüttung, daß unmittelbar vor der Schlacht viele Edle aus dem Reichsheer zu dem Empörer übergegangen waren; es war ein bedenklicheres Symptom, daß dies Häuflein Griechen auf dem Schlachtfelde die Massen des Reichsheeres durchbrochen und geschlagen, daß es dann, mitten durch das Reich marschierend, in geschlossenen Reihen die Küste des Pontos erreicht hatte. War denn die Organisation des Reiches nichts, daß ein feindliches Heer so ungestraft drei,

fügte Bau des Reiches stark genug und in dem Adel und Volk Persiens die gewohnte Zucht und Treue lebendig genug, um die da und dort ausbrechenden Schäden zu überwinden.

Ernster wurde die Gefahr, als mit dem Ausgang Dareios' II. (424-404) dessen jüngerer Sohn Kyros sich zum Aufstand gegen den älteren, Artaxerxes II., der die Tiara bereits empfangen hatte, erhob. Kyros, nicht vor der Thronbesteigung des Vaters geboren wie der Bruder, sondern als der Vater schon König war, glaubte sich in demselben besseren Recht, kraft dessen einst Xerxes dem Dareios gefolgt war; noch der Vater hatte ihn, den Liebling der Mutter Parysatis, als »Karanos« nach Kleinasien gesandt, als »Herrn«, wie es scheint, ihm die Satrapien Kappadokien, Phrygien und Lydien gegeben; hatten die bisherigen Satrapen an der Seeküste, Tissaphernes und Pharnabazos, in dem schweren Kampf zwischen Athen und Sparta miteinander rivalisierend bald die eine, bald die andere Macht begünstigt, so trat Kyros in der nach dem Interesse des Reiches gewiß richtigen Politik rasch und entschieden auf die Seite Spartas. Selbst nach dem Zeugnis der Griechen war dieser junge Fürst voll Geist und Energie, von militärischem Talent, in der strengen Art seines Volkes; dem Spartaner Lysandros konnte er den Park zeigen, den er meist mit eigener Hand geschaffen habe; und als dieser ungläubig auf seine goldene Kette und seine glänzende Kleidung sah, schwur Kyros bei Mithras, daß er des Tages nicht eher Speise zu sich nehme, als bis er in Landarbeit oder kriegerischer Übung seine Pflicht getan. Die militärische Kunst und Tüchtigkeit der Hellenen hatte er kennen und würdigen gelernt; daß zumeist durch seine Unterstützung Lysandros der Athener Meister geworden, daß mit dem Falle Athens die Seemacht, welche bisher dem Reich schweren Abbruch getan, zu Ende war, daß Sparta ausdrücklich die Rückkehr der asiatischen

scher Macht war darauf gestellt, daß die persönliche Würdigkeit und Kraft des einen, der sie innehatte, sich in jedem Nachfolger erneute, daß der Hof und der Harem in seiner Nähe, die Satrapen und Kriegsobristen in der Ferne nicht aufhörten, von ihm bestimmt und beherrscht zu werden, daß das herrschende Volk sich selbst, seiner alten Strenge und Rauheit und der fraglosen Hingebung an den Gott-König getreu blieb.

Unter Dareios hat die persische Macht die höchste Blüte gehabt, deren sie fähig war; auch die unterworfenen Völker segneten sein Regiment; selbst in den griechischen Städten fanden sich überall angesehene Männer, die für den Preis der Tyrannis gern sich und ihre Mitbürger unter das persische Joch beugten; die moralische Achtung der edlen Perser vor den klugen Hellenen wird darum nicht größer geworden sein. Nach Dareios, nach den Niederlagen von Salamis und Mykale begannen sich Anfänge der Stockung und des Sinkens zu zeigen, dem das Reich, einer inneren Entwicklung unfähig, verfallen mußte, wenn es aufhörte, siegend und erobernd zu wachsen. Schon mit dem Ausgang des Xerxes wurde die Erschlaffung der despotischen Kraft und der Einfluß des Hofes und Harems fühlbar; die Eroberungen an der thrakischen Küste, der Hellespont und der Bosporos, die hellenischen Inseln und Städte an der Küste Kleinasiens waren verloren; bald versuchten einzelne der unterworfenen Völker, sich frei zu machen, schon fand die Empörung Ägyptens und die Herstellung der altheimischen Dynastie von Hellas her Unterstützung. Je glücklicher dagegen die Satrapen der vorderen Lande ankämpften und je mehr sie den persönlichen Willen und die Kraft ihres Herrn nachlassen sahen, desto dreister wurden sie, im eigenen Interesse zu verfahren, nach selbständigerer und erblicher Herrschaft in ihren Satrapien zu trachten. Aber noch war der festge-

oder sonst von ihnen Begünstigten, die dort die Tribute erheben und das Regiment führen. Die Truppen in der Satrapie stehen zu ihrer Verfügung, aber unter Befehlshabern, die der König unmittelbar bestellt, oft mit dem Heerbefehl über mehrere beieinanderliegende Satrapien. Die Wachsamkeit und Tüchtigkeit der Truppen, die Treue der Satrapen, die stete, durch die Sendboten geübte Aufsicht des Großkönigs über sie, diese abgestufte Pyramide monarchischer Organisationen ist die Form, die die untertänigen Länder und Völker zusammenhält.

In reichen Dotationen, in immer neuen Gnadengeschenken und Ehren, dem hohen Sold des Kriegsdienstes haben die Edlen und das Volk Persiens den Mitgenuß der Herrschaft ihres Königs. Dies und auch auf der anderen Seite die stete Überwachung und Kontrolle, die strenge Disziplin, die willkürliche und oft blutig geübte Strafgewalt des Königs erhält die zu Dienst Berufenen in Furcht und Pflichttreue. Wehe dem Satrapen, der auch nur säumig ist, für den Ackerbau, für den Wohlstand seiner Provinz, für Bewässerung zu sorgen, Paradiese anzulegen, dessen Provinz sich entvölkert oder im Anbau zurückgeht, der die Untertanen bedrückt; des Königs Wille ist, daß sie in ihrem Sein und Tun rechte Diener der reinen Lehre seien. Sie alle sollen auf den König und nur auf ihn sehen; wie Ormuzd, dessen Abbild und Werkzeug er ist, die Welt des Lichtes beherrscht und gegen die des verderblichen, Arges sinnenden Ahriman kämpft, so ist er unumschränkt, unfehlbar, über alle und über alles.

So die Grundzüge dieser Machtbildung, die aus dem eigensten Wesen des Perservolkes, seiner altgewohnten schlichten Anhänglichkeit an das Stammhaupt, dem stolzen Zuge der Legitimität in der alten Geschlechtsverfassung hervorgegangen ist. Diese grandiose Organisation despoti-

sammelte Kriegsmacht der zehntausend Unsterblichen, die zweitausend Lanzenträger und zweitausend Reiter, die aus allen Teilen des weiten Reiches in die Hofburg zusammenfließenden und in dem Reichsschatz aufgesammelten Tribute und Geschenke, die geordneten Rangstufen und Ämterfolgen der am Hofe versammelten Edlen bis zu den »Tischgenossen«, den »Verwandten« des Großkönigs hinauf, – das alles zusammen gibt der Zentralstelle des Reiches die Macht und Wucht, der zusammenhaltende und beherrschende Mittelpunkt zu sein. Das Netz von Heerstraßen, die durch das ganze Reich erbaut werden, die Poststationen mit immer bereiten Stafetten, die Festungen an allen wichtigen Paß- und Grenzpunkten sichern die Verbindung und das möglichst schnelle Einschreiten der zentralen Macht. Des Großkönigs Boten können so von Susa bis Sardes – 350 Meilen – in weniger als zehn Tagen Depeschen überbringen, und in jeder Landschaft steht militärische Macht bereit, auszuführen, was sie befohlen.

Für die Verwaltung teilt Dareios das Reich in zwanzig Satrapien, nicht nach der Nationalität oder nach historischen Motiven; es sind geographische Gebiete, wie die natürlichen Grenzen sie bestimmen. Das Verhältnis der dort Heimischen zum Reich besteht nur darin, daß sie in Gehorsam bleiben, ihre Tribute und, wenn ein allgemeines Aufgebot ergeht, den Heerdienst leisten, den Satrapen mit seinem Hofe und die in den Hauptstädten und Grenzfesten ihres Bereichs stehenden Truppen des Großkönigs unterhalten. Die Satrapen – »Könige, nur dem Großkönig untertan« – haften für den Gehorsam und die Ordnung in ihrer Satrapie, zu deren Schutz sowie zur Vergrößerung des Gebietes und des Tributes sie mit und ohne Befehl von der Hofburg Kriege führen und Frieden schließen. Sie selbst überlassen dann wohl einzelne Distrikte ihres Gebietes Eingeborenen

Dareios hat das Reich organisiert. Da es nicht eine persische Bildung gab, die wie einst die von Babel und Assur die mit Gewalt Unterworfenen auch innerlich hätte besiegen und umbilden können, da die Religion des Lichtes, die eigenste Kraft und der Vorzug des persischen Volkes, nicht bekehren konnte noch wollte, so mußte die Einheit und Sicherheit des Reiches auf die Organisation der Macht gestellt werden, die es gegründet hatte und beherrschen sollte. Es war der vollste Gegensatz dessen, was sich als das Wesen der Griechenwelt entwickelt hat: in diesem ein Volk zu zahllosen kleinen und kleinsten Kreisen in freier Autonomie, in dem Drang unerschöpflicher Erregbarkeit und Eigenartigkeit sich differenzierend und auseinander lebend, – in dem Perserreich viele Nationen, meist ausgelebte und einer eigenen Lebensgestaltung nicht mehr fähige, zusammengeballt durch die Gewalt der Waffen und zusammengehalten durch die strenge und stolze Überlegenheit des Perservolkes und des Großkönigs, des »gottgleichen Menschen«, an dessen Spitze.

Diese Monarchie, vom griechischen Meer bis zum Himalaja, von der afrikanischen Wüste bis zu den Steppen des Aralsees, läßt die Völker in ihrer Art, in ihren gewohnten Zuständen, schützt sie in dem, »was ihr Recht verlangt«, ist tolerant gegen alle Religionen, sorgt für den Verkehr, den Wohlstand der Völker, läßt ihnen selbst ihre Stammfürsten, wenn sie sich unterwerfen und Tribut zahlen, – aber stellt über sie alle hochhin das starkgefügte Gerüst einer militärischen und Verwaltungseinheit, deren Träger aus dem herrschenden Stamm, dem der »Perser und Meder«, berufen werden. Die gleiche Religion, die harte und strenggeübte Lebensweise in Feld und Wald, die Erziehung der zum Dienst berufenen edlen Jugend am Hofe und unter den Augen des Großkönigs, dazu die an diesem Hofe ver-

schlecht, dem der Achaimeniden, das Stammkönigtum des Volkes zusteht. Da hat denn der Königssohn Kyros am Hofe des Großkönigs in Ekbatana so viel Hochmut und Erschlaffung und verächtliches Wesen gesehen, daß er die Herrschaft an sein strengeres Volk zu bringen für wohlgetan hält. Er ruft, so lautet die Sage, die Stämme zusammen, läßt sie den einen Tag ein Stück Feld urbar machen und die ganze Last der Untertänigkeit fühlen, beruft sie anderen Tages zum festlichen Mahl; er fordert sie auf, zu wählen zwischen jenem traurigen Knechtsleben, das an der Scholle haftet, und dem herrlicheren des Siegers; und sie wählen Kampf und Sieg. So zieht er gegen die Meder aus, besiegt sie, wird Herr des Reiches, das bis zum Halys und bis zum Jaxartes reicht. Weiterkämpfend unterwirft er das lydische Königtum und das Land bis zum Meer der Iaonen, das babylonische Reich bis an die Grenze Ägyptens. Des Kyros Sohn Kambyses fügt das Reich der Pharaonen hinzu; keins der altgeschichtlichen Völker und Reiche widersteht der Kraft des jungen Volkes. Aber des Großkönigs Zug über Ägypten hinaus in die Wüste, seinen jähen Tod benutzen die Meder; ihre Priester, die Magier, machen einen aus ihrer Mitte zum Großkönig, nennen ihn des Kyros jüngeren Sohn, erlassen den Völkern den Kriegsdienst und die Tribute auf drei Jahre; und die Völker fügen sich willig. Nach Jahr und Tag erhebt sich Dareios, der Achaimenide, mit den Häuptern der sechs anderen Stämme, sie ermorden den Magier und seine vornehmsten Anhänger. »Die Herrschaft, welche unserem Geschlecht entrissen war, diese brachte ich wieder zurück; ich habe wiederhergestellt die Heiligtümer und die Verehrung dessen, der des Reiches Schützer ist; so gewann ich durch Ormuzds Gnade das Entrissene zurück, ich stellte das Reich glücklich, Persien, Medien und die anderen Provinzen, wie ehedem«, so sagt eine Inschrift des Dareios.

gleich mir ist noch keiner gekrönt; die Erde ist geworden, wie ich verlangt; Speise und Schlaf und Freude haben die Menschen durch mich; die Macht ist bei mir, und den Tod habe ich von der Erde genommen; darum müssen sie mich den Weltschöpfer nennen und anbeten.« Da wich der Glanz Gottes von ihm; Zohak, der Verderbliche, kam über ihn, verjagte ihn, begann seine furchtbare Herrschaft; es folgte eine Zeit wilden Aufruhrs, aus der endlich siegend Feridun, der Held, hervorging; er und nach ihm sein Geschlecht, das der »Männer des ersten Glaubens«, herrschten über Iran, immer wieder in schwerem Kampf mit den wüsten Turaniern, bis dann unter dem sechsten nach Feridun, dem Könige Gustasp, Zarathustra erschien, der Bote des Himmels, den König zu unterweisen, damit er dem Gesetz gemäß denke, spreche, handle.

Die Grundlage des neuen Gesetzes war der ewige Kampf zwischen dem Licht und der Finsternis, zwischen Ormuzd und den sieben Erzfürsten des Lichtes gegen Ahriman und die sieben der Finsternis; beide mit ihren Heerscharen ringen um die Herrschaft der Welt; alles Geschaffene gehört dem Licht, aber die Finsternis nimmt mit teil an dem rastlosen Kampf; nur der Mensch steht zwischen beiden, um nach freier Wahl dem Guten zu helfen oder dem Bösen Raum zu lassen. Die Söhne des Lichtes, die Iranier, kämpfen so den großen Kampf für Ormuzd, seinem Reiche die Welt zu unterwerfen, sie nach dem Vorbilde des Lichtreiches zu ordnen und in Gedeihen und Reinheit zu erhalten.

So der Glaube dieses Volkes und die Impulse, aus denen sich ihm sein geschichtliches Leben entwickelt; teils ackerbauende, teils Hirtenstämme in dem rauhen Gebirgsland Persis, unter ihren edlen Geschlechtern, von deren zahllosen Burgen noch nach Jahrhunderten die Rede ist, an ihrer Spitze der Stamm der Parsagaden, deren edelstem Ge-

kämpfer in seinem Drama von den Perserkriegen geschildert hat, empfindet man etwas von dem doch tiefmächtigen Wesen dieses edlen Volkes.

Vielleicht darf man diesen Eindruck ergänzen und vertiefen durch das, was dasselbe in der unmittelbarsten Gestaltung seines inneren Lebens, in seiner Religion und seiner heiligen Geschichte ausgesprochen hat. Sie bezeugen die höhere ethische Kraft, mit der die Perser den anderen Völkern Asiens gegenüber in die Geschichte eintreten, die ernste und feierliche Auffassung dessen, um deswillen der einzelne und das Volk lebt.

Rein sein in Werken, rein in Worten, rein in Gedanken, das ist es, was diese Religion fordert; die Wahrhaftigkeit, die Heiligung des Lebens, die Pflichterfüllung mit vollster Selbstverleugnung ist das Gesetz, wie es durch Zarathustra, den Verkünder des göttlichen Wortes, offenbart worden ist. In den Sagen von Dschemschid und Gustasp, von den Kämpfen gegen die Turanier entwickeln sich ihnen, sehr anders als den Hellenen in ihren Gesängen von Troja und Theben und den Argonauten, die Vorbildlichkeiten dessen, was das wirkliche Leben suchen und meiden soll.

Denn die Hochebenen vom Demawend bis zum Sindhflusse durchschwärmten in unvordenklicher Vorzeit wüste Horden; da erschien der Verkünder des alten Gesetzes, der Hort des Menschen, Haoma, verkündete seine Lehre dem Vater Dschemschids, und die Menschen begannen sich anzusiedeln und den Acker zu bauen; und als Dschemschid König wurde, ordnete er das Leben seines Volkes und der Stände seines Reichs; unter dem Glanz seiner Herrschaft starben die Tiere nicht und die Pflanzen verwelkten nicht, an Wasser und Früchten war nie Mangel, es war nicht Frost noch Hitze, nicht Tod noch Leidenschaft, und Friede überall. Er sprach in seinem Stolz: »Verstand ist durch mich,

die Barbaren im Osten durchzuführen. Das bedeutete: Befreiung der hellenischen Inseln und Städte, die seit dem Sturz Athens, seit Lysandros, seit dem Frieden des Antialkidas von neuem dem persischen Joch verfallen waren, – die Erschließung Asiens für den freien Verkehr und die Industrie von Hellas, für das Einströmen des hellenischen Lebens, der Überfülle unruhiger, gärender, verwilderter Elemente, an denen es bisher in seiner wirren Kleinstaaterei auf den Tod gekrankt, deren es so krankend nur immer mehr, immer ärgere und zerstörendere erzeugt hatte, Raum und Gelegenheit und lockende Aussicht vollauf, in neuen Verhältnissen neue Tätigkeiten zu finden und in der Fülle neuer Aufgaben arbeitend zu genesen.

Der kosmopolitische Zug, den im Griechentum zugleich mit dem zähen Partikularismus der Weltverkehr, das Flüchtlingswesen, das Söldnertum, die Kurtisanen, die Aufklärung und Bildung entwickelt hatten, mußte endlich, wenn er nicht den Rest nationalen Bestandes nutzlos vergeuden sollte, in geordneter Bewegung, in vorgedachten Wirkungen die ihm entsprechende Gestaltung finden. In dem Zuge nach Asien konnte er es.

War auf der europäischen Seite so alles zur letzten Entscheidung bereit, so hatte auf der asiatischen in entsprechender Weise das große Reich der Perser den Punkt erreicht, wo es in den Machtelementen, in denen einst seine Erfolge begründet gewesen waren, erschöpft und nur noch durch die träge Kraft des Bestehens gehalten schien.

Es ist wenig, was von der Natur und Art dieses Perserreiches überliefert wird, und dies wenige meist sehr äußerlicher Art, fast nur von denen aufgefaßt, welche in den Persern nur die Barbaren sahen und verachteten; und nur in der großen Gestalt des Dareios, wie sie einer der Marathon-

eine solche, wie sie Sparta mit dem Frieden des Antalkidas namens des Großkönigs und in Ausführung seiner Politik durchzusetzen versucht hatte, sondern eine Bundesverfassung mit geordnetem Rat und Gericht über die verbündeten Staaten, mit kommunaler Autonomie der einzelnen, mit dauerndem Landfrieden und freiem Verkehr zwischen ihnen, mit der Garantie aller für jeden, endlich mit dem beschlossenen Kriege gegen die Perser gefaßt, in der das Wesentliche der Militärhoheit und der auswärtigen Politik jedes Staates durch den Bundeseid an den Hegemon des Bundes, den makedonischen Machthaber, übertragen war.

Wie schwerer Kämpfe, wie scharfer Maßnahmen es bedurft haben mochte, zu diesem Ergebnis zu gelangen, der makedonische König ehrte sich und die Hellenen, wenn er voraussetzte, daß der Kampf gegen die Perser, der so erst möglich wurde, die Macht der doch gemeinsamen nationalen Sache, die Erfolge nach außen und die Segnungen im Innern, die das gelungene Werk verhieß, die Niederlagen und Opfer vergessen machen werde, die dessen Schaffung gefordert hatte. Nicht bloß seine wiederholten Erklärungen und die in dem Bundesvertrage übernommene Pflicht verbürgten ihnen, daß seine Waffen dem großen nationalen Kampf geweiht sein würden; sein eigenes Interesse hatte ihm von Anfang her diese Politik vorgezeichnet, die Kraft Griechenlands zu sammeln, um den Kampf gegen die Persermacht wagen zu können, diesen Kampf zu unternehmen, um die irgend noch gesunden Kräfte in dem hellenischen Staatenleben desto sicherer zu vereinigen und dauernd zu verschmelzen.

Seine Macht, die und die allein Hellas wie ein schützender Wall gegen die Barbaren des Nordens deckte, denen die Italiens schon erlag, war nun so weit und in feierlichster Weise berufen, an der Spitze des geeinten Hellas den Kampf gegen

ziliens auf entgegengesetztem Wege sich herstellten. In kläglichstem Zustande, von Tyrannen bedrückt und von den Karthagern bedroht, hatten sich die Patrioten Siziliens nach Korinth gewandt, um Rettung zu bitten. Von dort wurde ihnen mit geringer Macht der hochherzige Timoleon gesandt. Er brach die Tyrannis in Syrakus, der Reihe nach in den anderen Städten, er warf die Karthager auf ihre alten Grenzen in der Westecke der Insel zurück (339); er zog in die befreiten Städte neue hellenische Ansiedler in Menge, er erneute in ihnen die demokratische Freiheit und die Autonomie; in Sizilien schien die Art des Staatenlebens, die in der Heimat zusammenbrach, von neuem erblühen zu sollen. Aber den Tod des Hochgefeierten (337) überdauerte der neugeschaffene Zustand nur kurze Frist; noch ehe die Karthager sich zu neuen Angriffen erhoben, waren diese Demokratien auf dem Wege der Oligarchie oder der Tyrannis, in neuem Nachbarhader. Am wenigsten aus Großgriechenland konnte ihnen Rettung kommen; den noch nicht verkommenen Städten dort erwuchsen aus der eben jetzt rasch schwellenden Bewegung der italischen Völker neue Bedrängnisse; jener König Archidamos von Sparta, den die Tarentiner in Dienst nahmen, fand, an der Spitze seiner Söldner gegen die Messapier kämpfend, den Tod, an demselben Tage, heißt es, da Philipp bei Chaironeia siegte.

Mit dieser Schlacht und dem Korinthischen Bunde war wenigstens in dem heimatlichen Gebiet der Hellenen eine Einigung geschaffen, die inneren Frieden und nach außen eine gemeinsame nationale Politik verbürgte, – eine Einigung nicht bloß völkerrechtlicher, sondern staatsrechtlicher Art, wie sie einst Thaies und Bias den Ioniern empfohlen hatten, nicht eine Hegemonie, wie sie die Athener in den Tagen ihres schönsten Ruhmes nur zu bald zur Herrschaft hatten umbilden müssen, um sie zu erhalten, noch weniger

Schon waren die Gesandtschaften der Staaten in Hellas – nur Spartas nicht – in Korinth versammelt; dort wurde »der gemeine Friede und Bundesvertrag« errichtet, vielleicht auf Grund des von König Philipp vorgelegten Entwurfes, gewiß nicht in der Form eines einseitigen makedonischen Befehls. Die Freiheit und Autonomie jeder hellenischen Stadt, der ungestörte Besitz ihres Eigentums und dessen gegenseitige Garantie, freier Verkehr und steter Friede zwischen ihnen, das waren die Grundlagen dieser Einigung; sie zu sichern und ihre Befugnisse auszuführen, wurde ein »gemeiner Bundesrat« bestellt, zu dem jeder Staat Beisitzer senden solle; namentlich war ihre Aufgabe, darüber zu wachen, »daß in den verbündeten Staaten keine Verbannung oder Hinrichtung wider die bestehenden Gesetze, keine Konfiskation, Schuldaufhebung, Güterteilung, Sklavenbefreiung zum Zwecke des Umsturzes vorkomme«. Zwischen den so geeinten Staaten und dem makedonischen Königtum wurde ein ewiger Bund zu Schutz und Trutz errichtet; kein Hellene sollte gegen den König Kriegsdienste tun oder seinen Feinden hilfreich sein bei Strafe der Verbannung und des Verlustes von Hab und Gut. Das Gericht über Bundbrüchige wurde dem Rat der Amphiktyonen überwiesen. Endlich der Schlußstein des Ganzen: es wurde der Krieg gegen die Perser beschlossen, »um die von ihnen an den hellenischen Heiligtümern geübten Frevel zu rächen«; es wurde König Philipp zum Feldherrn dieses Krieges zu Lande und zur See mit unumschränkter Gewalt ernannt.

Philipp ging nach Makedonien zurück, alle Vorbereitungen zu dem großen nationalen Kriege zu treffen, den er mit dem nächsten Frühling zu beginnen gedachte. Mit jener Hilfesendung der Satrapen nach Thrakien hatte er einen vollen Rechtsgrund zum Kriege gegen den Großkönig.

Wie denkwürdig, daß in derselben Zeit die Geschicke Si-

Korinth einer der treuesten Anhänger des Königs war, Timoleons Freund und Kampfgenosse in der Befreiung Siziliens, wenn einer erfüllt von dem großen Gedanken des nationalen Kampfes gegen die Perser. Auch andere mögen sich zu der Ansicht bekannt haben, die Aristoteles mit den Worten ausgesprochen hat: daß das Königtum seiner Natur nach allein imstande sei, über den Parteien zu stehen, welche das griechische Staatsleben zerrütteten, allein das Staatswesen der rechten Mitte schaffen könne; »denn die Aufgabe des Königs ist, Wächter zu sein, daß die Besitzenden nicht in ihrem Eigentum geschädigt, der Demos nicht mit Willkür und Übermut behandelt werde«. Die so oft versuchte Tyrannis hat dies Werk nicht vollbringen können, »denn sie steht nicht, wie das altgegründete Königtum, auf eigenem Recht, sondern auf der Gunst des Demos oder auf Gewalt und Unrecht«.

Verfuhr nun Philipp in solchem Sinn?

Ohne das attische Gebiet zu berühren, zog er weiter nach der Peloponnes. Hatten Megara, Korinth, Epidauros, andere Städte sich hinter ihren Mauern zu verteidigen gedacht, so baten sie nun um Frieden; der König gewährte ihn den einzelnen, den Korinthern unter der Bedingung, daß sie Akrokorinth einer makedonischen Besatzung übergaben; ähnliche Friedensschlüsse mit der Weisung, zum Abschluß des allgemeinen Friedens Bevollmächtigte nach Korinth zu senden, folgten bei seinem weiteren Marsch durch die Peloponnes. Nur Sparta wies jedes Erbieten zurück; bis an das Meer durchzog Philipp das lakonische Gebiet, ordnete dann nach dem Spruch eines Schiedsgerichts aus allen Hellenen die Grenzen Spartas gegen Argos, Tegea, Megalopolis, Messenien, so daß die wichtigsten Pässe in die Hände derer kamen, die sich lieber mit der völligen Vernichtung des verhaßten Staates auch aller künftigen Sorgen befreit gesehen hätten.

der aufnehmen, aus ihnen einen neuen Rat bestellen, der über die bisherigen Führer und Verführer der Stadt Tod oder Verbannung verhängte. Der boiotische Bund wurde aufgehoben, die Gemeinden von Plataiai, Orchomenos, Thespiai wiederhergestellt, Oropos, das Theben zwanzig Jahre früher von Attika abgerissen, an Athen zurückgegeben, endlich auf die Kadmeia eine makedonische Besatzung gelegt, eine Position, nicht bloß Theben, sondern Attika und ganz Mittelgriechenland in Ruhe zu halten.

Mit soviel Strenge Theben, mit ebensoviel Nachsicht wurde Athen behandelt. In der ersten Aufregung nach der Niederlage hatte man dort sich zu einem Kampf auf Leben und Tod angeschickt; man hatte Charidemos an die Spitze des Heeres stellen, man hatte die Sklaven bewaffnen wollen: – das Schicksal Thebens und die Erbietungen des Königs kühlten den Eifer ab; man nahm den Frieden an, wie ihn der König durch einen der Gefangenen, den Redner Demades, anbieten ließ: die Athener erhielten alle Gefangenen ohne Lösegeld zurück, sie behielten Delos, Samos, Imbros, Lemnos, Skyros, sie kamen wieder in den Besitz von Oropos; es wurde – vielleicht nur der Form nach – ihrem Belieben freigestellt, ob sie dem gemeinen Frieden des Königs mit den Hellenen und dem Bundesrate, den er mit denselben errichten werde, beitreten wollten. Der attische Demos beschloß Ehren aller Art für den König, gab ihm, seinem Sohn Alexander, seinen Feldherren Antipatros und Parmenion das Bürgerrecht, errichtete ihm als einem »Wohltäter der Stadt« ein Standbild auf der Agora; anderes mehr.

Es war doch nicht die Furcht allein, auf die der König sein Werk in Hellas zu gründen gedachte; und die makedonische Partei, auf die er rechnete oder die sich neu bildete, bestand doch nicht bloß aus Verrätern und Bestochenen, wie es Demosthenes darstellt. Es ist bedeutsam, daß Demaratos von

die es geworben; beide Städte riefen die verbannten Phoker auf, in ihre Heimat zurückzukehren, halfen ihnen einige der wichtigsten Plätze des Landes neu befestigen. Aber die Makedonen drangen auf Amphissa vor, schlugen die Soldhaufen des Feindes; Amphissa wurde zerstört. Der Hauptmacht Philipps in Phokis zu begegnen, rüsteten Athen und Theben mit höchstem Eifer, riefen auch ihre Bürger unter die Waffen; das attische Heer zog nach Theben, vereinte sich mit dem boiotischen. Zwei glückliche Gefechte erhöhten ihren Mut und ihre Zuversicht; auch Korinth, Megara, andere von den Verbündeten Athens sandten Hilfstruppen.

Aber Philipp wich nicht; er zog Verstärkungen aus Makedonien heran; mit denen, die sein Sohn Alexander nachführte, war sein Heer bei 30000 Mann stark. Es mag in dieser Zeit gewesen sein, daß der König nach Theben sandte, Unterhandlungen anzubieten; der heftige Widerspruch des Demosthenes machte die Friedensneigung der Boiotarchen wirkungslos. Wenn nur in gleichem Maße das Heer der Verbündeten – der Zahl nach war es dem makedonischen überlegen – militärisch die Initiative zu ergreifen verstanden hätte; sie standen in fester Stellung am Eingang nach Phokis, am Kephissos. Eine Bewegung Philipps nach der Linken zwang sie, rückwärts zu gehen in die boiotische Ebene. Bei Chaironeia traf sie Philipp zur Schlacht (August 338); auf das hartnäckigste wurde gekämpft; das lange schwankende Gefecht entschied der Reiterangriff, den Alexander führte; es war der vollständigste Sieg. Das Heer der Verbündeten war zersprengt und vernichtet. Das Schicksal Griechenlands lag in Philipps Hand.

Es lag weder in den Wegen seiner Politik, noch hatte er den Siegesübermut, Griechenland zu einer Provinz Makedoniens zu machen. Nur die Thebaner erfuhren für ihren Abfall die verdiente Strafe. Sie mußten die Verbannten wie-

zu züchtigen. Athen hatte den Krieg wider ihn erneut, hatte ihn vor Byzanz und Perinth zu weichen genötigt; mit dem Zuge für den delphischen Gott konnte er seine Landmacht in die Nähe der attischen Grenzen führen, den Krieg da fortsetzen, wo den Athenern ihre Seemacht nichts half; daß sie selbst den Handel mit Amphissa eingeleitet hatten, daß sie nun gegen den, der ihn hinauszuführen kam, sich wenden mußten, enthüllte vor den Augen aller Welt ihr Unrecht und die inneren Widersprüche ihrer Politik. Er durfte auf Theben rechnen, das ihm, zumal seit dem Kriege gegen die Phoker, voll Erbitterung gegen Athen und den rettenden Waffen Makedoniens zu Dank verpflichtet, durch Bündnis verknüpft war. Mit Nikaia am Südausgang der Thermopylen, das er den Thessalern überwiesen, stand ihm der Weg nach dem Süden offen. Er ließ einen Teil seines Heeres von Herakleia, am Nordeingang der Thermopylen, durch den Paß der Landschaft Doris, den nächsten Weg nach Amphissa, vorgehen; mit dem größeren Teil zog er über Nikaia durch den Paß, der nach Elateia in das obere phokische Tal des Kephissos hinabführt; im Spätherbst 339 stand er in Elateia, verschanzte sich dort; die offenen Grenzen Boiotiens und die Straße nach Attika lagen vor ihm, hinter ihm die Pässe, die seine Verbindung mit Thessalien und Makedonien sicherten.

Er sandte nach Theben; er bot, wenn die Stadt mit ausziehe gegen Athen, Anteil an der Siegesbeute und Gebietserweiterung, forderte, wenn sie nicht mitkämpfen wolle, wenigstens freien Durchzug. Zugleich waren attische Gesandte nach Theben gekommen; dem Eifer des Demosthenes gelang es trotz allem, was seit zwanzig Jahren geschehen war, ein Bündnis zwischen Theben und Athen zustande zu bringen. Theben sandte ein Korps Söldner den Lokrern von Amphissa zu Hilfe; Athen überließ ihnen 10 000 Mann,

Er zog gegen die Skythen. Für seine neue Gründung im Hebroslande war der Skythenkönig Ateas diesseits der Donaumündungen ein gefährlicher Nachbar; er schlug ihn. Dann zog er durch das Gebiet der Triballer heimwärts; auch sie, den Grenzen Makedoniens oft lästige Nachbarn, sollten seine Macht fürchten lernen. Er mußte seines Rückens sicher sein, um den entscheidenden Stoß gegen die Athener führen zu können.

Sie arbeiteten ihm in die Hand. Im delphischen Tempel hatten sie ihre alten Weihgeschenke für die Schlacht von Plataiai erneut, mit der Inschrift: »Aus der Beute der zum gemeinsamen Kampf gegen die Hellenen vereinten Perser und Thebaier.« In der Versammlung der Amphiktyonen erhoben auf Anlaß Thebens die Lokrer von Amphissa darüber Beschwerde, beantragten eine schwere Geldstrafe; der attische Gesandte Aischines antwortete ihnen mit dem Vorwurf, daß sie delphisches Tempelland bebaut hätten; er erhitzte die Versammelten so, daß der Beschluß gefaßt wurde, diese Tempelräuber sofort zu züchtigen; aber die Bauern von Amphissa trieben die Amphiktyonen und die Delphier, die mit ihnen gekommen waren, zurück. Nach solchem Schimpf beschloß man, eine außerordentliche Versammlung der Amphiktyonen zu berufen, die das Nötige verfügen sollte, die Frevler zu züchtigen. Gesandte Athens, Thebens kamen nicht; Sparta war seit dem Ausgang des heiligen Kriegs ausgeschlossen; die zur Versammlung erschienenen beschlossen einen heiligen Zug gegen Amphissa, übertrugen ihn den nächstgesessenen Stämmen. Er hatte geringen Erfolg; die von Amphissa verharrten in ihrem Trotz. Die nächste regelmäßige Versammlung – im Herbst 339 – übertrug dem König Philipp die Züchtigung der Gottesfrevler, die Hegemonie des heiligen Krieges.

Er eilte herbei, nicht bloß, um die Bauern von Amphissa

In demselben Maße erschreckten diese Erfolge die hellenischen Gegner Philipps. Daß die Athener die Wiedereinsetzung der thrakischen Fürsten, die ihre Bundesgenossen seien, forderten, daß sie, um die gefährdete Chersones zu schützen, Kleruchen dorthin sandten, daß die Stadt Kardia sich weigerte, sie aufzunehmen, daß Philipps Vorschlag, die Streitfrage durch ein Schiedsgericht abzutun, von Athen abgelehnt, von den attischen Strategen die schon makedonischen Orte an der Propontis überfallen und zerstört wurden, leitete einen neuen Krieg ein.

Philipp hatte mit Byzanz, Perinth, anderen Städten, die sich im Bundesgenossenkriege von Athen frei gemacht, Bündnisse geschlossen und kraft deren zum Kampf gegen die Thraker ihren Beistand gefordert; sie leisteten ihn nicht, sie fürchteten seine wachsende Macht; Athen bot ihnen Bündnis und Kriegshilfe. Schon hatte es ihm die meisten Städte Euboias entfremdet, schon mit Korinth, den Akarnanen, Megara, Achaia, Korkyra Bündnis geschlossen, mit Rhodos und Kos wieder angeknüpft; es ließ am Hofe von Susa auf die Gefahren, die dem Perserreich durch die wachsende Macht Philipps drohe, hinweisen; der attische Stratege in der Chersones empfing persische Subsidien, und der Eifer des attischen Demos für die Rettung der hellenischen Freiheit wuchs mit jedem Tage.

Philipp wandte sich nach dem Siege über die Thraker gegen Perinth, gegen Byzanz, den Schlüssel des Pontos; fielen diese Städte, so war die Macht Athens an der Wurzel getroffen. Auf Philipps Ultimatum antworteten die Athener mit einer Erklärung, daß er den geschworenen Frieden gebrochen habe; sie sandten den Byzantiern die versprochene Flotte; von Rhodos, Kos, Chios, den Verbündeten von Byzanz, kam Hilfe; die nächstgesessenen Satrapen eilten, Perinth zu unterstützen, sandten Truppen nach Thrakien: Philipp mußte weichen.

auf Philipp übertragen, die Leitung der pythischen Feier, der Schutz des delphischen Heiligtums in seine Hand gelegt.

So trat er an die Spitze dieses heiligen Bundes, der durch das, was soeben geschehen war, wie zu keiner Zeit früher eine politische Bedeutung gewonnen hatte. Die nächste Anwendung davon traf Athen, das die gefaßten Beschlüsse, die an Philipp übertragene Befugnis anzuerkennen zögerte; eine amphiktyonische Gesandtschaft kam nach Athen, die ausdrückliche Zustimmung zu fordern. Wurde sie verweigert, so sprach die Versammlung den Bann über Athen aus, und Philipps Macht war zur Stelle, ihn zu vollziehen. Demosthenes selbst empfahl, einem heiligen Krieg aus dem Wege zu gehen.

Sicheren Schrittes ging Philipps Politik weiter. Schon hatte er die Hand über dem Königtum von Epeiros; die Städte in der Peloponnes führte die Hoffnung auf gemeinsamen Kampf gegen Sparta ihm zu; in Elis, Sikyon, Megara, in Arkadien, Messenien, Argos herrschten die ihm Zugewandten. Dann setzte er sich in Akarnanien fest, schloß Bündnis mit den Aitolern, überwies ihnen Naupaktos, das sie sich wünschten. Von der Landseite war die Macht Athens umstellt und so gut wie gelähmt. Aber noch hatten sie das Meer; ihre Flotte sicherte ihnen mit der Chersones den Hellespont und die Propontis. Dort mußte Philipp sie zu treffen suchen. Während er ihnen die Versicherungen seiner Freundschaft und friedlichen Gesinnung fort und fort wiederholte, warf er sich von neuem auf Kersobleptes und die ihm verwandten kleineren Fürsten in Thrakien, unterwarf sich das Land zu beiden Seiten des Hebros, sicherte es durch eine Reihe von Städten, die er im Binnenlande gründete, und die hellenischen Städte am Pontos bis Odessos hinauf traten gern mit ihm in Bündnis. So mächtig war der Eindruck seiner Erfolge, daß der Getenkönig an der untern Donau um seine Freundschaft bat, ihm seine Tochter zur Ehe sandte.

ein, den Paß der Thermopylen zu besetzen. Dieser schlimmsten Wendung zuvorzukommen, erbot sich Athen zum Frieden; daß Philipp die Unterhandlungen hinzog, daß Athen die Phoker und Kersobleptes, die Tempelräuber und den Barbaren, mit in den Frieden einzuschließen forderte, um die Thermopylen und den Hellespont zu decken, daß es endlich auch ohne diese Bedingungen den Frieden zu genehmigen bereit war (346), zeigte, wieviel an Gewicht Philipp gewonnen, Athen verloren hatte. Die gleichzeitig letzte Krisis des heiligen Krieges fügte eine weitere Wirkung hinzu.

Noch hielten die Phoker die Thermopylen, in Boiotien die von Theben abgefallenen Städte Orchomenos und Koroneia besetzt; freilich der delphische Tempelschatz ging auf die Neige, aber sie hofften auf Athen, und der Spartanerkönig Archidamos kam ihnen mit tausend Hopliten zu Hilfe. Mit der Aussicht, das delphische Heiligtum in Spartas Hand gelangen zu lassen, bewirkte Philipp die Heimkehr der Spartaner; gegen freien Abzug mit seinen 8000 Söldnern überließ der Führer der Phoker – es war in den Tagen, da der Demos von Athen jenen Frieden genehmigte – den Makedonen die Thermopylen. Philipp rückte in Boiotien ein; Orchomenos, Koroneia ergaben sich; Theben war froh, diese Städte durch Philipp zurückzuerhalten. In Gemeinschaft mit den Thebanern und Thessalern berief Philipp den Rat der Amphiktyonen; Athen beschickte ihn nicht. So wurde das Urteil über die Phoker gesprochen: sie wurden aus dem heiligen Bunde ausgestoßen, ihre 22 Städte aufgelöst, deren Mauern zerstört, die mit den Söldnern Abgezogenen als Tempelräuber verflucht und vogelfrei erklärt; kaum daß die Hinrichtung aller Waffenfähigen im Lande, die die Oitaier beantragten, abgelehnt wurde. Durch weiteren Beschluß der Amphiktyonen wurde die Stimme der Phoker

nen weiteren Weg. Noch hatten sie ihre Flotte, damit auf dem Meere eine Überlegenheit, der nur Raschheit und Entschlossenheit fehlte, um die erst werdende makedonische Flotte zu erdrücken. Athen war für Philipp der gefährlichste Feind in Hellas; es mußte vereinzelt, in raschen Zügen überholt werden.

Olynthos, an der Spitze der wieder verbündeten chalkidischen Städte, hatte vier Jahre vorher, als um Amphipolis noch gestritten wurde, sich mit Philipp gegen Athen verbündet, hatte aus seiner Hand das mit attischen Kleruchen besetzte Poteidaia angenommen; auch sie hielten sich klug genug, von dem, den sie schon fürchteten, Vorteil zu ziehen; jetzt nach dem ersten Erfolg Philipps über die Phoker sandten die Olynthier nach Athen, ein Bündnis anzutragen; daß sie den geflüchteten Prätendenten des makedonischen Königtums in ihren Schutz nahmen, ihn auszuliefern sich weigerten, ergriff Philipp, um den Kampf gegen sie zu beginnen. Trotz der Hilfe, die Athen sandte, wurde der chalkidische Bund besiegt, Olynth zerstört, die anderen Städte des Bundes makedonische Landstädte (348).

Zugleich hatten die Athener vergebens einen Zug nach Euboia unternommen; von den Tyrannen der einzelnen Städte hielten die meisten zu Philipp; er hatte damit eine Stellung, die Attika in der Flanke bedrohte. Er selbst wandte sich von Olynth – schon zum dritten Male – gegen den Thrakerkönig Kersobleptes, der, von Athen veranlaßt, Olynth unterstützt hatte. Schon war die makedonische Flotte imstande, auf den attischen Inseln Lemnos, Imbros und Skyros zu plündern, attische Kauffahrer aufzubringen; selbst die Paralos, eine der heiligen Trieren Athens, war am Gestade von Marathon gekapert und als Trophäe nach Makedonien abgeführt worden. Und von den Phokern auf das härteste bedrängt, bat Theben bei Philipp um Beistand, lud ihn

te, durch Bündnisse mit Theben, Megalopolis, Argos und welchen Staaten sonst, im Augenblick der Gefahr zusammengeklittert, der erstarkenden Macht des Königs Philipp Halt gebieten zu können, der, selbst wenn man ihm ein Treffen abgewann, mit doppelter Macht zurückgekehrt wäre, während die hellenischen Bündnisse mit der ersten Niederlage ein Ende hatten. Demosthenes mußte wissen, was es bedeutete, daß nicht er selbst der Kriegsheld war, die politischen Projekte hinauszuführen, die er empfahl, daß er sie, und mit ihnen die Geschicke des Staates, Feldherren wie dem eigenwilligen Chares, dem wüsten Charidemos anvertrauen mußte, die es nun einmal verstanden, mit Söldnerbanden fertig zu werden und ihnen die nötige »Zehrung« zu schaffen. Er mußte wissen, daß in Athen selbst, sowie er Einfluß gewann, sich die Reichen, die Trägen, die Selbstsüchtigen wider ihn zusammenfinden, daß auf sie gestützt seine persönlichen Gegner alle Schikanen und Schwerfälligkeiten der Verfassung benutzen würden, seine Pläne zu kreuzen, Pläne, deren Wert von einem attischen Mann nach dem Tage von Chaironaia mit dem bittern Worte bezeichnet worden ist: »Verloren wir nicht, so waren wir verloren.«

Zum Verständnis dessen, was dieser großen Katastrophe folgt, ist es nötig, den Verlauf des Ringens zwischen Athen und Makedonien, das so endete, in seinen wesentlichen Zügen zu verfolgen.

Demosthenes' große politische Tätigkeit begann, als Philipps Erfolge gegen die Phoker, seine Einwirkung auf die Parteiungen Euboias, sein Vordringen über Amphipolis hinaus das Emporwachsen einer Machtbildung erkennen ließ, die über alle bisherigen Voraussetzungen hellenischer Politik hinausging. Daß die Athener – zunächst mit der Besetzung der Thermopylen 352, nach Philipps ersten Erfolgen gegen die Phoker – zeigten, was sie wollten, wies ihrem Gegner sei-

loserer Tenedos, Prokonnesos, die Chersones, Delos in attischem Besitz waren; in dem Maße, als die Athener ihre Herrschaft erweitert hätten, würden sie größerer Eifersucht, heftigerem Gegendruck von rivalisierenden Staaten zu begegnen gehabt, sie würden nur die schon so tief eingefressene Spaltung und Zerrissenheit der hellenischen Welt gemehrt, sie würden jede Hilfe, auch die der Perser, der thrakischen, illyrischen Barbaren, der Tyrannis, wo sie sich gerade fand, willkommen geheißen haben, um sich zu behaupten. Oder wollte Athen nur die unberechenbaren Veränderungen, welche die Macht Makedoniens über Hellas zu bringen drohte, abwehren, nur die Zustände erhalten, wie sie waren? Sie waren so elend und beschämend wie möglich und wurden in dem Maße unhaltbarer und explosiver, als man sie länger in dieser Zerfahrenheit und Verkrüppelung des Kleinlebens ließ, in dem der Griechenwelt ein Glied nach dem ändern abstarb. Mochten die attischen Patrioten den Kampf gegen Philipp im Namen der Freiheit, der Autonomie, der hellenischen Bildung, der nationalen Ehre zu führen glauben oder vorgeben, keines dieser Güter wäre mit dem Siege Athens sichergestellt, mit der erneuten Herrschaft des attischen Demos über Bündner oder untertänige Orte, mit der verschlissenen und vernutzten Demokratie, ihren Sykophanten, Demagogen und Soldtruppen zu erhalten gewesen. Es war ein Irrtum des Demosthenes, der vielleicht seinem Herzen, gewiß nicht seinem Verstande Ehre macht, wenn er glauben konnte, mit diesem schwatzhaft, unkriegerisch, banausisch gewordenen Bürgertum Athens, selbst wenn er es mit der Macht seiner Rede zu glänzenden Entschlüssen hinreißen, selbst für einen Moment zu Taten galvanisieren konnte, noch große Politik machen, noch einen langen und schweren Kampf durchführen zu können; ein noch schwererer Irrtum, wenn er glauben konn-

fluß zu erhalten, rückte Philipp nach Süden und Osten seine Grenzen so weit vor, daß er mit Amphipolis den Paß nach Thrakien, mit dem Bergrevier des Pangaion dessen Goldminen, mit der Küste Makedoniens den Thermaiischen Busen und den Zugang zum Meere, mit Methone den Weg nach Thessalien hatte. Dann riefen ihn die Thessaler, von den Phokern auf das schwerste bedroht, zu Hilfe; er kam, er hatte schweren Stand gegen die wohlgeführte Kriegsmacht der Tempelräuber; erst mit nachrückender Verstärkung warf er sie zurück; er stand am Eingang der Thermopylen; er legte eine makedonische Besatzung nach Pagasai, er war damit des thessalischen Hafens und des Weges nach Euboia Meister. Da gingen den Athenern die Augen auf; unter Demosthenes' Führung begannen sie den Kampf gegen die Macht, welche, so schien es, die Hand nach der Herrschaft über Hellas ausstreckte.

An dem Patriotismus des Demosthenes und dessen Eifer für die Ehre und Macht Athens wird niemand zweifeln; und mit vollstem Recht wird er als der größte Redner aller Zeiten bewundert. Ob er in gleichem Maße als Staatsmann groß, ob er der Staatsmann der nationalen Politik Griechenlands war, ist eine andere Frage. Wenn in diesem Kampfe der Sieg gegen Makedonien entschieden hätte, was wäre das weitere Schicksal der Griechenwelt gewesen? Im besten Falle die Herstellung einer attischen Macht, wie sie soeben zum zweiten Male zusammengebrochen war, entweder einer Bundesmacht auf Grund der Autonomie der Bündner, die weder den Barbaren im Norden zu wehren noch den Barbaren im Osten die Stirn zu bieten, noch das sinkende Griechentum im Westen an sich zu ziehen und zu schützen vermocht hätte – oder einer attischen Herrschaft über untertänige Gebiete, wie denn jetzt schon Samos, Lemnos, Imbros, Skyros in solcher zum Teil kleruchischer Form, in

den Kampf gegen die Perser, als ein Werk zusammenzufassen, nicht das eine warten zu lassen, bis das andere getan sei. Nur wie solche Gedanken verwirklichen?

König Philipp von Makedonien unternahm es. Er mußte es, kann man sagen, wenn er das zerrüttete Königtum seines Hauses herstellen und sicherstellen wollte. Immer wieder hatte die Politik Athens, Spartas, Olynths, Thebens, der thessalischen Machthaber den Hader in der königlichen Familie genährt, Usurpationen einzelner fürstlicher Häupter des Landes unterstützt, die Barbaren auf den makedonischen Grenzen zu Einbrüchen und Raubzügen nach Makedonien veranlaßt. Hatten sie alle keinen anderen Rechtstitel zu ihrem Verfahren gehabt als die Ohnmacht des makedonischen Königtums, so bedurfte es nur der Herstellung genügender Macht, um dessen Recht gegen sie zu erweisen, und sie hatten keinerlei Anspruch auf rücksichtsvollere oder schonendere Maßregeln von seiten des makedonischen Königtums, als sie selbst so lange gegen dessen Interesse sich erlaubt hatten.

Philipps Erfolge gründen sich auf den sicheren Unterbau, den er seiner Macht zu geben verstand, auf die schrittweise vorgehende Bewegung seiner Politik gegenüber der bald hastigen, bald schlaffen, immer in ihren Mitteln oder ihren Zielen sich verrechnenden der hellenischen Staaten, vor allem auf die Einheit, das Geheimnis, die Schnelligkeit und Konsequenz seiner Unternehmungen, die von denen, die sie treffen sollten, so lange für unmöglich gehalten wurden, bis ihnen nicht mehr zu entgehen oder zu widerstehen war. Während Thessalien mit Alexandros' Ermordung in Zerrüttung sank, die Athener auf den Bundesgenossenkrieg, die Thebaner auf den heiligen Krieg, der die Phokier zur Parition zwingen sollte, alle Aufmerksamkeit wandten, die Spartaner sich bemühten, in der Peloponnes wieder einigen Ein-

Antialkidas hatte dem Hofe von Susa und den Höfen der Satrapen den Hebel in die Hand gegeben, in dem wohlgepflegten Hader der führenden Staaten das Griechentum tiefer und tiefer zu zerrütten und, während die großen politischen Dinge dort durch die »Befehle« des Großkönigs entschieden wurden, von der kriegstüchtigen hellenischen Mannschaft so viel an sich zu ziehen, wie nötig schien.

Niemals ist in Hellas der Gedanke des nationalen Kampfes gegen die Persermacht vergessen worden; er war den Hellenen, was jahrhundertelang der abendländischen Christenheit der Kampf gegen die Ungläubigen. Selbst Sparta hatte wenigstens zeitweise seine Herrsch- und Habgier mit dieser Larve zu verdecken gesucht; Jason von Pherai sah für die Tyrannis, die er gründete, in dem nationalen Kampf, zu dem er sich anschickte, die Rechtfertigung. Je deutlicher die Ohnmacht und innere Zerrüttung des übergroßen Reiches wurde, je leichter und einträglicher die Arbeit erschien, es zu vernichten, desto allgemeiner und zuversichtlicher wurde die Erwartung, daß es geschehen werde und geschehen müsse. Mochte Platon und seine Schule bemüht sein, den Idealstaat zu finden und zu verwirklichen, Isokrates, von dem eine doch breitere und populärere Wirkung ausging, kam immer wieder darauf zurück, daß man den Kampf gegen Persien beginnen müsse, ein solcher Krieg werde mehr ein Festzug als ein Feldzug sein; wie ertrage man den Schimpf, daß diese Barbaren die Wächter des Friedens in Hellas sein wollten, während Hellas imstande sei, Taten zu verrichten, die würdig seien, daß man die Götter darum bitte. Und Aristoteles sagt: die Hellenen könnten die Welt beherrschen, wenn sie zu einem Staat vereinigt wären.

Der eine wie andere Gedanke lag nahe genug, nahe genug auch der, beides, die Vereinigung der Hellenen und

Große klein erschien, sich mit dem, was es war und hatte, noch hätte ersättigen oder weiterentwickeln können. Unermeßliche Elemente der Gärung erfüllten es, solche, die eine Welt umzugestalten fähig waren; auf den heimischen Boden gebannt, in der heimischen Art beharrend, konnten sie nur gleich jener Drachensaat des Kadmos sich selbst zerfleischen und zerstören. Es kam alles darauf an, daß ihrem wirr wuchernden Hader ein Ende gemacht, ihnen ein neues weites Feld fruchtbarer Tätigkeit geöffnet, in großen Gedanken alle edlere Leidenschaft entflammt, der Fülle noch ungebrochener Lebenstriebe Licht und Luft geschaffen werde.

Seit Lysandros' Siege die alt-attische Macht niedergebrochen hatten, war die äußere Gefahr für die Griechenwelt von allen Seiten her in stetem Steigen; mehr als je in schon völlig geschiedene Kreise zerlegt, verlor sie an allen ihren nationalen Grenzen immer mehr Terrain. Das Griechentum Libyens war von den Puniern hinter die Syrte zurückgedrängt; das Siziliens verlor an dieselben Punier die größere Westhälfte der Insel, das Italiens starb von dem Andrang der Völkerstämme des Apennin Glied für Glied ab. Die Barbaren des unteren Donaulandes, schon ihrerseits von den in Italien zurückgestauten Kelten gedrängt, begannen ihre Versuche, nach dem Süden durchzubrechen. Die hellenischen Städte an der West- und Nordseite des Pontos hatten Mühe, sich der Triballer, der Geten, der Skythen zu erwehren; von denen auf der Südseite fand wenigstens Herakleia in der Tyrannis, die ein Schüler Platons dort gründete, einigen Halt. Die anderen Hellenenstädte Kleinasiens standen unter dem Perserkönig, von dessen Satrapen, von Dynasten, von dienstwilligen Oligarchen mehr oder weniger willkürlich beherrscht und ausgebeutet. Auch die reichen Inseln an der Küste beherrschte der persische Einfluß; das hellenische Meer gehörte den Hellenen nicht mehr; der Friede des

Güterteilungen, Schuldaufhebungen, Freigebung der Sklaven zu Zwecken des Umsturzes; bald stürzt sich der Demos auf die Besitzenden, bald üben die Reichen oligarchische Gewalt an dem Demos; Gesetz und Verfassung schützt nirgends mehr die Minorität gegen die Majorität, ist in der Hand dieser nur noch eine Waffe gegen jene; die Rechtssicherheit ist dahin, der innere Friede in jedem Augenblick in Gefahr; jede demokratische Stadt ist ein Asyl für demokratische, jede oligarchische für oligarchische Flüchtlinge geworden, die kein Mittel verschmähen und versäumen, ihre Rückkehr und den Umsturz der Dinge dort herbeizuführen, um den Besiegten dasselbe anzutun, was sie von ihnen haben leiden müssen. Zwischen den hellenischen Staaten, den kleinen und kleinsten, gibt es kein anderes öffentliches Recht als diesen Kriegszustand leidenschaftlichsten Parteihaders, und die kaum geschlossenen Föderationen zersprengt der nächste Parteiwechsel in den verbündeten Staaten.

Mit jedem Tage zeigte sich schärfer und mahnender, daß die Zeiten der autonomen Kleinstaaterei, der partiellen Bündnisse mit oder ohne Hegemonie vorüber, daß neue staatliche Formen nötig seien, panhellenische, so gesteigerte, daß in ihnen die bisher vermengten Begriffe Stadt und Staat sich schieden und die Stadt ihre kommunale Stellung innerhalb des Staates fand, wie in der attischen Demenverfassung vorgebildet, in dem älteren Seebund versucht, aber nur in der Macht der Bundesgewalt, nicht in dem gleichen kommunalen Recht der Bundesglieder durchgeführt war. Und nicht bloß das; im Griechentum waren seitdem zu viele Kräfte, Ansprüche, Rivalitäten erwachsen, zu viele Bedürfnisse und Erregungen zur Gewohnheit, zu viel Leben Bedingung des Lebens geworden, als daß es, in den engen Raum daheim gebannt, in dem alles Kleine groß und alles

bloß, daß mit dem um so hastigeren politischen Wechsel in den kleinen Gemeinwesen die Seßhaftigkeit zerstört, mit dem Anwachsen der flottierenden Masse politischer Flüchtlinge die Gefahr neuer, ärgerer Explosionen fort und fort gesteigert wurde, ein wüstes Söldnertum, schon völlig auf das »Gewerbe« organisiert, sich über die Welt zerstreute, für oder gegen Freiheit, Tyrannei und Vaterland, für oder gegen die Perser, Karthager, Ägypter und wo sonst Sold zu verdienen war, zu kämpfen. Schlimmer war, daß dies hochgebildete Griechentum in immer neuen Anläufen, das Ideal des Staates zu verwirklichen, nur die Schäden mehrte, die es heilen wollte, daß es von falschen Prämissen aus nach nicht minder falschen Zielen rang, daß es, immer nur auf die Autonomie der kleinen und kleinsten Gemeinwesen, auf das unbedingte persönliche Freisein und Mitherrschen bedacht, keine Formen fand, auch nur die Autonomie und Freiheit sicherzustellen, geschweige denn die Fülle großer nationaler Güter, die es besaß, ja die schon ernstlich bedrohte Existenz der Nation selbst zu schützen.

Was Hellas brauchte, lag auf der Hand. »Unter den Staaten, die bisher die Hegemonie gehabt«, sagt Aristoteles, »hat jeder es für sein Interesse gehalten, die der eigenen entsprechende Verfassung, die einen die Demokratie, die andern die Oligarchie in den von ihnen abhängigen Städten durchzuführen, indem sie nicht auf deren Wohl, sondern auf den eigenen Vorteil Bedacht nahmen, so daß nie oder selten und nur bei wenigen das Staatswesen der rechten Mitte zustande kam; und in den Bevölkerungen ist es zur Gewohnheit geworden, nicht die Gleichheit zu wollen, sondern entweder zu herrschen oder beherrscht zu werden.« Kurz und scharf bezeichnet der große Denker den fieberhaften und erschöpfenden Zustand, der daraus entsteht: Austreibungen, Gewaltsamkeiten, Rückkehr der Flüchtlinge,

auch wohl Bündner – so die auf Samos – austreiben, an attische Kleruchen ihre Häuser und Äcker austeilen, so völlig das Recht und die Pflicht des geschlossenen Bundes mißachtend, daß die mächtigeren die erste Gelegenheit zum Abfall wahrnahmen. Es gelang nicht mehr, sie zu bezwingen: Athen verlor zum zweiten Male seine Seeherrschaft; aber es behielt noch Samos und einige andere Plätze; es hatte in seinen Werften über 350 Trieren, mehr als ein anderer hellenischer Staat.

Nicht minder im Sinken schien das westliche Griechentum. Bis zu seinem Tode hatte Dionys von Syrakus seine Herrschaft straff und fest gehalten; unter seinem gleichnamigen Sohne unternahm die Philosophie, Dion, Kallippos, Platon selbst, an dem Hofe des Tyrannen ihre Ideale zu verwirklichen, bis der junge Herr der Dinge überdrüssig wurde und die andere Seite seiner verbildeten Geistesarmut hervorzukehren begann. In den wüsten zehn Jahren seiner Herrschaft und dem nicht minder wüsten Jahrzehnt darnach verkam das Haus und zerbröckelte das Reich des kühnen Gründers.

Wundervoll sind die Erzeugnisse des Griechentums in Poesie und Kunst und allen Gebieten des intellektuellen Lebens auch noch in dieser Zeit; die Namen des Platon, des Aristoteles genügen, zu bezeichnen, welche Schöpfungen dieses Zeitalter den früheren hinzugefügt hat.

Aber die öffentlichen und privaten Zustände der Griechenwelt waren schwer krank; sie waren hoffnungslos, wenn man fortfuhr, sich im falschen Zirkel zu bewegen.

Nicht bloß, daß die alten bindenden Formen des Glaubens und der Sitte, des Familienlebens, der staatlichen und gesellschaftlichen Ordnung gebrochen oder doch durch das Scheidewasser der Aufklärung zerfressen waren; nicht

Es war der Antialkidasfriede von thebanischer Seite. Und Theben lud nun die Staaten von Hellas zu sich, des Königs Befehl zu vernehmen. Die Spartaner wiesen ihn völlig ab, die Arkader protestierten gegen die Ladung nach Theben, die Korinther weigerten sich des Eides auf den Frieden des Großkönigs, und in Athen wurden die heimkehrenden Gesandten als Verräter hingerichtet.

Dann ward Pelopidas von jenem Alexandros von Pherai gefangen, ermordet. Epameinondas zog, die Ordnung in der Peloponnes herzustellen, über den Isthmos, er besiegte die Spartaner und die mit ihnen verbündeten Eleier, Mantineier, Achaier bei Mantineia; aber er selbst fand in der Schlacht den Tod. Und der Spartanerkönig, der alte Agesilaos, ließ sich von den Ephoren den Auftrag geben, nach Ägypten zu ziehen, warb Söldner für ägyptisches Geld und führte dem Könige Tachos, der schon 10 000 Hellenen in Sold hatte, deren noch 1000 zu, die versuchte Erneuerung des Pharaonentums gegen den Großkönig zu verteidigen.

Mit dem Tage von Mantineia endete die Macht Thebens, die, getragen und veredelt durch die Persönlichkeit einzelner Männer, nach deren Ende weder die befreiten oder neugegründeten Städte festzuhalten noch die boiotischen Städte, die vernichtet, die benachbarten Phoker, Lokrer, Malier, Euboier, die mit Gewalt an Theben gekettet waren, zu versöhnen verstand. Nach dem kurzen Rausch der Hegemonie, zu Übermut und Insolenz verwöhnt, wurde das sinkende Theben nur um so unleidlicher.

Auch Athens zweiter Seebund gewann nicht hohen Flug. Durch Sorglosigkeit, Habgier, finassierende Staatsmänner verleitet, schon längst daran gewöhnt, statt der eigenen Bürger Söldner ins Feld zu schicken, ließ es seine Strategen bei Freund und Feind Geld erpressen, statt Krieg zu führen, attische Beamte und Besatzungen in die Bundesstädte legen,

sen ein Stück Lakoniens an sich; dann kam den Spartanern Hilfe von dem Tyrannen Dionys, 2000 keltische Söldner, und die Arkader wurden zurückgeworfen; nur um so ungestümer wandten sie sich gegen ihre westlichen Nachbarn; sie warfen sich auf Olympia, die nächste Feier des Gottesfestes zu leiten, und in dem Heiligtum des Gottes wurde die Schlacht geliefert, in der sie die Eleier von dannen trieben, und die unermeßlichen Schätze des Tempels zerrannen unter ihren Händen.

So hier, so überall, jeder gegen jeden; es schien in dem Griechentum nur noch Macht und Leidenschaft genug, zu lähmen, was noch mächtig war, und niederzubrechen, was emporzusteigen drohte. Von Dankbarkeit, Treue, großen Gedanken, von nationalen Aufgaben blieb wenig oder nichts in der hellenischen Politik, und das Söldnertum und Flüchtlingswesen zerrüttete jede feste Ordnung und demoralisierte die Menschen.

Selbst Theben fühlte sich nicht stark genug, das, was es Neues geschaffen, aufrechtzuerhalten; es fürchtete, daß Sparta und Athen am Perserhofe die Gründung von Megalopolis und Messenien als Verletzung des Friedens, »den der Großkönig befohlen«, denunzieren und persisches Gold zum ferneren Kampf gewinnen könnten. Pelopidas ward mit einigen Männern aus der Peloponnes nach Susa gesandt, wo schon spartanische Gesandte waren, schleunigst auch attische erschienen. Vor dem Großkönige und seinem Hof kramten nun diese hellenischen Männer den Schmutz ihrer Heimat aus; aber Pelopidas gewann den Vorsprung. Der Großkönig befahl, daß die Messenier autonom bleiben, die Athener ihre Schiffe auf das Land ziehen, Amphipolis autonom sein und unter dem Schutz des Großkönigs stehen solle; wer diesen Bestimmungen nicht Folge leiste, gegen den solle man zu Felde ziehen; welche Stadt nicht mitziehen wolle, gegen die solle man zuerst auszuziehen.

balancierend ein Nachbild seiner einstigen Herrlichkeit zu schaffen, bald auch die Nichtwollenden zwingend; vor allem Amphipolis galt es heranzuziehen, das ja Athen einst gegründet, mit dem es die thrakischen Küsten beherrscht hatte; auf alle Weise, mit Hilfe der Makedonen, der thrakischen Fürsten versuchte es zum Ziele zu gelangen. Von Olynth unterstützt, widerstand Amphipolis den wiederholten Angriffen Athens.

Schon trat eine vierte Macht in diesen Wettkampf um die hellenische Führung. Der mächtige Jason von Pherai, von den Thessalern nach der alten Art ihres Landes mit dem Amt des Tagos, der Feldhauptmannschaft, betraut, der rastlos geworben und Schiffe gebaut, ein Kriegsheer geschaffen hatte, wie es Hellas noch nicht gesehen – er ließ bekannt werden, daß seine Rüstung den Barbaren im Osten gelte, daß er über Meer gegen den Perserkönig zu ziehen gedenke; schon wie zur Weihung des beginnenden Werkes schickte er sich an, in feierlichem Pomp das Pythische Fest in Delphoi zu begehen, da wurde er von Verschworenen ermordet, sieben Jünglingen, die dann die hellenische Welt als »Tyrannenmörder« feierte. Nach blutigem Familienhader kam dann der Rest seiner Macht in die Hand seines Eidams Alexandros von Pherai; ihn haben nach einem Jahrzehnt seine nächsten Verwandten umgebracht.

So wurde Theben des Rivalen in seinem Rücken frei, und Sparta lag tief getroffen darnieder; der neuen Erhebung Athens den Vorrang abzulaufen, baute auch Theben sich eine Flotte, begann sich auf den Meeren fühlbar zu machen. Kaum befreit, meinte nun das vereinte Arkadien schon nicht mehr der Thebaner zu bedürfen, selbst die Herrschaft in der Peloponnes fordern zu können. Sie zogen den Argeiern zu Hilfe, deren Angriff auf Epidauros gegen Athen und Korinth zu decken, sie brachen in das Eurotastal ein und ris-

jetzt Athen sich aufrichtete, mit raschem Entschluß daranging, eine neue Flotte, eine neue Symmachie, aber mit der Devise der Autonomie zu schaffen, zeigte den Spartanern die schwellende Gefahr. Schon griff Theben über die boiotischen Grenzen hinaus, versuchte die Phoker in den neuen Bund zu zwingen, verbündete sich mit Jason von Pherai, der die Macht über Thessalien den Dynasten zu entwinden verstanden hatte, die dauernde kriegerische Herrschaft an seine Hand zu ketten gedachte. Bei Naxos schlugen die attischen Strategen die Flotte Spartas, mit der Schlacht von Leuktra gewann Theben den Weg nach der Peloponnes, in der, wie die Furcht vor Sparta dahin war, ein neues lärmendes Leben begann; unter dem Schutz der siegreichen Waffen Thebens wurde überall das Joch der Oligarchie gebrochen, die zerstreuten Dorfschaften zu städtischen Gemeinwesen vereint, selbst die verknechteten Messenier befreit und ihr Staat hergestellt.

Jenen Sieg dankte Athen einer raschen und geschickten Finanzmaßregel, die dann freilich eine Wirkung nach innen hatte, welche von der Demokratie nicht viel mehr als die Form und den Schein übrigließ. Die reicheren Bürger leisteten auf Grund einer neuen Schätzung die zum Bau einer Flotte und zur Werbung von Söldnern nötigen Mittel, in Gruppen verteilt, in denen je die Reichsten die Vorschüsse machten und die Leitung übernahmen. Der Demos ließ sich diese Plutokratie, die ihn nichts kostete, gefallen, um so mehr gefallen, da sie ihm mit jenem Siege von Naxos einen neuen Seebund schuf, welcher Macht, Geldzahlungen, Kleruchien in Aussicht stellte. Die Inseln und Küstenstädte traten demselben gern bei, da er Schutz versprach und ausdrücklichst die Autonomie, wie sie der Großkönig befohlen hatte, zur Grundlage nahm. So versuchte Athen, zwischen dem sinkenden Sparta und dem emporsteigenden Theben

gab. Wenn man verfolgt, wie die Schulen des Platon, des Isokrates usw., wie die Philosophie, die Rhetorik, die Aufklärung in den freien Städten, an den Höfen der Dynasten und Tyrannen bis Sizilien, Kypros und dem pontischen Herakleia, selbst bis an die Satrapenhöfe sich verbreitete und Einfluß gewann, so sieht man wohl, wie sich über allen Partikularismus und alle Lokalverfassung eine neue Art der Gemeinschaft, man möchte sagen der Souveränität der Bildung erhob, von der das brutale Herrentum Spartas am weitesten entfernt war.

Nicht von der Theorie ging der entscheidende Umschlag aus, aber dem gelungenen gab sie den Nimbus einer großen Tat, sie half seine Wirkungen steigern; mit der steigenden Flut fahrend, ging sie daran, sich zu verwirklichen.

Drei Jahre lang ertrug Theben die spartanischen Harmosten, die spartanische Besatzung auf der Kadmeia, die freche Willkür der unter ihrem Schutz herrschenden Oligarchie, immer neue Hinrichtungen und Austreibungen. Endlich wagten die Geflüchteten die Befreiung der Vaterstadt; unter Pelopidas' Führung, im glücklich durchgeführten Verrat überfielen, ermordeten sie die Oligarchen, riefen das Volk auf, mit ihnen die Demokratie zu verteidigen und die alte Macht der Stadt über Boiotien herzustellen. Daß Epameinondas, der edle, philosophische, freisinnige, in dessen Geist das schöne Bild einer großen Zukunft lebte, hinzutrat, gab der Bewegung ihren idealen Schwung. Die Besatzung der Kadmeia wurde zum Abzug gezwungen, die Städte Boiotiens, deren Autonomie »des Großkönigs Frieden« geboten hatte, wieder in den boiotischen Bund gezogen, Orchomenos, Tanagra, Plataiai, Thespiai, die sich weigerten, mit gewaffneter Hand gezwungen, ihre Mauern gebrochen, ihr Gemeinwesen aufgelöst, die Bürger ausgetrieben.

Vergebens suchten die Spartaner zu hemmen. Daß eben

erneutem Kampf entriß Dionys den Karthagern die Küste der Insel bis Akragas, schlug die etruskischen Seeräuber und plünderte ihren Schatz in Agylla, gewann in großangelegten Kolonisationen bis zur Pomündung hinauf und auf den Inseln der illyrischen Küste die Herrschaft in der Adria – ein Fürst, der mit geordnetem Regiment, fürsorgender Verwaltung, gleich energischer Willkür gegen die wüste demokratische wie partikularistische »Freiheit«, mit seinem Heere von griechischen, keltischen, iberischen, sabellischen Söldnern und einer mächtigen Flotte, mit seiner verwegenen, treulosen, zynischen Politik gegen Freund und Feind der letzte Schutz und Halt, so schien es, für das Griechentum im Westen war – ein *principe* in der Art, wie ihn der große Florentiner sich gewünscht hat, das Italien seiner Zeit zu retten, im übrigen auf der Höhe damaliger Bildung, wie er denn Philosophen, Künstler und Dichter an seinen Hof zog und selbst Tragödien dichtete. Die Tyrannis des Dionys und die nicht minder machiavellistische Spartanermacht unter Agesilaos sind die Typen hellenischer Politik in diesen trüben Zeiten.

Es sollten noch trübere folgen. Aus der Bildung, deren Mittelpunkt Athen war, aus den Schulen der Rhetoren und Philosophen gingen politische Theorien hervor, die möglichst unbekümmert um die tatsächlichen Zustände und die gegebenen Bedingungen die Formen und Funktionen des idealen Staates entwickelten, des Staates vollendeter Freiheit und Tugend, der allein allem Schaden abhelfen könne und alles Heil bringen werde. Vorerst nur ein verwirrendes Element mehr in der wirren Gärung von Herrschaft und Knechtung, von Willkür und Ohnmacht, von aller argen Sucht des Reichwerdens und dem um so trotzigeren Neide der ärmeren Massen, zumal da, wo die Demokratie ihnen das gleiche Recht und dem mehreren Teil die Entscheidung

zum Strymon, nur von ihren Mauern und ihren Söldnern geschützt, hätten dem Andringen der thrakischen Völker nicht lange zu widerstehen vermocht; die noch lose geeinten makedonischen Landschaften, deren Hader wie erst die Athener, so nun Sparta und die Städte der Chalkidike nährten, waren selbst in steter Gefahr, von den Odrysen im Osten, den Triballern im Norden, den Illyriern im Westen überschwemmt zu werden; schon drängte hinter diesen die keltische Völkerwanderung zwischen der Adria und der Donau vorwärts. Die Triballer begannen ihre Raubzüge, die sie bald bis Abdera führen sollten; es brachen die Illyrier nach Epeiros ein, siegten in einer großen Schlacht, in der 15 000 Epeiroten erschlagen wurden, durchheerten das Land bis in die Gebirge, die es von Thessalien scheiden, wandten sich dann rückwärts, durch die offeneren Gebirgspässe nach Makedonien einzubrechen. Gegen solche Gefahren sich zu schützen, hatte Olynth die Städte der Chalkidike zu einem Bunde vereint; daß die Spartaner ihn zerstörten, machte den Norden der Griechenwelt wehrlos gegen die Barbaren.

In derselben Zeit war größere Gefahr über das westliche Griechentum gekommen. Seit die Seemacht Athens gebrochen war, hatten die Karthager in Sizilien von neuem vorzudringen begonnen, Himera im Norden, Selinus, Akragas, Gela, Kamarina bewältigt; Dionys von Syrakus ließ, um den Frieden zu gewinnen, diese Städte in dem Tribut der Punier. Es brachen die Kelten über die Alpen nach Italien ein, unterwarfen das etruskische Land am Po, überstiegen den Apennin, brannten Rom nieder; es brachen die Samniter gegen die Griechenstädte Kampaniens vor, unterwarfen eine nach der andern, während Dionys die im bruttischen Lande an sich riß; nur Tarent hielt sich aufrecht. Wenigstens die Tyrannis von Syrakus war rüstig und tätig; in immer wieder

Waffe Athens gegen Sparta gewesen war. Und die befohlene Autonomie wirkte in eben dieser Richtung; überall lösten sich die alten Bande, die sonst einer größeren Stadt die kleineren Orte um sie her pflichtig gehalten hatten; bis in die letzten Winkel und Täler drang die zersetzende Autonomie und die Anmaßung der Freiheit; die hellenische Welt zerbröckelte sich immer weiter, in immer kleinere Atome und entwickelte in der immer steigenden Gärung dieses entfesselten und höchst erregten Kleinlebens eine Fülle von Kräften und Formen, von Reibungen und explosiven Elementen, welche die doch nur mechanische und äußerliche Gewalt Spartas bald nicht mehr zu beherrschen vermögen sollte.

Dazu ein anderes. Solange in dem Attischen Seebunde das Aigaiische Meer die Mitte der hellenischen Welt gewesen war, solange die hellenischen Städte, die es umsäumten, die immer bereite Macht des Bundes hinter sich fühlten, hatten die Barbaren wie im Osten so im Norden sich möglichst ferngehalten; wenn damals die thrakischen Stämme am Hebros vorzudringen wagten, so hatte ihnen Athen mit der Anlage von Amphipolis am Strymon – 10 000 Ansiedler wurden dorthin gesandt – den Weg nach den hellenischen Städten der Küste verlegt; das Erscheinen einer attischen Flotte im Pontos hatte genügt, auch dort die Seewege und die Küsten zu sichern; in den Tagen der attischen Macht erstarkte die Hellenisierung der Insel Kypros, selbst in Ägypten hatte eine hellenische Flotte gegen die Perser gekämpft, selbst Karthago die Seemacht Athens gefürchtet.

Mit dem Frieden des Antialkidas waren nicht bloß die Städte der asiatischen Küste preisgegeben; das Meer der Mitte war verloren, die Inseln desselben, obschon dem Namen nach autonom, die Buchten und Küsten von Hellas lagen wie entblößt da. Und zugleich begannen die Völker im Norden rege zu werden; die Küstenstädte von Byzanz bis

sprochenen Besitz von Kypros – es kostete noch Jahre, die Insel zu bewältigen – konnte der Großkönig auch Ägypten niederzuwerfen hoffen; mit der Zuwendung der drei Inseln war Athen befriedigt, mit der verkündeten Autonomie in Hellas bis in die kleinsten Gebiete der Hader getragen, jedes Bündnis, jede landschaftliche Zusammenschließung, jede neue Machtbildung im panhellenischen Sinn unmöglich gemacht und Sparta der Hüter und Büttel dieser persischen Politik über Griechenland.

Sparta war tätig genug, mit der Auflösung der landschaftlichen und Ortsverbände nach dem Prinzip der Autonomie das von Lysandros begonnene System der Oligarchisierung, das der Korinthische Krieg unterbrochen hatte, zu vollenden. Daß Olynth die Städte auf der Chalkidike zu einem Bunde vereinigte, auch nicht wollende mit Drohung zum Beitritt zwang, daß so bedrohte in Sparta um Hilfe baten, gab Anlaß zu einem Heereszuge dorthin, dem sich nach langem Widerstand die Stadt beugen, ihren Bund auflösen mußte. Auf dem Hinzuge hatten die Spartaner Theben überfallen, die Oligarchie eingesetzt, alles, was nicht gut spartanisch war, ausgetrieben, in die Kadmeia eine Besatzung gelegt. Es war die Mittagshöhe der spartanischen Macht, auch darin die Höhe, daß nach der rechten Natur eines Machtsystems jede Regung, die sich gegen ihren Druck erhob, nur neuen Anlaß gab, sie zu steigern, und der gesteigerte Druck zu neuem Widerstand trieb, der die gesteigerte Gewalt, ihn niederzuwerfen, rechtfertigte.

Nur daß eine kleine Lücke in diesem Kalkül war. Wohl hatte Lysandros die Macht Athens gebrochen, aber nicht die Bildung, die in Athen erblüht, nicht den demokratischen Zug der Zeit, der mit ihr erwachsen war. Je gewaltsamer das Herrentum Spartas wurde, desto mehr wandten sich die Oppositionen derselben Demokratie zu, die die stärkste

Siege folgte die schleunige Heimkehr des Agesilaos, mit dem Kampf bei Koroneia erzwang er sich den Rückweg nach Boiotien. Aber schon hatte Konon die Spartaner besiegt, die Hälfte ihrer Schiffe vernichtet. Dann segelte Pharnabazos mit der Flotte nach Griechenland hinüber, überall verkündend, daß er nicht die Knechtschaft, sondern Freiheit und Unabhängigkeit bringe, landete selbst auf Kythera, hart an der Küste Lakoniens, erschien dann auf dem Isthmos in dem Bundesrat der Hellenen, zur eifrigen Fortsetzung des Kampfes mahnend, überließ, um selbst heimzukehren, dem Konon die Hälfte der Flotte, der nun nach Athen eilte, für persisches Geld die langen Mauern herstellen, wieder eine attische Flotte gründen, ein Heer Söldner werben ließ; die leichte Waffe der Peltasten, die Iphikrates erfand und ausbildete, überholte die taktische Kunst Spartas.

Es wurde für Sparta hohe Zeit, Wandel zu schaffen. Das Mittel lag nahe zur Hand; wenn das persische Gold versiegte, hatte die Begeisterung und die Macht der Feinde Spartas ein Ende. Antialkidas, der nach Susa gesandt wurde, trug es über Konon davon; der Großkönig sandte den »Befehl« an die Hellenen, er halte für gerecht, daß die Städte Asiens ihm gehörten und von den Inseln Kypros und Klazomenai, den Athenern aber Lemnos, Imbros und Skyros, daß alle anderen hellenischen Städte groß und klein autonom seien; die, welche diesen Frieden nicht annähmen, werde er mit denen, die ihn wollten, zu Lande und zu Wasser mit Schiffen und Geld bekämpfen. Mit einer mächtigen Flotte, zu der teils die griechischen Satrapien Kleinasiens, teils der Tyrann von Syrakus die Schiffe stellte, fuhr Antialkidas durch die Kykladen heim; die Schiffe der Gegner zogen sich eiligst zurück.

Dieser Friede war die Rettung Persiens; mit dem zuge-

hen, der, als sei es ein Nationalkrieg der Hellenen und er ein zweiter Agamemnon, mit einem feierlichen Opfer in Aulis begann, nur daß die boiotische Behörde das Opfer störte und die Opfernden aus dem Heiligtum trieb; weder Theben noch Korinth, noch Athen, noch die andern Bündner leisteten die geforderte Bundeshilfe, und die erste Tat des Agesilaos in Asien war, daß er mit dem Satrapen Waffenstillstand schloß.

Schon war in den hellenischen Landen die Erbitterung gegen Sparta ärger, als sie je gegen Athen gewesen war. Die Thebaner hatten die Flüchtlinge Athens unterstützt, ihre Vaterstadt zu befreien; die Korinther hatten dulden müssen, daß in ihrer Tochterstadt Syrakus, die in schwersten Parteikämpfen krankte und der zur Ruhe zu helfen sie einen ihrer besten Bürger gesandt hatten, die Partei, welche die Spartaner unterstützten, mit dem Morde des korinthischen Mittelsmannes die Tyrannis des Dionysios gründete; empörender als alles war, wie die Spartaner, Elis zum Gehorsam zu zwingen, das Land des Gottesfriedens mit Krieg überzogen, verheerten und in seine Gaue auflösten.

Wenn man in der Hofburg zu Susa, eingedenk jenes Griechenzuges fast bis Babylon, mit Sorge dem Anmarsch des Agesilaos entgegensehen, wenn man die noch schwerere Gefahr einer neuen Empörung Ägyptens, mit der sofort Sparta in Verbindung trat, erkennen mochte, so bot ein attischer Flüchtling, Konon, einer der zehn Strategen der Arginusen, den Plan zur sichersten Abwehr. Der Satrap Pharnabazos erhielt das nötige Geld, die bedeutenderen Staaten in Hellas zum offenen Kampf gegen Sparta zu treiben, zugleich eine Flotte zu schaffen, die unter Konons Führung die Seemacht Spartas vom Meere jagen sollte. Wieder mit dem Ruf der Befreiung, als Bund der Hellenen erhoben sich Korinth, Theben, Athen, Argos gegen Sparta; ihrem ersten

ihm wurden Altäre errichtet und Festdienste gestiftet. Das alte Recht Spartas auf die Hegemonie schien nun endlich das Griechentum zu vereinigen.

Aber es war nicht mehr die alte Spartanerstadt; daß die Bürger ohne Eigentum, in strenger Ordnung und Unterordnung, ganz Soldat seien, waren die ersten Forderungen der vielbewunderten Lykurgischen Verfassung gewesen; jetzt mit dem Siege schwand der Nimbus, in dem man Sparta zu sehen sich gewöhnt hatte; jetzt zeigte sich, wie Habgier, Genußgier, jede Art von Entartung, wie Geistesarmut neben Herrschsucht, Brutalität neben Heimtücke und Heuchelei da heimisch sei; stetig sank die Zahl der Spartiaten, in dem nächstfolgenden Zeitalter gab es deren nur noch tausend statt der neun- oder zehntausend in den Zeiten der Perserkriege. Die daheim zu starrem Gehorsam und äußerer Zucht Gewöhnten herrschten nun als Harmosten um so willkürlicher und gewaltsamer in den Städten von Hellas, überall bemüht, die gleiche oligarchische Ordnung durchzuführen, zu der sich in Sparta selbst die alte, vielbewunderte Aristokratie verwandelt hatte; überall deren Einführung, Austreibung der besiegten Partei, Konfiskation ihrer Güter; die hellenische Welt von der fluktuierenden Masse politischer Flüchtlinge und ihren Entwürfen und Versuchen gewaltsamer Heimkehr in stetem Gären und Brodeln.

Freilich Sparta schickte sofort ein Heer nach Asien, aber für den Empörer Kyros, gegen den Großkönig, seinen Bruder, ein Söldnerheer. Und als Kyros in der Nähe von Babylon gefallen, die 10 000 in der Schlacht unbesiegt, unbesiegt auch auf der weiten, kampfreichen Irrfahrt durch die fremde Welt wieder bis ans Meer gelangt und heimgekehrt waren, als des Großkönigs Satrapen die hellenischen Städte Asiens wieder in Besitz nahmen, deren Tribute forderten, da ließ Sparta den jungen König Agesilaos nach Asien zie-

Nicht bloß die Macht Athens war zertrümmert. In diesem langen und furchtbaren Kriege hatte sich das Wesen des attischen Demos verwandelt; von den einst glücklichen Elementen seiner Mischung waren die stetigen dahin und mit der Entfesselung aller demokratischen Leidenschaft die zersetzende Aufklärung übermächtig geworden, die ihm die Oligarchen erzogen hatte, welche nun in jener Verfassung der Dreißig unumschränkt das erschöpfte Volk zu knechten unternahmen. In ihr die letzten und entarteten Reste der alten großen Familien, die der Krieg gelichtet hatte; noch gründlicher war in dem alten hoplitischen Bauernstande aufgeräumt, den die feindlichen Einlagerungen auf dem attischen Gebiet erst Jahr für Jahr, dann für jahrelang in die Stadt getrieben hatten, wo er, ohne seine Arbeit, verarmend, mit in den Strudel des städtischen Lebens gezogen, Pöbel wurde. Wenn dann nach Jahr und Tag die Landflüchtigen ihre Rückkehr erzwangen, die Dreißig von dannen jagten, die Demokratie herstellten, – es war nur der Name Athens, der Name der Solonischen Verfassung, der hergestellt wurde; alles war verarmt, armselig, ohne Kraft und Schwung; und daß man mit doppelt eifersüchtiger Fürsorge die Machtbefugnisse der Ämter minderte, dem Einfluß hervorragender Persönlichkeiten möglichst vorbeugte, neue Formen fand, die irgend mögliche Beschränkung der demokratischen Freiheit unmöglich zu machen, fixierte diese bedenklichste Form des Staatswesens in der bedenklichsten Phase ihrer Schwankungen, in der der Ernüchterung nach dem Rausch.

Mit dem Ruf der Befreiung hatte Sparta dreißig Jahre vorher allen Haß, alle Furcht und Mißgunst gegen Athen, allen Partikularismus um sich vereint. Nun hatte es den vollsten Sieg; Sparta war das Entzücken des nun überall wiederkehrenden Herrentums, und Lysandros ihr Held, ja ihr Gott;

Das sind die Elemente des furchtbaren Krieges, der die hellenische Welt dreißig Jahre lang durchtoben und bis in die Fundamente zerrütten, in dem die in Athen und unter dem Schutz Athens gereifte Fülle von Wohlstand, Bildung und edler Kunst, die damit sich verbreitende Fassung des ethischen Wesens sich tief und tiefer zersetzen sollte.

Es gab in diesem Kriege einen Moment – Alkibiades und die sizilische Expedition bezeichnen ihn –, wo der Sieg der attischen Macht, die Erweiterung derselben auch über die westlichen Meere gewiß schien; die Karthager waren in höchster Sorge, »daß die Attiker gegen ihre Stadt heranziehen würden«. Aber der geniale Leichtsinn dessen, der auf seinem Goldschilde den blitzschleudernden Eros führte, gab der Intrige seiner oligarchischen und demokratischen Gegner daheim die Gelegenheit, ihn, der allein das begonnene Unternehmen hätte hinausführen können, zu stürzen. Er ging zu den Spartanern, er wies ihnen die Wege, wie Athen zu bewältigen sei, er gewann ihnen die Satrapen Kleinasiens und das Gold des Großkönigs, freilich gegen die ausdrückliche Anerkennung Spartas, daß dem Großkönige wieder gehören solle, was ihm ehedem gehört habe.

In ungeheuren Wechseln taste der Krieg weiter; mit persischem Golde bezahlt, erschien auch die Flotte Siziliens, sich mit der Spartas, Korinths, der abgefallenen Bündner Athens zu vereinigen. Unvergleichlich, wie das attische Volk da gekämpft, mit immer neuer Spannkraft sein zusammenbrechendes Staatswesen zu retten versucht, wie es bis auf den letzten Mann und einen letzten goldenen Kranz im Schatz den Kampf fortgesetzt hat. Nach dem letzten Siege, den es errang, dem bei den Arginusen, ist Athen den Parteien im Innern, dem Verrat seiner Feldherren, dem Hunger erlegen; der Spartaner Lysandros brach die langen Mauern, übergab Athen der Herrschaft der Dreißig.

Der Bruch war unheilbar. Es begann ein Kampf heftigster Art, nicht bloß in den hellenischen Landen: Ägypten war unter einem Nachkommen der alten Pharaonen von dem Großkönige abgefallen, rief die Hilfe Athens an; ein selbständiges Ägypten hätte dauernd die Flanke der persischen Macht bedroht; die syrischen Küsten, Kypros, Kilikien hätten sich in gleicher Weise losgerissen; Athen sandte eine stattliche Flotte nach dem Nil.

Das kühnste Wagnis attischer Politik mißlang. Ägypten erlag den Persern; nach schweren Verlusten dort, nach blutigen, nicht immer siegreichen Kämpfen an den heimischen Grenzen schloß Athen, um die Scharte gegen die Barbaren auszuwetzen, mit den Spartanern Frieden, opfernd, was es ihrem Bunde auf dem Festlande entzogen hatte.

Daß Athen innehielt, versöhnte Sparta so wenig wie die Herrenstaaten und den Partikularismus. Daß Athen um so fester die Zügel seiner Bundesherrschaft anzog, steigerte die Erbitterung der Beherrschten, die schon an den Spartanern, an dem Perserkönig sicheren Rückhalt zu finden hoffen durften. Daß Perikles trotzdem und trotz der bereiten Macht und dem gefüllten Schatz Athens nur mit der Überlegenheit weiser Mäßigung und des streng innegehaltenen Vertragsrechtes den Frieden und mit ihm die attische Seeherrschaft, diese durchaus nur in dem Umfang, den sie einmal hatte, zu erhalten gedachte, ließ Athen nach außen hin die Initiative verlieren und im Innern die Opposition derer erstarken, die nur in weiterer Steigerung der Demokratie, in ihrer völligen Durchführung auch bei den Bündnern, in Ausdehnung der Herrschaft über die pontischen, die sizilisch-italischen Griechenstädte die Möglichkeit sahen, der dreifachen Gefahr, welche die attische Macht bedrohte, zu begegnen: der Rivalität Spartas und der Herrenstaaten, dem lauernden Haß der Perser, dem Abfall der Bündner.

gen, Versäumnis, Widersetzlichkeit, Abfall zu strafen, ließ die nur führende Stadt zur herrschenden und herrischen, die freien Bundesstaaten zu Untertanen werden, die selbst der Jurisdiktion des attischen Demos unterworfen waren.

Herrin des Seebundes zum Schutz des Meeres und zum Kampf gegen die Barbaren, hatte Athen die Inseln des Aigaiischen Meeres, die hellenischen Städte auf dessen Nordseite bis Byzanz, die Küste Asiens vom Eingang in den Pontos bis Phaseiis am Pamphylischen Meer inne, eine Macht, unter deren belebenden Impulsen der hellenische Handel und Wohlstand, nun weithin geschützt, sich von neuem erhob, Athen selbst zugleich in allen Richtungen des geistigen Lebens kühn und schöpferisch voranschreitend der Mittelpunkt einer im vollsten Sinn panhellenischen Bildung wurde.

Mochte Sparta noch den Namen der Hegemonie haben, es sah seine Bedeutung tief und tiefer sinken; es begann unter der Hand die Mißstimmung bei den Bündnern Athens zu nähren, während schon Argos, Megara, die Achaier, selbst Mantineia sich mit Athen verbanden. Daß dann die helotisch verknechteten Messenier sich empörten, daß die Spartaner, außerstande, sie zu bewältigen, die Bundeshilfe Athens forderten, daß sie die ihnen gewährte, ehe der Kampf beendet war, Tücke und Verrat fürchtend, heimsandten, führte zu der verhängnisvollen Entscheidung. Das attische Volk wandte sich von denen ab, die den Hilfszug geraten, gab, ihren Einfluß für immer zu beseitigen, den demokratischen Institutionen des Staates eine durchgreifende Steigerung, kündigte den Hellenischen Bund und damit die spartanische Hegemonie auf, beschloß, zu allen hellenischen Städten, die nicht schon im Seebund waren, zu senden, sie zum Abschluß einer neuen und allgemeinen Einigung aufzufordern.

mera Sizilien. Aber dem Hellenischen Bunde waren daheim nur die meisten Städte der Peloponnes, von denen in Mittel- und Nordgriechenland außer Athen nur Thespiai und Plataiai beigetreten. Mit den Schlachten bei Plataiai und Mykale wurde das Land bis über den Olymp hinaus, wurden die Inseln und die ionische Küste, in den nächsten Jahren auch der Hellespont und Byzanz befreit. In derselben Zeit schlug der Tyrann von Syrakus mit den Kymaiern vereint die Etrusker in der Bucht von Neapel; die Tarentiner, die von den Japygern eine schwere Niederlage erlitten hatten, in neuen Kämpfen siegreich, wurden Herren des Adriatischen Meeres.

Aber weder die italischen und sizilischen Hellenen schlossen sich dem Bunde an, der auf dem Isthmos gegründet war, noch erzwang dieser selbst, unter der schlaffen und mißtrauischen Hegemonie Spartas, in Boiotien, im Spercheioslande, in Thessalien den Beitritt. Den Athenern, die bei Salamis mehr Schiffe als die übrigen zusammen gestellt, die die Befreiung der Inseln und Ioniens von Sparta ertrotzt hatten, boten die Befreiten die Hegemonie der gemeinsamen Seemacht an, und Sparta ließ geschehen, was es nicht hindern konnte: es entstand ein Bund im Bunde.

Schon war Themistokles, in dem die Spartaner ihren gefährlichsten Feind sahen, seinen Gegnern in Athen erlegen, derjenigen Partei, die in dem Bunde mit Sparta zugleich einen Halt gegen die schwellende demokratische Bewegung daheim sah und erhalten wollte. Vielleicht hätte er dem Seebund, den Athen schloß, eine andere, festere Gestalt gegeben; die Staatsmänner, die ihn ordneten, begnügten sich mit loseren Formen, mit dem gleichen Recht der Staaten, die er umschloß, mit der Schonung ihres Partikularismus. Nur zu bald zeigten sich die Schäden der so geformten Union; die Notwendigkeit, zur Bundespflicht zu zwin-

ern gebaut, die Stadt und den Hafen zusammenzuschließen. Daß für die Flotte die Masse ärmerer Bürger, die nicht zum Hoplitendienst Pflichtigen, als Ruderer mit zu der Pflicht und Ehre des Dienstes herangezogen wurden, steigerte den demokratischen Zug in der Verfassung und gab demselben zugleich die Disziplin des strengeren Dienstes auf der Flotte.

Ein zweites ergab sich mit dem Heranziehen der ungeheuren Heeresmacht des Großkönigs. Daß zugleich die Karthager in Sizilien losbrachen, mußte die Griechenwelt erkennen lassen, in welchem Umfange sie bedroht sei. Aber allerorten war in ihr Hader und Haß und Nachbarfehde, die Zersplitterung und Zerrüttung des eigensinnigsten Kleinlebens. Nur daß die Tyrannen von Syrakus und Akragas sich verbündeten und die ganze Streitkraft des hellenischen Siziliens vereinigten, gab dort Hoffnung, dem punischen Angriff zu widerstehen. Wie gleiche Einigung in Hellas schaffen? Auf Themistokles' Rat unterordnete sich Athen der Hegemonie Spartas; Sparta und Athen luden alle hellenischen Städte zu einem Waffenbunde ein, dessen Bundesrat in Korinth tagen sollte. Solcher Bund hätte nur die Hinzugetretenen binden können; es galt, den kühnsten Schritt zu tun, aus der nationalen Gemeinschaft, die bisher nur in der Sprache, dem Götterkult, dem geistigen Leben bestanden hatte, ein politisches Prinzip zu machen, so eine Eidgenossenschaft aller Hellenen wenigstens für den Kampf gegen die Barbaren zu schaffen. Das Synhedrion in Korinth verfuhr und verfügte in diesem Sinn; es beschloß, daß alle Fehde zwischen griechischen Städten ruhen solle, bis die Barbaren besiegt seien; es erklärte für Hochverrat, den Persern mit Wort oder Tat Dienste zu leisten; und welche Stadt sich den Persern ergebe, ohne bezwungen zu sein, sollte dem delphischen Gott geweiht und gezehntet werden, wenn der Sieg errungen.

Der Tag von Salamis rettete Hellas, der Sieg an der Hi-

wehren, mußte Athen die den Ioniern zu Hilfe gesandten Schiffe heimrufen; und um dieser Hilfe willen hatte es, als Milet gefallen war, die Rache des Großkönigs zu erwarten.

Schon zog dessen Landheer und Flotte vom Hellespont her die Küste entlang, die Griechenstädte dort, die Thraker des Binnenlandes, den makedonischen König unterwerfend. Die Edlen Thessaliens suchten die persische Freundschaft, die herrschenden Dynastenfamilien in Boiotien, voll Erbitterung gegen Athen, nicht minder. Des Königs Herolde durchzogen die Inseln und Städte, Erde und Wasser zu fordern; die nach Athen gesandten wurden vom Felsen gestürzt. Daß Sparta desgleichen tat, gab beiden, die soeben noch widereinander gestanden, einen gemeinsamen Feind. Aber als die Perser nach Euboia kamen, Eretria zerstörten, auf der attischen Küste bei Marathon landeten, zögerte Sparta, dem Hilferuf Athens zu folgen. Von allen Hellenen nur die Plataier fochten an der Seite der Athener; der Tag von Marathon rettete Athen und Hellas.

Es war nur eine erste Abwehr. Athen mußte auf neue, schwerere Gefahr gefaßt sein. Ihr zu begegnen, wies Themistokles die Wege, an Kühnheit der Gedanken und Tatkraft, sie auszuführen, der größte Staatsmann, den Athen gehabt hat.

Vor allem, nicht zum zweiten Male durften die Barbaren von der See her Attika plötzlich überfallen können; auch für Sparta und die Peloponnesier hing Wohl und Wehe daran, der feindlichen Übermacht die näheren Wege zur See zu verlegen. Die Seestaaten von Hellas, Aigina, Korinth, Athen besaßen nicht so viel Kriegsschiffe, wie die asiatischen Hellenen allein zur Perserflotte stellten. Nach Themistokles' Antrag – das Silber der laurischen Bergwerke bot die Mittel dazu – wurde die Flotte Athens verdreifacht, im Peiraieus ein fester Kriegshafen geschaffen, bald die langen Mau-

gemahnt, alle Städte Ioniens zu *einem* Staat zu einigen, in der Art, daß jede Stadt fortan nur eine Gemeinde in diesem Staat sein sollte. Und als die persische Eroberung begann, empfahl Bias von Priene allen Ioniern, gemeinsam auszuwandern und im fernen Westen sich ansiedelnd auszuführen, was Thales geraten hatte.

Aber die ganze bisherige Entwicklung der hellenischen Welt, ihre eigenste Stärke und Blüte war bedingt gewesen durch die völlig freie Bewegung und Beweglichkeit, nach allen Seiten hin sich auszudehnen, immer neue Sprossen zu treiben, durch diesen unendlich lebensvollen Partikularismus der kleinen und kleinsten Gemeinwesen, der, ebenso spröde und selbstgefällig wie immer, nur auf das Nächste und Eigenste gewandt, sich nun als die größte Gefahr, als das rechte »panhellenische Unheil« erwies.

Nicht auf den Wegen Spartas lag es, die rettende Macht Griechenlands zu werden. Und zu wie wirksamen Gestaltungen sich aus der beginnenden freieren Bewegung des Demos die Tyrannis da und dort erhoben hatte, auf Gewalt gegen den Herrenstand und Gunst der Massen gegründet, war sie immer wieder zusammengesunken.

Nur an einer Stelle, in Athen, folgte ihrem Sturz statt der Wiederkehr des Herrentums, wie sie Sparta erwartet und betrieben hatte, eine kühne, freiheitliche Reform, eine Verfassung »mit gleichem Recht für alle«, mit nur kommunaler Selbständigkeit der Ortsgemeinden innerhalb des attischen Staates, damit eine innere Kraftentwicklung, die, kaum begonnen, dem vereinten Angriff der Herrenstaaten rings umher, den Sparta leitete, die Stirn zu bieten vermochte. Selbst den Tyrannen war nun Sparta bereit nach Athen zurückzuführen; da die anderen Peloponnesier es versagten, setzten wenigstens die Aigineten, die in Athen einen Rivalen zur See fürchteten, den Kampf fort. Ihrer stärkeren Flotte sich zu er-

derreich. Umsonst wandten sich die Hellenenstädte Asiens hilfebittend an Sparta; sie versuchten Widerstand gegen die Perser, eine nach der andern wurden sie unterworfen; auch die nächstgelegenen Inseln ergaben sich. Sie alle mußten Tribut zahlen, Heeresfolge leisten; in den meisten erhob sich unter dem Zutun des Großkönigs eine neue Art der Tyrannis, die der Fremdherrschaft; in anderen erneuten die Vornehmen unter persischem Schutz ihre Gewalt über den Demos; sie wetteiferten in Dienstbeflissenheit; 600 hellenische Schiffe folgten dem Großkönige zum Zuge gegen die Skythen, mit dem auch die Nordseite der Propontis und die Küsten bis zum Strymon persisch wurden.

Wie tief waren diese einst stolzen und glücklichen Ionierstädte gebeugt. Nicht lange ertrugen sie es; sie empörten sich, nur von Eretria und Athen mit Schiffen unterstützt, die bald heimkehrten. Der Zug der Ionier nach Sardes mißlang; zu Land und See rückte die Reichsmacht Persiens heran; es folgte die Niederlage in der Bucht von Milet, die Zerstörung dieser Stadt, die furchtbarste Züchtigung der Empörer, die völlige Verknechtung.

Das schönste Drittel des Griechentums war zerbrochen, durch Deportation, durch endloses Flüchten entvölkert. Die phoinikischen Flotten des Großkönigs beherrschten das Aigaiische Meer. Schon begannen die Karthager von der Westspitze Siziliens, die sie behauptet hatten, vorzudringen; die Hellenen Italiens ließen es geschehen, mit eigenem Hader vollauf beschäftigt; es war der Kampf zwischen Sybaris und Kroton entbrannt, der mit dem Untergang von Sybaris endete, während die Etrusker, nach Süden vordringend, schon auch Kampanien erobert hatten; die Kraft des italienischen Griechentums begann zu erlahmen.

Man sah in der hellenischen Welt wohl, wo der Fehler lag. In der Zeit des Kampfes gegen den Lyderkönig hatte Thales

Nie bisher hatten die Hellenen mit mächtigen Feinden sich zu messen gehabt. Jede Stadt an ihrem Teil hatte der Gefahr, die ihr etwa kam, sich zu erwehren oder ihr geschickt auszuweichen vermocht. Sie waren wohl nach Sprache und Sitte, zu Gottesfeier und Festspielen wie ein Volk, aber politisch zahllose Städte und Staaten nebeneinander, ungeeint; nur daß das dorische Herrentum in Sparta, wie es die alten Bewohner des Eurotastales sich unterworfen, so auch die nächstgelegenen Grenzlandschaften von Argos, von Arkadien erobert, die Dorer Messeniens zu Heloten gemacht, endlich die meisten Städte in der Peloponnes zu einer Bundesgenossenschaft geeinigt hatte, in der jede Stadt ein Herrentum dem der Spartanerstadt analog bewahrte oder erneute. Die Peloponnes beherrschend, der schon beginnenden Bewegung der untertänigen unteren Massen feind, mit dem Ruhm, vielerorten die Tyrannis, die da und dort aus jener beginnenden Bewegung erwachsen war, gebrochen zu haben, galt Sparta für die Hüterin echt hellenischer Art und für die leitende Macht in der hellenischen Welt.

Um diese Zeit begann den weit und weiter hinausschwellenden Kreisen der Griechenwelt eine Gegenströmung bedenklicher Art. Die Karthager gingen an die Syrte vor, die Kyrenaiker zu hemmen; sie besetzten Sardinien, sie vereinten sich mit den Etruskern, die Phokaier aus Korsika zu verdrängen. Die Städte Ioniens, ungeeint, fast jede durch inneren Hader geschwächt, vermochten sich nicht mehr des lydischen Königs zu erwehren; einzeln schlossen sie mit ihm Verträge, zahlten ihm für die halbe Freiheit, die er ihnen ließ, Tribut. Schon erhob sich im fernen Osten Kyros mit seinem Perservolk, brachte das Königtum Mediens an sich, begründete die Macht der »Meder und Perser«; ihre Heere siegten am Halys, drangen nach Sardes vor, brachen das Ly-

nie gelöst wäre. Als er endlich seiner Schuld inne wird, zerstört er das Licht seiner sehenden Augen, verflucht sich, sein Geschlecht, seine Stadt; und das Geschick eilt, seinen Spruch zu erfüllen, bis der Bruder den Bruder erschlagen hat, bis die Epigonen den Tod ihrer Väter gerächt haben, bis ein Trümmerhaufen die Stätte drei- und vierfacher Blutschuld deckt.

So in Frevel und Blutschuld eilt die Zeit der Heroen ihrem Ende zu. Die Fürstensöhne, die um die schöne Helena geworben haben, sitzen daheim bei Weib und Kind, kämpfen nicht mehr gegen Riesen und Frevel. Da rufen die Herolde des Agamemnon zum Heereszug gen Osten, nach dem Schwur, den einst die Freier getan; denn der troische Königssohn, den Menelaos gastlich in seinen Palast aufgenommen, hat ihm seine Gemahlin, die vielumworbene, entführt. Von Aulis ziehen die Fürsten Griechenlands gen Asien, mit den Fürsten ihre Hetairen und ihre Völker. Jahrelang kämpfen und dulden sie, der herrliche Achill sieht seinen Patroklos fallen und rastet nicht, bis er Hektor, der ihn getötet, erschlagen und um die Mauern Trojas geschleift hat; dann trifft ihn selbst der Pfeil des Paris, und nun, wie der Gott es verkündet, ist der Fall Trojas nahe. In furchtbarem Untergang büßt die Stadt den Frevel des Gastrechtschänders. Die Ausgezogenen haben erreicht, was sie gewollt; aber die Heimat ist für sie verloren: die einen sterben in den Fluten des empörten Meeres, andere werden in die Länder ferner Barbaren verschlagen, andere erliegen der blutigen Tücke, die am heimatlichen Herde ihrer harrt. Die Zeit der Heroen ist zu Ende, und es beginnt die Alltagswelt, »wie nun die Menschen sind«.

So die Sagen, die Mahnungen und Ahnungen aus alten Zeiten. Und als die Gesänge der Homeriden vor anderen neuen Sangesweisen verstummten, begannen sie sich zu erfüllen.

Die Anfänge des Griechentums

Mutterstädte, und doch, wenn sie zu den olympischen oder pythischen Festen von nah und fern zusammenströmten, alle in denselben Wettkämpfen um den Preis ringend, an denselben Altären opfernd, an denselben Gesängen sich entzückend.

Gesängen, die ihnen in zahllosen Mythen und Sagen, in den Abenteuern und Wanderzügen und Kämpfen ihrer Väter das Bild ihrer selbst gaben, vor allen die schönsten und ihnen die liebsten die von den Zügen nach dem Osten; immer wieder richtet sich mit ihnen ihr Sinn morgenwärts. Aus dem Morgenlande entführt Zeus die sidonische Königstochter und nennt Europa nach ihrem Namen. Nach dem Morgenlande flüchtet Io, den hellenischen Gott zu umarmen, den ihr in der Heimat Heras Eifersucht versagt. Auf dem Widder mit goldenem Vlies will Helle nach dem Osten flüchten, um dort Frieden zu finden; aber sie versinkt in das Meer, ehe sie das nahe jenseitige Ufer erreicht. Dann ziehen die Argonauten aus, das goldene Vlies aus dem Walde von Kolchis heimzuholen; das ist die erste große Heldenfahrt nach dem Morgenlande, aber mit den Helden zurück kommt Medeia, die Zauberin, die Haß und Blutschuld in die Königshäuser von Hellas bringt, bis sie, mißehrt und verstoßen von dem Heros Athens, zurückflüchtet in die medische Heimat.

Dem Argonautenzuge folgt ein zweiter Heldenkampf, der heimatliche Krieg gegen Theben, das traurige Vorbild des Hasses und der Bruderkämpfe, die Hellas zerrütten sollten. In verhängnisvoller Verblendung hat Laios gegen das Orakel des Gottes einen Sohn gezeugt, hat Oidipus, über seine Eltern und sein Vaterland in Zweifel, den Gott gefragt; er kehrt, die Fremde suchend, zur Heimat zurück, erschlägt den Vater, zeugt mit der Mutter, herrscht in der Stadt, der besser das Rätsel der männermordenden Sphinx

Dies Meer mit seinen Inseln, seinen Küsten ringsum war nun ihre Welt; Gebirge umziehen sie von der Nähe des Hellesponts bis zum Isthmos, von da bis zum tainarischen Vorgebirge; selbst durch das Meer hin bezeichnen Kythera, Kreta, Rhodos die Umschließung, die auf der karischen Küste sich in mächtigeren Gebirgsformen erneut und in reichen Flußtälern, Fruchtebenen und Berghängen zum Meere sich absenkend bis zum schneereichen Ida und dem Hellespont hinzieht.

Jahrhunderte hat sich das hellenische Leben in diesem geschlossenen Kreise bewegt, wundervoll namentlich bei denen, die sich in dem ionischen Namen geeint fühlten, erblühend. »Wer sie da sieht«, sagt der »blinde Sänger von Chios« von der Festfeier der Ionier auf Delos, »die stattlichen Männer, die schöngegürteten Frauen, ihre eiligen Schiffe, ihre unendliche Habe, der möchte meinen, daß sie frei seien von Alter und Tod.« In immer neuen Aussendungen von ihnen und bald auch von den anderen Stämmen auf den Küsten und Inseln wie daheim erblühten neue Hellenenstädte an der Propontis, im Pontos bis zur Mündung des Tanais und am Fuß des Kaukasos; es entstand in Sizilien und Süditalien ein neues Hellas, Hellenen besiedelten die afrikanische Küste an der Syrte, an den Gestaden der Seealpen bis zu den Pyrenäen erwuchsen hellenische Pflanzstädte. So nach allen Seiten, so weit sie mit ihren geschwinden Schiffen gelangen konnten, griffen diese Hellenen hinaus, als gehöre ihnen die Welt, überall in kleinen Gemeinwesen geschlossen, geschickt, mit den Umwohnern, von welcher Sprache und Art sie sein mochten, fertigzuwerden und sich, was sie da nach ihrem Sinn fanden, anzueignen und anzuähneln, in bunter Verschiedenartigkeit der Dialekte, Kulte, Betriebsamkeit je nach Ort und Art ihrer Stadt, in steter Rivalität der einen gegen die andern, der Ausgezogenen gegen ihre

sene Selbständigkeit die Bedingung erfolgreichen Tuns und sicheren Gewinnes; ihnen verwandelte sich das Bild der Gottheit, für sie waren und galten statt der stillen, in der Natur lebenden und wirkenden Götter solche Mächte, wie sie nun ihr Leben bewegten und erfüllten, Mächte des energischen Wollens, des entschlossenen Handelns, der gewaltigen Hand. Wie äußerlich, so innerlich verwandelten sie sich; sie wurden Hellenen. Die einen begnügten sich, von den Bergen in die Ebenen Thessaliens, Boiotiens, der Peloponnes hinabzusteigen und da zu bleiben; andere lockte das Aigaiische Meer mit seinen schönen Inseln, die Küste in dessen Osten mit ihren weiten Fruchtebenen, hinter denen die Berge zum inneren Hochland Kleinasiens aufsteigen; und die schwellende Bewegung machte immer neue Scharen los, ihnen zu folgen.

Wenn daheim, wo »Könige« mit ihren »Hetairen«, ihren Kriegsgesellen, in die nächstgelegenen Täler oder Ebenen wandernd, die Alteingesessenen ausgetrieben oder untertänig gemacht hatten, sich ein Herrentum der Hetairen entwickelte, das bald genug auch das Königtum, mit dem sie begonnen, beseitigte oder bis auf den Namen beschränkte, um in strenger Geschlossenheit und Stetigkeit die Adelsherrschaft zu sichern, – so suchten und fanden die Ausgetriebenen und Hinausgezogenen, um sich in der Fremde und unter Fremden fester zu begründen und rühriger auszubreiten, bald um so freiere Formen und um so raschere, dreistere Spannung des Lebens; sie eilten der Heimat weit voraus an Reichtum, Lebenslust und heiterer Kunst.

Die Gesänge der Homeriden sind das Vermächtnis dieser bewegten Zeit, dieser Völkerwanderungen, mit denen die Hellenen in dem engen und doch so reichen Kreise der alten und neuen Heimat die Anfangsgründe ihres geschichtlichen Lebens lernten.

Einen Teil der Erklärung gibt der in aller Richtung völlige Gegensatz zwischen beiden Gestaltungen, der, geographisch präformiert, in der geschichtlichen Entwicklung fort und fort gesteigert, zur letzten Entscheidung gereift war, als Alexander gegen Dareios auszog.

Den alten Kulturvölkern Asiens gegenüber sind die Hellenen ein junges Volk; erst allmählich haben sich sprachverwandte Stämme in diesem Namen zusammengefunden; das glückliche Schaffen einer nationalen, das vergebliche Suchen einer politischen Einheit ist ihre Geschichte.

Bis zu der Zeit, wo jener Name Geltung gewann, wissen sie von ihrer Vorzeit nur Unsicheres, Sagenhaftes. Sie glauben, Autochthonen in der gebirgsreichen, buchtenreichen Halbinsel zu sein, die sich vom Skardos und den Axiosquellen südwärts bis zum Tainaion erstreckt. Sie gedenken eines Königs Pelasgos, der in Argos geherrscht, dessen Reich auch Dodona und Thessalien, auch die Abhänge des Pindos, Paionien, alles Land »bis zum hellen Wasser des Strymon« umfaßt habe; ganz Hellas, sagen sie, hat einst Pelasgia geheißen.

Die Stämme des Nordens blieben in ihren Bergen und Tälern, bei ihrem Bauern- und Hirtenleben in altertümlicher Frömmigkeit, die die Götter noch ohne besondere Namen nur »Mächte« nannte, »weil sie alles machen«, und die in dem Wechsel von Licht und Dunkel, von Leben und Tod, in den Vorgängen der Natur Zeugnisse und Beispiele von deren strengem Walten erkannte.

Andere Stämme führte die Not daheim oder Wanderlust hinab an das nahe Meer und über das Meer, mit Krieg und Seeraub Gewinn zu suchen oder mit Wagnis und Gewalt sich eine neue Heimat zu gründen. Da war denn der persönlichen Kraft alles anheimgegeben und die volle entschlos-

ERSTES KAPITEL

Die Aufgabe · Der Gang der griechischen Entwicklung
König Philipp II. und dessen Politik · Der Korinthische Bund von 338
Das Perserreich bis Dareios III.

Der Name Alexander bezeichnet das Ende einer Weltepoche, den Anfang einer neuen.

Die zweihundertjährigen Kämpfe der Hellenen mit den Persern, das erste große Ringen des Abendlandes mit dem Morgenlande, von dem die Geschichte weiß, schließt Alexander mit der Vernichtung des Perserreiches, mit der Eroberung bis zur afrikanischen Wüste und über den Jaxartes, den Indus hinaus, mit der Verbreitung griechischer Herrschaft und Bildung über die Völker ausgelebter Kulturen, mit dem Anfang des Hellenismus.

Die Geschichte kennt kein zweites Ereignis so erstaunlicher Art; nie vorher und nachher hat ein so kleines Volk so rasch und völlig die Übermacht eines so riesenhaften Reiches niederzuwerfen und an Stelle des zertrümmerten Baues neue Formen des Staaten- und Völkerlebens zu begründen vermocht.

Woher hat die kleine Griechenwelt die Kühnheit zu solchem Wagnis, die Kraft zu solchen Siegen, die Mittel zu solchen Folgewirkungen? Woher erliegt das Königtum der Perser, das so viele Reiche und Lande zu erobern und zwei Jahrhunderte lang zu beherrschen vermocht, das soeben noch zwei Menschenalter hindurch die Hellenen der asiatischen Küste zu Untertanen gehabt, über die der Inseln und des Mutterlandes die Rolle des Schiedsrichters gespielt hat, dem ersten Stoß der Makedonen?

ERSTES BUCH

Drittes Kapitel 484
   Das indische Land · Die Kämpfe diesseits des Indus · Der Übergang über den Indus · Zug nach dem Hydaspes · Der Fürst von Taxila · Krieg gegen den König Poros · Schlacht am Hydaspes · Kämpfe gegen die freien Stämme · Das Heer am Hyphasis · Umkehr

Viertes Kapitel 550
   Die Rückkehr · Die Flotte auf dem Akesines · Der Kampf gegen die Maller · Alexanders Lebensgefahr · Die Kämpfe am unteren Indus · Abmarsch des Krateros · Die Kämpfe im Indusdelta · Alexanders Fahrt in den Ozean · Sein Abmarsch aus Indien

VIERTES BUCH

Erstes Kapitel 593
   Der Abmarsch · Kämpfe im Lande der Oreiten · Zug des Heeres durch die Wüste Gedrosiens · Ankunft der Reste des Heeres in Karmanien · Nearchos in Harmozeia · Zerrüttung im Reich · Strafgerichte · Rückkehr nach Persien · Zweite Flucht des Harpalos · Die Hochzeitsfeier in Susa · Neue Organisation des Heeres · Aufbruch nach Opis

Zweites Kapitel 632
   Der Soldatenaufruhr in Opis · Heimsendung der Veteranen · Harpalos in Griechenland · Zersetzung der Parteien in Athen · Befehl zur Rückkehr der Verbannten · Harpalos' Umtriebe in Athen, der Harpalische Prozeß · Die innere Politik Alexanders und ihre Wirkungen

Drittes Kapitel 682
   Alexanders Zug nach Medien · Hephaistions Tod · Kampf gegen die Kossaier · Rückkehr nach Babylon · Gesandtschaften · Aussendungen ins südliche Meer, Rüstungen, neue Pläne · Alexanders Krankheit · Sein Tod

Nachwort 715

Zweites Kapitel 242
  Persische Rüstungen · Die persische Flotte unter Memnon und
  die Griechen · Alexanders Marsch über den Tauros · Okkupation Kilikiens · Schlacht bei Issos · Das Manifest · Aufregung
  in Hellas · Die Belagerung von Tyros · Die Eroberung Gazas ·
  Okkupation Ägyptens

Drittes Kapitel 310
  Die persischen Rüstungen · Alexanders Marsch nach Syrien,
  über den Euphrat, nach dem Tigris · Schlacht bei Gaugamela ·
  Marsch nach Babylon · Besetzung von Susa · Zug nach Persien ·
  Brand von Persepolis

Viertes Kapitel 366
  Aufbruch aus Persepolis · Dareios' Rückzug aus Ekbatana ·
  Seine Ermordung · Alexander in Parthien und Hyrkanien ·
  Das Unternehmen Zopyrions, Empörung Thrakiens, Schilderhebung des Agis · Dessen Niederlage, Beruhigung Griechenlands

DRITTES BUCH

Erstes Kapitel 399
  Verfolgung des Bessos · Aufstand in Areia · Marsch des Heeres
  nach Süden, durch Areia, Drangiana, Arachosien bis zum Südabhang des Indischen Kaukasus · Der Gedanke Alexanders
  und Aristoteles' Theorie · Die entdeckte Verschwörung · Die
  neue Heeresorganisation

Zweites Kapitel 429
  Alexander nach Baktra · Verfolgung des Bessos, dessen Auslieferung · Zug gegen die Skythen am Jaxartes · Empörung in Sogdiana · Bewältigung der Empörer · Winterrast in Zariaspa ·
  Zweite Empörung der Sogdianer · Bewältigung · Rast in Marakanda · Kleitos' Ermordung · Einbruch der Skythen nach
  Zariaspa. Winterrast in Nautaka · Die Burgen der Hyparchen ·
  Vermählung mit Roxane · Verschwörung der Edelknaben · Kallisthenes' Strafe

INHALT

ERSTES BUCH

Erstes Kapitel 13
Die Aufgabe · Der Gang der griechischen Entwicklung · König Philipp II. und dessen Politik · Der Korinthische Bund von 338 · Das Perserreich bis Dareios III.

Zweites Kapitel 86
Das makedonische Land, Volk, Königtum · König Philipps II. innere Politik · Der Adel, der Hof · Olympias · Alexanders Jugend · Zerwürfnis im Königshause. Attalos · Philipps II. Ermordung

Drittes Kapitel 118
Gefahren von außen · Der Zug nach Griechenland 336 · Erneuerung des Bundes von Korinth · Das Ende des Attalos · Die Nachbarn im Norden · Feldzug nach Thrakien, an die Donau, gegen die Illyrier · Zweiter Zug nach Griechenland 335 · Zerstörung Thebens · Zweite Erneuerung des Bundes von Korinth

ZWEITES BUCH

Erstes Kapitel 161
Die Vorbereitungen zum Kriege · Das Münzwesen · Die Bundesverhältnisse des Königtums · Die Armee · Übergang nach Asien · Schlacht am Granikos · Okkupation der Westküste Kleinasiens · Eroberung von Halikarnaß · Zug durch Lykien, Pamphylien, Pisidien · Organisation der neuen Gebiete

Umschlagabbildung: Alexander-Mosaik.
Archäologisches Nationalmuseum, Neapel

insel taschenbuch 3038
Erste Auflage 2004
© Insel Verlag Frankfurt am Main und Leipzig 2004
Alle Rechte vorbehalten, insbesondere das der Übersetzung,
des öffentlichen Vortrags sowie der Übertragung
durch Rundfunk und Fernsehen, auch einzelner Teile.
Kein Teil des Werkes darf in irgendeiner Form
(durch Fotografie, Mikrofilm oder andere Verfahren)
ohne schriftliche Genehmigung des Verlages reproduziert
oder unter Verwendung elektronischer Systeme
verarbeitet, vervielfältigt oder verbreitet werden.
Vertrieb durch den Suhrkamp Taschenbuch Verlag
Umschlag nach Entwürfen von Willy Fleckhaus
Satz: Hümmer GmbH, Waldbüttelbrunn
Druck: Ebner & Spiegel, Ulm
Printed in Germany
ISBN 3-458-34738-0

1 2 3 4 5 6 – 09 08 07 06 05 04

Johann Gustav Droysen
Alexander der Große

Mit einem Nachwort
von Angelos Chaniotis

Insel Verlag

insel taschenbuch 3038
Johann Gustav Droysen
Alexander der Große

»Der Name Alexander bezeichnet das Ende einer Weltepoche, den Anfang einer neuen.« Mit diesen Worten eröffnet der preußische Historiker Johann Gustav Droysen seine Biographie Alexanders des Großen und läutet 1833 mit dem Erscheinen eines der bedeutendsten Geschichtswerke des 19. Jahrhunderts selbst eine neue Epoche ein: die der modernen Alexander-Forschung.

Seit der Antike haben die Persönlichkeit und die Leistungen des von Aristoteles unterrichteten makedonischen Staatsmannes und Feldherrn eine große Faszination ausgeübt. Als er 323 v. Chr. mit nur 33 Jahren in Babylon starb, hatte er große Teile Europas und Asiens erobert, politisch neu geordnet und nach der Einverleibung des persischen Einflußgebietes ein gigantisches Weltreich errichtet. Die Urteile der Historiker haben seither zwischen Bewunderung und Verachtung für Alexander geschwankt. Gerade die Antikenrezeption des 18. und frühen 19. Jahrhunderts sah in ihm lediglich den Zerstörer der griechischen Stadtstaaten und wertete die darauffolgende Epoche als bloße Verfallsgeschichte.

Droysen hingegen betrachtete die drei Jahrhunderte seit Alexander aus einem neuen Blickwinkel. Indem Alexander in seinem Weltreich Orient und Okzident, orientalische und griechische Kultur zusammengeführt hatte, konnte eine neuartige Weltkultur entstehen: die hellenistische. Damit hat Droysen dem »Zeitalter des Hellenismus« eine klassische Darstellung gegeben, die sich bis heute behauptet hat. In Droysens positiver Deutung des makedonischen Herrschers wird nicht zuletzt das glühende Engagement des eigentlichen Gründers der preußisch-kleindeutschen Schule für eine Einigung Deutschlands unter preußischer Führung deutlich. Denn nicht den kulturell führenden griechischen Stadtstaaten, sondern der makedonischen Militärmonarchie gesteht er die Rettung der griechischen »Nationalität« zu. Die auf durchdringender Quellenstudie basierende und in leidenschaftlicher, effektvoller und reicher Sprache geschriebene Arbeit, die Droysen mit nur 25 Jahren verfaßte, besticht nicht nur als historiographischer Klassiker, sondern auch durch ihre literarische Qualität. Die vorliegende Neuausgabe der *Geschichte Alexanders des Großen* folgt der von Droysen selbst besorgten zweiten Fassung von 1877.